《北京邮政年鉴》

编纂委员会

《北京邮政年鉴》编辑部

北京市邮政公司办公大楼

2009年北京市邮政公司领导班子成员

总经理　章干泉

党委书记　丁前亮

副总经理　郭荣寰

副总经理　王小东

党委常委、邮储银行北京分行行长
徐学明

副总经理、工会主席、纪委书记
何培恩

副总经理　王金波

党委常委、北京市速递物流公司总经理
杜　福

■ 3月2日，交通运输部部长李盛霖，在中国邮政集团公司总经理刘安东、北京市邮政公司总经理章干泉的陪同下，到北京东四邮电局视察调研，并慰问一线职工。

■ 11月19日，中共北京市常委、常务副市长吉林听取北京邮政储蓄工作汇报。

1月23日，中国邮政集团公司总经理刘安东在北京市邮政公司总经理章干泉、党委书记丁前亮的陪同下到海淀区邮电局进行调研，并向该局全体干部职工拜年。

4月19日，国家邮政局局长马军胜、北京市邮政管理局局长胡仲元、北京市邮政公司总经理章干泉到西区邮电局实地了解西长安街邮电局拆迁情况。

1月19日，中国国防邮电工会副主席方丹到北京邮政退休劳模赵文华家中，亲切询问她的身体和生活情况，并送上了新春慰问和慰问金。

1月20日，国家邮政局党组副书记、纪检组长盛汇萍、副局长徐建洲等领导慰问东四邮电局职工，对东四局“好、快、诚、细”的特色亲情服务给予高度赞扬。

■ 1月13-14日，北京市邮政公司召开一届二次职工代表大会，中国邮政集团公司副总经理冯新生莅临大会作重要讲话并为先进代表颁奖。

■ 1月20日，中国邮政集团公司副总经理刘明光一行在北京市邮政公司总经理章干泉、副总经理郭荣寰的陪同下，到北京邮区中心局西站干线运输处、押运员公寓和北京邮政速递物流公司航空邮件交换站，看望奋战在生产一线的干部职工，给他们送去节日慰问和新春祝福。

■ 4月9日，北京市邮政公司总经理章千泉、副总经理王金波到建设中的北京邮件处理中心（大平面）视察。

■ 4月23日，北京市邮政公司党委书记丁前亮到东区邮电局双井支局视察。

8月26日，北京市邮政公司总经理章干泉到邮政教育培训中心看望全国邮政通信特有职业技能大赛的选手。

6月28日，北京市邮政公司党委书记丁前亮深入基层单位，了解防暑降温情况，慰问坚守在一线岗位上的职工。

■ 春节前夕，北京市邮政公司副总经理郭荣寰到北京邮区中心局慰问邮政押运员。

■ 春节前夕，北京市邮政公司副总经理王小东一行到机要局调研。

10月，北京市邮政公司党委常委、邮储银行北京分行行长徐学明深入基层调研。

暑期，北京市邮政公司副总经理、工会主席何培恩慰问发行局职工并送上清凉饮料。

■ 春节前夕，北京市邮政公司副总经理王金波到望京慰问实业集团物业职工。

■ 7月3日，北京市邮政公司党委常委、北京市速递物流公司总经理杜福到万寿路速递物流分公司慰问一线员工。

■ 3月24日，北京邮政隆重召开“弘扬‘东四精神’，争创全国文明单位标兵”千人动员大会，中国邮政集团公司党组成员、纪检组长马建中，首都文明办主任马润海，市国资委副主任李先忠等领导参加了大会。图为马建中、马润海为全国文明单位——北京市邮政公司揭牌。

■ 7月31日，中央文明办调研组副组长、中国志愿服务基金会秘书处秘书长陈瑞峰与北京市邮政公司总经理章干泉共同为全国优秀童谣评选卡揭幕。

■ 4月28日，以沈智慧、王鸣宇、路欣怡、郝贵平等劳模先进命名的创新工作室挂牌。图为北京市邮政公司党委书记丁前亮为“王鸣宇创新工作室”授牌。

■ 8月18日，京郊营业面积最大的邮储银行网点——密云县果园西路支行正式开门纳客。北京市政府副市长夏占义出席开业仪式，并同中国邮政储蓄银行总行副行长吕家进，北京市农委主任王孝东、副主任刘春广，北京市金融局书记霍学文，北京银监局副局长向世文等领导一起剪彩。

■ 5月18日，北京市邮政公司副总经理王小东与北京市人力资源及社会保障局副局长孙彦共同启动北京市社保个人缴费信息对账单工作。

■ 8月26日，全国邮政重点工程——北京邮件综合处理中心工程，结构施工提前完成。北京市邮政公司总经理章干泉、副总经理王金波等领导参加工程封顶仪式。

■ 11月24日，市工商局、市私营个体经济协会与邮储银行北京分行共同签署《个体私营企业金融服务合作协议》。

1月13-14日，北京市邮政公司召开一届二次职代会。

在一届二次职代会上，大会执行主席向获得市公司先进单位、先进集体和先进个人代表颁奖。

10月1日，北京邮政60名职工参加国庆60周年首都群众联欢晚会活动。

10月1日，在新中国成立60周年庆典中，邮政系统的杰出代表、全国劳动模范王顺友、尼玛拉木、沈智慧登上了群众游行的彩车。

■ 9月25日，北京邮政召开第二届全国邮政通信特有职业技能竞赛获奖总结表彰会。总经理章干泉，党委书记丁前亮等领导出席表彰会，向选手致以亲切慰问和祝贺。

■ 7月8日，天安门邮局正式开门营业，这是首个在“祖国心脏”天安门地区设置的国家邮政服务网点，为迎接国庆60周年北京邮政特意启用了“100060”作为天安门邮局的邮政编码。

■ 7月1日，市公司党委书记丁前亮到教育培训中心看望邮政通信特有职业技能大赛——邮件内部处理大赛选手。

■ 10月21日，北京邮政速递物流公司2009年冲刺第四季度认标誓师大会召开，北京速物公司所属36家速物公司经理踊跃上台认领任务。北京市邮政公司总经理章干泉为认标最高单位颁发锦旗。

■ 5月，北京市邮政公司党委书记丁前亮、党群工作部主任由利颖在北太平庄邮电局调研工作时，视察该局的“爱心包裹”宣传台，并在现场捐赠了“爱心包裹”。

■ 9月29日，北京市邮政公司副总经理郭荣寰到市邮票公司视察“国庆六十周年”邮品准备情况。

■ 5月8日，北京市邮政公司副总经理王小东到首都师范大学爱心包裹捐赠会场与认捐了爱心包裹的大学生交谈，并向她们表示感谢。

■ 11月1日，北京市公安局警察训练总队总队长左芷津一行专程到北京市邮政公司，对北京邮政在国庆60周年庆祝活动期间对执行安保任务的民警给予的支持和帮助表示感谢。图为北京市邮政公司副总经理王金波从左芷津手中接过锦旗。

■ 7月2日，北京市邮政公司党委常委、北京市速递物流公司总经理杜福到密云邮政局调研。

■ 10月1日，国庆60周年庆典游行队伍刚走过天安门，为国庆庆典活动提供物流服务的北京邮政车队立即驶入广场。北京市副市长刘敬民称赞他们：“服务最标准，人员最整齐，车辆最漂亮”。

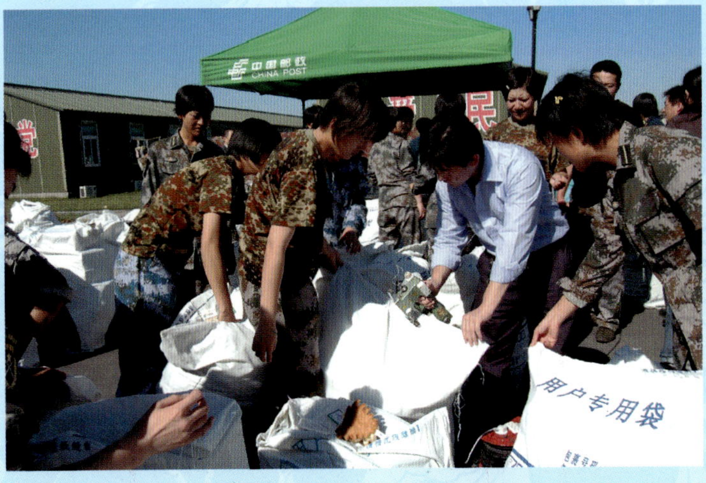

■ 4月17日，昌平邮局服务阅兵村临时邮局正式成立。图为邮政人员正在为士兵们邮寄包裹。

■ 4月17日-10月12日，通州阅兵村临时邮局所提供热情周到的邮政服务，受到几千名受阅官兵高度赞扬。

10月6日，天安门邮局在参加国庆阅兵的三军仪仗队驻地举行了《盛世国典大阅兵》连体明信片首发仪式，北京邮政公司副总经理王小东与三军仪仗队大队长刘士胥为《盛世国典大阅兵》连体明信片揭幕。

北京天安门邮局以一款“新视窗”特种纪念封的推出再度为国庆题材纪念邮品市场增添了亮点。图为著名艺术家王昆接受天安门邮局制作的个性化特种纪念封。

7月24日，北京市邮政公司赶在“八一”建军节前夕，来到天安门国旗护卫队的驻地，为国旗班官兵送上了一份特别礼物——2000套共8000枚“国旗升起的地方”邮资明信片，感谢他们日夜护卫国旗所付出的辛勤劳动。

■ 4月30日，北京市邮政公司副总经理王小东发令：爱心包裹首批专车发车！两辆满载全国各地爱心人士关爱之情，4000多件爱心包裹的邮政专用车在海淀区邮电局启程，踏上了奔赴5·12灾区的关爱之旅。

■ 12月20日，信息局承担的科技开发项目“北京邮政综合网网络监控管理系统（二期）”进行联调测试，该项目通过对北京邮政信息网核心网络资源的集中监控和管理，提高了网络运维管理质量和维护效率。

■ 北京邮政“极地建驿站　企鹅传真情”活动于1月28日南极中心站和昆仑站临时邮政局通邮之日启动。北京邮政推出了“极地明信片”和《“极地新驿”——贺中国南极中山站和昆仑站设立临时邮政局纪念邮折》，在北京各邮政指定营业网点销售。

■ 10月9日，西区邮电局首批贺卡超市在西长安街局、西单局、万寿路局、百万庄局、会城门局和新古城局正式亮相。这是西区局首次在全局范围内统一开设贺卡超市。

■ 10月28日，第一个“大学生自主创业实习报刊亭”开业。来自北京东城北新桥地区的大学生韩旭和果蓓，有幸成为这个特殊报刊亭的首任实习亭主。

■ 9月22日，一队车头上写有“农家书屋配送”横幅的邮车徐徐驶入门头沟区清水镇等20余家农家书屋，标志着邮政农家书屋配送服务工作的正式启动。

■ 1月5日，北京宣武区牛街街道政务大厅会议室高朋满座，《己丑年》特种邮票、邮品首发式在此隆重举行。住在牛街邮局附近的维族同胞早早就来排队购买自己喜欢的邮品。

■ 实业集团科技公司完成北京邮政储蓄安防监控改造工程。

■ 9月，邮储银行北京分行46台ATM机亮相北京地铁四号线。

■ 7月13日，邮储银行北京分行招聘的76名大学生村官，经过岗前培训正式成为邮储银行北京分行员工。

■ 3月4日，宣武区投递局党支部与永安路社区共同开展了“学雷锋、庆三八、情暖社区”公益志愿服务活动。首都十大杰出青年、市劳动模范韩伟与其他投递志愿者一起为居民发放邮政宣传品。

■ 3月8日，全国邮政系统的全国人大代表何健忠来到北京出席第十一届全国人大二次会议，特地利用休息时间到北京邮政东四邮电局学习交流。

■ 2009年9月9日因谐音“爱你久久久”而备受准新人们的热捧。东区邮电局特别在9月9日推出“爱你久久久”婚庆个性化邮政服务，为用户制作婚庆专题个性化邮折和婚宴请柬。图为一对新人拿着自己的婚庆明信片喜笑颜开。

■ 9月10日，继北京市邮政公司召开2010年度贺卡启动暨认标誓师大会后，东区邮电局迅速落实，第一时间召开了东区局2010年贺卡认标大会，会上，各支局争先举牌认标。

■ 10月，三里河邮电局邮政人员走进西城区复外第一小学，上门收订2010年报刊，同学们排队争相订阅自己喜爱的报刊。

■ 2月20日，北京东四邮电局先进事迹报告会在中国邮政集团公司隆重举行。报告会后，中国邮政集团公司领导与北京东四邮电局先进事迹报告团合影。

■ 6月3日，北京市邮政公司总经理章干泉、党委书记丁前亮等公司领导及各二级单位主要党政领导50余人到北京市反腐倡廉教育基地参观。

7月29日，北京市邮政公司党委书记丁前亮出席西区邮电局2009年度党内“争优创先”活动表彰和“首席员工”命名仪式，并为首席员工颁发证书。

5月26日，澳大利亚邮政总裁格雷姆·约翰来到建内大街邮电局参观访问，北京市邮政公司副总经理王小东向他详细介绍了以慈善募捐邮寄的形式向地震灾区学生开展“六一”关爱行动的“爱心包裹”项目。格雷姆·约翰对中国邮政参与的此项活动非常赞赏，当即捐赠了10个“爱心包裹”。

1月17日，北京邮政汽车运输局职工之家在东管头调发站建成。北京市邮政公司副总经理、工会主席何培恩出席揭牌仪式。

12月9日，北京市邮政公司为入伍新兵召开欢送会。市公司副总经理王金波与光荣入伍的东区邮电局、投递局、延庆县邮政局的3名职工合影留念。

在五一国际劳动节到来之际，北京市邮政公司隆重召开“学习东四精神，发挥劳模作用”五一表彰会，市公司领导与劳模合影。

国庆前夕，为了表达对新中国60周年华诞的祝贺，东四邮电局党支部组织党员开展了绣国旗活动，抒发东四人的爱国情怀。

■ 5月23日，西区百万庄邮电局和展览路街道办事处联合举办“寄一份包裹，送一份关爱——为灾区学生‘六一’送关爱捐赠仪式”。在场的爱心人士将手中的爱心包裹，通过邮政人员寄到灾区孩子手中，希望灾区的孩子渡过一个愉快的“六一”儿童节。

■ 5月12日，在颐和园邮局大厅，八一女篮领队、体育明星郑海霞捐赠爱心包裹。

■ 5月8日，延庆局进入校园开展爱心包裹劝募工作并宣传新业务。

■ 5月4日，北京邮区中心局4名驾驶员经过5天，2000多公里的长途运输，将北京爱心人士捐赠的3996件爱心包裹运抵四川什邡市龙居中心小学，并与当地邮政人员、龙居中心小学师生合影。

■ 8月，北京邮政科学研究设计院参加“爱心包裹计算机系统”项目开发的科研人员合影。

■ 5月，邮储银行北京分行举行“寄一份包裹送一份关爱”主题爱心捐赠活动。

■ 5月，北京国际邮电局携手北京天文馆开展“爱心包裹”捐赠活动。

■ 5月9日，北京邮政商函局为表达北京邮政人对四川灾区妇女的关爱之心，举办了“让羌绣连起一家人”的义卖活动，当天就销售出650个羌绣工艺品，义卖所得货款，全部寄往四川灾区。

■ 5月，骡马市邮局志愿者在陶然亭公园冒雨宣传爱心包裹。

■ 3月6日，教育培训中心召开学习东四邮电局先进事迹暨争创首都文明单位标兵动员大会。全国劳动模范、东四局副局长沈智慧用感人的事例，介绍了东四局亲情服务的主要做法和宝贵经验。

■ 4月18日，北京东区邮电局为建内大街局、工体北路局、王府井局等10个支局授予首批学东四“亲情服务窗口”称号。

■ 6月5日，北京市第七届职工艺术节暨第26届“五月的鲜花”职工歌手大赛落幕，北京市邮政公司党委书记丁前亮，工会主席何培恩到决赛现场观看演出后与获得二、三等奖的北京邮政选手合影。

■ 5月28日，北京市邮政公司副总经理、工会主席何培恩看望参加全国邮政通信特有技能竞赛的北京邮政选手。

■ 8月11日，北京邮政第三届职工文化艺术节开幕式上的大合唱节目。

■ 在北京邮政第三届职工文化艺术节上，北京市速递物流公司演出的小品喜获曲艺类一等奖。

■ 在北京邮政第三届职工文化节上，由10名平均年龄56.3岁的老职工组成的离退管理干部舞蹈队演出的舞蹈《俏花旦》，受到了观众的热烈喝采。

■ 9月28日，北京邮区中心局举办庆祝新中国成立60周年文艺汇演暨艺术节闭幕式。图为中心局舞蹈队表演的舞蹈《舞动的风采》。

编辑说明

一、《北京邮政年鉴(2010)》是系统汇集北京市邮政公司2009年度各项工作、各个方面重要信息和各项成就的综合性资料工具书,由《北京邮政年鉴》编纂委员会主管,北京邮政文史中心年鉴编辑部编纂。

二、本年鉴以马列主义、毛泽东思想、邓小平理论和“三个代表”重要思想为指导,客观地反映实际情况,为各级领导的决策提供参考,为北京邮政的两个文明建设服务,为北京邮政与邮政同行以及社会各界的交流服务。

三、本年鉴是北京邮政的第九部年鉴,全面记述2009年1月1日至12月31日北京邮政各方面情况;重点反映2009年北京市邮政公司面对金融危机和奥运经济带来的收入高基数等因素影响,以科学发展观为指导,以改革创新驱动发展,以机制建设破解难题,实现北京邮政的平稳较快发展;实现“升位晋级,勇破纪录,优秀升格”工作目标,企业经营发展再攀新高;圆满完成新中国成立60周年庆典邮政服务任务等。

四、本年鉴根据全公司的管理工作和专业分工分门别类编辑。全书采用栏目/分目/条目三级框架设计方法;条目为主要信息载体和基本单元。卷首设有特载、专题、大事记、综述栏目。其后按门类栏目/分目/条目三级层次编辑;分目开篇设概述。全书共有13个栏目、248个分目、920个条目,全书共40万字。字号和版式设计区别不同层次。正文前有彩色图片93幅,正文中配有图表,卷尾有附录、索引。

五、本年鉴中涉及的各级领导人员职务称谓均以2009年内所任职务为准。

六、本年鉴的综述中的统计资料来源于北京市邮政公司计财部,正文内容均由各相关单位确定专人负责撰写或提供。数据均采用阿拉伯数字表示,除少量保持原形外,改写为以千、万、亿为单位表示的数,小数点两位后四舍五入。

七、本年鉴承蒙北京市邮政公司各级领导的大力支持、办公室的积极协调和所有撰稿人的辛勤合作,谨此一并致谢。年鉴中疏漏有误之处,敬请批评指正。

《北京邮政年鉴》编辑部

二〇一〇年十一月

目 录

党群工作

支撑系统

协会

直属单位

附 录

索 引

特　载

转变发展方式 加快改革步伐 努力推动邮政事业迈上新台阶

——刘安东总经理在中国邮政集团公司工作会议上的报告

（2009年12月29日）

同志们：

这次会议是在邮政改革发展取得显著成绩，面临的各项任务仍然十分繁重的情况下召开的。会议的主要任务是：认真贯彻落实党的十七届四中全会和中央经济工作会议精神，以科学发展观为指导，总结2009年邮政工作，分析当前形势，安排2010年邮政工作，动员全国邮政干部职工进一步认清形势，明确目标，坚定信心，真抓实干，继续加快发展、深化改革，努力推动邮政事业迈上新台阶。

一、2009年全国邮政基本工作情况

2009年，是中国邮政企业化运行以来面临困难多、形势复杂、改革力度大、发展成绩较好的一年。这一年，是邮政储蓄银行独立预算的第一年，又是速递物流专业经营改革全面推进的一年。今年5月份，国务院在山东召开“全国推广山东邮政发展农村物流经验现场会”，国务院副总理张德江同志亲自到会并作了重要讲话。这是邮政发展史上非常重要的一次历史性会议。张德江副总理的讲话，是中国邮政当前和今后一个时期内总的指导方针。一年来，面对国际金融危机的冲击和繁重艰巨的改革发展任务，我们认真贯彻落实党中央、国务院的各项方针政策，遵照国务院领导的指示要求，用科学发展观统领全局，坚持“一手抓改革，一手抓发展”，迎难而上，顽强拼搏，各方面工作均取得了新的成绩。

（一）邮政业务快速健康增长

我们坚持把发展放在第一位，狠抓发展不放松，按中央要求，全力保增长，采取了一系列积极措施，应对国际金融危机和国内经济形势对邮政经济造成的影响，取得了明显成效。截至11月底，全国邮政系统收入累计完成912.1亿元，同比增长22.3%。总体来看，今年邮政经济的运行呈现出发展加速、结构优化的良好态势，为下一步发展打下了良好基础。

*一是三大板块协调发展，均保持较快增长速度。*截至11月底，三大业务板块占比结构得到进一步优化。邮务类业务继续保持平稳健康发展，实现业务收入250.8亿元，同比增长7%。速递物流类业务保持健康较快发展，实现业务收入169亿元，同比增长14.55%。其中，速递业务完成收入135.6亿元，同比增长15.5%；物流业务实现收入33.42亿元，同比增长接近11%。金融类业务实现收入476亿元，同比增长36%。其中，代理金融业务实现收入298亿元，同比增长19.2%，是这些年来最好的。三大业务板块均保持了高位增长。预计到年底，各项经营指标将全面超额完成全年预算目标。

*二是业务结构调整取得新进展，重点业务发展势头强劲。*各专业内部的业务结构调整取得实效。截至11月底，邮务类板块中，函件、信息代理、畅销报刊等高效业务得到快速发展。其中，函件业务快速发展，今年收入有望突破100亿元，实现业务发展的新跨越。邮政贺卡加强产品创新，同比增长25.9%；账单大力拓展媒体功能提高客户价值，同比增长11.5%。信息和代理业务超常规发展，业务收入三年翻一番，同比增长29.6%。其中，邮政短信发展迅猛，增幅76%。航空机票销售今年预计销售将超过100万张。世博门票销售受到上海世博局高度评价。大力发展社会代理缴费网络，代收付业务快速增长。报刊

发行实现业务收入62亿元,增幅11%以上。集邮业务也得到稳步发展,在奥运会后仍大体保持了“奥运会年”的水平。

速递物流板块，速递业务的增幅继续高于社会同业平均水平。长三角、珠三角、环渤海等重点地区业务增幅,超过全国邮政速递平均增幅。截至11月底,电子商务速递业务同比增长153.7%;代收货款额接近190亿元,业务收入增长接近18%。电子商务速递、代收货款和经济快递等新型业务占国内异地收入比重超过三分之一，成为国内业务增长的主要杠杆。卡哈拉承诺服务继续发挥核心作用，欧美路向继续保持高位增长,新兴市场发展势头强劲,国际速递市场份额明显回升。一体化合同物流、中邮快货业务保持持续快速增长，客户群不断扩大。目前，合同物流千万元级客户达到20家,500万元级客户达到35家,百万元级客户超过200家,截至11月底,业务收入同比增长30.3%,占物流业务收入比重超过三分之一,带动了物流业务整体发展和结构优化。农资分销业务克服农资市场价格急剧波动等不利因素,实现了稳步增长。

金融类业务在保持余额增长的同时，大力发展中间业务和绿卡业务,努力降低政策调整和发展环境变化带来的不利影响。截至11月底,全国邮政储蓄个人新增存款超过2840亿元。目前存款余额规模达到2.5万亿元，邮储活期占比近40%，创历史新高。非利差收入占金融类业务收入的比重进一步提高。代理保险业务发展平稳，在同业间市场占有率达22%,列第一位。理财业务保持平稳发展,累计销售人民币理财产品22支。汇款业务继续保持高位发展。代理基金业务较去年也有回升。资产业务今年年末自主运用资金已达1.64万亿元,资金运营水平不断提高。

三是全网经济运行质量和效益稳步提高。通过全面推进资金集中管理，全网货币资金存量保持相对稳定,为集中资金办大事、支撑核心业务发展起到了重要的保障作用。通过优化业务结构，高效业务快速发展，发展质量进一步提高。通过开展降本增效工作，全网成本费用结构进一步优化。全网非生产性支出规模得到进一步控制，用户欠费问题得到进一步解决,收入质量有了进一步改善。经营性现金流基本保持平衡,企业发展的后劲有所增强。

四是营销体系建设更加扎实稳固。总部营销项目效果明显,与社保部、国家烟草局、国家旅游局、电信公司、电力公司、电网公司和各大金融机构开展的战略合作,以及家电下乡等重大项目的营销,使总部经济开发成效显著。进一步完善了集团公司、省公司、地市局三级营销体系组织架构,通过组织营销培训,提高了营销人员的市场拓展能力。

(二)体制机制改革积极推进

全网进一步解放思想、转变观念,坚持“用改革的观念拓宽发展思路，用改革的实践促进业务发展”,积极推进体制改革和机制创新,加快实施邮政速递物流改革,进一步深化邮政金融改革,企业发展活力显著增强。

一是邮政速递物流改革取得突破性进展。全力推进邮政速递物流改革,基本完成了全国各省(区、市)的速递物流省、市、县一体化专业经营和速递物流专业总部整合，以及速递物流专业股份制改造准备和独立运营准备等工作。目前,绝大部分省速递物流专业经营已经基本到位。速递物流专业为分账核算和股改实施,加大了人员培训的力度,为使改革尽快取得更大成果,尽可能地做好了充分准备。在积极推动速递物流机制改革的基础上，同步开展了配套机制的改革，推动邮政速递物流专业加快向市场经营主体和损益责任主体转变。今年11月份,集团公司召开了全国邮政工作座谈会议，进一步明确了速递物流专业股份制改造的基本目标和整体思路,并进行了全面的安排和部署。

二是邮政金融改革进一步深化。今年以来,邮储银行进一步健全了组织管理体系，积极创造向全功能商业银行转型的条件，并为全面提升邮储银行整体实力夯实了基础。根据银监会关于规范邮储银行代理网点的要求，制定了代理网点管理暂行办法实施细则,通过逐级签订代理协议,明确了双方各级机构在代理网点管理上的具体要求。落实中央服务“三农”的号召,共同抓好二类网点的业务发展,已初步确定了3000多个二类支行开办信贷业务,目前已有500多个二类支行开办了这项业务。邮银协调机制不断完善,都加强联系,定期沟通,及时解决现实工作中存在的问题。集团公司进一步加强了对代理金融业务的指导工作,各省公司成立的代理业务部,在促进代理金融业务的良好发展方面已经开始发挥积极作用，保持了储蓄业务的较快发展。从总体上看，目前，全国邮政企业已基本补足了在邮储银行成立时划走的邮储余额。

三是成立了中邮人寿保险股份有限公司。今年9月9日，经保监会批准，中邮人寿保险股份有限公司正式成立，这是中国邮政的一件大事。它将进一步丰富邮政金融业务品种，促进邮政金融业务的多元化发展。目前，已经设计出了特色突出的产品体系，集中开发了实用先进的信息系统。中邮人寿分支机构建设工作正式启动，首批6省筹建工作全面展开，目前，四川、江西、陕西3省分公司已获中国保监会批准筹建，争取尽快挂牌开业。

(三)企业管理水平不断提高

我们充分认识到，在宏观形势复杂多变和改革发展任务繁重的双重背景下，加强企业管理、提高管理效率显得尤为迫切和重要。年初，集团公司下发一号文件和一号指挥调度电报，对今年的“降本增效”和“减员增效”等重点工作尽早进行了部署，11月份召开全国邮政工作座谈会，再次强调要转变增长方式，调整业务结构，促进了管理效率的提高。

一是强化了财务管理。今年下发的《关于强化成本管理不断提高企业发展效益的指导意见》，积极推进各级企业降本增效的实践。全面实现了省内资金收支两条线管理，进一步提高了全网的资金使用效率。按照国家税务总局的统一部署，认真开展全国邮政税收自查，在查补纠正涉税问题的同时，制定一系列针对性强的政策措施，强化了企业税收管理工作。组织研究邮政企业内控体系建设和会计核算办法修订，为2010年全面执行新企业会计制度做了充分准备。继续加强了酒店资产的盘活工作，又完成了一批酒店资产的盘活，改善了企业的资金状况，有效支撑了主业的发展。各级财务部门全力配合邮储和速递物流改革，积极向国家有关部门争取有利于邮政改革和发展的政策，为速递物流改革创造了良好的政策环境，做了大量富有成效的工作。

二是强化了人力资源管理。通过推进“双定”工作和“工时化精细”管理，降本增效初见成效。全年累计盘活人力资源一万多人，有力支撑了重点业务的发展和企业核心能力建设。通过制定“双定”标准，促进了人力资源的优化配置。不断深化干部人事制度改革，省公司普遍推行干部竞聘上岗和干部任期制，并进一步加大了任期考核力度。薪酬制度改革配套工作稳步开展。完成了对各省公司领导班子成员的薪酬套改实施工作，对总部及直属单位高管人员实行了薪酬集中发放，制定了员工“易岗易薪”管理办法。平稳推进了邮储银行薪酬制度改革，制定了省速递物流公司岗位职级体系的过渡方案。加强机构编制管理，集团公司和各省公司按照“三个严格控制”要求开展了相关工作。

三是强化了网运管理。大力推进流程优化工程，全面实施大宗函件邮编预处理及分拣前置和大宗包裹流程优化工作，分步推进普通给据邮件封发无纸化改革，提高了劳动生产效率，加快了邮件传递速度。强化了铁邮合作，克服铁路部门调图改点、运邮车次运行不稳定等不利因素影响，确保了全网畅通。积极改进直达运输方式，减少了邮件经转次数，降低了转运处理成本，压缩了邮件运输和处理时限，提高了全网运行效率。不断优化国际路由，降低邮件运输成本，制定运输应急预案，着力解决运力紧张的矛盾。加强邮件运行质量管理，建立信息通报制度，及时通报邮件运输信息。通过加强企业自查和监管部门的抽查，邮件逾限等问题有所缓解。

四是强化了审计监督管理。组织开展了专项审计调查，提高了各级邮政企业对应收账款和用户欠费到账的重视程度。积极开展内部控制审计和财务收支审计，加强对企业各项成本费用的监督，促进企业降本增效。进一步完善了四级监督检查体系职责，明确了监督检查体系对邮政“全业务、全网络、全过程”的监督检查职能。

五是为新《邮政法》通过和宣贯做了大量工作。集团公司和各省邮政公司做了大量艰苦细致的工作，为新《邮政法》的顺利通过和实施做了必要的准备。集团公司积极与国务院相关部门，对涉及邮政企业基本利益的信函专营、邮政普遍服务的财政补贴、外资经营信件的国内寄递业务、邮政企业经营储蓄业务、邮票发行业务、邮政编码由邮政企业编制等关键问题，进行充分的沟通协调。同时，充分利用新《邮政法》颁布的有利时机，积极做好新《邮政法》的宣传和贯彻落实工作，引导社会各界对《邮政法》中的关键问题进行正确的理解，引导邮政干部职工充分认识新《邮政法》的重要意义，自觉学习宣传贯彻落实《邮政法》。各省邮政公司积极争取地方人大、政府相关部门的理解和支持，很多省都出台了有利于邮政发展的地方性法规和政策，如信报箱建设、过路过桥费的减免、邮政网点拆迁还建的补偿等，为邮政发展创造了有利的环境。

(四)综合能力和社会地位稳步提升

通过加大投资力度，加强服务能力建设和流程优化，使邮政网络整体服务能力有较大提升，提高了市场竞争能力，夯实了业务发展基础，提升了邮政的社会地位和形象。

*一是加强干线网能力建设，增强竞争实力。*从全力满足邮务类业务发展需要，积极支持速递物流专业化经营改革出发，今年加大了干线普通网和速递物流网建设的调整改造优化力度。全年预计完成投资 90 亿元以上，是这些年来投资规模较大的一年。重点用于南京速递物流集散中心、北京邮件处理中心、部分重点城市处理场地的建设。进一步扩充铁路、公路等干线普通网运能，有效缓解了部分路向运力不足的问题。新开通三条自主航线，增加石家庄、长春、长沙为邮航通航局，扩大了“全夜航”网路覆盖范围。优化干线运输网路和速递物流网路，加强了网运的指挥调度，提高了邮件在竞争激烈地区的传输时限和竞争能力。

*二是推进营投网建设，提高服务能力。*通过开展学习北京东四邮电局“创新服务理念　创建示范窗口”活动，进一步改进了服务质量。不断加大支局所改造力度，进一步提升了中国邮政对外服务形象。电子化支局数量已达到 3.68 万处，占比达到 80%以上。进一步加大了对投递网建设的投入，全国共完成了 350 个重点城市投递网建设，有力地支撑了邮政业务发展。加大了对中央投资农村邮政项目的监督检查力度，西部农村邮政基础设施建设项目进展顺利，绝大多数项目已完成建设任务。继续安排了灾后重建项目，中央预算内资金和集团公司补贴资金已全部拨付各省，大部分项目正在建设中。

*三是推进信息网应用，强化支撑功能。*信息化建设促进了三大板块业务快速发展。2009 年，包含新建和升级改造的 43 个信息系统上线应用。速递平台二期及扩容工程、物流综合信息平台的上线应用，为支撑速递物流业务发展奠定了基础。网运信息系统、投递系统、给据邮件跟踪查询系统，实现了传统寄递业务的全过程闭环管理，带动了寄递类业务生产流程的优化。集邮业务管理系统、报刊发行系统、国际普邮二期工程、邮资封片卡系统、商函系统及名址互通工程等系统建设，全面支撑邮政业务的发展。11185 客户服务中心二期工程、电子商务平台等电子商务类应用系统，有效支撑了新业务的拓展。人力、财务、综合办公、客户营销管理系统、量收二期工程等经营管理类应用系统建设，实现了对企业经营管理的综合性支撑。邮政储蓄物理大集中工程、邮政储蓄 2.0 版本升级、代理保险大集中工程等系统建设，全方位提升了中国邮政金融业务的核心竞争能力。在国际普邮跟踪查询系统的基础上，建设了国际邮件自动批译系统、投递系统、运输质量监控系统等，优化了国际邮件进出口流程。

*四是积极服务“三农”，提升企业形象。*今年，张德江副总理亲自在国务院召开的山东现场会上作了重要讲话，有力地提升了邮政的社会地位和企业形象。按照会议精神，集团公司制定了三年的业务发展规划，进一步理顺分销业务的管理体系，并在积极研究农资分销的连锁经营体系。我们组织开展了“邮政服务‘三农’，送科技下乡”千场培训活动，为明年业务的开展打下了良好基础。目前邮政服务“三农”连锁配送网点总数已达 24 万多处，覆盖了全国 86%的县、市和超过三分之一的行政村。邮储银行积极做好农村金融服务，提供种类丰富的小额贷款系列产品，已覆盖全国所有的地、市和 2000 多个县、市及主要的乡镇。已累计发放贷款近千亿元、200 多万笔，解决了全国 120 多万户农民和中小企业的生产经营资金需求问题，取得了良好的经济效益和社会效益。

(五)和谐企业建设取得显著成效

在加快邮政改革与发展的同时，我们始终坚持以人为本，努力构建和谐企业，让广大员工享受改革成果，取得显著成效，实现了员工与企业的共同发展。

*一是精神文明建设成绩斐然。*王顺友荣获“新中国成立以来感动中国人物”称号，尼玛拉木、艾克拜尔·伊明荣获第二届“全国道德模范”荣誉称号，王安兰、何健忠荣获第二届“全国道德模范”提名奖。2009 年邮政系统有 6 个单位荣获“全国五一劳动奖状”，20 人荣获“全国五一劳动奖章”，27 个集体荣获“全国工人先锋号”。全国共有 67 个基层单位被中央文明委评为全国文明单位和全国精神文明建设先进单

位。集团公司隆重召开了全国邮政系统先进个人、先进集体表彰大会，160人被授予“全国邮政系统先进个人”荣誉称号，101个单位被授予“全国邮政系统先进集体”荣誉称号，进一步激发了广大邮政干部员工的荣誉感、自豪感和责任感，增强了企业凝聚力。

*二是党风廉政建设推向深入。*坚持标本兼治、综合治理、惩防并举、注重预防的方针，全面推进教育、制度、监督、改革、纠风、惩治等方面的工作。加大了对地市局纪委书记的培训。从建设反腐倡廉“大宣教”工作格局和监督资源整合出发，建立了人力资源、纪检监察、审计、党群、工会、新闻宣传等部门的协调机制，统筹规划反腐倡廉建设工作。以群众参与、民主评议为重点内容，安排部署和组织开展领导人员述职述廉和作风建设民主评议活动。

*三是干部员工培训规模空前。*为增强员工队伍的整体素质，今年仅由集团公司组织的各类培训就达17.1万人，创历史新高。其中，共举办了3期省公司领导培训班、4期地市局主要领导培训班和两期中青年干部培训班，共培训干部528人次，是近年来集中培训人数最多的一年。充分发挥邮政教育培训网的作用，远程网共有实名注册学员32.7万人，占全国邮政从业员工总数的34%。访问量累计达262万人次，单日最高访问量达2.9万人次，在全国所有远程教育培训网中名列前茅。大规模开展职业技能鉴定，全年参加鉴定的一线员工达12万余人；举办第二届全国邮政通信特有职业技能竞赛，3.5万内部处理岗位上的员工参加初赛，使竞赛与提高工时利用率、优化邮件处理流程有机结合。

*四是和谐劳动关系不断强化。*各级领导始终高度重视和谐劳动关系建设，加强了依法用工管理和用工结构调整，取得积极成效。企业合同用工的劳动合同签订率和社会保险参保率达到了100%，劳务派遣率接近100%，劳务工参保水平也大幅度提高。加强用工结构调整工作，继续把一批优秀支局长、支行长、营销人员等基层骨干转为合同工，有力地调动了劳务用工的积极性。薪酬改革后，员工收益有所提高。

总体上看，虽然2009年是新世纪以来我国经济发展最为困难的一年，但面对国际金融危机的冲击和国内经济形势的影响，邮政经济仍然保持了平稳较快发展的势头，发展情况好于预期，取得这样的成绩，实属不易。这是集团公司和各省（区、市）邮政公司、邮储银行、速递物流公司科学应对、正确领导的结果；是全网发挥优势、三大板块协调发展、集中力量办大事的结果；是我们不断推进改革拓展发展空间的结果；是全国邮政干部职工共同努力奋斗的结果。在改革的进程中，集团公司总部各综合部门和各省公司，做了大量的工作，给予了有力的支持。在此，我代表中国邮政集团公司，向全国邮政员工，向领导我们的交通运输部，向尊敬的李盛霖部长，向所有关心和支持邮政事业发展的国务院有关部门、各级党委政府和社会各界，向为邮政发展作出贡献的老同志、老领导，表示衷心的感谢，并致以崇高的敬意！

成绩令人欣喜，经验弥足珍贵。总结2009年的工作，我们深深地感受到：

*第一，必须自觉地贯彻落实科学发展观。*面对国际金融危机的不利影响和激烈的市场竞争，中国邮政能够保持快速发展根本原因在于，我们自觉地坚持以科学发展观统领邮政改革发展大局，坚决地把科学发展观落到实处，扎实地贯彻到具体工作的方方面面。只有真正以科学发展观为指导，才能做到科学决策，才能做到办实事、求实效，才能充分发挥自身优势，变压力为动力，化挑战为机遇，为中国邮政能够适应更激烈竞争获得更好发展奠定基础。

*第二，必须坚定不移地深化改革。*近几年，我们积极稳妥地推进了政企分开、邮储管理体制、薪酬制度、速递物流专业化经营等一系列改革，不断消除制约发展的体制性机制性障碍，解放和发展了邮政生产力。实践证明，只有坚定不移地按照中央精神推进改革，自觉地加快改革步伐，坚持以改革促进发展，我们才能促进邮政的管理体制和运行机制不断完善，才能争取到国家有关部门的理解和支持，才能使邮政各个专业能够按照自身规律发展，开拓出新的业务范围和市场空间。

*第三，必须始终不渝地加快发展。*无论在任何时候、任何情况下，我们都要坚持把发展作为第一要务，越是在面临较大困难的时候，越是要加快发展。今年中国邮政能够克服困难、化解风险，保持平稳较快的发展势头，关键就是这几年始终狠抓发展不放松，坚持用发展的办法解决前进中的问题，注重从复杂的形势中捕捉和把握发展机遇，积极在逆境中发

现和培育有利因素，持续提高了抵御风险的能力。

第四，必须高度重视全网的协调统一。今年工作取得的成绩表明，集团公司党组的领导是坚强有力的，制定的各项方针和重大决策是符合实际的，各地的工作措施是卓有成效的，广大邮政干部职工是奋发有为的。经验告诉我们，各地区、各部门，都必须从长远利益和全网利益出发，只有坚持全网一盘棋，上下一股劲，思想高度统一，行动高度一致，才能形成强大的改革发展合力。只有用坚强的执行力作保障，中国邮政才能够迅速组织和调动全网力量，经受考验，办成大事，推动全网协调健康发展。

这些经验和体会，是我们在实践中积累的宝贵财富，在今后的工作中要继续坚持和发扬。

二、2010年全国邮政主要工作安排

2010年是"十一五"规划的最后一年，也是邮政改革发展十分关键的一年。做好全年工作，对中国邮政克服国际金融危机的不利影响，继续保持良好的发展势头，实现又好又快的发展具有十分重要的意义。

2010年全国邮政工作总体要求是：认真贯彻落实党的十七届四中全会和中央经济工作会议精神，用科学发展观统领全局，坚持把发展作为第一要务，坚持以改革促进发展，大力推进邮政经济发展方式转变和业务结构调整，全面提升邮政经济增长质量和效益，加强三大板块资源整合，强化科学管理，改善服务质量，增强综合能力，努力构建和谐企业，推动邮政事业迈上新台阶。

2010年全国邮政经营目标是：邮政集团总收入同比增长争取10%以上。其中，邮政公司收入增长7%左右；速递物流公司收入增长15%左右；邮储银行收入增长20%左右。经济效益进一步提高，财务状况进一步改善，服务满意度稳步提高。

为了实现以上目标，要着力做好以下各项工作：

(一)认清当前改革发展形势

目前邮政面临的形势，依然十分复杂，挑战和机遇并存，积极变化和不利影响相互交织，长期积累的矛盾和近期出现的困难同时显现。在这种情况下，我们既要看到邮政发展面临的严峻客观形势，又要看到邮政发展具有的重要战略机遇；既要增强紧迫感和忧患意识，又要增强自信心和必胜信念，努力在新的起点上把改革发展稳定各项工作做得更好。

一方面，邮政发展面临着难得的发展机遇和发展空间。中央高度重视邮政改革与发展，国务院领导对邮政工作多次做出重要批示，为邮政改革与发展指明了方向。尤其是"山东现场会"的召开和国办(2009)42号文件的出台，为支持邮政发展创造了良好的外部环境。集团公司和各省公司积极争取各地方党政领导支持，为邮政提供了广阔的发展空间。国家各主管部门，都积极支持中国邮政深化改革，尽快做大做强，中国邮政迎来了一个更好的发展环境。前不久召开的中央经济工作会议，强调要继续保持宏观经济政策的连续性和稳定性，继续扩大内需，支持物流配送等战略性新兴产业和服务业发展，推进城镇化，进一步改善农村金融服务，这都为邮政服务"三农"、服务中小企业提供了良好的政策环境。从企业内部看，这些年我们自觉坚持以科学发展观为指导，坚持按照经济规律办事，在全行业树立正确的政绩观，为长远发展打下了良好的基础。党组年初制定的降本增效、减员增效战略，部署的流程优化工作，和前不久召开的全国邮政工作座谈会，使全国邮政进一步统一了认识，更深刻地理解了中央转变发展方式的要求，从而使我们能够更好地抓住这一难得的历史机遇，加快发展步伐。

另一方面，我们也要充分认识和估计到我们所面临的不利因素和严峻挑战。从外部环境看，新《邮政法》实施后，保护邮政信件专营的条例还未出台，对邮政信件专营提出了新的挑战，邮政速递物流面临的市场竞争更加激烈。资金供求关系变化和利率水平的波动，使稳定邮储资金自主运用收益水平难度加大，零售信贷业务潜在风险加大。从内部环境看，邮政经济运行中存在的一些矛盾和问题，在当前复杂的改革发展环境下，将会更加集中地凸显出来，必将影响邮政经济运行质量和效益的进一步提高。这些问题主要表现在：一是加快发展方式转变和结构调整的任务艰巨，必须尽快提升发展的质量和效益。产品体系还不尽合理，营销能力、成本意识和效益观念亟待加强，收入结构需要进一步改善。二是过多依赖成本拉动业务发展的方式还没有根本转变，全行业成本支出增长尚未得到有效控制，这两年，我们的成本支出还是比较高的，必须引起我们高度重

视。三是企业核心能力建设跟不上企业发展的需要。营投基础能力和服务水平需要进一步提高，速递物流能力建设还不能满足市场竞争需要。四是邮政业务发展不平衡，地区发展差异较大。三大板块联动发展的机制还不够健全，资源需进一步整合。随着改革的深入，有些同志担忧普遍服务任务重，邮政企业摊子大，负担重，可持续发展压力较大。五是员工队伍的整体素质需要尽快提高。各地区、各专业开拓的新业务所需的核心领军人才还比较缺乏。企业文化建设尚待进一步加强。这些不利因素和问题，全网与局部相互交织，外部与内部相互影响，全行业必须高度重视，认真解决。

我们要准确把握国内外经济发展大势，正确认识和分析当前的发展机遇和不利因素，提高驾驭全局的能力。我们要坚持以科学发展观为统领，坚持"以加快发展推动改革，以深化改革促进发展"不动摇，进一步坚定发展的信心和改革的决心，统筹兼顾，协调发展好三大板块业务，加快邮政改革发展步伐。我们要坚决把思想和行动统一到中央对经济工作的总体要求和决策部署上来，统一到集团公司党组对邮政内外形势的分析判断上来，统一到邮政改革发展的总体目标和要求上来。要更加注重发展方式转变和业务结构调整，更加注重深化各项邮政改革，更加注重增强市场开拓能力，更加注重增强协调发展能力，不断增强全网的凝聚力，切实提高全网的执行力，确保全网步调统一、政令畅通，各项工作扎实推进。坚持一心一意谋发展，坚持扎实苦干抓落实，真正把中国邮政做大做强。

*一要更加注重发展方式转变和业务结构调整。*中央经济工作会议提出，做好明年经济工作，重点要在促进发展方式转变上下工夫，在发展中促转变，在转变中谋发展。这对中国邮政有着非常深远和现实的指导意义，我们对此有着切身的体会。中国邮政必须坚决贯彻中央的指示精神，把加快经济发展方式转变作为贯彻落实科学发展观的重要目标和战略举措，坚定不移调结构，脚踏实地促转变，力争能够在经济发展方式转变上不断取得实质性进展。兼顾好当前和长远，处理好局部和整体的关系，调动全网上下各方面推动发展的积极性，形成加快经济发展方式转变的强大合力，真正把加快经济发展方式转变和保持邮政经济平稳较快发展结合起来。要加快建立健全适应市场竞争的激励体系，按照突出效益的原则，改进工效挂钩办法，增强企业加快经济发展方式转变的自觉性和主动性。要大力发展高效业务，降低业务成本，加快引导全行业在注重发展速度和规模的同时，更加注重效益和质量。要进一步推进流程优化，坚持用信息化改造传统产业，用新技术提高企业机械化、自动化水平。要用锲而不舍的探索，踏踏实实的行动，打好邮政转变经济发展方式这场硬仗，促进邮政能始终保持持续健康、又好又快地发展。

*二要更加注重深化各项邮政改革。*经过这两年的努力，目前我们在邮政体制改革方面取得了很大的进步。2010 年乃至今后一段时间，我们深化各项改革的任务仍很艰巨，改革是我们增强企业活力、促进业务发展的根本动力，我们必须更加强调用改革促进发展。目前，邮储银行的改革仍需深化，基层支行的经营和管理办法还需要尽快完善。速递物流改革步伐要进一步加快，进行独立核算，实现持续快速的发展，对我们来说是一个严峻的挑战。我们还要加快生产作业组织的调整和流程优化工作，深入开展"双定"工作和精简机构的工作。因此，我们深化各项改革的任务依然艰巨，需要继续加大力度，积极深入推进各项改革。

*三要更加注重增强市场开拓能力。*邮政作为市场竞争的主体，必须不断增强市场开拓能力。我们要认真研究市场经济规律，按市场经济规律办事。要注重学习和借鉴国内外先进的企业经营管理经验，查找我们的差距，改进我们的不足。要进一步加强营销体系建设，提高营销策划能力，完善营销激励机制，调动各方面营销人员的工作积极性。提高专业营销的能力，加大对大客户的开发和维护力度，拓展邮政业务发展空间。

*四要更加注重增强协调发展能力。*全网优势是邮政的根本利益所在。专业化经营后，三大板块唇齿相依，在网络资源、客户资源方面有着密切的联系。集团公司是邮储银行和速递物流股份公司的出资人，邮储银行和速递物流公司发展得越好，对邮政企业的回报会越大。今年银行的发展已说明了这点，下一步速递物流专业的改革，也会证明这点。邮储银行和速递物流公司的立身之本也在邮政，离开了邮政大网，发展就会失去依托和特色。邮政企业、邮储银

行和速递物流公司及全行业的各级领导干部都要以身作则,牢牢树立“共举邮政大旗、共享全网资源、共创美好未来”的“大邮政”理念和全局意识,共同打造一个品牌。这就要进一步完善三大板块协调发展机制,加强沟通与协作,增进相互之间的理解和信任。集团公司要进一步研究三大板块的管控体制,健全制度建设。各省邮政公司一把手是邮储和邮政速递物流改革的第一责任人,要肩负起责任,把握好大局,发挥好领导作用,做到亲自关心、亲自过问、亲自把关。

(二)积极推动邮务类业务发展

近年来,集团公司党组以科学发展观为指引,高度重视邮务类业务发展。邮务板块的同志们在改革和发展的关键时期,保持了积极进取,努力向上的精神状态,坚持发展是硬道理,迎难而上、开拓创新,取得了较好成绩。为企业改革、发展和稳定大局作出了重要贡献,为增强企业加快发展的信心,发挥了积极作用。在银行、速递物流改革后,特别是在分业经营的情况下,邮务类业务的基础性地位更加突出,加快发展邮务类业务更加紧迫。做好邮务类业务发展工作是在邮政改革和发展关键时期的一项重要任务。各级邮政企业要更加重视、更加关注邮务类板块的发展。

一要突出抓好函件业务。函件业务是邮政最基础、最基本的业务,是典型的规模效益型业务,只有做大规模,才会产生显著的效益。目前,我国的函件市场潜力还相当大,发展空间还十分广阔,与发达国家邮政相比还存在很大差距。我们要认真总结推广这些年在实践中积累起来的好经验,尽快做大函件业务规模。集团公司要加大总部营销策划能力,拓宽邮政与社会合作的领域和范围。各单位要高度重视数据库商函团队的建设,尽快选调业务素质好的人员,充实数据库分析和营销策划队伍。要突出抓好名址库的建设与维护,丰富名址属性,提高数据库的准确率和使用率。要以数据库商函团队建设为抓手,尽快融入广告市场。要积极稳妥地推进与社会广告业和数据库公司的合作,努力营造有利于数据库商函发展的社会氛围。贺卡这几年的快速发展难能可贵。要发挥邮政的特色,推进贺卡业务的持续发展。更加关注成本管理,加大成本控制力度,降低贺卡营销和制作费用,争取取得更好的经济效益。要突出抓好账单业务。特别是重点城市要通过提升投递质量和服务水平,通过抓好投递支撑能力建设,抓好银企对账单的发展。要加大市场营销力度,完善必要的账单制作能力,丰富账单品种,迅速做大账单业务规模。要与重点国家(地区)邮政合作开发数据库商函,跨境交寄信函、印刷品和网购小包业务。

二要加速发展信息和代理业务,积极推进邮政电子商务的运营。邮政发展信息和代理业务,有着广阔的市场潜力和较高的边际效益。各级邮政企业一定要充分利用邮政网络优势,抓住邮政与有关部门开展战略合作的契机,不断扩大代理业务的领域和范围,进一步加快发展,并重视解决各地区发展不平衡的问题。短信业务开办三年来取得了突飞猛进的发展,三年中建设资金和直接运营费用不到8000万元,今年收入有望突破9亿元,三年创收累计已达16亿元,表现出非常好的成长性和经济效益,要进一步做大规模。航空机票业务市场前景广阔,经济效益显著,可以凝聚高端客户。要充分发挥营业网点、营销体系、11185客户服务中心的作用,发挥邮政机票代理销售的渠道优势,积极推进与中国民航信息集团公司、各航空公司的合作,迅速做大市场,尽快使中国邮政成为国内覆盖面最广、接入渠道最全、服务很好、国内很有影响力的航空机票代理机构,打响“邮政票务”的品牌。代缴费业务方面,要加快社会代办渠道建设和推广,积极争取地方政府的支持,力争把代缴费业务纳入地方政府便民服务渠道,争取用较低成本实现代办点的进一步布局,打造“一站式”综合便民服务平台。为汽车用户提供服务的“自邮一族”业务,也是一个可以凝聚高端客户的业务。要进一步拓宽营销思路,抓住中国汽车市场快速发展的大好时机,通过为“有车族”提供方便快捷、内容丰富的“一站式”服务,迅速形成规模。

电子商务作为一种新型的商业模式,对于发展现代邮政具有非常重要的意义。要加快中国邮政电子商务网站的建设,使主要的邮政业务均可实现网上办理。要充分利用11185功能,为邮政提供更全面的营销、查询等方面的服务。要认真做好电子商务配送服务。同时积极参与电子商务运营,探索和积累电子商务运营的模式和经验,争取更大的社会影响和更好的经济效益。

要认真做好上海世博会的邮政服务和门票销售

工作。

三要加快发展报刊业务。要高度重视党报党刊发行工作，这是党和政府交给我们的政治任务，必须认真抓好。要实现党报和畅销报刊、行业报刊、地方报刊的协调发展，巩固邮政发行的主渠道地位。要进一步解放思想，转变观念，加快改革创新步伐，积极应对文化体制改革的新形势，抓住机遇，迎接挑战，借势前行。要坚持“重点区域、重点报刊、重点客户”的策略，更积极主动地做大做强一批高品位、有市场、效益好的报刊，尽快形成规模效益。要认真研究零售报刊的发展战略和思路，通过报刊订阅和零售业务的协同发展，巩固和提升中国邮政在出版物发行市场上的主导地位和影响力。

四要稳步发展集邮业务。发行邮票是国家赋予中国邮政的一项特殊职能，我们要充分利用好这个宝贵的独特资源，促进集邮业务的持续健康发展。一是要继续坚持“总量调控，适度从紧”的邮票发行政策，继续坚持“集中统一管理”的市场开发原则，做好全年邮票发行和经营工作。二是要积极推进集邮专卖店建设，不断提高集邮品牌形象，增强网点销售能力。三是要增强集邮总公司和各省公司的邮品开发能力，制作出更好的具有文化内涵、艺术魅力和收藏价值的集邮品。四是要进一步加强集邮专业的成本控制，强化库存管理。五是要认真组织好重大题材的专项营销活动。争取在大家的共同努力下，通过每年都能有一批重点题材，有一批高品质的邮品，来保持集邮业务的长期、健康、可持续发展。

五要积极发展包裹业务。要抓住我们与国家旅游局签订战略合作协议的契机，积极拓展旅游市场，发展具有地方特色的旅游包裹寄递服务。要按照中央服务“三农”的要求，充分发挥邮政网络优势，继续开发农村市场，提供农副产品包裹寄递服务。要大力发展特色包裹，继续运作好“爱心包裹”项目。要提升包裹服务质量，抓紧包裹信息查询系统建设应用，落实查验赔偿制度，努力提高包裹业务品质。

根据邮政改革的总体要求，将逐步对部分业务的管理关系进行必要调整，主要涉及分销配送等业务。这是邮政运行体制机制改革向纵深推进的必然要求，是促进业务快速健康发展的必然选择，有利于解决现行管理体制下的一些深层次矛盾，有利于进一步理顺产品体系。各有关方面，都要从邮政改革发展的大局出发，积极地做好相关工作。

要更加积极主动地融入地方经济，根据各地经济发展的不同特点，因地制宜，尽快找到各地邮政自己的发展思路和发展特色，在努力服务地方经济发展的同时，更好地加快发展，壮大自己。

(三)做大做强速递物流业务

2010年，要基本完成速递物流的体制机制改革，加快发展方式的转变，提升独立运营的能力，保持业务快速增长的态势，为下一步深化改革和长远可持续发展打好基础。

一要继续深化邮政速递物流改革。邮政速递物流专业当前最紧迫的任务，是平稳实现分账核算，尽快理顺各项生产和管理关系，顺利实现公司化独立运营。集团公司已经就相应的预算和核算、人力资源管理、网络管理、能力建设等做出了安排，各省邮政公司要尽快组织落实，为股份公司的组建做好充分准备。要顺利实现股份制改造并不容易，一方面要靠速递物流专业自己抓好发展和改革的各项准备工作，同时要靠全网的共同支持，要增强改革的信心。在股份制改造过程中，必然还会出现各种具体问题，全网上下都要从有利于提高速递物流专业经营能力的角度出发，及时尽快予以解决。

邮政速递物流专业要抓住改革的机会，尽快建立和完善适应市场激烈竞争、以客户为导向的经营管理运行机制。要全面整合资源，逐步建立定位清晰的产品和服务体系。要在充分利用好邮政大网资源的基础上，尽快建立适应市场竞争需要、运行高效、质量稳定的专业速递物流网络。要加快速递物流专业的队伍建设，以适应建立现代化股份公司的需要。要抓紧建立各项必要的企业管理制度，为建立现代企业制度打下基础。要以信息化技术全面支撑，推进邮政速递物流专业化运营的系统建设。

目前，正在申报速递物流改制重组方案，我们的各项准备工作也正在紧张有序地进行。各省邮政公司要按照集团公司的部署，按照(2008)548号文件要求，尽快落实好省市县一体化专业经营改革的各项工作。同时，要抓紧办理土地确权办证、资产登记等相关手续，抓紧省、市(地)两级速递物流公司注册、登记相关手续的准备工作。

二要努力实现速递物流业务持续较快发展。进一步加大市场开发力度，突出抓好重点地区、重点业务发展,大力拓展新型业务和新的服务领域,力争实现速递物流业务的持续较快发展。

一是要进一步巩固国际渠道优势，努力拓展国际速递业务和国际包裹业务。要通过不断提高业务运作质量和扩大合作范围等措施，全力做好卡哈拉业务，稳定国际业务主体市场。要加强与重点邮政及周边邮政间的合作,通过推进重点项目,推进新产品、新服务的开发力度等措施,拓展邮政渠道服务功能，促进与各国邮政协同发展。要加大非邮渠道的拓展,加强对商业客户(大客户)的开发和维护,做大非邮业务规模。要进一步加强与海关的沟通和配合,积极争取海关支持。要重视国际包裹业务开发工作,与国际速递共同形成国际物品类业务产品体系,为用户提供更好的服务和更多的选择。

二是要立足重点区域、重点市场和重点业务,狠抓国内速递业务发展。国内速递业务是邮政速递业务生存和发展的根基,在深化改革的过程中,要进一步强化长三角、珠三角、环渤海等重点地区的协调机制，加快在竞争激烈地区的发展速度。要加快标准型业务发展，增强竞争能力。要加快同城网络平台建设,改进同城业务运作模式,拓展同城业务市场。

三是要扎实抓好经济类快递业务。要通过对速递物流产品的优化组合和市场细分，建立以经济快递和中邮快货为主，面向散件和批货市场的速递物流经济类产品。要积极拓展增值服务项目，全面整合速递物流资源,进一步强化运行质量监控,为广大中小企业和个人提供良好、便捷、具有差异化优势的经济型服务，努力实现速递物流经济类产品整体规模的迅速扩大。

四是要发挥“三流合一”优势,努力做大邮政速递电子商务业务。抓住占有市场份额70%以上的20个重点城市,加快推广“网商创业园”等先进经验,积极叠加新服务，形成邮政特有的差异化竞争优势和邮政速递电子商务发展模式,尽快做大业务规模,努力提高市场占有率。代收货款业务要进一步加快回款速度,实施好“开箱验货”等服务举措,确保我们的竞争优势。

五是要进一步推动合同物流业务持续发展。要围绕高科技、快速消费品、汽车、烟草、服装、医药、冷链物流等目前邮政已具有一定基础的七大行业,积极推进全国和省内重点项目开发工程实施。要以重点城市为主体，再抓紧开发一批跨国企业和国内行业领先的客户，巩固邮政物流在高端客户物流服务的领先地位，进一步扩大中国邮政在合同物流领域的市场份额。各省要加大省内业务开发力度，实现省内重点规模项目的新突破。要抓好项目延伸服务,逐步发展高端供应链物流服务，积极探索供应链金融业务模式。要积极开发合同物流国内项目的境外延伸服务,进一步做响中国邮政合同物流的品牌。要加强邮政物流客户服务团队和项目管理团队建设,提升邮政物流服务品质与竞争能力。要突出效益的观念,高度重视合同物流的经济效益,加强效益核算,建立项目全成本核算机制,尽快提升盈利能力。

六是要进一步提高速递物流服务质量与水平。要建立和完善专业管控体系,强化全环节动态监控,完善质量考核管理机制，全面提升速递物流服务质量与水平。要继续深入开展“运行质量年”活动,巩固100个重点城市的国内速递时限承诺服务，并适时扩大承诺服务的范围或产品。要通过机制的转换,进一步提高揽投响应速度,提高投递服务质量,加快建立运行质量稳定、服务安全可靠的专业化运行服务体系。

七是要进一步促进分销配送业务持续健康发展。要坚决贯彻落实山东现场会精神，积极争取各地政府的支持，为邮政开展分销业务营造良好的外部环境。各省特别是农业大省和重点农业地区,要大力推进农村生产资料和生活用品的市场拓展，积极扩大业务规模和市场份额。要加快精品网点和农村社会加盟网点渠道建设,提高行政村网点覆盖率。要积极推广普及信息系统运用，提升分销业务运营质量和效益。要加快建设“网络布局合理、双向流通高效、商品种类丰富、综合服务便利”的农资分销连锁化经营服务体系,进一步提升邮政服务“三农”的品牌。

三要重视做好代理速递物流业务。速递物流专业化经营后，代理速递物流业务仍然是邮政公司的重要收入来源。要继续发挥网点和窗口等渠道优势,采取有效措施,确保网点、窗口发展速递物流业务思路不变、力度不减、增速不降。同时,要做好未纳入专业经营范围地区速递物流业务的市场开发和服务工作。发挥邮政在这些地区的优势,巩固邮政速递物流的主导地位。专业公司和各级邮政企业要密切协作、积极沟通、主动配合。现业局要抓好这些地区速递物流的运营管理和终端投递服务，确保服务的质量和水平。专业公司要重点做好业务指导和业务宣传，全力支持现业局发展速递物流业务。2010 年是速递物流改革的关键一年，发挥全网的优势非常重要。我们要做到窗口代理速递能保持一定的增长速度，窗口快包能保持今年的业务量水平。做好这两点，对下一步速递物流进一步深化改革，尽快做大做强，具有十分重要的意义。

(四)积极发展邮政金融业务

在当前复杂的经济环境和金融形势下，邮政金融业务要统筹处理好加快发展与审慎经营的关系，尽快做大业务规模，增强风险防范能力，实现积极稳步发展。

一要进一步加快邮储银行转型。邮政储蓄的历史经验告诉我们，只有在经营理念、增长方式、管理体系等方面，遵循银行业的要求和特点，才能办好邮政金融。邮储银行要加强战略研究，以业务发展规划为切入点，以 IT 规划为支撑，通过对业务结构、收入结构和客户结构进行调整，加快推进邮储银行战略转型。要加快发展银行新业务，进一步拓展经营领域。要加强各项制度建设，为邮储银行长远发展奠定牢固基础。要制定科学有效的激励约束机制，打造一支符合邮储银行发展需要的高素质员工队伍。要健全公司治理结构，强化总行对全行的管理和协调，提高全行管理水平。

二要继续加快银行业务发展。要继续做好个人本外币储蓄、结算、理财、保险等基础金融业务的发展，巩固传统业务的地位。要坚持零售信贷战略不动摇，进一步做大小额信贷业务规模，提高服务“三农”的渗透力。要加快个人商务贷款、二手房贷款等城市零售信贷业务发展，提高城市市场的竞争力。要大力推动服务中小企业工作，积极推动中小企业贷款试点，尽快扩大邮储银行客户覆盖范围。要大力推进公司业务发展，继续做好财政类、社保类、烟草等重点行业客户的结算业务。要充分发挥邮政网络优势，加强与邮政物流企业的合作，积极探索供应链融资模式。要加强行业研究和项目营销，扩大项目贷款和企业贷款，逐步向公司客户提供全面金融服务。要加强资金运用管理，优化资产配置，稳步提升资金自主运用水平。

三要积极推动代理金融业务发展。邮政体制改革后，代理金融业务网点仍然是邮储银行金融服务网络的重要组成部分，代理金融业务收入仍然是邮政企业收入的主要来源之一。做好代理金融业务对邮银双方的发展都具有十分重要的战略意义，要进一步统一思想，共举邮政大旗，共同抓住机遇，大力推进代理金融业务发展。邮储银行要充分发挥金融管理的职能作用，加强对邮政金融业务和资金管理的统一指导。邮政代理业务部门要抓好代理金融业务的发展、管理和协调等方面的工作。要抓住当前低利率周期，加快储蓄业务发展，加快扩大储蓄存款规模。要加快个人支付结算业务的发展，进一步做好存款结构调整。要加快本外币理财类业务、基金、国债和代理保险的发展，提高服务客户的能力和水平。要加大基层网点装修建设，提高网点的竞争能力和发展水平。要加强基层金融网点人员培训，尽快提升邮政代理金融管理水平。

四要扎实推进“新农保”金融服务工作。建立新型农村社会养老保险制度，这是党中央、国务院做出的又一项重大惠农政策。要充分发挥好邮政的品牌优势和网络优势，充分认识到做好这项工作既是我们服务“三农”、促进社会主义新农村建设的重要举措，也是促进公司业务发展、带动个人业务发展、巩固农村市场的重要工作，具有良好的社会效益和经济效益，邮储银行要争取成为“新农保”资金发放的主要代理银行。

五要切实推动基层支行办理新业务。要从战略高度认清基层支行服务于邮政金融大局的重要地位，牢固树立政治意识、大局意识、市场意识和效益意识，珍惜来之不易的改革成果。邮银双方要共同做好向监管部门的汇报工作，积极争取理解和支持，增加办理小额信贷业务的网点，在农村金融市场发挥重要作用。要共同努力，帮助基层邮政企业和银行克服困难，积极解决信贷场地的提供、符合条件基层支行行长的配备问题。要进一步加大对基层信贷人员的培训力度。对总行已批复的网点，要尽快开展市场调研和业务宣传，尽快开始发放贷款，在实践中锻炼队伍。

六要继续抓好邮银协调工作。在全网统一的管理体制下，要高度重视邮银协调工作。这是一项需要长期努力、不断完善的工作。特别要在地市、县级两个层面，更深入地宣传“相互依托、资源共享、合作共赢、做大做强”的思想，进一步完善和落实好协调机制，促进邮政金融业务的协调发展。邮银双方要加强工作交流，及时协调解决发展中出现的各种问题。银行要主动帮助邮政企业算好账，抓紧做好对邮政企业有关核算人员的培训，加强对邮政企业客管系统使用人员的培训，加快开发金融数据下载系统，使各级邮政企业，能够及时清楚地掌握金融业务发展和收益的全面情况，促进邮银双方的相互信任、相互理解，促进共同发展、共同繁荣。

邮政储蓄体制改革短短三年，银行全面开办小额信贷业务也仅一年多的时间，邮银真正开始分账核算也才一年，邮政储蓄体制改革的成果已经开始显现。今年全国邮政代理金融业务的发展成为近几年来最好的时期。邮储银行自营业务也保持了快速的增长，取得了良好的经营效益，并将这三年形成的利润上交给集团公司，不仅有力地支持了速递物流的改革，也为邮政的改革和发展做出了积极贡献。邮储银行下一步还要继续加快发展，要为集团公司多作贡献。邮储银行在快速发展的同时，更要注意加强增收节支工作，厉行勤俭节约。在有一定成本空间的情况下，更要注意严格控制成本费用。

这几年，邮储银行自主运用资金的收益分配是清晰的。从2003年邮储资金自主运用以来，全部自主运用工作均严格执行国家规定的各项金融会计、财务制度，严格控制风险，每年都接受监管部门及专业审计部门的检查。但由于我们网络太大，银行代收付业务种类繁多、情况复杂，在基层的某些环节和一些代收付业务上，也不可避免地存在双方结算不合适的地方，这些问题都需要大家在今后的工作中共同协商解决。对于改革发展中出现的问题，各级企业要通过协调机制及时向银行提出，银行要负责地尽快研究解决好这些问题。对于尚未协商一致或研究确定的问题，双方各级领导都不要随意去讲。都要时刻注意，不说不利于团结的话，不做影响团结的事，共同爱护改革发展的良好局面，共同珍惜改革发展的成果。

要加强对员工的教育，要以高度的责任心，重视基层员工的思想动态。要积极宣传邮政改革取得的成就，教育大家算大账，使基层的广大员工认识到只有改革才有出路，只有改革才能有发展。要通过加快发展，来解决改革中的深层次问题。只有上下一致真正支持改革，才会取得更大成绩，才能实现邮政全行业整体利益的最大化。

*七要加强风险管理，确保邮政金融资金安全。*邮银都要提高风险管理能力。要从加强内部控制入手，加快建立健全全面风险管理体系，进一步树立全面风险管理理念。邮储银行要努力健全信用风险、市场风险、操作风险、合规风险管理体系，巩固“合规管理年”活动成果，确保全行安全稳健运营。要继续加大案件治理工作力度，以全面深化贯彻落实“三个规定”为切入点，认真履行好代理协议，协调各方力量，齐抓共管，切实把资金安全责任落实到每个岗位、每个环节和每个责任人。当前，正是邮政金融业务发展的旺季，要加强现金库存和运钞的管理工作。加强邮政金融各项业务计算机系统的安全运维，确保业务高峰时期系统安全稳定。

*八要全力推动邮政保险业务发展。*要以“夯实基础、拓展市场、强化管控、树立品牌”为核心，全力推动邮政保险业务发展，实现全面布局、局部突破、特色突出。要依托中国邮政遍布全国的组织体系，加快推进中邮人寿保险各省分公司的组建工作，目前，批筹工作已获保监会同意的三个省要抓紧成立，其他省要在集团公司和中邮人寿保险公司的整体部署下抓紧筹建，争取成熟一家、开办一家。争取尽快全面开展业务，做出规模，做出特色。要加快邮政保险人才队伍建设，锻造一支懂经营、善管理、肯奉献、精干高效的中邮人寿经营管理队伍。各级邮政企业和邮储银行都要支持好我们自己的中邮人寿的发展，共同把它办好，共同积极探索邮政自办保险的运营模式和盈利模式。

（五）加强企业财务管理

分业经营后，要围绕转变经济发展方式和业务结构调整，以三大板块协调发展为原则，进一步加强企业财务管理，促进业务又好又快发展。充分发挥财务工作在邮政改革中的重要作用，促进全网互利共赢，同时要进一步争取国家的政策支持。

*一要积极运用各项财务政策，引导企业又好又快发展。*一是要尽快建立以效益为重点的企业评价体系。通过引入或加大各种效益类和运行质量类指标的权重，更加科学地评价各级企业的综合经营成果。二是要加大资金筹措力度，集中成本，加大对能

力建设等的投入，支持营投核心能力建设。三是要适度提高用于营销方面的费用预算安排力度，在省内成本配置上，鼓励以有效收入作为资源配置的依据,促进有效收入的提高。四是要强化对业务发展效益和运行质量的日常监控。对效益评价体系中的主要指标要按月监控,定期通报。

二要强化成本管理,确保全年预算不留缺口。一是要强化对成本的合理管控和结构调整。成本费用安排要突出“总量控制,量入为出,结构优化,有保有压”。对业务相关的直接成本,包括代办费、印制费、集邮品制作成本等，要通过加强集中管理等方式强化管控。对管理成本,要从严控制,厉行节约,切实降低管理费用。还要加强对外投资企业和附属三产企业效益情况的监控,防止国有资产及其收益流失。要不断提高投入产出效率，提高产品收益水平。二是要强化省内成本费用定额标准体系建设和运用，增强省内预算编制的合理性，为向编制零基预算过渡奠定基础。要完善预算执行控制的信息化手段，硬化预算执行约束，增强预算执行分析和动态调整能力，提高预算执行控制效果。三是要加快对普遍服务成本的测定和研究。这是一项基础性的工作，要高度重视并支持这项工作的开展。四是要及时总结推广基层单位降本增效的实践经验，指导各地把降本增效落实到各项具体工作中。同时要进一步做好收支两条线管理工作。

三要适应经营管理需要，积极深化损益核算工作。一是要加快制定网点损益核算办法。使网点核算能更直接地指导基层单位更加有效地发展业务，引导一线人员争创效益。二是要重点推进重点城市函件专业核算结果的应用，将结算后收支差额作为衡量专业经营业绩的主要指标，为专业部门提供更加全面的信息支撑。三是要组织分销物流专业损益核算。将分销业务的资金占用、库存减值、欠费损失等纳入核算内容,及时反映业务经营情况,保障业务的健康发展。

四要强化基础工作,推进财务管理的科学化、精细化。一是要继续推进财务管理内部控制制度建设,制定《邮政企业会计基础工作规范》。二是要通过信息化手段加强对固定资产的管理，引导基层单位关注资产占用成本。三是要加大资产盘活力度，向存量资产要效益。我们要按照中央有关精神，加快清理非主业和低效资产,力争抓住时机再处置一些,最大限度实现盘活收益，让存量资产的效益得到真正有效发挥。要把酒店资产盘活工作,作为调整和优化资产结构的一项主要工作来抓。四是要加快建设资金管理信息系统，强化企业资金管理和往来账款管理。帮助各省公司及时监控资金流量流向,防范企业资金风险,提高资金运用效率,促进企业经营现金流增加。

(六)优化配置人力资源

随着企业经济发展方式的转变，随着三大板块的分业经营，我们要从战略的高度去认识优化人力资源配置的重要性。要按照建立现代企业制度的要求,围绕增强邮政核心竞争力,实现降本增效开展工作,进一步加强干部员工队伍建设,为企业改革发展提供保障。

一要建立以效益为导向的人工成本配置机制。一是要加强企业人工成本管控。推进邮政企业工资总额和劳务性支出与效益增长挂钩办法的实施。加大与有效收入，与劳动生产率和单位收入的成本消耗水平下降率的挂钩力度，使人工成本的增长与企业效益增长有科学合理的匹配。二是要严格控制企业增员。坚持“总量控制、突出效益、调整结构、动态配置”的原则,按照有效收入和劳产率增长情况,动态核定增员计划。用工增量主要用于重点区域的银企对账单投递能力,重点城市速递投揽队伍建设,信贷业务发展的需要。其他的人员需求,主要通过企业自然减员、加大盘活力度解决。

二要进一步优化人力资源结构。一是要把加大盘活力度,作为实现降本增效的重要战略措施。由依靠人员投入拉动发展,向依靠内部挖潜促发展转变,主要通过优化作业组织与流程、进行工时精细化管理来实现。集团公司要全面开展“双定标准”的推广工作,各级领导要站在战略高度,重视并切实抓好。对盘活的人力资源，要及时调整和补充到邮政高效业务的发展和核心能力建设上来，支撑邮政持续健康发展。二是要继续做好用工结构调整,作为激励措施,坚持优先把一线优秀的支局长、支行长、营销能手等优秀基层骨干,由劳务工转为合同工。三是要推进人力资源信息化建设。加快人力资源信息系统二期建设,支撑人力资源和人工成本的精细化管理。

三要不断完善薪酬分配制度改革。加强薪酬分配管理。逐步完善岗位管理体系，推进员工绩效和履岗考核，建立和完善员工工资正常增长机制和支付保障机制，合理调控分配差距，加快推进企业从业人员的劳动报酬由省公司集中统一发放，使员工能与企业共享发展成果。根据企业能力，重点解决劳务工社会基本医疗保险参保率低的问题。积极探索建立企业年金制度。

四要高度重视依法规范用工。继续加强劳动合同管理。在企业积极探索经营方式和用工方式多元化的同时，要重点处理好非全日制用工规范管理。要依法规范与代办、外包、农资分销连锁店、报刊亭和社区邮政服务点等的经济合同，规范有关的业务合作协议，严格审批程序，加强专项检查，防止出现新的事实劳动关系。

五要加强企业领导班子和员工队伍建设。一是要推进各类人事制度改革，逐步建立民主、公开、竞争、择优的选人用人机制。要继续推进任期制、聘任制和竞聘上岗，努力建立常态化的制度，建设一支高素质的领导干部队伍。二是要按照转变经济发展方式的总体要求，尽快建立和完善各级领导班子绩效指标的考核体系，适度加大对效益和质量的考核权重，形成符合邮政战略导向的激励和约束机制。三是要按照建立学习型企业要求，注重提高领导班子和领导干部推动科学发展、促进企业和谐的能力。重视企业经营发展专业人才、特别是专业领域领军人才的选拔、培养和引进工作。加强各级经营管理队伍、营销队伍、科技队伍和员工队伍的建设，加强对劳动模范的培养和教育，使他们发挥更大的作用。

六要继续抓好大规模员工培训。要进一步加大全网培训的力度，重点抓好支局长、支行长等基层骨干培训，加强职业技能培训和鉴定工作，提升员工素质。重视全网培训资源的整合，发挥各级培训机构的职能，加快邮政网络大学的建设，做好一线员工职业素质的培训。

（七）提高企业科学管理水平

强化管理是现代企业的基本要求。越是在改革发展的关键时期，越是面临错综复杂的发展形势，越是要强化各项管理，努力向管理要效益。

一要强化业务管理，全面提升服务水平。要认真落实《邮政法》，做好普遍服务和特殊服务。要根据新《邮政法》等有关规定，结合流程优化工程，及时调整和优化作业组织和管理办法，抓好业务制度的修订完善和贯彻落实。要进一步加强邮件时限管理，编制各类邮件全程时限标准，确保邮件时限达标。要强化服务质量监督检查工作，加强监督检查队伍建设，加大监督检查和处罚力度，充分发挥各级视检和社会监督员的作用。要注意解决服务工作中的热点、难点问题，处理好与媒体的关系。要努力推广服务示范窗口和优秀个人的先进做法，全面提升窗口服务水平。要加强邮政网点的管理，最近集团公司已下发通知，各地要抓紧抓好落实。要加强重点城市投递服务质量管理，确保邮件、报刊妥投率达到100%，客户满意度达到90分以上。要加强规范经营，认真落实“八条禁令”，坚决杜绝“两低一跨”等违规经营行为。

二要强化网运管理，全面提高网运质量。要进一步强化全网统一协调和速递物流邮件干线运输管理，确保大网、专网协同运转。要强化邮件内部处理环节精细管理，进一步降低邮件处理成本。要高度重视网运质量，加强对各类邮件的运递质量、时限管理和运行情况的监控和考核。要进一步强化网运信息系统应用，进一步提高网运管理的科技水平。要探索创新干线运输方式，进一步提高网运综合服务能力和科学管理水平。

三要加强安全生产管理，保障企业生产有序进行。切实做好各项安全生产制度的落实和检查工作，保障职工生命和企业财产安全，保障企业生产经营的顺利进行。要进一步完善安全生产责任制。明确各企业“一把手”是安全生产第一责任人。狠抓安全生产基本规章制度的落实和宣传教育工作，完善防范设施，密切注意安全薄弱环节，重点做好防火、防盗、防事故。重点加强对营业收寄、邮件运输、生产作业等环节的安全管理，保证职工人身安全和生产作业安全。严防不法分子利用邮政渠道从事非法活动。要加强资金安全，尤其是储蓄资金、营业款和金库、运钞车的安全管理。各地要全面贯彻资金管理的“三个规定”，邮银双方坚持分工负责，各司其职，要切实加强对基层网点的监督检查工作，特别要加强对基层网点的管理，防止低水平、简单手法的案件重复发生，严防大案、要案发生。要加强信息安全管理，强化网络安全的运行维护。要继续开展金融计算机系统安全运行竞赛活动。要提高应对突发事件的能力，严防重大人身事故的发生。

四要加强基础管理，提升企业发展能力。要加强审计监督。要关注企业运行质量和效益，加大对企业经济活动的重点环节、重点业务、重点工程项目的内控审计力度，强化经济责任审计和年度绩效考核审计，提高审计工作质量。要加强资费管理工作。研究完善国内包裹、特快专递和印刷品等业务的资费体系，简化计费方式，理顺比价关系。随着邮政体制改革的进展，要及时调整资费管理方式，赋予专业公司必要的资费管理权限，满足经营发展需要。认真组织好集团公司“十二五”规划编制工作，加强对各省规划编制工作的培训与指导，开展重点专题的研究工作。要加强在改革过程中的计划建设管理，完善各项投资管理制度。配合邮政专业化经营改革和业务发展需要，积极推进邮政企业形象建设和营业局所标准化工作。

五要优化企业组织架构。邮政分业经营改革到位后，邮政企业的管理范围和方式都发生很大变化，管理机构多、领导职数多、管理人员编制多的问题更加突出。要按照“三个严格控制”和“精简、统一、高效”的原则，贯彻落实好集团公司关于省级以下机构、编制配置意见，继续加大力度，进一步精简管理机构和管理人员，严格控制领导职数。邮储银行和速递物流公司也要注意在改革过程中，一开始就做好机构和管理人员的严格管控工作。

六要加强国际和地区合作，完善国际网络的组织与管理工作。一是要继续推动与美国、日本、香港等发达国家和地区邮政间的业务合作，重点推进数据库商函、电子商务、速递和物流业务领域的合作。二是要进一步推动与周边邮政的业务合作，特别是与俄罗斯和东盟开展边境业务合作。三是要进一步落实“走出去”战略，加强非邮合作，继续开发新的国际市场。四是要继续推动两岸邮政业务往来，扩大两岸邮政业务。五是要加强优化国际网络，逐步实行国际邮件运输招标管理，确保邮件运输时限和质量，支撑国际业务发展。六是要加快推进海关电子预报关(EDI)系统开发和建设工作。

(八)加强综合能力建设

加强能力建设，是提高企业核心竞争能力，提高市场竞争力的关键。要采取各种有效的措施，不断加强能力建设，为业务发展尤其是竞争性业务的发展提供有力的支撑和保障。

一要加强基础设施建设。继续抓好南京中邮航空速递物流集散中心工程、北京综合邮件处理中心工程，以及信息中心工程等重点工程建设。推进速递处理中心和物流仓储中心项目建设。继续抓好西部农村邮政基础设施建设项目和灾后重建项目建设。继续加强外部政策争取工作，为邮政建设争取更好的政策空间。

二要加强网运能力建设。一是要加强干线普通网能力建设。抓好网路规划研究，推进网路结构优化与业务流程优化工作，加大分拣设备改造力度和运输车辆的投资力度。加强干线运输网的监控和指挥调度，提高干线网的处理和运输能力。二是要强化速递物流网路建设。本着依托大网基础、满足竞争需要、协调共赢发展的原则，加快速递物流专网的建设与优化，加快速递业务流程改造。扩大“全夜航”覆盖范围，努力提高飞机利用率和装载率。进一步优化重点区域的网路组织，增开二频次邮路和邻省直达邮路。要加强社会运输资源整合能力，完善物流集散网络。

三要加强信息化建设。继续抓好全网信息化项目各大应用系统的开发和建设工作。完成电子商务、报刊发行经营管理分析系统、国际邮件电子报关系统等基础网络平台的开发建设工作。加快速递物流类应用系统建设，完成速递系统二期工程、一体化项目的上线运行和11183全国呼叫中心建设工作。抓紧经营管理类应用系统建设，进一步做好对信息化数据的分析挖掘，加强利用信息化手段对生产、经营、服务、管理等过程的分析与研究，不断提高科学管理的能力和水平。确保完成储蓄系统物理大集中工程和储蓄系统统版改造工程的全国推广上线工作，加快邮政金融类应用系统的开发建设工作，进一步做好运行维护和信息化队伍的建设。

四要继续做好流程优化工作。做好“流程优化”工作，是转变邮政经济发展方式、建立成本消减机制的重要抓手，也是推进邮政企业科学管理、开展“双定”、精细化工时管理和机构编制管理等相关工作的重要基础。各级邮政企业一定要站在全局的高度，把“流程优化”工程尽快推广到邮政生产的各个环节。今年是“流程优化”工程的启动之年，2010年将是“流程优化”工程的攻坚之年，任务更重，难度更大，各省参与的程度也更深，我们必须高度重视。要实现邮政编码和封面书写规范率达到90%，邮编名址匹配率达到90%以上，实现给据邮件进口自动化分拣，全面实施邮件进、出口分拣前置，全网完成封发清单无纸化改革。要完成试点省的省干线汽车邮路集装化运邮改革，还要做好速递物流业务的流程优化工作。各省一定要上下配合、联动运作，把“流程优化”工程具体要求抓紧落实好。

五要加强营销体系建设。要加大总部经济的开发力度，强化总部的项目管理，建立重点项目开发维护保障体系。要通过客户管理系统加强对营销的管理和对大客户的维护。要进一步加大培训力度，充分发挥营销内训师作用，全面提升营销队伍素质。

（九）加强党的建设和精神文明建设

要坚持以人为本，按照中央构建和谐社会的要求，扎实推进和谐邮政企业的建设工作。切实加强党建工作和精神文明创建活动，调动一切积极因素，促进邮政改革发展。

一要抓好各级邮政企业党建工作。要高度重视邮政企业党建工作，全面贯彻党的十七大关于党的建设的总体部署，继续深入学习贯彻党的十七届四中全会精神，加强企业党建工作，牢牢把握“围绕中心、服务大局”这个方向，坚持不懈地做好“抓基层、打基础”的工作，全面推进邮政企业党的思想建设、组织建设、作风建设、制度建设和反腐倡廉建设，更好地保证党的路线方针政策在邮政企业的贯彻落实，更好地为邮政改革发展服务。

二要抓好反腐倡廉工作。要继续认真贯彻落实中纪委第十七届四次、五次全会和胡锦涛总书记重要讲话精神，认真落实集团公司《建立健全惩治和预防腐败体系2008-2012年工作规划实施意见》，扎实开展党性党风党纪教育活动，加强制度建设和监督工作。督促广大党员干部特别是领导干部严格遵守廉洁自律各项规定，树立正确的世界观、人生观、价值观和政绩观，做到堂堂正正做人，清清白白做官，干干净净做事。围绕企业生产经营管理的重点领域和关键环节，开展效能监察，进一步做好反腐倡廉建设工作，为邮政改革发展创造良好环境。

三要抓好邮政企业精神文明创建活动和企业文化建设工作。要坚持“两手抓，两手都要硬”的工作方针，继续深化精神文明创建工作，加强创建工作的规划和制度建设，积极推动各级文明单位的创建活动，力争使邮政企业涌现出更多的精神文明单位和个人。要继续深化邮政思想政治工作研究，促进研究成果的运用。要抓紧推进中国邮政企业文化建设工作，尽快建立起符合社会主义先进文化前进方向的邮政企业文化体系，不断提升企业的管理水平和服务水平，不断提升中国邮政的品牌形象。

四要进一步发挥工会等组织在建设和谐企业中的作用。要充分发挥党政工团、企业管理协会及联席会议等的作用，不断增强企业的凝聚力。一是要认真开展形势任务宣传教育活动，开展以促进“职工与企业相融共进、共同发展”为内容的主题教育活动，关心员工的思想状况，维护职工合法权益，切实做好员工的思想工作和队伍的稳定工作。二是要进一步加强员工生产生活工作。要关心员工生产生活，着力解决广大员工最关心、最迫切、最直接的现实问题，扎实开展为基层职工办实事、做好事、解难事活动。继续深化农村支局(所)职工小家建设工作。要组织开展好元旦、春节“两节”和长期性的“送温暖”工作，做好离退休人员的生活保障工作。三是要认真做好全国劳动模范的培养选树工作。四是要开展职工素质建设工程评选表彰活动，即表扬优秀组织单位、学习型标兵班组、知识性职工、示范型“职工书屋”。五是要进一步推进省级公司职代会制度，发挥职代会在员工参与企业民主管理、协调劳动关系，构建和谐企业中的作用。

五要高度重视稳定工作。各级邮政企业都要更加自觉地落实中央“稳定是硬任务、是第一责任”的要求，加强对影响企业稳定因素的分析和把握，进一步完善维护企业稳定的体制机制，加强企业民主管理，推动基层民主政治建设，切实做好维护企业稳定工作。一是要健全职工权益保障机制，特别是对涉及员工切身利益的事情，要充分听取员工意见，使企业长远发展需要和员工现实利益结合起来。二是要高度重视信访工作，进一步加强信访预防机制，力争将矛盾化解在基层和萌芽状态，防止群体性事件发生。三是要努力构建和谐劳动关系。要坚决克服在业务发展上，搞简单的层层加码和简单的任务摊派的作法，要把它提高到转变增长方式的高度去认识、去解决，努力形成企业与员工共谋发展、共创和谐的良好局面。

六要加强邮政新闻宣传工作。要高度重视企业宣传工作，加强邮政舆论监控，提高舆论引导水平，做好突发事件的应急处置，营造良好的舆论环境。要坚持正面宣传的原则，继续做好邮政普遍服务和特殊服务的宣传，展示邮政职工的敬业精神和时代风貌。要做好对外宣传的管理工作，注意研究新情况，解决新问题，使邮政新闻宣传、形象宣传、业务宣传形成合力，协同发展。

特别强调的是，现在正是岁末年初，两节将至。我们一定要切实抓好旺季生产和安全生产，坚决遏制重大安全事故发生，坚决制止重大资金安全案件发生，为改革发展创造良好条件。要做好关心群众的工作，深入基层，对受灾地区、艰苦地区给予更多的关心。各级领导干部要多到基层去，多到困难多的地方去，想群众之所想，急群众之所急，帮群众之所需。

同志们，过去一年取得的成绩，值得我们欣喜；未来一年的发展道路，还需继续开拓。2010年的改革发展任务依然艰巨而繁重。我们一定要切实增强紧迫感和责任感，同心同德，顽强拼搏，抓住机遇，克服困难，加快转变发展方式，加快改革步伐，努力完成全年各项工作目标，保持中国邮政平稳较快发展的态势，为推动邮政事业迈上新台阶而努力奋斗！

认清形势　坚定信心 为实现北京邮政又好又快发展 努力奋斗

——章千泉总经理在市公司一届二次职工代表大会上的报告

（2009年1月13日）

各位代表，同志们：

现在，我就北京市邮政公司2008年工作情况和2009年工作安排向大会做报告，请审议。

一、辉煌的2008年工作回顾

2008年是改革开放第三十个年头。30年来，北京邮政积极转变观念，创造性地开展经营工作，业务结构不断优化，经济效益稳步提高，服务水平逐年上升，干部员工队伍素质不断改善，"三个文明"建设不断取得新成效。2008年是全面贯彻落实党的十七大战略部署的第一年。这一年对世界、对中国、对北京、对中国邮政、对北京邮政来说都是极不平凡的一年。这一年里，我们经历了灾难，经历了悲痛，经历了兴奋，也经历了自豪；这一年里，世界金融格局发生了重大变革，邮政企业也面临着前所未有的挑战；也是在这一年里，我们在集团公司的带领下，战灾害，保奥运，抓改革，促发展，各方面工作取得了长足进步，为实现北京邮政又好又快发展做出了突出贡献。

2008年，北京邮政业务收入实现45.64亿元（不包括银行收入4.76亿元），完成年预算的107.05%，同比增长25.92%；完成集团公司下达收支差额计划；总收入增幅全国排名第一。累计净增收入连续两年实现跨越式增长；2006年净增2.6亿元；2007年净增5.17亿元，2008年净增超过10亿元。同志们，2008年北京邮政（包括银行）全年业务总收入比1978年的5257万元增加近50亿元，这是个非常了不起的成绩，它从一个侧面反映了改革开放30年来北京邮政发生的巨大变化。

2008年，公司上下全面实现了升位晋级工作目标。与2007年年底收入规模相比：国内包裹、集邮、发行（订销）、物流、保险、国际6个专业在全国实现排名升位：其中，保险专业上升2位，其他5个专业上升1位。发行、机要专业全国第一的领先优势扩大！

主要作法是：

（一）全面推进学习实践科学发展观活动

北京邮政作为北京市第一批开展深入学习实践科学发展观活动的单位之一，以"推进体制机制改革，争创全国文明单位，实现升位晋级，促进北京邮政又好又快发展"为主题，紧密结合中国邮政改革创新和首都城市建设发展对北京邮政的新要求，开展了学习实践活动。推出了速递物流体制改革方案、"会展经济、政府经济、总部经济"（以下简称"三个经济"）开发理念和由传统粗放型向现代集约型转变的管理模式。积极落实北京市委书记刘淇关于"邮政部门要积极参与到社会主义新农村建设中"的要求，注重把北京邮政自身的发展融入"人文北京，科技北京，绿色北京"建设和中国邮政的整体发展之中，专题研讨了北京邮政如何利用网络优势、资金优势，不断拓展服务领域，丰富服务内涵，服务新农村建设工作。确定了以加快村邮站建设为切入点，为北京社会主义新农村建设做出了应有的贡献的奋斗目标。

各级领导班子将学习实践活动作为查找解决问题、增强领导能力、提升企业科学发展水平的重要契机，带头学习、调研，带头分析检查和解决问题。通过学习实践活动，各级领导班子在推动北京邮政科学发展的新思路、新举措上有了新共识，在解决群众反映强烈的问题上有了新突破，有力推动了北京邮政的改革发展。

（二）机制创新，企业管理进一步增强

思路决定出路，机制决定成败！2008年，市公司以科学发展观统领全局，把发展作为第一要务，积极创新管理模式和机制，促进了各项工作全面推进。

——创新和完善各项激励机制。2008年，本着科学发展的态度，制定了以“升位晋级”为核心的一系列发展政策，在优化绩效考核指标体系、引入损益核算考核指标基础上，重点完善了超收节支奖励政策，实行分档管理，体现高档多挂，激励各单位加大增收力度。同时，科学引导各单位关注业务结构调整、提升企业效益水平，使经营效果、经营业绩、管理水平、服务能力等方面得到显著提高。

——完善金融机制，推动邮银协调发展。2008年，北京邮政和邮储北京分行完成了金融管理模式的转型，通过建立完善的管理协调机制，加强了邮政在金融专业各项工作层面的管理力度，加强了相互交叉环节的合作，实现了经营、管理、设备、信息的资源共享。

——推行计财管理新举措，促进企业良性发展。制定了成本费用集中管理办法，把有限的资金投入到生产最需要的地方；通过加大资金集中支付比例，有效减少了资金管理的中间环节及在途资金量，提高了资金使用效率；将招标采购力度向成本费用领域延伸，共完成41个项目的招标工作，总体投资规模超过1亿元，节约投资440万元。出台了《新增设备项目有偿投资规定（试行）》办法，从新增设备入手，在一定范围内尝试采用有偿投资的形式，引导各单位减少盲目投资。建立了郊区普遍服务补偿机制，解决了郊区各区县局承担普遍服务所需的成本费用不足问题。下发了《关于深入开展责任中心损益核算工作的指导意见》，完善了结算价格体系，做到了分种类、分专业、分产品、分客户的细化核算，为市场经营部门针对不同目标市场采取不同的发展策略和定价政策，提供了科学依据。

——创新人力资源管理，适应公司化改革需要。干部选拔引入竞争机制，对部分单位领导班子空缺岗位通过公开竞聘方式进行补充，推进了干部队伍年轻化进程。建立和完善员工收入保障机制，对各单位人工成本使用情况进行预警监控，确保员工收入及时发放到位；制定了《郊区区县局首位升格管理办法》，调动了郊区各局加速发展、勇攀高峰的积极性，业务发展增速显著；出台了《设置处级非领导职务及郊区区县局领导副职退出机制》的有关规定，建立正常的退出机制，加强了干部队伍的动态管理。按照集团公司要求，积极稳妥地推进了薪酬制度改革。

——创新网路运行机制，支撑公司化经营发展。引进“经营网运”理念，建立邮运成本经营机制。下发了网运分环节结算办法，制定了立体网状的结算价格体系；出台了《公司内部运邮车辆有偿使用办法》；建立了网运成本节支奖励机制，规定按实际节支额的40%用于对员工的奖励，使经营单位重视、关注网运效益。进一步优化整合网运资源，实现降本增效，全年节省网运成本2170万元，向“经营网运”目标迈出了一大步。

——全面启动速递物流专业化经营改革。根据国务院和交通运输部领导有关做大做强邮政速递物流业务的指示精神和集团公司统一部署，按照“业务整合、专业经营；代理结算、利益共享；合理兼职、双向考核”思路，着手制订并实施了北京邮政速递物流专业化经营改革实施方案，新组建的速递物流公司已于2008年12月30日正式成立，为2009年速递物流专业化运行奠定了基础。

——试点实行报刊零售体制改革。为实现零售专业市县一体化经营，在昌平、大兴局实行了“统一经营，垂直管理”，“统一接办，统一费率”，统一组织开展营销活动。改革后的昌平、大兴报刊零售流转额增长了45.21万元，增幅达338%，实现了改革预期目标。

——审计、法制工作取得较好成绩。调整了审计管理体制，成立审计中心，实现了集中管理，加大了审计监督力度。认真开展了经济责任审计、工程结（决）算审计、专项审计及审计调查等工作，全年共开展各项审计及审计调查项目182项。法制工作注重完善工作体系和工作制度，实施提前介入、关口前移，构建风险防范管控机制。积极参与招投标工作和重大经济项目谈判，共审批合同5500多份，标的额9亿多元，办理民事及劳动纠纷案件21件。

（三）主动出击，经营效果进一步显现

针对不断变化的市场环境和经济环境，我们主动出击，深入研究探讨结构调整问题，在重点业务发展上取得突破，增强了企业的抗风险能力。

——邮务类业务。抓住奥运商机，借势而上，把握社会热点，实现了邮务类业务的高速发展。2008年实现收入26.75亿元，占总收入比重的58.61%，提前1个月完成年度预算目标，达到115.57%，比上年同期增长38.12%。

——速递物流业务。2008年速递物流专业克服了冰雪和地震灾害、奥运安全保障等因素影响，继续保持了较快的增长势头。速递专业完成收入10.49亿元，比上年同期增长16.73%。国际、国内、同城速递三大业务板块稳步推进；“思乡”营销活动实现跨越式发展；环渤海区域速递业务稳步推进；12月15日正式开办了对台特快专递业务，取得良好社会和经济效益。物流专业致力于一体化项目开发，打造中邮快货品牌，收益不断提升。物流业务收入1.79亿元，提前完成收入预算进度，达到102.88%，其中净增收入2786万元，比上年同期增长18.44%。

——金融业务。邮储专业及时推出了系列金融产品和新业务推广上线。市公司与邮储北京分行做到了同布置、同推广，联合召开启动会，联合下发推广方案，积极推动新业务发展。从组织机构搭建、配套制度建设、理财队伍建设等管理工作方面积极推进。邮银共净增储蓄余额119亿元，完成60亿元必保指标的198%，完成80亿元奋斗指标的149%，其中，邮政净增储蓄余额81亿元，占比68.07%。

——集邮业务。我们抓住千载难逢的奥运商机，实现了集邮业务跨越式发展。一是优化集邮业务结构，大力发展个性化邮票、企业年册和定向邮品开发三项新型业务，将新型业务打造成集邮核心业务；二是以项目营销、策划营销、方案营销为抓手，着力抓好主题项目营销；三是积极推进大客户营销，大力发展定制性业务。集邮业务在速度、规模、效益上都达到了历史最高水平，净增收入4.9亿元，比上年同期增长171.75%。

——报刊、国内包裹、国际、保险、电子商务、机要等业务也取得长足进步。报刊发行专业实现收入6.03亿元，同比增长15.77%，超出全国平均增幅6.5个百分点。通过加大营销力度，推进渠道整合，《精品购物指南》、《北京支部生活》等报刊回归邮发；国内包裹业务把结构调整作为重中之重来抓，效果显著。通过对传统业务的“精耕细作”，实现“原地拔高”，完成国内快递包裹收入4507万元，同比增长14.07%；国际专业通过积极开展项目营销，拉动业务增长，实现业务收入2.1亿元，同比增长22.74%；保险专业加大专项营销力度，打造“一厅一柜一经理”金融销售模式，邮政网点实现保险收入3300万元，完成预算的252%，同比增幅269%；电子商务专业紧紧围绕代办、短信等业务竞赛，通过开展营销活动推进业务发展，完成收入3049万元，比上年同期增长40.58%，增幅高于全国邮政10个百分点；报刊零售收入增长43.17%；机要专业创收6667万元，完成年预算的103.13%，全国排名保持第一。各专业均衡快速发展，使企业抗风险能力进一步增强。

（四）夯实基础，能力建设进一步增强

2008年，以服务奥运，推进邮政改革与业务发展为重点，以保证重点工程项目实施，改善终端服务网络水平为目标，进一步加强能力建设。全年完成投入3.04亿元。

——邮政网点设施服务能力增强。2008年，营业网点能力建设投入10611万元，改造局所及生产场地面积5.2万平方米；新增、改造营业台席149个、储蓄台席172个；速递物流专业投入3526万元，函件专业投入2622万元，内部处理投入4601万元，提高了中心局、速递局、汽运局等单位的内部处理能力；报刊亭建设投入2175万元。2008年12月29日，北京邮件综合处理中心工程奠基，标志着不久的将来，北京邮政邮件处理场地和条件将得到极大改善。

——推进了户箱工程建设工作。2008年，与市建委、市邮政管理局共同下发了《关于做好2008年住宅楼房邮政信报箱补建更新工作的通知》；制定了《北京市邮政公司信报箱建设奖励管理办法》；参与制定了2008年发布的《住宅区及住宅楼房邮政信报箱北京市地方标准》。户箱工程建设得到了进一步推进。

——营销体系能力提高。完善了营销管理制度，搭建了电视电话营销培训平台；扩大了营销队伍，2008年有实际业绩的营销人员1324人，比上年增加583人，创造了营销总收入达10.37亿元，占全公司业务收入的22.71%。营销收入超千万的团队13个，超百万的团队27个，创造了规模效益。

——投递能力增强。2008年，投递网建设投入1331万元，投递生产场地得到了改善，增加投递网点28处，城八区投递网点达到108处，平均服务半径由2.34公里缩短为2公里，达到集团公司的基本要求。新增投递人员近500人，提高了服务水平，员工劳动强度大、工时长问题有所缓解。

——信息化能力建设不断推进。2008年，信息化建设投入2351万元，主要包括集团公司金融网扩容改造、电子商务平台推广上线、11185平台改造项目，市公司短信平台改造、网上邮局等项目的上线，支撑了相关业务的开展。

——网运能力提高。2008年，新增市内干线邮路50条，达到312条，调整邮路206条。满足了新增28个投递部日报早投要求。邮运能力大幅提高，邮件传递时限进一步缩短。

(五)团结奋战，重大成果进一步扩大

2008年，我们坚持以服务赢得市场，以服务创造价值，履行普遍服务义务，拓展服务能力，着力提升北京邮政服务品牌。在奥运服务、抗震救灾、服务三农等工作中取得了里程碑式的胜利，得到了广泛赞誉和普遍好评。

——服务奥运工作取得圆满成功。作为首都服务奥运的四大重点窗口行业之一，公司上下思想认识到位，精心组织，措施得力，全面兑现了“政治第一、服务一流、万无一失、不留遗憾”的服务承诺和工作目标，为北京第29届奥运会、第13届残奥会、首届奥林匹克博览会提供了同样有特色、高水平、全方位的邮政服务，取得了奥运服务、奥运经济和奥运安全全面胜利。充分展示了中国邮政风采，赢得了全社会的认可，赢得了奥运会组织的赞誉，赢得了各级领导的充分肯定，赢得了各国运动员和观众的高度赞扬。

——抗灾赈灾工作取得突出成绩。年初南方冰雪灾害和5·12四川地震灾害的发生，给邮政网运生产造成了极大困难。冰雪灾害期间，网运部门表现出良好的全网意识、大局意识。以全网利益为重，动员和利用各种运能，全力确保通信生产正常和全网畅通。抗震救灾期间，在确保发往灾区邮件正常发运的同时，全力组织抢运赈灾物资，圆满完成了赈灾疏运工作。全体员工积极为灾区捐款捐物。北京邮政在抗击自然灾害过程中为全网做出的突出贡献，得到了集团公司的充分肯定和高度评价，获得全国邮政系统抗冰雪保畅通先进单位荣誉称号。

——邮政服务工作进一步规范。奥运之年，北京邮政的对外服务及通信质量也达到了前所未有的高标准。通过多种手段进行全方位检查，有效促进了基层单位服务质量和业务管理水平的提高；召开了市公司提高通信服务质量整顿大会，出台了《北京邮政通信质量、服务、经营禁令》，不断提高通信质量和管理水平。

——服务“三农”、服务中小企业工作初见成果。围绕重点营销项目，积极探索北京邮政服务“三农”新模式。贯彻市政府折子工程，完成了400个新型村邮站的试点建设。对怀柔区的板栗、核桃等为代表的产品进行礼品化包装，逐步丰富了邮政“名特优新”礼仪常规化农副产品系列，推动了一批郊区特色农产品企业实现可持续发展。继续开展中小企业走访活动，有效走访近7.8万家，达到计划目标的166%，新增客户7200余户，服务中小企业工作成果转化取得成效。

(六)以人为本，员工待遇进一步提高

市公司领导班子将“员工至上”理念作为企业管理之本，将公司经营成果更多地惠及到了员工身上。以激励各单位加快发展速度为出发点制定全年工效挂钩办法，全年多投入5400万元用于奖励业务发展快、经济效益好的单位员工。第一次将劳务性支出纳入工效挂钩办法，使劳务人员得利水平与企业效益紧密联系。

——坚持以人为本构建和谐企业，稳步提高员工收入。近2年来，我们始终坚持以人为本的治企宗旨，使企业发展成果更多地惠及员工。全部从业人员人均收入从2006年的3.7万上升到2007年的4.2万，年增长13.62%；再上升到2008年的4.89万，年增长16.32%。2006年至2008年全部从业人员人均收入累计增加1.19万元，年平均增长14.9%。

——推进和谐劳动关系，维护职工合法权益。2008年，市公司深入贯彻《北京市集体合同条例》，做好《集体合同》续签和集体协商工作。普及防灾、减灾知识，提高职工防御自然灾害和突发事件的能力。制定员工带薪年休假办法，安排了约14600人休假，占应休假员工的66%。完善了补充医疗保险制度，使35000名员工受益。

——以办实事工程为载体，将企业发展成果更大限度地惠及员工。完成了全部从业人员人均收入增幅水平不低于8%的目标；提高了外勤、地下室津贴标准；安排10%职工进行疗养；红居街职工宿舍投入使用；改善了职工工作生活环境。救助家在地震灾区的职工72人，年度职工医疗医助保险共支付救助金近158万元，128名患重病的在职和退休职工得到救助。加强对离退休工作的领导，举办了离退休工作会。组织了机关处以上离退休干部理论学习班，积极落实离退休人员的生活待遇，组织开展了丰富多彩的老年文体活动。

——加强培训，专业竞赛取得好成绩。培训是企业给员工最大的福利。2008年，市公司围绕“三奥”服务，建立和完善内训师选拔培养、考核晋升等制度，对全体员工进行了全方位、分层次、多角度的强化培训。在全国邮政支局长、支行长知识竞赛中我们取得了邮政专业团体第一名、储汇专业团体第四名的好成绩。在全国邮政企业财会岗位技能竞赛中取得了个人点钞第一名和第七名、个人凭证复算第一名、个人全能比赛第七名、团体比赛第六名的好成绩。

（七）构建和谐，精神文明建设进一步推进

一年来，我们以学习贯彻党的十七大精神、全面贯彻落实科学发展观为主线，以经营服务为中心，以争创全国文明单位为重点，精神文明建设取得了新突破。

——争创全国文明单位工作迈上新台阶，培养树立东四局先进典型工作取得突破。2008年，北京邮政争创全国文明单位工作通过了北京市的初审，正在全国文明网上进行公示，标志着北京邮政创建工作迈出关键步伐。东四局典型培树和宣传工作取得突破性进展。中央政治局委员、国务院副总理张德江近期做出了“建议交通运输部在全系统宣传学习北京东四邮电局的服务精神”的批示。在人民日报发表“大开方便之门”社论50周年之际，刘安东总经理到东四局视察工作并为东四局题词：“东四牌楼邮局，服务创造品牌”。集团公司拟于近期召开学习宣传东四局服务经验电视电话会，在全系统学习宣传东四局的事迹和经验，同时，还将在交通运输系统全面宣传推广。

——新闻宣传工作成绩显著。抓住奥运机遇，加大新闻宣传工作力度。全年各主流媒体对北京邮政报道达3600余篇，其中涉及奥运服务报道2000余篇。中央电视台、《人民邮电》、《北京日报》等80余家媒体相继报道了奥运会期间北京邮政以高质量服务，赢得中外用户青睐和各界充分肯定的事迹。

——党风廉政建设进一步加强。认真贯彻落实《实施纲要》，加强各项制度建设，坚持标本兼治，综合治理。深入进行反腐倡廉教育，促进了领导人员作风的转变。加强惩防体系基本制度建设，编制了《北京市邮政公司惩治和预防腐败体系基本制度汇编》，增强了领导人员用制度规范行为的自觉性。

安全保卫工作完成了以奥运安全为中心目标的年度工作任务，全年未发生安全事故和治安案件，未发生公私财产损失，实现了“平安邮政”工作目标。组织巩固职代会预备审议制，积极推进表决票决制，为职工更好参与企业建设搭建了制度化的平台；认真组织了职代会提案处理，确保了提案处理质量。信访、后勤管理、文史档案、企协等各项工作均取得较好成绩。

同志们，刚刚过去的一年，是公司上下面对各种重大挑战，团结一致，众志成城，迎难而上，共克时艰，推动各项工作不断前进的一年；是北京邮政抓住机遇、深化改革、加快发展，企业综合实力稳步提高的一年；是圆满完成奥运服务任务，各项事业取得全面进步的一年；是认真贯彻落实科学发展观，坚持以人为本，不断改善员工工作和生活待遇的一年。这一年带给了我们丰硕的成果，也带给了我们深刻的记忆，这一年注定是北京邮政发展史上极不平凡的辉煌的一年。成绩的取得，是集团公司领导班子和各相关部门对北京邮政亲切关怀、正确领导的结果，是公司党政工团各级组织、广大干部员工团结奋战的结果，是广大员工家属和离退休老同志鼎力支持的结果。借此机会，我代表市公司领导班子，向所有关心、支持和帮助北京邮政的各级领导和同志们表示衷心的感谢！向公司广大干部员工、家属和离退休老同志致以崇高的敬意！

在回顾2008年工作的同时,我们也得出了几点深刻体会:

(一)必须坚持"发展是第一要务"的治企原则。 发展是企业的第一要务,是解决一切问题的关键。只有不断发展,才能增强企业实力和竞争力;只有不断发展,才能提高抵御市场风险的能力;只有不断发展,才能改善工作环境和生产条件;只有不断发展,才能提高员工待遇,改善生活水平。公司化运营两年来,员工得利水平之所以能够有较大幅度增长,企业能力建设之所以能够取得较大突破,北京邮政之所以能够经得起市场经济各种风浪的考验,都源于紧紧抓住了发展这个主题。广大干部员工对发展都有这样深切的感受:大发展,小困难;小发展,大困难;不发展,最困难。只有用发展的眼光、发展的办法,加快发展,才能有效解决企业发展中的热点难点问题、体制机制问题以及发展"瓶颈"问题,才能有效解决北京邮政前进道路上遇到的种种困难和问题。

公司化运营以来,北京邮政迈上了经营发展的快车道,经济效益显著提高。邮政业务总量保持较快发展,2008年同比增幅由2006年全国排名第27位提高到2008年的第1位;邮政业务收入实现两位数年均增长,同比增幅由2007年全国排名第17位提高到2008年的第1位。邮政全员劳动生产率不断提高,员工得利水平连续两年以两位数增长。干部员工实实在在感受到了发展带来的可喜变化,获得了丰收的喜悦。事实证明,加快发展如同赶班车,慢一点、松一点,就有可能错过班车,影响以后的工作和发展;如果快一点、紧一点,就有可能把握住步点,把握住关键环节,就能够把事情办成、办好。

(二)必须坚持"以人为本"的治企宗旨。 科学发展观的本质和核心是以人为本。在企业,这个"人",就是广大员工,这个"本",就是广大员工的根本利益。员工是企业的一员,没有企业的发展就没有员工的进步。因此,坚持以人为本,首要问题就是要坚持企业的又好又快发展。只有企业不断发展,员工才能真正得到发展的实惠,生活水平才能不断提高。另一方面,企业之间的竞争说到底是人才的竞争,是企业员工之间的竞争。快速发展的企业需要素质不断提高的员工。坚持以人为本更要坚持员工能力与素质的不断提高,使企业真正成为实现员工价值的载体。

近年来,北京邮政积极贯彻落实"服务人民,造福职工"的企业宗旨,一方面,确保员工待遇不断得到提高,将提高员工收入水平纳入办实事项目,不断改善员工工作生活条件;另一方面,确保员工对企业大政方针的参与权、知情权和建议权。职代会制度得到进一步完善和坚持,局务公开、民主管理工作不断深化。以建立和谐劳动关系为中心推进和谐企业建设,努力保障员工合法权益,为企业更好地发展营造了和谐稳定的局面。

今后,北京邮政在以人为本治企宗旨的指导下,必须继续坚持发展为了员工,发展依靠员工,发展成果惠及员工的理念。要真心诚意地为员工办实事、解难事、做好事,进一步拓展为员工办实事领域,本着"年年递进,逐步改善"的原则,加大为员工办实事工作力度。各单位领导干部,要自觉把"服务人民,造福职工"企业宗旨作为工作的最大追求,把企业效益的提高与个人收益的提高结合起来,统一起来。要有知人善任的胸怀和本领,要建立相应的机制来激励人,形成人人想干事、人人能干事、人人干成事的企业环境,形成推动企业持续发展的强大动力。

(三)必须坚持"体制机制创新"的经营理念。 政企分开以来,我们逐步向公司化经营转变,但这并不意味着已经建立起适应科学发展的体制机制。相反,制约科学发展的深层次体制机制问题仍然比较突出。不建立适应科学发展的体制机制,推动科学发展的政策措施就难以完全落到实处。

体制机制创新是企业改革发展的动力源泉,这是我们在实践中得出的有益经验。有了一个好的机制,就能够调动各个单位和广大员工的积极性,就能凝聚大家为共同的目标而努力;没有好的机制,工作就会难以落实。近年来,特别是政企分开以来,北京邮政认真研究管理体制和经营机制的改革创新问题,采取了一系列新的举措,取得了积极效果,使企业焕发出了新的活力。特别是公司化运营后,我们推出了"重奖增量、协调发展"的经营机制制,调动了大家积极性;2008年,我们又推出了"升位晋级、首位升格"激励机制,调动了4个城区局和10个郊区区、县局的生产经营积极性。管理体制的不断理顺和经营机制的不断创新,使北京邮政应对市场变化的能力不断增强、对市场的反应更加灵敏。

我们学习实践科学发展观,就必须率先进行有利于科学发展的体制机制的探索，才能够闯出一条新路，才能够牢牢把握住改革的主动权。要用大局眼光、站在适当的高度进行体制机制创新，做到既能激励先进，又能鞭策后进，体现科学化和人性化。

（四）必须坚持把“团结协作，顽强拼搏”作为加快发展的根本保证。一个企业的成功，必须依靠团队。过去的一年，我们之所以能够克服困难、战胜挑战，取得奥运服务圆满成功等各项工作的显著成绩，是因为有一支过硬的员工队伍，有一批为北京邮政辛勤工作的团队。公司广大干部员工以加快北京邮政发展为己任，在抗震救灾斗争中英勇奋战，在奥运服务中无私奉献，在经营发展中恪尽职守，在技术创新中贡献聪明才智，在体制机制改革中顾全大局。科技、营销、投递、网运、后勤等各单位、各岗位员工，积极投身于北京邮政生产服务、后勤支撑等工作，讲大局、讲风格，加强配合、密切协作，为北京邮政飞速发展作出了重要贡献。实践充分证明，北京邮政广大干部员工的团结协作、顽强拼搏，是推动北京邮政改革发展的根本保证。在今后的征程中，我们必须更加充分地发挥这一根本力量的巨大作用，实现北京邮政又好又快发展工作目标。我们坚信，有辛勤的耕耘，就有丰收的果实；有团结协作，就有战胜困难的保障；有坚定的信心，就有胜利的希望！

在看到成绩的同时，我们也应该清醒地看到北京邮政存在的困难和不足。当时，北京邮政还存在着现业局与专业局关系尚未完全理顺、职责定位不清晰现象；专业发展和单位发展平衡问题也比较突出；企业的精细化管理还不够，部分单位的竞争意识不强，营销理念不够先进，各单位营销体系建设推进的速度仍不均衡；节约意识不强，降本增效意识不浓，成本费用管控不严；能力建设还有待加强，设备老化、更新不足，邮政网点不足，生产场地紧张问题也较为突出。都需要在今后的工作中认真落实科学发展观，逐步加以解决。

二、认真做好2009年工作

2009年是北京邮政在集团公司的正确领导下，进一步巩固公司化运营成果，弘扬奥运精神，向现代邮政企业制度转型的重要一年，也是继续深化改革，努力加快发展的关键一年，同时也是考验我们各级领导能力和斗志的奋进之年。

新的一年，我们面临的形势复杂而严峻。美国次贷危机的不断蔓延，引发了上世纪大萧条以来最严重的全球性金融危机。这场危机冲击力极强、波及范围广，并导致了世界主要经济体出现多年没有过的同步衰退，各国增长速度普遍放缓。目前，危机还在继续蔓延，还没有见底，特别是对实体经济的影响还在进一步加深。这场危机给全球经济的影响是巨大的，教训也是深刻的。

国际经济形势的急剧变化对我国经济的影响不断增大，对我国经济持续健康发展也提出了新的挑战。国内经济运行在一段时间内还可能面临更加困难的局面。为此，中央要求，应对危机，最根本的措施是要“强身健体”，“练好内功”，保持员工队伍的相对稳定，做到“减薪不裁员，歇岗不失业”。

国际金融危机也使得中国邮政改革发展面临诸多新的复杂情况，对金融、速递、物流、国际、发行、函件、集邮、包裹等多项业务的冲击显而易见。集团公司对各省公司制定了以效益为中心，加快发展，进一步优化业务收入和成本费用结构，着力强化对成本费用的管控力度，强化硬约束的统一要求。要求大力推进成本费用预算的精细化管理，落实对每项经济行为、每项成本费用的预算控制责任。工资总额按增长6%编制，管理费用预算零增长，业务费占总收入比重按下降2%安排，修理费预算要较2008年发生数调减20%左右，办公用房装修改造等费用原则上不作安排。继续从严控制银行借款，各省银行借款控制规模原则上不调增。同时给北京邮政下达了收支差额上交1.01亿元、实现邮政业务总收入增长3.6%的奋斗目标。从这些政策和措施中可以看出，2009年，北京邮政的管理工作任务相当繁重。

综合起来看，尽管面临着来自国际国内的严重困难和严峻挑战，当前，我国发展的重要战略机遇期仍然存在。工业化、城镇化快速发展，国内市场广阔，发展潜力和回旋余地较大。国家决定开始实施积极的财政政策和适度宽松的货币政策，推出了许多扩大内需、促进经济增长的重要措施。中央还明确提出要进一步加快培育发展现代物流、金融保险、电子商务等服务业，加大对“三农”和中小企业等方面的金融支持。国家支持邮政发展的税收政策也将进一步到位。

从中国邮政发展情况看，推进由传统产业向现代产业转变，有许多有利条件，主要是从中央领导到国务院有关部门，对加快发展邮政高度重视、认识一致；加快发展综合运输体系，为邮政发展提供了重要平台；人民群众对邮政高度认可和信赖，成为一笔巨大的无形资产和品牌；邮政网络遍及城乡，特别是偏远和边远地区，都有邮政网点，为邮政发展构筑了重要网络基础，深化改革为邮政进一步发展提供了体制机制条件。

在这种情况下，我们北京邮政各级管理者要认真投入到学习实践科学发展观活动中来，用科学发展观的方法重新梳理和完善各项政策，以百倍的信心和扎实的工作化危机为挑战、变压力为动力。更深刻认识当前经济形势的复杂性和严峻性，把困难估计得更充分一些，把应对措施考虑得更周密一些，防止陷于被动和困难局面。要调动和发挥广大邮政干部员工的积极性、主动性和创造力，团结抱团，共度时艰。要从变化的形势中捕捉和把握难得的机遇，在困难中发现和培育有利因素，抓住关键，突出重点，努力推进北京邮政又好又快发展。

为此，我们要在集团公司的正确领导下，以世界眼光和战略思维，立足北京，抓住有利时机，扭住发展不放松，坚持以人为本的治企宗旨，把科学发展观贯穿于北京邮政事业发展的全过程、落实到北京邮政事业发展的各个方面。要坚持做好“三个服务”，抢抓机遇，苦练内功，服务经济社会发展全局，服务社会主义新农村建设，服务人民群众安全便捷通邮。要高度重视和妥善处理好改革发展稳定的关系，带着感情维护好、实现好、发展好北京邮政广大干部员工的利益。要着力培养一支政治过硬、业务精湛、纪律严明、清正廉洁、热心服务的北京邮政干部员工队伍，提高思想素质和业务素质，推进民主决策、科学决策，自觉接受员工的监督。要调动各方面积极性，抓住机遇，应对挑战，使北京邮政在新的历史起点，实现更长时间、更高水平、更好质量的发展，为中国邮政的持续发展做出我们应有的贡献。

胡锦涛总书记近日强调，越是在经济困难的时候，越要高度关注民生。为此，公司领导审时度势，通过深入学习实践科学发展观，坚定了“以人为本实现惠民之举，科学发展造就和谐之基”的信心。这里，我们信心百倍地告知公司全体员工，2009 年，北京邮政将通过改革创新、加快发展、增收节支、降本增效等有力手段，确保全国实现集团公司下达的各项工作目标，确保全部从业人员人均收入水平增长不低于 8%，确保为员工办实事项目全面实现，确保员工补充医疗保险等福利待遇不下降。希望通过这一系列坚强举措，让员工更多地分享企业发展的成果，激励全体员工为北京邮政未来的经济发展提供充沛的、不竭的动力。

为实现“四个确保”，我们必须自我加压，不唯计划唯市场，不遗余力加快发展。2009 年北京邮政工作的总体要求是：以党的十七大和十七届三中全会精神为指导，深入学习实践科学发展观，以“升位晋级，勇破纪录”为目标，认清形势，坚定信心，深化改革，进一步推动体制机制创新；加强管理，降本增效，提升能力，加快发展步伐；以人为本，强化服务，创建和谐，促进北京邮政又好又快发展。

主要工作目标为：

——业务收入完成 48 亿元，同比增长 6.45%。

——收支差额完成 1.01 亿元。

——全部从业人员人均收入水平增长不低于 8%。

为实现上述目标，2009 年我们要着力抓好以下六项工作：

(一)研究体制机制，推进北京邮政快速发展

“以加快发展推动改革，以深化改革促进发展”，是北京邮政长期以来始终坚持的战略方针，也是北京邮政今后改革发展必须坚持的基本原则。2009 年，我们要继续进行体制机制创新，把体制机制创新作为企业快速发展的“加速器”。

——*实行“升位晋级，勇破纪录，优秀升格，末位调整”奖励考核机制*。2009 年，我们要以“升位晋级，勇破纪录”为指导理念，完善奖励办法和激励机制。按季度增设“勇破纪录奖”，鼓励各区、县局和专业局加快发展，奋进超越。对升位晋级奖励考核依据进行调整，增加“收支差额增幅指标”；非经营单位的奖励与市公司在全国排名情况挂钩，使其享受公司“升位晋级”的发展成果。2009 年，对郊区区、县局实行“优秀升格、末位调整”办法，对 2008 年未升格且收入增幅名列前茅的单位在符合相关要求后，实行“升格”政策对位列考核小组末位单位的主要领导将进行调整。

——深化速递物流体制改革，推进专业化经营。速递物流业务市场空间广阔、挖掘潜力巨大。北京邮政必须抓住这一机遇，成功实现战略转型。通过主体整合、资产整合、管理整合、产品整合、资源整合、流程整合，实现邮政速递物流专业化经营的成功转型。要建立速递物流协同发展机制，完善责、权、利统一的经营主体机制和专业局与区、县局协调发展的机制。提高市速递物流公司的专业化经营管理水平和创收能力，理顺市速递物流公司与区县局代理业务管理协调机制，努力做大做强北京邮政速递物流专业。

——完善代理金融业务管理机制，深化银邮合作机制。2009年将在完善邮银合作机制基础上，邮银联手，提高邮政金融综合管理能力。加大培训力度，加快推进专业化理财经理队伍建设，尽快建立行之有效的金融风险防范控制体系，加大对二类及代理网点资金安全的防控，确保邮政金融安全运行。

——调整现有机制，逐步实现规模和效益双平衡。将创新意识贯彻到2009年的绩效考核办法和工效挂钩办法中，对业务发展、经营效益、通信生产和人力资源等方面的指标进行补充完善。增加部分资产和成本考核指标，提高资产投入单位的效益意识，科学量化各单位节支成果。对挂钩比例进行适当调整。引导各单位关注“业务收入质量”、关注“效益”，使全公司业务收入质量和数量实现双丰收。进一步完善超收节支奖励政策，在保证企业正常运行成本的基础上，激励各单位不仅要努力增收，发展效益良好的专业和产品，还要在成本控制方面多下工夫，节约开支，逐步使企业的发展实现规模和效益的双平衡，真正做到可持续发展。

——继续深化报刊零售体制改革。继续扩大推广试点局经验，并对未推行报刊零售体制改革的郊区区、县局进行改革，最终实现报刊零售市县一体化经营模式。

（二）突出重点业务，推进北京邮政稳步发展

要优化业务结构，下大力气发展低本高效业务，把业务结构调整到最有利于企业发展的一个平衡点上。

突出抓好邮务类业务。邮务类业务是我们的生存根基所在，抓好邮务类业务，持续挖掘邮务类业务的市场空间和发展潜力，意义重大。

——重点抓好函件业务。函件业务要强化专业营销，实施项目开发，通过创新函件功能创造市场需求。要优化账单业务结构，减少对基金类客户的依赖性，进一步加大政府类、公用事业类账单和银行理财产品账单的开发力度。要做大做强邮政数据库商函业务。推进大宗邮件预处理工作。完善落实名址维护体系，加强名址数据库建设工作。要做好国际数据库商函业务。围绕社会热点，创新开发产品，扩大邮资封片卡业务收入。国际邮资明信片业务要以开发特色产品为抓手，开发后奥运经济，以新产品带动国际专业收入的提升。

——高度重视包裹业务。包裹业务“亲民化”特点明显。要狠抓窗口营销，大幅提升快递包裹占国内包裹业务比重。强化大客户开发，在特定区域尝试实行派驻制。积极拓展电子商务包裹市场，大力发展家乡特色包裹业务。要形成郊区特色产品外销新平台，以两岸大三通为契机拓展港澳台和国际家乡包裹市场；继续深挖校园包裹、军营包裹等季节型包裹的市场潜力。

——继续做强发行业务。要努力提高邮政报刊发行的品牌价值和市场竞争力。实施重点发展战略、优质服务战略、营销引领增长战略和优势调整战略，深度开发“三个经济”。利用邮政渠道将畅销报刊做大做强。继续推进图书馆、少儿等专项市场开发，在拓展图书和教辅类书刊发行业务上力争取得突破。

——深入挖掘集邮业务市场。要抓住建国60周年等重大机遇，积极创新经营，保持集邮业务的快速发展。重新设计组合产品，最大限度化库存为收入。用力会经济带动业务发展，做好主题营销活动，全力做好个性化业务。引导郊区区、县局拓宽思路，加大个性化邮票发展力度。围绕“三个经济”，全力拓展“假日经济”和“重大主题活动”两个市场。

——电子商务业务要下大工夫。加快发展电子商务由传统邮政迈向现代邮政的必由之路。要按照集团公司要求，进一步认识电子商务在邮政改革和发展中的重要地位，以前所未有的力度，加快推进邮政电子商务的发展。要认真做好平台建设工作，加快网上邮局改造，有力支撑电子商务业务发展；要精心组织好重点项目营销，强力拉动邮政短信业务；航空客票业务力争实现突破；开展“自邮一族”业务，积极发展车主会员，力争取得进展；网上邮局要以“一区

(县)一品"为发展目标,开发销售各区特色产品;全面推进电子商务服务,学习借鉴外省经验,认真组织开展"网上找客户、网下揽业务"活动。为重点客户量身订制打包服务,做大配送服务、代收货款等业务的规模,为客户提供满意服务。

——机要业务要继续保持全国领先。"通信质量第一,政治服务第一,社会效益第一"仍是机要通信的生命线。积极开发市场,强化机要专业管理,完善精品服务模式,积极发展代理业务,继续扩大密刊市场份额,实现机要内参流转额稳中有升,确保质量安全,保持全国领先地位。

做大做强速递物流业务。2009 年北京邮政速递物流发展站在新起点,要以改革创新精神全面推进各项工作,建立完善促进科学发展观的体制机制,大力发展有北京特色的邮政速递物流业务。

——纵深发展速递业务。构建灵活、多样、市场化的价格体系,实施分线路定价,提高市场竞争能力。全面涉足"三个经济",形成"联动式"开发模式。通过"专线通道"多渠道拓展国际业务,以重点项目带动国内异地业务发展。以"直复营销"理念发展代收货款业务,通过"对等承诺服务"打开重点城市增量市场,以"OEM——贴牌运作模式"规模发展礼仪常规化业务。以"转换经营模式"实现同城业务的集约化发展。通过"EMS 数据化"组建数据中心。

——全力开发物流业务。速递物流专业整合后,将重点建设"1 个省内集散中心+10 个郊区配送中心+4 个区域配送中心"。充实一线专职营销人员力量,借鉴速递网格化营销的成功经验,尝试搭建符合业务特点、与发展要求相配套的营销网络。以总部园区物流为主、三农服务——推树"农佳汇"品牌、主打农产品配送进城业务为辅,开发会展经济,带动整体发展。

全面推进邮政金融业务。金融业务、保险业务是高效业务,必须不遗余力地高度重视,大力发展。2009年,我们要将进一步加强邮银合作,和邮储北京分行一起,互相促进,取长补短,促进金融业务的快速发展。

——促进活期储蓄余额发展,提高储蓄业务收益率。将代发类业务作为高效、长效型业务重点开发;扩大商厦网点余额规模;全力推进以活期结算账户为依托、以对公业务为统领的新业务、新产品发展,促进存款结构调整;充分发挥理财经理作用,引导客户向理财类、保险类业务发展。为促进活期和定期一年以下余额增长,和邮储北京分行一起,开展首届"兄弟杯"劳动竞赛活动。发挥政策杠杆作用,加大对低本高效型业务的倾斜力度。

——盘活网点资源,向网点要效益。下大力气研究利用好牌照资源,对低效网点加大调整力度,成熟一个,调整一个,培育邮政骨干网点,打造精品代理网点。

——大力发展保险业务。加强两个营销渠道建设,拓展柜台以外代理保险业务发展空间。加强理财经理队伍建设,完善"一厅一柜一经理"的金融销售模式。主推三类保险产品,实现保险产品由投资收益型向期缴和保障型产品的结构转型。建立专业化的保险营销管理队伍,提升保险整体营销能力。

(三)创新管理手段,推进北京邮政健康发展

2009 年,我们要继续推进管理手段创新,加强基础管理工作,为企业的持续健康发展较好地发挥支撑作用。

——实现"三个转变",加快推进"经营型财务"。经营型财务管理,就是要从被动支撑向主动服务转变、从封闭式管理向开放式管理转变、从静态式管理向动态式管理转变。树立资源意识、创新意识、市场意识,使计划财务管理真正成为企业经营管理活动的核心。继续推进成本费用集中管理,抓好目标落实、组织落实、实施方案落实和效果落实工作。继续扩大集中采购范围,进一步实现对车辆油耗、车辆保险等成本费用的集中支付工作;继续加大损益核算与经营发展、政策制定、降本增效等工作结合应用的力度,加大损益核算在支局、科队等基层组织推进的力度。树立资金资产经营意识,确保资产保值增值。规划好资金规模,对稳健的资金运作方式进行尝试,以提高存量资金效率;制定《房屋资产有偿使用指导意见》,管理好、经营好企业资源,为企业创造更多的效益。

——强化效益意识,全面落实降本增效工作。利用多种手段,督促各单位加强成本控制。对一些有挖潜空间的成本项目和非生产性开支在进行费用核定时,"标杆"进行一定下浮,督促各单位采取措施严控成本。在升位晋级和绩效考核中,要加大收支差额的考核力度。各单位在考核下属单位收支差额完成情况时，应进行全成本考核，对集中使用成本的部门进行相应考核。权责对等，堵塞漏洞。引导所有单位关注成本，重视效益。科学管理物料用品，实现存货的经济性管理。制定物料使用实施细则，减少完全可控的成本开支。

——强化数字网运和网运经营一体化概念。2009年将正式实行网运成本核算，开展全面的成本经营。推出网运支撑牌价，为经营部门制定科学、合理的营销策略提供有效依据，保障实现企业整体预期效益。大力推广车辆内部有偿使用，提高车辆利用率和车辆投入成本的回报率。建立网运内部经营运行激励机制，将车辆油耗、维修费等成本支出与业务收入和个人收入挂钩。抓好网运分环节结算的落实工作。继续跟进中心局、汽运局内部结算的落实工作，研究制定出一套企业网运经济效益指标，准确衡量网运经营的成果。配合速递物流体制改革，做好速递业务在各个环节的结算工作。强化网路运行规范管理。

——深化网运资源整合，提升网运支撑能力。以提高网路运行质量为中心，打破专网界限，将原有的封闭、固化的邮路结构改为开放、动态的网路平台。随时对邮路组织进行合理调整，改变支局进出口拉运组织模式，盘活市公司运营车辆资源。通过组开汽车邮路，提高自主运能，以铁路、民航等第三方运输方式为补充，构建满足速递物流业务发展的华北区域快速寄递网络。

——加强人力资源管理，优化配置人力资源。建立优秀人才选拔任用、考核管理等新机制，加强职业经理人队伍建设。努力把政治素质好、业务能力强、工作作风实，坚决执行党的方针、政策，讲政治，懂政治，有大局、全局观念的干部，选拔到各级领导岗位上，形成正确的用人导向。推行市公司首席职工制度，积极推进高技能人才队伍建设。在更多岗位实行竞聘上岗，重点开展管理人员、营销人员、技能人员、大学毕业生的职业生涯规划工作。加大内部盘活力度，重点满足速递物流、金融等专业和营销岗位的人员需求。优化生产作业组织和作业流程，推行累计工时法、梯形排班法、交叉作业法等科学作业方法，挖掘内部潜力，解决带薪年休假带来的增员问题。推行劳动备员制度，执行持证上岗培训制度，坚决杜绝不合法用工行为。

(四)加强能力建设，推进北京邮政持续发展

经营发展，能力先行，能力建设对邮政经营发展的支撑作用日益显现。2009年，我们将继续转变观念，加大投入，加快能力建设，为长远发展拓实基础。

——保证重点投入。2009年，拟对以下五方面进行重点投入：一是确保邮件综合处理中心的开工建设和新增局所的建设进度，尽快形成生产能力；二是加大邮储、营业终端设备能力的建设投入；三是加强网络信息安全建设；四是加大内部生产和支撑单位处理设备的扩容改造力度；五是加大对速递物流专业化经营改革的投入力度。

——加快信息化建设。重点完善数据采集系统，开发生产经营数据报表与统计分析系统，着重开发营销体系管理系统，实现对营销体系以及大客户的科学化、规范化管理。

——稳步推进工程建设工作。以加强旗舰店建设为主线，做好工程建设工作。继续做好统建配套局所的接收工作，抓紧未接收局所的落实。加强工程项目的管理，有效控制建设成本。科学组织，统筹安排，全力以赴确保邮件综合处理中心工程建设，力争2009年底完成主体工程土建施工任务，2010年进行设备安装、调试工作，并于第四季度投产，使该工程早日发挥应用的作用。

——提升投递能力和营业网点建设水平。继续完善城、郊区普邮、速递、物流投递网建设，加强基础管理和培训工作，做好投递网的优化、提高工作。继续推进"邮政营业旗舰店"建设和"精品窗口"建设，以点带面，全面提升北京邮政营业服务水平。落实北京市政府办实事工程，协助市政府圆满完成2009年北京市3500多处新型村邮站建设。

——落实营销体系建设实施方案，充实营销体系建设内涵。要总结经验、完善制度，力争实现营销工作的五个转变：即营销思路要变新，项目规模要变大，开发数量要变多，经济效益要变高，社会影响要变广。着力突破个人营销、关系营销的传统模式，向产品营销、方案营销、服务营销方向转变。抓好营销人员的激励机制，抓好主题营销项目推进工作，抓好产品创新工作。强化市公司营销策划中心和大客户中心职能，尽快提高对全公司一线创收、大客户开发的管理水平和驾驭能力。

(五)提升服务水平，推进北京邮政优质发展

2009年，我们要巩固奥运服务和争创全国文明单位成果，全面提升北京邮政的服务品质和核心竞争力。做到投递服务质量全面达标，出口邮件规格综合合格率达到95%以上，实现邮政服务社会评价用户满意度得分达到85分以上。

——转变服务观念，营造企业服务文化氛围。服务是邮政永恒的主题，服务无处不在。要强化以“三个服务”为核心内容的“全过程服务”观念，即在各生产岗位按照规章制度做好本职工作就是服务、在各管理岗位切实提高执行力和管理效力就是服务、在全公司切实提高通信质量就是服务。营造以“全员服务”和“全过程服务”为核心内容的北京邮政服务文化，形成一线为用户服务，二线为一线服务，管理人员为员工服务，上级为下级服务的四个层次的服务工作格局。

——夯实服务管理基础。强化对一线生产人员、11185客服中心队员以及视察管理人员的培训，提升服务素质和技能。深入开展有落实规章制度活动，做到“日查三省”。深挖投诉等各种管理资源的价值，不断提高服务管理和视察管理效果。发挥先进典型的示范带动作用，以宣传学习东四局先进典型为契机，学习推广东四局亲情服务经验，争取树立一批优质服务典型支局，推动服务工作上水平。

——进一步健全服务工作管理机制。增强各级视察部门与业务部门的联动管理效应。实施服务管理积分考核制，对积分累计达到3分的，与绩效考核直接挂钩。继续开展服务专项评比工作。加强服务质量监督检查工作，将每季检查调整为每月检查，重点做好投递服务质量的检查。加大内部检查力度，加强对营业窗口服务规范和服务礼仪落实情况的检查。从细节入手找问题、查不足，严格考核。

（六）坚持以人为本，推进北京邮政和谐发展

企业和谐发展必须以人为本，员工在任何时候都是企业管理的核心基础。只有做到尊重人、关心人，以人为核心，以人为根本，才能充分发挥企业员工的积极性、创造性，企业才会和谐持续地发展。

——全面启动新一轮大规模教育培训。要大规模、分层次开展员工教育培训，提升员工素质，促进企业发展。重点对市公司机关及二级单位“一把手”开展培训。继续开展对基层经营管理者的培训。组织营销人员参加集团公司组织的远程培训。加强对网络维护、科研开发、商函、电子商务等岗位人员的培训力度。做好一线员工的技能培训，重点抓好城区投递人员和郊区营投人员的培训，组织营销员、分拣员、转运员的理论知识培训和技能操作练功。鼓励员工自觉参加在职学历教育，逐步达到支局长及营业人员“学历大专化”要求。提高职业技能鉴定通过率，力争到2009年末，生产岗位员工职鉴持证率达到78%。

——提高分配监管力度。自2009年1月1日起，全公司合同A类、B类和保留劳动关系人员的收入由现在的二级单位集中发放上升为市公司层面统一集中发放。要加强分配监管考核的科学性。

——企业精神文明建设再上新台阶。抓住全国文明单位创建契机，进一步推进文明创建。做好先进典型的培树工作。举办第三届北京邮政职工文化艺术节。

——做好为职工办实事工作。广泛开展劳动竞赛。增强维权工作的针对性和实效性，完善帮扶救助长效机制，进一步推动劳动和谐企业建设。推行职工代表信息反馈制度。加大办实事工作力度，落实好办实事项目，重点解决好提高职工上下班交通费补贴标准，投入资金解决职工宿舍设施老化等问题。全心全意做好离退休工作，维护离退休职工队伍的稳定。

——继续做好安全保卫工作。巩固奥运安保工作成果，深入开展“平安邮政”建设活动。做好维护稳定工作，做好安全生产专项工作。

（七）抓好作风建设，推进北京邮政稳定发展

毛泽东同志曾经深刻指出，政治路线确定之后，干部就是决定因素。胡锦涛总书记也指出，领导干部作风建设是党的建设的一项战略任务，必须常抓不懈。2009年，我们的各级领导干部要带头引导广大员工，忠于邮政，精心履职，廉洁从业，为北京邮政的和谐稳定持续健康发展贡献力量。

——要忠于邮政。员工讲忠诚，企业方能团结一心、兴旺发达。铸就忠诚，是关系到北京邮政事业成败的大事。加强干部作风建设，就要用实际理想激励鼓舞各级干部的进取精神，认真履行工作职责，不推诿塞责，不故步自封，不敷衍了事，不假公济私，不斤斤计较个人得失，以积极主动的态度对待工作，带领员工与北京邮政一起成长。

——要廉洁从业。各级领导要端正自身的名利观，自醒、自警、自重，耐得起寂寞，扛得住诱惑，经得起考验。要始终摆正权利与员工的关系，为员工服好务。纪委监察部门要继续抓好党风建设和反腐倡廉工作，进一步加强惩防体系建设，筑牢拒腐防变的思想防线。落实制度，促进领导人员廉洁自律。强化监督，促进权力运行科学化民主化，为企业改革发展稳定提供政治保证。

——要严于律己。各级领导要勤于学习，善于学习，要有全局意识和责任意识，一切从事业出发，敢于实事求是，不搞吹吹拍拍。要严于律己、宽以待人，当好员工的"领头羊"。要注重人格魅力的锻炼和提升，讲究工作艺术，注意增强对自我脾气、个性的改造和锻炼。要培养深入实际的工作作风，勤于动脑、动手、动笔，对员工发挥榜样和表率作用。

——要有所作为。各级领导要强化作为意识，重视学习，消除本领恐慌，不断提高干事创业、谋求发展、造福员工的本领。要用心想事、用心谋事、用心干事，坚决纠正不作为、慢作为、乱作为和暗作为的行为。要精益求精，一丝不苟，敢作敢为，尽心竭力。要牢固树立"有为才能有位，有位更加有为"、"一日无为、三日不安"的意识，时刻做到心有所思、言有所指、行为所果。

新的一年里，我们还要加强信访举报管理工作，严肃查办违纪违法案件。要围绕企业中心工作，继续做好法律事务、合同管理、后勤管理、新闻宣传、文史档案、企业协会、通信协会和计划生育、献血、绿色等工作，为企业的发展贡献力量。

同志们，站在2009年初这个重要的节点，回望过去，深感取得的成绩来之不易。展望未来，实现新的发展，任务艰巨。30年前的这个时候，面对困境，中国拉开了改革开放的大幕，取得了当代中国举世瞩目的成就。30年后的今天，需要我们在挑战中奋起，历史的契机又一次等待我们把握，我们肩负着时代赋予的光荣使命。让我们携起手来，认清形势，坚定信心，振奋精神，奋勇争先，在企业改革发展中不断创造新业绩，作出新贡献，为实现北京邮政又好又快发展而努力奋斗！

认真学习实践科学发展观 充分发挥党组织作用 为推动北京邮政又好又快发展 而努力奋斗

——中共北京市邮政公司委员会2008年工作总结和2009年工作计划

北京市邮政公司党委书记　丁前亮

（2009年1月15日）

第一部分　2008年党委工作总结

2008年，是北京邮政肩负使命、众志成城、团结协作、不负重托，出色圆满完成奥运服务重任的一年，是北京邮政面对冰雪和地震灾害的考验，忠实履行社会责任的一年，是北京邮政经营发展实现新突破、精神文明创建工作上台阶、各项工作成绩显著的一年。一年来，公司党委以学习贯彻党的十七大精神、全面贯彻落实科学发展观为主线，紧密围绕企业中心工作，团结带领广大党员、干部和职工，同心同德，扎实工作，开拓进取，为北京邮政夺取奥运服务全面胜利，实现“升位晋级”和推动创建工作，开创奋发进取、团结和谐的新局面提供了精神动力和组织保证。

一、认真学习贯彻党的十七大精神，深入开展学习实践科学发展观活动，贯彻落实科学发展观的自觉性和坚定性进一步增强

公司党委针对奥运之年的实际，认真学习贯彻党的十七大精神，学习、贯彻科学发展观，加强了干部理论学习。充分发挥中心组学习、干部理论学习讲座和干部培训班三个阵地的作用，引导各级干部加深对科学发展观的理解、对加快企业发展、构建和谐企业和做好奥运服务工作重要性的认识。以科学发展观为指导，全公司广大干部职工的思想观念进一步解放，焕发出了无比高涨的工作热情，“不唯指标唯市场”的观念继续深化，2008年企业经营发展再攀新高，取得了总收入增幅全国邮政排名第一的业绩；在企业发展的同时，职工收入有了比较明显的增长。

根据上级部署，北京邮政作为全市第一批开展深入学习实践科学发展观活动的单位之一，在全公司深入开展了学习实践科学发展观活动。结合北京邮政的实际，以“推进体制机制改革，争创全国文明单位，实现升位晋级，促进北京邮政又好又快发展”为主题，以解放思想、深化改革、加快发展为主线，紧密结合首都城市建设发展对北京邮政的新要求，开展了一系列扎实深入的学习实践活动，通过学习调研、分析检查、整改落实等活动内容，收效明显，认真查找了制约企业科学发展的问题，并制定了整改措施。我们还将学习实践科学发展观活动与纪念改革开放30周年、向尼玛拉木学习活动结合，使干部、职工更加深刻认识到改革开放给企业和自身带来的深刻变化，更加坚定了对邮政发展的信心。通过学习实践科学发展观活动，各级领导班子和广大党员领导干部在对科学发展观的认识上有了新提高；贯彻落实科学发展观的自觉性和坚定性进一步增强；在形成推动北京邮政科学发展的新思路和新举措上有了新共识；在解决群众反映强烈的问题上有了新突破；有力推动了北京邮政的改革发展。

二、适应新形势、新任务要求，加强领导班子和基层党组织建设，为北京邮政深化改革、加快发展、服务奥运提供了坚强的组织保证

对二级领导班子进行充实调整，改善了领导班子结构，各级领导人员在重大任务中发挥了突出作用。

按照推进企业改革发展的需要优化机构设置、实行领导人员任用制度改革。在干部选拔中引入竞争机制，对公司机关及部分二级单位领导和管理岗位实行公开竞聘，推进了干部队伍年轻化进程。全公司处级领导干部平均年龄下降了3岁，年龄在40岁以下的比重由8%上升到20%，具有本科以上学历的比重由65%上升到了76%，领导班子的素质和结构更加优化，抓经营、谋发展、带队伍的能力进一步提高，推动了“升位晋级”目标的实现。在全年各项重大任务中，各级领导班子和党员领导干部率先垂范，身先士卒，靠前指挥，真正发挥了领导核心作用。

加强党组织建设，在关键时期、重大事件和企业改革发展的攻坚任务面前，党委的政治核心作用、党支部的战斗堡垒作用和党员的先锋模范作用更加突出。

坚持“抓党建、促奥运、促发展”。公司党委下发了关于在服务奥运中充分发挥党组织和党员作用的文件，做出了工作部署。各级党组织按照公司党委的要求，在服务奥运和促进企业改革、发展中充分发挥了政治核心和战斗堡垒作用。大张旗鼓地开展宣传思想工作，深入细致地做好思想政治工作，不断创新党建工作的手段和载体，党组织的创造力、凝聚力、战斗力得到了增强。奥运期间，公司党委坚持将党组织建在奥运服务网点上，根据工作需要，建立了临时党支部及党小组38个，为北京邮政奥运服务任务的圆满完成提供了组织保障。各党支部按照公司党委和各基层党委的要求，深入开展了“服务奥运当先锋”党员主题实践活动，将服务奥运工作的难点、重点作为基层党支部工作的重点，为广大党员搭建了发挥先锋模范作用的新平台。奥运期间，广大党员面对挑战、迎难而上，勇挑重担、冲锋在前，把党的先进性和党员的模范带头作用充分体现在保障奥运服务和促进企业发展稳定上，用实际行动书写了北京邮政党员的风采，践行了党员的先进性。为北京邮政实现“政治第一、服务一流、万无一失、不留遗憾”的奥运服务目标做出了突出贡献，促进了北京邮政对外形象的提升。

在南方冰雪灾害和四川地震灾害面前，公司各级党组织凝聚力量，动员、组织党员、干部和职工积极投身到抗灾行列中，保邮路畅通，向灾区人民奉献爱心。大灾凝聚大爱，四川汶川地区发生强烈地震以来，各级党组织和广大党员积极响应党中央、北京市委和公司党委的号召，迅速形成了万众一心、支援灾区，众志成城、抗震救灾的热潮，以捐款、交纳特殊党费、义务献血、志愿服务等多种形式积极投入到抗震救灾活动中。公司5000余名党员共交纳“特殊党费”175万余元；党员的模范作用带动了广大职工踊跃捐款，公司职工共捐款200余万元，表现出北京邮政党员、干部和职工的奉献精神和强烈的社会责任感。

在2008年大事之年，各级党组织和广大党员发扬顾全大局、敢打硬仗、顽强拼搏、甘于奉献的时代精神，坚持围绕中心、服务大局，出色完成了各项艰巨任务，创造了骄人的工作业绩，涌现出了以北新桥局党支部为代表的15个先进党支部，以东四局投递部为代表的20个先进党员责任区和100名优秀党员。北京邮政奥运服务受到表彰的人员中，党员占54%，党团员的比例达到了70%。他们的先进事迹，充分体现了为国争光的爱国精神、精益求精的敬业精神、勇攀高峰的创新精神和团结协作的团队精神，为全体干部、职工树立了学习的榜样。

三、乘奥运之势，推动争创全国文明单位目标圆满实现

圆满完成奥运服务保障任务，推动了创建工作。组织召开了北京邮政迎奥运讲文明树新风志愿服务行动暨争创全国文明单位动员誓师大会，动员广大干部职工争当参与奉献奥运的先锋、促进企业发展的表率和文明创建的模范。广泛组织了以“文明礼仪学习实践、奥运培训知行转化、优质服务塑形、平安奥运和谐、绿色奥运公益”为内容的“迎讲树志愿服务行动”，组成了志愿服务队，将奥运志愿服务与企业实际相结合，在邮政服务窗口设立了志愿服务台。北京邮政被奥组委评为“北京奥运会、残奥会志愿者工作优秀组织单位”和“北京奥运会、残奥会驾驶员志愿者优秀组织奖”。以备战、服务奥运为出发点和落脚点，从保障奥运服务的大局出发，推出了奥运服务标准，认真抓好局容局貌、服务设施等硬件建设，为人民群众和中外宾客创造了温馨舒适的用邮环境，提升了北京邮政的服务水平。奥运会、残奥会、奥博会举办期间，全公司共设立奥运邮政服务网点183处，邮政服务成为一道亮丽的风景线。以“奥运安全”为总目标，深入、扎实地开展了“平安邮政”建设活动，全力做好奥运安全稳定工作，全面实现了企业稳定、秩序良好、生产安全、交通安全、设施安全、治安安全，确保了北京邮政“平安奥运、平安邮政”工作目标的实现。在北京第29届奥运会、第13届残奥会和首届奥林匹克博览会的服务中，作为首都服务奥运的四大重点窗口行业之一，北京邮政把品质最优的服务展现在各国宾朋面前，出色圆满完成了奥运服务保障任务，塑造了服务人民、奉献社会、参与奥运的崭新企业形象。北京邮政被评为“北京奥运会、残奥会先进集体”。

以奥运培训工作为重点，推进了职，工素质工程。把围绕服务奥运提素质作为职工素质工程的重要内容，全方位、分层次、多角度地开展了奥运意识教育、文明礼仪、媒体应对、外语、技能、助残、安全等培训。“热爱邮政，忠诚邮政，贡献邮政”主题思想教育进一步深化，教育引导广大职工树立服务人民、奉献社会的共同理想，打造了一支充满热情、勇于奉献、技能一流的奥运直接服务人员队伍。奥运培训工作的成果在奥运服务中得到全面检验，职工的精神面貌和服务水平得到了空前的提高。在全国邮政支局长、支行长知识竞赛和全国邮政企业财会岗位技能竞赛中，北京邮政取得了优异的成绩。北京邮政被评为“北京奥运培训工作先进单位”以及“北京市民讲外语活动先进单位”。

加大新闻宣传工作的力度，建立了奥运宣传工作机制，树立了北京邮政良好的社会形象。全年各主流媒体对北京邮政的报道达3600余篇。中央电视台等80余家媒体相继报道了“迎奥运、讲文明、树新风，星级报刊亭义务指路服务活动”；《北京日报》以近一个版的篇幅报道了北京邮政物流局为奥运会参赛运动员拉运行李的感人场景；《人民邮电》以整版的篇幅报道了北京邮政以高质量的服务，赢得中外用户的青睐和各界充分肯定的事迹。妥善接待了朝日新闻等10家境外媒体采访，受到奥运新闻中心好评。各大主流媒体对北京邮政奥运服务的集中报道，极大提升了企业形象。

东四局典型的培树工作取得突破性进展。中央政治局委员、国务院副总理张德江专门作出批示：“北京东四邮电局视用户是亲人，五十年亲情服务，令人感动，也令人钦佩。建议交通运输部在全系统宣传学习北京东四邮电局的服务精神。”在《人民日报》发表“大开方便之门”社论50周年之际，中国邮政集团公司刘安东总经理到东四局视察指导工作，并为东四局题词：“东四牌楼邮局，服务铸就品牌”。市公司和中国邮政集团公司拟于近期召开学习宣传东四局服务经验电视电话会，在全系统学习宣传东四局的事迹和经验，交通运输部拟于“两会”前夕在系统内组织学习宣传东四局活动。东四局典型培树工作2008年实现重大突破，这是北京邮政的光荣，是中国邮政的光荣。

经过公司上下的共同努力，北京邮政争创全国文明单位目标圆满实现。中央精神文明建设委员会已授予北京市邮政公司全国文明单位光荣称号，与此同时，报刊发行局被评为全国文明单位，东四邮电局继续保持全国文明单位荣誉称号，通州区邮政局、顺义区邮政局、大兴区邮政局、平谷区邮政局、密云县邮政局被评为全国精神文明建设工作先进单位，标志着北京邮政2008年创建工作画上了圆满的句号。

四、积极推进了和谐企业建设

坚持以职工为本，积极推进和谐劳动关系企业建设，维护了职工的合法权益。深入贯彻《劳动合同法》、《北京市集体合同条例》，以劳动关系和谐推进了和谐企业建设。

以办实事为载体，使企业发展成果惠及职工。积极开展了“送温暖”活动，凝聚了人心、稳定了队伍。发挥了职工帮扶救助中心作用，以解决职工最关心、最直接、最现实的困难为重点，积极为职工排忧解难。在四川省汶川县发生强烈地震后，公司情系职工，救助家在地震灾区、家中房屋倒塌、财产受损、亲人受伤遇难的职工72人，把组织的关爱、企业的关怀及时送给职工。开展了资助困难职工子女就学的金秋助学活动、“献手足情，暖职工心，构筑和谐，从我做起”为困难职工募捐活动。公司年度职工医疗互助保险救助工作共支付救助金近158万元，128名患重病的在职和退休职工得到救助，减轻了职工的生活负担。

健全体制，畅通渠道，局务公开民主管理工作得到有效推进。加强制度建设，丰富内容，职代会质量得到进一步提高。拓展公开领域，积极推进局务公开民主管理，融入企业的管理体制、机制和制度中，贯穿于企业生产经营管理的全过程，维护了职工的合法权益。注重抓好局务公开工作，保证了职工的知情权、参与权、监督权。局务公开信息渠道不断拓展，及时做到上情下达，下情上传，畅通了职工参与民主管理的渠道。加大检查监督力度，促进责任落实，局务公开的效果得到保障。

五、加强了党风廉政建设

公司党委紧密围绕邮政发展大局，认真贯彻落实《实施纲要》，按照建立健全惩治和预防腐败体系的总体要求，坚持体系建设与实际工作相结合，与落实党风廉政建设责任制相结合，加强党风廉政建设，为北京邮政的改革、发展、稳定提供了政治保证。

深入进行反腐倡廉教育，把教育与贯彻落实十七大精神和中纪委十七届二次全会精神结合，与开展警示教育结合，与“讲党性、重品行、做表率”主题教育和“做党的忠诚卫士、当群众的贴心人”主题实践结合，与加强廉洁文化建设结合，增强了领导人员依法治企、依法行政、依法从业的法制观念、纪律观念和反腐倡廉意识，促进了领导人员作风的转变，在全公司营造了廉洁文化氛围。

落实制度，增强了领导人员用制度规范行为的自觉性。适应新形势的需要，加强了惩防体系基本制度建设，针对公司的新格局，进一步修订完善了企业反腐倡廉基本制度，涵盖了企业惩治与预防腐败体系各个层面。落实《贯彻落实<建立健全惩治与预防腐败体系实施纲要>的实施办法》，形成了党风廉政建设责任制三级网络。坚持用制度规范行为，对领导人员提出“五个严禁”要求，规范了领导人员的从业行为。

针对容易发生问题的薄弱环节和重点部门，坚持标本兼治，综合治理，对权力运行的制约和监督不断加强。认真执行招投标和物资采购管理办法，起到了源头防腐的作用。加大了信访和查办案件工作力度，对个别领导人员违反财经纪律、从业限制规定和廉洁自律规定的案件进行了查处。加强对《北京邮政领导人员收入统管办法》等制度、规定执行情况的监督检查，对违反规定、有令不行者进行了严肃查处。对领导人员个人收入进行了集中管理。加强了对“小金库”的清理工作，成效明显。

2008年，工会、共青团组织在公司党委的领导下，紧密围绕企业中心工作，服务改革发展大局，发挥优势，突出特点，充分调动发挥广大职工的积极性和创造性，在服务奥运和促进企业的改革发展中发挥了重要作用，做出了积极贡献。

2008年，武装、统战、老干部工作也都取得了明显成效。

第二部分　2009 年党委工作计划

2009 年，是北京邮政深化改革、推进发展的关键之年。面对国际金融危机给经济发展带来的严峻挑战，面对首都北京建设“人文北京、科技北京、绿色北京”给北京邮政发展带来的新机遇和新要求，面对企业全新的改革发展任务，各级党组织要更加自觉、坚定地从企业发展的大局出发做好工作，在围绕中心上下工夫，在党建创新中求突破，在推进企业又好又快发展中充分发挥党委的政治核心作用、党支部的战斗堡垒作用和党员的先锋模范作用，以优异的成绩迎接新中国成立 60 周年。

2009 年，党委工作的指导思想是：

全面贯彻党的十七大和十七届二中、三中全会精神，深入贯彻落实科学发展观，以邓小平理论和“三个代表”重要思想为指导，紧密围绕企业改革发展稳定大局和经营服务中心，着力推进科学发展、着力加强班子建设、着力深化党建创新、着力提高职工素质、着力推进文明创建和企业文化建设，全力促发展、保增效、建和谐，团结带领广大党员、干部和职工，解放思想、群策群力、奋发进取，为开创企业又好又快发展的新局面、争创全国文明单位标兵提供精神动力和组织保证。

2009 年，党委将重点做好以下几方面工作：

一、深入贯彻落实科学发展观，为北京邮政又好又快发展提供理论武器和行动指南

继续组织好学习实践科学发展观活动，将学习实践活动与学习贯彻胡锦涛总书记在纪念党的十一届三中全会召开 30 周年大会上的重要讲话精神相结合，努力做到对科学发展观的认识取得新提高，在解决群众反映强烈、影响和制约北京邮政科学发展的突出问题上取得新突破,在构建有利于科学发展的体制机制上取得新进展,在改进作风上取得新成效。积极推动整改措施的落实,把科学发展观的要求转化为北京邮政科学发展的坚强意志、谋划科学发展的正确思路、领导科学发展的实际能力、促进科学发展的政策措施,推动北京邮政又好又快发展迈出新步伐。

将科学发展观的要求体现在对发展第一要义的抓紧抓实上。科学发展观是用来指导发展的,没有发展,科学发展观就没有意义。只有发展才有希望。要深刻认识发展对企业兴衰成败的决定性作用,牢固树立发展是硬道理、是企业始终坚定不移的中心任务和解决一切问题的根本出路的理念。特别是应对国际金融危机和后奥运时代的新情况,更要扭住发展中心不放松,进一步树立发展的信心、更新发展的观念、转变发展的思路、创新发展的措施、优化发展的环境。教育引导党员、干部、职工增强"永不满足、勇破纪录、勇争第一"的意识,克服加快发展的畏难情绪和小进则满的懈怠思想,以实际行动推动北京邮政科学发展。胡锦涛总书记要求北京工作走在前列,在应对金融危机中做出表率。面对金融危机的复杂性,坚定信心非常重要,只要坚定信心,工作就一定能做好。

将科学发展观的要求体现在对以人为本理念的深刻理解和积极实践上。以人为本是科学发展观的核心。"企"字无人则止,要坚持发展依靠职工,发展为了职工,发展成果职工共享,进一步深化"服务人民、造福职工"的企业宗旨。要深刻认识并处理好以人为本与科学发展相辅相成、互相促进的关系。一方面尊重人、相信人、激励人,最大限度地调动干部职工积极性、主动性、创造性,举全员之力不断推动企业科学发展上新水平;另一方面,要始终把最广大职工的根本利益作为企业一切工作的出发点和落脚点,让科学发展成果惠及职工,使职工与企业形成同兴衰共荣辱的命运共同体。要树立提高职工素质和培养职工能力也是以人为本、造福职工的重要内容的观念。研究思考如何把企业的发展与职工素质的提高有机结合起来,以职工队伍整体素质的提高推动企业发展。

将科学发展观的要求体现在全面创建节约型企业上。建设节约型企业是企业发展的需要,也是贯彻落实科学发展观的具体要求。面对金融危机的不利影响和2009年繁重的经营服务任务,要在全公司宣传树立"厉行节约,勤俭办企"的观念意识,教育干部职工认识到节支降耗也是确保全年任务完成和实现职工收入增长目标的重要手段,引导干部职工切实注意小节,着眼全局,全面节约,主动参与到企业节水节电节油、优化生产流程和作业组织的工作中来,为企业节支降耗出力献计。

将科学发展观的要求体现为深化体制机制创新的具体举措。进一步解放思想,增强改革创新意识,树立体制机制创新是企业改革发展的动力源泉的理念。研究思考北京邮政如何用学习实践科学发展观的成果指导改革创新,以推进速递物流体制改革和实行"升位晋级,勇破纪录,优秀升格,末位调整"机制为重点,进一步加大北京邮政机制体制创新的工作力度,着力构建健全完善、灵活高效、适应市场、有利于科学发展的体制机制,调动各方积极性,不断增强企业的生机与活力。

进一步丰富学习实践科学发展观的内容和手段。将学习上级精神与企业实际相结合,围绕北京邮政的重点工作和新思路、新体制、新机制,组织专家理论讲座、局情报告、成果交流展示、经验推广会等形式多样的学习活动,充分利用远程教育网等现代化手段,增强学习的针对性和实效性。

二、加强领导班子、人才队伍和基层党组织建设,为北京邮政又好又快发展提供坚实的组织和人才保障

加强企业领导班子、干部队伍和人才队伍建设。

加强领导班子思想理论建设,进一步完善中心组学习制度,在各级领导班子中深入开展"科学发展,解放思想"大讨论活动,用科学的理论武装头脑,努力把各级领导班子建设成为坚定贯彻党的理论和路线方针政策、善于领导科学发展、积极促进企业和谐的坚强核心。加强领导班子作风建设。提倡求真务实、言行一致、顾全大局、精益求精的良好学风和作风。把领导班子作风建设作为党委工作重点,教育领导班子成员在平常时期特别是关键时期、在荣誉、地位、利益和大是大非面前,以身作则,做到带头讲政治,顾大局;带头解放思想,与时俱进;带头转变作风,弘扬正气,把科学发展观学习实践成果转化为正确的世界观和方法论。加强领导班子制度建设。坚持民主集中制原则,按照集体领导、民主集中、个别酝酿、会议决定的原则,完善并严格执行领导班子内部的议事规则和决策程序,实现科学决策、民主决策、依法决策，提高决策的质量和效率。

按照现代企业制度要求，加强干部队伍建设。坚持正确的用人导向，注重选拔自觉贯彻科学发展观、工作实绩突出的人才充实到企业重要的经营管理岗位。加大公开选拔力度，完善领导干部退出机制，实施能上能下的动态管理。加大培训力度，提高领导干部的创新意识、发展意识、执行能力和管理技巧。以岗位职责和工作业绩为重点，建立一套行之有效的绩效考核体系，强化领导干部绩效考核。

以提高企业发展能力为核心，建立优秀人才的选拔任用、考核管理等新机制，确立以能力、业绩和品德为尺度的人才评价新标准，打造适应公司化运营和北京邮政经营发展需要的、高素质的管理者队伍。突出对企业核心人才的培养。通过加大公开选拔力度，在更多的岗位推行竞聘上岗。加大对后备人才和优秀年轻人才的提拔力度。完善岗位晋升制度。加强岗位交流。推行市公司首席职工制度，积极推进高技能人才队伍建设，加快培养技术技能型、知识技能型和复合技能型人才。

抓好党建创新，围绕企业发展中心，充分发挥党组织和党员的作用。

各级党委要坚持用科学发展观作指导，以改革创新精神不断加强党的建设，不断增强党组织的凝聚力和战斗力，发挥政治核心作用，保证企业发展目标的落实。

各级党委要深化党建工作创新，不断将新的思想、载体、方法、手段引入党的工作之中，开展富有特色和行之有效的活动，充分发挥党组织推动发展、服务群众、凝聚人心、促进和谐的作用。要针对全新的改革发展任务，不断赋予党员设岗定责、党员责任区、党员先锋岗、党员示范岗等传统活动以新的内涵。2009年，公司党委将开展以“当先锋、促发展，党员立足岗位作贡献”为主题，以促进企业增收节支、降本增效和促进职工收入增长为主要内容的党支部主题实践活动，将主题实践活动作为发挥党支部战斗堡垒作用和党员先锋模范作用的载体，扩展党员发挥作用的平台。各基层党委要认真指导基层党组织在方案设计、实施途径、激励手段和评价标准上进行创新，做到与中心工作结合，与职工关心的难点热点问题结合。活动开展情况将作为基层党支部工作考评的重要依据。

以“双培”为目标，提高党员队伍素质。着力将党员培养成企业经营服务骨干，将企业经营服务骨干培养成党员。充分利用网络平台，发挥党校作用，给党员创造更方便、有效的接受培训的机会和条件，除政治理论培训外，提供业务、技术等更丰富、全面的学习内容，为党员全面掌握技能、发挥先锋模范作用创造条件，使党员不仅政治思想素质过硬，而且成为业务精英。要将各单位党员在各类先进中的比例和业务技术练功比赛中的成绩列入对基层党组织的考核，建立完善“推进党员自觉学习、应用知识和技能，在企业发展中当排头兵”的机制，提高党员素质。各级党组织要把发展党员的重点放在经营生产一线岗位工作的骨干上，加大对他们的教育、引导力度，加速他们政治进步的步伐，努力把更多的业务骨干培养成为党员。

做好基层党组织的换届选举工作，加强基层党组织建设。按照基层党委换届改选工作的相关规定和要求，认真做好二级单位党委、总支换届改选工作，通过换届选举，对全体党员进行一次民主集中制的教育，健全二级单位党委班子。结合企业改革，认真研究落实党组织建设的制度衔接和机制完善问题。在企业改革中要确保党组织建立无空白点、各级党的委员会健全、党委工作机构和人员配齐配强、党的各项工作不削弱。同时，加强对工会、共青团等群团组织建设的领导和支持力度，指导市公司团委做好换届选举工作。

加强党委信息化建设。做好党员管理信息化、党建网站升级工作。充分利用科技手段做好党建工作和宣传工作，继续加强北京邮政党建网建设，加强网上办公，为推进基层党建搭建交流学习的平台，节省工作资源，提高工作效率。

三、深化创建活动，典型引路，以点带面，推动北京邮政精神文明建设再上新台阶

按照北京“人文北京、科技北京、绿色北京”建设的理念和邮政改革发展要求，继续深化群众性精神文明创建活动。以学习推广东四局先进典型经验为引领，以实施职工素质工程为基础，开展以推动窗口服务上水平为主要内容的创建活动，努力争创全国文明单位标兵。

推广东四局亲情服务经验，推动全公司服务工作水平的提高。要巩固奥运服务和创建全国文明单位成果，以高起点规划、高标准建设、高水平管理为主线，全面提升北京邮政的服务品质和核心竞争力。

以国务院领导批示和交通运输部、中国邮政集团公司组织学习宣传东四局先进典型为契机，全面总结东四局亲情服务经验，在全公司大力开展“学习东四”活动，通过典型经验介绍、现场观摩、交流培训、实地指导等形式，发挥东四局先进典型的示范带动作用，推进“邮政营业旗舰店”建设和“精品窗口”建设。北京邮政获得全国文明单位后，社会各方面对我们的要求会更高，服务工作必须按照市公司的要求，在原有的基础上做得更好。各单位都要努力培养出东四式的优质服务先进典型，共同打造北京邮政服务品牌，树立北京邮政良好的企业形象。以诚信服务为根本，以落实规章制度为抓手，以显著提升投递对外服务水平为重点，以服务设施先进、服务功能齐全、服务纪律严明、服务质量高超为准绳，推动北京邮政整体服务水平不断提高。

进一步做好先进典型的培树工作。探索完善培养、选树先进典型工作，推动东四局、百万庄局等先进典型培养上台阶。以2010年的劳模评选为目标做好工作，加大劳模先进个人和群体的学习宣传力度。通过各种形式，大力弘扬劳模先进的精神，用先进思想和模范行为影响带动广大职工为企业发展建功立业。组织开展好“劳模先进创新工作室”活动，激发劳模先进的积极性和创造力，充分发挥劳模先进在企业发展中的引领作用，以劳模的先进思想、先进操作法和示范作用推动企业进步。

深化职工素质工程实施，提高职工队伍整体素质。要着眼于北京邮政职工队伍思想、文化、业务等综合素质的提高，加强职工教育培训，与开展首席职工活动、加强人才培养相结合，整体推进。以建国60周年大庆为契机，以爱国主义教育、形势任务教育、危机意识教育、职业道德教育为重点，开展“热爱祖国、忠于邮政，奉献岗位、精心履职”主题思想教育。引导职工正确认识当前国际国内经济形势的变化，自觉与企业同呼吸、共命运，为企业分忧，克服畏难情绪或厌战情绪，自觉树立“企业发展我献力，企业发展我受益”的观念，与企业共克时艰、共谋发展；教育职工充分认识企业公司化运行对北京邮政职工能力、素质的新要求，自觉转变观念，与时俱进，提升自己，以全新的精神面貌适应新环境、新形势的要求、接受新任务的考验；教育职工认识到促进企业发展是自己的责任，对企业负责就是对自己负责，克服与己无关的思想，增强职工做好邮政服务工作的责任感和使命感，将“忠于邮政，精心履职”的理念根植于思想中，落实在行动上。继续广泛开展“创建学习型组织，争做知识型职工”活动，推动职工素质工程建设上台阶，引导职工把个人的智慧和力量自觉融入企业的改革发展中来。加强职工法制宣传教育，继续做好“五五”普法工作，普及与企业有关的法律法规知识，增强职工的法律意识和法治观念。适应邮政发展新形势的需要，完善计划，健全培训机制，统筹规划、分级管理、突出重点，大规模、分层次组织开展好职工教育培训。为职工搭建发展的通道、提供发展的机会，促进职工成长为企业需要的人才。

继续抓好对外宣传工作。努力形成由市公司主管部门分工负责、公司与二级单位协同配合的宣传工作机制，做好迎接建国60周年、培养树立先进典型和新业务、重点业务等宣传，使企业新闻宣传、形象宣传、业务宣传形成有机整合，为企业发展营造良好环境，扩大邮政品牌的影响力。要抓住5月份前交通运输部集中对东四局亲情服务进行宣传的机遇，既要宣传好东四局，同时又要宣传好北京邮政和中国邮政。

四、坚持以职工为本，努力构建和谐企业

践行科学发展观，坚持以职工为本，落实“服务人民，造福职工”的企业宗旨，以促进职工与企业的共同发展为中心，以加强和谐劳动关系建设和推进民主管理为保证，努力构建和谐企业。

加强企业文化建设，用文化引领和谐。继续深化“服务人民、造福职工”的企业宗旨和“用户是亲人”的服务理念，继承北京邮政奥运服务创造的宝贵财富，抓好企业文化落地工作，弘扬奥运精神，塑形象、创品牌。学习东四局以人为本的管理经验，形成以东四局制度为蓝本、与全国文明单位标准相符合的服务文化制度体系。各基层党委要结合本单位实际深化企业宗旨、服务理念的宣传与实践，用企业文化凝聚职工。要把企业文化建设落实到企业改革中，把企业理念的宣传贯彻落实到职工文化活动中，把企业形象的塑造树立落实到新体制建设中、新设施建设上，通过建立文化墙、文化活动室等，营造企业良好的文化氛围。以庆祝建国60周年为契机，举办第三届北京邮政职工文化艺术节。总结和展示改革开放30年来北京邮政及职工生产、生活上的重大变化，开展职工喜闻乐见的文化艺术活动，以健康、文明、科学的形式展现企业的发展成果和职工的精神文化生活，唱响主旋律，激励全局职工保持昂扬向上的精神状态，弘扬企业精神，展示北京邮政风采，推进企业文化建设。

加强和谐劳动关系建设，促进企业稳定。加强对办实事工作的领导，推进解决职工关心的生产生活中的难点、热点问题，在不断提高职王素质和促进企业经济效益增长的同时，关注职工的收益，促进职工收入增长与企业发展和企业经济效益增加协调统一，确保企业发展成果全体员工共享，促进劳动关系更加和谐，党群、干群关系更加融洽，职工队伍稳定。加大对困难职工的帮扶力度，扩大职工收益面，提高帮扶救助针对性。支持工会组织依法维护职工的权益。加强对“职工之家”建设的领导。在《劳动合同法》的贯彻实施中，发挥党委的保证作用，保证劳动合同的签订质量，促进和谐劳动关系建设。

推动基层民主建设再上新台阶。加强对职代会的领导，充分利用职代会的平台加强民主管理工作，发挥职代会的作用，提高职代会的质量，保证职代会的实效。进一步完善局务公开网络体系，丰富职工民主参与形式，畅通职工民主参与渠道。

紧密围绕企业发展中心，继续深入开展“平安邮政”建设活动。巩固和发扬奥运安保成果，确保企业安全稳定。各级党政领导要切实履行好维护安全稳定的第一责任，逐级落实责任，以企业的安全稳定为改革、发展、稳定保驾护航，以深入扎实的工作促进北京邮政和谐企业建设。要在企业重大改革中做好职工思想工作，维护企业稳定。引导职工以积极的心态应对改革带来的变化，正确对待利益分配，以理性合法的方式表达利益诉求，促进职工队伍稳定。要加强调查研究，认真分析问题，畅通信息渠道，努力把矛盾化解在萌芽状态、解决在基层。要紧密围绕企业改革发展和经营服务，开展思想政治工作研究，争取形成更多有价值的研究成果，并注重加强研究成果的推广转化工作，推进工作。

五、加强党风廉政建设，为北京邮政改革发展稳定提供保证

要认真贯彻党的十七大和中纪委十七届三次全会精神，以科学发展观为统领，以经营发展为中心，以服务保障为手段，进一步加强惩防体系建设，为北京邮政深化改革、加快发展、保持稳定提供坚强有力的政治保证。

加强教育，进一步筑牢拒腐防变的思想防线。把反腐倡廉教育纳入党的宣传教育总体部署，丰富教育内容，创新教育方式，拓宽教育覆盖面，切实提高教育的针对性和实效性。认真开展遵守党的纪律教育、法纪教育、社会主义荣辱观教育和廉洁自律教育，教育领导干部讲党性、重品行、做表率。贯彻落实中纪委十七届三次全会精神，学习领会胡锦涛总书记重要讲话内涵。加强执行政治纪律和警示教育，进一步加强企业廉洁文化建设。

落实制度，促进领导干部廉洁自律。随着企业改革的深化，要进一步完善企业党风廉政建设的各项规定，用制度规范行为、规范决策，对领导人员严格要求、严格管理、严格监督。严格执行廉洁从业有关规定。加强领导干部廉洁自律工作，对违反规定、失职渎职、有令不行者严肃惩处。建立健全北京邮政惩防体系，寓于生产经营管理的重要过程和国有资产监管的关键环节，采取措施落实《实施办法》中明确的各项任务。认真执行“三重一大”制度，认真落实党委工作规则。

强化监督，促进权力运行科学化民主化。抓住改革发展和经营管理的重大事项和关键环节，通过科学配置权力，健全权力运行程序，完善监督措施，健全监督机制。强化权力运行监督，健全决策机制和经营管理制度，形成正确行使权力、防止滥用权力的有效机制。加强招投标和物资采购监督，完善制度，规范程序和行为，拓宽和健全监督渠道和监督机制，把监督落到实处。抓好民主监督，加强局务公开监督检查，提高局务公开的真实性、实效性和职工的满意度。抓好党风廉政建设责任制的落实，增强考核力度。加强信访办案工作，发挥信访案件主渠道作用，充分发挥查办案件的治本功能。

2009年，各级党组织要继续指导工会、共青团组织做好工作，在企业的改革、发展、稳定中充分发挥群团组织的作用。

要进一步做好武装、统战、老干部工作。

2009年，各级党组织要继续深入学习贯彻党的十七大精神，深入学习实践科学发展观，在推动全公司的各项工作中，充分发挥党组织的作用。让我们振奋精神、开拓进取，为实现北京邮政又好又快发展而努力奋斗，以优异的成绩向建国60周年献礼！

认清形势 坚定信心 创新发展 全面完成 二〇〇九年各项发展目标

——章干泉总经理在市公司经营发展研讨会上的报告

2009年7月23日

同志们：

市公司2009年经营发展研讨会是在国内外严峻经济形势下，北京邮政对各方面工作进行深入思考、积极探索的一次重要会议，会议的主题是“创新发展、降本增效”。会上，计财部、市场部、网运部、人力部等市公司8个部室分别就所分管工作，对2009年上半年工作中取得的成绩和经验进行了总结，对下半年工作围绕“创新发展、降本增效”主题进行了部署。各专业局及部分区县局就上半年工作情况和下半年工作计划进行了充分的交流和研讨。公司各位副总对所分管工作做了安排布置，前亮书记对大家提出了四点重要要求。可以说，通过会议，大家对下半年企业经营发展的目标、措施更加明确，完成全年经营服务各项工作任务的信心、决心也更加坚定，达到了统一思想、提升士气、鼓舞干劲、开拓创新、严格管理、狠抓经营、促进发展的目的。希望大家回去以后，认真传达、贯彻、落实好本次会议精神，为全面完成2009年各项发展目标贡献智慧和力量。借此机会，我再谈三点意见。

一、上半年工作情况

上半年，受整体国际金融危机影响，我公司面临了异常严峻的经营形势。全体干部员工坚持以科学发展观为指导，以百倍的信心和扎实的工作，化危机为挑战、变压力为动力。各单位想方设法充分调动和发挥广大干部员工的积极性、主动性、创造性，团结一致，共度维艰，从变化的形势中捕捉和把握难得的机遇，在困难中发现和培育有利因素，抓住关键，突出重点，为推进北京邮政又好又快发展做出了积极贡献。

(一)业务发展稳中有升

上半年，公司上下克服经济环境不利因素，按照年初下达的预算目标努力奋斗，基本实现了时间过半，任务过半的要求。

(二)经济效益显著提高

在消化历史成本挂账3900万元的基础上完成收支差额5000万元。

(三)降本增效初战告捷

在四月份召开的财务工作会上提出的降本增效措施和目标都有了明显进展，取得了显著效果，干部员工降本增效意识明显增强。

(四)发展和创新捷报频传

继海淀区局“红叶贺卡”后，又有网运优化作业流程、降本增效，及海淀区局“爱心包裹”、西区局营销创新、海淀区局“大阅兵”、商函局“钢铁长城”、集邮公司的“丝绸长卷”等创新手段和产品，都将有不菲的效益和效果。

(五)盘活人力资源，推行梯形排班法

在加强员工培训、提高劳动生产率等方面取得了长足进步，优化了人力资源配置，降低了企业管理成本。

（六）能力建设效果良好

速递物流场地改造、储运仓库建设、村邮站建设、信息化网络建设、北京邮件综合处理中心建设都进展顺利。

（七）改革发展平稳推进，安全生产全面实现

继邮储改革之后，速递物流改革平稳过渡，效果也开始显现，专业化运作和管理水平显著提高。上半年全公司实现安全无事故。

（八）精神文明建设、文明行业建设成绩突出

继荣获全国文明单位称号后，又提出了争创全国文明单位标兵的奋斗目标。学东四先进服务理念有了新的升华，取得了阶段性成果，形成了推动企业发展的新动力。

二、必须坚持正确的治企理念和基本原则

同志们，在两天的时间中，市公司各位领导及机关各部室和各专业局对下半年主要工作已经讲解的非常全面，要求也十分明确，因此我不再过多地重复。这里我给大家提出十点工作要求，即“十个必须”，既是十个基本理念，也是我们治理企业的基本原则。其中大部分内容是这两年我在大大小小会议上多次强调过的，这里还要不厌其烦地再次提示给大家。

（一）必须坚持“发展是第一要务”的治企原则

今年的职代会上，我们提出了“发展是第一要务”的治企原则。发展是企业的第一要务，是解决一切问题的关键。只有不断发展，才能增强企业实力和竞争力；只有不断发展，才能提高抵御市场风险的能力；只有不断发展，才能改善工作环境和生产条件；只有不断发展，才能提高员工待遇，改善生活水平，也才能实现今年我们对员工承诺的“四个确保”工作目标。发展是解决历史包袱、化解各种矛盾的根本途径，离开了发展，一切都将无从谈起。

近几年来，北京邮政面对经营发展的复杂局面，面对全体员工改善生产生活条件的强烈愿望，我们没有怨天尤人、消极悲观，更没有止步不前、缩手缩脚，而是立足于通过加快发展来改变被动局面，解决经营发展及员工生产生活中存在的各种问题。我们始终抓住发展这条主线，调整优化结构，积极推进改革，努力改进管理。通过加速发展，我们改善了员工的生产生活条件，增强了北京邮政的核心竞争力，奠定和提高了北京邮政在全国的优势地位。实践使我们坚定了这样一个信念：在任何情况下，不管遇到多大的困难，都必须把发展放在重要战略地位，坚持加快发展不动摇。用发展凝聚人心，用发展激励斗志，用发展破解难题。

要切实加快发展的步伐，就要将加快发展放在各项工作的首位，牢牢抓住经营这个中心，聚精会神抓经营，一心一意谋发展，确保全面完成各项经营任务，实现“升位晋级、勇破纪录”工作目标。为加快发展，我们要根据北京经济社会发展规律和邮政业务发展规律，按照集团公司工作部署，制定北京邮政的发展策略和改革措施，主动将北京邮政的发展融入北京市经济社会发展的大局，在为北京城市发展做好服务的同时，寻求自身的发展机会，进一步把北京邮政的基础做实、效益做优、规模做大、能力做强。找准北京邮政与首都经济及社会发展的结合点，实现共同发展。

当前的发展局面和改革成果来之不易。大家一定要格外珍惜这难得的发展机遇，更加积极地转变业务增长方式，实现又好又快发展；实现质量与速度并重，规模与效益并重的健康快速发展局面。下半年，我们要继续贯彻2009年市公司职代会及各项专业会制定的工作措施，以市场需求为导向，结合首都地区客户结构、地域特点，明确加快业务发展的思路，增强核心能力、创新运营模式、营造发展环境、提升服务品质、提高竞争能力，做大做强三大板块业务，实现北京邮政的又好又快发展。

（二）必须创建和谐发展环境

企业的发展离不开社会各方面的支持。北京邮政公司化运营以来，始终坚持依法经营、规范运作、诚信守约、互利共赢原则，与市委市政府、市属相关部门单位及邮政客户等方方面面形成了良好的沟通机制和合作关系。我们始终坚持认真履行社会责任，支持首都经济发展，真正发挥通政、通商、通民作用，树立了良好的邮政企业形象，形成了和谐宽松的外部环境，这是北京邮政得以持续快速发展不可或缺的重要条件。今后我们要继续坚持内强素质、外树形象，努力打造北京邮政服务品牌，进一步提高北京邮政的美誉度和社会影响力。

外部环境和谐，为我们做好工作奠定了基础；而

内部环境和谐，才是我们最终要实现的目标。以前我也跟大家说到过，只有构建和谐，企业才能稳定、健康地发展；只有构建和谐，才能提升企业发展的品质，谋求更高层次的发展；只有构建和谐，才能促进现代邮政企业的建立。

要构建企业与员工共同发展的和谐局面，必须坚持“以人为本”的治企宗旨。员工是企业的一员，没有企业的发展就没有员工的进步。因此，坚持以人为本，首要问题就是要坚持企业的又好又快发展。另一方面，快速发展的企业需要素质不断提高的员工。坚持以人为本更要坚持员工能力与素质的不断提高，使企业真正成为实现员工价值的载体。

今后，北京邮政在以人为本治企宗旨的指导下，必须继续坚持发展为了员工、发展依靠员工、发展成果惠及员工的理念。要尊重员工的愿望和要求，改善员工生产和生活环境，切实解决员工的实际问题，多为员工办好事、办实事，进一步拓展为员工办实事领域，增强企业的凝聚力。各单位领导干部，要自觉把企业效益的提高与员工个人收益的提高结合起来、统一起来，让企业改革发展的成果更多地惠及员工。要建立相应的机制来激励人，凝聚员工的智慧和力量，调动他们的积极性和创造性，充分发挥员工在企业生产经营中的主体作用。形成人人想干事、人人能干事、人人干成事的企业环境，形成推动企业持续发展的强大动力。要进一步规范企业用工行为，建立和谐劳动关系。要开展员工职业生涯设计，让员工在为企业建功立业的过程中发展自己，让个人发展服从企业的发展，将个人价值的实现融入企业价值的实现过程中，从而实现自身价值，最终实现企业良性发展。

（三）必须建立有效发展机制

加快发展，实践科学发展观，要求我们必须突破制约和影响科学发展的体制性、机制性障碍，增强科学发展的活力。几年来，我们出台了一系列刺激经营发展的体制机制，但还远远没有到位，制约科学发展的深层次体制机制问题仍然比较突出，制约着科学发展观的贯彻落实。破除制约科学发展的体制机制，进行制度创新，是加强管理、加快发展必须解决好的重大问题。

有一个流行很广的分粥的故事，说的是有7个人一起居住，他们每天都须面对同一个问题：怎样将一锅粥平均分配。他们尝试通过制度来解决这个问题，想出了以下方法：大家选举一个品德高尚的人负责分粥。开始时，这个德高望重的人还能公平地分粥，但没多久，他却开始为自己及拍他马屁的人徇私。大家于是要求换人，但换来换去，负责分粥的人碗里的粥仍是最多。没办法，只好采取了另一个方法：大家轮流分粥，一星期每人负责一天。但他们马上就发现，每人在一星期中都只有负责分粥那一天才吃得饱，其余6天都要挨饿。于是大家对新方法仍然不满意。最后，大家想出了一个方法：7人轮流值日分粥，每人一天，但这次分粥者要最后才可领粥。令人惊异的是，在这制度下，无论谁来分粥，7个碗里的粥都一样多！因为分粥者明白，如果7碗粥并非一样多，他无疑只能领到最少的一碗，因为他要最后领粥。

同样是7个人，不同的分配制度，就会有不同的风气。所以一个单位如果有不好的工作风气，一定是机制问题。只有机制健全了，才能使各项工作按部就班地进行，才能大大加强员工的工作主动性和热情。好的激励机制是行为的钥匙，又是行为的按钮，按动什么样的钮就会产生什么样的行为，它能激发人的内在潜力，开发人的潜在能力，调动人的积极性和创造性。各位管理者为了实现既定目标，就要充分认识激励机制的重要作用，对各方面工作制定有效可行的激励机制，从而满足干部员工实现自身的需要，增加其满意度，使他们的积极性和创造性得以保持和发扬。由此可以说机制运用的好坏在一定程度上是决定企业兴衰的一个重要因素，如何运用好激励机制也就成为各个单位面临的一个十分重要的问题。

从本质上来说，人都是有惰性的。管理之所以成为必要，一部分原因也就在此。管理的主体是人，客体也是人，要真正达到调动员工的工作热情、提高员工的工作积极性，就要良好地运用起你手中的激励和监督机制，调动好你的指挥棒。企业既要建立起科学有效的激励机制，又要进行科学的实施和管理，监督各项工作的顺利进行。

北京邮政这两年实行的“重奖增量、升位晋级、首位升格”以及“升位晋级、勇破纪录、优秀升格、末位调整”的机制收到了较好效果，各单位工作热情高涨，“比学赶帮”，公司取得了突破性发展。市公司如此，在各二级单位，大家也都不同程度地尝试发挥机制作用，同样取得了明显成效。昌平局调动全员营销热情、西区局对金融街营销团队实行的激励机制等，均取得了良好效果。今后，各单位应更加认真系统地研究本单位经营发展机制，通过切实可行的激励机制，来最大限度地发挥员工的潜能，为各单位乃至北京邮政的发展作出更大的贡献。

(四)必须构建创新发展氛围

我们这个会议的主题是“创新发展”。彼德·德鲁克说过：“企业有且只有两个基本职能：营销和创新。”这句话在当代中国难免有失偏颇，但它充分说明了营销和创新在企业经营活动中的重要性。创新是事物发展的不竭动力，没有创新，企业就没有发展的希望。创新是一种生命状态，能给企业带来活力，只有不断创新的企业才能在竞争中发展壮大，永立不败之地。企业的生存与发展，要求员工及管理者不断提高创新能力，发扬科学创新精神，“以新应变，以新取胜”。这样才能完善新制度，开拓新市场，获得新效益。在企业中，创新已成为竞争优势的标志。

通用公司总裁杰克·韦尔奇在创新领域有很多建树。他的前任是一个非常了不起的全球知名的首席执行官，成绩突出。而韦尔奇在1981年上台的时候，正好遇到美国金融危机。怎么办？他做的第一件事，就是砍掉管理层级。原来管理层有首席执行官、部门经理、业务经理，五六十人，他一上任就首先把这些职能部门砍掉，首席执行官可以直接和一线经理对话，这就是管理创新。英国的不列颠百科全书因为固守传统模式，没有创新，没有与时俱进，没有破除“成功悖论”(所谓“成功悖论”，意思是让你到达今天位置的东西和方式，很少可能是令你继续到达明天位置的东西和方式)，结果倒闭了。美国福特公司的亨利·福特说过，不创新就灭亡。他在经营过程中没有把握好创新，使公司走到了非常危险、即将灭亡的边缘。所以说无论企业多么壮大，也无论是否遇到危机，都必须永无止境地创新才能生存和发展。那些已经取得一定竞争优势和市场强势地位的企业更需要通过创新来不断提升企业的竞争优势。

目前，中国邮政已经取得了一定的竞争优势和市场的强势地位，但是我们这种“中”字头的中央企业同样需要创新。速递业务八十年代开办的时候只此一家，1995年占有国际市场95%的市场份额，到了2005年就只剩下了30%-40%，2008年又降到了20%，国际市场占有率节节败退。这就说明，已经取得了强势竞争地位的企业，同样需要创新，不创新就得经营萎缩，市场就会丢失。

实现创新，必须营造一个有利于创新的氛围，一个宽松的文化背景以及重视知识、重视人才的人文精神，为各种创新成果的出现提供合适的气候和土壤。一个缺乏崇尚和激励创新文化氛围的企业，是不可能吸引、留住有创新激情的人才的，也是不可能有创新能力的。当代高科技产业发展的实践再次证明了这一点。美国硅谷和东部128号公路地区产业发展的根本差别，在于前者的文化、制度环境，为千万个创新、创业者营造了良好栖息地。

许多优秀企业的创新，正在经历着“从单项创新到系列创新、从一次创新到持续创新、从能人创新到群体创新”的转变。而大量创新的实现，需要广大员工具有很强的创新能力作为保障，因此，培养员工的创新能力就显得非常紧迫和重要。鼓励创新、营造创新发展氛围、培养员工的创新能力是每个企业管理者目前面临的共同课题。

1.营造有利于员工创新能力发展的企业文化氛围

优秀的企业文化对全体员工的行为具有导向作用、激励作用和凝聚作用。它能够潜移默化地帮助员工树立正确的生存观、价值观和对企业的责任感，把员工的行为统一到加强品德修养、提高思想觉悟、不断更新知识结构、勇于挑战困难、努力拼搏奉献的轨道上，对培养员工的创新能力有着不可替代的作用。企业员工有创新能力，企业才能得到持续快速地发展。

2.开展全员培训，帮助员工建立合理的知识结构

没有学习，就谈不上创新；但只有学习，也不一定能走上创新的道路。一个企业最糟糕的情形，不是实现不了创新，而是自以为在创新，却只是因为不学习而孤陋寡闻。创新就其字面意思来说是抛开旧的、创造新的，但创新并不是无中生有，创新就其本质而言是一种对现有知识的重新组合和突破现有思维的转换。这就是说，不存在脱离知识的创新能力。知识越多越合理，产生重要设想的可能性就越大，就越有利于创新能力的发展。因此，开展全员培训，帮助员工建立合理的知识结构，是培养员工创新能力的重

要途径。培训内容需要从三个方面来考虑，一是员工所在岗位的基础知识、基本理论和基本技能；二是员工所在岗位的前沿科学知识和相关知识。对于我们自己，则可以具体到国际、国内，甚至北京邮政各单位涌现出的创新举措等；三是创造学知识。开展培训时，必须采取灵活的方式方法，根据员工不同岗位进行不同培训。

3.张扬员工个性品质，充分发挥员工主体性作用

培养干部员工的创新能力，其核心工作是培养干部员工的创造性思维。而培养员工的创造性思维，需要员工敢于表达自己的想法，即便是很幼稚的想法，也需要员工尽力弘扬个性，“不唯书，不唯上”。因此，企业要为员工搭建多种多样的平台，改革用工制度、用人制度、分配制度、领导制度，给能人以舞台，让好马跑起来，创造“先进带动后进”的人文环境，激发员工的创新欲望，激活员工的创新潜能。要尽量营造员工自主创新的氛围；尽可能建立鼓励员工创新的多层次激励制度；努力创造良好的研究与交流的环境；大力倡导集体合作攻关的风气；经常开展有领导、有组织的创新活动，如技术比拼、劳动竞赛等，让员工在活动中正视自己的价值，树立自信心，想别人所不敢想，做别人所不敢做，形成自己独立的思维方式，克服思想的惰性与惯性，从不同的角度思考问题，从而培养创造性思维，达到发展个性品质的效果。员工应该充分发挥自己的主体性作用，主动利用一切机会去捕捉问题、发现问题、解决问题，从而得出不同寻常的观点，并分析批判、加以吸收。员工的主体性发挥好了，员工改变现状、追求上进的创新精神和动力、敢于向常规挑战的创新胆识和魄力也就培养起来了，其创新能力和成果将是不可估量的。

4.要保护和奖励创新

企业不仅在技术和产品方面需要创新，而且在机制、市场、管理、服务、营销等各个方面都需要创新，也就是说需要全面创新；不仅需要全面创新，而且需要不断创新。创新行为背后有两条基本的组织原则，一是鼓励不同，二是打破传统。企业做强做大，员工的创新能力是关键，最大限度地挖掘、开发员工的创造力仍然是北京邮政当前及今后一段时期企业急需解决的问题，需要全体员工的共同努力。

我国童话大王、皮皮鲁之父——郑渊洁在谈到天才的培养和教育时曾经说过：孩子有两种。一种是天才，另一种是普通人。如何将普通孩子转变成天才？欣赏和鼓励是天才的催化剂。而对于创新也是同理，应持之以恒地支持和鼓励。鼓励从事经营、管理、科技和业务的相关人员对新技术、新思维、新模式、新产品积极地关注，深入地探讨，支持那些敢于尝新的企业和人。也就是说，对创新项目我们要予以保护，对创新产品要给予相应提成，使其看到甜头，保持继续创新的热情；对创新项目取得的良好效果要进行嘉奖，以此营造鼓励创新的氛围，影响和带动更多的人参与创新，从而创造出更多的创新项目和产品。如果我们大家都能像网运部、海淀区局那样，对自己的工作进行深入研究，并提出切实可行的创新手段和产品，我们北京邮政就会有更大的更快的发展。

国外一位著名的管理专家说过这样一句精彩的话：“优秀的公司满足需求，伟大的公司创造市场。”具有一种强烈的忧患意识和时不我待的紧迫感和危机感，及时把握创新机会是一个成功企业应必备的条件。希望通过这次会议以后，我们北京邮政能够涌现出更多的创新型单位和创新型个人。九月份，我们将在全公司组织召开创新经验交流会，希望到那时，能够看到更多的创新成果。

(五)必须尽快完善营销体系建设

营销体系建设不仅势在必行，而且刻不容缓。各单位要统一认识，充分发挥积极性和创造性，调动一切可能的资源，把营销体系建设切实抓起来，为企业发展打下更为坚实的基础。目前，速递、物流、发行、金融等行业都在飞快地发展，如果我们的发展速度连行业的平均水平都跟不上，就说明我们还在丢失市场份额。营销体系建设的直接目的是为了取得更多的市场份额，但如果在建设之前已经把市场丢光了，它就没有任何的意义了。

当前，邮政企业的竞争手段还比较落后，营销技巧还比较简单，部分业务的全员营销比重过大，部分地区主动营销的意识还不强，需要通过培养一支理念较新、技能较好的队伍来支撑邮政的发展。只有通过加速邮政市场营销体系的建设，建立完善而又符合企业发展实际需要的营销体系作为营销活动的有力支撑，才能全面、有序地推进邮政市场化运作。如

何进行我们北京邮政的营销体系建设呢？我还要强调以下几方面：

1.要转变观念，高度重视市场营销及营销体系建设工作。员工是否具有市场营销素质是现代企业市场竞争实力的一个重要体现。目前我们北京邮政的营销工作还有所欠缺，从这个角度说，邮政创新营销方式，提升营销能力，适应市场经济是必然的。建设营销体系、优化业务结构、整合业务流程等营销体系创新和再造工作的开展是非常必要的。作为各单位的管理者，我们要从思想上深刻认识到这一点，树立大市场营销观念，要在行动上再快一点，全面推进以市场和客户为导向、灵活高效的营销体系建设，要在函件、速递、物流等专业加大政策支持倾斜力度。

2.逐步形成以综合营销为龙头，专业营销、网点营销为两翼的新型营销模式。建立三大板块业务联动发展机制，实施项目带动发展策略，发挥中国邮政"三流合一"的综合优势，实现对大客户全方位的深度开发，提升中国邮政整体品牌形象和经济效益。

3.要培养营销精英，设置合理岗位，打造高素质营销队伍。首先，要制定合理的营销人员选拔、聘用制度。充实专职营销队伍，进一步优化队伍结构，鼓励学历层次较高、年龄较轻、实战经验丰富和热爱邮政营销工作的邮政职工加入专职营销队伍。到年底，全公司专职营销人员占全部从业人员比例力争提高两个百分点。要突破用工机制的限制。个别单位对此认识还不到位，不是真正从市场开发的角度去考虑人力资源的配置。在这方面，人力资源部已经制定了政策，将对各单位的营销人员数量进行严格考核。其次，加强营销人员的管理与培训，不断提高营销人员的综合素质，规范营销工作流程。特别是对于营销成绩突出的人员要重点培养，树立典型，带动营销队伍整体素质的提高。第三，要提高一线营销人员的薪酬待遇，创新和完善营销绩效考核制度，提高营销岗位对于企业员工的吸引力。营销员的工作很辛苦，对企业的贡献很大，在现阶段，对营销岗位采取一些倾向性政策，这是企业力所能及的，而且也是有效的。如果员工都愿意去做营销了，那我们的政策就到位了。

4.要整合邮政营销基础平台，强化营销保障支撑系统建设。营销工作的公共基础平台的进一步完善，是邮政营销体系建设的一部分，更是企业综合营销和专业保障的支撑系统。其一，部分经营规模较大的区县局要建设邮政业务展示中心，推介其重点发展的邮政业务，为继续做大做强邮政服务做好具体的宣传展示工作。其二，要推进综合营业网点旗舰店的建设。对发展良好的特色营业网点在政策上予以适当倾斜，打造经营管理典型。其三，继续打造精品名址库。强化名址库建设不仅是商函数据库营销的需要，也是邮政综合营销必须的工具。其四，优化邮政投递网络，提高邮政投递服务效率。只有后续支撑能够保证，营销员的工作才能顺利开展，也才能保证北京邮政整体营销水平的迅速提高。

5.要避免无谓的内耗现象。内耗现象在邮政企业中并非个例，如在一些专项营销活动中，各个单位为了完成任务，都奋力进行市场营销，但在有限的市场环境下，同一家客户难免会吸引来邮政不同部门、不同单位多位营销员的上门走访，而且为拿下业务，营销员之间也互不相让，让客户陷入了进退两难的尴尬局面，对邮政企业的形象也造成了一定的负面影响。

企业内耗事实上也是所有企业共同面临的一大管理问题，这个瓶颈一直影响和制约着企业的发展与进步，是笼罩在企业上空的"蘑菇云"。在企业发展过程中，"窝里斗"、自己人打自己人永远不会有胜利者，只会两败俱伤。

俗话说得好："家和万事兴。"企业好比一个大家庭，每个部门、每个单位、每个个体都好比家庭的一员，要把"和"字放心头，对待相互间的矛盾、冲突，要具有包容的心态。企业又好比一艘巨大的舰船，乘风破浪、躲避暗礁急流的前提是最大限度地发挥全体船员的智慧和潜能。需要的是同舟共济、优势互补，杜绝的是单打独斗、互相拆台。减少企业内耗是一项极其复杂的系统工程，需要我们从不同角度和不同层次做大量艰苦而细致的工作。只有内耗问题解决了，这个企业才会是一个具有凝聚力和向心力的战斗集体。

总之，营销体系建设对北京邮政来说具有非凡的现实意义和战略价值。简单而言，就是要找到一种适合市场和企业发展需要的应对机制。因此，我们必须以突破性的思维，切切实实地提高北京邮政的市场开发能力和市场竞争能力，这才是营销体系建设的根本所在。

(六)必须关注一线指挥员的成长

邮政支局、科队是整个邮政系统中最基层的单位,是为企业创造价值的第一线,是企业发展的前沿阵地,他们就像是北京邮政这支大军的基层连队,企业的发展目标要靠一线指挥员带领员工去实现。一线指挥员如果得力,能够创造性地开展工作,那就会使他所带领的支局、科队、部门脱颖而出。支局效益好坏、经营业绩如何,直接影响员工的切身利益。一个支局、科队发展的好坏,取决于支局长、科队长这些一线指挥员有效的管理才能和水平。因此,最怕一线指挥员麻木不仁,使得上级和员工对他都不满意,从小处看是影响了员工的直接利益;从大处看,则牵涉到北京邮政的整体利益。

一线指挥员首先要具备良好的责任心、事业心,才能把他的连队领导好、管理好。第二,一线指挥员还应该具备管理团队的能力,把大家的积极性都激发出来,通过关心团结爱护员工,激发员工的积极性。一个支局、科队又好像一个家庭,大家都是一家人,支局长、科队长是家长,员工是家庭中的成员。做好管理工作,除了要有制度管理,还要有人性化的管理,在工作中严谨,在生活中细心,多关心照顾员工。家长要懂得平衡家庭成员的关系,了解每个人,懂得每个人,经常观察每个人的动态,及时掌握第一手资料,经常找员工谈心,做思想工作,要和员工打成一片,与员工共同研究、探讨、处理工作中遇到的疑难问题,共同促进支局、科队整体服务水平的提高。第三,要执行力强、战斗力强和作风过硬。只有具备这么一种精神,才是一个真正可以率领好一支基层连队的优秀人才。只有一线指挥员把各自的连队管理好了,北京邮政这个团队才能取得更好的发展。

各单位领导班子肩负着选拔、培养、监督、管理一线指挥员的重任。一线指挥员作用发挥得如何、工作成绩如何,也取决于在座各位党政一把手对他们的管理、培养、锻炼水平的高低,同时也取决于对他们的关爱如何。要加强对一线指挥员个人素质的培养,这是直接关系到全公司经营发展水平的关键。在人才选拔任用上要有机制、有力度、有成效,要从大局出发,公平公正选拔、培养、激励和引导一线管理人员。

1.要在实践中促进一线指挥员的学习,不断丰富理论知识和专业知识。以支局长、科队长为代表的一线指挥员首先要在实践中学习理论知识,着眼于对实际问题的理论思考,着眼于新的实践和新的发展。实践是理论的来源,一线指挥员身处经营发展第一线,只有在北京邮政发展建设的具体实践中,才能提高理论学习的自觉性、主动性和针对性,才能真正理解理论、检验理论,也才能正确地运用理论和发展理论。

2.要在实践中锻炼一线指挥员的能力,不断提高工作水平和领导水平。江泽民同志十分重视在一线和艰苦的环境中锻炼干部。他指出:实践证明,把年轻干部放到一些关键岗位、艰苦环境和情况复杂、矛盾突出、困难较多的地方去锻炼和培养,对他们的提高和成熟很有好处。北京邮政的发展经验也证明,只有同一线员工相结合,在推动北京邮政经营发展的实践中接受锻炼、积累经验、提高素质、增长才干,我们的干部才能健康成长,才能有所作为。

3.要在实践中锤炼一线指挥员的品质,不断改进思想作风和工作作风。要成为一个好的管理者,首先要管好自己,为员工们树立一个良好的榜样。正人先正己,管事先做人,要做到“己所不欲,勿施于人”。要提醒一线指挥员在工作中始终坚持密切联系基层员工,克服形式主义、官僚主义,放下架子、扑下身子,切实真抓实干。强化服务意识和群众观念,转变思想作风和工作作风,真心实意为基层员工办实事、办好事。要踏踏实实为员工服好务,做好贴心人,解决员工的后顾之忧。

4. 要建立健全一线指挥员实践锻炼的机制,广辟实践锻炼渠道,为一线指挥员的实践锻炼营造良好的环境,始终关注他们的成长成才。要加强对一线指挥员工作成果、工作方法的研究,注意总结经验和教训,不断完善一线指挥员工作机制,建立健全一线指挥员的激励机制和监督机制,积极探索一线指挥员成长成才新渠道。可以根据普通干部的工作经历、发展潜力等实际情况,引导和安排他们到那些经济比较落后、条件比较艰苦、任务比较繁重、情况比较复杂的支局、科队去接受锻炼、接受考验,在实践锻炼中提高思想水平、工作能力和领导才能,为北京邮政的发展壮大贡献力量。

只有一线指挥员作用发挥好了,才能把员工紧紧地团结在自己的周围,形成合力,共谋发展,才能保证北京邮政整体经营服务工作水平的全面提高。

(七)必须加强执行力

所谓执行力,指的是贯彻战略意图,完成预定目标的操作能力。任何企业要想在竞争中取得成功,就必须首先在执行力上下工夫,没有执行力就没有竞争力。企业管理中,好的制度和经营战略也只有成功执行后才能够显示出其价值,否则再好的企业精神、经营理念、企业愿景都可能是纸上谈兵。没有良好执行力的企业其管理就不可能到位,其制度就会如同虚设,其结果必然是该做好的事情做不好,该达到的目标达不到,该实现的效益实现不了,该树的正气树立不起来,该形成合力时却形成不了,不该出现的事故就会出现,不该出现的现象就会出现。企业失去了执行力,就失去了企业长久生存和成功的必要条件,没有执行力的企业根本就不会有任何竞争力。

当前在我们的企业中各个层面都存在着这样那样不执行或执行不到位的现象:有的人把公司要求下发个文件就算了事;有的人在执行过程中马马虎虎,敷衍了事;有的人执行中遇到困难就停滞不前,强调客观因素过多却不从主观上找原因……这些行为和现象肯定会阻碍企业的发展进步。如果我们不加强执行力建设,就无从谈起企业做优、做强、做大。为此,要从以下几方面做起:

1.要不断强化执行力理念,营造良好的执行力氛围。无数例证告诉我们:一旦正确的执行力理念根植于组织中的每一个成员,这个组织的成员就会在统一的行为规范下形成组织合力,进而就能克服难以想象的困难,达到组织理想的目标。所以在具体工作中,我们要通过加强正面宣传和引导,有针对性地加强员工执行力意识的培养,表彰和树立在执行力问题上表现突出的先进人物典型,在全体员工中营造正直向上、服从指挥、雷厉风行、言行一致的执行力氛围。

2.领导干部要做执行力的榜样。没有领导者的极高执行力,就不可能实现全员的有效执行力。所以领导干部必须率先垂范、身先士卒、一马当先,讲学习、讲实干、讲绩效,做有效执行力的表率。领导干部如若一事当前左思右想、掂轻怕重、考虑个人得失,或者蜻蜓点水、虎头蛇尾,这样的执行力就难以建立起来。所以,作为领导干部,就要做有效执行的榜样,不但要靠自身的作风形象和影响力带动员工,还要着力培养员工的执行意识,并选拔有执行意识和能力的人走向领导岗位,带领企业在竞争中获胜。

3.全员素质的提高是有效执行力的基础。企业的各项制度和战略决策的成功贯彻落实,取决于员工素质的不断提高和全体员工的共同努力。因此,作为企业的管理者,要坚持以人为本的原则,努力通过培训来提高员工的整体素质,提高企业的综合实力,达到社会、企业与个人的共赢。企业要在培训上肯投入、舍得花钱,积极为员工提供不断的"充电"机会,通过有目的的梯队培养,调动和激发起广大员工自身的潜能,使之产生更多的、创新性的、正方向的推动作用,使企业在竞争中不断增强战胜对手的有生力量。

4.正确决策是提高执行力的关键。所谓正确决策,就是符合实际、切实可行的科学决策,这是提高执行力的关键。作为企业领导,自身的认识世界、分析市场、判断问题、管理企业的能力是决策中起作用的关键因素。当今市场变幻莫测,企业决策的风险日益加大,单靠个人能力很难保证决策的正确性。因此,要依靠广大员工的智慧、调查研究以及班子的整体合力尽可能地做出正确决策,以保证执行力的提高和执行结果的完美。

5.赏罚分明是提高执行力的保证。运用绩效考核结果和公平的奖惩制度形成奖勤罚懒的激励机制是企业提高执行力的保证。做不到这一点,光靠觉悟高的人、老实人去执行,企业就失去了起码的公正,企业的工作就不可能做好。通过有效的激励机制对那些对公司作出贡献的人、有明显成绩的人、执行到位的人给予物质和精神的"赏";对执行工作不到位,整日工作不思进取,工作松散,绩效结果差的人进行相应的教育、戒勉和"罚",就能让表现突出的员工有成就感;让没有创新意识、工作敷衍的人有压力感;让碌碌无为、无所事事的人有危机感,这是把执行力落实在行动上必须要走的路。

实干兴邦!当前,在金融危机大环境影响下,处于改革发展中的北京邮政面临着巨大压力,既要保稳定,又要保增长。这就需要我们拿出实干精神,多走进市场,少喊些口号,更需要各级领导干部带头干出样子。在工作中,我们要"喊"也要"干"。一方面,用"喊"去传达企业的各项安排部署和各种新思想、新理念,帮助各级干部员工更好地理解企业的决策,明确发展方向，从而提升员工的执行力和战斗力；另一方面，用“实干”去落实这些好的方法、措施，促进企业的全面科学发展。只有这样，干部员工上下同心，才能一同做大市场、做强企业。

（八）必须牢固树立“服务是企业发展生命线“的意识

胡锦涛总书记去年春节期间视察南宁邮区中心局时提出，“要更好地发展邮政事业，为人民群众提供优质的邮政服务”。去年11月24日，张德江副总理对东四邮电局事迹作出批示，指出，东四邮电局视用户是亲人，亲情服务，令人感动，也令人钦佩。今年6月8日，张德江副总理又在当日《人民日报》刊发的《不断延伸的邮路》一文上作出重要批示，要求广大邮政职工更好地为人民服务。中央领导对中国邮政长期以来坚持为人民群众提供优质服务既给予了充分肯定和高度评价，也对新形势下邮政如何更好地服务社会、服务民生提出了更高的期望和要求。

服务是邮政永恒的主题，是以人为本、服务民生的集中体现。邮政发展的最终成果要体现在服务水平的提高上，让人民群众享受到邮政业发展带来的实惠。“靠服务赢得竞争；靠服务开辟市场；靠服务壮大实力；靠服务创造效益”已经逐渐成为世界经济发展理念的主流，邮政企业也莫不如此。邮政服务如同邮政业的生命，是企业发展的生命线，作用就显得更加重要。

从根本上说，邮政提供的服务是一种无形产品，这种无形产品比核心技术更容易产生核心竞争力。服务的核心竞争力来源于对顾客的理解。离顾客越近，离竞争对手就越远。邮政服务工作是一项非常专业的复杂系统工程，也是企业经营管理中的一个重要组成部分。邮政服务和邮政发展是一组相互制约、相互影响、互为前提的关系体。我们千万不能把服务和经营对立起来，不能忙于抓经营而放弃服务。没有好的服务，不可能有好的经营业绩。服务能够最大限度地留住客户，留住客户就等于留住市场、开拓市场，从而使邮政快速发展。应把服务提升到战略的高度，坚持以服务为核心的发展观，经营服务一起抓。只有这样，我们才能掌握市场主动权。

东四邮电局是北京邮政服务工作的典型。今年，交通运输部和集团公司都在要求向东四局学习。作为我们身边的典型，各单位迅速行动、精心组织、认真安排，结合本单位实际，以多种形式展开对东四精神的学习活动。形成了一股认真学习东四精神、大力推广亲情服务经验、不断促进经营服务发展的良好工作态势，取得了阶段性成果，形成了推动企业发展的新动力。学东四关键在于学内涵，学东四精神，第一就是学习东四局全心全意为人民服务的精神。“牢记宗旨，服务人民”，这是邮政的行业精神，在学东四的活动中一定要创出新的成果和特色。第二是学习东四人敢为人先，精益求精的敬业精神。想用户所想，急用户所急，帮用户所需，不断创新服务的内容和手段，挖掘服务的广度和深度，为用户提供方便、快捷、高效的人性化服务。以无限的服务，满足用户无限的需求；以无限的服务，创造无限的效益。第三是学习东四局以人为本，亲情服务的精神。第四是学习东四恪尽职守，默默奉献的精神。第五是团结协作的团队精神。

学东四要勇于赶超，创造特色。学东四不是简单的照搬，东四有的我们可以有，但关键不仅仅只是学习，要勇于赶超，这也是我们最大的愿望。赶超东四就是要创造自己的特色，管理理念要不断更新，服务水平要不断提高，营销能力要不断加强，经营手段要不断创新，经营效果要不断改善。我们要学会取长补短，把东四的精神融合到我们的工作中，在经营方面做出各自特点，创造出各自特色。当然，东四局自身的工作也需要创新。

近年来，北京坚持“发展现代化邮政，满足社会需要”的理念，不断深化改革、加快发展。从完成政企分开、实现公司化经营，到邮政储蓄和速递物流专业化经营改革，北京邮政充分发挥实物流、信息流和资金流“三流合一”优势，积极推动传统邮政向现代企业转变，努力拓展为民服务新领域，在服务人民生活、促进首都社会经济发展等方面发挥重要作用，而这一切，归根结底，还是为了更好地为人民服务。我们必须牢记，以服务为本、做好服务工作是邮政发展的永恒主题，是邮政人的光荣使命和神圣职责。

但同时，我们也必须清醒地认识到，邮政服务工作与人民群众不断增长的用邮需求还存在一定的差距，必须引起我们的高度重视。要树立视用户的需求为服务指南的意识，凡是群众用邮不满意之处，就是我们必须下工夫着力改进的地方。我们要按照中央领导的要求，不辜负首都各界人民群众的期望，坚持与时俱进、积极创新,应用新的技术手段改进服务方式、拓宽服务范围、丰富业务品种、健全完善规范服务制度,推进邮政服务质量和服务能力的全面提升。要继续加大学习宣传东四局先进典型的力度,通过榜样的示范效应,引导教育职工,传承并发扬为人民服务的精神,以优质服务赢得用户,树立北京邮政的服务品牌,实现经济效益和社会效益的双丰收。

(九)必须坚持降本增效的发展战略

降本增效是贯彻落实科学发展观的应有之义。科学发展观要求我们坚持"又好又快,好字当头"的发展导向,处理好速度与质量、规模与效益的关系,实现全面协调可持续发展。在全网加快业务发展的同时,大力倡导降成本、增效益,是邮政企业贯彻落实科学发展观的重要体现。集团公司党组已经把降本增效列为学习实践科学发展观活动整改落实阶段的重要举措。我们只有进一步推进降本增效工作,才能不断提高邮政发展的质量和效益,才能实现邮政企业持续健康的发展。

降本增效是转变经济增长方式的重要途径。面对外部政策环境和经济形势变化带来的挑战,邮政企业需要切实转变经济增长方式,不断增强抵御客观困难的能力。经济增长方式的转变重在发展理念的转变,重在结构的调整。要实现邮政经济增长方式从过多依靠成本拉动、投资拉动向依靠营销、服务、创新的转变,需要我们把降本增效战略落到实处,做好业务结构调整和成本结构调整,提高投入产出效率。

降本增效是提高企业竞争能力的客观需要。成本的高低直接反映企业运作效率,关系到企业是否具有可持续的发展能力,能否在市场中取得竞争优势。无论采用成本领先、差异化还是集中化的竞争战略,较低的运作成本等都是竞争性业务参与市场竞争、保持市场领先地位的重要手段。普遍服务既是公益性事业,也是一种市场行为,在一定意义上讲,也要遵循经济规律。因为政府对邮政普遍服务既有质量和效率的要求,也有成本的要求。所以只有在履行普遍服务义务的同时建立有效的成本控制和削减机制,才能更好地满足政府的预期和社会的需求。

今年一月初,集团公司下发了《中国邮政集团公司关于强化成本管理不断提高企业发展效益的指导意见》(中国邮政[2009]1号),就强化成本管理,建立健全邮政企业成本削减机制提出了明确意见。市公司各部门、各单位对此项工作给予了高度重视,经过半年的实践,取得了一些阶段性成果,有些措施效果十分显著。这说明北京邮政降本增效潜力巨大,只是以前没有引起我们的高度关注,没有去深度挖掘,没有下大气力沉下身去从基层做起、从基础工作抓起。只要我们真正意识到这项工作的重要意义,只要我们不懈努力,那么我相信,肯定还有很多领域是有潜力可挖的,肯定还有很多管理工作是有待改进的,肯定还有很多成本是可以降下来的,肯定还有很多工作环节的效率效益是可以提高的,就看我们去不去做。从上半年降本增效工作的开展情况来看,各单位、各部门虽然都明确了目标、制定了工作方案和时间进度,但从实际情况来看,还不同程度的存在着工作落实不实不细、降本举措不力的问题。个别单位的降本举措只关注招待费、办公费、会议费等在本单位成本结构中占比较小的成本项目,而对于修理费、业务费等大项成本项目的压缩,强调困难,没有实质性举措。这样的降本增效必然流于形式,无法真正收到实效。

关于降本增效的具体办法、措施,我们在四月份召开的计划财务工作会议上已经进行了详细具体的布置和安排。关于如何降本增效,我在以前的讲话中也谈过多次。这里,我再跟大家强调几点:

1.持续优化生产经营流程,有效降低企业运营成本。要从战略高度认识到实现流程优化的重要性。全面系统地推进北京邮政,特别是邮务类板块的流程优化,从流程上实现降本增效。这并非一日之功,要按照集团公司的部署和要求,认真推进。下一步我们要把生产作业流程优化作为降本增效的切入点和主要抓手。近年来,邮政企业信息化建设已经覆盖了生产、经营、管理的各个方面,但总体上看,传统的生产作业流程并没有随着信息化的进程得到根本的调整和优化,机械化、自动化设备的大量投入也尚未全部转化为生产力,业务流程优化的空间还很大。实施"流程优化"能够进一步发挥信息化和科技进步的作用,简化处理流程,提高生产效率,降低处理成本。

2.强化成本管控手段,确保全年预算目标的顺利实现。各专业、各部门都要高度重视和健全成本控制机制。从各个环节做起,全方位地加强成本控制工作，进一步增强各方面损益核算能力和水平，实现从量变到质变。各单位要继续强化预算管理，按月对成本支出执行情况进行监控分析，加大控制力度。要强化资金全过程管理，建立资金预算管理体系。继续扩大集中采购范围，有效降低物料成本。要加大损益核算应用工作的推进力度，全面深化结算工作。启动票库系统二期建设，实现物料用品的科学管理。要对各项培训计划进行单项核算，对支出内容、费用情况进行把关审核，从源头做好降本工作。

3.加强人力资源管理，大力精简非生产人员。要高度重视“工时精细化管理工作”，抓紧实践，争取能使之成为下一步“盘活人力资源、实现减员增效的抓手”。要高度重视和加快建设更为科学合理的“绩效考核方式”。结合“双定”工作，进一步规范人员编制数量，积极稳妥的实施非生产人员的精简压缩工作，下半年重点对管理人员进行精简。调整超编人员，减少管理人员占比。进一步加大管理人员盘活力度，引导和鼓励管理人员向营销序列转岗，充实营销员、理财经理队伍，减少管理人员总量。最终实现管理人员占全部从业人员总数的比例下降两个百分点的目标。

4.继续整合网运资源。干线运输方面，开展对一级干线汽车邮路(特别是委办邮路)情况的调研，寻求一级干线降本增效的新出路。市内运输方面，根据新作业计划运行情况及时进行调整，协调解决相关问题，不断完善各项工作，努力实现网路运行效率和效益的最大化。资源配置方面，调整生产车辆投入方式，充分考虑各单位业务结构、收入规模、业务量增幅和升位晋级情况等因素，对各单位生产车辆配置情况进行核定，使网运资源得到合理、充分的利用。在市公司降本增效工作方面作出更大贡献。

5.加强协调，形成合力。降本增效是整个企业层面的工作，涉及每一个专业、每一项经营管理活动甚至每一个生产作业动作，需要各专业和各部门齐抓共管，各级邮政企业上下互动。因此，各单位要加强组织领导，主要领导要亲自过问，财务部门作为牵头组织部门，要做好综合协调工作。各部门和各单位都要将降本增效纳入今年下半年的工作重点，贯穿始终，分工负责，密切配合，市公司将加强对各单位工作的指导，全面推进企业降本增效工作。

6.常抓不懈，持续推进。降本增效不是一朝一夕的事情，不只是今年应对金融危机的应急手段，还要做好打持久战的准备。我们要从细节入手、从小处着眼、持之以恒、聚沙成塔，最终形成“勤俭办企业”的节约型企业文化。我们还要将降本增效作为一项长期战略性工作，不断创新，制定长远目标和规划，明确实施步骤，做好基础性工作，抓好落实，持续推进。

7.抓降本增效的同时要坚持加快发展。当前形势下，企业都力求以降本达到增效，降本增效是提高企业管理效能的重要举措之一。当前，邮政企业要深化改革，加快发展，更要做好降本增效工作。但在推进这项工作的过程中，要做到有节有度，节支不能一概而论，只有加快发展才是解决企业一切问题的关键。本次会议的主题是“创新发展、降本增效”，创新也是为了加快发展。发展是解决企业一切问题的金钥匙。只有增强信心，克服困难，找准差距，加快发展，能快则快、能超则超，才能构建企业和谐，才能实现企业各项工作目标，才能使干部员工更多地从企业发展的成果中受益。

(十)必须加强各级领导干部的作风建设

胡锦涛同志强调，领导干部作风建设是党的建设的一项战略任务，必须常抓不懈。加强领导干部作风建设是全面贯彻落实科学发展观的必然要求，是构建社会主义和谐社会的必然要求，是提高党的执政能力、保持和发展党的先进性的必然要求，是做好新形势下的反腐倡廉工作的必然要求。

我们党一向重视干部的作风建设。早在延安时期，毛泽东同志就一直强调干部作风在党风建设中的关键作用。他还用精辟的语言科学地概括了我们党在实践中形成的以党的“三大作风”为主要内容的优良作风。党的作风是党的建设的一个永恒课题，同时又随着形势的发展而不断被赋予特定的时代意义和内容。在新的历史条件下，加强干部队伍的作风建设已显得极为重要和迫切。

当前，我公司各级领导干部的作风建设也存在着这样那样的问题。思想作风上不严格要求自己，学习应付、无实效、走过场；工作作风上有的人自以为怀才不遇，工作好坏无所谓，经常散布消极言论；有的人好人主义严重，不愿说真话，随波逐流，明哲保身；有的人工作没有积极性，得过且过；有的人不求有功但求无过，过安稳太平日子。工作低要求，安排了就做，没安排就拖，不动脑筋思考，没有长远打算，安于现状，安享太平；有的人工作浮躁不务实，思路、计划、措施都停留在嘴上，说起来头头是道，落实到实际中却百无一用；有的人好练虚功，做表面文章；还有的人疲于应付，敷衍塞责，用会议贯彻会议，就文件落实文件，沉溺于文山会海，对员工急需解决的难点、热点、焦点问题进行回避、推诿；有的人喜欢做“官老爷”，高高在上，脱离群众；有的人习惯于凭老方式老办法想问题，缺乏主动性和创造性；有的人凭主观臆断，听不进员工意见，盲目蛮干，随意性和片面性严重……这种作风持续下去，会严重影响干群关系，损害工作，不利于北京邮政各方面工作的开展。

在干部的作风中，思想作风是第一位的，它对干部的作风状况具有基础性意义和决定性作用。如果思想作风不正，就不可能有好的工作作风。在加强思想作风上，我们一定要坚持解放思想、实事求是、与时俱进，坚决贯彻执行党的正确路线方针政策，维护好、实现好、发展好广大员工的根本利益。

第二要密切干群关系。在新形势下，党群关系最集中最直接的表现是干群关系。密切干群关系，必须把发扬优良作风，将改善干群关系作为切入点和着力点，领导干部要牢固树立正确的权力观，正确行使自己手中权力，要认识到自己的权力不是上级恩赐的，也不仅是凭自己的本事挣来的，而是广大员工赋予的。

第三要忠于职守，真抓实干，勤政廉洁。作为一名国有企业的领导干部，一定要忠于职守、爱岗敬业、勇于奉献。干实事、鼓实劲、求实效，不搞短期行为，时刻注意把握自己，带头深入基层，听真言、讲实情，为员工办实事、办好事，尊重民主，尊重民意，清正廉洁，严格遵守各项规章制度，做执行制度的模范和表率。要从“实”字上做文章，不能光说不练。

第四要领导带头，率先垂范，发挥表率作用。风成于上，俗化于下。各级领导要在作风建设方面率先垂范，能从我做起，敢说“向我看齐”。用执行过程中的“务实”推动干部工作作风建设。身教重于言传。凡是风气好、士气高的单位，必有一个作风正的领导集体；凡是问题多、作风差的单位，往往就差在领导干部身上。领导好大喜功，下面就急功近利；领导热衷形式主义，下面就做表面文章。所谓“屋漏在下，止之在上；上漏不止，下不可居”，讲的就是这个道理。领导干部带头转变作风，具有权力因素无法替代的感召力和影响力，它等于立起了一个标杆，树起了一面旗帜，可以倡导一种精神，弘扬一种风气。从领导干部做起，关键是要从主要领导做起。主要领导是本单位作风建设的“第一责任人”。作为一个单位、一个部门的主要领导，转变作风就应该从自身做起，从小事做起，时时处处规范自己的言行。一句话，干部作风建设的好坏，关系到北京邮政发展的成败。

三、关于下半年工作

下半年，我们要继续以科学发展观为指导，进一步解放思想、转变观念、坚定信心，加大力度促进北京邮政实现又好又快发展。我这里只重点强调四点：

(一)要坚持三大板块业务联动发展

集团公司提出了“全网要高举大旗、共享资源、共创未来”的要求。在分业经营的情况下，如何最大限度地利用好邮政的整体资源，继续发挥中国邮政“三流合一”的独特优势，巩固和提高中国邮政的核心竞争力，是中国邮政当前急需解决的一个问题，也是集团公司党组高度重视的一个问题。第一，要共举中国邮政大旗。要求三大板块在中国邮政的大旗之下，将资源整合在一起，形成“大邮政”。任何时候，对外的重大宣传都要突出中国邮政的品牌形象；任何专业，在经营活动中都要考虑中国邮政的资源利用；任何员工，在工作当中都要牢记自己是中国邮政的一员，处处代表中国邮政的形象。第二，共享邮政全网资源。现有邮政资源是企业经过近百年的发展积累下来的，邮政各专业都应格外珍惜和充分利用。三大板块的共同发展，既是邮储银行和速递物流公司的利益所在，也是北京邮政的利益所在，更是中国邮政全网的利益所在。只有三大板块都得到发展，中国邮政才能整体上实现又好又快的发展。第三，共创邮政美好未来。要求我们边实践、边研究、边探索。当前，希望大家抓好八件事情：一是建立板块协调机制，二是建立利益分配机制，三是推进产品资源整合，四是推广交叉销售模式，五是实行项目联动开发，六是实现客户信息共享，七是实现网络资源共用，八是相互使用其他板块产品。概括起来说，就是六句话，二十四个字：即“信息共享、资源共用、市场共有”；“产品整合、交叉销售、项目联动”。前三句是核心，是精髓，后三句是手段，是方法。

近期，我们将整合北京邮政的整体资源，推行价值营销、项目营销、团队营销和简易营销，积极推进"十大业务联动项目"，形成"大邮政"，使邮政业务在市场上更有竞争力，邮政企业在社会上更有影响力，邮政行业在业界中更有主导权。

(二)要加强邮银合作，推动邮政金融业务持续健康发展

加强邮银合作是最重要的工作，要从大局出发，实现邮银协调发展。要按照集团公司要求，认真组织、周密部署，制定北京邮政与邮储银行北京分行金融业务委托代理协议签订的工作方案，按照统一格式，确保邮政金融业务委托代理协议签订工作在7月底前如期完成。要迅速启动邮政代理网点金融许可证换领工作，争取9月底前完成。要认真落实协议，认真履行协议中规定的职责，齐心协力，密切配合，共同做好代理网点的发展规划、人员管理、业务管理、风险管理和控制等工作，加强对代理网点的管理力度，促进代理金融业务更好发展。

(三)关于优化网路结构、优化作业流程等工作

我们在优化网路结构，优化作业流程方面已经进行了有益的探索。集团公司已于7月6日下发了《关于启动邮件处理流程优化工作的通知》，明确了"流程优化"工作的总体思路、工作目标和近期任务。近期主要开展邮政编码的调整维护与宣贯；干线汽车邮路集装化运邮试点；实行邮件封发无纸化改革；优化中心局邮件处理流程，减少扫描勾核次数；完善名址数据库、提高给据邮件名址信息质量；推进邮件进出口分拣前置；邮件包装箱、单式等用品的质量控制等七方面工作。这些工作都是结合邮政当前改革、经营、生产、管理的实际工作情况确定的。如果做到位的话，一定会产生积极的效果。希望大家结合我公司实际情况，抓紧落实。在推进流程优化的同时，各单位要以人力资源"双定"工作为契机，优化生产作业组织，优化人力资源配置。还要继续推进成本费用集中管理、网运单车费用核算等管理创新工作，向管理要效益。集团公司还要启动邮政成本费用定额标准体系的建设工作，从源头上强化成本管理。各单位在做好这些工作的同时，根据各自实际情况，因地制宜，有针对性地分析本单位降本增效的重点环节、重点内容，提出具体措施和目标，并抓好落实。

(四)关于降本增效激励机制的一点说明

为建立和完善降本增效激励机制，市公司在修订今年绩效考核办法的时候，加大了对有关效益指标的考核力度，新增了降本增效量化工作效果的考核指标。针对各单位降本增效落实情况、成本管控效果、取得效益情况等，加大了原有"业务结构调整"、"盈利能力"等指标的考核力度和考核频度，新增了"集邮边际成本率"的考核指标和"人均收支差额贡献"的奖励指标，增加了"成本挂账"考核指标，成本管控不力，2009年出现新增成本挂账，就要扣分；降本增效效果明显，在没有新增成本挂账、保证成本预算完成的同时，还能消化以前年度成本挂账的单位，就要给予奖励加分。市场部还要将贺卡零库存考核纳入专业考核。总之，考核不是目的，仅仅是加强管理、提升效果的手段。市公司将进一步完善奖励政策，从机制建设和制度完善上，加大降本增效工作的推进进度，提升工作成效。

同志们，2009年上半年已经成为过去，下半年经营发展任务依然十分繁重。各部门、各专业局布置的具体工作，我没有全部进行重复和强调。请各单位严格按照市公司各项工作部署，坚定敢打硬仗的信心，提升能打硬仗的能力，谋划打好硬仗的措施，积极应对各项困难和挑战，抢抓难得的发展机遇，坚持创新发展，降本增效，确保北京邮政全年各项改革和发展的任务圆满完成，实现"升位晋级，勇破纪录、优秀升格"工作目标，推动北京邮政又好又快发展，以优异的成绩向国庆六十周年献礼！

关于在交通运输行业开展向北京东四邮电局学习活动的决定

北京东四邮电局始建于1909年，是北京最早的邮政支局之一。早在上世纪50年代，东四邮电局就以千方百计为用户提供热情周到的服务而成为全国服务行业的一面旗帜。50多年来，东四邮电局始终坚持“人民邮政为人民”的服务宗旨，坚持“用户是亲人”的服务理念，提供以“好、快、诚、细”为特色的亲情服务，优质服务光荣传统代代相传，以“小服务”体现“大情怀”，成为京城远近闻名的“亲情驿站”。东四邮电局几代职工在普普通通的岗位工作中做出了不平凡的业绩，培养了全国劳动模范沈智慧等一大批先进典型，涌现出了数不清的感人事迹，曾经创下了营业班20天收到表扬信447件、投递组6天收到表扬信83件的纪录。东四邮电局先后被授予“全国创建文明行业工作先进单位”、“全国先进基层党组织”、“全国文明单位”、“全国工人先锋号” 等荣誉称号。

东四邮电局把用户满意作为“好”的标准。为了满足不同特点用户的个性化服务需求，他们在营业厅设置了北京邮政首个综合服务台，开创了“营业厅值班局长流动服务制”，实行“值班局长首问负责到底”的“一站式”工作方法，将特殊用户分为“老、幼、病、残、外地、外国”六大类别，将服务个性化、艺术化，做到“哪里需要，哪里有我；无处不在，无事不妥”。

东四邮电局始终坚持为用户提供“快速”服务。他们在北京率先建成电子化支局、微机化支局。通过优化服务流程，首创了“金融窗口服务前置工作法”，指导用户排队时提前填制业务单册。同时，他们认真分析用户用邮特点，总结服务规律，按照老用户的服务需求规律建立“服务账”，做到“有备服务”。

东四邮电局把“真诚”贯穿服务的始终。他们总是把用户的利益放在首位，换位思考，精打细算，替用户谋，帮用户赢。为了给邮寄国际包裹的用户节省邮资，他们总是给用户介绍最适合的业务；用户遇急事、难事查询邮件，他们总是想方设法、打破常规直接用电话查询，一查到底，在最短时间内给用户满意答复；对行动不便、急需汇款而证件不全的用户实行送款到家服务。

东四邮电局用“精细”服务为用户提供人文关怀。他们总是为邮寄包裹的用户提供纫好线的针，在胶水盒旁边放上一块湿毛巾，在窗口书写部位和公共书写台上铺好透明水晶垫。他们在营业厅铺设了盲道，设置了无障碍服务台、老幼病残孕特殊服务窗口，准备了盲文字典、放大镜、老花镜、交通图、缝纫机、小药箱等用户办理业务时经常需要的设备设施。

东四邮电局是邮政服务的一面旗帜，进入新时期以来，他们以自己的实际行动实践着科学发展观，履行着邮政普遍服务的责任。他们的先进事迹，充分体现了交通运输职工以人为本、服务人民、构建和谐的崇高理念，体现了邮政职工强烈的普遍服务意识和崇高的职业道德精神，体现了新时期交通运输职工献身交通运输事业的主流价值取向和时代精神。东四邮电局是构建社会主义和谐社会的典范，是基层一线贯彻落实科学发展观的先行者，是做好“三个服务”的示范者，是发展现代交通运输业的实践者，在交通运输行业具有很强的示范作用。广泛宣传、学习东四邮电局的先进事迹，大力弘扬“东四精神”，对于引导和激励广大交通运输职工深入学习实践科学发展观，广泛开展“学先进、树新风、创一流”活动，努力做好“三个服务”具有十分重要的意义。部决定，在全国交通运输行业广泛开展向东四邮电局学习的活动。

向东四邮电局学习，就是要学习他们牢记宗旨、服务人民的行业精神，在最平凡的岗位上坚守着最崇高的“为人民服务”宗旨；就是要学习他们敢为人先、精益求精的敬业精神，始终保持奋发有为的精神状态，追求更加卓越的工作业绩；就是要学习他们以人为本、亲情服务的职业精神，将“用户是亲人”的服务理念作为一切工作的出发点和立足点；就是要学习他们恪尽职守、默默奉献的岗位精神，在平凡的岗位工作中实现人生价值追求；就是要学习他们团结协作、持之以恒的团队精神，牢固树立做好“三个服务”的理念，共同推进现代交通运输业的发展。

服务是交通运输行业的本质属性，做好服务是交通运输行业贯彻落实科学发展观的根本要求。当前，我们面临着大力发展现代交通运输业，为扩大内需、保持经济平稳较快增长做好交通运输保障工作的艰巨任务。交通运输行业各单位要把开展向东四邮电局学习活动作为学习实践科学发展观、提高“三个服务”的能力和水平、发展现代交通运输业的一项重要举措，作为开展“学先进、树新风、创一流”活动的一项重要内容，加强领导，精心组织，狠抓落实。开展向东四邮电局学习活动，要注意与深化学习实践科学发展观活动成果结合起来，与建设交通运输行业核心价值体系结合起来，与学习陈刚毅、孔祥瑞、王顺友、尼玛拉木等先进典型活动结合起来，与做好本职工作结合起来，鼓励和引导广大职工爱岗敬业、岗位成才，为交通运输科学发展建功立业。要运用新闻媒体和各种形式，广泛宣传东四邮电局的先进事迹，营造为交通运输事业奉献伟大、为人群众服务光荣的舆论氛围。在学习活动中，党员干部要发挥表率作用，带头学习，带头实践。广大交通运输职工要结合自身工作特点，以东四邮电局为榜样，从自我做起，从一点一滴做起，干一行、爱一行、钻一行、精一行，争当一流的职工、争创一流的业绩，将“三个服务”的要求落实到岗位工作中，为发展现代交通运输业，实现交通运输事业又好又快发展作出更大的贡献！

交通运输部

2009年3月11日

专 题

为国庆60周年服务 再续邮政人金牌服务的绚丽篇章

2008年,北京奥运会铸就无与伦比的辉煌,北京邮政人展示金牌服务的风采。2009年,北京邮政人自豪地、坚信地履行党和人民赋予的神圣使命——为新中国成立60周年大庆典活动,提供全方位、全功能的现代化邮政服务,谱写北京邮政人金牌服务新的篇章。

一、为国庆庆典服务,展邮政人风采

10月1日晚10点30分,20余辆锃亮的绿色邮政卡车整齐地排成一队,鱼贯驶入天安门广场,稳稳地停在指定地点,参加联欢的演员们在邮政人员引导下,迅速将演出的各种道具装上卡车,十几分钟后,邮政车队驶离广场,这就是被北京市副市长刘敬民赞为"服务最标准、人员最整齐,车辆最漂亮"的北京邮政国庆庆典服务工作的一幕。

在近三个月的时间中,北京邮政速递物流公司提供服务13次,共计投入365车次,540人次,行驶总里程6.2万公里,共为参加国庆庆典活动的中小学校配送食品800余吨,为群众联欢配送道具设备、化妆品等100余吨,运送随军物资340余吨,全程实现零事故、零投诉的金牌服务。

为国庆庆典服务的参与和成功,充分凝聚了无数邮政人的专注与心血,回顾这次国庆服务工作,一行行惊人的数字,让人们慨叹在13次服务中所汇聚出的巨大能量,一张张生动的照片,让人们铭记下2009年整个夏天速递物流公司国庆服务团队用汗水勾勒出的绿色风景。当延伸数公里的邮政绿色车队缓缓驶入天安门广场的时候,当无数个镜头对准"中国邮政"四个大字的时候,当"邮政速递物流"出现在"首都国庆60周年联欢晚会"指挥部筹备组名单中的时候,当"60办"的工作人员再次向速递物流公司伸出大拇指的时候,当全国"工人先锋号"的金字招牌再一次在美丽的天安门广场发出耀眼光芒的时候,是每一位参与国庆服务的速递物流公司的工作人员,是他们用全身心的投入,让中国邮政的风采在世人面前再次熠熠生辉。

二、国庆市场早"淘金",关键是创新

"新中国成立60周年"是2009年的社会热点,因此抓住这一机遇开发国庆产品,既满足社会需要,又增加企业收入,还宣传了伟大的新中国、宣传了中国邮政,真是一举三得的好事,市邮政公司不失时机于年初的1月份强势推进"辉煌60周年"营销活动,该活动历时1年,营销目标1亿元,并着重提出在营销思路、产品策略、营销策略、促销策略、宣传策略5个方面在创新上要做足文章,为满足社会各界对"新中国成立60周年"这一题材在邮品、邮政服务等方面多层次,多角度的需求而开拓创新。

(一)创新迸发无限活力

天安门地区不仅具有用邮的需求,而且具有极高的品牌价值,特别是在全国喜迎"新中国成立60周年"的时候,天安门再次成了一个举世瞩目的地点,于是抓住"天安门"的品牌资源,于7月8日,天安门邮电局正式向中外游客提供邮政服务,编码特意启用"100060",寓意庆祝"新中国成立60周年",寓意新颖、内涵丰富的邮戳和编码很快受到了众多用户和邮迷的青睐,不少老用户和老邮迷闻听天安门邮电局开业,都慕名而来,纷纷表示,邮政在国庆60周年前夕开设天安门邮局,圆了我们集邮人纪念国庆的愿望。

(二)创新推出"国庆60周年"核心产品

为向"国庆60周年"献礼,京邮经过整合各专业的精品资源,精心策划,制作了大型专题册——《颂歌》。

专题册内容包括邮票、明信片本册、《盛世长安》国际联体明信片以及2009年10月1日的《人民日报》,将从国庆、政治、经济、国防、文化、科技、体育7个方面,以不同角度见证新中国60周年取得的丰功伟绩,其中《齐白石作品选》、《梅花(小型张)》、《奥运会会徽与吉祥物》不干胶小版张,以及奥运会开、闭幕式明信片都是具有极高艺术水准和收藏价值的集邮精品。

(三)创新制作"国庆60周年"函件产品

为满足国庆市场需求,6月24日,京邮召开"国庆60周年"函件产品推广会,重点推出了《钢铁长城》本册式明信片,内含19枚邮资明信片,采用"钢铁长城"专用邮资图,图案记录了新中国成立以来全部14次阅兵的场景,其中13张使用了珍贵的历史照片,另有一枚的图案是2009年10月1日阅兵当天拍摄的画面,并盖有天安门广场纪念戳。《祖国万岁》本册式邮资明信片,产品记录了新中国成立60年以来的辉煌事件,是一部浓缩的爱国主义教育画卷。《祖国华诞60周年》异型邮资明信片,产品采用模切、起凸、微缩文字等特殊工艺印刷。《国旗升起的地方》主题系列明信片,采用天安门图案独立邮资图,在明信片附联处用中文与盲文印刷了"祝愿祖国繁荣富强"字样。

(四)国庆邮品,热销京城

10月1日,《中华人民共和国成立60周年》和《中华人民共和国成立60周年国庆首都阅兵》纪念邮票等邮品成为人们的抢购对象,许多集邮爱好者天没亮就在销售网点前排起长龙,不到两小时,多数网点的国庆邮品就被抢购一空,据统计国庆长假期间东区天安门邮局共销售纪念封3000余套,邮册3000册,邮折、图卡1000余册,各类明信片4000余套。10月1日7点半前的南区邮票公司网点怀着喜悦的市民热情争购60周年纪念邮品,西区百万庄邮局国庆邮品在一小时内就已售罄,海淀区邮电局在地质大学、北京科技大学和北京航空航天大学共预订群众游行个人套封的产品达到16万元。

三、保国庆通信畅通,各单位早作预案,全力以赴

北京邮政为了保证庆典期间全市通信生产的安全与畅通,要求各单位周密部署、精心安排、早作预案、确保畅通。

中心局:行邮转运处,据统计,三天共接发邮件量68832袋,保质保量完成了国庆期间的邮件疏运任务,为支撑全网作出了贡献。

汽运局:启用应急预案——准备6部邮车,停休60名驾驶员、10名押运员,管理人员全产停休加强现场指挥调度,据统计,仅10月2日当天共计拉运进出口邮件3万多袋(与2008年同期相比增加了200%),托盘108盘,信盒2353个,出车73部次,单车平均拉运量420袋,相对平时每车多拉120至150袋,由于领导与职工全力以赴奋力拼搏,圆满完成了邮件接运任务,保证了运递时限。

投递局:启动了"国庆期间生产预案",几个投递部采取临时转场作业的方式,投递员克服了作业场地拥挤和投递路段延长等困难,千方百计将报纸及时投送用户手中,许多用户在收到报纸后非常惊讶,特别是住在前三门的用户根本就没想到投递员当天能送来报纸。

邮票公司:由于2009年10月1日,中国邮政发行两套纪念邮票,邮票及相关邮品的发行制作量非常大,邮票公司的全体员工从9月22日起放弃休息日,参与产品制作,以保证国庆邮品按时供应,特别是在国庆阅兵后,受阅官兵群情激昂,邮品购买需求特增,邮票公司2日夜紧急为通州、昌平两区邮政局调拨邮品,保证了3日受阅官兵能买到喜爱的邮品。

发行局:针对新华社印刷厂处于交通管制区域内,便指派专人到新华社相关报刊社进行磋商,制定了应急解决方案,确保10月1日出版的《新华每日电讯》《参考消息》等主要中央级报刊能够在第一时间投递、零售到广大读者手中。

创建全国文明单位是落实科学发展观推动企业又好又快发展的重大举措

北京邮政争创全国文明单位，是贯彻党的十七大精神，落实科学发展观的具体体现，也是提升企业核心竞争力，推动北京邮政又好又快发展的重大举措。全国文明单位是无形资产和卓越品牌，反映了企业的整体水平和综合实力。因此，创建全国文明单位，是北京邮政的升位晋级；创建全国文明单位，可以凝聚人心，汇集力量，对企业的稳定、健康、和谐发展起到积极作用。

2009年1月20日，全国精神文明建设工作表彰大会在北京举行。会上，中共中央政治局委员、国务委员、中央文明委副主任刘延东宣读了表彰决定：授予1343个全国文明单位。北京市邮政公司就是其中的一个，全国文明单位是全国精神文明建设的最高荣誉，这是多么光荣的喜事，也是全公司干部、职工的光彩，更是多年创建的期盼。

一、多年创建，持之以恒；长期奋斗、矢志不渝。

从1997年开始，北京邮政在规范化服务达标基础上的文明行业创建工作正式启动，经过五年的不懈努力，于2002年3月26日，北京邮政被首都精神文明建设委员会正式命名为首都文明行业，在此基础上，北京邮政全面巩固文明行业创建成果，并自我加压，提出了“从零开始，继续创建”的口号，于2004年第十三次党代会上，正式将创建全国文明单位确定为企业奋斗目标，以“创建文明单位、文明机关、文明大院、争当文明职工”为主要载体的精神文明创建工作全方位向纵深展开，经过数年创建工作不断推进。此前，北京市邮政公司所属7个基层单位已分别荣获了全国文明单位或全国精神文明创建工作先进单位称号；首都文明单位标兵、首都文明单位达标31个；全国青年文明号14个；北京市青年文明号157个；全国邮运文明集体4个；13个大院被所在地区评为文明大院；涌现出了东四邮电局、百万庄共青团邮电局；许国富、胡燕、沈智慧、韩伟、路欣怡等一批劳模先进集体和优秀个人，党政工团各级组织年年获得上级各类荣誉、表彰。企业内部“学先进、赶先进、当先进”蔚然成风，北京邮政的创建推进工作步入了崭新的历史阶段。北京邮政创建工作为什么能持续推进并持之以恒呢？在于形成了党委统一领导，党政工团齐抓共管，各部门各负其责，干部职工广泛参与的工作格局，企业历届领导班子都高度重视创建工作，成立了从市公司到基层单位的两级创建领导小组，把创建工作作为企业“一把手”工程，摆上重要议事日程，实践中，创建文明单位与企业中心工作始终做到紧密融合，同步规划、同步部署和同步推进，达到双促进、双成效、双成果、双丰收。经过长期奋斗，矢志不渝，2009年北京市邮政公司被全国文明委授予全国文明单位的光荣称号，与此同时，报刊发行局被评为全国文明单位，东四邮电局继续保持全国文明单位荣誉称号，通州区邮政局、顺义区邮政局、大兴区邮政局、平谷区邮政局、密云县邮政局被评为全国精神文明建设工作先进单位，标志着北京邮政2008年创建工作画上了圆满的句号。这真是功夫不负有心人的体现，也是有志者事竟成的结果。

二、履行社会责任、坚持服务人民，是创建工作落到实处的基础。

十年来，北京邮政始终坚持用户为本，认真落实科学发展观，内强素质、外树形象，努力做到重点性工作有创新、难点性工作有突破、基础性工作有加强。

（一）提升邮政服务能力，是服务人民的最好体现。

北京邮政把解决人民群众关心的用邮难点、热点问题放在工作首位，在抓好局容局貌服务设施等“硬件”建设的同时，组织实施了“奥运工程”、“服务形象工作”，自2002年首都文明行业命名以来，共新建支局、所62处，装修改造424处，全市邮政服务网点达到785处，报刊亭2274个，开发应用了电子化支局生产作业管理系统以及集邮、速递、报刊发行管理系统；全部497处邮政储蓄网点实现计算机联网，60%以上报刊亭增配了充值卡销售POS机，使广大用户能够享受储蓄异地存取，报刊跨地区及跨年度订阅、网上用邮等方便快捷的服务。同时，还统一了局、所、亭、箱的形象标志，全市所有邮政局、所营业厅、投递部环境实现“四规范”，全市报刊亭的经营和管理做到了“四统一”，用邮环境更加整洁美观、温馨舒适，北京邮政的综合服务能力和业务处理能力达到了国内同行业一流水平。

（二）坚持“用户满意”为第一标志，积极推出便民新举措，为市民办实事。

北京邮政从便民、利民、惠民出发，不断创新服务方式，实施新举措：

一是推出方便市民生活“一站式”服务。如水电费、电话费、燃气费、车船税等都能代收费服务。

二是实施报刊提速。报纸早投种类由最初的20种增加到64种，10个郊区县全部实现日报早投。

三是丰富邮政服务产品。推出了次晨达限时递服务、“五节联送”邮政礼仪服务、信筒同城快件、小额质押贷款、邮储对公业务等新业务。

四是多种措施提升售后服务水平，加强了11185邮政客户服务中心的能力建设，提高了接通率和办妥率，实现“国际邮件全市通查”。

五是为城市特定群体办实事，促进社会和谐。对市民寄市委、市政府反映社情民意的20克以内平信免收邮费，为农民工代发工资的绿卡暖心卡业务，已累计发卡85.57万张，代发工资额2.59亿元，服务社会主义新农村建设，24个基层单位参加了“城乡携手迎奥运，共建文明京郊行”活动；建立村邮站200个，开展了农资配送、日用品分销、送科技下乡等惠农业务及多种形式的城乡文明共建活动，进一步完善了营业网点的助残服务设施和项目，百姓用邮更加满意、方便、快捷。多年来北京邮政服务群众满意率始终稳定在98%以上。

（三）在特殊时期和重大事件面前，显出了邮政人的英勇本色。

一月中旬，一场罕见的大雪袭击了我国东南部地区，天上不停地下着鹅毛大雪，厚厚的积雪封闭了高速公路，国道上拥堵距离达到100多公里，就像一个停车场，各种车辆排成长龙，寸步难行，绿色邮路也成了白色一片，在运能极为紧张的情况下，北京邮政采取有力措施，先后增发临时邮运汽车400余部，通过各种渠道疏运邮件200余万袋，绿色邮路畅通无阻。在5·12汶川大地震后，北京邮政人心系灾区，迅速行动起来捐款捐物，共计668.51万元，党员交纳特殊党费185.62万元，北京邮政人还响亮表示：“一方有难、八方支持，用实际行动投入到抗震救灾中去。”物流局——5月13日23:30分子夜奋战发首批救灾特种药品30余吨、3000多箱；投递局——争分夺秒投递赈灾捐款，从15日早晨5点到下午5时，共处理汇款单1.5万张；东区局——开通处理善款快速通道，5月14日上午北新桥邮局接到全国各地寄中国红十字会总会的捐款达3400笔，15日汇款数量飙升近3万笔，汇款总额达到170多万元；机要局、速递局——紧急发运附捐邮票，确保《抗震救灾众志成城》附捐邮票20日面市；邮票公司——加班赶制附捐邮票首日封；零售公司——赈灾义卖《人民画报》2008年第6期，《人民画报》是该杂志社用60个小时赶制，反映汶川大地震的“111个震撼与感动的瞬间”，每册售价15元。义卖所得款项将以合作双方的名义全部捐献给灾区。

综上所述，履行社会责任，坚持服务人民，奉献社会，搞好邮政普遍服务，认真践行邮政通政、通民、通商职责，不遗余力地为用户解难题办实事，才能赢得广大用户的理解和信任，才能使创建工作真正落到实处，获得成果，取得实效。

三、乘奥运之势，推动创建全国文明单位目标圆满实现。

北京邮政是首都服务奥运的四个重点窗口行业之一，北京市邮政公司不辱奥运使命，积极落实中央及北京市筹办奥运的各项措施部署，把“政治第一，服务一流，万无一失”完成奥运通信服务保障任务，作为2008年工作的重中之重抓紧、抓实，向创建全国文明单位的目标冲刺。

(一)加强奥运服务工作的领导与落实奥运服务保障措施。

市邮政公司成立以总经理章干泉、党委书记丁前亮为首的奥运通信服务指挥部，制定了奥运通信保障工作预案并进行了实战演练。出台了奥运服务标准，细化到每个环节、每个工序、每个岗位。建设了包括奥林匹克中心区1局、10所、31个比赛场馆及120家签约饭店等在内的邮政服务设施，完成了对全部1261辆黄标车的更新改造。

(二)强化奥运培训，提高全员素质。

北京邮政从2005年开始，在全市窗口行业率先启动了奥运培训工作，北京邮政将奥运培训工作与原有的职工素质工程，企业文化建设工程和奥运工作紧密融合，做到方案制订周密，工作狠抓落实，检查督促到位，方式灵活多样，知行有效衔接。共组织各级各类人员培训15万人次，近400人通过北京英语水平考试，超过北京市规定标准的一倍，市邮政公司被评为“北京奥运培训工作先进单位”，荣获首都窗口行业奥运培训工作优秀组织奖；63个一线窗口、331名一线职工分别荣获首都文明服务示范窗口、文明服务明星、微笑服务示范岗、微笑服务大使称号，在全国邮政特有职业技能大赛中，北京邮政赢得营业团体总分第一名。北京邮政在抓好业务技能培训的同时，还深入开展主题思想教育活动，弘扬社会主义核心价值观，在全员参与的“文明礼仪暨奥运知识大赛”中融入了荣辱观、普法和职业道德等内容，在“热爱邮政、忠诚邮政、贡献邮政”主题演讲比赛中，倡导了爱岗敬业、奉献社会共铸和谐的精神，激发了员工的责任心和使命感，对职工提高服务意识、服务水平产生了积极的影响，受到市文明办、市国资委和中国邮政集团公司领导的充分肯定。

(三)深入开展“迎奥运、讲文明、树新风”志愿服务活动。

为了使“迎、讲、树”活动有成效，市邮政公司召开了誓师大会，成立了“迎、讲、树”志愿服务总队。实施了文明礼仪学习实践，奥运培训知行转化，优质服务塑形，平安奥运和谐，绿色奥运公益等五大志愿服务行动。北京邮政窗口志愿服务纳入了奥运社会志愿者工作体系，首批44个支局营业大厅设立了志愿服务台，公司上下形成了人人参与奥运，奉献奥运的浓郁氛围。

(四)落实平安奥运要求，促进和谐企业建设。

市邮政公司以铸魂、立道、塑形为主题大力实施企业文化建设工程，用企业核心价值观统一干部、职工的思想和行为，企业内部秩序良好，队伍稳定，凝聚力、向心力不断增强，北京邮政先后荣获全国和北京市厂务公开先进单位，北京市和谐劳动关系企业荣誉称号，在交通安全、防火防盗、计划生育、绿化、献血等方面也连续多年被评为国家级或市级先进单位。

在奥运期间，北京邮政组织调集了直接参加服务的人员1300余人，间接参加服务的人员15000余人，在奥运服务中还引入了“中英互译软件”、“税控发票无线网接入”等技术手段，服务中除了全方位全功能的邮政服务外，北京邮政还承担了各国运动员、媒体的行李、器具和BOB项目的奥运物流服务，其中包括美国总统布什等政要的行李也不例外，邮政奥运物流服务不仅正时、周到，而且零事故、零投诉的优异成绩受到了北京奥组委运输部来信嘉奖。在全市所有邮政支局营业厅设立了志愿服务台，在208家星级报刊亭中开展了义务指路活动。

总之，北京邮政奥运服务基本上做到了所有涉奥网点全进入，所有比赛项目全覆盖，所有志愿活动全参与，充分体现邮政与奥运的紧密结合，为奥运会的成功举办贡献力量。

多年创建工作实践，深刻体会到：围绕中心、融入大局，是创建工作不断取得新成效的前提；坚持以“用户满意”为第一标准，是创建工作落到实处的基础；建立健全有效的领导体制和工作机制，干部职工广泛参与，是创建工作不断取得新成效的保证。北京邮政将在创建全国文明单位的基础上，再接再厉，再上台阶，再创辉煌，以优异的成绩向建国60周年献礼！

大事记

大 事 记

1月

5日 《己丑年》特种邮票、邮品首发式在北京宣武区牛街街道政务服务大厅举行。中国邮政集团公司、中国集邮总公司、北京市邮政公司和北京宣武区政府的领导为《己丑年》邮票和邮品揭幕。

13日 北京市邮政公司召开一届二次职工代表大会，总经理章干泉作了题为《认清形势，坚定信心，为实现北京邮政又好又快发展努力奋斗》的工作报告。

15日 北京市邮政公司召开2009年工作会暨政工会，党委书记丁前亮作了题为《认真学习实践科学发展观，充分发挥党组织作用，为推动北京邮政又好又快发展而努力奋斗》的工作报告。

20日 全国精神文明建设工作表彰大会在北京举行，北京市邮政公司喜获全国文明单位称号，北京市报刊发行局、东四邮电局同获此殊荣；通州区邮政局、顺义区邮政局、大兴区邮政局、平谷区邮政局、密云县邮政局荣获全国精神文明建设工作先进单位称号。

28日 北京邮政启动“极地建驿站 企鹅传真情”活动。

同日 北京邮政发行南极“极地明信片”。极地明信片分祝福卡和情人卡两款。用户在规定时间内投入邮局“极地信箱”的极地明信片，可确保加盖昆仑站临时邮政局日戳或中心站临时邮政局日戳，并同时分别加盖两站临时邮政局通邮纪念戳。

2月

1日 北京邮政正式启动“家电下乡”专项营销活动。积极响应党中央国务院“家电下乡，惠民利国”的号召，至12月底分4个阶段通过邮政服务将政府惠民政策落实。

5日 中国邮政集团公司副总经理刘明光把脉京邮速递物流专业发展，希望速递物流干部职工进一步增强信心，形成合力，强化管理，规范经营，强化能力建设，提升服务水平。

9日 北京邮件处理中心全面开工，生产主楼基础施工已正式展开，工程一期包括生产主楼和指挥调度中心，建筑面积13.4万平方米，2010年底前竣工投产。

12日 北京市邮政公司隆重召开东四邮电局先进事迹报告会，号召全公司向东四邮电局学习，打造京邮服务品牌。

18日 北京市邮政公司召开经营服务工作会，副总经理王小东作了题为《坚定信心，开拓创新，奋力拼搏，科学发展，开创2009年经营服务工作新局面》的工作报告。

19日 北京市政府召集有关部门专题研究首都邮政发展问题，安排专项资金，建立首都邮政工作协调机制。

20日 中国邮政集团公司隆重举行北京东四邮电局先进事迹报告会，号召全国邮政深入学习东四邮电局服务精神，实现中国邮政又好又快发展。

同日 《邮政文汇》出版100期。

23日 北京市邮政公司召开实践科学发展观活动总结大会，党委书记丁前亮全面总结了活动情况。

26日 大陆汇往台湾的邮政电子汇款业务正式开通，两岸实现了双向邮电通汇，北京有278个邮政网点可以办理汇往台湾的电子汇款业务。

3月

2日 交通运输部部长李盛霖、副部长高宏峰，中国邮政集团公司总经理刘安东一行来到北京东四邮电局视察调研，并看望一线干部职工。

同日 北京邮政召开交通安全工作会议，部署2009年工作任务，表彰"平安奥运交通"劳动竞赛先进集体和个人。

3日 中共中央政治局常委、中央文明委主任李长春到河南大厦慰问两会邮政服务人员。

7日 中共中央政治局常委、政协主席贾庆林亲切问候两会邮政服务人员，希望大家牢记宗旨，树立大局意识，切实把邮政服务保障工作做到位，作成精品。

11日 交通运输部发出通知，决定在全国交通运输行业广泛开展向东四邮电局学习的活动。

15日 北京邮政结束了两会通信服务任务，两会期间，为驻地投递各类邮件8.4万件，其中速递邮件1.4万件，投送报刊296万份，收寄各类邮件21.5万件，收到表扬信106件。

19日 北京邮政召开党风廉政建设电话会议。

23日 北京邮政召开2009年度网运工作会，提出紧扣支撑经营和降本增效的大主题构建经营型网运，支撑经营发展，保障全网畅通。

24日 北京邮政隆重召开"弘扬'东四精神'，争创全国文明单位标兵"千人动员大会，市邮政公司党委书记丁前亮作了题为《弘扬东四邮电局亲情服务精神，争创全国文明单位标兵，努力开创北京邮政精神文明建设工作新局面》的动员报告。会上，中国邮政集团公司党组成员、纪检组长马建中和首都文明办主任马润海为北京邮政全国文明单位揭牌。

25日 交通运输部党组成员、纪检组长杨利民一行到北京东四邮电局视察调研，并慰问邮政一线干部职工。

25日至27日 北京市工会第十二次代表大会召开。北京市邮政公司何培恩、王君、徐丛、沈智慧4名代表出席会议。何培恩当选为北京市总工会第十二届委员会委员。

29日至31日 共青团北京市邮政公司第一次代表大会召开。李月明当选共青团北京市邮政公司第一届委员会书记，郝育婷为副书记。

本月 在北京市劳模植树活动中，全国政协主席贾庆林与全国劳动模范沈智慧合影留念。

本月 中国邮政集团公司举办"北京东四邮电局先进事迹报告会"，集团公司领导亲切接见报告团成员。

4月

2日 北京百万庄共青团邮电局成立先锋服务队，市邮政公司领导总经理章干泉、党委书记丁前亮等出席活动。

7日 北京市邮政公司总经理章干泉会见了来访的塞浦路斯邮政代表团。

9日 北京市邮政公司总经理章干泉等领导视察北京邮件处理中心，指出："百年大计，质量第一，铸造百年放心工程，提高工程内在质量"。

10日 首都文明办副主任马润海与北京市国资委副巡视员周荫良一行在北京市邮政公司党委书记丁前亮的陪同下，到东四邮局视察指导工作。

10日至16日 中国2009世界集邮展览在河南洛阳博物馆新馆举行。北京有13部70框邮集和13部集邮文献参加竞赛性展出，其中北京市集邮协会参展的邮集《中国蒙古邮政史(1841-1921)》(作者魏钢)荣获大金奖加特别奖和国家大奖，北京参展的其他展品还获得金奖1枚、大镀金奖9枚、镀金奖4枚、大银奖4枚、银奖3枚、镀银奖3枚、铜奖1枚的好成绩。

19日 国家邮政局局长马军胜视察西长安街邮电局，慰问在艰苦的临时租用场地中坚持邮政服务的干部职工，对北京市邮政公司顾全大局、积极配合市政府长安街道路拓宽拆迁工作，并保证基本邮政服务不间断的做法给予高度评价。

21日 北京市邮政公司召开人力资源暨计划财务工作会，会议的精神是："认清形势，以人为本，加快发展，降本增效"。

27日 北京市邮政公司召开企业发展与科技会议，要求科学和基建工作为邮政生产经营做好能力支撑。

28日 北京邮政召开学习东四精神，发挥劳模作用"五一"表彰大会并启动劳模先进创新工作室活动。会上对荣获全国五一劳动奖状、全国五一劳动奖章、全国工人先锋号、荣获首都劳动奖状、首都劳动奖章、北京市工人先锋号、荣获国防邮电系统工人先锋号、荣获全国邮政系统先进单位和先进个人、荣获全国技术能手称号的个人和集体进行了表彰。

同日 北京邮储系统 2.0 版本改造工程成功上线，运行稳定，达到了升级改造目的。

本月 北京邮政在通州区和昌平区的阅兵村临时邮局分别开始为参加国庆阅兵的官兵提供邮政服务，截止到 10 月 9 日，通州阅兵村临时邮局共销售邮品 14102 册、办理汇兑 2899 笔、分发报刊 279708 份、处理包裹 7016 件、受理“爱心包裹”132 件；昌平局在阅兵村的邮政服务中，共出动服务人员 327 人次，收寄包裹 4360 件。这两个阅兵村临时邮局的服务都受到了部队官兵的高度赞扬。

5 月

4 日 北京市邮政公司团委荣获“全国五四红旗团委”称号，中共中央政治局委员、全国人大常委会副委员长王兆国为北京邮政颁发奖牌并接见北京邮政青年代表。

8 日 中国邮政集团公司总经理、邮储银行董事长刘安东与邮储北京分行南滨河路支行及百万庄邮电局等单位的基层负责人座谈，听取支局与支行相互支持，共抓管理、共促业务发展的汇报，指出邮银携手，加快发展，加强管理。

13 日 中国邮政投递信息系统，北京推广上线工程首个示范投递部东单投递部成功上线。

14 日 中国邮政集团公司党组决定：杜福同志任中共北京市邮政公司党委常委。

19 日 题为《适应国际化大都市发展需要，提升首都邮政服务水平》的首都邮政科学发展课题研究开题会在北京新闻大厦召开。由市政府研究室、市邮政管理局、市邮政公司牵头，市发改委、市财政局、市国土局、市规划委、市建委、市市政管委、市农委、市工商局等单位参加。市委市政府领导高度重视北京邮政发展建设中存在的邮政网点、邮政信报箱、报刊亭建设等问题，市委书记刘淇、副市长苟仲文对此均作了批示。

26 日 澳大利亚邮政总裁格雷姆·约翰参观访问北京邮区中心局国内包裹分拣处理现场和建内大街邮电局。北京市邮政公司副总经理王小东向他介绍了由中国扶贫基金会发起，以邮政寄递网络为载体、以慈善募捐邮寄形式为地震灾区学生开展“六一”关爱行动的“爱心包裹”项目。

27 日 本月 21 日开始的北京邮政邮件分拣员、转运员职业技能竞赛圆满结束，申爱菊获分拣专业个人全能第一，张杰获转运专业个人全能第一。

本月 北京市邮政速递物流公司正式启动电子商务邮件处理中心。

本月 北京邮政自上月末在 700 家网点和网上邮局开通“爱心包裹”捐赠平台以来，共受理“爱心包裹”学生型 7000 余个，学校型 32 个。

6 月

1 日 北京市副市长苟仲文听取北京市邮政管理局和北京市邮政公司落实国办发 [2009]42 号文件和全国推广山东邮政发展农村物流经验现场会精神情况的专题汇报。苟仲文副市长表示：邮政部门提出的工作思路符合北京实际，北京市政府将大力支持北京农村邮政物流发展。邮政要充分利用信息化手段，更好地发挥村邮站作用，畅通京郊农产品配送渠道，搭建农产品走进京城，走向全国的服务平台。

同日 弘扬安全文化，服务科学发展，喜迎新中国成立 60 周年。北京邮政启动了“安全生产月”活动，促进“平安邮政”建设，营造安全稳定的工作环境。

1 日–5 日 为适应邮政公司化运营和改革发展需要，北京邮政联合中国人民大学培训学院举办了北京邮政高管人员培训班，由各二级单位、市邮政公司机关部室的主要领导参加。

12 日 北京邮政市内邮运网路资源整合工作正式开展，主要目标是：提高网运支撑能力，提高网路运行质量，降低运行成本，实现市内邮运网路效率效益最大化，同时为综合邮件处理中心建成后的网运组织创造条件。

15 日 为向国庆 60 周年献礼，北京邮政整合各专业的精品资源，精心制作了大型专题册《颂歌》，即日起在北京邮政各网点和网上邮局预订。

22 日 北京邮政召开学习“东四精神”提高规范服务水平推进会，党委书记丁前亮作重要讲话，将学习“东四精神”作为一项长期工作抓实抓好。

23 日 位于国家体育场内的“鸟巢”邮局正式开业，为中外游客提供邮政服务。

24 日 积极贯彻落实国务院 42 号文件精神，

北京市农委领导明确表示：按照副市长苟仲文指示，大力支持北京邮政强农、惠农、利农、利民新举措，市农委要全力推进北京农村邮政物流发展。

同日 北京市邮政公司特别组织了国庆主题函件专项营销竞赛并召开产品推广会，对目标市场进行了分析，为各区县局商函局长和支局长、营销员作了培训。

25日 北京市邮政公司召开航空票及短信业务推进会，副总经理王小东提出：一要高度重视，二要做好培训，三要加大宣传，四要兑现奖励，五要提高服务水平，六要坚定信心。

同日 北京邮政保安大队在汽运局东管头北院举行了迎国庆比武大练兵活动。北京市邮政公司总经理章干泉、副总经理何培恩、王金波，党委常委杜福出席活动。

7月

2日 北京市新农村建设领导小组与北京市邮政公司共同召开北京市新型村邮站建设工作部署会，于11月底前完成3469个行政村的村邮站建设，实现“村村建站，户户通邮”目标。

同日 市政协副主席赵文芝率委员视察双井邮局、商业信函局等单位，表示邮政基础设施投入大，服务面积广，人工成本高，政协将一如既往地支持邮政的发展。

8日 天安门邮电局开业，这是首个在天安门地区设置的固定邮政服务网点。为迎接国庆60周年，北京邮政特意启用“100060”作为天安门局的邮政编码，并聘请国庆60周年庆典焰火晚会，总导演张艺谋为名誉局长。

13日 邮储银行北京分行新聘大学生“村官”岗前培训班结束，76名大学生“村官”正式成为邮储银行北京分行员工。

14日 即日起，北京市中考录取通知书首次通过北京邮政以挂号信形式寄递到考生家中。

15日 为做好国庆60周年交通安全工作，北京市邮政公司举办车辆及交通安全管理干部培训，确保60周年国庆交通安全。

16日 北京国际邮电局制作的“盛世长安图”连体国际邮资明信片系列产品揭幕仪式在中华世纪坛举行，此产品实现了形式上、数量上、长度上的三创新，具有特殊的历史意义和艺术价值，受到收藏者的青睐。

20日 中国邮政集团公司副总经理冯新生、李国华一行来到北京邮政公司，听取北京邮政关于国庆产品开发情况的汇报。北京市邮政公司市场部、北京邮票公司、海淀区邮电局相关负责人介绍了“寄语祖国”优秀童谣评选活动以及“祝福祖国”寄语明信片，国旗升起的地方明信片等部分国庆产品的开发情况。集团公司领导对北京邮政国庆产品的开发给予了高度评价。

21日 北京邮政公司召开年中工作会——北京邮政“经营发展”研讨会，由职能部室、区县局、专业局参加，分别围绕“创新与发展、降本与增效”主题发言，以求构建北京邮政更强大的竞争优势，推动北京邮政更好更快地发展。

22日 中国邮政集团公司总经理刘安东一行到北京邮件综合处理中心工地进行视察。

24日 北京邮政召开电视电话会，部署全公司几年来最大规模的邮政局所网点情况统计调查工作。

同日 北京邮政向国旗班赠送“国旗升起的地方”邮资明信片2000套。

29日 市邮政公司召开“发展杯”劳动竞赛推进会，以“发展要创新，创新为发展”的思想统一认识，全面促进企业的经营发展。

8月

1日 北京邮区中心局圆满完成中考录取通知书处理工作，7万余件保质保量按时发出。

4日 中国扶贫基金会“爱心包裹”项目得到社会广泛支持，据统计捐购学生包裹113万余个，学校包裹13787个，合计捐款1.2亿元。

11日 北京市邮政公司第三届职工文化艺术节在中国评剧院开幕，艺术节主题是“唱响祖国颂歌，构建和谐企业”。

同日 北京市邮政公司大学生入职培训班开班，共计96名大学生参加为期10天的培训，党委书记丁前亮出席了开班典礼。

12日 北京天安门邮电局举办国庆系列产品

发布会,"新视窗"纪念封首度亮相,为国庆题材纪念邮品市场增添了亮点。

同日 北京市农委肯定平谷区邮政局村邮站建设进展较快,平谷区邮政局共发放村邮站设备98套,签订《邮站协议书》394份,培训村邮员101名。

14日 《北京市邮政通信条例》修订工作启动。

17日 北京邮政召开"2010年邮政贺卡培训"大会,标志着北京邮政在全国率先拉开了2010年贺卡专项营销战役的序幕。

18日 京郊营业面积最大的邮储网点——邮储银行密云县果园西路支行开业,可为驻区10余万用户提供对公、信贷和个人金融业务等全功能商业银行服务。北京市副市长夏占义出席了开业典礼,并对邮储北京分行服务三农工作给予肯定。

19日 北京市邮政公司总经理章干泉与2009年新入职大学生进行了座谈。章干泉充分肯定了入职培训效果,并对大学生提出六点希望。

21日 北京邮政投递局召开"弘扬东四精神,争创全国精神文明建设工作先进单位"誓师大会,市文明办马润海和市邮政公司党委书记丁前亮为投递局"首都文明单位标兵"揭牌。

25日 北京邮政第三届职工文化艺术节圆满落幕,为企业文化建设留下了宝贵的精神财富。

26日 邮储北京分行开办企业网上银行业务,企业在网上就可完成账户查询转账等操作。

同日 北京邮件综合处理中心工程主体结构封顶。

31日 交通运输部部长李盛霖为东四局题词:"学习北京东四邮电局牢记宗旨,服务人民的创业精神;敢为人先,精益求精的敬业精神;以人为本,亲情服务的职业精神,恪尽职守,默默奉献的岗位精神;团结协作,持之以恒的团队精神"。

本月 北京大兴区邮政局荣获全国精神文明建设工作先进单位称号。

9月

3日 中共中央政治局委员、北京市委书记刘淇,北京市委副书记、市长郭金龙,市委常委、常务副市长吉林等领导来到2009年第17届中国国际金融展并莅临邮储银行展位参观。刘淇对北京分行服务京郊新农村建设和招聘大学生村官工作给予充分肯定,希望邮储银行在服务"三农"、支持首都经济建设方面发挥更大作用。

9日 北京邮政召开报刊收订工作动员会,北京邮政公司副总经理王金波针对京报集团所属报刊的发行工作提出了四项承诺。京报集团领导表示衷心感谢,将给予北京邮政力所能及的支持。

同日 2010年度贺卡启动暨誓师大会召开。贺卡营销战役正式打响,公布了各项奖励考核办法,并现场进行了贺卡营销认标活动。

11日 《邮政周报》出版1000期。

16日 北京邮政召开2008届大学生座谈会,总经理章干泉提出四点建议:一是树立正确人生观,二是爱岗敬业,三是不断创新,四是敢于挑战。

同日 首都文明办主任舒小峰一行来到北京邮政视察,并提出希望:要在国庆期间保证各项工作任务的圆满完成;要在以后企业发展中取得更加出色的成绩;要在首都文明创建工作中作出更大贡献。

25日 北京邮政召开专门会议,进一步部署国庆安全工作,市公司党委书记丁前亮提出明确要求,全力确保国庆安全。

同日 北京邮政召开第二届全国邮政通信特有职业技能竞赛总结表彰会,对荣获团体总分第三名的北京邮政六名选手进行了表彰。

26日 《京杭大运河》邮票首发式在北京通州举行。通州区委、区政府、中国邮政集团公司、中国集邮总公司、北京市邮政公司等单位领导参加首发式。

27日 北京邮政召开创新工作电视电话会,总经理章干泉强调,要让京邮从上到下树立创新意识,将创新作为企业发展战略的一项内容,把这项工作推上新台阶。

本月 北京邮政启动邮件处理流程优化工程。

本月 由海淀区邮电局创意设计的"五星红飘带国庆群众游行徽志",得到了国庆筹委会和各指挥部的认可,成为新中国成立60周年国庆游行专用徽志。

10月

1日 北京邮政速递物流公司20余辆邮车驶进国庆晚会现场为晚会运输道具等物流服务,北京市副市长刘敬民称赞北京邮政“服务最标准,人员最整齐,车辆最漂亮”。从国庆60周年前期演练到庆典当天,北京市邮政速递物流公司共为参与游行方阵演出的中小学生配送食品800余吨,为群众联欢配送道具设备100余吨;国庆活动结束后的12个小时内运送随军物资340余吨。共投入365车次、540人次,行驶总里程6.2万公里。

同日 在新中国成立60周年庆典上,北京东四邮电局沈智慧作为邮政系统的全国劳动模范与另外两位杰出代表王顺友、尼玛拉木一同登上群众游行彩车。

同日 北京邮政投递局韩伟作为北京邮政干部职工的代表,参加了国庆60周年庆典观礼和晚会等庆祝活动。

12日 金融街邮电局开业。

18日 北京市集邮协会召开第七次会员代表大会,北京市邮政公司总经理章干泉致开幕词。会议选举了新一届理事会,北京市邮政公司副总经理何培恩当选第七届理事会会长。中国全国集邮联合会副会长张国华等领导参加了大会开幕式。

21日 北京邮政速递物流公司召开冲刺四季度认标誓师大会,会上总经理章干泉为最高认标单位颁发了“勇挑重担、夺标先锋”锦旗。

23日 北京市召开党报党刊发行工作会,副市长蔡赴朝提出了具体要求,市邮政公司副总经理王金波表示,市邮政公司努力将党报党刊发行工作提高到一个新水平,为党的宣传工作作出应有的贡献。

28日 北京市邮政成立“邮乐中国”网上商城项目推进组。“邮乐中国”是一个独特创新的高端线上网购和线下零售的综合购物服务平台,也是拓展邮政电子商务业务的有效举措。

29日 北京邮政公司举行“迎国庆、保安全,百日安全竞赛”总结表彰会,副总经理王金波要求各单位要突出“维稳”工作,继续深入开展平安邮政建设活动,开创北京邮政安保工作新局面。

本月 首都精神文明建设委员会对2008年首都文明单位标兵和首都文明单位进行了表彰,北京市邮政公司30个单位喜获殊荣。

本月 全国妇联表彰一批“全国三八红旗手”和“全国三八红旗集体”,北京东四邮电局荣获“全国三八红旗集体”称号。

11月

1日 北京邮政推出新版国际特惠封5套20枚。

10日 北京市委召开专题会议,听取北京市邮政公司贯彻落实《关于推动农村邮政物流发展的意见》有关情况的汇报,专题研究如何进一步贯彻落实国办发[2009]42号文件和全国推广山东邮政发展农村物流经验现场会精神,全力支持北京农村邮政物流发展。中共中央政治局委员、北京市委书记刘淇亲自参加并主持会议,市委常委牛有成、副市长程红,市农委、市财政局、市交通委、市商务委、市邮政管理局等有关部门领导,以及北京市邮政公司总经理章干泉,党委书记丁前亮,北京市邮政公司党委常委、速递物流公司总经理杜福参加了会议。

18日 北京邮政召开“思乡”营销活动总结暨“五节联送”活动认标大会,总经理章干泉对五节联送活动进行了全面动员,为2010年全面经营工作的“开门红”奠定坚实基础。

19日 北京市常务副市长吉林专题听取邮储银行北京分行工作汇报后说:希望邮储北京分行立足自身特色,在服务中小企业、服务“三农”方面进一步发挥积极作用。

26日 北京市副市长夏占义向中国邮政储蓄银行北京分行送贷下乡活动授旗。

28日 北京市邮政公司网运生产信息系统三期上线运行实行顺利切换,标志着北京邮政网运管理驶入“信息高速公路时代”。

12月

4日 北京邮政复转军人包裹收寄工作圆满结束,全市区县98个支局共收寄3.6万件复转军人包裹。

7日 市邮政公司与邮储北京分行联合召开邮政金融案件专项治理电视电话会议,会议重点分析了北京邮政金融存在的风险隐患,并对各单位进一步落实内控管理工作作出安排。

8日 北京邮政首家“三农”服务站落户密云村

邮站，村邮站在原有接转投送邮件的基础上新增加代理邮政业务，代销代卖日用品等业务。

9日 北京邮政科研院承接的项目“普通邮资封片卡业务管理信息系统”通过中国邮政集团公司初步验收。

14日 北京红十字会高度评价北京邮政《家庭急救手册》发放工作，全市共600万册已投递入户。

18日 北京邮政2009年度“五节联送”圣诞、元旦产品推介会启动，首先创新了业务受理方式全方位多角度地满足客户需要，同时丰富产品类型，使用户达到了既满足又方便，提升“五节联送”活动的竞争力。

23日 北京邮政正式命名万寿路投递部为“示范投递部”。

本月 在第六届全国通信行业企业管理现代化创新成果和中国邮政集团公司2009年企业管理现代化创新成果评比中，北京市邮政公司“信筒同城快件的开发与实践”获得一等奖。

注：

2008年12月29日 北京邮件综合处理中心工程奠基。

2008年12月30日 北京市邮政速递物流公司成立。

综　述

综 述

概 述

北京市邮政公司是中国邮政集团公司下属的邮政通信企业。承担着北京地区邮政通信的经营、服务任务和邮政通信设施、网路的规划、建设、运行管理工作。实行中国邮政集团公司和北京市双重领导，以中国邮政集团公司为主的领导管理体制。

北京市邮政公司是中国邮政网中的一级邮区中心局。承担着全网繁重的邮件转运任务，是全国重要的邮政枢纽，最大的报刊发行局和国际邮件互换局。在国内，按照邮区中心局体制和相关业务规定，与全国各级邮区中心局互相封发各类邮件、报刊，按规定办理或代办各种邮政金融业务。在国际上，与140个国家和地区的243个城市的国际邮件互换局建立了直封邮件总包的通邮关系。国际快递邮件通达210个国家、地区，国际普通邮件可以寄达世界各地。

北京市邮政公司经营和代办经营的主要业务包括：国内、国际、函件（如信件、商函、印刷品等），国内、国际包裹，国内、国际特快专递，国内报刊订阅、零售、集邮业务及邮品制作，邮送广告及邮政商函制作、邮政物流、邮政电子商务、代理保险、邮政储蓄、邮政汇款及以代销（如基金、债券等）、代收（如水、电、燃气费等）、代发（如退休金、工资等）为主的邮政金融业务。

北京市邮政公司实行三级管理：市公司职能管理机构；市公司下属的二级邮政通信经营、生产单位和非经营、生产单位（区县邮电局或邮政局、专业局和专业公司）；二级单位下属的基层经营、生产单位（邮电或邮政支局、生产科、队等）。

按照中国邮政集团公司关于统一品牌、分业经营、专业化管理的要求，中国邮政储蓄银行北京分行、北京市邮政速递物流公司分别于2007年11月28日和2008年12月30日挂牌成立。原北京市邮政公司统一经营的邮政金融和邮政速递物流业务及相关人员、资产开始逐步划归上述企业。以北京邮政为统一品牌的北京市邮政公司、中国邮政储蓄银行北京分行和北京邮政速递物流公司的经营发展开始向一个新的阶段过渡。

2009年，北京市邮政公司下属二级邮政通信经营、生产单位包括四个城区邮电局、十个郊区（县）邮政局、十一个专业局（公司）。城区邮电局包括：东区邮电局、西区邮电局、南区邮电局、海淀区邮电局。郊区区（县）邮政局是：通州区邮政局、顺义区邮政局、平谷区邮政局、怀柔区邮政局、昌平区邮政局、门头沟区邮政局、房山区邮政局、大兴区邮政局、密云县邮政局、延庆县邮政局。专业局（公司）是：北京邮区中心局、北京邮政汽车运输局、北京报刊发行局、北京机要通信局、北京国际邮电局、北京市邮票公司、北京市报刊零售公司、北京邮政投递局、北京邮政商业信函局（北京市邮政广告有限责任公司）、北京邮政保险代理局、北京邮政电子商务局。非邮政经营、生产单位和直属单位包括：北京邮政信息技术局、北京邮政科学研究设计院、北京邮政教育培训中心、北京邮政实业集团公司、北京邮政后勤中心、北京邮政文史中心、北京邮政宣传中心、北京市集邮协会和北京邮政职工艺术团。其中，北京邮政实业集团公司下辖六个自主经营独立核算的公司：北京邮政器材公司、北京邮政建筑工程公司、北邮物业公司、北京绿洲房地产开发公司、北京同力达通信服务有限公司、北京邮政旅游餐饮公司。

2009年，北京市邮政公司延续了2007年“政企分开”改革后的管理机构设置。市公司职能管理机构包括：办公室、市场经营部、网路运维部、计划财务部、企业发展与科技部、人力资源部、安全保卫部、审计部、监察室、纪委办公室、党群工作部、离退休管理部、北京邮政工会。

2009年，北京地区共设置邮政通信经营局所777处，其中邮电（或邮政）支局172处，邮电（或邮政)所 589 处。信筒信箱 6045 个,邮政报刊亭 2416 处。全市每一邮电局所平均服务面积 21.12 平方公里,服务半径为 0.93 公里,服务人口为 2.26 万。

2009 年,北京邮政邮路总数为 1060 条,单程总长 31.7 万公里。其中,国际及港澳邮路 33 条,17.5 万公里;国内干线邮路 76 条,9.3 万公里(航空邮路 39 条,5.2 万公里;铁路邮路 16 条,3 万公里;自办汽车邮路 21 条,1.1 万公里);市内邮路 898 条,4.6 万公里;农村投递路线 443 条,1.8 万公里。

2009 年,北京邮政全部从业人员 30567 人,同比减少 275 人,人均劳产率 15.62 万元。全年固定资产投资 8.99 亿元,其中基建项目投资 7.67 亿元,技改项目投资 1.32 亿元。年末固定资产原值 37.82 亿元。

2009 年,北京市邮政公司领导成员是:总经理兼党委副书记章干泉,党委书记兼副总经理丁前亮,副总经理郭荣寰、王小东,副总经理兼纪委书记、工会主席何培恩,副总经理王金波,北京市邮政公司党委常委、中国邮政银行北京分行行长徐学明,北京市邮政公司党委委员、北京邮政速递物流公司总经理杜福。

2009 年,是北京邮政“政企分开”后努力推进公司化运营、继续推进和落实邮政金融和邮政速递物流经营体制改革的重要一年,也是经营任务十分艰巨的一年。在这一年,迎来了新中国 60 周年国庆庆典;为应对国际金融危机,我国采取了一系列刺激、调控经济的政策,国内、外经济形势十分复杂。面对复杂、严峻的经济形势和繁重的经营、改革任务,北京邮政干部职工坚持以科学发展观为指导,以加快发展为主线,以机制增活力,以创新促发展,切实把降本增效贯穿全年工作之中,着力提高经济运行质量和效益,实现了北京邮政的平稳较快发展,完成了各项预定的计划任务。

企业经营

一、概况

2009 年,北京市邮政公司在前两年推行“升位晋级”激励机制基础上,实施了“升位晋级、勇破纪录、优秀升格、末位调整”的发展机制。在经营、发展中,更加注重质量和效益的提高。在考核中增加了“收支差额增幅”指标及降本增效落实情况、成本挂账情况、集邮库存周转率、集邮边际成本等内容。在人工成本挂钩办法中加大了“收支差额”、“劳动生产率”两项关键效益挂钩指标的权重。在业务发展中,一方面紧抓国庆 60 周年商机,努力创新集邮产品。一方面抓经营创新和传统产品创新,实现传统经营模式升级和重组,实现常规业务的突破和再生。在邮政金融和邮政速递物流经营体制改革过程中,注意巩固改革成果,制定协调发展机制,进一步加强双边的沟通、合作共同促进改革进程中的业务发展。

2009 年,北京邮政共实现业务收入 47.81 亿元,同比增长 5.39%;收支差额-0.07 亿元,完成了集团公司下达的年度计划;邮政业务总量完成 50.76 亿元,同比增长 7.93%;劳产率 15.62 万元,同比增长 2.36%。全部从业人员人均收入增幅 9.3%,超过 8% 的预期目标。用户评价邮政服务满意度 92.1 分。

2009 年,北京邮政多数专业发展在全国邮政排名中保持较好成绩。发行、机要、集邮专业收入排名为第一;包裹排名第二;函件排名第三;速递物流类排名第五。邮务类业务板块总体收入规模居全国第一。

二、业务结构和发展

针对国内外经济环境和社会邮政市场的变化,北京邮政注重研究、把握热点、抓住商机,不断开发新产品、新业务,同时也注意引导调整业务结构,以促进业务发展经济效益的提高。2009 年,北京邮务类、速递物流类和邮政金融类业务收入分别为:26.38 亿、12.74 亿和 8.79 亿,分别占邮政业务总收入的 55.2%、26.7%和 18.2%。

邮务类业务中,函件收入 103089 万元,同比增长 1.7%;报刊发行收入 70255 万元,同比增长 16.6%;集邮收入 64718 万元,同比下降 15.8%;包裹收入 18610 万元,与上年持平;机要通信收入 7067 万元,同比增长 5.6%。

速递物流类业务中,总体收入 12.74 亿元,同比增长 29.1%。其中,特快专递收入 100912 万元,同比增长 24.5%(其中同城特快增长 13.1%;国内特快增长 2.8%;国际及港澳特快增长 34.9%)。一体化物流收入 12717 万元,同比增长 13%;功能性物流收入 3549 万元,同比下降 9.1%。

邮政金融业务中,邮政储蓄收入 7.3 亿元,同比增长 11.7%；汇兑业务收入 7956 万元，同比增长 7.4%；中间代收、付业务收入 1563 万元，同比下降 1%；代理保险收入 5709 万元，同比增长 15.7%。

邮政服务设施和通信能力建设

2009 年，北京邮政按照“优化结构、突出重点、注重效益、支撑发展”的原则，继续加强邮政通信能力和服务设施建设。中国邮政集团公司和北京市邮政公司的重点工程项目——北京综合邮件处理中心工程进展顺利。邮政营业网点、服务设施、网运能力建设取得较好成绩，支撑了业务发展和服务提高的需要。

一、邮政网点及服务设施

完成新建、改造局所及生产场地 3.7 万平方米；接收统建配套局所 7 处，共计 1661 平方米；新增、改造邮政营业及储蓄台席 258 个；更新营投网点设备 5957 台套。有效提高了窗口服务能力和水平，也促进了业务的发展。

二、服务“三农”工作成效显著

以“村邮站”为平台，努力探索服务地方经济建设、促进城乡发展与开发邮政业新增点结合共赢的新路子。至 2009 年末，北京郊区共建成“村邮站” 3875 个并全部验收合格。市政府对邮政服务“三农”车辆减免过桥费、过路费及解决“村邮站”村邮员薪酬等问题的政策支持，为北京地区“村邮站”长效运转提供了政策保证。

三、信息化建设

2009 年，北京邮政完成了速递物流综合信息处理平台、邮政投递信息系统、普邮跟踪查询系统、邮储 2.0 版改造等 14 项集团公司统版信息系统上线及北京邮政网运信息系统开发改造、北京邮政市内结算系统、报刊零售综合网系统三期等一批业务发展和经营管理急需的市公司项目。

2009 年，北京邮政共有各类计算机网络服务器 816 台，计算机 13627 台。

四、通信网路和专用设备

2009 年，北京邮政强化了网运管理，加快了设备更新，有效支撑了邮政业务的经营发展。引入数字网运和经营网运一体化概念，促进了网运发展方式由传统粗放型向现代集约型转变。整合市内网运资源，支局出口速递邮件由速递物流公司负责拉运，实现了速递邮件专网运输，市内进出口普通邮件邮路由 237 条调整为 184 条。一级干线邮路，增开 2 条行包专列，停开、减少 3 条邮路。

2009 年，北京邮政共有汽车 3344 辆，商函制作设备 100 台套，信函分拣机 7 套，印刷品分拣机 2 套，包裹分拣机 5 套，报刊分发流水线 2 条。在生产用汽车中，邮运专用 1247 辆，速递专用 847 辆，物流专用 222 辆，投递专用 420 辆，储蓄专用 16 辆，其他生产用车 386 辆。

企业管理与改革

一、强化“升位晋级”经营机制

实施了“升位晋级、勇破纪录、优秀升格、末位调整”。进一步调整完善了考核标准、办法，强化了有关提高收入质量、经营效益的内容，激励和引导各单位在企业经营管理中将关注重点从收入规模转移到收入质量和经营效益上来。

二、加强财务管理，落实降本增效

加快了从管理型财务向经营型财务，降本增效贯穿全年企业经营始终。

1.推进了损益核算应用的深度、广度，实现了损益核算延伸到支局、科、队，细化了分专业、分产品的损益核算，实现了对中心局、汽运局网运分环节核算，做到了对企业效益、网运成本的有效管控。推行数字网运和经营网运一体化，建立了网运核算体系，实现了网运经营数据化，网运成本更加明晰。

2.整合网运资源，优化作业流程，有效提升了邮件分拣、封发运输工作效率、降低了成本。加强了与航空、铁路等邮件承运部门的沟通、协调，有效降低了航空运费的支出。Q 运价（即 45 公斤以上货运价）降低 15%；利用航空运输闲暇时段运送邮件，运费降到 N 运价的 30%。

3.进一步扩大集中招标采购范围，积极控制采购成本，取得了良好的效果。实现了多项大额成本的集中支付，加强了对大额资金支付的掌控能力。

4.实施了对设备、房产等固定资产的有偿投资、有偿使用；开展了削减集邮商品库存；根据国家税收缴纳方式的调整，对二级单位法人执照进行了清理。

5.优化人力资源配置,全面推行梯形排班法,精减非生产人员,充实生产一线,充实营销队伍,节约了人员投入。

三、继续推进邮政金融和速递物流体制改革

1.巩固邮政金融改革成果,进一步加强了邮银合作。建立了金融管理体系,市邮政公司及各区、县局都在市场部下设立了金融管理中心,负责管理邮政代理金融业务。制订了《北京市邮政公司与邮储银行北京分行关联交易办法》。邮银合作,加大了对二级及代理网点资金安全防控,共同组织开展了“兄弟杯”储蓄劳动竞赛。

2.速递物流体制改革继续推进。北京邮政速递物流公司于2008年12月30日挂牌成立。2009年完成尽职调查、审计评估、关联交易测算和业务精算计提。业务、资产、人员和生产组织、运营管理等方面已划分清晰。速递物流公司专业机构设置完毕,公司化管理模式初步形成。邮、速双方共同制订出台了速递物流公司与区县局协调发展机制和沟通机制。

加强文明建设,构建和谐企业

2009年,北京邮政坚持“以人为本”的宗旨,加强文明建设,构建和谐企业,取得了明显效果,实现了职工与企业共同成长。

一、全公司30个单位被首都精神文明建设委员会评为“首都文明单位标兵”和“首都文明单位”

26个先进单位、先进集体、先进个人荣获“全国五一劳动奖状”、“全国五一劳动奖章”、“全国工人先锋号”等市级以上荣誉称号。东四邮电局被交通运输部作为城市服务先进典型在全国交通运输行业推出,带动了北京邮政整体服务水平的提高。

二、加强职工干部培训

全年共办各类培训班800余期,培训人员24000余人,培训率达到80%。组织了首次高管人员和郊区县局管理人员培训、组织内训师队伍、出台了教育培训经费管理暂行办法,员工队伍整体素质显著提高。参加第二届全国邮政通信特有职业技能竞赛,取得了团体总分第三名的好成绩。

三、为职工办实事,尽最大努力将企业发展成果更多惠及职工

2009年,全部从业人员人均收入增幅9.3%,超过年初制定的8%的目标。办实事工作全面实现。全年共支出148万元用于职工帮扶救助和两节送温暖慰问。建立了职工带薪休假考核制度,安排了3400名职工疗休。

四、举办职工文化艺术节

2009年,北京市邮政公司成功举办了职工文化艺术节。艺术节以“唱响祖国颂歌,构建和谐企业”为主题,共举行15场演出,收集职工手工艺作品1363件、文学作品248篇,2500多名职工直接参与演出。广泛的群众参与、丰富的文化内涵、浓厚的文化氛围、热烈的宣传效应使艺术节取得圆满成功,受到职工欢迎。

经营服务与管理

邮政经营服务与管理

概 述

2009年，是新世纪以来我国经济发展和北京邮政发展最为困难的一年，经营工作面临着近些年来前所未有的挑战，面对不利局面，全公司拼搏奋进，巩固了公司化运营成果，完成了主要经营指标，确保了经营服务工作稳定前行。北京市邮政公司(以下简称市公司)业务管理工作以科学发展观和《中国邮政邮务类业务发展纲要》为指导，紧密围绕企业发展大局，狠抓基础管理，强化生产运行，完成了中国邮政集团公司下达的各项通信质量指标和既定工作目标。

邮政经营情况和经营成果

【全面完成主要经营指标】全公司累计创收 47.81 亿元，同比增长 5.39%，完成年预算的 100.23%，完成集团公司下达收入预算的 103.3%，与 2008 年比净增收入 2.45 亿元；全员劳产率完成 15.62 万元，同比增长 2.36%，绝对值列全国第二。

【"升位晋级"继续取得进步】2009 年，进一步完善了"升位晋级"激励机制，实施了"升位晋级、勇破纪录、优秀升格、末位调整"的发展机制，主动抓住重大发展契机、主动克服不利客观发展环境成为各单位的鲜明工作风格之一。发行、包裹、电商、机要、汇兑收入增幅高于全国平均水平。

发行(订销)、报刊零售、电子商务、保险 4 个专业实现全国排名升位，其中：电子商务上升 5 位、报刊零售和保险上升 3 位、发行(订销)上升 1 位；集邮、机要专业全国第一的领先优势扩大。包裹专业和第 1 名广东邮政缩小了差距。北京邮政金融总体余额规模首次超过上海。

2009 年，北京市邮政公司绝大多数专业发展实力在全国各省市邮政中名列前茅：集邮、发行、机要收入排名全国第 1；包裹排名第 2；函件排名第 3；速递和物流排名第 5。此外，邮务类业务板块总体收入规模居全国第一。

【全力实施创新驱动战略】"创新"成为 2009 年经营发展的核心词汇，创新的机制、项目、产品激发了企业发展活力，成为拉动 2009 年收入增长的主要因素。

1.营造创新机制和氛围。

一是新出台《营销项目管理办法》，提出全市推广项目的立项单位可按比例享受创意收入奖励，办法出台后各单位站在全局角度研究项目的积极性大大提高。二是继续实施和优化已有创新制度，比如：做好营销创新奖与营销成果奖评选工作，激励创新开拓；调整营销系数，及时增加业务种类。

2. 在良好的创新机制和浓厚的创新氛围下，好项目、好产品、好思路不断涌现。

围绕经济社会热点和公众服务产品空白点策划推出一系列重大主题经营项目和新产品。

【深度挖掘"国庆经济"】在产品、项目创新上狠下工夫，力图通过创意策划来做优产品，通过产品做强项目，通过项目做大产品销售规模，创出了北京邮政的数个"第一"，打造了一批精品产品和项目，带动函件、集邮等重点专业增长，创收超过 3 亿元。比如：首次以国旗为主题推出系列明信片产品 "国旗升起的地方"，开展"祝福祖国"大型寄语活动，开发了"五星红飘带"徽志等特供品。突出地域优势的"天安门邮局"品牌成为社会关注的焦点。

全国优秀童谣评选、国庆 60 周年"祝福祖国"大型寄语活动等都在全国邮政得到推广，取得了良好的经济与社会效益。通过这些项目，积极参与到重大社会事件中来，体现了北京邮政品牌的力量和强烈的社会责任感。

【创新产品开发模式】在"思乡月"活动中首次实行"特惠期"，使北京邮政成为北京市场较早销售月饼的主流渠道；还推出了具有独立知识产权的史努比月饼，创造了一种新的礼仪产品开发模式，即 "邮政—版权机构—产品生产商"三位一体的合作模式，在中国邮政也是首开先河。

【经济增长质量和效益全面提高】集中优势力量，倾斜营销、管理、政策等资源，在发展中努力调整业务结构，有效分散经营风险，集中体现在优质高效业务快速发展：

1.账单业务发展实现新突破。成功开发、运行农行北京分行银企对账单业务，开辟了账单业务持续发展的新方向；成功开发社会保险账单，使函件业务涵盖了医保、交管、社保账单等服务内容。

2.集邮业务整体实现跨越式发展。以“国庆”项目为抓手，经营工作亮点频现，实现业务收入6.53亿元，继续保持全国邮政排名第一，领先第二名2.75亿元；新型高效业务和传统业务保持均衡良性发展，个性化邮票制作、定制型业务等项目效果突出，国庆集邮经济整体创收2.3亿元。

3.发行专业净增收入9975万元，居邮务类板块之首，创十几年来最高。其中：订销收入增长36.61%，增幅排名全国第1。通过加大源头市场开发力度，《环球时报》、《中国新闻周刊》等20余种多渠道发行报刊回归邮发渠道；成功中标农家书屋项目。

4.包裹专业收入结构调整成效显著，国内快递包裹收入增幅达到38.37%，位居全国第2名。年度国内快递包裹收入规模首次超过国内普通包裹收入规模。

5.新增储蓄余额67.16亿元，增幅为17.2%。代理金融新业务发展迅速，保险、公司、跨行等储蓄非利差收入实现较快增长，占到金融业务净增收入的45.91%。

6.国际速递业务实现高速发展，收入增长26.94%。

【营销体系建设向纵深发展】连续两年被集团公司评为“优秀营销体系建设组织单位”。建立起健全的营销体系，市场拓展能力稳步提高。城区局和主要专业公司都有专业部门和人员来分别负责市场营销活动的各个层面，包括市场调查、市场分析、信息收集和反馈、产品开发、产品销售、售后服务等诸多内容。2009年，还创新了重点专业营销模式，成立了数据库商函BIU团队。

2009年，营销体系建设向纵深发展：营销队伍得到壮大，共有各类营销员3559人，占全部从业人员比重的12%，其中一线销售岗位3330人，有业绩的专职营销员2693人，比2008年增加332人；营销业绩显著提升，累计实现营销收入5.88亿元，占全公司收入的12.3%，营销收入超千万的团队16个，超百万的达127个。

【重点工作取得显著成绩】

1.2010年度贺卡销售。实现跨越式发展，申报收入2.06亿元，完成集团公司下达指标的165%，同比翻番，增幅全国第1。

2.2010年度报刊收订。全面超额完成报刊收订目标。实现流转额5.96亿元，增幅15.22%。总体完成进度在全国排名第8位，增幅排名列第5位，同比分别上升9位和13位。

3.新邮预订和企业年册。共完成2010年套票、年册预订39.4万套，累计创收7436余万元，绝对值都居全国第1。

4.礼仪常规化。销售总额超过2亿元，外部产品销售额超过1.2亿元。“思乡月”活动外部产品销售额7542万元，创造历史之最。

5.短信业务。实现收入1438万元。

6.获得航空一级代理资质，为大力发展航空票务业务开辟良好前景。在全国邮政行业中率先获得中国民用航空运输销售代理业务(一类客运)资格认可证书，这标志着北京邮政正式成为中国航协认可的国际、国内客运代理人。

【竞争型业务市场比取得进步】国际速递市场占有率达到29.49%，同比增加4.53个百分点。全市图书馆报刊市场占有率提高19个百分点，达到60%。代理保险业务在北京银保市场代收保费占比为5.7%，同比增加0.27个百分点。

业务管理

【建精品窗口，创优质服务】在全公司范围内继续开展邮政营业“建精品窗口，创优质服务”的活动，完成对已建成的19个精品窗口的验收工作，组织开展了“精品窗口”创建经验交流，推广了百万庄邮局和北太平庄邮局“精品窗口”创建工作经验，通过以点带面，在全市已建成的19个“精品窗口”基础上，又有12个支局成为营业规范化服务“示范局”(其中东区4个，西区3个，南区2个，海淀3个)。

【加强电子化支局系统调账管理】根据集团公司关于加强电子化支局系统调账管理的要求，2009年市公司重点对各二级单位调账笔数、调账金额进行了严格限制和管理，使市公司每月调账笔数控制在100笔以内，调账总额控制在10万元以内，达到了集团公司对各省电子化支局系统调账管理的要求，有效地保证了全公司邮政营业生产经营的有序进行，确保了电子化支局系统营收数据的真实有效。

【提高大宗邮件邮编地址匹配率】按照集团公司营业系统与网运系统互联互通上线要求，为保证“两网互通”工作和全国给据邮件跟踪查询系统上线后的运行质量，市公司2009年狠抓了邮编地址匹配工作，大宗邮件邮编地址匹配率稳步提高，并达到98%以上，超过了集团公司邮编地址匹配合格率90%的要求，邮编地址匹配合格率在全国名列前茅。

【加强邮资机管理】邮资机基础管理、联网管理和资费稽核管理三项重点工作，使全公司邮资机管理水平整体得到提高，邮资机各项考核指标全部达到集团公司制定的标准。截至2009年10月份统计，全公司邮资机工作日平均联网率达到99.04%，邮资机资费稽核差异率为0.06%。

2009年，圆满完成了157台新购置邮资机的到货接收、入网审批、安装测试以及培训启用等工作，除预留部分备机外，全部投入使用，至此，全公司可用邮资机已达到1504台，函件业务处理能力和处理质量得到了显著提高。

【圆满完成投递网建设自验】圆满完成2008年投递网建设集团公司委托自验工作，北京邮政投递网建设提前两年实现全面达标，受到集团公司的表扬。

【开展学习推广示范投递部活动】开展学习示范投递部活动，在全公司范围内学习推广北京邮政示范投递部——万寿路投递部的先进经验，城八区各区投递局、郊区十个区县局、国际局各建立了一个示范投递部，投递基础管理水平进一步提升。

【组建金融街邮电支局】为在金融街地区进一步树立北京邮政良好、统一的企业形象，满足客户需求，挖掘潜在高端金融商务资源，2009年10月1日金融街投递部成建制划转至西区局，并与辟才邮电所合并设立金融街邮电局。

【邮政信箱管理】

1.2009年市公司按照市政府规划和要求，自2月20日起至7月底，市公司组织完成了对长安街沿线信筒箱清理整治工作，邮政绿信筒和同城快件红信筒同时成为唯一两种型号的“城市家具”。市公司在国庆长安街沿线筒箱清理整治工作中的良好表现，得到了市政管委领导的高度肯定。同时，市公司已按期完成了规划后长安街沿线信筒箱设置工作，从首钢东门到四惠桥，共计27公里，共安装邮政绿色和红色信筒箱54个。

2.以“全聚德”品牌创建150周年为契机开发了全聚德烤鸭纪念卡500万张（定制型邮资明信片及定制型有奖贺卡），自2009年12月起使用，并在全市范围11家全聚德直营店前分别设置1个邮政信筒，用于顾客用餐后投寄填写好的明信片。

【圆满完成相关信息系统的上线任务】2009年，由市公司参加完成集团公司部署的“速递综合信息系统二期工程系统”、“邮政投递信息系统”、“商函业务信息系统”、“全国邮资机管理系统二期”等集团公司统版系统推广上线工作，以及“国际包裹分拣机信息系统”、“网上邮局二期”等市公司自行研发系统的升级改造工作。市公司在收寄、投递、国际包裹分拣、网上营销等方面信息化能力得到提高，有力地促进了邮政业务又好又快发展。

【扩大国际包裹收寄网点】2009年6月份，市速物公司33个营运部开办了国际包裹收寄业务。

【开展业务管理竞赛考评活动】2009年，是北京邮政弘扬奥运精神，向现代邮政企业制度转型的重要一年，也是继续深化改革，努力加快发展的关键一年。在加快改革发展过程中，坚持狠抓基础管理，坚持向管理要效益，通过各种管理手段，强化业务支撑，使规章制度得以落实，管理制度不断完善，圆满完成了2009年各项通信生产任务和集团公司下达的通信质量指标，涌现出一批基础管理扎实，管理成效突出，生产任务完成出色的先进单位和生产班组。根据市公司下发的《2009年业务管理优胜单位竞赛活动考评办法》，经市公司检查、考核、评比，决定授予北京市西区邮电局、南区邮电局、密云县邮政局、机要通信局、市邮票公司等5个单位为市公司“2009年度业务管理优胜单位”称号，授予东四邮电局营业部等65个班组为“2009年度业务管理优胜班组”称号。

重大邮政通信服务和村邮站建设

【完成全国“两会”邮政通信服务工作】“两会”服务是

市政府交给北京邮政的特殊的任务，2009年，市公司提出发扬奥运精神，用奥运标准服务“两会”的口号。各二级单位在市公司的统一部署下，以代表、委员满意为标准，以优质高效的服务目标，通力协作，圆满完成两会服务任务。“两会”期间，投递各类邮件8.4万件，其中，速递邮件1.4万件，投送大会订阅报刊296万份，收寄各类邮件21.5万件，出售“两会”纪念封共计97万枚，其他各类封、折、册6万枚，收到表扬信106件，受到了市委市政府、国家邮政局及集团公司领导的充分肯定和好评。

【完成年度高校毕业生包裹和复转军人包裹的收寄工作】2009年6–8月，参加大学生包裹收寄服务的共有22个支局，服务院校45个，共收寄大学生包裹40574件，共实现业务收入15.3万元。2009年10月，参加复转军人包裹收寄服务的共有98个支局，服务部队293个，共收寄复转军人包裹36454件，实现业务收入156.67万元。

【完成国庆阅兵村邮政服务工作】国庆60周年阅兵活动，是中央和北京市政府2009年重大工作，是北京邮政在继奥运会服务后，又一次服务国家大型活动，服务首都的大事。北京邮政为做好阅兵村邮政服务保障工作，根据市政府阅兵村建设和阅兵活动安排，市公司从3月20日至10月31日，分别在通州、昌平阅兵村内设立了“昌平第一兵站——通州阅兵村临时邮局”、和“通州第二兵站——昌平阅兵村临时邮局”两个服务网点。为圆满完成国庆阅兵村邮政服务任务，通州局和昌平局制订了邮政服务运行方案和应急预案，选拔了优秀人员，并进行了各项周密翔实的准备。昌平沙河阅兵村邮政服务经历了173个日日夜夜，截止10月6日，实现营收59.56万元，销售集邮品168.74万元，指挥部集邮项目收入198万元，报刊电子商务收入共等共计435万元。同样，通州阅兵村邮政服务，销售邮品190万元，汇兑收入3.8万元，报刊流转额24万元,圆满完成了国庆阅兵村邮政服务保障任务，参加服务人员荣获阅兵村荣誉证书，通州局荣获收入阅兵指挥部颁发的“首都阅兵村服务保证单位”最高荣誉称号，北京邮政在国庆活动中的优质服务受到了市政府的表扬。

【村邮站建设】为了深入贯彻党的十七大提出的“推进基本公共服务均等化”的重要精神，解决农村地区用邮难问题，落实北京市政府2009年为民办实事项目，完成3500余个行政村村邮站建设，实现“村村建站，户户通邮”的目标，在2007–2008年完成400个村邮站建设试点的基础上，2009年底前共完成3875个行政村村邮站建设任务。

邮政服务检查

2009年北京邮政视检工作重点以强化两岗履职检查为手段，不断加大监督检查力度，提高检查质量和效果。巩固营投窗口规范化服务达标成果，结合集团公司“双创”活动，组织开展了向东四邮电局学习的活动，不断提高服务水平。加强对二类及邮政代理网点的监督检查；强化经营秩序的规范管理，提高自律意识；强化视察制度落实，提高监督检查工作的有效性；综合治理热点、难点问题，进一步促进了服务、管理工作的到位，为经营发展提供了保障和支撑，发挥了为经营发展保驾护航的作用。

【强化大服务观念，开展学习“东四”活动】召开了“北京邮政深化落实学习东四活动，提高规范化服务水平”推进电视电话会。在《北京邮政2009年服务工作实施方案》中，提出了以“三个服务”为核心内容的“大服务”观念，即在各生产岗位强化按照规章制度做好自己的本职工作就是服务的观念，在各管理岗位强化切实提高执行力和管理效力就是服务的观念，在全公司重点强化通信质量就是服务的观念。围绕如何不断提高对外服务水平组织开展了“服务大讨论”活动，达到了对全公司员工真正提高思想认识、互相启发和教育的目的。

在各二级通信生产单位开展了评选“服务工作突出贡献单位”；在营业、投递、报刊亭、11185客服中心等对外服务窗口单位开展评选“优质服务示范窗口”；在内部处理生产单位开展评选“优质服务示范支撑科队”；在全公司开展评选“服务工作突出贡献个人”等活动，努力在全公司营造积极向上、争优创先的浓厚氛围，充分调动广大干部职工做好服务工作的主观能动性。坚决杜绝服务问题的发生，全面提高对外服务水平。

【拍摄规范片，规范服务行为】组织完成了营业、投递、报刊亭、11185等四个对外服务窗口的规范片的拍摄工作，内容包括生产作业规范、对外服务规范、对外服务礼仪等几个方面的内容，供相关从业人员观看学习和贯彻落实，以不断促进各种服务规范和各项业务规章制度的严格扎实落实，不断夯实管理基础，促使北京邮政的对外服务向更高层次的优质服务迈进。

【典型引路，提升服务】在北京邮政公司邮政营业窗口全面推广《沈智慧值班局长工作法》、《东四邮电局查询工作实施细则》和东四邮电局的管理制度体系。充分发挥值班局长在营业厅对外服务工作中应有的疏导、指挥、调度和营销的活棋子作用。提升北京邮政在受理用户查询方面的延伸服务和增值服务。

【强化监督检查，促规章制度落实】组织开展了对营收窗口收寄验视和对外服务情况进行服务暗查，确保了“两会、国庆”期间邮政通信生产安全和对外服务万无一失；开展了“强化传递时限，提高服务质量”专项检查活动，加快了邮件全程传递速度；对国内普通邮件业务档案与查验赔偿管理情况进行了专项检查，进一步规范和完善业务档案管理流程；开展了函件报刊投递质量专项检查活动等。2009 年度市场经营部视察室对全部二级通信生产单位进行全覆盖检查。共检查管理岗 624 个/次，监控岗 1484 个/次；支局所 1317 个/次、投递部 58 个/次、报刊亭 960 个/次、邮政金融网点 83 个/次、信(筒)箱 896 个/次、业务处理部门(大宗邮件处理中心、业务档案室等)40 个/次。出具视察报告书 212 份、检查记录 324 份、下发整改通知单 75 份。

【加强体系建设，提高督查管理水平】根据中国邮政集团公司《关于进一步建立健全邮政服务质量监督检查体系的意见》要求，提出了视察体系建设的具体意见。调整强化了视察检查频次、覆盖面，保证检查质量和督导效果；补充完善监督检查工作制度，有效提高了对“三全”即全网、全业务、全过程的管控能力，如：补充完善“两岗”履职检查制度。将函件报刊投递质量、国内普通邮件查验赔偿、邮储二类及代理网点检查内容纳入到两岗履职检查文件中，明确了对重点环节、关键岗位的检查量化要求，使视察管理更加标准化、制度化、规范化；落实视检工作制度，确保视察机制有效运转，如：按季开展视察检查报告书、各类基础管理资料的调审工作，并及时通报管理中存在问题。有效促进了两岗履职检查基础管理水平的提高。

【规范经营秩序，查处违规行为】贯彻落实集团公司“八条禁令”和市公司“十六条禁令”的相关规定，坚持日常检查与预防相结合，查处与整改相结合的原则，全年对各区局的大宗邮件收寄情况进行了两次全面检查，对个别单位违规收寄问题进行了严肃查处，对相关责任人及有关领导进行了考核。2009 年共计下发预警联动通知 10 次，有效预防了违规经营行为的发生。

【重视用户诉求，做好投诉处理】2009 年，共受理集团公司、市邮政管理局、政风行风热线、非紧急救助中心等上级单位转办及 11185 客服中心、市公司对外监督电话各类用户诉求查询信息 1386 个。对这些信息逐一认真进行了调查核实，对于确属邮政责任的，在纳入绩效考核的同时，已全部责成相关单位进行了落实整改，并对用户进行了回访，做到了让用户满意。

【完成邮件处理规格质量、时限、资费检查】完成了对出口邮件规格质量、时限、资费收取等情况的检查监控。全年共对 1372632 件各类出口邮件进行了规格质量、时限、资费收取情况的检查，综合合格率达到了 98.9%，全面达到了集团公司邮件处理规格综合合格率、逾限率考核指标。

代理金融业务

2009 年，全公司代理金融业务以科学发展观为指导，坚持以发展谋突破，积极推动业务结构和发展方式的调整，较好的实现了年初确定的业务发展目标，在经营和管理上均取得了较好的成绩。

【增收贡献明显提高，发展水平稳步提升】2009 年，全公司累计实现代理金融业务收入 8.01 亿元，完成全年预算进度的 101%，同比增长 6684 万元，增幅达 9.10%，占全公司总体业务收入的 16.75%,同比提高 2.7 个百分点。其中：累计实现储蓄业务收入 6.81 亿元，完成预算进度 101.41%，同比增长 6327 万元，增幅为 8.48%；累计实现汇兑业务收入 7956 万元，完成预算进度 99.35%，同比增长 547 万元，增幅为 7.38%。代理金融业务新增收入占到了全公司新增业务收入的 27.34%，金融板块业务收入贡献率稳步提高。

【加快发展传统业务，余额净增整体升位】2009 年，全公司个人储蓄余额规模达到 457.72 亿元，全年净增67.16亿元,完成全年必保指标的103.33%,增幅为17.20%。储蓄余额规模邮银占比比07年邮银分营时提高0.15个百分点,有11个单位的储蓄余额规模已经恢复到分营前的余额规模水平。市公司在全国邮政代理新增额排位为17位,增幅排位为20位,新增额比09年初晋升6位,增幅晋升11位。

【降本增效,收入质量显著改观】2009年,市公司始终坚持在发展中调整,在调整中优化,以科学的方法,有效的手段,提高业务质量,全年全公司新增存款质量和客户质量都得到了显著提升。全年67.16亿元的新增存款中,活期存款新增31.55亿元,占全年新增存款的46.98%,比08年提高了24.95个百分点,新增定期一年期以下存款34.08亿元,占全年新增存款的50.74%,两年期以上存款仅占2.29%。截止到2009年底,全公司活期比例达到39.42%,同比提高1.3个百分点。

【新型业务稳步推进】

一是综合理财业务稳步发展。2009年邮政代理金融销售综合理财产品8.43亿(不含保险和日日升),实现业务收入802万元,同比增长52万元,同比增幅7%。

二是对公业务取得突破。截止到2009年底,邮政代理金融机构实现公司业务余额规模6.6亿元,年日均存款为4.07亿元,全年累计实现公司业务收入已达792万元。市公司业务对部分单位全年专业收入的完成发挥了很大作用,比如:大兴局成功开发区政府拆迁工程款,全年新增对公存款7454万元,房山局在上半年发展不利的情况下,积极寻找资源,仅4个月就新增对公存款余额5000多万元。市公司计财部、速递局、保险局、零售公司等专业局对此项业务发展给予了大力支持。

三是开办小额信贷业务的网点数量不断增加。2009年,全市郊县57个二类网点中有26个网点开办了小额信贷业务,开办率为45.61%,二类网点实现小额信贷业务2050笔,贷款金额达1.59亿元,全年带来信贷业务收入70万元。

四是入账汇款带动国内汇兑业务高速发展。2009年,全公司国内汇兑业务收入累计完成7844万元,同比新增730万元,增幅为10.25%。其中增长幅度最大的是入账汇款业务,增幅为53.72%,占国内汇兑业务收入的56.48%。

【业务发展能力显著增强】市公司着眼长远,站在邮政企业可持续发展的角度,高度重视代理金融业务的发展,积极推进发展能力建设,实现了三方面的突破:

一是实现了管理体系的纵向突破。2009年,初步理顺了代理金融业务经营管理关系,建立机构,充实力量,基本搭建起市、区(县)、支局三级金融管理体系。面对业务发展的新形势和新要求,各单位积极整合人力资源,加快专职人才队伍的选拔和培养。2009年,全公司逐步到位的专兼职理财经理已达122个,有一些优秀的理财经理已经创造出了可喜的成绩,代理金融业务专业化经营、专业化管理的雏形已经基本形成。

二是实现了业务发展方式的深度突破。积极推动代理金融业务的发展转型,逐步向实现“三个转变”推进:即传统负债业务从以储蓄存款为主向储蓄和理财并重转变,服务对象从以个人客户为主向个人和公司客户并重转变,业务架构从以负债业务为主向负债、中间、资产业务并重转变。

三是实现了业务经营管理的横向突破。在邮储北京分行的大力支持下,通过业务关系的明确和业务经营范围的扩大,夯实了发展基础。首先从市公司到区县局与邮储银行全面签订了代理金融业务协议;其次,通过建立邮银资金安全领导小组和协调领导小组两个机制,定期召开会议,通报双方经营发展情况,通报风险防控情况,通报需要进一步解决的问题,邮银双方共同制定了一系列的有效措施,理顺了业务代理关系和相关业务条线。

【风险防控能力大幅提升】

1.制定出台邮政代理金融监督检查管理办法。2009年,市公司依据集团公司《关于加强邮政金融资金安全管理的三个暂行规定》的相关内容,与北京分行共同制定了《北京邮政金融资金安全监督实施细则》,并在此基础上制订出《邮政代理金融业务监督检查管理试行办法》,在市公司、区县局、营业支局三个层面建立了邮政储汇资金安全监督检查管理体系,明确各级监督检查责任单位和责任人,切实履行邮政企业对金融业务的检查责任。

2.组织实施检查工作。邮银共同启动布置开展案件风险“百日大排查”活动。市公司相关部门及北京分行相关部门组成了资金安全检查小组,展开全市范围的邮政金融资金安全大检查。并按照银监局相关要求，与分行共同启动了案件风险“百日大排查”活动，围绕“查隐患漏洞、防资金案件、抓制度落实、促问题整改”的方针，针对重点业务、重点岗位、重点环节、重点人员分四个阶段进行了认真排查工作。

3.建立风险信息联络员制度。为加强北京邮政代理金融内控风险管理，提高对各类风险预警的信息上报，邮银双方6月份联合下发了《北京邮政金融业务网点风险信息联络员管理办法》，在基层网点建立了风险信息联络员制度。

光　荣　榜

【2009年业务管理优胜班组】东区邮电局：建内大街邮电局营业部、工体北路邮电局营业部、王府井邮电局营业部、东四邮电局营业部、安贞邮电局营业部、水碓子邮电局营业部、双井邮电局营业部、垡头邮电局营业部、商函分局大宗中心业务部；西区邮电局：中南海邮电局营业组、复外大街支局营业组、西长安街邮电局大宗组、万寿路邮电局大宗组、新古城邮电局营业组；南区邮电局：和平门邮电局营业组、牛街邮电局营业组、木樨园邮电局营业组、东高地邮电局营业组、方庄邮电局营业组；海淀区邮电局：学院路邮电局营业组、清河邮电局营业组、北太平庄邮电局营业组、颐和园邮电局营业组、育新花园邮电局营业组；郊区县局：通州区新华支局投递组、通州区宋庄支局营投组、顺义区后沙峪支局营业组、顺义区杨各庄投递组、门头沟区王平村支局投递组、门头沟区石龙支局营业组、昌平区政府街支局营业组、昌平区南口支局投递组、房山区良乡支局投递组、房山区迎风街支局营业组、平谷区新平支局营业组、平谷区新平支局投递部、密云县太师屯支局营投组、密云县梧桐苑投递部、大兴区广茂大街支局营业组、大兴区兴丰投递部、怀柔区青春路支局营业组、怀柔区汤河口支局营投组、延庆县东外大街支局营业组、延庆县永宁支局投递组；投递局：王府井投递部、东四投递部、万寿路投递部、方庄投递部、颐和园投递部、农大南路投递部、农光里投递部、亚运村投递部、开阳里投递部、西长安街投递部；速物公司：亦庄分公司亦庄营运部、牡丹园分公司牡丹园营运部、金融街分公司德内营运部、中关村分公司中关村营运部、万寿路分公司收寄中心、海慧寺分公司收寄班、顺义分公司新顺营运部、门头沟分公司营运部；国际邮电局：建国门邮电局投递组；邮票公司：市邮票公司营业部；机要通信局：机要局收发科营业班。　(撰稿人：张　春)

网路运行

网　路　运　行

概　述

2009年，北京邮政网运部门为更好的满足公司化运营的需求，更新观念，拓展思路，贴近市场，不断创新。在市公司总经理章干泉提出的“十大理念”和“五个必须坚持”的指导下，坚持科学发展，围绕市公司工作目标，建立健全网运内部经营运行机制和激励机制，进一步完善和丰富了“经营网运”，科学有效地整合网运资源，全力构建适应公司化运行的经营型网运，保障企业经营发展和全网运行畅通，着重在机制建设、支撑经营、降本增效等几个方面开展工作，取得了显著的成绩。

经营网运机制建设初见成效

2009年，网运部门以进一步解放思想，更好地服务经营、支撑经营和促进经营，完善网运内部机制为重点，建立健全并逐步完善经营型网运的运行机制，增强网运各环节的发展动力和活力，推动向经营型网运的转变，为企业发展创造良好的环境。

【建立网运统计核算体系】大力推进“数字网运”，制定了《网运统计核算工作规范》，建立健全了一整套网运统计核算报表，为逐步建立网运统计核算体系和网运统计核算工作的规范化、制度化做了大量工作，使网运成本更加清晰明了，为促进网运资源有效的整合和优化，实现网运工作的专业化支撑、集约化运作和科学化管理，科学分析和评价网运效率和效益打下了基础。

【实行网运分环节结算】市公司通过科学测定邮件传递各环节的成本费用，初步推出网运支撑牌价，实现对中心局、汽运局的网运分环节结算。通过对分环节数据的研究分析，为网运资源优化和调整提供依据，也为营收环节制定营销策略及邮件收寄价格、优惠政策等提供参考依据，有利于企业效益和成本的有效管控，同时促进了经营型网运的建设。

【统一管理车辆燃油】市公司自2009年起对全公司所有机动车辆油料实行集中采购，制定实施了《北京市邮政公司机动车油料使用管理办法》。采取定车、定卡、定点加油，按月结算方式，统一管理。通过车辆信息管理系统实时动态监控，有效地控制了车辆油料成本支出。实行一年来，机动车油耗量有明显下降。2009年全公司邮运车辆共行驶7769万公里，在行驶里程同比增长1.7%的情况下，年总油耗1340万升，同比节省燃油23万升，降幅为1.7%。按年底结算日价格计算，节支151万元；加上优惠积分返还、自送油优惠价格，总共节约油料成本226万元。

【推广车辆内部有偿使用】市公司制定了《内部运邮车辆有偿使用实施细则》，使得车辆有偿使用更具可操作性。通过实施车辆内部有偿使用，培养和增强各单位的生产车辆经营意识，形成车辆使用的经营机制。2009年发生有偿使用结算额85万元，提高了现有车辆的利用率，降低了委办费用支出，促进了企业效益的提高。

加大网运资源整合力度
实现降本增效

网运资源整合是2009年网运重点工作之一，按照市公司总体工作部署和领导提出的“统筹兼顾、资源共享、科学管控、务求实效”指示精神，经过深入调研，科学论证，精心组织，重点在三个方面开展了工作，并取得了实效。

【市内网运资源整合】一是调整《北京晚报》进口拉运任务。由投递局综合利用支线邮路现有车辆承担城区投递部进口《北京晚报》拉运任务。调整后，晚报到达各投递部时间提前了20–30分钟。二是调整支局出口速递邮件拉运作业组织。支局出口速递邮件运输任务划归速物公司负责组织运行，实现速递邮件专网运输。三是调整普通邮件市内邮运网路组织。将汽运局市内进出口普通邮件拉运邮路237条,整合为184条;利用日报早投邮路带运本市互寄函件和快包,实现本市互寄函件"次日递",快包实现每日两频次投递;增加大宗邮件处理中心拉运邮路,实现大宗邮件点对点集中运输,提高大宗邮件集中处理程度。

这次整合,市公司网运部和汽运局、中心局、速物公司、投递局、发行局和各区局做了大量工作,广泛深入进行调研,多次召开论证会,确保了整合方案的可操作性。方案实施后,使市内网运资源配置更加科学合理,节余运邮车辆41部,驾交人员48名,每天减少行驶里程4266公里,实现了网运降本增效。同时,进一步提升了市内邮运能力,为支撑新业务发展贮备了充足运能。

【一级干线资源整合】在集团公司网运部的大力支持下,积极寻求低本高效运能,降低运费成本。开通北京至西安、成都X287次行包大列,发运西南和西北路向的本转快包和重件,取消北京-西安汽车邮路,减少北京-武汉和郑州的汽车加班频次。充分利用济南、潍坊局增开的快速汽车邮路返程运能,带运北京出口和经转邮件,停开北京组开的北京-济南委办汽车邮路。仅此两项,全年节省一级干线运费770万元。

【采取多种手段,降低航空运费】市公司紧紧抓住航空运输由于金融危机形成"运力富余、货源紧缺"的有利时机,总经理章干泉等市公司领导亲自带领相关职能部室直接与航空公司接洽。通过业务招标等方式,促使各邮件承运商的早、晚航班国内运费价格在2008年基础上下浮了10-15%,并首次与国航就国际航空邮件运费下浮达成协议。

全力支撑经营发展

通过对作业计划、生产流程、作业组织的调整,有效地提高了网运效率和能力,有力支撑了经营发展。

【完成火车改点发运计划调整】2009年铁路部门三次调整列车运行图,为充分利用铁路运输的有效运能,网运部积极组织协调,缜密安排,中心局、汽运局、发行局等单位认真贯彻落实,制订了各类邮件发运计划和站间盘运计划。同时,做好生产作业系统中的基础数据维护工作,制定了应急预案,强化指挥调度,保证了火车改点后有效利用铁路运能和邮运生产的顺利进行。

【精心组织"爱心包裹"发运工作】按照集团公司总体部署,配合市场营收部门,积极组织、精心筹划"爱心包裹"运输工作,研究经济实用的发运方式。对邮件处理和运输方案进行反复优化调整,前置分拣封发处理环节,根据发运量的不同,采取专车、行包、干线火车相结合的组合运输模式,把集中发运调整为直接发运,不仅节省了大量的运费,同时也为今后推出个性化网运服务拓展了思路。

【为速递时限承诺服务提供支撑】为支撑"国内特快专递邮件时限承诺"服务,将原在航站处理的部分进口经济快递邮件调整到陆路邮件处理中心,减轻航站邮件处理压力。积极协调集团公司和相关省市公司,对9:00-13:00期间进京的车次,采取单独交接、及时盘运等措施,确保标准速递邮件干线运输时限要求。调整后,13:00前进站的进口标准速递邮件实现了当日投递;16个省637个县级市寄往北京的标准速递邮件实现了次日递。

【保障国庆期间邮运工作正常有序】2009年,北京市举行国庆六十周年庆典,庆典活动及演练期间,北京全市相关道路分时分段实行禁、限行,北京站信函邮件处理场地全部封闭。为保证邮政通信安全、畅通,网运部门积极采取相应的保障措施:第一是网路畅通保障。制定作业组织调整方案,周密部署,建立紧急反应机制,保证邮运生产正常、有序、畅通。第二是邮件安全保障。对留存邮件通过人防、技防等措施妥善保管,加强防范和监控,确保邮件安全。第三是车辆安全保障。强化车辆源头管理,进行安全隐患排查,确保车辆安全防护设备齐全有效,杜绝隐患车辆上路行驶;对驾驶员加强教育培训,熟知安全设备的操作使用。第四是交通安全保障。强化防范意识,落实防范责任,逐级签订交通安全责任书,签订率达到100%;对交通违法行为及事故易发的路段、人员进行重点防范教育;开展交通安全巡查路查。庆典及演练期间,各级网运部门精心组织,周密安排,及时调度,灵活应变,通过提前对业务量的预判,首次采取重大活动期间进转邮件不分流措施,利用交通管制间隙合理疏运,保证了一级干线运输组织不受影响,结算收入不降低,确保了邮政通信生产井然有序,忙而不乱,在保证了企业经济效益的同时,也获得了较好的社会效益。尤其是在生产安全和交通安全方面做到了严防死守,万无一失,充分体现了首都邮政网运强有力的组织、协调和快速反应能力,受到了集团公司的表彰,也为今后网运应对特殊事件积累了宝贵经验。

强化管理,提高网路运行质量

进一步加强了基础管理,健全各项管理制度,落实管理措施,提高了网路运行的管控能力和运行质量。

【加强生产信息系统管理】制定了《北京市邮政公司信息系统管理办法》,明确各级指挥调度部门在信息系统中的权限及职责,进一步推进生产作业系统操作的规范化。完成生产作业系统的各项基础数据的更新维护、采集整理工作,通过信息系统实时掌握和分析各类生产信息,为实施网运生产动态调度提供依据。结合火车改点以及一级干线资源整合,修改生产作业系统控制数据,完成新旧计划的平稳过渡。完成了速递物流改革后的生产作业系统流程设计。配合市内邮运资源整合,对生产作业系统基础信息进行更新维护,提前做好切换测试,昼夜监控信息发送接收情况,保证了市内邮运资源整合工作顺利完成。

【加强网运设备管理】制定了《网路设备管理考核办法》,并纳入市公司绩效考核。推广应用集团公司开发的《设备管理信息系统》,组织了各专业局设备管理、维护人员的培训。对2008年投资的大修项目进行测试和验收。制定了2009年网路设备大修计划并组织实施。组织各专业局对设备进行了自查和巡检。完成了包件机上件器的改造、挂信分拣机试运行、安检胶带机采购及培训等工作。协助完成了“大平面”工艺流程、重点设备技术规范、设备招投标等工作。

【加大网运检查力度】认真贯彻集团公司网运质量检查“四个转变”的要求,通过网上监控、现场检查和专项检查等方式,加大网运检查力度。开展了邮件封发规格质量和生产场地及干线邮路安全生产专项检查。建立和完善了时限质量监控、分析、检查、考核、信息反馈、督促整改等管理制度,进一步完善时限质量检查管理体系。

加强网运信息化建设
丰富了管控手段

以网运信息平台为载体,丰富管控手段,促进了网运管理精细化,提高了网路运行管控能力。

【完善网运生产系统】为支撑网运分环节结算,重新设计了支局统版系统出口交接模块,制定了支局出口作业规范,出口交接刷卡率达到了95%以上;在集团公司的业务支持和技术支持下,与集团公司相关系统直接建立接口,并对接口的稳定性进行了优化,完善了监控系统;采取相应技术手段有效控制非法信息输入,保证了网运分环节结算数据及时、准确的采集。

【完成网运信息化建设两个项目立项】一是深度开发指标评价系统,准确反映网运生产的实际情况,实现网运科学化管理。二是在集团公司统版车辆管理系统的基础上,完成了北京邮政车辆动态信息采集系统的可行性研究,包括邮运车班管理、IC卡运行数据采集、GPS轨迹采集等功能。

【网运信息系统三期上线顺利切换】按照集团公司统一部署,市公司成立了领导小组和实施小组,多次组织各专业局业务和技术人员,对集团公司网运信息系统上线前期准备工作的要求逐条进行研究落实,详细明确了各相关专业局的具体工作,落实到具体时间点和责任人,形成北京公司上线实施方案。按照系统软硬件配套技术要求并结合实际情况,采用购置少量高配置车间服务器的方式,替换现有的大量、低档、分散的车间服务器,确保了上线工作顺利实施。网运信息系统三期实现了网运数据和管理的高度集中,形成全国中心局网运生产“数据、管理—全国集中、生产运行—省集中”的系统架构,搭建了对网运生产全过程、全天候、全方位进行监控和管理的信息平台。

开展网运职工培训和劳动竞赛
提高网运员工素质

网运部门坚持以提升网运员工的创新能力、管理水平、综合素质和生产技能为重点，采取了多种方式进行培训，全年共培训200多人次。首次在内部作业工种举办大规模业务技能竞赛活动，组织了“北京邮政邮件分拣员、转运员职业技能竞赛”，2600多名网运职工踊跃参赛，24人获得名次；选拔出的6名选手，代表北京邮政在集团公司举办的第二届全国邮政通信特有职业技能竞赛中获得了团体第三名。在全公司开展了“迎国庆平安邮政交通”劳动竞赛，有13个单位被评为先进集体、51名员工被评为先进个人。在2009年度全国邮政网路运行“创优争先”劳动竞赛中，北京公司的京兰嘉K43/44次邮政车组、北京至沈阳车队、北京航空邮件交换站、北京行邮集散处理中心被评为先进集体。北京邮区中心局被授予“全国邮政网路运行特殊贡献单位”荣誉称号。通过组织培训和劳动竞赛，有效促进了网运员工提高业务技能和综合素质的积极性，推动了在员工中掀起“学业务、练技术、长本领、促发展”群众性活动的新高潮，促进了网运队伍的建设。

干线邮路情况

2009年，北京市邮政公司拥有铁路、航空、汽车全国干线邮路76条，邮路总长度9.3万公里。

1.北京市邮政公司铁路干线邮路

邮路起止地点	班期（班/日）	单程长度（公里）
北京—牡丹江	1	1603
北京—福州	1	2334
北京—银川	1	1335
包头—北京—汉口	1	2029
乌海—北京—天津	1	1315
北京—兰州	1	1803
北京—广州	1	2294
北京—南宁	1	2566
北京—重庆	1	2087
北京—上海	1	1463
北京—广州	1	2290
北京—哈尔滨	1	1297
北京—乌市	1	3352
北京—成都	1	2042
北京—武昌	1	1225
北京—西安	1	1200

2.北京市邮政公司国内航空邮路

航空邮路起止地点	单程长度（公里）	班期（班/日）
北京—哈尔滨	1010	1
北京—长春	933	1
北京—沈阳	649	1
北京—大连	579	1
北京—上海	1178	1
北京—杭州	1200	1
北京—青岛	646	1
北京—南京	981	1
北京—武汉	1133	1
北京—兰州	1356	1
北京—长沙	1446	1
北京—西安	1034	1
北京—重庆	1640	1
北京—深圳	1985	1
北京—福州	1681	1
北京—乌市	2842	1
北京—合肥	959	1
北京—成都	1697	1
北京—南昌	1398	1
北京—宁波	1338	1
北京—海口	2493	1
北京—贵阳	1853	1
北京—南宁	2213	1
北京—厦门	1774	1
北京—郑州	695	1
北京—烟台	575	1
北京—银川	1107	1
北京—桂林	2039	1
北京—汕头	1902	1
北京—温州	1200	1
北京—广州	1966	1
北京—呼和浩特	444	1
北京—包头	579	1
北京—太原	470	1
北京—西宁	1780	1
北京—昆明	2266	1
北京—济南	357	1
北京—上海邮航	1178	1
北京—南京邮航	981	1

3.北京市邮政公司国际及港澳航空邮路

邮路起点	邮路终点	单程长度(公里)	班期(班/日)
北京	亚的斯亚贝巴	8303	1
北京	赫尔辛基	6707	1
北京	巴黎	8210	1
北京	哥本哈根	7195	1
北京	考文垂	8136	1
北京	迪拜	8171	1/3
北京	法兰克福	7787	1
北京	河内	2323	1
北京	伊斯坦布尔	7052	1
北京	卡拉奇	4846	1/3
北京	拉哥西	3298	1/3
北京	澳门	1982	1
北京	马尼拉	2855	1
北京	莫斯科	5798	1
北京	金边	3349	1
北京	平壤	804	1
北京	罗马	8120	1
北京	新加坡	4476	1
北京	德黑兰	5599	1
北京	多伦多	10580	1
北京	乌兰巴托	1171	1
北京	温哥华	8508	1
北京	维也纳	7449	1
北京	纽约	10974	1
北京	旧金山	9493	1
北京	芝加哥	10593	1
北京	香港	1964	1
北京	东京	2093	1
北京	大阪	1768	1
北京	中部	1872	1
北京	福冈	1428	1
北京	首尔	947	1
北京	首尔邮航	947	1

4.北京市邮政公司全国干线汽车邮路

邮路起止地点	班/日	单程长度(公里)
北京—天津	4	185
北京—承德	2	256
北京—济南	3	550
北京—锦州	1	540
北京—秦皇岛	1	330
北京—沈阳	2	840
北京—唐山	1	250
北京—廊坊	3	65
北京—青岛	1	890
北京—大连	1	938
北京—德州	1	420
北京—保定	1	165
北京—洛阳	1	910
北京—新乡	1	690
北京—张家口	1	248
北京—郑州	1	807
北京—大同	1	425
北京—武汉	1	1400
北京—石家庄	4	320
北京—太原	2	580
北京—三河	1	172

5.北京市邮政公司市内转趟及盘运邮路

序号	频次	邮路数(条)	长度(公里)
1	日报早投	47	1514
2	北京直送	23	1991
3	国际盘运	3	220
4	第二次进口	52	2953
5	第三次进口	57	4162
6	第四次进口	26	1340
7	11点出口	9	1135
8	15点出口	26	1530
9	20点出口	71	4070
10	大宗托盘专送	5	342
11	市内报厂拉运	45	1030
12	京版出口报盘运	39	1885
13	郊区盘运	5	262
14	零售报刊配送	168	4986

交通安全管理

2009年，市公司交通安全管理工作紧紧围绕年度交通安全管理目标，以科学发展观为统领，借鉴奥运交通安全保障工作经验，深入开展宣传动员、强化检查与隐患排查治理工作，注重交通安全事故防范工作。市公司机动车辆全年行驶8000万公里，发生严重交通违法行为68起，比2008年的78起下降了10起，下降了13%。圆满完成了“两会”“国庆六十周年”等重大会议活动期间的交通安全保障工作。

【继续规范交通安全基础管理，夯实管理基础】在2008年制定交通安全管理资料标准目录，规范基础档案管理的基础上，制定完善北京邮政交通安全管理办法。管理办法明确交通安全管理机构和职责，对交通安全日常管理工作内容和流程进行详细规范，并依据管理办法制定交通安全管理工作考评相关细则等，为日常交通安全管理工作提供有效的管理依据。

【建立健全工作例会制度】2009年，市公司全面建立交通安全工作例会制度，每季度召开市公司交通安全例会，对上季度交通安全工作进行总结，对交通事故及严重交通违法行为发生情况予以通报。并结合全市道路交通安全形势、动态，利用保险公司的交通事故分析平台对下一季度的交通安全管理工作重点进行分析和预警，部署防范措施。工作例会制度的建立，使全公司各二级单位在交通安全管理上有了明确的目标和抓手，为各二级单位部署交通安全管理工作提供了有效的指导。

【强化事故预警及风险分析】2009年市公司对全公司车辆保险实行集中管理，同保险公司共同建立交通事故预警及风险分析机制。保险公司定期向市公司提供各单位车辆出险情况，市公司和保险公司根据不同出险情况共同分析交通事故发生的趋向，交通安全管理工作存在的风险，向全公司进行事故预警，进一步强化对车辆出险情况监控，通过分析，制定完善交通安全防范措施和各种预案，并通过例会及通报等形式向全公司发布，指导各单位制定出交通安全防范措施和工作预案。

【落实交通违法、事故倒查和责任追究制度】2009年，针对车辆发生的严重交通违法行为、重大交通事故严格执行责任追究制度，加大管控力度。市公司遵循“谁主管、谁负责，谁使用、谁负责，谁派出、谁负责”的原则，对严重交通违法行为及重大交通事故有一起追查一起。2009年共发生68起严重交通违法行为，5次重大交通事故，市公司逐起进行责任追究，并要求相关单位制定整改措施。对发生重大交通事故的单位依据市公司绩效考核办法给予了考核。

【加强检查力度，及时消除安全隐患】交通安全检查是交通安全管理工作的重要内容，是保障安全的有效手段。2009年，市公司落实交通安全工作会议部署，按照二级单位查管理、三级单位查落实的检查原则，开展定期检查和“不通知、不定点、不定时”的“三不”抽查等一系列交通安全检查活动：查管理制度是否健全、是否落实；查日常管理是否到位；查车辆是否带病运行；查驾驶员的安全意识是否提高；查停车场及维修单位的管理是否达到安全标准。此外，还开展路检路查活动，重点查处超速、车辆不按规定停放等严重违章现象。2009年，对所属28个二级单位、生产科队进行交通安全工作检查。集中检查15次，不定期检查18次，并对发现的问题进行了追踪，下发了协查通报和检查情况通报8份。市公司对2009年发生的严重交通违法行为和重大交通事故进行责任追查，对多次发生严重交通违法行为的单位进行了重点工作督察，将交通违法情况在市公司经营分析会议上进行通报分析，并对每起违章行为进行了跟踪追查，要求相关责任单位采取有效措施，开展有针对性的安全教育，加大对严重交通违法行为的监控和处罚力度。2009年，发行局、机要局、商函局、信息局、实业集团、邮政银行、科研院、保险公司、邮票公司、培训中心、延庆局、怀柔局、顺义局、门头沟局、昌平局、通县局等16家单位全年未发生严重交通违法行为。

【组织交通安全宣传及教育培训】2009年，为提高交通安全管理干部的管理水平，市公司组织了交通安全车辆管理干部培训班，聘请了交管局具有交通安全管理经验的专家就如何加强交通安全防范工作进行了培训。发放交通安全宣传教育光盘200余张，组织全体员工观看了《血泪悲歌–事故专题片》，利用交通事故案例强化对全员交通安全宣传教育，提升员工交通安全意识。在6月份开展了交通安全宣传月活动，在全公司范围内组织开展了交通安全板报宣传评比活动，活动征集到各类内容丰富的交通安全宣传展扳近百块，内容包括：交通安全知识、交通事故教育和车辆驾驶技巧等。优秀展扳在相关单位内组织巡展，起到了良好的宣传教育作用。

【组织开展交通安全竞赛】2009年，市公司开展了“迎国庆、平安邮政交通”竞赛活动，作为贯穿全年的一项交通安全管理重要工作。各单位根据市公司的竞赛要求，成立竞赛领导小组，明确工作目标，制定工作措施。全年，各单位共评选出13个先进集体和51名先进个人，市公司依据竞赛管理办法给予了相应的奖励。（撰稿人：彭　鑫　杨步恩　冯长宇　回燕青）

企业管理

计划财务管理

概　述

2009年，北京邮政计财工作按照集团公司、市公司的统一部署、围绕北京邮政的工作重心，以服务国庆60周年、推进速递物流改革、提高企业运行质量与效益为核心，以提升计划财务管理水平、促进北京邮政可持续发展为目标，紧张有序、有条不紊地开展了各项工作，有力地支撑了企业的经营发展。

主要经济指标完成情况

北京邮政实施了“升位晋级、勇破纪录、优秀升格、末位调整”的发展机制，以加快发展为第一要务，以探索创新促进发展，圆满完成了全年各项生产经营任务。从业务量来看，邮政业务总量同比增长8%，国际邮政业务总量同比增长达到41%；储蓄、汇票、代理保险业务量增幅都在2位数以上，特快专递、包裹、机要业务量也实现了小幅增长。从业务收入来看，储蓄、报刊、物流、代理保险业务收入保持较快增长。

全年实现全部业务收入47.81亿元，同比增长5.39%；收支差额总额-0.07亿元，完成集团公司下达的年度计划；邮政业务总量50.76亿元，同比增长7.93%。

2009年末，全部从业人员30567人，比上年末减少275人；全员劳动生产率15.62万元，比上年增长2.36%。

全年实现邮政增加值27.69亿元，比上年增长11.52%；邮政增加值占北京地区生产总值的比重为0.23%。

固定资产投资8.99亿元，其中：基建项目投资7.67亿元，技术改造项目投资1.32亿元。年末固定资产原值39.82亿元。

截至2009年底，邮政局所共计777处，邮路总长度为31.66万公里。

主要业务发展情况

【邮务类业务】2009年，受上年“奥运”高基数的因素影响，邮务类业务呈现回落态势。邮务类业务总量完成15.32亿元，同比下降8.1%，占邮政业务总量比重30.2%，低于上年5个百分点；邮务类业务收入实现26.38亿元，同比下降1.4%，占邮政业务总收入比重55.2%，比上年减少3个百分点。

为克服上述因素的影响，市公司紧紧抓住新中国成立60周年机遇，积极发展邮务类业务，各项业务排名均在全国保持了领先位置。函件专业业务量、业务收入全国排名与上年相同，分别列第5位和第3位。集邮专业依然保持业务量全国排名第1、业务收入全国排名第2的位置。报刊发行专业业务量全国排名第6位，业务收入保持2位数快速增长、全国排名第1位。包裹专业业务量同比实现扭负为正，业务量、业务收入全国排名分别列第1位和第2位。机要专业业务量、业务收入实现小幅增长，排名均列全国第1位。

1.函件

函件总数实现64261万件，同比下降5.9%。其中：国内函件49266万件，同比下降11.8%；邮送广告12232万件，同比增长13.1%；国际及港澳台函件2763万件，同比增长68.8%。

函件收入完成103089万元，同比增长1.7%。

2.报刊

订销报刊业务量为7.4亿份，同比下降8.9%。其中：订销报纸6.87亿份，下降10.4%；订销杂志0.52亿份，增长16.6%。

发报刊业务量为18.7亿份，同比下降4.7%。其中：出口报纸量下降5.2%，出口杂志量与去年持平。

报刊发行收入完成70255万元，同比增长16.6%。

3.集邮

集邮邮票销售 1.78 亿枚，同比下降 30.7%；集邮品册数销售 650 万册，同比下降 38.8%；个性化邮票销售 321 万版，同比增长 34.2%。

集邮收入实现 64718 万元，同比下降 15.8%。

4.包裹

包裹业务量达到 787 万件，同比增长 3.4%。其中：国内包裹 772 万件，同比增长 3.6%；国际及港澳台包裹 15 万件，同比下降 8%。

包裹收入实现 18610 万元，与上年持平。

5.机要

机要邮件业务量 479 万件，同比增长 2.3%；机要收入完成 7067 万元，同比增长 5.6%。

【速递物流类业务】2009 年，是速递物流专业经营改革全面推进的一年。速递物流改革，是为了加强专业化经营力度，完善现代化网络体系，促进业务稳步增长。全年速递物流类业务总量完成 15.34 亿元，同比增长 12.9%；业务收入实现 12.74 亿元，同比增长 29.1%。

1.特快专递

邮政速递构建揽投一体网格化运营体系，实现了对本市所有客户无缝覆盖，加大了营销深度，确保速递业务稳定发展，尤其国际速递业务呈现了高速发展态势。2009 年特快专递业务量达到 3072 万件，同比增长 2.8%。其中：同城特快专递完成 680 万件，下降 2.5%；国内异地特快专递完成 2240 万件，增长 2.7%；国际及港澳台特快专递完成 151 万件，增长 37%。国际特快专递市场占有率 29.5%，高于上年 5 个百分点。

特快专递收入实现 100912 万元，同比增长 24.5%。其中：国内同城特快专递收入实现 10044 万元，同比增长 13.1%；国内异地特快专递收入实现 51796 万元，同比增长 2.8%；国际及港澳台特快专递收入实现 28703 万元，同比增长 34.9%。

2.物流

通过调整优化物流业务结构，不失时机地搞好“思乡月”专项营销、“国庆”庆典物流配送、“五节”联送等项目，取得了一体化物流业务保持持续快速增长，客户群不断扩大等明显效果。

一体化物流重量 10.5 万吨，同比增长 31.4%；功能性物流重量 1.3 万吨，同比下降 73.6%。一体化物流收入 12717 万元，同比增长 13%；功能性物流收入 3549 万元，同比下降 9.1%。

【金融类业务】2009 年是邮政储蓄银行独立运行的第一年。北京邮政在发展金融业务中，不断巩固邮政金融改革成果，加强邮银双方密切合作，建立定期通报和沟通协调机制，巩固传统业务，积极发展新业务，稳步推进金融业务全面发展。金融类业务总量完成 19.17 亿元，同比增长 20.1%；业务收入实现 8.7 亿元，同比增长 11.5%。

1.邮政储蓄

邮银双方在发展储蓄业务中积极合作，努力克服内外部环境的不利影响，加快扩大邮储余额规模，加紧调整邮储余额结构，不断提高活期余额比重，实现了北京邮政储蓄期末余额首次超过上海的好成绩。

年末储蓄余额达到 714.4 亿元，同比增长 18.5%；全年净增余额 111.7 亿元，同比下降 6.3%。年末二类及代理邮储网点点均余额 10993 万元/个，比全部网点点均余额少 2772 万元/个。活期比例为 42.6%，比上年增加 1.7 个百分点。市场占有率为 4.9%，低于上年 0.2 个百分点。储蓄收益率 1%，低于上年 0.8 个百分点。

邮政储蓄收入实现 7.3 亿元，同比增长 11.7%。

2.中间业务

2009 年，积极做好财政、社保等部门的资金代发、规模企业工资代发和养老金发放等源头业务，确保中间业务稳步发展。

邮储代办业务量达到 5187 万笔，同比下降 0.2%；代办业务金额 398 亿元，同比增长 9.3%；代收付业务收入达到 1563 万元，同比下降 1%。

3.汇兑业务

汇兑业务继续保持发展势头。全年开发汇票业务量 1103 万笔，同比增长 20.1%；实现收入 7956 万元，同比增长 7.4%。兑付汇票业务量 881 万笔，同比增长 4.4%。

国际及港澳台汇票业务下降幅度减小。全年国际及港澳台汇票业务量 3.7 万笔，同比下降 6.1%。

4.代理保险业务

代理保险业务呈现两位数增长。代理保险费 17.4 亿元， 同比增长 23.7%；代理保险收入 5709 万元，同比增长 15.7%。

【其他业务量】邮政其他业务量 2.9 亿元，同比增长 12.7%；其他业务收入 5027 万元，同比增长 12.4%。

【邮件（报刊）处理量】2009 年邮件（报刊）处理量为 63.1 亿件（份、张），同比下降 6.6%。

规划管理

2009 年，根据市公司和计财部工作总体部署，完成了促进首都邮政科学发展课题研究、生产场地调整、重点建设项目前期、生产场地拆迁还建等规划工作。

【完成促进首都邮政科学发展课题研究】根据市政府领导指示，由市公司与市邮政管理局、市政府政策研究室、市政府相关委办局联合开展了促进首都邮政科学发展课题研究工作。年底前完成主报告的编写等阶段性任务，并代政府草拟了北京市促进邮政科学发展的指导意见（送审稿）。这项研究课题的完成，将为多方面争取地方政府的优惠政策，解决全市邮政设施建设中存在的主要问题和深层次矛盾，促进北京邮政的科学健康发展，进一步提升首都邮政服务水平创造了条件。

【做好生产场地、局所网点场地调整工作】2009 年，速递物流体制改革的各项工作全面展开。根据改革需要，完成了速递物流公司办公场地由天桥到望京的调整，为速递物流管理机构的整合创造了条件；通过对天桥场地调整，解决了速递陆路分拣中心场地不足的问题，也为下一步天桥场地的改造打下了基础；为支持速物公司发展业务和场地调整需要，对划转速物公司的部分局所网点场地的使用进行了调整，为地面区局、支局开展经营和生产改善了条件。

为合理调配场地资源，促进企业效益最大化，2009 年完成了邮银之间在广安门红居街底商用房的使用及物业交接划转、鸿纳场地使用功能调整、海淀学院国际大厦邮政用房的使用意向书的签署、市公司丰台教育培训中心与中国邮储银行之间有偿转让协议签署、市公司教育培训中心周转场地选址和租赁协议的签署工作，对门头沟石龙支局邮储支行办公场地、部分区局所属支局的出租场地、市零售公司花家地批销中心等场地的使用进行了调整。

【开展重点建设项目的前期工作】为配合北京综合邮件处理中心建设及投产需要，完成了北京综合邮件处理中心 2 号指挥调度楼和综合业务楼项目的立项工作；根据速物改革需要，配合集团公司设计院和速物公司开展航站西院“航空进口速递邮件处理中心”可研报告编制工作；完成了向集团公司上报“航空物流集散中心”项目的立项工作；完成了“北京邮政枢纽改扩建工程立项报告”的上报工作。

【推进生产场地和局所拆迁还建工作】历经近三年时间，经过艰苦谈判，北京南站邮件转运站拆迁工作完成后，按照拆迁协议，补偿款已全部到位，2009 年进行还建场地落实工作；与铁路部门就北京站南院邮件转运站拆迁还建内容方案及项目投资分摊等事宜进行谈判，待达成一致后，签署补充协议，完成还建工程建设；完成了昌平东三旗支局、西长安街支局、石景山支局、地安门投递部等局所场地的拆迁协议签署工作，为落实拆迁还建工作起到了保障作用。

【做好三年滚动规划编制工作】根据集团公司的工作部署及要求，在市公司相关部门配合下，与企发部共同组织完成了北京邮政三年滚动规划的编制及上报工作。为北京邮政发展改革和经营工作提出了近期发展目标和任务措施。

计划、投资及招投标管理

【计划与投资】2009 年固定资产投资计划及专项费用计划安排，以支撑发展、扩大再生产能力为原则，以贴近市场、贴近业务、增强能力、改善经营管理和服务水平为导向，加大核心能力投入，将有限的资金用于发展业务和经营生产一线，重点保证北京综合邮件处理中心建设、营业终端网点设备更新、储蓄低效网点调整、新增租赁网点及生产台席的装修改造、速递物流生产场地改造、报刊亭建设、信息及网络安全建设等方面，取得了很好效果。北京综合邮件处理中心一期工程土建部分进展顺利，主楼和指挥调度中心完成结构封顶；局所、生产场地建设稳步推进，新建、改造局所和生产场地 3.7 万平方米；营投网点建设效果明显，接收统建配套局所 7 处、1661 平方米，新增、改造邮政营业及储蓄台席 258 个，更新营投网点设备 5957 台套。

全年完成固定资产投资 8.99 亿元，其中，基本建设投资 7.67 亿元，技术改造投资 1.32 亿元。专项费用支出 3034 万元。

从投资构成看，新建工程投资55500万元，改扩建工程投资1098万元，统建配套局所投资745万元，报刊亭建设投资1339万元，代管集团公司项目投资17965万元，设备购置、网络信息化及安全建设投资13175万元。

从投资方向看，向邮政支局所投入1403万元，向邮政投递网点投入87万元，向报刊发行及零售专业投入1339万元，向速递物流专业投入943万元，向邮政储蓄专业投入904万元。

【加大投资项目管理力度】对于投资较大的重点技改项目，如北京邮政信息中心电源改造、航站工位空调系统扩容改造、西站大院消防监控系统改造、网点安防监控系统改造、天桥大院及中关村支局锅炉更新改造等项目，严格执行市公司有关固定资产投资规定，要求项目单位上报可研报告或上线实施方案，计财部会同相关部门人员以投资效益为主要评审指标，从业务需求、技术方案、投资规模、经济效益等方面进行研究论证，对项目的可行性、内容、投资估算额、投资效果等方面提出具体意见，上报部门领导及市公司领导进行审定，再下达投资批复。在项目的执行过程中，注重加快项目的执行进度，定期了解项目执行情况，及时协调解决出现的问题。项目完成后，督促专业部门组织验收，对项目投资效益进行评估。

【招投标】2009年，进一步扩大集中招标采购范围，积极控制采购成本，取得了良好效果。全年组织招标73项，计划投资总规模达到2.9亿元，实际中标价格2.8亿元，节约投资1461万元。其中：组织30万元以上招投标项目43项，计划投资总规模达到2.8亿元，实际中标价格2.7亿元，节约资金1408万元。车辆燃油采购节约资金1110万元。

集中招标采购所取得的成果，在车辆燃油和车辆保险费项目上显得尤为突出。汽车油料统一招标采购后，从中石化争取到加油价格2%的优惠幅度，解决了燃油价格批零倒挂的问题，实现了加油信息的实时监控和动态管理；2009年全公司车辆行驶里程比2008年增加100万公里，但油料支出却降低了1110万元（未剔除汽柴油价格上涨因素），降本比率达11.8%。对车辆保险费实行集中招标采购后，确定了人保公司为中标单位，通过双方协议，北京邮政车辆保险优惠政策进一步规范，优惠幅度进一步提高，商业险采购价格为标准价格的70%，车辆保险费用同比减少支出207万元。

统计管理

【提供统计信息服务】按照中国邮政集团公司、北京市统计局、北京市邮政管理局统计报表制度的要求，以及根据北京邮政生产经营的需要，按时报送各类邮政统计月报、季报和年报，是统计的一项主要工作内容。

为了及时给各级领导及相关经营管理人员提供北京邮政统计信息，市公司计财部编发了《2008年北京邮政发展统计通报》、2008年度《邮政统计资料汇编》、为北京邮政文史中心编撰《2008年北京邮政年鉴》提供了计划财务管理章节，编辑2009年各月的《邮政统计资料》。

【开展统计专项调查】

1.北京市统计局组织的统计调查

根据北京市统计局、国家统计局北京调查总队、北京市第二次全国经济普查领导小组办公室《关于开展北京市第二次全国经济普查登记工作的通知》的要求，市公司组织各二级单位开展了《法人/产业活动单位基本情况表》(101-1表)、《北京市第二次全国经济普查方案—运输邮电业》的网上填报、纸质报表登记工作。本次普查覆盖了全公司所有二级单位和邮政支局所，基层单位共填报《法人/产业活动单位基本情况表》800余张，市公司装订普查档案17册。

2.北京市邮政管理局组织的统计调查

按时完成了北京市邮政管理局布置的《邮政局所营业网点情况及撤并局所情况调查》。这个调查共要填报两套表：《邮政局所营业网点情况调查表》、《邮政企业撤并邮政局所情况调查表》，调查工作历时两个月，涉及区县局、国际局、市场部。

3.中国邮政集团公司组织的调查

根据中国邮政集团公司通知要求，开展了7次统计调查：《省际间进出口产品量统计调查》、《邮政企业、邮储银行互相占用房产有关情况的调查》、《2009年邮政贺卡业务发展情况调查》、《速递物流专业化经营统计报表》、《邮政营业网点资源综合利用情况调查》、《邮政投递资源利用情况的调研》、《邮政基层企业综合服务能力调查》。

4.北京市邮政公司组织的统计调查

为了确保北京邮政局所网点资源配置不断优化，充分发挥局所网点效益，推动降本增效深入开展，市公司组织了《局所网点效益情况统计调查》。本次共调查邮政局所774处，其中：支局本部162处，邮电所612处。计财部在市公司生产经营分析会上对这次调查结果进行了多角度、全方位的分析和通报。调查结果显示，全公司700多处局所中，44%的局所网点效益水平不高，甚至亏损（亏损网点在全部网点中占比为14%），但却耗用了企业大量的资源维持其运营。通过这次调查，市公司掌握了客观、真实的信息，为进一步整合网点资源、调整低效网点提供了可靠依据，对优化资源配置、提升效益水平具有十分重要的意义。

【加强统计基础工作】

1.统计检查工作

为了加强北京邮政统计工作，在统计活动中严格统计制度，规范统计行为，提高统计数据质量和服务水平，市公司组织开展了统计检查工作。市公司重点抽查了7个二级单位所属的10个支局、分公司、科队。针对检查中的问题，市公司下发了统计检查通报，并提出整改要求。

2.统计专题分析活动

为加强北京邮政统计分析工作，提高综合统计人员撰写统计分析的能力和水平，市公司组织了统计专题分析交流评比活动，并将10篇获奖分析文章编印成《2009年度统计专题分析汇编》。同时向中国邮政集团公司计财部推荐了2篇获奖文章，刊登在集团公司计财部主办的《邮政经济信息》刊物上。

3.统计培训

北京市统计局组织的培训。积极组织各二级单位及其所属基层单位的统计人员，参加北京市统计干部培训学校开办的《企业如何避免统计报表填报错误》、《统计分析报告的写作》专题讲座，收到了较好的效果。

北京市邮政公司组织的培训。针对统计队伍新人多、统计工作内容变化大、各级领导对统计工作要求高的情况，市公司组织了针对性很强的统计培训。培训的内容有：统计月报主要指标说明、填报方法及应注意的问题，量收系统在统计工作中的应用，统计原始记录及统计台账变动情况及登记要求，统计资料保管制度的内容及要求，统计分析写作方法与体会，统计调查的步骤、方法及要求，统计检查的方法及近几年检查中的问题。

【统计法规制度建设】2009年3月，监察部、人力资源和社会保障部、国家统计局联合颁布了《统计违法违纪行为处分规定》（第18号令），自2009年5月1日起施行。《统计违法违纪行为处分规定》是我国第一部关于统计违法违纪行为处分方面的部门规章，对地方、部门、单位的领导人员，各级人民政府统计机构、有关部门及其工作人员，统计调查对象的各类统计违法违纪行为及量纪标准作了明确规定，是查处统计违法违纪案件的重要依据。鉴于此，市公司及时转发了《统计违法违纪行为处分规定》（第18号令）文件，并提出“各单位、各部门的各级领导干部和统计人员一定要高度重视，认真做好学习宣传和贯彻落实工作”的要求。

【推进统计信息化建设】正在开发的北京邮政财务综合管理信息系统--统计模块，是根据邮政统计业务特点设计的通用统计系统。新系统将建成一套既可实现统计业务流程的基础功能，又可对北京邮政发展战略、经营决策、经营目标和经营措施等经营全过程的经济效益进行综合统计分析的软件应用系统。2009年完成了业务需求、方案设计、立项、提供统计指标体系、指标代码、计量单位、不变单价、指标关系式、业务总量和通信总量计算公式、审核公式、统计原始记录格式、订报格式、统计台账格式、打印输出表格式等工作。

绩效考核、损益核算、网运环节结算

【完善绩效考核办法】为激励各单位努力创收、优化结构，将降本增效工作落到实处，在《北京市邮政公司2009年绩效考核办法》的基础上又下发了《北京市邮政公司2009年绩效考核办法补充规定》，将降本增效的落实情况、成本挂账情况、人均收支差额贡献水平、集邮周转率、集邮边际成本率等指标纳入到了绩效考核办法，以引导各单位不仅要关注收入规模，更要注重收入质量。

【推进损益核算应用】市公司各生产经营单位进一步加大了损益核算应用的深度和广度。其中：区县局、投递局、零售公司已分别建立起以支局、区投递局、零售分公司为责任主体的二级责任中心核算体系；

电商局将11185平台的支撑费用与国内函件和国内包裹专业进行了结算；国内函件、集邮、报刊、保险专业实现了按产品核算，速递、国内函件定价模型基本建立。损益核算已在经营管理活动中得到更广泛的应用，对指导专业经营、提高经营效益等方面发挥着日益重要的作用。

【深化网运环节结算，加强委办运费管理】内部处理单位牢固树立经营网运理念，不断深化网运环节结算，增强网运各环节的发展动力和活力，进一步优化内部处理流程，加大网运资源整合力度，切实实现网运环节降本增效。针对委办运费增长过快的问题，计财部、网运部采取对速物专业和邮务类专业分别测算、科学编制委办运费预算、加强运费对比分析、增设运费考核指标、加大考核力度等措施，有效控制了委办运费的增长。

【深入推进全面预算管理，严控各项成本费用预算】按照集团公司的要求，本着“严控总量、优化配置”的原则，市公司在编制成本费用预算时对各项成本标杆进行了下浮。同时，进一步加大了预算管控力度，大部分单位都能做到细化预算编制，横向到边、纵向到底，加强预算执行的分析和监控。从预算执行的效果来看，全公司与业务收入无较大关联的油料费、修理费等成本项目得到较好控制，同比均有一定下浮。其中：修理费同比下降376万元，运输费同比下降1300多万元，各单位当年实际发生的水电费等也呈下降趋势，使降本增效工作取得了实效。

资金资产管理

【支持速递物流体制改革顺利进行】2009年速递物流改革的各项工作全面展开。计财部按照集团公司的工作安排，为推进改革进程做了大量繁重而有效的工作。制定了速物结算办法，完成尽职调查、审计评估、关联交易测算和费用精算计提等大量工作。共编制报表25套，各种基础数据表格近4500张。涉及改革的速物资产共9062项，对属性明确、符合要求的资产已整合和划转完毕，资产原值近7.1亿元。改制土地的确权办证工作也基本完成。

【开展与邮储银行的各项结算工作】通过对邮银双方摸底清查、统计整理基础数据，确认了关联交易的结算标准，制定了《北京市邮政公司与邮储银行北京分行关联交易办法》，明确了邮银双方关联交易范围。全年的房屋租赁、安保、银行点钞、设备及专线维护等关联交易结算了5900多万元。

【加大资金集中支付力度】在对“四险一金、航空铁路汽车运费、国际邮件终端费、在职职工薪酬”实行资金集中支付后，2009年，又实现了“车辆油耗、车辆保险、保安人员费用”以及“振远押运寄库”等大额成本费用的集中支付。2009年全公司集中支付成本19.6亿元，占全部付现成本比重43%。

【进行稳健的资金运作】资金收支两条线管理全面实施后，在保证企业运营所必需的流动资金的同时，对阶段性资金的运作是市公司资金管理的另一个重要课题。2009年，市公司在确保企业资金安全的前提下，对资金开展了一些零风险、稳健的运作，获得收益1200多万元，提高了存量资金的效益。

【实施固定资产有偿投资、有偿使用】2009年，对商函局配备连线型邮资机项目(投资额70万元)、延庆局开发八达岭长城邮资明信片门票项目所需设备(投资额368万元)实施了有偿投资管理；对部分单位的房屋资产实施了有偿调整，并按照资产有偿使用办法对有关单位给予了成本补贴的奖励，缓解了零售公司等单位生产场地紧张的压力，节约了外租场地的租金成本，进一步提高了各单位资产效益意识和资源利用的积极性。

【加强基建财务管理】北京邮政综合邮件处理中心工程的财务管理，是近几年来基建财务管理工作的重点，财务核算工作面临着集团公司的严格审查。市公司在主体工程的启动阶段，严格规范财务核算，根据工程进度及时与集团公司沟通协调，提高建设资金的到位率，为加快工程进度奠定了良好的基础。

【加强银行账户管理，及时撤销不需用账户】随着各城区局现金管理中心的建立，各储蓄网点当日的营收储蓄资金直接缴纳各所属现金管理中心，并通过现金管理中心上缴当地人民银行发行库，原有的储蓄银行账户已不再需要。据此，计财部及时督促各相关单位清理不需用的储蓄业务资金账户，以加强银行账户管理，减少银行账户管理的相关成本。

财务会计管理

【清理二级单位法人执照】针对企业所得税缴纳方式

的调整,减少法人单位属地纳税给企业带来的影响,经市公司研究决定,对二级法人单位进行了清理,无对外经营的法人单位,注销其法人执照,变更为非法人单位。投递局、汽运局、邮票公司等单位的非法人执照已经办妥。这些单位到市公司合并纳税后,可为全公司减少新增税金支出近亿元。

【积极开展削减集邮商品库存工作】为加快全公司集邮商品库存周转速度,计财部联合市场部、邮票公司在反复调查研究的基础上,召开专门会议对削减库存工作进行了具体部署,在经营分析会上对各单位集邮商品库存情况进行通报,引起了各级领导的关注。各有关单位采取科学合理征订、有的放矢销售、及时清退代销产品等方法,加快了库存周转速度,有效削减了库存,使全公司集邮品库存从2009年初的2.8亿元降到2009年末的1亿元,周转速度为1.77次,达到了集团公司库存考核指标。

【加强监督检查和计财基础管理】

1.规范税收管理

2009年,国家税务总局对国有大型企业集团进行了两批税收自查,全公司要求于6、7月份对2005-2007年度的企业所有税种申报和缴纳情况进行全面自查。其间,各级计财部门做了大量行之有效的沟通和协调工作,确保了自查结果上报的时限和质量。通过自查,纠正了部分单位税收政策理解不够全面准确、税种混淆、税率执行不严等问题,进一步规范了全公司税收管理,提高了各单位依法纳税意识,增强了企业防范和控制税务风险的能力。

2.开展资金安全检查

市公司按照集团公司关于开展资金安全检查的通知,认真组织、按时完成了企业资金安全检查。检查范围包括所有营收资金和业务资金,共检查银行账户208个。从检查的结果来看,各单位收支账户均已实现日间的零余额,未发现利用其他账户归集营业款和出租、出借银行账户的违纪情况。对检查中发现的个别问题,已责成有关单位限期整改,进一步规范管理,消除资金安全隐患。

3.开发应用信息系统

加强"量收系统、财务NC系统"的应用与管理,通过管理手段优化,较大程度上提高了计财人员的工作效率与质量,加大了对二级单位财务核算的监督稽核力度。2009年,计财部还组织研究了"财务综合管理信息系统"的需求,为下一步系统开发做好准备。

【财务中心管理】

1.取消了郊区账务中心,对郊区各局的计财科长实行了委派。至此,郊区区县局的财务核算及财务管理等工作由市公司直管,为提升郊区各局的财务工作奠定了基础。

2.结合财务机构负责人的考核任免管理,完成了四个单位计财机构负责人的委派轮岗工作。使计财委派人员综合业务水平和专业管理能力得到进一步的锻炼和提高。

3.修改完善了《北京市邮政公司计财机构负责人委派办法》,对委派人员的责任、权利、义务给予了进一步的明确。

4. 加大对各直属单位财务工作的管控力度,找出并解决这些单位在财务管理中的薄弱环节及存在的问题。

(撰稿人:林　涛)

人事、劳资、教育工作

概 述

2009年是北京邮政进一步巩固公司化运营成果，弘扬奥运精神，向现代邮政企业制度转型的重要一年，也是继续深化改革，努力加快发展的关键一年，作为企业经营发展的重要支撑部门，人力资源部全年紧密围绕公司深化改革的战略目标，以科学发展观为指导，在常规中求创新，在平稳中求突破，在务实中求发展。不断建立完善行之有效的管理模式，创新科学发展机制及激励机制，大力推行精细化管理，培养打造企业人才队伍，提升了企业发展能力，提高了企业运行的质量和效益；始终坚持以人为本的管理理念，保障员工得利水平，进一步推进和谐企业建设，为北京邮政发展质量越来越高，发展空间越来越大，发展道路越走越宽，提供了强有力的人力资源支撑和保障，开创了人力资源工作新局面。

2009年末，北京市邮政公司全部从业人员为30567人，比2008年末减少275人，实现了从业人员负增长。全员劳动生产率全年实现15.62万元，同比增长2.38%，绝对值列全国第二，员工人均收入增长9.3%。邮政通信生产人员特有职业持证上岗率达到83.12%，比2008年提高了20.31个百分点。在岗员工（含离退休人员）社会保险统筹（养老保险、工伤保险、失业保险、生育保险）和基本医疗保险、补充医疗保险的参保率为100%。

2009年，北京市邮政公司充分发挥市公司、区局（专业局）、支局（科队）三级教育网的辐射作用，以“统筹规划、分级管理、分级负责、突出重点”为原则，全方位、分层次、多角度的抓好干部员工队伍建设，全年共举办各类培训班800余期，培训人员24000余人，培训率达到80%，员工队伍整体素质显著提高。针对管理人员开展了高管人员培训、郊区经营管理者培训、二级单位人力资源负责人培训、机关管理人员培训，组织330名支局长参加金融知识远程培训，组织2700余名营销人员完成远程培训，举办各类专业培训班52期，培训5830人次。2009年全年对二级单位进行了10次业务知识抽测，提升了员工的专业水平和岗位技能。组织2009年度经济统计系列、工程系列（部分专业）的中高级专业技术职务评审，43人通过评审具备高级经济师任职资格、9人通过评审具备高级工程师任职资格、7人通过评审具备工程师任职资格。全年组织14个职业工种共计20773人次参加邮政通信特有职业技能鉴定考试，比2008年增加了12956人次，全年共有101名员工通过技师（业务师）的综合考评。

企业人才队伍建设

【概况】2009年，北京市邮政公司按照邮政体制改革不断深入的要求，进一步完善领导人员的选拔任用及监督管理机制，建立基层管理人员的培养考核机制，建立青年人才培养选拔链，形成人才规划培养、选拔任用、监督管理的循环机制，激发经营管理骨干人才的经营生产热情，促进优秀人才脱颖而出，逐步培养打造一支德才兼备的高素质人才队伍，成为担当企业加快发展重任的中坚力量。

【企业领导者队伍建设】北京市邮政公司始终高度重视企业领导者队伍的建设，按照建立现代企业制度的要求，以岗位职责为基础，在选拔任用、绩效考核、教育培训、激励约束等方面加强了对企业领导者的管理。在领导人员的选拔配备上，始终坚持德才兼备、以德为先的用人导向，坚持民主、公开、竞争、择优的原则，切实把政治素质高、道德品质好、管理能力强、经营业绩优的干部充实到各级领导岗位。在领导人员的选拔方式上，积极引入竞争机制，进一步拓宽选人视野，提高了选人用人的公信度。坚持任前考察、任前谈话制度，完善干部退出机制，加强对领导人员的管理与监督。2009年全年对17个二级单位的领导班子和3个机关部室的领导进行了调整，共计 56 人次，整体增强了全公司的经营管理力量。

结合郊区局升位晋级机制，加强地域间的干部交流力度，选派优秀年轻干部到郊区工作，不断完善郊区领导班子的合理配备，通过两年多的调整，郊区各局领导班子的平均年龄下降了 3 岁，具有大专以上学历人员的比例由 88%提高到了 100%，班子结构得到进一步优化，经营创收步伐明显加快，促进了公司各项经营发展任务的圆满完成。

【青年骨干人才培养】北京市邮政公司按照中国邮政集团公司的统一部署，选拔基本素质好、发展潜力大、群众公认的优秀骨干人才，参加在中央党校举办的两期以理想信念和党性教育为重点的中青年干部培训班。同时，根据中国邮政集团公司选拔培养年轻干部的工作要求，加快北京市邮政公司后备骨干人才队伍结构的调整，突出重基层、重实绩的选拔标准，对有营销管理经验的优秀人才，优先列入后备重点培养。

【大学生职业生涯规划为试点】2009 年，北京市邮政公司出台了《北京市邮政公司员工职业生涯规划与管理实施意见》，通过搭建技能晋级、营销晋级等多元化的发展通道，建立和完善员工选拔、晋升、考核、培训等配套管理机制，为不同岗位的员工提供多通道发展机会，充分调动员工的生产积极性。

北京市邮政公司注重对大学生的培养规划和锻炼使用，近两年招收的 156 名大学生，全部安排到基层营销岗位进行锻炼，通过实施教育培训、建立实习档案、实行轮岗锻炼、跨单位学习交流、安排实习老师实时指导、动态跟踪考核等措施，丰富完善对大学生的培养方式和手段，在满足公司经营发展需要的同时，也为大学生锻炼自我、实现价值开辟了有效途径。各二级单位在大学生培养使用的方式和途径上不断创新思路，通过组建大学生营销团队、组织大学生营销观摩会等形式，促进大学生全面掌握业务知识，不断涌现出营销业绩排行榜等亮点，有力促进了企业的经营发展。

大学生职业生涯规划的实施，在各级邮政企业中营造了浓厚的成才氛围，使大学生坚定了“企业造就人才，人才成就企业”的信念，经过 3-5 年的学习实践和锻炼培养后，逐步成长为营销理论扎实、业务技能过硬、综合素质较高的营销骨干和基层管理者，成为引领邮政企业快速发展的骨干人才。

完善薪酬分配激励机制

【概况】2009 年，北京市邮政公司深化薪酬分配制度改革，出台改革配套政策，进一步完善薪酬分配激励机制，引导二级单位关注效益指标，鼓舞生产经营热情，激励增效创收的积极性，促进企业的高效发展，确保企业经营发展成果更多的惠及到全体员工。

【深入推进薪酬体制改革】按照中国邮政集团公司整体部署，在 2008 年全面实施薪酬体制改革的基础上，2009 年北京市邮政公司出台并实施了易岗易薪管理办法，按照有效激励、便于管理、易于操作的原则，明确了对各序列人员发生岗位变动时确定岗位职级的具体办法。管理办法既体现了各岗位之间的差异，又体现了以人为本的管理理念，为解决员工岗位调整后薪档确定问题提供了依据，进一步完善了薪酬体制改革的相关配套政策。

【调整工效挂钩办法】北京市邮政公司在加快发展的同时，更加注重企业效益的提高，根据企业整体发展战略，在 2008 年引导二级单位“加快发展、重奖增量”的基础上，2009 年提出了“效益优先、重奖增量”的工效挂钩原则，及时调整了市公司的工效挂钩方向，由以往的重点关注单位收入规模转变为重点关注企业效益，关键点仍为收入“增量”。根据各二级单位的情况分别同“全公司业务收入增长”、“按进度完成收支差额可提取率”、“本单位或本专业业务收入增长”、“本单位劳动生产率增长” 等指标进行挂钩。并且，加大了“按进度完成收支差额可提取率”及“本单位劳动生产率增长” 两项关键效益挂钩指标的权重，突出“效益优先”的原则，激励各二级单位不断提高经营效益。

北京市邮政公司 2009 年加大人工成本的投入，新增人工成本总额达到 1.1 亿，全部用于依照绩效考核办法合理分配各二级单位当年人工成本计划，充分调动了员工的生产积极性。在绩效考核办法中设立关键绩效考核指标，进一步明确了将效益指标作为工效挂钩办法的关键导向，在注重收入“增量”的同时，加大对“收支差额完成进度”和“劳产率增幅”两项关键效益指标的考核，由关注规模转变为关注效益的提高。效益指标的引导作用激励了各二级单位奋发进取、努力提高经营效益的干劲，确保公司业务收入在2008年飞速发展的基础上，依然保持了一定幅度的增长，通过“企业增效”保证“员工增收”，保证了员工共享企业发展成果，使企业经营发展效益更多的惠及全体员工。

【完善统管人员薪酬分配机制】完善统管人员薪酬分配激励机制，严格薪酬发放管理，通过将领导班子绩效奖励标准与单位效益、规模紧密相连，较好地处理了责任与分配的关系、效益与分配的关系，体现了效益优先的激励作用，从岗位工资、绩效奖励、升位晋级、专项奖励四方面予以规范，确保了统管人员收入的公开性、透明性、合理性。通过引入上年度业绩综合考核指标，将个人业绩与企业长期利益相结合，建立长效激励机制，有效消除了统管人员的短视行为，将经营发展的重点逐步转移到企业长效发展中，确保长期绩效和短期绩效的平衡与发展，有力促进了企业的健康、持续发展。实现了统一标准、统一管理、统一考核、统一发放，促进了领导人员廉政建设，为实现企业健康、持续发展，起到了积极的作用。

【员工收入集中发放】北京市邮政公司在全部从业人员收入已实现二级单位集中发放管理的基础上，自2009年1月1日起，合同用工收入实现市公司集中发放管理，进一步规范了薪酬列支渠道，有效控制人工成本计划使用，减少薪酬发放的中间环节，实时全面掌握各二级单位员工薪酬分配结果，起到事前监督、事后监控的作用，提升了企业人工成本管控和员工收入发放的精细化管理水平。2009年，北京市邮政公司立项开发了劳务用工收入市公司层面集中发放管理系统，制定了《关于对同力达员工劳动报酬实行市公司集中发放管理的实施方案》，完成了启动该项工作的相关准备。

创新人力资源管理机制体制

【概况】北京市邮政公司通过积极的探索与创新，以适应企业改革发展为根本目标，建立并配套完善了人力资源管理机制和运行体制，有效发挥了激励引导和监督约束作用，调动了员工的工作积极性，促进企业科学、快速、高效、健康发展。

【郊区区县局科学发展机制】北京市邮政公司在2008年“升位晋级、首位升格”机制的基础上，2009年对郊区局实施了“优秀升格、末位调整”的机制。在机制的引领下，郊区各局激发了你追我赶，奋勇争先的工作热情，通过加强营销队伍建设、人才培养等方式，转变了经营理念，提高了科学管理水平和经营创收能力。2009年，郊区各局业务收入平均增幅为21.17%，业务发展增幅明显。

【一线领导人员培养考核机制】北京市邮政公司按照培养出一支结构优、素质强、懂经营、讲创新的基层领导者队伍的目标，出台了《北京市邮政公司一线领导人员选拔培养及考核管理暂行办法》，以中国邮政集团公司注重品行、崇尚实干、重视基层、鼓励创新、群众公认的干部培养和选拔导向，对一线领导人员进一步明确提出了加强培训提升能力、多岗位锻炼强化执行的要求，规划半年到两年的岗位交流方案，引入升位晋级排名等绩效考核办法，突出年均40学时的培训要求等措施，引导经营管理人才到基层工作，焕发基层领导队伍的生机，加快了培养步伐，满足企业当前和长远发展需要。

在机制的引领下，各二级单位积极提高生产管理岗位、营销管理岗位的吸引力，不断加大培训力度，突出业绩考核。23个通信生产单位的508名一线领导人员中有478人年培训率达到了规定要求，占比为94.07%。考核分数为90分以上的基层单位有150个，占比为60%。西区局结合自身实际，在营业班长、金融主管、营销主管三个岗位中搭建培养通道，选拔优秀人员充实一线领导人员的后备队伍，拓宽了基层骨干人才的培养选拔途径。

【企业双备员机制】一是推行劳动预备役制度。将新入职人员纳入劳动预备役管理，统一招收，统一培训，统一考试，统一分配。全年通过劳动预备役培训学员175人，均为大专以上学历，并且全部通过了职业技能鉴定考试，实现了持证上岗，提高了一线生产人员的综合素质。

二是创新联合培养订单生模式。北京市邮政公司与石家庄邮电职业技术专科学校联手，探索出订单生“校企联手、授课交流、实习跟踪”的招收、培养新模式，受到集团公司的认可和表扬。2009年全年通过联合办学及订单生方式培养学员134人，充实到营业岗位，业务素质得到基层单位的认可。截至年底，营业人员中大专以上学历共2478人，占比为40%，比2008年提高了5%，加快了实现营业人员大专化的步伐，提升了员工队伍的综合素质。

【完善机关人事管理】北京市邮政公司自2007年进行机关改革以来，不断规范管理制度，完善管理体制，以激发机关管理人员的工作热情、提高管理效能。2009年机关人事工作以抓基础、提素质为出发点，进一步强化了机关人力资源管理的基础工作，落实市公司各项管理政策，完善机关人员管理和考核办法，实施关键绩效指标，开展机关管理人员培训工作，充分调动了机关工作人员积极性，促进了机关人力资源管理工作的规范化、制度化，有效地支撑了企业的经营发展。

完善绩效考核体系，细化考核指标。北京市邮政公司对机关部室绩效考核指标进行了调整和细化，结合机关职能部室的职责，制定了《市公司职能部室2009年绩效考核办法》，将集团公司绩效考核的具体指标分解到各职能部室，使各部室共同承担责任，突出对主要责任部门的考核，体现了责任到位、风险共担、有奖有罚的原则。

加强制度建设，规范招聘流程。北京市邮政公司进一步规范了机关管理岗位的公开竞聘工作，制定了《市公司机关管理岗位公开招聘管理办法》，对竞聘程序、竞聘上岗人员的试用期，以及岗位薪级待遇等有关问题给予明确规定。通过加强制度建设，使机关管理工作逐步走向规范化和制度化。

优化人力资源配置

【概况】北京市邮政公司人力资源配置工作始终坚持“三管控、两推进、一确保”的管理模式，确定了“向管理要效益，深入挖潜增效益”的指导思想。通过加强人员管控，实施工时精细化管理，精简压缩非生产人员，严格控制机构设置和领导职数等措施，进一步优化人力资源配置，落实降本增效战略，实现了“盘活人力资源，实现人员零增长”的工作目标。

【动态调控用工总量】为合理调控人力资源规模和结构，降低企业管理成本，提高经济效益，北京市邮政公司不断强化人员管控制度，围绕减员增效这一核心目标，建立了以效益为导向的人力资源配置机制，结合企业生产经营状况，制定了《北京市邮政公司关于进一步加强从业人员管理的规定》，建立了从业人员的控制、流动、引进机制，按照业务收入增幅与劳动生产率水平，动态核定和调控各二级单位的用工总量，明确增收、增效、增人三者之间的关系，做到增效少增人，增效不增人。将各二级单位从业人员的数量严格控制在市公司核定的范围内，使从业人员结构更加科学合理。

各二级单位优化人力资源配置的意识明显增强，积极采取内部挖潜、业务外包等形式控制人员规模。汽运局通过整合网路资源，盘活富余人员88人，其中52人用于补充速递物流业务的发展。西区局将大宗邮件处理中心业务外包，减少从业人员80人。通过调控总量、盘活冗员、调整结构等方式，2009年全年各二级单位、各岗位间的人员有增有减，年末公司全部从业人员为30567人，比2008年末减少275人，人员管控效果明显，人员规模总体实现了负增长，劳动生产率稳步提升。

【工时精细化管理】细节管理是资源在企业内部微观层面上的配置，所以北京市邮政公司把工时精细化管理作为实施降本增效战略的重要环节和基础工作来抓，通过管理创新，把优秀资源利用好，提高劳动生产率，实现效率最大化。针对企业工时管理工作中部分员工超工时与有效工时不足并存的现状，2009年市公司对全市175个支局开展了大规模调查摸底工作，就营业时间、工时利用、4300余名员工的排班形式等情况进行全面了解，并利用支局量收系统对21万条数据进行分析。在总结试点经验的基础上，制定了《北京市邮政公司梯形排班法推广实施办法》，明确具体的操作方法，组织、指导各二级单位在营业网点全面推行梯形排班作业组织形式。要求各网点对每日客户流量和业务量的情况进行写实，根据业务高峰期、低谷期交替变化情况以及营业网点各时段的忙闲规律，制定灵活务实的作业计划，动态调整班次及工作时间，合理增减台席和人员、实现台席功能综合化，最大限度做到人员与工作时间和业务量的匹配。市公司采取信息反馈的方式，建立与支局的沟通渠道，及时对基层给予指导，解决实施过程中出现的问题，并强化对各二级单位实施效果的考核，工时精细化管理工作取得成效。

在梯形排班法推广实施的过程中，北京市邮政公司始终坚持“四注重”原则，确保工时精细化管理工作取得实效。

一是注重细化标准。各支局按照市公司统一的方法和要求，对各营业网点的分时段业务量进行统

计，总结业务量和客户流量的分布规律，制定各台席的营业时间和工作内容，设计不同时段的营业台席数量，明确每一名员工的工作日、休息日以及工作日对应的营业台席。

二是注重广泛宣讲。各二级单位通过局务会、班组学习、局务公开栏、刊登知识问答等方式多层面、多角度、广泛宣传，确保各级管理者和一线员工的知晓率达到100%，了解推行梯形排班法的重要意义，理解和支持新作业组织形式的推广。

三是注重严格考核。北京市邮政公司将梯形排班法的实施情况纳入对各二级单位领导班子的绩效考核，与年终绩效奖励进行挂钩，保证梯形排班法的推广工作得到有效落实。

四是注重推广实效。建立信息沟通渠道，注重对支局的跟踪指导，协助优化实施方案，提高台席功能综合化水平，增加了员工工时饱满率。

通过推行梯形排班法，工时精细化管理工作收到了明显成效。

一是提高了工时利用率。全公司2009年全年月减少低效或无效工时19613小时，年节约工时23万多小时，相当于节约人员投入117人，减少人工成本投入561万元。通过优化人力资源配置，不仅解决了业务低峰时段人员闲置的问题，提高工时利用率，同时，有效解决了部分员工超工时的问题，保证员工带薪年休假制度的落实，基层员工休假率达到100%，保障了员工的合法权益，得到营业人员的广泛认同、理解和支持。

二是重点支撑了营销队伍建设。全市各营业网点共盘活营业人员264人，充实到金融、营销等岗位，有效支撑了营销队伍建设。

三是提高了员工技能素质。合理的工作时间确保了培训工作的顺利实施，员工业务水平及职业技能鉴定持证率大幅提高，同时，多岗位工作促进了员工向“一专多能”方向发展。

四是提高了窗口服务质量。按照业务量规律设置台席，保证了在业务高峰时能够开设足够的台席数量，减少客户的排队等候时间，降低了工作差错率，提升了客户服务满意度。

【精简压缩非生产人员】北京市邮政公司针对公司管理人员比例过高、人员超编、挂靠机构过多等现状，为实现管理人员占比下降2个百分点的目标，2009年在全公司范围内开展了精简机构压缩非生产人员工作。按照“突出重点，总量控制”的原则，制定了工作目标。为确保精简压缩工作的有效落实，北京市邮政公司明确提出“积极行动，认真开展；提高认识，稳步开展，公平公正，规范开展”的要求，并将该项工作纳入绩效考核中。各二级单位按照市公司统一部署，以提高工作效率，改进机关工作作风，减轻基层负担为目标，扎实稳妥地开展精简压缩工作。

截至2009年底，全公司共精简挂靠机构31个、压缩非生产人员567人，管理人员总数3794人，占年末全部从业人员总数的12.41%，比开展精简压缩工作前的管理人员比重下降了1.71个百分点。在精简压缩的567人中，有388人充实到营销队伍，占精简压缩人数的68.43%，其他人员分别调整到营业、设备维护、后勤等操作和技术岗位，精简压缩工作取得初步成效。

教育培训与职业技能鉴定

【概况】北京市邮政公司按照统筹规划、分级管理、分级负责、突出重点的原则，创新培训方式，完善培训制度，引入考核机制，提升自主培训能力，积极开展各项培训工作，有效提升了员工队伍的综合素质。

【各项培训工作】2009年共举办各类培训班800余期，培训人员24000余人，培训率达到80%，员工队伍整体素质显著提高。

组织各级管理人员培训。加大对企业高管人员的培训力度，举办了北京邮政公司化运营后的第一次大规模高管人员集中培训。培训以创新思维、人力资源管理、财务管理等内容为重点，突出创新理念和领导实务，使高管人员进一步拓宽了视野和思路，加快了知识更新，提升了领导能力和经营管理水平。

组织郊区区县局经营管理者进行了实用性培训，组织102人开展了每期一周，共两期的学习培训，重点是宏观经营形势战略分析、提高市场开发技巧、强化法律法规意识、提升个人综合素质。通过培训，企业经营管理者拓宽了视野和思路，加快了知识更新，提升了领导能力和经营管理水平。

组织二级单位31名人力资源部主任进行培训，以人力资源开发与管理、绩效与薪酬管理、员工职业心态激励、团队建设与领导能力等岗位知识为重点，开拓了人力资源管理者的视野，使其接受新的人力资源管理理念，提高履岗履职能力和执行能力，提升综合素质和管理水平。

组织全公司330名支局长参加金融业务知识远程培训，提高了支局长金融业务知识水平，提升了网点的经营服务能力，满足了金融业务的发展需要。

举办机关管理人员培训，分别由机关部室和专业局领导授课，结合工作实际讲授企业经营发展的相关内容。2009年组织了六期培训，满意度达到95%。通过培训，增进了部门间的沟通了解，增强了机关管理人员的学习意识，充实了管理理念和业务知识。加大考核力度，一是将机关管理人员参训情况纳入年终个人绩效考核，二是将各部室的授课质量和效果纳入年终部室绩效考核。

举办各类业务培训。根据重点业务的发展需要，开展了大规模、分层次、多角度的专业培训，全年共举办各类专业培训52期、培训5830人次。一是开展了数据库商函、电子商务、爱心包裹、航空票业务和市场营销等专业培训。二是配合"风险合规年"和"金融服务年"专项活动的开展，北京市邮政公司与邮政储蓄银行北京分行联手举办了金融窗口人员全脱产岗位轮训，市公司共有1770名金融一线人员参加了培训，风险合规意识和服务水平得到提高。三是组织6400余名营业人员参加了邮政电子化支局系统远程培训，规范了操作流程，提高了处理能力。四是按照信息化建设的要求，开展了速递业务上线、投递统版、财务软件等系统的应用培训，确保了重点业务的开展和新技术的应用。五是组织2700余名营销人员完成了远程培训，提高了营销队伍的业务素质。

实施员工文化素质提升计划。为落实中国邮政集团公司员工文化素质提升计划的要求，优化支局长和营业人员队伍的学历结构，提高重点群体人员整体学历水平，鼓励员工积极参加在职学历教育，北京市邮政公司与北京邮电大学网络学院合作，举办了经济管理专业(高起专)和工商管理专业(专升本)学历教育，全年共有522人被录取，40岁及以下支局长大专比率(含在读)基本达到100%；40岁及以下营业人员大专比率(含在读)比2008年提高了14个百分点，重点群体人员学历层次明显提高，员工队伍学历结构进一步优化。

【教育培训能力建设】 建立培训效果监督考核机制。为使员工培训取得实效，使培训真正成为企业给予员工的福利，促进各二级单位积极开展一线生产人员脱产轮训，北京市邮政公司建立了员工培训监督考核机制，加强了对教育培训效果的监督与考核。2009年全年对二级单位9个职业中的554人进行了业务知识抽测，对130名管理人员进行了计算机应用知识抽测，督促各二级单位将员工培训落到实处，保证一线员工年脱产培训计划的顺利完成，确保培训的实效性，提升了员工的业务素质和岗位技能，对提高职业技能鉴定合格率起到了积极的促进作用。

扩大企业内训师队伍规模。在提升企业自主培训能力的要求下，北京市邮政公司加快了内训师队伍建设的步伐，组建了百名内训师队伍，其中市场营销专业初级内训师38名、业务发展专业初级内训师28名、专业技术专业初级内训师6名，特聘内训师56名。内训师队伍从员工需求出发，结合生产实际，开展了不同规模、多批次、高质量的业务知识培训，达到了快速推广新产品、落实新方案的目的，使专业培训更具有针对性、实效性。72名专业内训师全年人均授课达到50课时以上，为公司经营发展和员工业务技能水平的提高发挥了重要作用。

加强远程学习点的建设。北京市邮政公司及各二级单位加大了对远程网二级中心和学习点的建设力度，加大了远程网基础建设的投入，保证了网络接入条件和专用培训教室的配备，充实了配套设备。全公司现有远程学习点29个，基本涵盖所有通信生产单位，保证了基层员工参加远程培训的基本条件。

【职业技能鉴定】 2009年是完成中国邮政集团公司三年实现全国邮政通信生产人员持证率达到85%这一目标的关键年，北京市邮政公司加大职业技能鉴定工作力度，以提高初级工和劳务人员持证率为重点，从培训入手，积极搭建培训环境，为10个郊区县局的营业、储蓄工种投入共计156件所需设备；组织鉴定考试408场次，2009年市公司14个工种共计20773人次参加职业技能鉴定考试，合格率为65.31%，比2008年提高了25.92个百分点；邮政通信特有职业持证率达到83.12%，比2008年提高了37.97个百分点，超过年初78%的计划目标。全年共计101名员工通过10个职业工种技师（业务师）理论与实操技能鉴定的综合考评。

构建和谐企业

【概况】北京市邮政公司人力资源工作始终坚持人本管理，积极打造和谐劳动关系，在提高员工得利水平、落实劳动保护、改善企业福利等方面密切关注员工的生产生活，创造了企业和谐稳定的发展环境。

【提高员工得利水平】2009年为了实现员工人均收入增幅不低于8%的目标，市公司克服困难，加大了人工成本投入，激励员工开拓市场，调动生产积极性，保证了各项经营指标的完成以及薪酬改革的顺利实施。同时，通过控制人员规模，提高了劳动生产率，将因增员产生的人工成本增长部分节省下来，用于提高全部从业人员的收入水平。

在收入发放管理上，合同用工的收入实现了市公司集中发放，有效地控制人工成本计划使用，确保了全年人工成本计划全部用于员工的收入分配发放。2009年全部从业人员人均收入水平增幅达到9.3%，超过年初制定的8%的目标，实现了“全力以赴抓发展，千方百计降成本，一心一意为员工”的目标。

【员工劳动保护】以人为本，落实员工带薪年休假制度。为确保《北京市邮政公司员工带薪年休假实施办法》的有效落实，实现员工带薪年休假100%的目标，北京市邮政公司将此项工作纳入绩效考核，建立了员工带薪年休假季报、考核制度，通过工时精细化管理，盘活人员，保证了员工带薪年休假制度的有效落实。各二级单位结合各自生产实际，积极采取不同措施，较好地解决了因年休假所造成的临时性缺员问题，保证了员工的合法权益。在各二级单位的努力下，2009年全公司基层员工休假率实现了100%的目标。

定期监控，提供达标的生产作业环境。为确保北京市邮政公司内部处理生产现场的作业环境符合国家职业卫生标准，市公司指导中心局对信函处、包刷处生产现场中的25个作业点进行了粉尘检测。经检测，生产现场空气中的粉尘浓度均符合国家职业卫生标准，内部处理生产现场的作业环境得到了定期监控，为职工提供了达标的生产作业环境，掌握了最新的生产现场职业卫生数据，对内部处理生产现场的改造及治理工作提供了科学依据。

把住源头，加强新建项目审查验收。坚持劳动保护“三同时”管理，加强对新建生产场所的设计审查和工程验收。依据国家职业卫生标准，本着建设一个达标一个的原则，参与对新建生产场所进行验收，做到了从源头把关，有效落实国家有关建设项目劳动保护“三同时”的管理规定。

落实制度，规范邮政制服管理工作。根据中国邮政集团公司关于邮政制服的管理要求，结合北京市邮政公司实际，制定了《北京市邮政公司邮政制服管理实施细则》，对管理职责、工作流程、配发标准以及日常管理、台账建立等做了具体的规定，邮政制服的管理工作得到了规范。2009年全年共为新招、转岗等2239名员工配发了邮政制服。

【和谐劳动关系】规范企业用工制度。北京市邮政公司严格执行入职审批制度，严把人员入口关，劳动合同签订率达到100%。积极签订集体合同，规范企业与员工的权利和义务。将规范用工的重心落实在基层，通过劳动争议案例教学指导防范处理劳动争议的方法，引导二级单位在处理员工问题时由粗放管理向精细化管理转变，依据劳动合同法办事，严格执行企业各项用工制度，做细做实基础工作，最大限度规避劳动争议的发生。北京市邮政公司高度重视企业用工的和谐规范，于2009年顺利通过了北京市劳动和社会保障局的劳动保障监察。

优化企业用工结构。北京市邮政公司的从业人员中，劳务用工人数超过了合同用工人数，管理好这支劳务工队伍，激励岗位成才，对企业的经营发展至关重要。根据《北京市邮政公司优秀劳务人才选拔暂行办法》，2009年共有160名优秀劳务人才转为合同用工B类，优化了企业的用工结构，激发了劳务人员努力工作的热情。

制定企业奖惩制度。2009年2月，北京市邮政公司公布实施了《北京市邮政公司员工奖惩办法(试行)》，使公司能够依照岗位以及合同对员工实行有效管理。

【社会保险工作】2009年，北京市邮政公司加强与地方劳动部门的沟通，积极争取医疗、工伤等多项优惠的社保缴费政策，为企业节约成本682.70万元。为7300名退休人员调整养老金，人均增资217元；为

260名离休干部提高护理费标准；发放《社保卡》11000张,按时启动“门诊持卡报销”工作。

作为北京邮政为职工办的实事之一,2009年继续为全体员工投保补充医疗保险，严格执行招标投保程序,不断提高服务水准。自2004年至2009年,市公司为保障职工补充医疗保险待遇不下降，投保保费从2004年的800万元逐步增加到2009年的2640万元,增长30.3%,人均保费从340元增加到1165元,人均理赔额从646元增加到1151元,累计支付补充医疗保险保费1.2亿元，基本解除了广大员工看病医疗的后顾之忧。

（撰稿人：王松颖）

行政综合管理

综合文秘工作

【重要会议、活动的组织管理】2009年，北京市邮政公司办公室严格各类会议的上报、审批程序及经费标准，强调会议效果，注重会议效果反馈。2009年共主办、参与全公司工作会、总经理办公会、公司领导碰头会、生产经营分析会及全公司各种综合性会议100余次，各类活动200余次，均高质量地完成了会务及各方面的协调工作，确保了各次会议、活动圆满成功。

【秘书、信息工作】2009年，起草市公司年初职代会、年中经营发展研讨会工作报告，起草市公司领导在2009年工作会、经营服务工作会、人力资源暨计划财务工作会、办公室主任专题会、创新工作大会、市公司高管人员培训班上的讲话以及北京邮政第三届职工文化艺术节上的发言等材料约20万字。努力增强文稿的指导性和针对性，注重提高文稿质量和水平。在落实集团公司和市公司各项工作部署、推动实际工作、解决具体问题上下工夫。努力以新的思维方式、研究方法，提出解决问题的新思路、新办法，为市公司领导正确决策提供高质量服务。对二级单位开展信息培训4次，全年编发各类信息刊物296期，1347条，分别比上年增加8期，502条。市公司领导在信息刊物上批示12条。中国邮政集团公司采用本公司报送信息71条，较上年增加4条。在全国各省(区、市)邮政公司信息评比排名第二位。市公司被集团公司评为信息工作先进单位，赵思群同志被评为优秀信息员。出台《北京市邮政公司办公室信息工作管理规定（暂行)》(京邮办[2009]14号)。建立舆情工作机制，构建了市公司各部室和市公司到各二级单位的舆情二级报送体系。自8月集团公司开展舆情工作起至年底，共向市公司领导报送舆情52期，155条；报送集团公司舆情44期，133条。

【文书管理工作】1月22日，OA系统实现机关试运行(与原有OA系统并行。使用新闻快报和通知公告功能)。3月28日，市公司下行文和二级单位上行文取消纸质文档，各二级单位间也实现了部分文件的平行传送。4月20日，各区县和专业局运营部主任、支局长登陆统版系统，使用工作通知和会议通知等。8月6日，八个试点单位启用系统。9月16日，其他二级单位试运行系统。10月16日，全市公司范围内实现OA系统正式上线并取消纸质公文。OA系统的使用范围覆盖了市公司机关及所有二级单位机关的全部职能管理人员和支局、科队主要领导。其中，个别单位已经应用到科队内部所有管理人员。二级单位应用模式除能与市公司进行上下行文外，其内部职能部室及支局科队之间也实现了上下行文，并实现了二级单位间的平行行文。应用的模块有公文管理、个人信息、信息发布、日常办公等。全公司OA授权使用人员达到4000余人。出台《关于中国邮政综合办公信息处理平台启用后公文档案管理工作有关问题的通知》(京邮办[2009]4号)。2009年电子文档收文(包括集团公司及各二级单位来文)2696件，签报267件，发文445件，印发各类文件、资料32万余张。公文传递时限比以往缩短2–3天。

【值班工作】承担市公司政务值班和通信值班工作，严格执行夜间及节假日值班制度，确保值班电话、带班领导手机24小时畅通，明确值班职责，明确请示报告程序，明确一把手负总责的制度。实行不定时抽查各单位值班情况，定期下发值班情况检查通报。做到对上、对下沟通迅速，传达贯彻领导指示迅速、准确。进一步确保了政令畅通、指挥调度灵活和通信生产正常进行。在2009年庆祝建国60周年的值班保障中，首次实行双人连续68小时值班，通过电话、传真、OA系统发布紧急通知3个，圆满完成了建国60周年的行政值班任务。全年共接待各类咨询电话及来访近万次，均予以妥善答复妥善处理。接收集团公司及二级单位传真电报近900份。编制市公司领导一周活动安排52期。组织召开电视电话会议226次;充分利用办公自动化系统发送通知公告,除发布会议活动通知外,各类业务报表均通过OA系统进行发布,共利用该渠道发布通知公告800余份,进一步提高了工作效率。继续做好三个服务:即为领导服务、为机关服务、为基层服务,搜集各类信息,为公司领导决策提供服务,圆满完成上级领导交办的各项任务;围绕公司经营工作,为业务部室做好支撑,为二级单位排忧解难,为公司各项工作的正常运转提供强有力的保证,在上传下达、沟通左右、联络内外和协助处置重大紧急突发性事件等方面发挥了重要作用。

【信访、建议和提案办理工作】年内,共处理人民来信605件(含重复信6件),与2008年同期相比上升68%,其中:申诉信3件,占来信的0.49%;检举信59件,占来信的9.7%,待遇方面来信31件,占来信的5.1%,经营方面问题来信89件,占来信的14.7%;邮政服务问题来信152件,占来信的25.1%;金融方面问题来信20件,占来信的3.3%;集邮方面问题的来信1件,占来信的0.16%;其他问题来信250件(建议64件,表扬76件)占来信总数的41.3%。共接待职工和用户上访56人/次(含重复访26人/次),同比上升133%,其中:申诉类上访5人/次(重复访5人/次),占来访总数的8.9%;检举1人/次,占来访总数的1.7%,待遇问题上访8人/次(重复访5人/次),占来访总数的14.2%;经营方面问题上访8人/次(重复访7人/次),占来访总数的14.2%;服务方面问题上访11人/次(重复访4人/次),占来访总数的19.6%,其他上访23人/次(重复访5人/次),占总上访人数41%。办理市人大代表建议7件、区人大代表建议3件,“两会”会后平类建议4件,均按照市政府、区政府要求和规定如期办理完毕。

【内、外事接待】2009年,北京邮政的外事工作严格按照有关法律法规,没有发生违反外事纪律的现象和情况。较好地完成组团出访、接待来访的工作,共计参团组团出访10个团组,31人,做到了出访前进行外事教育,访后有考察报告,按规定时间及时交回护照;来访者有安排,有交流,共计接待外国来访团组20个,共计95人次。

【综合协调和督办】2009年,北京邮政行政综合部门紧紧围绕全局中心工作,以搞好为领导服务、为机关服务和为基层服务为出发点,进一步加强了对外公关和对内协调,积极开展调查研究和督促查办工作。在认真搞好各项重大活动、会议的安排和组织工作的同时,积极跟踪有关会议议定事项的办理进展情况,通过调查研究、电话催办等方式进行督办,积极协调解决各事项在落实过程中遇到的问题和困难,并向领导及时反馈有关工作落实情况,主动为领导决策提供参谋、辅助服务,为全面提高办公效率,保证全公司各项重点工作按计划圆满完成较好地发挥了综合协调作用。

【法制工作】2009年,合同签订情况:全公司共签订经济合同7724份,标的额159359.91万元,与去年同期相比分别增长了42%、50%。其中重大合同160份、标的额126453.09万元,同比增长了5%、152%。出具合同及其他书面法律意见40份。民事诉讼案件:全公司发生诉讼案件近20起,其中:市公司亲自或指导办理诉讼案件10件,胜诉率90%以上。有2个民事纠纷案件先后经过再审程序,相关法院均驳回了原告的有关诉讼请求,市公司取得了胜诉。法律咨询和项目谈判:参加大平面项目谈判、红莲南里宿舍项目、速递局航空港建设用地、华龙大厦等近10个项目谈判;针对熊猫慢递、交通委对邮运烟草异议、昌平局邮件丢失、“五节营销”等事项提供法律咨询、协调处理非诉争议多次。协助解决鸿纳邮品公司解散和办理后续工作及房屋转让等事项,参与对村邮站的法律定位研讨等。为各单位和市公司各部门办理有关事项提供法律文件材料179人次。工商执照管理:全公司新办营业执照登记70多个,已有2836个执照顺利通过了工商年检,办理工商登记专项授权约10次。完成了5个关系重大、疑难的执照设立和变更登记,尤其是办理的北京邮政速递物流公司法人执照,办理的北京市邮政公司油品调拨销售中心、投递局、汽车运输局等3个非法人营业执照,有效地配合了市公司体制改革和降本增效需要,预计每年节约税金支出近亿元。招投标审查及商务谈判:参加招投标项目审核谈判44项,参加招投标项目预审20多个,并先期对大平面相关项目的8个招标文件提出审查意见。法制培训情况:配合人力部郊区区县局支局长培训工作,为其提供法制专题授课11次。组织全公司法律事务人员免费参加法律顾问年度培训7批次。《邮政法》宣贯及《北京市邮政通信条例》修订工作:先后对新《邮政法》、《邮政普遍服务标准》、《信件专营条例》等6个法律、规章修订草案提出书面修改意见。先后针对普法小教员、法务人员和新入局大学生进行新《邮政法》及配套法规培训，又联合市邮政管理局2次对全公司法律人员开展邮政配套规章的进行宣贯，组织全公司购买《邮政法》单行本、统购《邮政企业普法教材(二)》。参加市邮政管理局、市政府法制办开展的《北京市邮政通信条例》修法工作,协助撰写地方法规调研材料4个、参与调研探讨6次。参与速递物流股份制改革工作,为公司重大经济事项提供法律服务。参加速递物流公司股改尽职调查评估工作，整理提供公司法律文件。

(撰稿人:赵思群)

安全保卫工作

概　述

2009年北京邮政安全保卫工作，以国庆六十周年安全为重点，以“平安邮政建设为主线”，以维护稳定、确保安全为目标，在中国邮政集团公司、北京市公安局、北京市邮政公司(以下简称市公司)的正确领导下，在各单位共同努力下，推行全面维护稳定工作机制，各项安全稳定工作逐步展开、逐级深入。借助奥运安保经验完善管理，强化制度建设，圆满地完成了国庆安保任务，实现了年度各项安全工作目标，为北京邮政的改革发展稳定做出了积极的贡献。

一、维护稳定指标：未发生矛盾激化事件、未发生群体性上访事件、未发生越级上访事件；人民内部矛盾纠纷排查率和化解率为100%。

二、消防安全指标：未发生火灾、爆炸事故。

三、治安安全指标：未发生治安刑事案件，未发生金融资金案件。

四、安全生产指标：未发生安全生产责任事故，无因工责任死亡和重伤事故。

开展以国庆60周年为重点的“平安邮政”建设

2009年是国庆60周年的大庆之年，同时又是各类敏感问题的集中期。市公司把确保国庆60周年大庆的安全作为安保工作的重中之重。为此，制定了以保国庆60周年大庆安全稳定为目标的年度计划。在巩固奥运安保工作成果的基础上，继续深入开展“平安邮政”建设活动。

【强化责任制，细化考核方法】

调整细化了考核条件和考核方法，将国庆60周年安全工作纳入到“平安邮政”建设活动考核指标中，实行动态考核。

市公司与二级单位签订了《推进平安邮政建设，加强社会治安综合治理责任书》，明确将国庆安全目标列入责任制中，强化了安全稳定责任制体系，为深入开展“平安邮政”建设活动提供了强大的领导和组织保证。

【完成“两节”“两会”安保工作】通过加强对重点人的管控，严格对参与“两会”服务人员的政审，实现了“两节”“两会”安全稳定目标，取得了年度安全稳定开门红的局面。

【圆满完成国庆60周年安保任务】

1.建立安全风险评估机制。结合国庆60年大庆安保工作万无一失的工作要求，开展了邮路安全风险评估与控制工作。确定了邮路安全风险源，制定了邮路安全风险应对措施。对邮件实行严格收寄验视、封闭作业、专业安检的做法，加强邮件各个处理环节的管理，确保了通信生产和邮路安全。

2.制定了国庆安保工作方案。市公司专为国庆安保工作印发了《国庆60周年安全保卫工作方案的通知》(京邮[2009]80号)，成立了以章千泉总经理、丁前亮书记为总指挥的“国庆安全保卫指挥部”，王金波副总经理为国庆“沿线”单位现场指挥，《通知》明确了国庆60周年的安全目标、任务，明确了参与单位、人员的职责；公布了安全工作预案和处置突发事件的应急预案。方案中重点对危害稳定事件、恐怖袭击、防抢、防暴、防火及国庆纪念邮票发行、“沿线”单位的保卫等八项预案做出了安排。通过一系列卓有成效的工作，实现了市公司国庆安全工作万无一失的目标。

速物公司、投递局、通州局、昌平局等承办国庆服务任务的单位，预案周密、组织精心，为国庆活动提供了优质安全的服务，受到了国庆指挥部的嘉奖。

3.开展“迎国庆、保安全百日安全竞赛”。发动广大职工群众积极参与到国庆安全工作中来，将国庆安全工作与企业文化建设结合起来，形成了全员参与国庆安全工作的局面。

4.护卫队开展了“迎60周年国庆，比武大练兵”

活动。通过开展以国庆安全为目标的整训和大练兵，于6月25日举行了“迎60周年国庆，比武大练兵”活动，活动中举行了分列式、军体表演，充分展示了护卫队全体队员迎国庆安保整训成果。对内提升了护卫队员素质，对外树立了新的形象。

5.组织应急演练。市公司以国庆邮件安全为重点，与安全局、公安局组织了反恐、防爆、处突等应急演练6次，各二级单位结合本单位实际举行了有针对性的应急演练，演练活动达150余次。演练活动取得了预期效果，提升了职工处置突发事件的能力。

6.对市公司大楼国庆保卫基础信息进行了采集，与国庆指挥部就大楼的安保工作、生产运行进行了协调，制定了工作方案，并得到认真实施。

7.完成国庆沿线和制高点安检、守卫任务。一是制定“沿线”警卫工作方案和国庆安检工作方案及应急预案；二是认真落实方案要求，出动守护人力23次对参加国庆活动的党和国家领导人及各国政要实施警卫，确保了安全；三是对市公司大楼及大院开展全面彻底的安全检查五次。由于准备工作扎实细致，一次通过了国庆安保指挥部组织的专业检查，市公司以良好的安全状态接受了国庆盛典的检验，实现了万无一失的目标。

安保基础管理和宣传教育

【加强安全生产监督检查】全年开展安全生产、邮储资金安全和防火等专项和综合检查7次，下发隐患整改通知书21份。检查工作促进了各单位安全管理工作，消除了安全隐患。

【完成安全生产技术措施计划】全年市公司和二级单位筹集资金357万元，完成了47项安措计划。安措项目的落实为一线生产安全提供了强有力的保障、大大改善了工作条件和环境、提升了安全生产管理水平。

【启动了维稳机制排查调处矛盾纠纷】对治安重点人、精神病人、法轮功等重点人建立并启动了联动管控机制，全公司未发生重点人失管失控情况、未发生法轮功闹事情况。

【开展“外来务工和出租房屋基础信息调查”】通过逐一面对面、进到点的核查，全公司共21家单位使用外来工人员5352人（男工3882人、女工1470人）；有15家单位共计出租房屋1295间（处），面积达97885平方米。由于管理到位，全年未发生外来务工人员安全事件、未发生出租房屋安全事件。

【加强安全培训】结合年度工作安排，和国庆安全工作需要，全年市公司举办了以安全生产、特种设备管理、金融资金安全、消防和禁毒等为主要内容的“安全培训班”6期，培训达800人次，各二级单位也举办了各类安全培训活动，达到预期效果。安全培训取证率达100%。

【完成了安防建设任务】全年市公司投入829万元，对西站邮件处理中心等场地进行了消防改造；对376个网点实施了安防达标建设和技防更新改造建设；完成了全公司243台ATM机自动报警联网，技防能力得到进一步提升。

【加强金融资金安全管理】以落实集团公司金融资金安全管理“三个规定”为重点，制订了我公司实施细则；成立了邮银资金安全领导小组，建立了邮银协调机制，每季度召开例会，通报情况、研究问题、改进工作。同时加大金融资金安全检查工作力度，在集团公司检查组对我公司的检查中取得了95分和98分的好成绩。通过一系列工作，全年未发生金融资金安全案件。

【加强安保宣传教育】根据国家和北京市的部署，积极开展了第八次“安全月”活动。各单位以“安全月”为契机，积极开展安全隐患排查整改工作。充分利用“安全月”活动，发动职工群众积极参与安全生产工作。开展了安全生产警示语征集活动。全公司职工积极参与，共征集安全警示语1568条，44条警示语获得奖励。东区局、中心局、速物公司等十个单位获组织奖。利用《邮政周报》刊发专版，宣传安全生产知识。通过在中心局召开安全生产现场观摩会，展示了一线职工积极参与安全工作的企业安全文化特色和做法，示范了生产一线安全生产定置定位管理的做法，起到了典型引路的作用。

武装和治安工作

【完成年度武装工作任务】开展了民兵整组工作，按照新要求将民兵基础信息全部实现计算机管理；根据国庆安全的基本要求对基干民兵进行了训练，训练达到优良水平；开展了领导干部军事日活动；出色完成2009年征兵工作，有三名适龄青年应征入伍，其中李杰同志(亚运村支局职工)由于具备了优秀的政治条件和身体条件,在2009年征兵工作中被特选为特种兵，服役于海军南海舰队。市公司征兵工作受到了上级武装部的表彰。

【治安工作成绩显著】围绕国庆安全,市公司为保证通信安全和设施安全，协助公安机关对进入邮政渠道的违法犯罪活动(协助公安机关)予以打击,取得了成果,维护了邮政秩序。

1.协助查禁毒品案件6起。收缴毒品:大麻11.1千克、K粉43.27克、海洛因800克、可卡因5120克。直接抓获犯罪嫌疑人6人，继而抓获牵出的嫌疑人数十人。

2.收缴法轮功反动宣传品6批582件。抓获法轮功人员7人。

3.查获夹寄危险品2起,雷管8件。

4.协查提供破案信息418条,其他协助工作22次。

5. 市公司安保干部参与国庆“沿线”警卫123次,保证了来访各国政要、党和国家领导人及参加国庆60周年庆祝、庆典活动人员的安全。

【积极投入打击电信诈骗专项行动】针对一段时间以来,犯罪分子采取电信诈骗方法越演越烈之时,北京市公安局发起了“打击电信诈骗”专项行动。市公司积极响应并积极参与到打击电信诈骗专项行动中，并取得了较大成果。

1.宣传得力,方法得当。开通“11185”服务台,向69万户/次发出反诈骗提示信息;利用多媒体视屏，在全公司417个网点连续播发反诈骗提示信息;制作反诈骗横幅在523个网点广泛悬挂；印制反诈骗宣传传单向用户广泛发放。在营业厅内张贴公告宣传反诈骗工作;与社区、村镇居委会、村委会联合宣传反诈骗工作;与办理业务的用户签订“防诈骗告知书”、“防诈骗协议书”。

2.成果突出。协助破获两个诈骗团伙,协助抓获诈骗团伙嫌疑人多名；堵截各类诈骗共20笔421538元,最大案值12万元。此案受到媒体广泛关注,相关立功同志受到了奖励。

立功嘉奖

市公司各单位在国庆60周年和年度安保工作中取得了优异成绩,受到了有关部门的表彰。

一、市公司安保部、中心局安保部获市公安局“集体三等功”，市公司安保部获得北京市国家安全领导小组“集体三等功”；

东区局、西区局、南区局、海淀区局、信息技术局、速递物流公司等安保部门获“集体嘉奖”。

二、王伟、穆迎新、李国臣等三同志获“个人三等功”;

夏海会等22名同志获市公安局“个人嘉奖”;

三、首都国庆60周年(安保)指挥部特授予

通州区邮政局“国庆安保先进集体”;

授予李镇平同志“国庆安保先进个人”。

四、另有部分单位获区、县公安局,地区综合治理部门推荐的“集体三等功”、“集体嘉奖”、“个人三等功”、“个人嘉奖”;还有四个单位及个人分别获得“国庆安保先进集体”、“先进治保会”、“平安建设示范单位”、“消防安全先进单位”,“社会治安综合治理先进个人”、“内保先进个人”、“治保积极分子”等荣誉称号。

(撰稿人:李镇平)

审 计 工 作

概 述

2009年北京市邮政公司(以下简称“市公司”)审计部门紧紧围绕市公司的中心工作，按照中国邮政集团公司(以下简称“集团公司”)审计部工作部署，积极有效地履行审计职责，强化审计监督和服务职能，在促进企业加强管理、防范经营风险，提高企业经济效益等方面发挥了积极作用。

重要审计活动和审计结果

【审计工作基本情况】2009年，审计部门认真开展了各项审计工作。全年共计开展审计项目173个，完成年度审计项目计划86个的201%，超额完成了审计任务。其中：开展财务收支审计17个；经济责任审计23个(其中：离任审计11个，任中审计12个。)；内控制度审计8个；土建项目审计46个；零星工程审签55个；专项审计15个；后续审计1个；专项审计调查8个。共提出审计意见和建议152条。查处违规资金1977.82万元，其中：少列收入329万元；挤占成本费用26.59万元；少列成本费用749.31万元；未执行制度形成超期和长期欠费871.79万元，迟划、未划代收货款1.13万元。工程审计金额27268.4.万元，审减金额909.9万元，审减率为3.34%。

【财务收支审计】2009年共完成财务收支审计17个，其中市公司审计部项目4个，北京邮政实业集团(以下简称“实业集团”)项目13个。通过对被审单位各项业务收支的真实性、完整性及相关核算情况的审计，客观地评价了被审计单位的经营状况，促进企业健康发展。同时，也为市公司对北京市昌平区邮政局、北京市顺义区邮政局和北京市密云县邮政局晋级升格的决策提供了有关依据。

【经济责任审计】2009年，进一步加大了经济责任审计力度，实现了离任审计100%；任中审计2到3年轮审一次的计划要求。审计部完成了北京市东区邮电局、北京市西区邮电局、北京市南区邮电局、北京市邮票公司、北京邮政物流局、北京市房山区邮政局、北京市延庆县邮政局、北京市大兴区邮政局、北京邮政汽车运输局等9个单位的离任审计；完成了实业集团、北京机要通信局、北京市报刊零售公司、北京市通州区邮政局、北京市怀柔区邮政局、北京市门头沟区邮政局、北京邮政电子商务局等7个单位的任中审计；实业集团实施经济责任审计项目7个。

经济责任审计的重点内容是：主要经营考核指标的完成情况，各项内部控制制度的建立、健全及执行情况，资产、负债、所有者权益的真实性，财务收支的真实性、合规合法性、效益性，企业重大投资、大额开支等经营决策是否符合规定手续和程序，执行国家有关廉政规定情况等。审计发现的主要问题是：应收应付款长期挂账，未及时清理；未严格执行权责发生制原则计列收入、成本；成本费用无依据列支；合同管理不规范；会计基础工作薄弱；用户欠费、库存材料核算管理等制度执行不严格等。针对问题提出了审计意见和建议。各单位根据审计意见进行了整改，取得了良好效果。经济责任审计的实施，有效促进了领导干部正确履行责任，严格执行规章制度，加强和提高企业管理水平。

在开展经济责任审计的同时，审计部对部分单位所属支局长离任交接监督情况进行了检查和指导。在检查中发现，此项工作的开展目前还不平衡，有的单位按要求建立了相关制度并能够按制度实施；有的单位虽开展了有关工作但未建立有关制度，也未留存交接记录；有些单位对此项工作基本没有开展。审计中对未开展和开展不规范的单位，提出了意见和建议，并进行了相应指导，力争监督工作不留死角。

【内控制度审计】2009年，审计部在进行经济责任审计和财务收支审计中，有针对性地对出售品管理情况进行了内部控制审计。实业集团对下属二、三级公司经营管理流程执行情况等开展了7个内控制度审计。通过对相关制度建立和执行情况的审查，了解评价了内控制度的建立健全情况，评价分析了财务核算、业务流程的可操作性，对规范和严格管理提出了审计建议。

【专项审计和专项审计调查】2009年按照集团公司统一部署，组织开展了2009年度新邮预订资金到账及管理情况专项审计调查、2009年度报刊收订款到账及管理情况专项审计调查、2009年度邮政贺卡业务资金到账及库存情况专项审计调查以及国内特快专递代收货款业务资金到账及管理情况专项审计调查，调查覆盖面达到了100%。

根据市公司关于"强化成本控制，提高企业发展效益"的指导意见和要求，结合市公司降本增效工作及经营管理的需要，开展了对"业务材料用品使用和管理情况"、"用户欠费管理情况"、"2008年普遍服务专项补贴使用情况"的3个专项审计调查。

实业集团审计人员根据经营管理需要对下属公司2008年预算执行情况、降本增效开展情况、有关财务和资产的现状及管理情况等共开展16个专项审计和专项审计调查。

在专项审计调查中审计注重发挥财务、业务等职能部门的作用，主要采取了联合调查、自查与重点抽查相结合的方式。审计依据充足、发现问题定性把握准、问题解决和整改的速度快是这些审计调查的共同特点。审计调查后，审计部对相关业务的构成及管理情况进行了分析。提出了业务资金到账不及时；业务管理流程、财务核算不规范；会业对账监控作用有待加强；协议客户管理不到位，存在长期用户欠费；内控制度执行不严格；业务系统功能不完善；专项补贴资金实际施工项目与批复项目不符等问题。针对这些问题提出了审计意见和建议。有的审计项目还做出了相关必要的风险提示。市公司领导对审计调查高度重视并做出了重要批示。相关部门对审计提出的问题及审计调查结果进行了认真研究，修订了相关考核指标、进一步规范了业务流程和财务核算办法，及时进行整改落实。审计调查的开展对业务资金的安全及规范管理、加强业务管理控制，防范经营风险、减少库存积压、实现降本增效，起到了促进作用。

【后续审计】2009年开展了对2008年原北京邮政速递局离任经济责任审计发现问题的整改情况的后续审计。针对审计意见书提出的关于业务收入管理、资费管理、协议客户管理、用户欠费管理、出售品及业务材料管理等问题，逐项进行了整改核实。通过后续审计项目的开展，督促被审计单位对审计整改意见的进一步落实，促进了审计成果转化，有效发挥了审计成果在企业管理中的应用。

【工程项目审计】2009年审计部参与了市公司相关项目可行性论证、招标、合同签订及工程验收工作，开展了工程项目审计和零星工程审签共计101项。全年审计金额27268.4.万元，审减金额909.9万元，审减率为3.34%。将工程审计关口前移，对北京怀柔雁苑山庄培训中心装修改造工程进行了全过程跟踪审计，取得了良好效果，为提高投资效益起到了促进作用。

（撰稿人：何德平）

党群工作

党委工作

概 述

2009年是新中国成立60周年，也是北京邮政应对国际金融危机挑战，深化改革、加快发展、构建和谐的关键之年。一年来，北京市邮政公司党委认真落实党的十七大和十七届三中全会、四中全会精神，深入贯彻科学发展观，紧密围绕企业中心工作，全力促发展、保增效、建和谐，在企业改革发展中充分发挥了党委的政治核心作用、党支部的战斗堡垒作用和党员的先锋模范作用，为推进企业实现又好又快发展提供了精神动力和组织保证。

一、加强企业各级领导班子和党员领导干部思想理论建设，为北京邮政实现又好又快发展提供精神动力

北京市邮政公司党委以解放思想、深化改革、创新思维、加快发展为主线，加强领导班子和党员领导干部思想理论建设，严格执行《党委中心组学习制度》，从抓好中心组学习和干部理论学习入手，重点加强企业各级领导班子、党员领导干部思想理论建设，拓宽推动北京邮政科学发展的新思路。紧密围绕党和国家的重大战略部署和重要会议精神、新出台的法律法规等组织学习，并与企业的重点工作紧密结合，采取了集体学习研讨与专题辅导讲座相结合、自学与集中学习相结合、理论学习与专题调研相结合的方式，在学习载体上运用了新的技术手段，提高了学习的实效性和覆盖面。

二、加强企业领导班子、干部队伍、人才队伍和基层党组织建设，为北京邮政实现又好又快发展提供人才和组织保障

优化领导班子配备，加强领导人员作风建设。全年共对17个二级单位的领导班子和3个机关部室的领导进行了调整，优化了年龄结构和知识结构。举办了高级管理人员集中培训，领导班子和领导干部推动企业科学发展、促进经营管理的能力得到进一步增强。以加强党性修养为重点开展了领导人员作风建设年活动。坚持民主集中制原则，完善民主决策机制，严格执行领导班子议事规则和决策程序，提高了决策的质量和效率。以提高发展能力为核心加强了企业人才队伍建设。

以促进企业创新发展、降本增效和职工收入增长为主要内容，在基层党支部开展了“弘扬‘东四精神’，当先锋、促发展，党员立足岗位作贡献”党员主题实践活动，为基层党组织和党员在企业发展中发挥作用搭建了平台。全公司党员积极参与主题实践活动，在企业改革发展、营销创收、节能降耗、优质服务等方面发挥了突出作用。

以“双培”为目标，加强了党员教育培训工作。出台了《加强和改进北京邮政党校工作的实施意见》，发挥了党校作用。各级党组织坚持标准，严格程序，认真做好党员发展工作，把发展党员的重点放在了经营生产一线岗位工作的骨干上，壮大了党员队伍。加强对工会、共青团等群团组织建设的领导和支持力度，指导市公司团委完成了换届选举工作。

加强了党建工作信息化建设，为推进基层党的建设搭建了交流学习平台。对北京邮政党建网进行了改版，丰富了栏目设置，探索了党建工作网上评选等新途径。利用远程教育网开展了党员培训，利用电视电话会议的形式召开各种会议，节省了资源，提高了效率。党委日常工作的网络化，拓宽了思想政治工作、精神文明建设和党建工作的渠道和空间。

三、以庆祝建国六十周年为契机，以“东四精神”为引领，精神文明创建工作取得新成效

广泛开展“迎国庆、讲文明、树新风”活动，召开了“弘扬‘东四精神’争创全国文明单位标兵”动员大会，明确了北京邮政争创全国文明单位标兵的奋斗目标。紧密围绕北京市迎国庆、保稳定的大局，大力深化了群众性精神文明创建活动。

大力推广东四邮电局亲情服务经验。认真落实张德江副总理的批示、交通运输部、中国邮政集团公

司领导的讲话精神，按照交通运输部关于开展向东四局学习活动的要求，在全公司上下认真开展学习东四活动。召开千人大会，学习东四局先进事迹经验，并向全公司发出学习东四的号召。通过召开学习东四推进会、现场观摩、交流学习等形式，在全公司迅速掀起了学习东四的热潮。公司党政工团各级组织在学习东四、提升服务、促进发展方面积极行动。各基层单位大力开展学习东四活动，领会“东四精神”的深刻内涵，推广亲情服务经验，结合实际创造多项服务新经验，完善服务规范和管理方法，在提升服务水平、促进企业发展方面取得了积极效果。东四局在高新起点上进一步弘扬亲情服务精神，总结先进经验，提炼出《东四邮电局邮件查询实施细则》，推出了“亲情服务系统”，梳理和完善了东四局服务管理制度，实现了服务管理的再创新，在发展上也迈出了新的步伐。

大力深化群众性精神文明创建活动。广泛组织了以“歌唱祖国宣传行动、文明服务示范行动、平安邮政和谐行动、人文北京公益行动”为内容的“迎讲树活动”。以建国六十周年为契机，推进了“热爱祖国、忠于邮政、精心履职”职工主题思想教育，开展了“我与企业同行、我与祖国共奋进”主题征文活动。劳模先进沈智慧、韩伟参加了国庆彩车游行和观礼活动，展现了新一代邮政职工的良好形象。加强了对职工的职业道德和法律法规教育，在窗口单位开展了“建精品窗口，创优质服务”活动，开展了邮政志愿服务活动。北京邮政为国庆六十周年庆祝活动提供的服务受到国庆六十周年筹备委员会相关部门的肯定。扎实开展了“平安邮政”建设，全面实现了企业安全稳定。加大做好新形势下的职工思想政治工作研究力度，北京市邮政公司获得北京市“迎讲树”先进单位光荣称号。

加大劳模先进个人和群体的学习宣传力度。组织开展了“劳模先进创新工作室”活动，大力弘扬劳模先进精神，引领带动广大职工为企业发展建功立业。全公司成立以市级以上劳模、先进个人命名的工作室达37个。“沈智慧创新工作室”被推荐为北京市首届十大创新工作室之一。

适应邮政发展新形势，推进职工素质工程。大规模、分层次组织开展了职工教育培训。组织开展了郊区经营管理者培训、支局长金融知识远程培训及各级营销人员培训，全年共举办各类专业培训50余期，职工素质得到大幅提高，职业技能鉴定通过率再创新高。在全国邮政特有职业技能大赛中，北京邮政取得团体总分第三的优异成绩。

开展了企业形象系列宣传活动，树立了北京邮政良好的社会形象。完善了宣传工作机制，重点开展了学习东四局、迎接建国六十周年、劝募爱心包裹等北京邮政重要活动和举措的宣传，取得良好收效。重点加强了与政府官方网站等新媒体的交流。全年北京邮政在中央及首都新闻媒体刊发稿件一万余篇。北京邮政精神文明创建工作取得阶段性成果。发行局等17个单位被首都精神文明建设委员会命名为首都文明单位标兵，机要局等13个单位被命名为首都文明单位。

四、积极推进和谐企业建设

加强企业文化建设。继续深化了“服务人民、造福职工”的企业宗旨和“用户是亲人”的服务理念。广泛学习和宣传东四邮电局以人为本的管理经验，增强了企业的凝聚力。举办了以“唱响祖国颂歌，构建和谐企业”为主题的第三届北京邮政职工文化艺术节，集中展现了企业的发展成果和职工的精神文化生活。办实事工作取得实效。在党政工协同努力下，2009年为职工办实事的8个项目已全部完成。2009年继续为全体职工投保补充医疗保险，解除了职工看病医疗的后顾之忧。年度职工疗休养工作按计划完成。加强对职代会的领导，有效提高了职代会的运行质量和工作水平，局务公开民主管理工作的效果进一步明显。加强对规范平等协商集体合同续签工作的领导，为加强和谐劳动关系企业建设奠定了基础。加大了对困难职工救助的力度和覆盖范围，营造了温暖和谐、积极向上的企业氛围。

五、加强党风廉政建设，为北京邮政的改革、发展和稳定提供了有力保证

北京市邮政公司党委以科学发展观为统领，认真抓好党风廉政建设。把反腐倡廉教育纳入党委宣传教育总体部署，强化了反腐倡廉宣传教育。加强了反腐倡廉制度建设，促进了企业惩防体系建设。认真落实《国有企业领导人员廉洁从业若干规定》和《北京邮政领导人员收入统管办法》规定和制度，进一步规范了领导人员廉洁从业行为。强化监督，促进了权力运行科学化民主化。落实党风廉政建设责任制，促

进了企业惩防体系建设。进一步加强党风廉政建设和惩防体系建设各项工作。加强了责任制落实情况的监督检查,保证了责任制的落实。在西区局、机要局开展了廉政风险防范管理试点工作,将风险防范工作与落实企业惩防体系任务和加强企业管理紧密结合,廉政风险防范管理工作初见成效。

(撰稿人:张桂丽)

党建工作

【概况】2009北京邮政公司共有基层党组织415个,其中基层党委18个,党总支16个,党支部381个。共有党员6060名。在岗党员5492名,其中一线工人党员2503名,占党员总数的42%,从事专业技术和管理岗位的党员2989名,占党员总数的48%,离退休党员568名,占党员总数的10%。35岁以下党员1642名,占党员总数的27%,具有大专以上学历的党员3924名,占党员总数的65%。

【加强党员教育为企业发展提供精神动力】2009年公司各级党组织按照市国资委和公司党委的部署要求,认真学习贯彻了党的十七届三中全会精神,以深入学习实践科学发展观活动为重点,以加强基层党组织先进性建设、发挥党员的先锋模范作用为主线,不断改进学习方法,丰富学习内容,创新学习载体,增强了党员学习的针对性和实效性。公司党委结合形势任务举办理论学习讲座7次,并使学习活动的参与面扩大到全体机关干部和基层党支部书记。各基层党委总支也结合工作实际,开展了形式多样的主题教育活动,对于促进各级干部和全体党员进一步解放思想,不断创新经营、创新管理、创新服务,实现经济效益、管理水平和服务能力稳步提高起到了推动和促进作用。

【开展主题实践活动、推动北京邮政发展创新】为充分发挥基层党组织的战斗堡垒作用和全体党员的先锋模范作用,公司党委在深化党员责任区、党员先锋岗等项活动的同时,不断创新党员管理的内容和方式,紧密围绕“四个确保”目标和企业发展中的难点热点问题,发动公司各级党组织和全体党员深入开展了“弘扬东四精神,当先锋、促发展,党员立足岗位作贡献”主题实践活动。组织党员结合行业特点和岗位实际,紧密围绕企业的中心工作,开展了多种形式、内容丰富的主题实践活动。各基层党支部紧密联系本单位的工作中心和难点、热点问题,集中全体党员的智慧,策划并制定出党员主题实践活动方案,并在局务公开栏公示,使党员明确活动目标和工作任务、职工了解活动内容及本单位要解决的重点课题。基层党支部在活动中注重突出“新、动、实、效”四个环节,即:有创新、重行动、抓落实、见实效,并以此作为对基层党支部开展主题活动检查和考核的主要内容和依据。公司党委通过组织点评会、推进会、在党建网组织主题实践活动方案交流及深入基层具体检查指导等有效方式,取得了良好的推进效果。为发挥主题实践活动中的激励和示范作用,公司党委每年组织一次活动方案的评比,对主题突出、措施得力、效果明显的活动方案给予表彰和成果展示,并列入年终精神文明建设考核的内容进行考核。同时充分利用内部刊物和宣传媒体、加强了对活动效果的宣传,营造了良好的氛围。涌现出以东四邮电局为代表的10个最佳主题实践活动获奖单位和以工体北路邮局为代表的20个优秀主题活动获奖单位。

【开展共产党员献爱心活动】2009年5月5日,根据集团公司和市公司《关于做好“爱心包裹”项目实施工作的通知》要求,在公司各二级党委总支开展了“传递关爱、募捐爱心包裹”共产党员献爱心活动。公司参与捐赠人数为14680人,共为四川地震灾区学生和学校捐赠善款208万元。其中参与捐赠的党员为4827人,占在职党员总数的98%,捐赠善款为103万元。入党积极分子和企业员工9853人参加了捐赠活动,捐赠善款105万元。全部善款均于“七一”前夕通过网上邮局和营业网点等捐赠渠道邮寄到地震灾区的学校和学生。

【帮扶困难党员工作】根据市国资委关于对困难党员进行帮扶的工作部署,在公司基层党组织普遍对困难党员进行摸排的基础上,公司党委开展了对困难党员进行帮扶活动,公司各级党组织共走访慰问建国前参加工作的老党员257人,走访慰问生活困难党员288人,公司和二级单位领导走访慰问基层党组织229个,共发放慰问金77万元。

【发展党员工作】2009年基层党组织通过考察和培养,从严要求,从严把关,严格履行入党程序,共吸收了322名入党积极分子加入了党组织。其中发展生产一线党员211名,35岁以下的党员203名,具有大学专科以上学历的230名，女党员156名。截止到2009年底、全公司累计共有3585名入党积极分子向党组织递交了入党申请书，其中当年递交入党申请书的358人

【领导班子民主生活会】根据中纪委、中组部《关于开好2009年度党员领导干部民主生活会的通知》精神，2009年8月，市公司党委以“加强领导干部党性修养、树立和弘扬良好作风”为主题，公司各二级单位召开了领导班子民主生活会。通过基层党员对领导班子成员作风建设开展评议，党员领导干部对照自身在加强党性修养和作风养成、贯彻落实中纪委关于严格禁止利用职务之便谋取不当利益若干规定和对照检查在贯彻落实科学发展观、廉洁自律五条规定及落实党风廉政责任制方面存在的不足，提高了领导干部不断加强党性修养、按照科学发展观的要求推进工作的责任意识和自觉抵制腐朽思想的认识。

（撰稿人：陈铁城）

机关党委工作

【概况】2009年机关党委下辖党支部19个，离退休党总支1个。党员总数为583人，其中在职党员315人，离退休党员268人。职能部室党支部12个，直属单位党支部7个。

【思想建设】根据公司党委的工作部署，一是组织机关干部认真学习贯彻了十七大精神，深入学习贯彻了科学发展观的要求，进一步增强了党员干部对学习贯彻科学发展观的认识，机关处级干部普遍结合自身的工作思想实际，撰写了学习体会和调研报告。二是以庆祝建国六十周年为契机，以支部为单位、深入开展了形式多样的党日活动，使全体党员受到了深刻的教育。三是认真学习贯彻了交通运输部《关于在交通运输行业开展向东四邮电局学习活动的决定》，在公司机关深入开展了向东四邮电局学习活动。东四局的“五种精神”和“好、快、诚、细”的工作方法在机关得到了落实。各部室普遍结合本部门的工作实际，提出了开展向东四局学习的工作计划，“服务人民、造福职工”的企业宗旨与“用户是亲人”的服务理念更加深入人心。

在新中国60年国庆前夕，开展了“祝福祖国”寄语活动，机关所属单位全体党员和入党积极分子共700人参加了活动。通过组织党员和入党积极分子书写对祖国六十华诞的祝福寄语，抒发爱党爱国情怀，传递建设祖国、奉献祖国的决心和信心。

【组织建设】2009年，机关党委发展新党员7名，其中本科以上学历的有6名，占新发展党员总数的86%，新发展的党员工作岗位在生产一线的有4名，有13名预备党员经过一年预备期考察、按期转为正式党员。在中国共产党建党88周年之际，为进一步加强对新党员的培养教育，组织2008年入党的10名新党员到盘山烈士陵园举行了入党宣誓活动。通过宣读入党誓词、参观烈士陵园和革命烈士纪念馆，使新党员受到了一次生动的党课教育。2009年5月初，在机关所属19个党支部启动了“传递关爱、募捐爱心包裹”主题活动，285名党员和31名入党积极分子纷纷慷慨解囊，以带头认捐爱心包裹的实际行动向灾区学生奉献真情。截止到5月14日公司机关共认捐爱心包裹565个，爱心学校13个，捐赠金额6、95万元。实现了活动启动时提出的党员和入党积极分子捐赠率达到两个100%的目标。

【作风建设】根据市公司《关于“加强党性修养、改进工作作风”党风廉政宣传教育月活动的通知》要求，开展了以“加强党性修养、改进工作作风”为主要内容的学习教育活动。一是以《党章》、《论共产党员的修养》和“八个坚持八个反对”、“八个方面良好风气”、“两个务必”为教材，组织党员开展了专题学习活动。二是根据中纪委、中组部《关于开好2009年度民主生活会的通知》精神，召开了以“加强领导干部党性修养、树立和弘扬良好作风”为主题的民主生活会，对党员干部的作风建设进行了评议。机关党员领导干部普遍联系自身的思想和工作实际，对照检查在贯彻落实科学发展观、廉洁自律五条规定和落实党风廉政建设责任制方面存在的不足，有针对性地加强和改进了作风建设。三是以支部为单位，开展了领导人员作风建设知识答卷活动，机关全体处级干部在查找资料、认真学习思考的基础上全部按时完成了答卷。

【机关工会工作】机关工会坚持以企业经营发展为中心，以履行职责、发挥特色为工作目标，紧密结合机关及市公司的中心工作、坚持每季组织机关全员开展劳动竞赛，结合机关实际开展形式多样、有益于员工身心健的文体活动，组织60名职工参加疗休活动，为100余名病困员工送了温暖，此外还在直属单

位开展了劳模创新工作室活动，充分发挥了工会联系群众的桥梁纽带作用，有效地调动了干部职工参与企业发展的积极性、主动性和创造性。

（撰稿人：陈铁城）

宣传工作、思想理论建设、普法教育

【宣传工作】2009年北京邮政对外新闻宣传工作在市公司党委统一领导下，坚持“三贴近”原则，紧紧围绕生产、经营、服务和改革发展工作，新中国成立六十周年服务工作，大力宣传北京邮政推出的新业务、新举措和先进模范人物的事迹，起到了聚人心、鼓士气，塑造形象，扩大北京邮政影响的作用。

1.对外宣传成果显著。全年在中央电视台“新闻联播”刊播新闻4条；在中央电视台和北京电视台“北京新闻”、“首都经济报道”等栏目播出节目300余条，在《中央电视台》、《人民日报》、《北京日报》和《北京晚报》等社会新闻媒体发稿10217篇。宣传工作为北京邮政树立良好形象、凝聚职工队伍、推动业务发展，赢得社会理解做出了积极贡献。在市国资委组织的评比中，北京市邮政公司报送的“爱心包裹5.12灾区学生六一关爱”活动（海淀区邮电局），获2009年度市国资委宣传想工作“创新奖”一等奖；《关于开展党员主题实践活动的探索与思考》（作者：北京市邮政公司党委书记丁前亮）获得市国资委企业单位领导人员理论文章二等奖；《东区邮局亲情服务事迹报告会》（授课人：北京市邮政公司东区邮电局党委书记顾燕）、《做一名合格的共产党员》（授课人：北京市邮政公司海淀区邮电局党委书记马春霞）分别获得市国委资2009年度优秀党课（报告）二等奖和三等奖。同时在市国资委开展的第五届"北京国企好新闻"评比活动中，市公司选送的稿件也有多篇获奖。

2.对外宣传推动了邮政业务的发展，提高了企业知名度和美誉度。宣传工作紧密围绕北京邮政经营发展和纪念建国六十周年服务工作展开，先后组织了“祝福祖国”大型寄语活动启动仪式、“全国优秀童谣”评选活动明信片选票揭幕仪式、“爱心包裹”、“大学生创业实习报刊亭”、“高考录取通知书投递”、“国旗升起的地方”等专项宣传活动，取得了显著成效，仅这几项活动就在《中央电视台》、《中央人民广播电台》、《北京电视台》、《人民日报》、《经济日报》和《北京日报》等社会媒体发稿1000余篇。特别是“祝福祖国”大型寄语活动启动仪式”、“全国优秀童谣评选活动明信片选票揭幕仪式”，被中央电视台等八十余家媒体报道。

3.北京邮政党建网作用发挥明显。北京邮政党建网由于信息量大、更新及时，在北京邮政党建和精神文明建设中的作用日益扩大，学网、用网已成为大家的自觉行动，截止到2009年11月16日，党建网的浏览量已近70万人次，拓宽了思想政治工作、精神文明建设工作和党建工作的渠道和空间。

四、市公司内部报刊质量显著提高。2009年，北京邮政组织开展了局内宣传媒体“好文章、好版面、好标题、好栏目”评比。评比活动促进了内部媒体办报（刊）水平的提高；同时，还充分利用《邮政周报》党群专栏阵地，大力宣传市公司党委精神和基层党组织和共产党员的先进事迹，促进了企业全面、协调、持续、健康发展。

【思想理论建设】按照中央、北京市委和中国邮政集团公司党组的部署，市公司党委在全公司范围内开展了党的十七大、十七届四中全会精神学习。市公司党委共组织中心组学习24次，编印刊载处级以上领导干部学习体会的《学习与实践》7期。全公司处级以上干部撰写了200余篇心得体会文章，市公司党委选送其中7篇优秀论文参加了市国资委征文评选。通过学习，干部职工统一了思想，提高了认识，增强了发展创新的责任感和主动性。

【普法教育】完成了五五普法年度工作。2009年按照北京市邮政公司五五普法规划和中国邮政集团公司、北京市的工作要求，各基层党委结合本单位实际采取集中学习、自学和知识竞赛等多种形式深化法制宣传教育，全公司职工普法参与率达100%，全公司各级领导干部依法决策、依法经营、依法行政、依法管理的水平明显提高，员工的法律意识和法制观念明显提升。

【企业文化建设】2009年在企业文化建设工作中，以加强对“服务人民、造福职工”的企业宗旨、“用户是亲人”的服务理念和“人人是人才、人人能成才”的人才观进一步根植为抓手，推动企业文化建设工作。《邮政周报》先后推出了机要局和南区和平门局的企业文化建设经验，在全公司产生强烈反响。

（撰稿人：奉常春）

加强保密宣传教育

保密宣传教育工作是党和国家整个宣传教育工作的一个重要方面，在保密工作中占有十分重要的地位。2009年,为进一步做好全公司的保密宣传教育工作,通过多种形式加大了保密宣传教育力度,充分发挥保密专兼职干部、普法宣传员的作用,不断增强保密宣传教育工作的针对性、广泛性和实效性。在市公司组织的2009年度普法宣传员骨干培训中,增设了《保密法》培训内容。聘请市国家保密局相关部门领导围绕当前形势下如何加强保密宣传工作作了专题讲座，使各单位的普法宣传员增强了保密意识,承担起在本单位开展保密宣传工作的重任。

11月19日至20日,按照市公司党委的统一安排,为提高保密干部的业务知识水平,落实北京市国家保密局和北京市人事局关于对全市保密干部进行业务培训和实行持证上岗的通知要求，市公司保密办组织公司机关和二级单位19名负责保密工作的同志参加了北京市保密业务培训班。通过学习,大家对保密工作面临的形势与任务、保密工作的日常管理、保密技术防范知识、保密法律法规、保密宣传教育工作重要性等课程有了更清醒的认识，增强了新形势下做好保密工作的责任感和紧迫感。参加培训的19名同志全部通过了保密业务基础知识测试,取得了《北京市保密干部培训证书》。

(撰稿人:卢　云)

精神文明创建工作

【概况】2009年,北京邮政召开“弘扬‘东四精神’争创全国文明单位标兵”动员大会,明确了北京邮政争创全国文明单位标兵的奋斗目标。

2009年,北京邮政认真落实国务院副总理张德江的批示、交通运输部部长李盛霖和中国邮政集团公司总经理刘安东等领导的讲话精神，按照交通运输部学习东四邮电局活动决定要求，在全公司上下认真开展学习东四活动。召开千人大会,学习东四邮电局先进事迹经验,领会“东四精神”的深刻内涵,推广亲情服务经验,并向全公司发出学习东四的号召,迅速掀起了学习东四的热潮。据统计,全年共组织系统内外到东四邮电局参观交流活动约150批次。

2009年,北京邮政广泛组织了以“歌唱祖国宣传行动、文明服务示范行动、平安邮政和谐行动、人文北京公益行动”为内容的“迎国庆讲文明树新风”活动。以建国六十周年为契机,以爱国主义教育、形势任务教育、危机意识教育、职业道德教育为重点,推进了“热爱祖国、忠于邮政、精心履职”职工主题思想教育,开展了“我与企业同行、我与祖国共奋进”主题征文活动,干部职工与企业共克时艰、共谋发展的信心和决心得到增强。劳模先进沈智慧、韩伟参加了国庆彩车游行和观礼活动，展现了新一代邮政职工的良好形象。将志愿服务与企业实际相结合,设立了志愿服务台,开展了邮政服务进社区、街道、校园、商厦等志愿服务活动,创造了邮政服务百姓、服务国庆的氛围。

2009年,北京邮政精神文明创建工作取得阶段性成果。发行局等17个单位被首都精神文明建设委员会命名为首都文明单位标兵,机要局等13个单位被命名为首都文明单位。截止到2009年底,北京邮政首都文明单位标兵、首都文明单位达到30个;全国青年文明号14个、北京市青年文明号159个。

【思研会工作】2009年,北京邮政面对国际金融危机给邮政带来的冲击，思研会工作以党的十七大和十七届二中、三中全会精神及科学发展观为指导,紧密围绕企业在新形势下的改革发展任务和职工的思想实际,积极开展研究工作。开展了思想政治工作征文活动,收到了21个单位推荐的49篇优秀文章。市公司思研会采用了网上评审、网上打分的方式,遴选出17篇优秀思想政治工作研究成果。其中,一等奖三篇，二等奖六篇，三等奖八篇。东区局张钰撰写的《构建压力疏导机制,探索员工减压途径》;培训中心王立凯撰写的《问题管理——企业管理走向良性循环的根本所在》;汽运局赵世波撰写的《用心沟通是融洽干群关系和促进团队和谐的重要途径》三篇文章获得一等奖。

2009年,市公司思研会向中国邮政思研会报送的3篇研究成果均获奖项,其中,西区局邹玉兰撰写的《联系实际,抓住重点,努力构建基层满意的服务型机关》获一等奖;东区局李季撰写的《谈谈“说教”与“垂范”》、海淀局郝育婷撰写的《邮政企业文化建设新探索》获二等奖。

(撰稿人:仉海朋)

纪检监察工作

概 述

2009年，北京市邮政公司纪检监察工作在中国邮政集团公司纪检组、监察局和北京市国资委纪委、市公司党委的领导下，认真贯彻落实党的十七大精神、十七届中央纪委第三、四次全会精神和《建立健全惩治和预防腐败体系2008-2012年工作规划》，按照“加强领导干部党性修养，弘扬良好作风，继续推进党风廉政建设和反腐败斗争”的总体要求，紧紧围绕北京邮政工作重点，把促进企业健康发展作为党风建设和反腐倡廉工作的出发点和落脚点，坚持标本兼治、综合治理、惩防并举、注重预防的方针，不断拓展惩防体系建设，积极探索尝试廉政风险防范管理工作，为北京邮政改革发展稳定提供了有力保证。

重要会议

3月19日，北京邮政召开党风廉政建设电视电话会，认真贯彻胡锦涛总书记在第十七届中央纪委第三次全会上的重要讲话和全会精神。全公司副科级以上领导人员及专兼职纪检监察干部和邮政储蓄银行北京分行的30余名三级副以上领导人员参加了会议，中国邮政集团公司党组成员、纪检组长马建中，监察局副局长贾江参加会议。市公司章干泉总经理主持会议，纪委书记何培恩在会上作了题为《以科学发展观为统领，扎实推进党风建设和反腐倡廉工作，为促进北京邮政又好又快发展提供坚强保证》的工作报告，会议总结2008年党风廉政建设工作情况，部署了2009年党风建设和反腐倡廉工作任务。

会上，党委书记丁前亮与部分二级单位党委、总支书记签订《2009年度党风廉政建设责任书》(部分单位会后签)，并在讲话中强调：要通过扎实深入开展“作风建设年”主题教育活动，努力在“四个方面”取得明显成效。一是在坚定北京邮政发展的信心、推动“升位晋级、勇破纪录”目标的实现上有新成效；二是在服务首都经济社会发展大局、履行邮政社会职责上有新举措；三是在转变工作作风、提升邮政的整体社会形象上有新突破；四是在践行“服务人民、造福职工”的企业宗旨、推进和谐企业、和谐社会建设上有新成果。

中国邮政集团公司党组成员、纪检组长马建中在讲话中充分肯定了北京市邮政公司过去一年的成绩，同时，对以后的工作提出三点要求：一要认真学习领会胡锦涛总书记的重要讲话精神，充分认识加强领导人员党性修养的重要意义；二要严明党的政治纪律，始终与党中央保持高度一致；三要重视做好群众来信来访工作。

会议最后，总经理章干泉就学习贯彻胡锦涛总书记讲话精神，谈了作为一名领导者德性修养心境要好的心得体会，要求北京邮政各级领导人员要通过认真学习、积极实践和自我改造，来加强道德修养和党性锻炼，努力把自己锤炼成德才兼备的优秀领导干部，为企业发展作出更大的贡献。

党风廉政教育

2009年，市邮政公司党委、纪委按照市纪委和集团公司纪检组监察局的总体安排，将反腐倡廉教育纳入党的宣传教育总体部署，丰富教育内容，创新教育方式，拓展延伸教育覆盖面，提高了反腐倡廉教育的针对性和实效性。

【落实中纪委三次全会精神，强化两节廉政教育】年初，公司纪委将贯彻落实中纪委三次全会精神与加强“两节”期间廉政建设紧密结合，通过会议和文件，强化“两节”廉洁自律教育，重申廉洁自律各项规定，明令禁止不廉洁行为，杜绝交往活动中的奢侈浪费行为及违反规定行为。各单位结合工作实际，采取有力措施狠抓落实，并以发送“廉政短信”、邮寄“廉政贺卡”等多种形式,对领导人员早打招呼早提醒,有效杜绝了违规违纪行为的发生。

公司纪委把深入学习贯彻十七届中央纪委第三次、四次全会精神和胡锦涛总书记在三次全会上的重要讲话作为首要政治任务,纳入各级中心组专题学习,将各级领导人员的思想和行动统一到全会精神和总书记重要讲话精神上来,把加强领导人员党性修养作为重要内容融入学习实践科学发展观活动之中,用全会精神和总书记重要讲话精神指导企业党风建设和反腐倡廉工作,为深入贯彻落实科学发展观、构建和谐企业提供有力保证。

【开展党风廉政宣传月活动】按照集团公司和市国资委的要求,根据北京邮政公司2009年党风廉政建设工作部署,6月份起北京市邮政公司在各级领导人员中开展了以“加强党性修养,改进工作作风”为主题的党风廉政宣传月活动。6月3日,北京邮政公司党政“一把手”及班子全体成员率机关部室主要负责人和各二级单位党政“一把手”共计50余人到地处大兴区的北京市反腐倡廉教育基地参观。公司纪委结合实际,将教育月活动与深入学习实践科学发展观活动紧密结合,与北京邮政开展的“领导人员作风建设年”活动紧密结合,与企业经营发展实际紧密结合,采取多种形式,全方位、多层次地开展了十项系列教育活动。教育月中,党员领导人员主动带头,员工群众广泛参与,制定并认真落实加强作风建设的具体措施,解决领导人员作风方面存在的一些突出问题,促进了党风建设的加强,带动了领导作风的好转,融洽了干群关系,员工对本单位领导班子、领导人员的测评满意度普遍提高。党风廉政宣传教育月活动的开展,进一步增强了党员领导人员的党性修养,坚定了理想信念,提高了实践能力,强化了责任意识,为北京邮政公司又好又快发展提供了思想保证和精神动力。

【加强警示教育】结合学习市纪委书记马志鹏的讲话和集团公司下发的《违纪违法案件通报》,公司上下广泛深入地开展了警示教育活动。各级纪检监察部门纷纷利用警示教育基地、市法制教育展览和《警示录》光盘,不失时机地加强警示教育,使各级领导人员从心灵上受到震撼,用鲜活的案例警示和告诫在位者学会“人生核算”。教育活动中,还邀请中纪委有关专家作《国有企业领导人员廉洁从业若干规定》辅导讲座,组织“惩防腐败基本制度网上答题”、作风建设知识答卷和向新时期共产党员王瑛学习等活动。

【深入推进廉洁文化创建活动】将廉洁文化创建活动融入社会主义荣辱观、道德观、权力观之中。借助第三届北京邮政职工艺术节的大舞台,展示员工创作的廉洁书画作品,编印《廉政警句集萃》,制作廉洁书画展板和廉洁宣传橱窗,开展巡展下基层活动,廉洁文化建设得到加强。通过“一把手”讲党课、专题讲座、反腐倡廉征文、知识答卷、警示教育等多种形式的党性、党风、党纪教育和廉洁文化创建活动,进一步筑牢了领导人员拒腐防变的思想防线,进一步营造了企业廉洁文化氛围。

党风廉政建设责任制

2009年,市公司纪委以贯彻落实中央《建立健全惩治和预防腐败体系2008-2012年工作规划》为重点,进一步梳理完善了党风廉政建设的相关规定,形成了北京邮政惩防体系的制度框架。

【加强惩防体系基本制度建设】市公司纪委多次召开党风廉政建设联席会议,研究细化工作责任内容,明确牵头部门和协办单位责任。将反腐倡廉工作制度细化为:反腐倡廉宣传教育基本制度、领导人员廉洁自律基本制度、规范权力配置和权力运行基本制度、监督制约基本制度和反腐倡廉领导体制和工作机制五个方面,基本上涵盖了企业惩治与预防腐败体系各个层面。

【抓反腐倡廉责任落实】以贯彻落实党风廉政建设责任制为重点,将工作任务分解落实到班子每位成员,从责任领导、责任部门和责任人,到目标、人员、措施三到位,一级抓一级的责任体制得到了有效的落实。市公司党委和二级单位党委分别与下属单位签订《党风廉政建设责任书》,三级党风廉政建设责任制网络在公司范围内全面形成。

【规范领导人员的从业行为 促进领导人员廉洁自律】各级纪检监察部门按照《北京邮政领导人员收入统管办法》和《北京邮政领导人员报告个人有关事项的规定》加强管理,认真落实领导人员配偶和子女从业等规定有关事项的报告制度,及时发现并纠正存在的问题。开展公务用车情况自查,严格落实《行政用车管理办法》，提高了公务用车管理的规范化和制度化。继续认真做好领导人员任前谈话、警示谈话、诫勉谈话及职代会述职述廉工作。2009年，市公司和二级单位纪委负责人同下级党政主要负责人进行集体谈话和个别谈话共计605人次，其中，任前谈话464人次、诫勉谈话141人次，述职述廉426人次。

开展廉政风险防范管理试点

按照市委廉政风险防范管理工作推进会的部署和市国资委党委“推进国有企业廉政风险防范管理工作实施的意见”要求，5月份，北京邮政在西区局、机要局启动廉政风险防范管理试点工作。

廉政风险防范管理试点工作按照公司党委提出的：与落实企业惩防体系任务紧密结合；与落实党风廉政建设责任制紧密结合；与规范业务流程、加强企业管理紧密结合的要求，突出了领导班子、领导人员和有业务处置权的人员三个重点对象。纪委和试点单位依据上级精神和要求，制定出《北京邮政开展廉政风险防范试点工作的意见》和本单位《实施方案》，明确工作的指导思想、原则、内容和操作流程。市公司及试点单位通过召开廉政风险防范管理工作启动会、动员会、推进会，适时开展工作培训，外出学习取经，内部深入研讨，开展座谈交流，展示基础资料。两个试点单位共查找风险点402个。通过采取边学习、边调研、边试点、边总结、边提高的方式，试点工作有序推进，风险防范管理在两个试点单位初见成效。

来信来访和案件查处

市公司纪委为进一步规范纪检监察信访举报督办工作，提高信访的查办质量，依据市国资委和集团公司纪检组监察局相关规定，制定了北京邮政《纪检监察信访举报工作督查督办实施细则》和《领导人员廉政档案信息系统管理及使用实施细则》，明确了信访的办理时限、责任追究和廉政档案系统使用及管理维护要求，规范和提高了举报督办工作和信访查办质量。公司纪委深入信访重点单位，检查指导信访管理工作，及时纠正了管理不统一、操作不规范、归档不及时等问题，保证了信访管理程序规范和办理水平的提高。

为迎接建国60周年，保障邮政优质服务和企业和谐稳定，公司纪检监察部门深入信访重点单位，加强检查指导，共处理群众来信、来访、电话举报149件(次)。属纪内信访147件，其中重复访54件，越级访77件。在纪内信访中，属检举控告类信访109件，批评建议类信访38件。其中反映三级副以上的97件，反映科级43件。信访主要反映违反廉洁自律规定、干部选拔任用制度、财经纪律等问题。在受理的147件纪内信访中，已办结140件，信访办结率95.2%，较好地维护了员工和领导人员的权益，纠正和处理了违规违纪问题。

效能监察

根据市公司年度工作目标，2009年，监察室将“增收节支、降本增效”确定为年度效能监察工作项目。市公司层面着力从机制上、制度上强化企业成本控制，合理配置有限的资源，逐步建立企业运行成本控制的长效机制，实现对重点成本项目的集中管理。与2008年相比，车辆燃油费用减少1110万元，车辆保险费减少294万元，运输费用下降了441万元。各基层单位在压缩管理费用和非生产性开支方面，把节约水、电、燃油、办公费、会议费、差旅费、业务招待费等，一并纳入考核范围，使“增收节支、降本增效”工作内容更加具体。在节约生产成本方面，市公司所属的30个二级单位中有26个单位节约生产车辆维修费用合计1009.22万元、节约业务材料用品费用2728.3万元、通过调整作业流程节约运输费用2067.4万元。在压缩管理费用和非生产性开支方面，节约水、电、燃油、办公费、会议费、差旅费、业务招待费方面的开支合计达1100多万元。另有部分单位因生产规模的扩大或因专业性较强等原因，在非生产性支出方面与2008年持平、有的呈负增长。但绝大部分基层单位的“增收节支、降本增效”工作都取得了较好的成效。

2009年“增收节支、降本增效”效能监察工作在公司各级领导的高度重视和支持下，与往年相比参与的部门更多，取得的成效更加显著，为企业增加经济效益5277.97万元、避免经济损失216.26万元。各单位共提出合理化建议1633条、制定降本增效措施362项、节约资金大致在4979.91万元。通过实施效能监察，及时发现企业管理中的薄弱环节，从建立健全规章制度入手，加强企业内部管理，提高了企业经济效益。

纠风工作

2009年，北京邮政以弘扬“东四精神”为重点，以争创全国文明单位标兵为目标，在全公司大力开展学习东四活动，在提升服务、促进发展等方面取得了积极效果。为了提高营业、投递等对外服务窗口的整体服务水平，结合《北京邮政2009年服务工作实施方案》的工作安排，市公司及时下发了《北京邮政深化落实学习东四活动，创建服务示范窗口工作实施方案》，在北京邮政所有对外服务窗口（包括营业、投递、报刊亭、11185客服中心等）开展了创建服务示范窗口活动。一是强化《服务规范》、《服务礼仪》的落实；二是召开了“北京邮政深化落实学习东四活动，提高规范化服务水平”推进电视电话会；三是在6月份启动了为期一个月的“服务大讨论”活动，要求广大干部职工认真学习东四邮电局“用户是亲人”的服务理念，并结合本岗位工作找差距，努力提升服务水平。同时，进一步加大了对营业、投递等对外服务窗口的监督检查，以检查为手段促进营业服务水平和投递服务质量的全面提升。

招投标工作

认真执行招投标和物资采购管理办法，纪检监察部门加强对招投标和物资采购工作的监督，按照工作程序和纪律要求开展工作，起到了源头防腐的作用。全年各级纪检监察部门共参与监督30万元以上招标项目43项，30万元以下项目21项，为企业节省资金2500余万元。

纪检监察干部队伍建设

公司各级纪检监察部门在党委的领导下，认真履行职责，按照“政治坚强、公正清廉、纪律严明、业务精通、作风优良”的要求，坚持围绕企业中心工作，服务企业发展大局，纪检监察工作与通信生产、经营管理结合更加紧密，工作的切入点更加明确，涌现出一批先进集体和优秀个人。市公司纪委监察室、东区纪检监察部被评为2007-2009年度全国邮政纪检监察工作先进集体，西区崔建华、南区高家驷、中心局刘春涛荣获2007-2009年度全国邮政纪检监察工作先进个人称号。

2009年，13名新充实到纪检监察队伍中的纪检监察干部分两批参加了邮政集团公司纪检组监察局组织的业务知识培训班，系统地学习了纪检监察工作的基本知识、信访、案件检查、纠风执法等业务的程序规定和方法技巧，对专业知识有了较为全面的掌握，业务素质得到明显提升。

2009年，市公司纪检监察工作在党委的领导下，按照市国资委和集团公司的要求，把深入学习实践科学发展观与主题实践、主题教育活动有机结合。在党风廉政宣传教育月活动中，通过开展“向新时期共产党员的楷模王瑛学习”的活动，教育各级纪检监察人员树立正确的人生观，始终牢记把党和人民的利益放在第一位，以坚定的信念和立党为公、勤政为民的实际行动，改进工作作风，更好地服务基层，推动北京邮政反腐倡廉工作深入开展。

（撰稿人：赵　烨）

工会工作

概 述

2009年，市邮政工会在市邮政公司党委、上级工会的领导下，认真学习贯彻落实科学发展观，落实市邮政工会第十三次会员代表大会的各项工作部署，围绕庆祝建国60周年和企业中心工作等重点内容，团结动员广大职工，积极投身企业建设，坚持以人为本，维护职工合法权益，加强自身建设，努力创新工作，为推动北京邮政较快发展，促进企业和谐，作出了积极贡献。

工会组织建设

【召开十三届二次委员（扩大）会议】2月16日–17日，市邮政工会在怀柔雁苑山庄召开十三届二次委员（扩大）会议。十三届工会委员会委员、经审委员会主任、副主任、基层工会主席、副主席、各郊区县局工会主席、市邮政工会专职干部参加了会议。

会议听取并审议市邮政工会2008年工作总结和2009年工作要点的报告；听取并审议市邮政工会2008年经审工作情况和2009年经审工作要点的报告；宣布了2008年对基层工会工作考核结果；进行了市邮政工会女职工委员会改选工作。

【召开十三届三次委员（扩大）会议】8月3日，市邮政工会在市公司八楼会议室召开十三届三次委员（扩大）会议。十三届工会委员会委员、经审委员会主任、副主任、基层工会主席、副主席、各郊区县局工会主席、市邮政工会专职干部参加了会议。

会议听取并审议了工会副主席李小燕所做的《北京市邮政工会2009年上半年工作总结和下半年工作安排》的报告；传达了北京市总工会十二届二次委员（扩大）会议和中华全国总工会《关于深入开展群众性爱国主义教育活动的通知》、市总工会《关于认真贯彻落实中央维护新疆社会稳定工作决策部署，充分发挥工会组织作用的通知》精神；对第三届职工文化艺术节决赛阶段赛程安排、奖项设置进行了说明。与会人员在讨论中就如何围绕企业中心工作，贯彻以人为本，加强维权机制建设，切实维护好职工权益，以及如何充分调动职工积极性、创造性，开展好2009年下半年的工会工作，推动企业科学发展，进行了充分的交流。

【召开十三届四次委员（扩大）会议】11月26日，北京市邮政工会在市公司八楼会议室召开十三届四次委员（扩大）会议，各基层工会主席、副主席，郊区各区县局工会主席，市邮政工会全体干部参加了会议。

会上，16个基层单位就本单位2009年开展特色活动情况进行了汇报。汇报中，参评单位以PPT的形式展示了各自围绕开展劳动竞赛，探索推行“首席员工制”，创“星”级职工小家，情暖外来务工心，职工健康“绿色关爱行动”等主题组织开展特色活动的情况。活动的形式多样、内容丰富、措施具体、效果明显。与会人员进行了互评打分。

【指导各基层工会换届工作】市邮政工会对投递局、房山局、昌平局、怀柔局、通州局5个基层工会，就换届选举工作程序、撰写工会工作报告进行了指导，对各单位提出的有关换届选举工作的问题进行答疑。速递物流公司新成立了基层工会，成功选举了第一届工会委员会和经费审查委员会。

【深入开展职工之家建设】在城区小家建设取得可喜成绩的同时，市邮政工会紧紧围绕企业发展的中心任务，以提升职工整体素质，改善农村支局（所）职工的生产、生活条件，努力为职工办实事办好事，不断增强基层组织的凝聚力和吸引力，促进邮政的发展、改革和稳定为目的，把建设小家工作重点放在各郊区县局工会。在认真总结10个郊区县局农村支局（所）职工小家建设工作经验基础上，搜集整理图片及文字资料，制作光盘和展板参与国家邮政工会评比。平谷官庄支局和延庆永宁支局被中国邮政集团公司、国家邮政局工会授予“全国邮政农村支局（所）

职工小家示范点”称号。

【选派代表出席北京市工会第十二次代表大会】2009年1月8日，北京市邮政公司差额选举出参加北京市工会第12次代表大会代表4人：何培恩、王君、徐丛、沈智慧。2月25日至27日，何培恩等4名代表出席了北京市工会第十二次代表大会。在26日的全体大会上，何培恩以611票当选为北京市总工会第十二届委员会委员。

【加强工会干部队伍建设】市邮政工会结合市总工会下发的工会干部培训课程安排表，分别组织市公司工会及基层工会干部参加了新任工会干部上岗轮训、劳动合同法相关知识的培训、经审财务工作培训、劳动争议工作培训、女工干部素质培训。

局务公开和民主管理

【召开一届二次职工代表大会】1月13日–14日，市邮政公司召开一届二次职工代表大会，章干泉总经理做题为《以人为本　统一思想　坚定信心　为北京邮政的美好明天而努力奋斗》的工作报告。会议听取审议了《2008年为职工办实事完成情况和2009年为职工办实事项目的报告》，《北京市邮政公司2009年绩效考核办法修改意见的说明》，《北京市邮政公司员工奖惩办法（试行）》，《北京市邮政公司职工帮扶救助中心管理办法(修订稿)》；大会还听取了市邮政公司2008年业务招待费使用情况，工资总额、社会保险、劳动保护及教育培训经费使用情况，“职工帮扶救助中心”资金使用情况，廉政建设基本情况等公开事项的报告，并通过了大会决议。

【职代会制度建设】4月1日，市公司和市邮政工会联合下发《关于印发<北京市邮政公司职工代表大会职工代表信息反馈制度（试行）>的通知》(京邮联[2009]16号)和《关于印发<北京市邮政公司职工代表大会运行质量评估制度（试行）>的通知》(京邮联[2009]17号)。进一步健全和完善了北京邮政各级职工代表大会制度，丰富创新了职工代表行使民主管理和民主监督权利的形式，有效促进了职工代表大会各项职权的落实和会议质量的提高。

【集体合同示范文本】6月30日，市公司和市邮政工会联合下发《关于做好集体合同续订工作的指导意见》(京邮联[2009]27号)。对各单位做好新一轮集体合同的签订工作，提出了具体要求。由市邮政工会起草的《北京市邮政公司集体合同示范文本(试行)》也同时印发。集体合同范本坚持以规范内容为先导、以突破重点为关键、以讲求实效为标准、以促进发展为目的的指导思想，进一步充实和规范了集体合同内容，条款具体明确，重点突出，内容规范，可操作性强。首次将职工建立企业正常的工资增长调整机制、补充医疗保险、帮扶救助、送温暖等一系列与职工利益相关的内容写入文本。在广泛征求意见的基础上，还按规定履行了市邮政公司层面的集体协商程序，保证了示范文本的指导性、规范性和可操作性。

工会经济工作

【劳动竞赛】2009年，北京邮政各项劳动竞赛活动紧紧围绕企业“改革创新、加快发展、增收节支、降本增效，全面实现‘四个确保’”的目标任务，认真贯彻全总“关于在职工中广泛开展‘同舟共济保增长，建功立业促发展’竞赛活动的指导意见”，立足“必须服务服从于企业经济建设发展的大局、必须着眼于企业自主创新能力的提升、必须致力于职工队伍整体素质的提高”的工作方针，以“创新发展、降本增效”为主题，以“升位晋级”为目标，在全公司广泛深入地开展了“发展杯”、“创新杯”、“安康杯”等一系列群众性劳动竞赛活动，有效地调动了广大员工创新发展的积极性和创造性，完成了竞赛活动的既定目标，取得了可喜的成绩。经统计，全公司开展各层各类竞赛活动达200余项，参与竞赛的班组数达到1200多个，员工参与率达到了100%，企业内部呈现出浓厚的比发展、比贡献、比排名的竞赛氛围。与此同时，各级工会组织还通过开展“合理化建议月”活动，汇集职工、班组和群体的智慧与创造力，推动企业实现管理创优、服务创佳、技术创先、业务创效，2009年全公司共征集合理化建议11148条，其中有3227条被采纳，1300条已在基层一线得到推广实施。

【劳模管理】2009年，北京邮政进一步加强先进典型的管理工作，在市公司党委的正确领导下，按照北京市及集团公司有关评选工作的通知精神，广泛开展了2009年全国“五一劳动奖章”、首都劳动奖章（状）及北京市工人先锋号等各个奖项的评选和推荐工作。结合多年来先进典型选树、培养等基础情况，组织全公司自下而上的进行推荐，做到考察有重点，典型有经验，推荐人选业绩突出、优中选优，产生了公司推荐人选。其中东四邮电局徐崇兰、牛街邮电局门桂菊、报刊发行局市内发行科李粉霞、汽运局二队王庆华、投递局开阳里投递部李娜获得“全国邮政系统先进个人”称号；西外大街邮电局，中心局信函分拣处平常进口科，机要通信局收发科获得“全国邮政系统先进集体”称号；投递局西长安街投递部徐丽娜、东区局市场部刘震、汽运局一队刘建英获得“首都劳动奖章”称号；中心局邮件转运处郭维祯、东四邮电局陈兰颖获得全国“五一劳动奖章”称号；东区邮电局刘震、汽运局刘建英、投递局李娜、发行局获得“首都劳动奖章”称号；牛街邮电局获得“北京市工人先锋号”称号；邮区中心局获得“首都劳动奖状”称号；百万庄邮电局获得“全国工人先锋号”称号；东区邮电局获得“全国五一劳动奖状”称号。“五一”国际劳动节前夕，市公司组织召开了“劳模表彰大会”，对以上获得各级荣誉称号的26名先进单位、集体代表及先进个人进行了表彰，并在邮政周报特设《劳模专版》对新当选劳模先进的典型事迹进行了深度报道。

同时，积极推行使用“劳模管理软件”，对市邮政公司在册的各级各类劳模（先进）进行了整理归档，实现了梯队分类建档工作，使全公司劳模档案管理逐步实现规范化、信息化。在市级以上（含离退休）劳模中还抽样开展了基本生活状况调查工作，进一步了解、掌握劳模工作、学习、生活、思想状况和面临的困难和问题等，为劳模管理工作提供了第一手资料。市公司还先后组织各级劳模参加了由北京市政府组织的春节团拜会、北京市劳动模范协会举办的《让我们更加美丽》知识讲座活动、以“展劳模风采 建绿色家园”为主题的义务植树活动、《劳动颂歌》五一电视晚会、观看电影《铁人》首映式、“银幕上看祖国”观看国庆献礼影片《建国大业》、由市委市政府和中央10部委举办的“首都各界爱国歌曲大家唱大型演唱会”、2009北京秋季地坛“庆60华诞、书辉煌篇章”主题书市开幕式等各类社会活动，并组织开展了劳模体检、两节慰问等关爱活动。

【劳模先进创新工作室】2009年，北京邮政充分发挥劳模先进的示范激励作用，进一步放大劳模先进的品牌效应，引领广大职工立足本职岗位，创造一流业绩，以主人翁的姿态与企业和衷共济、群策群力、共谋发展，面向全体职工积极开展“劳模先进创新工作室”创建活动。通过以劳模先进为课题带头人，以解决企业经营发展中的实际问题为创新活动的切入点，围绕“知识转化为能力，能力转化为成果，成果转化为效益”这一主线，通过搭建技术传授平台、自主创新平台、成果展示平台、评先选优平台，鼓励劳模先进积极争当创先、创新、创效、创优的“带头人”。全公司成立以市级以上（含市级）劳模、先进个人命名的工作室达37个，提出涉及管理、经营、服务等方面的创新攻关课题41项，部分课题通过总结提炼已在生产一线岗位得到推广应用，取得了可喜的经济效益和广泛的社会效益，其中，“全国劳模沈智慧创新工作室”成功入选北京市首批“十大职工创新工作室”。

【劳动保护监督】2009年，北京邮政围绕“建国60周年”面向全公司深入开展了以“促发展　迎国庆　保平安　做奉献”为主题的“安康杯”竞赛活动。各参赛单位通过形式多样的活动，提高了职工的安全生产意识，强化了安全管理，有效地预防了各类事故的发生，为确保“两会”、“建国六十周年”等重大活动举办、建设和谐企业和保障职工安全健康做出了积极贡献。同时，以建立健全三级劳动保护监督网为手段，围绕“安全生产月”积极组织职工开展安全教育巡讲、安全专题培训、“安全家书”等形式多样的群众性安全生产教育活动，在公司内部形成了人人重安全、人人懂安全、人人讲安全的良好氛围。

【创新成果】2009年，北京邮政认真贯彻落实科学发展观，充分调动广大职工自主创新的积极性，增强创新意识，提高创新能力，紧紧围绕企业中心工作，在全公司广泛开展了群众性经济技术创新活动，涌现出一批先进单位和个人，提出并实施了一批优秀合理化建议和创新成果，有力地促进了北京邮政的发展。经各基层单位申报，市公司评审，东区邮电局等6个单位为优胜单位；金融街邮电局营销团队等10个集体为十佳创新示范岗；门桂菊等30名个人为经济技术创新标兵；彩春颖等10名个人为十佳岗位能手；《推行成本费用集中管理　创新财务管理模式　提高企业效益》等10个项目为十大经济技术创新成果；《节约维修资金，自主修复包件分拣机次级板》等6个项目为优秀合理化建议。

【职工技协】北京邮政职工技协组织基层技协分会积极参加各项技术交流活动，荣获多项荣誉称号。2 月 26 日，在北京发明协会主办的“aigo 爱国者杯”第三届北京发明创新大赛中，西区邮电局技协分会参评的“邮政多语互译平台系统”获得大赛金奖，南区邮电局技协分会参评的“北京邮政生产设备动态管理系统”获得大赛银奖，汽运局技协分会参评的“驾驶员交通安全综合指数管理系统”获得大赛铜奖。

6 月 18 日–20 日，在福州市举办的第四届“海峡两岸职工创新成果展”中，由中心局技协分会选送的《北京邮区中心局内网安全管理软件》和邮政科研院技协分会选送的《北京邮政邮资标签及集中联网管理系统》两个项目在一千多件参选项目中脱颖而出，分别荣获大会金奖。

【岗位练功】2009 年，北京邮政以评比年度“先进工作者”、“十佳岗位能手”、“创新标兵”等为抓手，在全公司广泛开展了岗位练功、技术比武活动，从而进一步调动职工“在干中学、在学中练、在练中比、在比中创”的主动性和积极性，并通过建立三级“职工技能人才库”，推动基层开展职工岗位练功活动形成制度化、经常化。2009 年，全公司开展各级各类练功比赛达 1500 余次，涉及营业、储蓄、发行、营销、司驾、转运、分拣、押运、投递等二十多个岗位，涌现出一大批优秀技术人才，业务能手和岗位标兵，公司内部形成了“学业务、练技能、提素质”的浓厚氛围，职工业务技能素质得到普遍提高。2009 年，全公司有 12579 人参与了十四个工种中理论和实操相结合的职业技能鉴定考试，通过 8211 人，持证率达到 65.28%。

在 2009 年集团公司组织开展的第二届全国特有职业技能竞赛中，经过层层选拔，从 2600 名职工中精选 6 名选手参赛，取得了团体总分第三的优异成绩，展现出北京邮政职工的良好形象和过硬的技能水平，受到集团公司领导和各省代表队的高度赞扬。

2009年，积极推进“首席员工”制度在基层单位的推广实施，东区局、西区局、海淀区局、中心局、发行局、汽运局、机要局等单位都相继制定了“首席员工”评聘管理办法并付诸实施。在“北京市邮政公司邮件分拣员、转运员职业技能竞赛”活动中，中心局申爱菊、和红岩、张杰、郭维祯四名同志成为首批市邮政公司级“首席员工”。

2009年，北京邮政协助北京市总工会承办了第三届全国职工职业技能竞赛北京市选拔赛速录师工种的选拔工作，积极做好比赛方案的实施，比赛场地的落实，操作系统的安全运行等各项比赛筹备工作。在整个比赛选拔过程中，计划周密，工作扎实，措施得力，服务到位，保证了选拔工作顺利完成，得到市总工会领导的认可。

职工生活保障

【开展送温暖活动】1 月 4 日–22 日，市邮政公司和市邮政工会联合开展以“帮扶济困办实事、温暖和谐促发展”为主题的两节送温暖活动。各级党、政、工组织根据实际情况，针对不同对象，开展了“慰问一线职工、帮扶困难职工、关爱劳模先进、情暖退休职工、心系外来务工”等系列慰问走访活动。市公司领导带队，分 6 组对 43 个生产单位和 259 名困难职工和重病伤残职工，劳动模范，离退休人员进行了慰问。

【为职工办实事】2009 年，市公司职工全年人均收入增幅达到 9.3%，实现了年初制定的增幅不低于 8% 的目标；公司全体职工带薪年休假比例达到 100%；全公司共安排 3400 余名职工参加疗休，占公司职工比例的 10.5%；全公司通信生产一线职工接受脱产培训平均超过 24 学时；继续为在职职工和退休人员投保办理补充医疗保险；提高了职工上下班交通费补贴标准；投入专项资金 400 万元，对职工宿舍进行维修；完善《北京市邮政公司职工帮扶救助中心管理办法》，加大对困难职工的帮扶力度。

【职工帮扶救助】对《北京市邮政公司职工帮扶救助中心管理办法》进行了修订和完善，于 2009 年 1 月 1 日正式实施。该办法进一步完善和细化了帮扶救助中心的管理制度，增强了帮扶救助工作的针对性，加大了对困难职工救助的力度和覆盖范围，提高了办事效率。全年共救助职工 1030 人/次，支出救助金 119.90 万元。

北京邮政职工医疗保险互助基金会圆满完成了 2008 年度职工医疗互助保险的救助工作，按照规定共支付救助金 169.82 万元，全公司有 162 名患重病的在职和退休职工得到救助，其中 10 名职工得到了 4 万元的高额救助，切实减轻了患重病职工的生活负担。

10月 24 日–11 月 27 日，市邮政工会完成全公司困难档案职工统计工作。根据市总工会统计标准，对“低保”线以下职工(家庭人均收 410 元以下)、“低保”边缘职工(家庭人均 697 元以下)进行了调查统计，并将 50 名符合标准的困难职工，纳入了“全国工会帮扶工作管理系统”。

职工思想教育

【开展三项主题教育活动】2009 年，市邮政工会在全体职工中开展了核心价值体系主题教育、“解放思想、更新观念、忠诚企业、精心履职”大讨论、学习贯彻中国工会十五大精神三项学习教育活动。活动将落实科学发展观、中国工会十五大精神、市总工会十二大精神、市邮政工会第十三次代表大会精神和学习弘扬东四邮局先进服务理念相结合，围绕推动企业改革发展、全面提升职工队伍素质、与企业同舟共济应对国际金融危机影响、提高职工对企业的忠诚度、促进工会建设等问题组织职工进行了广泛的学习讨论，倡导工作在企业、贡献在企业、收获在企业的理念。各基层工会围绕“以人为本”、“科学发展观”、职业道德建设等内容，开展了形式多样的主题教育活动。这些活动使职工认识到国家、企业的价值观念与自身的利益紧密结合，在促进职工自觉与国家、企业同呼吸、共命运；正确对待速递物流体制改革、薪酬制度改革，以积极的心态应对改革带来的诸多变化上发挥了重要的教育引导作用。

女工工作

【选举产生第十三届女工委员会】2 月 16 日，在怀柔召开的北京邮政工会委员会第二次全体会议上，审议通过了北京市邮政工会第十三届女职工委员会委员名单和主任、副主任名单。女工委员会委员名单：李小燕、王京衍、郭卫平、李秀慧、王君、张雪梅、田红、沙莉、刘继红、索英、张坤梅、谭桂华、骆威、翟耀、王力群；主任：李小燕；副主任：王京衍、郭卫平。

【组织开展女职工系列活动】北京邮政工会紧紧围绕企业改革发展和工会整体工作，在加强女工组织自身建设上有新突破，在维护女职工特殊权益工作上有新进展，在提升女职工综合素质上有新举措，以“三八”国际劳动妇女节为契机，开展了一系列活动，进一步体现企业对女职工的关爱，激发了女职工参与企业建设的热情。

一是在“三八”国际劳动妇女节到来之际，表彰了在“邮政迎奥运、巾帼创佳绩”活动中取得显著成绩的 30 个“巾帼创新岗”和 71 名“巾帼创新标兵”。同时，部分优秀女工代表获得了市级以上荣誉称号：科研院李纯媛被北京市总工会评为“优秀创新女职工标兵”，颐和园邮电局高军芬获北京市总工会“优秀创新女职工”称号；会城门邮电局郑岫云获“全国女职工建功立业标兵”称号，建内大街邮电局营业组获“全国女职工建功立业标兵岗”。

二是从关爱女职工生活出发，邀请北京中日友好医院中医内科主任医师、北京中医药大学教授胡佩珍老师，通过互动形式，为 200 多名女职工做了一次生动的女性健康讲座，并现场为部分女职工进行诊病和答疑，有效提高了女职工自我保健意识，女职工们从中学到了行之有效且简便易行的健身、防病方法，受到了大家的欢迎。

三是组织女工特殊疾病保险培训。为更好维护女职工特殊权益，4 月 9 日，在北京市邮政教育培训中心举办女工安康保险培训，请来中国职工保险互助会北京办事处李凤华部长，为来自北京邮政 30 个基层工会、郊区各区县工会的 35 名基层代办员讲授关于《在职女职工特殊疾病互助保障计划》中新会员申请、批量续转、出险赔付等网上操作流程。

职工文体活动

【组织迎新春文艺演出】1 月 21 日，在崇文区工人文化宫由北京市邮政工会承办北京邮政 2009 年迎新春文艺演出。北京市总工会服务业工委顾庆主任、国家邮政工会张继政副主席、市公司领导班子全体成员出席，北京市邮储银行徐学明行长一行 6 人莅临，来自全公司 30 多个单位的近千名邮政职工观看了演出。

【参加全国通信职工桥牌比赛】4 月 17 日至 20 日，市公司组队参加中国通信体协举办的 2009 年全国通信职工桥牌比赛获团体第四名。

【参与北京市“全民健身日”庆祝活动】8 月 8 日，北京市邮政工会组织 32 名离退休职工参加北京市庆祝全民健身日万人太极拳表演破吉尼斯世界纪录活动,获“优秀组织单位”称号。

【举办北京邮政第三届职工文化艺术节】2009年,市邮政公司以建国六十周年、改革开放三十年为契机,以学习贯彻科学发展观为主题,以反映企业发展和职工个人生活发生的变化为主要内容,坚持围绕中心、服务大局,贴近企业、贴近生活,立足基层、面向职工的原则,举办以“唱响祖国颂歌,构建和谐企业”为主题的第三届北京邮政职工文化艺术节。3月份起开始设计艺术节实施方案,出台具体文件;7月6日在北京市邮政工会网站增设第三届职工文化艺术节专栏,通过“最新播报”、“精心筹备”、“八月桂花”、“灼灼其华”四个栏目反映艺术节的举办情况,并及时上传相关信息;建立艺术节领队短信平台提醒赛程安排;7月底完成艺术博览类和文学创作类作品的收集、整理、保管、布展工作。艺术节共举办了开幕式、闭幕式及各类别比赛共计15场,基层单位选报各类文艺节目202个。其中,讴歌企业改革发展和展现职工生产生活的原创作品30个,10人以上的集体节目达57个。艺术博览类和文学创作类赛事也喜获丰收,职工创作书法、美术、摄影、手工艺作品共1363件,小说、诗歌、散文、剧本等文学作品248篇,一批优秀文化艺术的职工人才脱颖而出。全公司2500多名职工直接参与艺术节文艺演出,3200余名职工参与、观看艺术节博览类各类展览。艺术节后,制作文艺节目光盘2000套、博览类作品画册1000本、文学作品集500本发放到基层职工手中。

【参与北京市总工会第七届职工艺术节赛事】“五一”前夕从基层抽调60名青年职工进行培训,组成表演方阵,参加市总艺术节开幕式的录制活动;精心选拔16名职工参加市总工会主办的“五月的鲜花”职工歌手比赛,其中,李志援、王雪、崔蕊、李浩鹏、于建英5名选手成功入围决赛,取得两银一铜的好成绩;东区邮电局代表市公司在市总合唱节上获第一名;邮区中心局选送踢踏舞《铿锵的舞步》在市总舞蹈大赛中获得第三名;市公司获得“优秀组织奖”并受到市总表彰。

综合工作

【圆满完成国庆晚会演出任务】市邮政公司成立首都国庆六十周年联欢会群众联欢活动领导小组,丁前亮书记、何培恩主席任领导小组组长、副组长。7月20日,召开由市公司党委书记、工会主席、相关二级单位党委书记及副书记、工会主席参加的国庆联欢晚会群众联欢活动动员会,要求各单位做到人员落实、政审落实、教育落实、财务落实。7月17日–9月30日,工会选派小教员到市总学习集体舞,从基层抽调了60名职工进行脱产排练,参加天安门广场工人联欢中心表演区活动。活动中市公司被评为“国庆60周年联欢晚会活动先进集体”,工会组宣部部长王力群荣获首都“迎国庆讲文明树新风”活动先进个人。

【工会信息】围绕工会工作中心,充分发挥工会信息作用。以促进经营发展,维护职工权益,构建和谐企业为中心,全面、及时地向上级工会、党政报送信息。重点报道了职工艺术节、劳模创新工作室、“送温暖”等活动,展现了工会组织和职工群众的风采,在为领导服务、为工会工作服务中发挥了积极作用。2009年共编发《工会工作专刊》120期,被市总工会、国家邮政局工会和各新闻单位采用42篇。

4月15日,北京市邮政工会举办2009年信息员培训班。聘请市总工会办公室郭丽华老师就工会信息特征、分类和面临的新形势,工会信息的编辑和写作进行了详细地讲解。《劳动午报》社通联活动部邱勇主任围绕数码摄影,通过大量作品实例,针对如何拍好新闻照片及应用photoshop软件进行照片后期制作对工会信息员们进行了培训。培训进一步开阔了信息员的视野,提高了他们对信息收集、材料整理、信息写作的认识水平和把握能力。

【工会财务管理】9月9日–11日 在北京市邮政教育培训中心对17个基层工会进行2008年度基层工会财务工作检查。

11月24日–25日,在北京市财政局培训中心举办基层工会财务人员培训班。对新《工会财务制度》和相应的财务软件进行了详细讲解。各基层工会40名工会财务人员和部分工会主席参加了培训。

【开展对基层工会主席的离任审计工作】为加强工会组织的廉政建设,提高工会干部廉洁自律的素质,完善工会内部监督约束机制,对郭庆春、刘胜利、阮守斌、王君、李钧5位离任的基层工会主席进行了经济责任审计。

【工会理论研究和调研工作】2009 年，各级工会组织认真学习贯彻党的十七大和工会十五大会议精神，突出学习实践科学发展观，在积极落实“围绕中心促发展，立足维护创和谐，服务职工强素质，创新思路增活力”的工作思路中，结合本单位工作实际，积极开展了工会理论研究工作。2009 年，市邮政工会共征集到论文和调研报告 38 篇。通过市邮政工会网站，各单位分别参加了初评和复评，有 17 篇文章获奖。原东区局工会主席李秀慧《落实以职代会为主要形式的民主管理制度积极畅通职工诉求表达渠道，促进企业和谐发展》一文在 2009 年度中国国防邮电系统工会优秀调研报告、论文评选活动中获得三等奖。

【友好交流】9 月 7 日–14 日，以赵连相委员长为团长的韩国递信劳动组合首尔地方本部代表团来华访问。8 日，代表团访问北京邮政，市公司总经理章干泉会见了代表团一行。市邮政工会与代表团进行了友好交流，何培恩主席主持，李小燕副主席向代表团介绍了市邮政工会概况，以及近期在维护职工权益、提高职工素质方面进行的集体合同续签、组织职工文化艺术节等重点工作的开展情况。双方共同观看了北京邮政第三届职工文化艺术节的精彩集锦录像。当日，代表团还参观了商业信函局、建内大街邮电局。9 日–14 日，代表团到重庆、成都参观访问。

10 月 25 日–30 日，以邮区中心局工会主席沙莉为团长的北京市总邮政工会代表团到日本邮政集团劳动组合东京地方本部进行友好访问。市邮政公司团员有：沙莉、骆威、马春霞、黄宗吾、陈建国。

（撰稿人：毛劲松）

共青团工作

概　述

2009年，北京市邮政公司(以下简称市公司)共有共青团员4086人，基层团组织211个，其中团委15个，团总支6个，团支部190个。各级团组织在市公司党委和团市委的正确领导下，坚持"服务企业经济建设全局、服务企业改革发展大局和服务青年成长成才"的工作宗旨，努力在"党政所需、青年所求、团组织能为"的结合点上做文章，强化青年的理想信念教育，加强团的基层组织建设，团结带领广大团员青年在北京邮政的建设发展中发挥生力军和突击队作用，涌现出了一批青年先进集体和个人。

青年思想教育

【以"三爱"为核心的思想教育活动】以"爱祖国、爱企业、爱岗位"的三爱教育为核心，在加强青年思想教育工作中体现一个"深"字。团委抓住五四运动90周年和庆祝建国60周年的契机，在企业深化改革过程中，利用"读讲评半小时"学习阵地、"团课教材"宣传阵地、"业余团校"教育阵地，重点加强青年爱岗敬业意识教育，并通过知识竞赛、座谈会、参观学习、主题团日，深化青年对"热爱邮政、忠于企业、精心履职" 的认识和理解。以市公司第一次团代会为契机开展了团员意识教育。通过开展"祝福祖国"寄语征集、"迎国庆、讲文明、树新风"青年志愿服务行动、"我与祖国共奋进、我与企业同发展"主题团日创意设计实施大赛和征文比赛，让"祖国荣誉高于一切"的爱国精神扎根于青年头脑。公司团委书记在国庆前夕借调国庆筹委会办公室，参与观礼台组织服务工作。基层团组织在工作中丰富工作手段，利用QQ群、青年博客、网上论坛，搭建团组织与青年交流互动的平台。

【青年岗位建功】团委以"汇聚青年新力量、励志青春当先锋"岗位建功活动为载体，主动把学习"东四精神"与青年文明号、青年岗位能手、青年创新创效等团的品牌工作相结合。加大青年文明号创建工作力度。开展了"学东四、树青年集体形象；促规范、优质服务上台阶"青年文明号主题建设活动。做到建设有计划——指导公司14个全国青年文明号集体围绕班组管理、服务水平、职工素质、文化建设和经营业绩等，制定了《"学东四、促规范"青年文明号2010年—2012年三年创建规划》。基层团组织也分别指导本单位市级青年文明号制定了新的三年创建规划。做到建设有行动——团委与市场部联合对公司市级以上青年文明号进行服务质量检查。开展了青年文明号"弘扬'东四精神'、强化规章制度"服务大讨论活动，组织青年文明号负责人学习了新修订的《邮政法》。加强了与北京地铁、山东邮政青年文明号的交流学习，推荐3名全国青年文明号负责人参加集团公司青年文明号培训班。加大了青年文明号对外宣传力度，主动与《中国青年报》、《北京青年报》联系，两大社会媒体分别在头版对百万庄共青团邮电局和东四邮电局的青年文明号创建工作进行了宣传报道。做到建设有效果——2009年，全公司各级青年文明号实现了服务水平上台阶、规范管理显亲情、职工素质上水平、经营管理巧激励、节能降耗保畅通的目标。截至2009年，北京邮政共有全国青年文明号集体14个，北京市青年文明号集体159个。

【青年创新创效活动】团委发挥自身渠道作用，与团市委联系，在推进青年创业就业小额贷款、全市青少年主题征文活动中，发挥了推动作用。组织团员青年围绕企业"爱心包裹"、"国庆60周年邮品销售"、"贺卡战役"等工作，开展了创新创效活动。按照公司团委部署，各基层团组织也开展了各具特色、形式多样的活动。五四期间，成立爱心志愿服务队，以"劝募爱心包裹、奉献一片爱心"为主题，进社区、进校园、进商厦宣传、劝募爱心包裹；国庆期间，开展"祝福祖国，青年争当祝福大使”—“祝福祖国寄语卡”短程销售竞赛，并深入企事业单位进行邮品宣传和预定工作；新年前夕，又打响了“2010 年贺卡青年营销战役”，鼓励团员青年拓展营销渠道，创新营销思路，为打赢贺卡战役作出贡献。

【青年育人工作】团委启动“青年读书导航计划”，围绕经济、文化、社会科学等方面坚持每月向基层团员青年推荐 1–2 本可读性高、参考性大、借鉴性强的好书，开阔青年文化视野。加大对多种用工和外来务工青年的教育引导，与团中央宣传部共同对中心局外来务工青年管理工作进行了总结梳理。进一步加强了对百万庄共青团邮电局青年职业生涯设计工作，丰富完善了“人人是人才，人人能成才”的育人理念和育人经验。团委还为青年创造交流学习的机会，在公司党委的指导和市公司人力资源部的支持下，推荐两名基层优秀青年到国庆游行指挥部工作，负责服装和彩车制造工作。推荐四名基层青年管理者到北京共青团创业青年夜校学习，接受系统专业的创业培训，开阔了工作视野。各基层团组织将团的育人工作与劳模创新工作室、职业技能鉴定考试、首席员工评选等企业重点工作结合，开展了导师带徒、岗位练兵、技能比武和现场观摩等活动，激发青年学知识、提素质、练技能的热情与干劲，营造了比、学、赶、超的良好氛围。2009 年东区邮电局徐娜等 7 名同志被评为“北京市青年岗位能手”。

基层团组织建设

加强市公司团委会建设，在党委领导下，召开了北京市邮政公司第一次团员代表大会，选举产生了新一届委员会，团干部年龄结构、知识结构得到优化，并组织新当选团委委员到东四邮电局进行学习。以团干部为重点开展了职业生涯设计，在团干部学习进修、培养锻炼、职级待遇等方面加强了与二级单位党委的沟通。重点对共青团各项基础工作制度进行了梳理修订。指导海淀区局、投递局、速递物流公司团委建立了团支部基础工作积分考核制度，把量化考核与日常工作相结合，调动基层团支部工作的积极性与主动性。

2009年，市公司团委被共青团中央评为“全国五四红旗团委”，被国庆 60 周年群众游行指挥部评为“首都国庆 60 周年群众游行支持共建单位”。

（撰稿人：李月明）

离退休管理工作

概　述

2009年，北京市邮政公司（以下简称市公司）离退休工作坚持以邓小平理论和"三个代表"重要思想为指导，坚持科学发展观，贯彻落实十七大会议精神，以维护企业和谐、稳定为目标，全力做好离退休管理工作。在各级领导的支持和相关部门的积极配合下，圆满地完成了全年的工作任务。

截至2009年12月31日，全公司共有离休干部247人；退休干部1512人；退休工人5594人；退职人员86人，以上共计7439人。

主要工作

【领导重视离退休工作】2009年，市公司各级领导从企业和社会的稳定、和谐、发展大局出发，十分重视离退休工作。认真贯彻落实北京市委的离退休工作目标责任制，认真执行《情况通报制度》和《老干部联系制度》。经理办公会定期召开例会讨论离退休工作相关事项，及时听取离退休工作情况汇报，研究解决离退休工作中出现的各种热点、难点问题。分管领导经常了解离退休工作情况并给予具体指导。3月份，离退休管理部举办了公司离退休工作会。中国邮政集团公司离退休管理处的邱铁华处长到会并作了重要讲话。工作会上，既总结了2008年的工作情况和2009年春节送温暖工作情况，又对本年离退休工作任务提出了明确要求。各单位就当前离退休工作提出了一些问题和建议。

【积极组织离退休干部参加各项政治活动】坚持每月组织离退休人员政治学习，组织观看市公司宣传材料——《电视月刊》，学习相关文件等，使老同志们能及时了解企业的生产经营等状况；市公司组织离退休老局长参加市公司职代会；为离退休人员免费订阅《邮政周报》。6月中旬，离退休管理部组织机关处以上离退休干部举办了理论学习班，并根据市公司党委安排，组织离退休老干听了国内、国际形势报告。还特邀了东四邮电局的张钰、沈智慧等劳动模范，以及被市委誉为活雷锋的孙茂芳同志为老同志们做了生动的先进事迹报告。另外，全公司离退休部门按照市公司党委要求，于"七一"前夕对老党员、生活困难党员进行了走访、慰问工作；组织在全公司离退休人员中评选出了老干部先进个人；离退部还组织离退休老局长定期参加国资委老干部处开展的各项活动。

【落实好老同志的生活待遇】

一、及时调整发放各项补助

年初，市公司为退休人员调整了养老金；为离休干部调整了护理费；发放了大额医疗互助救济金；调整、补发了去世离退休人员丧葬费；发放了春节、国庆节日补助、年度报刊费、离休干部休养费等。

二、落实离休干部的医疗待遇

9月底，市公司按照《中共中央组织部关于提高部分离休干部医疗待遇的通知》要求，在集团公司离退休管理处领导的积极帮助下，对符合文件要求的全公司60位离休干部的基本信息进行了汇总、上报，并及时办发了离休干部医疗证。

三、积极开展慰问活动

1.各单位积极做好日常的走访慰问工作。及时了解掌握离退休人员情况，并反馈老同志提出的困难和问题，并能采取积极灵活的方式，尽力为老同志解决实际困难。

2.各单位于元旦、春节前夕，采取多种形式开展了送温暖活动为全公司七千多位离退休人员发放了节日补助和节日食品。同时，受市公司领导委托，各单位慰问了离退休老局长、老劳模、重病号和困难户、已故老干部遗属等。一些单位还举办了联欢会、座谈会等联谊活动。

3.做好迎接建国60周年前夕的走访慰问工作。9月份，市公司党委在接到中国邮政集团公司下发的《关于在建国60周年之际开展走访慰问老干部、老工人、老党员活动的通知》(中国邮政[2009]259号)文件后,立即进行了部署。市公司章干泉总经理专门做了批示,要求党、政、工等相关部门组织落实。全公司各二级单位则认真按照章总指示都要按照文件精神,采取组织学习、举办各种庆祝活动等丰富多样的形式,积极开展了慰问活动,以此转达党中央、国务院,以及中国邮政集团公司对离退休老同志的关怀和问候。市公司各二级单位根据集团公司要求,按照市公司党委的部署,在国庆前夕对全公司255位离休干部、老党员及52位劳模进行了上门慰问。为7780位离退休人员发放了节日慰问品、补助。市公司章干泉总经理和丁前亮书记向全体离退休人员发出了慰问信,并亲自带队慰问了离休干部张凤翔、崔峄等老领导。

另外,各单位还组织离退休人员春游、祝寿、体检等项活动;协助逝者家属办理了丧事。

【参与北京邮政第三届职工艺术节活动】为庆祝建国60周年,配合市公司举办的邮政职工艺术节,离退部与老科协一道组织离退休人员开展了征文、诗歌朗诵、交谊舞、太极扇活动,举办了绘画、书法、摄影、手工艺作品展览。在组织离退休人员参加市公司职工文化艺术节节目演练过程中,老同志们不怕酷暑,克服家务负担重等困难;有的在排练中被乐器划伤缝数针后,打着吊带还依然坚持排练;有的老同志为了不耽误训练,排练后便匆匆赶往医院照顾住院家属;还有许多人主动加班加点排练,他们这种肯于吃苦、乐于奉献的精神实在令人感佩。小事见精神,这些都充分体现了市公司离退休老同志爱企业、爱祖国的高涨热情和高尚情怀。通过这些活动,既愉悦了离退休人员的身心,也起到了稳定离退休队伍的作用,同时也为在职职工做出了榜样,为邮政企业的后人留下了宝贵的回忆。在这次艺术节上,离退休人员的表现赢得了领导的认可,博得了多方人士的赞许。老同志们感到了发自内心的快乐。老同志们的精彩演出使北京邮政职工艺术节越发的光鲜、靓丽。通过98位离退休老同志的积极参与,在参赛的6个节目中,共获得2个二等奖、2个三等奖、1个优胜奖。由于老同志们的积极参与和表现出的良好精神风貌,离退休人员的节目还共同获得了组委会的“特别风尚奖”。

【组织开展丰富多彩的文体活动】老干部活动站还坚持每周组织开展离退休老同志们打太极剑、太极拳、跳交谊舞、下象棋、集邮等日常文体活动。

【组织活动,为离退休人员参与企业发展创造条件】年内,市公司离退休人员已近8000人。这些老同志看到几年来企业的发展和创造出的优异成绩感到欣慰,同时也想为企业的发展贡献自己的力量。为此,离退休管理部与北京市老科学技术工作者总会北京市邮政管理局协会一道组织了邮政知识进社区宣传活动,得到了北京市老科学技术工作者总会的资金支持。在市公司领导、市公司相关部室及各区局的大力支持下,先后在东区、西区、南区组织了3场宣传活动,得到了社会各方面的赞誉,也为离退休人员如何为企业建设出力创出一条新路。

【加强离退休工作队伍建设】一是加强了离退休工作人员的政治理论学习。每月组织1-2次学习党的十七大辅导资料及公司文件,组织工作人员座谈讨论,提高政治素质。二是组织办班培训,学习离退休工作相关政策。同时教育和提高离退休工作部门工作人员牢固树立“老干部工作无小事”的意识,自觉为离退休老同志提供亲情式服务。三是做好新形势下离退休工作的调查研究。与兄弟单位交流了解离退休工作情况、方法。四是重视做好信息、信访等项工作。

【参加向四川地震灾区献爱心活动】全公司离退休党员能够积极响应市公司党委的号召,踊跃参加献爱心活动。郭铭、张贵荣、顾联瑜、杨善政、管春林等许多离退休老党员自觉到邮局为四川地震灾区的少年儿童捐款,捐献爱心包裹。离休干部刘宗训老局长则出资1000元捐献了10个爱心包裹。

(撰稿人:赵莉平)

支撑系统

科 技 工 作

概 述

2009年北京邮政科技工作坚持以生产经营为中心,充分发挥市公司自主创新能力强的优势,加快信息化建设,增强自主研发能力,开发了一批新业务发展和经营管理急需项目,进一步加大科技管理力度和能力建设,为生产经营提供强有力的技术支撑。

全年按期按要求完成集团公司各项统版信息工程项目14项的推广上线工作。全年新立科技项目19项,组织验收科技项目22项,完成科技开发项目投资600万元。

主要工作

【集团公司统版信息化工程建设项目稳步推进】根据集团公司信息化工程建设的总体要求,组织市公司科技力量,按期按要求完成集团公司各项统版信息工程项目的推广上线工作。主要完成了速递物流综合信息处理平台系统、中国邮政综合办公信息处理平台、邮政投递信息系统、国际普邮跟踪查询系统、邮政储蓄系统2.0版本改造工程、邮储网点终端数据安全传输加密工程、邮政保险代理大集中系统、邮政储蓄物理大集中系统等14项集团公司重点信息工程建设项目。

【开发市公司急需项目,自主创新能力强不断加强】坚持以生产经营为中心,充分发挥市公司自主创新能力强的优势,开发了一批新业务发展和经营管理急需项目。主要完成了北京邮政网运信息系统开发改造、北京邮政市内结算系统、报刊零售综合网络系统三期、保险代理业务处理系统、电子商务代收费及新业务开发、机要通信局信息系统及网络改造等。这些项目在北京邮政的通信生产和经营管理工作中应用,为北京邮政的业务发展、提高经济效益、降低运行成本,满足用户的多样性需求,增强北京邮政的市场竞争能力,提升企业经营管理水平发挥了重要的支撑作用。

【加强设备管理,技术支撑水平显著提高】

1.建立长效机制,加强对邮储二类支行和代理网点的管理,建立了二类支行及代理网点邮政储蓄终端设备的管理机制,下发管理办法,并对全市公司二类支行及代理网点邮政储蓄终端设备的维护职责进行了划分,强化了管理。

2.加快设备更新,根据年度计划对电子化支局需采购的设备进行了比选和招标,并按照市公司招标结果进行了10余个合同的会审和签约工作,督促厂家供货,组织设备的接收与安装工作,有效地解决了窗口单位设备陈旧老化问题。

3.按照年度计划的安排,进行了设备的大修改造,共完成改造中央空调4台、锅炉4台、电梯2台、进口邮资机23台。

【标准化、计量等工作规范经营管理】加强标准化的宣贯工作,依照相关标准,对全市的营业局所开展邮政用品(信封、包装箱)技术检测工作,对全公司17个单位进行了技术抽检,制定了《北京市邮政公司邮件包装箱和信封入网及质量检测监督管理办法(试行)》,规范供应商供货行为,将不合格产品清理出北京邮政市场,确保北京邮政使用和销售的包装箱、信封符合标准。

对15个单位所使用的3000多台邮用衡器进行了周期检定和随机抽检,合格率100%,确保邮政服务质量和企业信誉。计量站顺利通过北京市质量技术监督局计量授权资质审查。

召开了全公司计量工作会,对区县局技术人员进行计量理论培训和实际操作考核,并向46名考试合格人员颁发培训合格证书,使全公司计量管理和维护人员全部持证上岗。

对北京邮政机构代码数据库进行了76次维护,其中新增代码56条,更新72条。

【品牌管理】近年来,越来越多的企业都在重视企业品牌的发展，通过利用品牌的效应，让用户对品牌加深认知度，充分信用，提升用户的使用率。但至今为止，还没有有效的手段对北京邮政品牌进行管理。为此，2009年开始在竞争激烈的速递市场进行EMS的品牌研究。通过对EMS品牌的市场表现现状和品牌形象现状，及时发现问题，识别问题的原因所在，提供具有改进性的策略性建议。

【战略规划、软科学研究等工作辅助经营管理】

1.战略规划

根据集团公司编制"邮政三年滚动规划"的工作部署，启动"北京邮政三年滚动规划"的编制工作。该规划核心内容包括：企业基本情况、市场判断、行业总体发展趋势、企业定位、发展战略、配套措施等。规划中不但有定性分析，主要还要定量指标。"北京邮政三年滚动规划"的编制在北京邮政的发展中起到了指导性的作用。

2.软科学研究

完成集团公司《全国邮运指挥调度规范》等3项标准的编制工作。对《北京邮政大宗函件政策可行性研究》项目进行了验收，该项目针对北京邮政业务发展现状，提出了大宗函件政策盈亏平衡点，为发展大宗业务提供了科学依据。配合综合邮件处理中心工程建设，开展了《市内普通邮件邮运网路组织的研究》、《北京综合邮件处理中心内部作业组织的研究》等4项软科学项目。

2009年共出版4期《北京邮政科技》，发行4000册。对《科技信息摘编》适时调整了发行范围，将二级单位主要领导纳入发行范围，及时为领导提供科技信息和科技数据。

召开了北京邮政科技情报通讯员会议，组织情报活动2次。

（撰稿人：吕瑾瑜）

基建工作

概 述

2009年，北京市邮政公司基建工作紧紧围绕“以服务生产经营为中心”的工作思路，调动一切积极因素，以更扎实的工作和更有效的措施，团结拼搏，务实进取，进一步加大管理力度，加强能力建设，在企业建设的征程上，迈出了更加坚实的新步伐。

主要工作

【局所场地建设和改造完成情况】2009年，北京市邮政公司投入4.67亿元进行场地局所建设改造工作。其中：集团重点建设项目1个，建设规模135000平方米；统建配套局所改造项目30个、场地改造24个，建设及改造项目总规模达37042平方米；改造营业台席80个，增加支局、所营业台席57个，改造储蓄台席70个，增加储蓄台席51个。下达批复54项。

【统建配套局所落实情况】2009年，接收统建配套邮政局所优惠政策取消，房屋价格居高不下，在诸多不利因素影响下，全年共接收7个邮电局所，完成全年计划的125%。

【局所拆迁还建情况】2009年3月为满足建国60周年庆典活动需要，西长安街扩路将西长安街邮电局拆除。对此集团公司和市公司领导都给予了极大关注，为争取回迁安置做了大量工作，经努力最终达成了与地方政府拆迁补偿安置协议，按时完成了搬迁任务。

除此以外，地铁6号线、8号线、10号线建设出站口又将拆迁莲花西所、鼓楼投递部、怀北镇邮局等局所，拆迁形势非常严峻，拆迁通知几乎全是货币补偿，实物补偿、回迁安置的谈判工作十分困难。经过多方共同努力，上述难点问题大部分已得到较好解决。

【节能降耗，加强成本管控】为使工程建设更好的控制建设成本，减少浪费，从工程的源头抓起，开展降本增效工作。根据北京市相关规定，结合建筑市场的实际情况，做到全公司统一标准，严把概算关。加强了对二级单位申报工程概算的审核力度。现已对塔院投递部、航站生产车间空调改造、房山南尚乐和望京速递物流办公场地改造等49个工程项目合计5674万元造价进行了严格的概算，批复造价为4714万元，节约960万元，审减率达到20.36%。

加强工程材料管理。加强工程材料管理遵循节能降耗的原则，对塔院投递部、房山南尚乐邮政所和东区邮票公司等49个网点设施采取原有房屋尽可能利旧，地面只做修补，原有灯具尽量保留，只更换节能型光源，卫生间更换节水型龙头及延时自闭冲洗阀等措施，有效的降低局所使用成本。

【北京邮件综合处理中心工程情况】

土建部分：生产主楼和指挥调度中心楼主体结构封顶，开始进行机电安装和内外装修，工程进展十分顺利。在工程质量、施工安全、投资控制等方面均按制度执行，未发生重大事故，并在市级建筑业的最高质量奖项“长城杯金奖”两次评审中，得到专家评委的一致好评。

工艺方面：完成安检和大宗函件业务需求及规划方案；落实了工艺集成及监理单位。邮件处理设备已进入招标采购阶段，完成包件分拣机、提升门、装卸过桥的合同签订；胶带传输系统及其他设备都已完成技术规范书和招标文件编制工作，进入标办审核阶段。按照土建和工艺工期的要求，部分工艺设备已经进入现场安装。

三期工程：包括生产指挥调度中心2号楼(12000平方米)和生产辅助楼(9600平方米)，集团公司已经批复立项，北京市发展和改革委员会已同意立项，正在进行设计单位招标。

2009年签订各类经济合同标的额62860万元，工程总支出41300万元、累计拨款41352万元。

(撰稿人：吕瑾瑜)

后勤保障工作

概　述

2009年，北京市邮政公司后勤管理工作紧紧围绕企业经营发展做好支撑，以为职工办实事构建和谐企业为目标，努力取得了一定的成绩，将科学发展观具体落实到实际工作中。

主要工作

【房产管理】

1.以办理土地证、房产证为主要工作。在资料不全的情况下，经多方努力，全年共取得91宗土地的确权工作，是办证历史上最多一年；市公司幼儿园主辅分离改制资产处置，办理房产证和土地证过户是一项很难的工作，后勤管理中心克服各种困难，最终将资产过户到金雁飞鸣公司名下，使主辅分离工作圆满完成。

2.为速递、物流改制工作中资产划分提供相关资料。为划拨速递、物流公司7处房产和无偿使用39处房产落实到位；完成鸿纳公司转让给市邮政公司的芳星园19号房产，房产证、土地证年底前办理到市邮政公司名下。

3. 为131户职工办理房屋产权证发放工作，完成东城区前门东大街职工住房标准价改成本价41户售房及发证工作，受到职工的好评。

4.配合市政府拆迁工作，维护我职工利益。市公司丰台区骆驼弯有70套职工宿舍在拆迁范围，涉及61户职工和22个单身宿舍职工，关系到市邮政公司和职工的利益，经多次与开发商交涉，使其妥善安排拆迁户，职工的利益得到了保障，并为市邮政公司争得602多万元的经济补偿。

5.为了改善职工居住条件，市邮政公司调拨400万元资金用于职工宿舍房屋、供暖供电供水设备的大修改造工程。汛期来临之际，完成楼房平房屋面防水项目共计17886平方米。对老旧危房做好紧急预案，建立抢险队伍，及时处理突发事件，保证职工居住安全。

6.根据冬季供暖情况和居民反应的用水问题及下水不畅的情况对幸福村、芳园里、衙门口、八角、宋庄、垡头、管庄等宿舍近550户进行管线改造；及时解决职工宿舍防盗安全、生活急需问题，对金台里、芳园里、大黄庄、琉璃厂分别进行楼梯间防护窗、密封窗和水泵改造，受到居民好评。

【节能降耗管理】

1.根据市公司提出的节能降耗工作安排，对各单位2008-2009采暖季锅炉用油情况、出租房屋水电费收缴情况进行了调查。其中燃油锅炉经过调查，招投标后，由原来的分散管理，变为了集中采购，保证油料质量，用油数量明显下降。

2.对二级单位的出租房屋收取水电费情况进行了调查，基本上做到了水电费的按时收取，对个别没有单独收费的单位责成其按规定计收。

【物业管理】

1.与北邮物业和绿洲房地产公司就物业管理合同内容达成了基本共识，并签订服务协议。

2.完成了对以上两个公司的绩效考核工作。

3.召开了二级单位自管宿舍移交管理后的座谈会，会上就物业管理中出现的一些情况进行了沟通，取得了较好的效果。

4.加大对食堂的管理力度。在平时检查的基础上又先后两次组织二级单位相关人员对全公司15个食堂的基础资料管理、餐饮人员管理、食品操作间卫生、库房管理、餐厅卫生、安全管理等六个方面进行了全面检查，对检查中出现的问题及时进行了指导，对管理中存在的薄弱环节进行了分析，并达成了管理上的共识，保证了食品卫生的安全。

【计划生育、献血、绿化工作】

1.开展“走千家、交百友、送温暖、办实事”的活动.以不同的形式走访慰问病困、育龄职工、孕产妇、独生子女家庭、计生宣传员，送去节日礼品和补助款。2009年共走访慰问2076人，使用资金1076283元，通过开展走访活动密切了干群关系，增强了企业的凝聚力。

2.六一儿童节前夕，公司计生办对评为市三好生的独生子女家庭的50名孩子进行了慰问，并给他们送去了节日礼品，使用金额18881元。发放独生子女玩具费228250元。发放独生子女父母退休一次性奖励费238000元。

3. 组织职工参加市计生委举办的建国60年大庆摄影展，共有4幅作品获优秀奖。

4.完成市计生委布置的各项考核指标，被北京市计划生育委员会评为2009年度红旗单位。

5.完成市政府下达的献血指标，被北京市献血办公室评为无偿献血先进单位。

6.按照首都绿化委的要求，完成植树绿化任务，被评为2009年度首都全民义务植树先进单位。

【车辆管理】机关车队安全行驶60余万公里无事故，较好完成运输保障任务，被评为2008年度东城区交通安全先进单位。

（撰稿人：陈　虹）

协　会

集邮协会

概 述

北京市集邮协会(以下称市邮协)下设区(县)级集邮协会、直属集邮协会及基层集邮团体集邮协会共30个,会员8100人。会长何培恩,秘书长王思源、王晓婕,监事长李益新。日常办事机构是秘书处。办公地址:北京市海淀区万寿路18号院。

2009年,市邮协团结广大会员,充分发挥集邮界积极分子和各基层邮协骨干的作用,扎扎实实开展各类集邮活动,为首都邮政事业和集邮事业的和谐发展做出了积极努力,并取得一定的成绩。

召开市邮协七大

【召开第六届六次理事会议】9月23日,市邮协在北京市邮政管理局会议室召开第六届六次理事会议。会议由李伯琴副会长主持,李近朱、朱祖威副会长出席会议。会议讨论通过了提交市邮协第七次会员代表大会的《工作报告》、《北京市集邮协会章程(修改稿)》和《北京市集邮协会关于会员在各类邮展中获奖展品的奖励条例(试行)》。

【召开市邮协第七次会员代表大会】10月18日,市邮协在北京市邮政公司三楼会议室召开第七次会员代表大会。这次大会以努力开拓北京市集邮活动新局面为主题,全面总结市邮协“六大”以来,在组织建设、集邮展览、学术研究和青少年集邮工作等方面取得的成绩和经验,提出了以后5年工作设想。北京30个区(县)和直属集邮协会和专业集邮组织的代表、特邀代表、嘉宾,首都新闻界记者等160余人参加了大会开幕式。北京市邮政公司总经理章干泉致开幕词;李近朱宣读了《北京市集邮协会关于对2008-2009年度在各类邮展中获奖展品作者的奖励决定》。

王思源代表第六届理事会,向大会做了题为《高举旗帜,科学发展,推动首都集邮事业蓬勃发展》的工作报告。李伯琴所做了修改《北京市集邮协会章程》的报告,申克红所做了财务收支情况的报告,王学莉所做了监事工作报告,朱祖威所做了提案征集情况的报告。以上各项报告经过大会表决,均获得一致通过。

大会通过无记名投票,选举产生了第七届理事会。推选何培恩为会长,朱敏、李伯琴、李近朱、李新中、郑文胜(按姓氏笔画为序)为副会长,王思源、王晓婕为秘书长的第七届理事会领导机构。推选出李益新为监事长。聘请何鲁丽为第七届理事会名誉会长。

最后,何培恩会长致闭幕辞,对北京集邮工作提出四点意见:一、以科学发展观为指导,树立“三个服务”意识,增强集邮组织的凝聚力;二、坚持普及与提高相结合的原则,不断提高北京市集邮水平;三、努力开展丰富多彩的集邮活动,促进首都集邮事业更加繁荣;四、发挥各专业委员会的重要作用,推动北京市集邮活动协调发展;五、加强集邮组织自身建设,努力提高业务管理水平。

【召开市邮协会长办公会议】10月30日,市邮协会长何培恩在新闻大厦主持召开了市邮协“七大”第一次会长办公会议,何培恩会长指出,新一届领导班子要有新标准、新要求,具体要做到以下几点:1、秘书处要规范本职工作,改善工作和服务质量,提高管理能力;2、要坚定信心,特别要突出重点,抓好邮展、学术工作,要在今后取得更好成绩;3、对在全国、国际、世界等重大邮展取得好成绩的展品作者,在学术研究方面取得突出成绩的同志,以及为北京争得荣誉的会员,要大力宣传、表彰,并给予一定奖励;4、秘书处工作人员要上下一心,团结奋斗,顽强拼搏,克服困难,以更加坚定的信心和有效举措,努力开创集邮事业新面貌,推动集邮事业平稳健康发展,为集邮事业更加兴旺发达而努力奋斗。会议回顾了近几年来市邮协的工作情况,大家表示要在新会长和新一届领导班子的带领下，团结一致，认真学习实践科学发展观，以为会员搞好服务为中心，扎实推进集邮事业发展，为建设和谐社会作出贡献。

【何鲁丽接见何培恩会长】11月3日，第十届全国人大常委会副委员长、市邮协名誉会长何鲁丽，在北京友协会议室亲切接见了前去汇报工作的新当选的市邮协会长何培恩，一同前往的还有市邮协秘书长王思源和有关工作人员。何鲁丽见到大家非常高兴，她亲切的问道：你们的“七大”召开的很成功吧？何培恩会长回答说：“七大”开得很成功，我们又把您选为这一届的名誉会长。何鲁丽高兴地说，那我就与大家共同努力，把北京的集邮工作搞得更好。听完何培恩会长的工作汇报后，何鲁丽说：“北京是首都，集邮工作要走在全国的前列，要开展多种形式的集邮活动，壮大集邮队伍，努力开创首都集邮工作的新局面。”

集邮宣传工作

【编辑出版会刊，坚持正确的舆论导向】市邮协坚持正确的舆论导向，2009年，坚持每月出版一期会刊《北京集邮》，在宣传集邮大政方针、宣传普及邮政和集邮知识、倡导健康集邮和快乐集邮等方面，做出了积极努力，得到广大会员和兄弟省（区）市集邮者的肯定。

【利用自己的网站平台宣传集邮知识】2009年，市邮协利用自己的网站平台，大力宣传集邮知识，宣传北京集邮动态，注重基础资料的收集和整理，及时更新网内容。网站已成为了解北京集邮活动的一个重要窗口。

【召开在京集邮媒体发行工作座谈会】2009年11月18日，市邮协召开《集邮博览》、《中国集邮报》发行工作座谈会，各区邮协和专业集邮组织代表30余人参加。

集邮展览工作

【举办“中国2009世界邮展60城市巡邮·北京站活动”邮展】2009年1月6日，由北京市邮政公司承办，中国邮政文史中心协办的“中国2009世界邮展60城市巡邮·北京站活动”在中国邮政邮票博物馆举行。市邮协为此次巡邮活动举办了为期三天的集邮展览，共展出22部73框邮集。邮集分别以歌颂中国共产党、伟大领袖，歌颂建国六十年来，特别是改革开放三十年来所取得的伟大成就，展现古都北京风貌和民俗等为主题。

【参加“中国2009世界邮展”展品获得好成绩】为集邮界所瞩目的“中国2009世界集邮展览”4月10日至16日在河南洛阳博物馆新馆举行。本次邮展共有76个国家和地区报名参展，共展出邮集3200标准展框和集邮文献131部。中国参展展品103部503框邮集和28部集邮文献。北京有13部70框邮集和13部集邮文献参加了竞赛性展出，魏钢的邮政历史邮集《中国蒙古邮政史(1841-1921)》获得大金奖加特别奖，并最终获得“国家大奖”(这是北京也是中国集邮家在世界邮展中获得的第二个“国家大奖”。北京集邮家沈曾华的邮集《华东人民邮政》曾在1999世界邮展中获得“国家大奖”)。

北京参展的其他展品还获得了金奖1枚、大镀金奖9枚、镀金奖4枚、大银奖4枚、银奖3枚、镀银奖3枚、铜奖1枚的好成绩，总成绩名列全国前茅。

【举办省级邮展评审员培训】8月5日至7日，市邮协在北京市邮政管理局会议室举行新一批省级邮展评审员资格培训，来自北京13个区、直属邮协和专业集邮组织推荐的20多人参加培训。举办本次培训的目的一是为进一步壮大北京市省级邮展评审员队伍，充实各区(县)、直属邮协和各专业集邮组织在邮集评审和邮集指导方面的实力，提高北京市整体集邮水平，二是为备战将于2009年11月份举办的第四届现代邮展。国家级邮展评审员李理、客文达、李伯琴、施铭、王宏伟担纲培训主讲老师，分别就一框(传统、邮政历史、邮政用品、航空、航天、专题、极限、印花税票)、首日封、图画明信片、生肖、原地、自动化、开放、社会集邮、节俭等集邮类别的编组方式和评审规则，结合素材和邮集进行了较详细的讲解，并回答了大家提出的问题。培训结束后，市邮协于8月14日举行了笔试考核工作。笔试合格者，将被通知参加第四届现代邮展的见习评审，两项都合格者，将被市邮协聘为省级邮展评审员。

【参加“韩国2009”第24届亚洲国际邮展展品获得好成绩】“韩国2009”第24届亚洲国际邮展，于2009年7月30日至8月4日在韩国首都首尔举行，北京市参展展品获得好成绩,其中施铭的《中国的太空邮件》(航天类、5框)获得镀金奖;孟宪利的《建筑的顶部造型》(极限类、5框)获得镀金奖;梅海涛的《邮递员培训日记》(极限类、5框)大银奖。

【参加"2009世界邮展中国获奖邮集精品邀请展览"】为庆祝中华人民共和国60华诞,推动集邮文化交流,由宁夏邮政公司主办,宁夏集邮协会承办的"2009世界邮展中国获奖邮集精品邀请展览"8月12至14日在银川举行。本次邮展共展出45部220个国际标准框。北京市集邮协会会员王宏伟的《水》、郑城的《鱼》、王志刚的《图书》、梅海涛的《邮递员培训班学习笔记》和王潇的《杠杆是这样的……》五部展品参加展出。

【参加"第五届中国邮文化节"邮展展品获得好成绩】10月27日至29日,"第五届中国邮文化节"邮展在江苏高邮举办,北京有9部文献集邮展品获奖。获得一等奖的有:王世龙的《全国集邮联"一大"文件汇编》(收藏类4框)。获得二等奖的有:狄超英的《现代邮政》(收藏类);董国平的《中华人民共和国举办邮展的目录汇集》(收藏类);何林元的《海峡两岸首航封研究资料汇编》(整理类3框);刘大有的《全国主要集邮报刊文章索引2001—2005》(整理类1册)。获得三等奖的有:徐永胜的《世界邮票家族》(整理类5框)。获得纪念奖的有:曹大德的《中国人民大学邮协会刊汇编》(收藏类)、《个人文章汇编》(收藏类1册);左森的《世界潜艇邮票目录》(整理类1册)。王世龙的文献邮集《〈集邮〉和〈上海集邮〉创刊号辨伪》参加荣誉类展出。《北京文献集邮研究会五周年专刊》参加了集邮文献展出。

【承办"北京市第四届现代集邮展览"】11月20日至26日,由北京市邮政公司、中国邮政文史中心主办、市邮协承办、《中国集邮报》、《集邮》杂志、《集邮博览》杂志协办的"北京市第四届现代集邮展览"在中国邮政邮票博物馆举办。

邮展展出了北京18个区、直属集邮协会和专业集邮组织选送的193部385框展品。各专业集邮组织选送的展品包括来自河北、山东、吉林、四川、福建、黑龙江和香港等地会员的展品。邮展评委会由27位评审员组成,国际邮展评审员焦晓光担任主任。经认真评审,共评出金奖11个、镀金奖19个、银奖46个、镀银奖54个、铜奖45个和证书5个。本届邮展展品的整体水平较高,特别是在一框、开放、生肖、图画明信片等类别的展品中,涌现出一批较好的展品。评委会对各个类别中表现出色的展品颁发了特别奖。

集邮学术研究工作

【论文在中国2009世界邮展"高峰论坛日"获得好评】4月14日是中国2009世界邮展的"高峰论坛日",以"中国与21世纪的集邮发展"为主题的国际集邮高峰论坛在洛阳博物馆新馆学术报告厅举办。论坛共收到论文60余篇,反映了海内外集邮界近年来关于中国邮票研究等课题的最新学术研究成果。经论坛论文评审委员会评审,共评出一等奖3篇、二等奖12篇、三等奖18篇、纪念奖22篇。其中获一、二等奖的论文与特邀论文集结成论文集。北京王宏伟和金基勋(韩国)合写的《国际集邮展览的历史进程与发展格局》、赵强的《红印花税票论》获得二等奖、赵人龙的《再谈大龙邮票的发行日期》获三等奖、王渭的《试论一框专题邮集》获纪念奖。

【举办"庆祝建国六十周年"集邮学术研讨会】2009年9月10日,市邮协在东城区文化馆举办"庆祝建国六十周年"集邮学术研讨会。研讨主要内容是:1、新中国邮票专项研究;2、新中国邮品专项研究;3、新中国集邮活动专项研究。

研讨会就对改革开放以来发行的五大套邮票:民居普票、大佛普票、长城普票、环保普票和中国鸟普票;对中华人民共和国国旗、国徽、国歌的诞生经过,对国旗、国徽、国歌的内涵及新中国成立以来邮票发行的情况,对外交纪念封上贴用外国发行的与中国建交邮票表现的主题和设计特色,对邮票志号,对"国庆"题材邮票等内容进行了深入的研讨。市邮协学术委员会主任林轩对每篇论文进行点评,学术委员及参会人员积极发言共同讨论,对作者的论文提出了很多宝贵意见,与会人员的邮识同时得到了很大提高。

【举办"庆祝澳门回归10周年集邮研讨会"】12月20日,市邮协和东城邮协、鼓楼集邮研究会在东城区文化馆联合举办"庆祝澳门回归10周年集邮研讨会"。市邮协学术委员会委员、各区邮协负责人,以及来自辽宁、江苏、河北、山西等地的集邮专家40余人出席研讨会。研讨会上，学术委员王宏伟宣读了题为《论澳门邮票的地域文化特色》的论文，台湾集邮家杨浩详细介绍了从1884年发行澳门邮票以来澳门邮票的全貌以及他对澳门邮票收集与研究的过程，令与会者深感兴趣。

【举办“自1”邮票发行十周年纪念研讨会】12月26日，市邮协、自动化集邮沙龙和自动化集邮研究会在东城文化馆共同举办“自1”邮票发行十周年纪念研讨会。“自1”邮票发行于1999年12月30日。10年来，自动化集邮爱好者围绕着“自1”邮票的研究逐步深入，推动了国内自动化集邮的发展。会上公开展示了“自1”邮票印刷样张、技术资料和结账单样单等珍贵资料，并对技术资料进行了详细解读，对国家邮政局发布的有关“自1”邮票停售的文件也做了说明。

青少年集邮工作

【市邮协青少年工作委员会召开专门会议】3月24日，市邮协青少年工作委员会召开专门会议，研究关于举办庆“六一”《中国“小公民”道德建设计划》集邮知识、集邮绘画、纪念封设计竞赛的有关事宜，并对2009年下半年的青少年集邮活动进行了安排部署。会议决定，2009年下半年，对已授予“全国集邮青少年活动示范基地”的单位进行一次检查，对现有的青少年集邮俱乐部进行一次普查，组织一次一日集邮夏令营，继续组织好大中小学的集邮授课，把全市的青少年集邮活动搞得更加丰富多彩。

【市青少年在“中国2009世界邮展”少儿绘画邮票图稿大赛中获得佳绩】4月11日，“中国2009世界邮展”中的少儿绘画邮票图稿大赛在洛阳新区体育中心广场隆重举行。来自全国60个巡邮城市的3600名少儿现场创作。经专家评审组多轮评选，产生特等奖10名，一等奖100名，二等奖300名。北京小画家王雯宁在3600名参赛小选手中脱颖而出，获得特等奖。

【举办“中国‘小公民’道德教育集邮知识竞赛”】由北京市邮政公司主办，市邮协承办，中国集邮报、集邮杂志、中学生时事报、北京少年报协办的“2009年中国‘小公民’道德教育集邮知识竞赛”，于4月9日至5月20日举行。竞赛采用集邮知识答题、纪念封设计和集邮绘画三种形式，内容以纪念建国60周年、歌颂祖国、歌颂党、歌颂60年来我国社会主义建设伟大成就和反映中国少年儿童成长历程为中心，受到了全国少年儿童的热烈欢迎。竞赛共收到全国28个省、市、自治区的中小学生答卷21162份，其中纪念封设计582份、集邮绘画1146份。6月12日，竞赛颁奖大会在石景山区青少年活动中心金鹏剧场举行。抽取了本次竞赛活动的获奖名单：一等奖3名、二等奖5名、三等奖10名、组织奖10名、纪念奖100名。会上抽奖活动结束后，北京市人民政府教育督导室副主任陈宏讲了话，北京市集邮协会秘书长王思源作了总结发言。

【举办“同在蓝天下　人鸟共家园”主题环保集邮知识讲座】11月12日，市邮协与北京工商大学嘉华学院团委绿色环保协会举办“同在蓝天下 人鸟共家园”主题环保集邮知识讲座，由市邮协副会长李伯琴主讲。学院党委总支书记李武、学生处处长江涛、院团委书记李垒和近300名师生参加了本次活动。

李伯琴先生的精彩演讲，使同学们对人类和鸟的关系、保护鸟类与保护环境的关系有了更加深刻的了解和认识，同学们还与李伯琴先生进行了有关保护鸟的一些知识性问题进行了互动问答。同学们表示，通过这次主题环保集邮知识讲座，相信在今后的日子里，一定能够从小事做起，保护身边的鸟、保护我们的环境。

丰富多彩的基层集邮活动

【崇文区邮协】9月15日–18日，崇文区邮协举行“庆祝新中国成立60周年巡回展”。邮集从不同视角歌颂了开国元勋和革命老前辈，讴歌了伟大祖国在改革开放、科技发展、奥运成就、战胜非典、铁路腾飞等方面取得的成就，获得了参观者肯定。从16日开始，邮展在东花市博物馆、西花市社区进行巡回展出，展出得到社区居民的好评。

【西城区邮协】2009年1月9日，由西城区文化馆、西城区邮协主办的“纪念改革开放30周年集邮展览”在西城文化中心开幕。这次邮展共展出14部邮集48个展框，分专题、极限、首日封、图画明信片，一框五大类别展示。6月6日，西城邮协在涿州中国劳动关系学院召开“西城邮协2009年集邮学术研讨会”，研讨会的主题是《集邮与辨伪》。研讨会共收到12篇有关文章，会上宣读了9篇，作者从不同角度畅谈了自己在近20年的工作中累积的经验和辨别方法。阐述了在新形势下如何学习、掌握邮票上的暗记，快速鉴别佳邮评选张的方法，编年大版邮册中的版别鉴伪等内容。10月18日，西城邮协与外交封集邮联谊会在西城文化中心联合举办"共庆祖国六十华诞"集邮交流活动。活动内容包括邮展和小型拍卖会。邮展展出了13部30框邮集。

【石景山区邮协】1月10日，区邮协召开第五次会员代表大会。选举出会长李成申及30名理事，顺利地完成换届工作。4月25日至5月3日，区邮协积极参与区旅游局主办"北京西部旅游文化广场"，策划设计制作了纪念戳和一万枚纪念明信片，宣传了石景山区的旅游景点，使与会者得到一份既有旅游信息也有集邮内容的纪念品。7月25日，区邮协邀请著名邮票设计家李印清先生为会员和集邮爱好者讲授"邮票的设计和收藏"，150余人参加。11月21日，区邮协召开理事会议，李成申会长传达了市邮协第七次会员代表大会的情况和会议精神。

【丰台区邮协】3月1日至5日，区邮协和区文化馆共同承办了由中央青年政治学院和丰台区文委主办"与时代同行"纪念学习雷锋活动46周年展览。展出的2000多件与学习雷锋活动有关的藏品，全部由区邮协会员董兴喜提供。8月12日，丰台万泉寺社区举办"歌颂建国60周年"青少年集邮知识讲座，由市邮协青少年集邮工作委员会委员、宣武邮协副会长娄惠清主讲。9月13日至18日，区邮协和区文化馆联合举办庆祝新中国成立60周年邮展。本次邮展展出各类邮集24部、63框，以歌颂祖国、欢度佳节为主要内容。

【东城区邮协】长期坚持不懈举办北京集邮茶座，每次精心策划、主题明确、内容丰富、知识性全面，今年以来举办的：第89次《邮票印刷方式的区别》介绍了凹版、凸版、平版、孔版印刷的基本知识。第90次《北京称重邮资标签的收集和研究》介绍了三代大宗标签的启用过程和各自特点。第91次由王晋枫介绍世界邮展观感。第92次《海峡两岸通邮历程》、60年前两岸通邮中断、1979年全国人大首倡两岸三通，大陆率先开办第三地经转通信业务。1988台湾允许通过红十字会经转，使用印有"香港·内详"字样的信封套寄平信，称作"通信不通邮"。2008年12月15日海峡两岸正式直接通航、通邮、通商。第93次由张康华作主题发言，自己收集各国国旗邮票50年的经历。第94次由狄超英介绍《中华人民共和国邮票目录》。第95次由曹大德主讲《中国民俗邮票》。第96次举办"中朝友好年"朝鲜邮票研讨会。在上述茶座的基础上还开展了其他活动。12月9日，中国第8届外国最佳邮票评选颁奖大会，同时举办澳门回归祖国10周年集邮展览和北京鼓楼集邮研究会成立30周年回顾展览联展。12月19日，东城区文化馆举办鼓楼集邮研究会成立30周年联谊会。

【海淀区邮协】2月12日，在海淀区2009年社会组织管理工作会上，区邮协被授予"海淀区社会团体先进单位"和"海淀区社会团体优秀单位"称号，关树新被授予"北京市社团系统先进个人"称号。3月7日，北京原地集邮研究会特邀北京极地集邮协会理事周良先生主讲"极地集邮，挑战极限"。4月26日，区邮协举行"海淀区集邮协会成立25周年纪念暨第七次会员代表大会"。大会选举产生了第七届常务理事会，推举孙步新为会长，冯浩、穆迎新、刘天良、郭卫峰、王清波、尚长宏为副会长；任命关树新为秘书长，授予8个基层协会和直属集邮集藏组织"先进集体"称号。6月27日，区邮协七届一次监事会议在北太平庄邮局召开。会议表决通过了《北京市海淀区集邮协会监事会议事规则》。8月28日，工程兵邮协与总参军训和兵种部第七干休所联合举办了为期三天的"庆祝建国60周年集邮收藏展览"。邮展展示了传统类、专题类、明信片类、开放类、极限类、一框类邮集15部27框，火花、商标、酒标、图片、摄影类集藏7部12框；杂项实物20柜。7月18日，区邮协会员、北京奥运火炬手涂越明向台北"故宫博物院"赠送了祥云火炬，台北"故宫博物院"破例接受了北京奥运火炬捐赠。台湾故宫博物院代表朱惠良表示，北京奥运火炬将永远留在台湾，珍藏在台湾故宫博物院。11月13日，中科院计算所集邮协会成立20周年纪念大会在计算所学术报告厅举行。包允株会长代表计算所邮协理事会作总结报告。会后，与会者参观了计算所邮协举办的邮品展览。11月28日，著名邮票设计家许彦博先生应邀参加区邮协的"双末"活动，并发表关于邮票设计问题的讲演。他首先以《峨眉风光》和《全国人口普查》邮票为例，解读了设计思路、过程与设计家的追求，12月12日，圆明园邮学研究会举行例会，由会长吕凤翥主讲“我国的个性化邮票”,同时介绍了美国、加拿大、澳大利亚等国的个性化邮票。12月12日,北京原地集邮研究会副会长何欣将自己珍藏的《孙总理国葬纪念邮票》首日原地封和国葬日从“总理奉安第一临时邮局”寄出的原地封以及与中山陵相关的实寄封、明信片、邮票等多件邮品捐献给南京中山陵管理局孙中山纪念馆。南京中山陵管理局举行了“何欣先生邮品捐赠暨交流座谈会”。管理局副局长沈先金代表中山陵管理局接受了捐赠。

【朝阳区邮协】1月8日至18日,区邮协在老年生活体验中心举办邮展。本次邮展展出了以纪念毛主席等老一辈无产阶级革命家为主题的邮集和以邮政为主题的邮集共计28框。1月11日,区邮协在朝阳区文化馆举行了小型拍卖会,47项拍品几乎全部被拍卖，所获款项大部分捐献给四川的受灾会员。3月初,双井街道垂西社区邮协在垂杨柳中街举办庆“三八妇女节”邮展和纪念“向雷锋学习活动46周年”宣传服务周便民活动。3月15日,区邮协在区文化馆举办专题集邮讲座,由区邮协副会长王宏伟讲解“专题邮集的编组方法与技巧”。5月10日、12日,区邮协在朝阳区文化馆举办以纪念“5·12”汶川地震一周年为主题的第七届1片邮集展览。邮展展出400多贴片25框。5月21日,酒仙桥街道红霞社区举办邮协成立周年邮展。共展出20框邮集。6月1日,区邮协配合中航技邮协，在红领巾公园举办邮展和有奖猜谜语活动,庆祝“六·一”国际儿童节。7月28日,双井街道垂西社区和垂西社区邮协开办暑期学生集邮文化辅导课。8月11日,双井街道垂西社区邮协举办青少年集邮夏令营讲座第三讲“庆祝建国六十周年专题集邮讲座”,结合邮票介绍了天安门、国徽、国旗、人民大会堂、中国人民历史博物馆、人民英雄纪念碑、毛主席纪念堂,使学生们加深了对集邮知识的理解。8月18日,垂西社区邮协举行青少年集邮文化活动中心成立揭牌仪式。近40余人参加了这次活动。9月12日,区邮协在区文化馆举办“喜庆祖国60华诞集邮展览”，共展出70个展框。11月8日,北京东方化股份有限公司、化工二厂邮协组织离退休会员组织小型集邮展览和交流座谈会。展出15框邮集。12月13日,区邮协举办集邮日活动,传达市邮协“七大”精神;总结区邮协2009年工作,评选出7个先进单位和35名先进个人。12月31日,外交封爱好者联谊会召开理事述职会，这是该会延续的第三个年度理事述职会,16位理事会参加述职。

【宣武区邮协】1月20日,区邮协在南线阁社区举办“集邮收藏乐趣多,方寸之间忆改革”藏品展示活动,32名中小学生和多位家长参加了此次活动。宣武邮协副会长娄惠清将自己多年收集的票证、邮品拿给同学们做教材,并用自己集邮收藏的体会,讲述改革开放三十年的成果。3月1日是区邮协会员活动日,由市邮协学术委员张健为介绍了国邮瑰宝《红印花加盖暂作邮票》及相关邮识;区邮协副会长娄惠清为大家讲解了北京60年前解放军入城式的有关情况及最近收集、制作的相关邮品;4月23日是区邮协邮集制作小组的活动日,对杨致中的《2008北京奥运会国内火炬传递》、郜诚的《毛泽东是人民的大救星》、查保杰的《京剧服饰》和杜国平《长城》等邮集进行点评。大家各抒己见,为邮集编组“诊脉”把关。4月22日是第40个世界地球日。广内大街东社区居委会邮协在当天开展了“认识地球、保障发展”的宣传活动。社区邮协的田英同志展示了自己收集的关于“地球、人类、资源、环保”等方面的邮票,并结合邮票讲述了“保护森林,珍惜矿产资源,防止大气污染,珍惜生命之水,保护海洋资源,稳定低生育水平”等方面的知识。居民们还亲手将一张张邮票拼组成了“关爱地球，保护家园”和中华民族的象征——《长城》图案,表达着社区居民关爱地球的真情。

【延庆县邮协】1月12日,“延庆规划集邮分会”成立,推选沈丽平为集邮分会会长,刘磊为秘书。会后,市邮协理事、县邮协副会长刘彦生为大家进行了集邮知识讲座。2月9日,北京市国土资源局延庆分局首届集邮收藏展开幕。此次邮展共展出19部47框展品。包括极限、首日封、开放等类别。另外还包括收藏类和趣味性展品。市邮协理事孟宪利的8部28框展品参加了此次展览。

【其他集邮组织的集邮活动】

老年集邮会　3月24日,著名邮票设计家李印清应邀到老年会生肖组,举行了一次以“中国生肖邮票的发行与研究”为内容的讲座。使与会者进一步了解了我国生肖邮票丰富的内涵和文化底蕴，增强了生肖邮票鉴赏能力。4月21日,老年集邮会生肖集邮研究组在方寸斋邮市举办“中国生肖文化探源”讲座，由该组组员高道同主讲。9月22日，老年生肖组特邀张荣源来组座客交流生肖集邮知识。张荣源结合自己编组的《生肖艺苑之花》邮集，讲到：一、经大量历史文献查证，生肖起源于中国，是古老的中国民俗文化，不是外来的。二、十二生肖是一种内涵深刻的文化符号，也是标志时期的尺度。三、生肖集邮是中国传统民俗文化的反映。十二属相代代相传，生肖集邮大有可为，生肖文化锦绣前程。10月17日至25日，老年集邮会在方寸斋邮市举办邮展，庆祝祖国60华诞和市邮协第七次会员代表大会的召开。共展出54部150框展品。其中竞赛类展品35部94框，非竞赛类展品19部56框。评审会按有关规则对竞赛类展品评定奖级。全国集邮联副会长、市邮协副会长李近朱，市邮协副会长李伯琴，以及部分区邮协代表参加了邮展开幕式。来自德国的华邮收藏家卡拉·米歇尔女士也参观了邮展。

残疾人集邮联谊会　2月7日和3月15日，残疾人集邮联谊会两次在市残疾人活动中心举办了第一期集邮沙龙讲座，由副秘书长张跃武主讲。本次讲座的课题是一框类传统集邮的基础知识。4月12日，中国残疾人集邮联谊会在洛阳成立。联谊会会长贾俊起当选为该会副会长，任廷民、王在宁、连增恩、张跃武及舒广琪当选为理事。11月19日，联谊会和市残疾人活动中心共同主办以“中国邮政60年来发行的新中国重大历史事件”为主要题材的集邮知识竞赛活动。来自城区的残疾人集邮爱好者几十人参加了这次竞赛活动。

航空集邮联谊会　9月18日至19日，联谊会与中航工业综合技术研究所邮协联办“庆祝中华人民共和国成立六十周年”集邮收藏展。展出《天安门》以及《祖国万岁》等20部33框邮集，洛阳2009世界邮展获镀金奖邮集《“齐柏林伯爵号”飞艇》作为特邀展出。市邮协副会长李伯琴，著名邮票设计家李印清，国际邮展评审员陆游等作为特邀嘉宾参观了邮展，陆游先生专门对航空集邮做了专题讲座。

华夏专题邮会　7月19日，华夏专题邮会召开“马尔雷迪”邮品研讨会。会员们纷纷发言，畅谈个人对“马尔雷迪”这一邮品的认识，并对这一邮集素材在邮集中如何运用，谈了各自的看法。

生肖集邮研究会　2月28日，研究会在前门方寸斋邮市举办迎春生肖集邮藏品展。展出李志、张荣源两名会员的8部25框展品。3月28日，研究会第26次例会在方寸斋邮市召开，由副会长王晋枫主讲如何编组生肖邮集。他认为一是从总体上表现十二生肖的关系；二是将邮票设计家介入展品予以介绍，因为邮票上的十二生肖造型是他们的创造；三是十二生肖源于中国，流传于亚洲，在邮集中应该注意这些国家的邮票要作为重点优先；四是要有多国家、多品种的邮品展示，以弥补生肖邮品的先天不足。4月25日，研究会与老年集邮会开放组在前门方寸斋邮市联办集邮讲座，邀请国家级邮展评审员客文达主讲如何编组生肖类邮集。他辨证地分析了生肖形象与动物的关系，阐明了生肖题材与素材的问题，提出了生肖邮品多样化、多元化；结合展示生肖邮品，生动地阐述了如何善于运用邮政手段开辟封、片、简、邮政单据、包裹单等多种载体，搜寻故事，制作复合邮品；他指出，不要绝对分开极限邮品，要突出生肖特色和邮味。5月30日，研究会第28次例会在方寸斋邮市举行，请著名邮票设计、雕刻家呼振源先生讲邮票设计雕刻知识课。并由王晋枫副会长传达了市邮协关于举办“北京市第四届现代集邮展览”的通知，要求做好准备积极参加邮展。7月4日，研究会第29次例会在前门方寸斋召开，邀请阎炳武先生主讲邮票设计、雕刻知识。阎炳武说，邮票不是一张照片或一张画简单地缩小就可以印制出来的，而是要经过精心设计加工，否则就不会有好的效果。比如黄山是多么的雄伟壮观、风光秀丽，但是《黄山》邮票的设计稿就是非常简单的几条线，使得图稿缩小成邮票后能够抓住黄山的特点。又比如第一枚猴票，就是通过雕刻的手法，并配以金色和红色，才使得黑猴的形象活灵活现，猴毛也有了立体的感觉。8月29日，研究会在前门方寸斋邮市举行生肖邮品拍卖交换会。拍卖交换活动由副会长兼秘书长王育忠主持。这次拍卖交换活动共征集邮品63项。主要是生肖邮票和邮品。经过竞拍有33项成交，未成交的拍品会后参加自由交换活动。

京华极限集邮研究会　2009年6月14日，极限会组织会员学习FIP极限类竞赛规则，引导有实力的会员编组高质量的邮集参加北京市第四届现代集邮展览。会上，由李宏会长详细转述了FIP极限研究会主席朗戈斯先生在“洛阳世界邮展”期间为来自全国前来观展的邮友们进行技术指导时的讲座资料。李宏结合自己的理解，以及编组《拉丁美洲》邮集的体会，深入浅出地给会员们进行了讲解。会上，还播放了会员在“洛阳世展”上拍摄的朗戈斯主席获金奖的《我们的欧洲》极限邮集的全部图片资料。10月11日，极限会在例会上专门增加了怀念应鸿先生的内容。应鸿生前曾任新华社资深译审、教授，曾给邓小平做过翻译。他曾是市邮协理事，极限集邮研究会会长。1999年9月9日在办理邮事途中遭遇车祸。与会者对应鸿为中国极限集邮作贡献给予充分肯定，对他在京城极限集邮界倡导民主、和谐的气氛、讲团结、顾大局的品格表示钦佩。

21世纪集藏联谊会　2月4日，联谊会举行集邮知识讲座，国家级邮展评审员王宏伟为大家详细讲解了不同类别的邮集在如何选题、素材的采集、构成及编组、扩展等方面的基本要求。王宏伟以自己编组的《水》、《世界邮展采访记》、《马头盖戳记》、《烟斗》、《中国邮政临时邮局戳》等邮集的有关知识，进行详细的解读，还讲述了“开放”“一框”“专题”“节俭”等类别不同的要求，并对大家所提出的问题，做了耐心、详细的回答。7月6日，联谊会在东城区行政服务中心举办邮票辨伪知识讲座，特邀辨伪专家耿守忠为大家讲解如何识别真、假邮票等知识，还展示了真假票的样本，以供大家学习，从而提高了新老会员的辨别能力。8月5日，联谊会邀请国家级邮展评审员客文达，在东城区市民服务中心为会员们讲授极限集邮知识。8月31日至9月4日，联谊会在东城区市民中心举办迎国庆集邮收藏展。展览分为三部分；一是表达会员爱国情怀的，如《祖国万岁—我与国庆有缘》、《国旗在我心中》、《祝福春天的节日》等；二是展示新中国伟大成就的，如《金牌的辉煌》、《澳门回归祖国历程》；《新中国外交成果》等；三是弘扬中华文明的，如《中国龙》、《走近孔子》等，共有17名会员、25部邮集参展。

（撰稿人：李志辉）

邮政企协

概　述

北京邮政企业管理协会(简称邮政企协)是由北京邮政企业和单位以及致力于邮政企业管理的人员自愿参加的社团组织。

邮政企协围绕北京市邮政公司的中心工作,以深化企业改革为中心,以加强企业管理、提高企业素质、通信质量和企业经济效益为目的,坚持理论与实际相结合、深入调查研究,努力发挥“参谋助手、桥梁纽带”的作用为提升企业的管理水平和竞争能力,积极主动地开展企业管理创新工作。

邮政企协的任务是:研究、传播、推广现代企业管理知识和国内外企业经营管理经验;组织开展企业经营管理理论、方法的研究,开展行业和市场调研,参与邮政发展规划、行业标准、企业标准的制定工作,承担有关邮政企业经营管理的软科学研究;负责北京邮政企业管理现代化创新成果的评审、推荐工作;负责与北京企业联合会的沟通工作,受上级企协或二级单位委托,开展行业内部调研工作。在相关部室的配合下开展全国用户满意企业的评选推荐工作。

主要工作

【创新是现代邮政企业发展的主题】邮政企协坚持管理创新调研指导,认真总结企业贯彻执行邮政集团公司中心工作中创新的做法。一是注重引导和激励企业管理者高度重视创新工作,促进企业持续快速协调健康发展;二是注重创新的实践性,把创新作为发展方式转变和结构调整的中心环节,坚持把管理创新和企业发展结合起来,在促进企业可持续发展中发挥应有作用;三是围绕企业发展的大局,坚持在继承中创新,在创新中发展,不断总结企业管理创新工作的好经验好做法,积极探索做好新形势下企业管理创新工作的新途径新举措,推动企业科学发展,促进企业管理创新;四是注重研究企业管理中的问题,积极为加快转变发展方式建言献策,深入研究管理上的问题并提出对策建议,注重研究企业外部环境的新变化和企业发展中出现的新问题,提出有价值的意见建议;五是深入到邮政企业管理经营的第一线进行调查研究,提出更多加快发展方式转变、破解发展难题的新办法新举措,努力推动企业管理创新工作再上新水平。

【组织2008年邮政企业管理创新成果的评选工作】根据集团企协《关于推荐申报邮政企业管理创新成果的通知》精神,推荐5项成果参加全国邮政企业的评审,其中速递物流公司的《信筒同城快件业务的开发与实践》得到评委一致好评,经集团公司审核通过荣获得全国邮政企业管理创新一等奖。同时还获得全通信行业管理创新二等奖。

【完成北京企业联合会布置的各项工作】参加了北京市企业家研讨会论坛,组织北京邮政公司优秀管理创新成果参评北京市企业管理现代化创新成果的评选工作。其中报刊发行局的《创新发行服务方式　全面提升服务水平》、北京邮政速递物流公司的《邮政速递与物流一体化改革的创新与实践》、东区邮电局的《构建“劳模大讲堂”管理体系　搭建员工成长平台》等三项成果荣获北京市第二十四届企业管理现代化创新成果二等奖。

【积极做好《现代邮政》杂志的发行工作】《现代邮政》是集团公司企协的会刊,围绕集团公司的中心工作,以服务邮政企业,服务企业管理者为宗旨,及时宣传邮政企业管理创新的新成果、新办法、新举措,在推动企业管理创新中发挥了十分重要的作用。邮政企协积极开展了《现代邮政》的发行工作,从而获得2010年度《现代邮政》发行优秀组织奖。

【做好全国邮政用户满意企业评选工作】邮政企协与市场部密切合作,推荐延庆邮政局为集团公司2009年度全国邮政用户满意企业。同时企协以评选为契机,不断增强企业做好服务工作的责任感和紧迫感,不断创新和改善服务，加强对用户满意企业典型事迹的宣传和准广工作。

【参与一系列的研究和调研工作】参与了由中国邮政集团公司企协牵头的流程优化调研工作，为推动企业管理的科学化和规范化，优化管理流程和生产流程建言献策。

（撰稿人：何　颖）

直属单位

东区邮电局

概 述

北京市东区邮电局(以下简称东区局)是北京市邮政公司(以下简称市公司)直属二级通信企业,位于北京市朝阳区金台北街6号。承担北京市东城、朝阳两个行政区及西城区、崇文区部分区域505平方公里400余万人口的邮政通信服务工作。区局机关设局长办公室、党群工作部、人事教育部、计划财务部、通信运营部、市场部、安全保卫部、审计监察部、科技设备部、工会等10个职能机构;下设邮票公司、发行公司、商函分局、代理业务分局4个专业公司;另有宣传中心、账务中心、营销策划中心等支撑部门。全局下辖31个支局,151个邮电所。经办国际国内函件、包裹、特快专递、汇兑、西联汇款、电报、电话和报刊发行、集邮、邮政储蓄等业务;经营邮政网上商城、商业信函、图书音像制品;窗口承接鲜花礼仪、同城速递、邮购等业务;代理保险、代收燃气费、水费、通讯费等多种代办业务。

截止2009年年底,全局固定资产总额2.63亿元,资产净值1.30亿元。全局员工总数2679人。

局长、党委副书记宋平姣,党委书记、副局长顾燕,副局长侯占昆、赵汝英,局长助理齐涛,工会主席李秀慧。

经济效益平稳增长
邮政业务全面发展

2009年是东区局任务艰巨、经受严峻考验的一年,是全局干部员工团结协作、锐意进取、直面挑战的一年。2009年,国际金融危机持续扩散蔓延,面对严峻复杂的经济形势,面对奥运经济带来的收入高基数,东区局紧抓后奥运经济、新中国成立六十周年等契机,坚持以科学发展观为统领,以经营发展为中心,全面落实市公司各项工作部署,紧紧围绕“科学发展,提升能力,创造价值,共赢共生”的工作方针,把学习实践科学发展观的成果应用到企业创新发展中来,在构建和谐企业建设的征程上,迈出了更加坚实的新步伐。在全局干部员工共同努力下,年内实现业务收入8.89亿元,完成预算指标的102.10%;收支差额累计完成2.98亿元,完成预算指标的100%;全员劳动生产率累计完成33万元,完成预算指标的100.37%。

【邮务类业务】邮务类业务总收入58651.56万元,同比下降0.18%。其中函件收入27613.30万元,同比下降0.83%;国际函件收入3183.70万元,同比增长4.81%;包裹收入3639.64万元,同比增长1.55%;电子商务和代理业务收入693.51万元,同比增长67.35%。

报刊发行收入4981.45万元;集邮收入21723.66万元,同比下降5.68%。

【速递物流类业务】速递物流类业务总收入14292.87万元,同比增长20.54%。其中特快专递收入12962.08万元,同比增长25.95%;国际包裹收入1330.79万元,同比下降15.01%。

【代理金融类业务】代理金融类业务总收入15457.89万元,同比增长8%。其中代理储蓄收入12690.23万元,同比增长7%;代理保险收入665.38万元,同比增长23.72%;代理汇兑收入2102.28万元,同比增长9.76%。

其他业务收入467.89万元。

围绕市场做文章
经营工作成效显著

2009年,东区局在细致分析东区邮政人、财、物等资源状况的基础上,确立了“以市场需求为导向、以优质资源为依托、搭建平台、整合资源,把东区邮政的地域优势和文化优势转化为企业发展的经营胜势”的基本思路,积极开拓市场,沉着应对来自各方的严峻挑战，取得了优异成绩。

【积极开拓“八大市场”】“八大市场”是2009年东区局根据地域特点和客户资源制定的重点工作，以推进“总部经济、政府经济、会展经济、中小企业、报刊社、文化创意、商务礼仪、广告市场”为目标，积极捕捉各类社会热点题材，有针对性地为各支局市场开发指明营销方向，以营销项目带动市场深入开发。全年申报重要开发项目共计622项，其中涉及中小企业108项、政府经济95项、总部经济90项、会展经济76项，开发定制型邮政产品实现收入5380万元，先后有14个项目荣获市公司营销创新成果奖。其中“深圳财讯广告有限公司IT基础日志个性化邮品项目”创收504万元，“北京移动公司定制国庆明信片项目”创收225万元，“盛源公司数据库商函项目”创收100万元等，成为“八大市场”营销活动的典型案例。

【后奥运经济开创经营新模式】奥运会结束后，奥林匹克中心区公园及其所涵盖的国家体育场、国家游泳中心等比赛场馆，每天参观者络绎不绝。东区局及时洞察这一商机，从年初开始，通过采取与场馆主管单位合作经营的模式，共同开发后奥运经济市场，真正实现与合作方的“双赢”。分别在奥林匹克中心区公园内设立4个邮政销售亭，在国家体育场设立了“鸟巢”邮局。并经国家体育场独家授权，开发、设计、制作了“爱从鸟巢寄出”、“鸟巢系列本册明信片”和“世界建筑奇迹”等鸟巢主题系列邮政产品，突显了奥运中心区、鸟巢、水立方文化氛围，全年实现后奥运经济收入500余万元。

【依托天安门资源塑造品牌】位于东区局道界内的天安门，作为祖国的“心脏”，共和国的象征，成为全中国人民向往的地方，而每年4千万人次的参观量，存在无比巨大的市场空间。为此东区局以全新的理念、创新的模式，倾力打造“天安门邮局”这个独有的邮政品牌。在“依托历史、立足当前、面向未来”战略经营思想指导下，围绕天安门不可复制、不可再生的价值性、稀缺性，塑造天安门邮局品牌，实现各种资源的有效整合：诚邀著名导演张艺谋担任天安门邮局名誉局长；借新中国成立六十周年契机启用“100060”作为邮编；通过从各支局进行人员招聘的方式，组建天安门邮局精英服务运行团队；采用独家买断设计版权方式，开发了《共和国史诗》大型纪念封、《祝福祖国》纪念邮册、《国旗升起的地方》明信片、全长10米的《盛世国典大阅兵》连体明信片以及《中国生肖瑰宝》等系列产品，累计实现收入8300余万元。

【积极探索CBD商务经济服务模式】随着北京商务中心区的不断建设和发展，CBD区域成为全市经济高速增长的驱动器，也是北京邮政业务快速增长的重点区域之一。依托道界内独有的CBD商圈资源，创新管理思路，大胆实践，打破按属地划分支局、各自为战的经营模式，组建CBD邮局管理体系，成立了CBD虚拟邮局，以统一对外形象、统一优质服务，与CBD商务经济发展模式实现整体对接。东区局参与市公司CBD试点的嘉里中心邮电所、建外商务区邮电所、航华中心邮电所，半年实现累计收入828万元，同比增幅69.24%，新签约客户71户。为集中优势力量充分挖掘CBD区域高端客户，率先抢占市场，对尚都国际和金地大厦两座新建大厦实行分区域网格化营销，采取承包制营销模式在全区范围内公开招标，吸收全局优秀营销团队进驻，为进一步深层次开发CBD区域商厦经济，提供了翔实、准确地数据资料和营销范本。

【成立策划创意研发中心】市场环境瞬息万变，企业要发展，就要积极探寻相互关联的创新途径和具有突破性的解决之道。邮务类业务中的商函、集邮、发行等产品，与文化创意产业有着类似的发展规律。为此，东区局变被动为主动，以“靠”市场转变为“创”市场，成立了营销策划创意研发中心，借助“外脑”，进行市场化的运作，使产品从研发到制作、从营销到售后形成闭环管理。2009年结合“回味奥运”、“国庆六十年华诞”和“生肖邮票发行30周年”等热点，研发出了35个系列40余种产品，实现创收8837万元。通过创新运行机制，提高企业经营效益，提升了整体驾驭资源的能力，为今后的市场拓展工作奠定坚实基础。

建国60周年服务及重大通信服务

【李长春视察河南大厦“两会”邮政服务】3月3日，中共中央政治局常委、中央精神文明建设指导委员会主任李长春来到河南大厦看望住在这里的全国“两会”河南代表团成员。经过酒店大堂时，临时邮政服务网点柜台上琳琅满目的集邮产品吸引了李长春的目光,他径直走到邮政柜台前,饶有兴致地翻看起为此次“全国两会”特别设计的纪念邮品《肩负重任》,并向邮政服务人员询问广大代表对何种题材的集邮产品更为关注。当得知邮局为满足广大与会代表的用邮需求,根据两会时间安排调整了营业时间,并为代表提供了个性化邮票和明信片制作、手机空中充值等新型邮政业务后,李长春十分满意,他深情地对服务人员说:“邮政肩负着为代表服务的重任,你们很光荣,也很辛苦。”

【全国“两会”服务】3月3日和3月5日,中国人民政治协商会议第十一届二次会议和全国人民代表大会第十一届二次会议(以下简称“两会”)分别在北京举行。东区局成立局长挂帅的“两会”邮政通信服务领导小组,制定了《东区邮电局全国“两会”服务方案》、《预防突发事件紧急预案》和《“两会”服务规范手册》。王府井、北新桥、北苑、酒仙桥、农光里、双井、安贞等7个支局抽调60余人直接参与,分别在北京饭店、贵宾楼、京东宾馆、北京会议中心、二十一世纪饭店、河南大厦、广西大厦、百环合一酒店、长白山国际酒店等10处委员、代表驻地设邮政服务点,开展服务工作。特别推出了“弘扬北京奥运戳文化,两会驻地寄出美好祝福”主题活动,为代表、委员提供北京奥运系列邮戳打包加盖服务;精心制作“中国邮政竭诚为全国两会服务”标牌,摆放于各服务网点显著位置;首次开办“手机空中充值”业务,并配备放大镜、老花镜,供年纪大的代表、委员用邮时使用,优质的服务赢得了委员代表们的广泛赞扬。在历时11天的“两会”服务中,东区局共为2690位代表、委员及随行人员提供服务637次,出车571次,上门取送邮件461次,收到代表表扬信66封,收寄两会封9.8万件,包裹708件,特快专递760件,出售邮册1.7万册,制作个性化邮票3260版,实现创收1094万元,同比增长60%,创造了人均消费4067元的最高水平。

【北京市副市长程红慰问“两会”服务人员】3月10日,全国政协委员、北京市副市长程红,来到北京会议中心慰问北苑局驻会服务人员,对邮政员工认真做好服务工作,为代表、委员用邮提供细致、周到、便捷的服务大为赞赏,并现场制作了个性化邮票。

【天安门邮局开业】7月8日,位于天安门广场东侧路的天安门邮局正式开业,向中外游客提供邮政服务。为庆祝建国60周年,北京邮政特意启用“100060”作为天安门邮局的邮政编码。天安门邮局以展示和出售各类明信片和集邮品、制作个性化明信片及订制个性化邮票等邮政业务为主要服务功能和特色,营业时间从每天的早9时至晚18时。天安门邮局开业当天,纪念国庆60周年系列邮品——《共和国史诗》大型纪念封、《祝福祖国》纪念邮册、《国旗升起的地方》明信片和《鼓舞》电话卡邮票珍藏册,在开业典礼现场首发。东区局结合天安门邮局所处地理位置、服务人群,以及落成开业时间点,为进一步增添该局文化内涵,树立品牌形象,在天安门邮局设立了“天安门邮局名人堂”,接纳拥有良好社会声誉、具有较强影响力和公信力的知名人士,为他们服务社会、沟通交流、建言献策搭建平台。

【北京市政协副主席赵文芝参观邮政旗舰店】7月2日,北京市政协赵文芝副主席带领市政协委员一行20余人,来到北京邮政首家营业旗舰店双井局参观考察。赵文芝副主席了解了旗舰店建设工作、开办业务以及便民措施等,充分认可了邮政提供的各项便民用邮服务,并要求市政协委员、北京交通电台金话筒主持人王佳一,结合新中国成立六十周年和中国改革开放三十周年以来,北京邮政的改革发展,对旗舰店双井局的各项便民服务予以宣传。

【澳大利亚邮政总裁参观建内局】5月26日,澳大利亚邮政总裁格雷姆·约翰来到建内大街邮局参观,格雷姆总裁详细询问了“爱心包裹”业务的办理流程,认为这是一项富有爱心的活动,当即在营业窗口捐赠了10个学生型“爱心包裹”,表达自己对中国灾区小朋友的热情关怀。

【科学园局服务世界魔术大会】7月26日,第24届世界魔术大会在北京开幕,大会历时6天。科学园局承担此次大会邮政服务工作。服务网点的邮政营业员,选派的均是参加过奥运服务团队的员工,他们流利的英语服务让来自世界各地的魔术师连连称道。

【“新视窗”点亮国庆纪念邮品市场】8月12日至13日,东区局召开国庆邮政产品新闻发布会暨天安门邮局产品业务推介会。推介会上,“新视窗”纪念封首度亮相,纪念封正面图案为天安门城楼,并加盖了“来自天安门的祝福——建国六十周年”中英对照字样和“北京2009.10.1”字样的纪念戳。纪念封的右下角印有“北京天安门邮局100060”。纪念封的背面是抽拉式设计，可以将纪念封内页中的“祝福祖国——天安门全景主图”等两种设计图案自由转换。这种独特的推拉式设计，在纪念封形式设计上尚属首创。作为一款集展示与纪念功能于一身新型邮政产品，“新视窗”特种纪念封将为政府机关、企事业单位或个人制作国庆主题的纪念品提供全新的思路和选择。著名歌唱家、84岁高龄的王昆作为特约嘉宾出席推介会。天安门邮局特意将量身订制的“新视窗——王昆版”特种纪念封和天安门主题的个性化邮票现场赠予这位德高望重的老艺术家。此次推介会，东区局采用营销员与客户“面对面、一对一”的推介方式，收到了良好效果。

【“爱你久久久”婚庆个性化邮政服务】9月9日，因谐音“爱你久久久”而备受准新人热捧。东区局推出“爱你久久久”婚庆个性化邮折和婚宴请柬，用方寸邮票见证这一刻浪漫时刻。个性化邮折，一套五版婚庆个性化邮票，以“岁岁平安”为主图，版式为12枚中空式，新人可以选择一张合影照片，放在中空位置，再另选一张放在邮票附图；婚宴请柬，采用横开和竖开两种形式，以红色烫金突出喜庆气氛，内贴一枚印有新人合影的专属个性化邮票；登记现场制作自创型明信片可加盖“爱你久久久2009.9.9”纪念戳。

【首都文明办领导调研建内大街局】9月16日，首都文明办舒小峰主任、张长江巡视员到建内大街邮局调研。舒小峰主任一行首先对营业厅内各项邮政服务工作进行了视察，在听取了工作人员详细的介绍后，他对建内大街局的服务工作给予了肯定。来到国庆系列邮品专台时，舒小峰主任还询问了“来自天安门的祝福”等国庆系列邮品的情况，他要求建内大街局要继续发扬优质服务的光荣传统，为国庆黄金周做好各项邮政服务。

【天安门邮局首发《盛世国典大阅兵》连体明信片】10月6日，由东区天安门邮局研发推出的《盛世国典大阅兵》连体明信片在建国六十周年阅兵三军仪仗队驻地举行隆重首发仪式。这套明信片全长10米，由60张国庆阅兵仪式上的经典场景照片为图案的明信片首尾相连组合而成，是我国迄今为止最长的国庆题材连体明信片。这套明信片不仅重现了56个阅兵方阵的飒爽英姿，更全程记录了首都国庆六十周年壮观阅兵仪式的宏伟场面，展现了祖国的军事强国风范。国庆期间，此套连体明信片销售近6000套，实现收入近36万元。

【《爱我中华》特色邮品国庆献礼】《祝福祖国》邮册，内含国庆的四个经典瞬间明信片、以天安门为主图的四枚精彩瞬间个性化邮票及一整版个性化版票。《共和国史诗》大型图卡，所贴的个性化邮票副票部分着重突出了毛泽东主席的伟人形象，图卡背面的人物线描图清楚勾勒了天安门城楼上每一个人物的线条。《共和国史诗》大型邮册，邮册内页装有一版12枚个性化邮票，特殊版式设计——附票尺寸为主票的两倍大，其余的内页装有六版八枚特殊版式设计的个性化邮票，以五星红旗图案作为邮票边饰。邮资机标签纪念封一套12枚，分为“国庆经典瞬间”和“天安门及周边景观”两个主题，该套纪念封是天安门邮局首次独家发行的，首次在一枚纪念封上囊括了邮政专用邮资机戳和风景纪念戳元素。

【北京市思想研究会副会长参观建内大街局】10月29日，北京市思想研究会常务副会长、北京市企业文化协会常务副会长钟岩到建内大街邮局参观。思研会领导对东区局统一为支局配发的电动缝纫机、针线盒这种便民措施给予了高度的评价。在参观中，思研会领导对该局设置的国庆邮品及贺卡专柜产生了浓厚兴趣，并详细询问了《盛世中国》六十枚连体明信片及2010年贺卡的销售种类。

【邮政服务走进东四奥林匹克社区】10月22日，为满足京城百姓对邮政科普知识的需求，北京市老科学技术工作者总会、市邮政公司和东区邮电局携手东四街道工委在东四奥林匹克社区公园联合开展“邮政伴您生活”科普宣传进社区活动。活动中，邮政部门的离退休老干部带来了精彩的文艺表演，全国文明单位东四邮电局现场设立临时网点为社区居民宣传解答邮政知识、办理邮政业务。

【邮政服务亮相第四届北京文博会】11月26日，第四届北京文博会展览会开幕。和平里邮局借力天安门邮局这一平台，将邮政国庆题材邮品及东区局自主研发的品牌特色产品进行集中展示销售；地安门邮局充分发挥地域资源优势，以文化为主导，将后海特色与老北京人文风情相结合，携手著名北京民俗画家杨信为此次文博会专门设计了“烟袋斜街”邮折并配以同名纪念戳完美亮相；香河园局提供的个性化邮票制作及展示服务成为观众们最爱光顾的地方。

【“邮”礼文化节开幕】12月8日，“邮”礼文化节在建内大街局召开，北京生肖文化研究会、崇文区集邮协会等领导出席。该文化节是为纪念2010年世界生肖邮票发行60周年、新中国生肖邮票发行30年而召开；首次推出《中国生肖瑰宝》纪念邮册A、B、C三款，每款均以第一轮生肖邮票为引领，采取预订方式销售。

完善营销体系建设
提升营销创新能力

【强化营销队伍建设】东区局在营销体系建设上坚持以市场需求为导向，以客户信息为基础，以产品开发为切入点，继续巩固并完善三级营销组织，并通过自愿报名、竞聘选拔等方式，扩大了营销队伍建设。目前全局营销队伍由2009年年初的321人发展到年底的486人，占全局员工总数的18.20%，高于市公司要求1.2个百分点。

【提升营销创收能力】通过规范营销人员绩效考核机制，分层次、有针对性地进行营销培训，全面提升了营销队伍综合业务素质，发挥了营销队伍优势。全局全年营销员累计完成营销业绩2.97亿元，占全部收入总额的33.41%；其中新增营销业绩1.19亿元，与去年同期相比增长8.69%；营销立项共计3283个，成功项目2119个，成功率达到64.54%；营销员月人均新增业绩为2.69万元。

【细化客户管理体系】对客户实行分等分级分层管理，统一服务水平，提高服务质量；采取系统化管理流程，规范大客户管理与其他相关业务流程的接口，保证跨部门紧密合作和快速有效的支撑体系；出台大客户流失判定及正负激励机制办法，加强流程各环节的绩效考核。2009年东区局5万元以上大客户有582户，同比增长58.58%，大客户产生的业务收入累计达1.78亿元，同比增长16.34%，受实时监控的客户已达到2262个。

【获奖营销项目】东区局有14个项目获得了市公司优秀成果及市场开拓奖。

1.北京APM新东安圣诞邮局项目。APM新东安广场是北京王府井地区一家大型购物场所。该项目是在新东安广场重点地区、圣诞节期间设立临时邮局销售圣诞明信片及其他邮品，并设计了圣诞邮局纪念戳、个性化明信片现场制作而且将残奥会中用到的透明邮筒搬到了圣诞邮局。

2.北大光华管理EMBA年会邀请函开发的项目。作为中国管理学界最高学府，北京大学光华管理学院每年春节前组织毕业生召开EMBA年会暨新春联欢会，成为全国各地管理精英济济一堂、互通信息的机会。东四邮电局通过查访获知2009年会将在1月召开，发现以往年会邀请函的形式简单，于是抓住这个商机，通过区局领导搭桥主动与客户联系，提出为全国3000名学员制作附有学院个性化邮票邀请函的策划方案。邮折式邀请函形式新颖大方，充分体现学院的特色，其“告别严冬、迎接春天”的寓意更直面当前经济形势、意义深远。客户非常满意邀请函的高雅设计、与该局合作制作邀请函3000个，并将邀请函的邮寄工作一并交给东四局，共创收近6万元。

3.“来自雍和宫的祝福”幸运封制作项目。“来自雍和宫的祝福”幸运封销售项目，在国内首创了可以邮寄的“加持”祝福。把雍和宫住持亲手“加持”这个稀缺元素，结合邮政热销的幸运封与遍布神州大地的邮政销售渠道有机结合。在取得经济效益的同时也突出了中国邮政的品牌。在1月15日至2月15日一个月时间内，雍和宫和北新桥邮局共销售产品1万余枚，创收40余万元。通过本次双赢合作，与雍和宫结成战略合作伙伴关系，为2009年继续开展其他业务打下了坚实的基础。

4.康泰纳仕文化事业咨询(上海)有限公司北京分公司邮资明信片的项目。康泰纳仕文化事业咨询(上海)有限公司北京分公司位于华贸中心，是一家从事文化事业传播及杂志出版的企业。年初，慈云寺邮局营销员重点突出对新业务的开发，每遇到有新邮品或新业务的推广，就马上联系客户，第一时间详细地介绍新业务，不断以新颖创意的内容吸引客户。在与该客户的接触中了解到，该客户正在举办“放飞你的心”主题活动，于是向该客户介绍了邮资明信片业务，建议客户制作白色邮资明信片，由读者尽情发挥想象力自己创作，创作完成后，不用贴邮票，直接投进邮箱，回邮到悦已杂志社，最终打动客户，在该局制作邮资明信片25万枚,创收30万元。

5.中航集团为海军建军六十周年制作个性化邮品的项目。4月建内大街邮局营销员回访老客户偶然听到一条信息，中航集团打算为中国海军建军六十周年制作纪念品。在上网搜索相关信息后营销员主动上门拜访,双方交流后根据中航集团的需求,营销员有针对性介绍了个性化邮册业务，客户十分感兴趣，第三天便把精彩的策划方案送到客户手中。客户对邮政的工作效率非常赞赏，决定制作5万套个性化邮折和1万本个性化邮册。而且按照客户要求将原来一个月才能制作完成的邮册，在十天之内如期交货,实现收入203.4万元,成为当时国庆六十周年纪念邮品的最大赢单。营销的成功之处在于营销员能够结合当今热点、主动出击。在发展业务遇到困难时,积极寻求解决问题的方法和途径,利用可以调动的积极因素，全面寻求业务发展的支持。同时,以团队模式开展营销工作,从传统的单打独斗式营销向团队营销模式转变，取长补短，发挥团队优势,也是取得重大营销项目成功的保障。

6.瑞星公司定制国庆明信片的项目。在喜迎国庆的热烈气氛中,东区邮局自主开发天安门邮局的系列邮品,一经推出便吸引了社会各界的众多目光。9月1日随着中邮广的审批通过，东区局为权威信息安全厂商瑞星公司提供的国庆定制型明信片的大单业务尘埃落定。这是东区局与国内知名企业合作所成功产生的第一笔国庆定制型明信片收入。东区局为瑞星公司提供的定制型明信片为一套六枚,共制作60万枚，并加盖60周年国庆当日天安门邮局邮戳与国庆纪念戳，用于发放给购买使用瑞星相关系列产品的用户作为纪念，具有十分珍贵的收藏价值和历史意义,业务收入85万元。

7.孔庙和国子监博物馆邮资明信片的项目。9月28日是“至圣先师”孔子诞辰2560周年纪念日,在孔庙举行的传统拜师礼活动记者云集，国子监中学的160名学生在孔庙大成门举行了拜师礼。活动现场举行了“纪念孔子诞辰2560年邮资明信片”首发仪式,万套限量版邮资明信片正式发售,同时为期8天的孔庙国子监文化节也圆满落下帷幕。《孔庙·国子监博物馆明信片》以馆内主要景观图片为内容,可以与孔庙风景日戳有机的结为一体，极具收藏价值和纪念意义。本次北新桥邮局订制了1万套，每套10枚,创收10万元。

8.开发中金国鼎公司“天安门”个性化邮册的项目。北京站邮局营销员5月份就开始与客户联系国庆邮品的销售,到中国登山协会宣传国庆60周年邮品,着重宣传国庆邮票发行数量紧俏,邮品珍藏价值高等特点，登山协会推介该局与太原中金国鼎文化传播公司联系,经过反复推介,9月份北京站邮局与该公司签订制作三千套“天安门”邮票珍藏册的协议,由于该公司要求交货期限在9月底,时间紧迫,在集邮公司和商函分局的大力协助下，这本个性化邮册内有天安门邮局发行的全套“祝福祖国”邮品,附有一版个性化邮票和配合国庆题材的20多套邮票,同时还有客户收集购买的部分老纪特邮票。此项目形成140多万元集邮、函件收入。

9. 开发中国最高人民法院成立60周年纪念邮册的项目。2009年不仅是国庆60周年,也是高法成立60周年纪念,极具特色的个性化邮票业务一定能在高法纪念礼品中占有一席之地。该项目营销员准备充分，制作个性化纪念邮册方案与高法文化紧密结合,处处体现着高法60年历史的厚重底蕴,方案一经提出就得到了高法的首肯。

10.开发刘人岛邮票作品珍藏册的项目。2008年10月,著名画家刘人岛带着他个人近三十年来创作的千余幅作品回到家乡湖南,举办了“刘人岛个人艺术展”系列活动，并从艺术品拍卖所得中毅然捐出100万元用于资助邵阳学院品学兼优的贫困大学生。2009年年初,在与画家交谈中,刘老师无意中说起此事，闻此义举的水碓子邮局很快就有了一个大胆的创意:作为一名德艺双馨的艺术家,刘老师从艺多年作品无数,如果能将其精华佳作收集于一册,配以相关个性化邮票,以作品邮票珍藏册的形式再现,在铭记骄人艺术成就的同时，也是对他仁爱之举的最好礼赞。想法提出后,引起了刘老师的浓厚兴趣,他兴奋地说:“我曾经出版过数本画册，但与个性化邮票相结合的作品邮票册还是头一回”。刘人岛老师卓越的艺术成就，使得个人邮票珍藏册的报批审核进程进行得十分顺利。应刘人岛老师的要求,此次设计的邮票作品珍藏册按所收集名家邮票的差异分别制作成精装和普通二个版本，共收纳个性化邮票近20000版,连同册、票共计130万元。

11. 东区商函局为北京移动公司定制国庆明信

片的项目。基于东区商函局2008年对北京移动公司奥运明信片的成功营销，双方有长期良好的合作关系。2009年9月东区商函给客户提供了详尽的“来自天安门的祝福”明信片营销方案，经过多次与客户沟通，移动公司采用了邮政的建议，定制建国60年“来自天安门的祝福”纪念明信片馈赠老客户，明信片加盖建国60周年纪念戳和天安门邮局日戳，附有公司感谢信。定制数量为75万枚，单价3元。共创收225万元。

12.盛源创新(北京)科技有限公司数据库营销。该公司与双井局合作一直使用邮局数据库业务，经过半年的时间，该公司使用数据库已形成规模，“中小企业库”“精品库”“集邮库”“报刊库” 等几乎都被他们用过了，成为市商函局数据查询的最大客户，大批量数据库使用的同时，公司业务也得到了很大的发展，达到每月使用数据库约25万余条，收入约10万余元/月，全年共发生邮费92万余元。

13.东区开发《盛世国典大阅兵》连体明信片的项目。10月1日，在首都北京天安门广场举行了隆重的庆祝中华人民共和国成立六十周年首都国庆大阅兵。10月6日，北京市东区邮电局在首都国庆阅兵三军依仗队驻地举行《盛世国典大阅兵》连体明信片(非邮资)首发暨赠送仪式，并同时在东区所属邮政网点销售。该套明信片一推出，就成为市场上抢手的热销产品，短短5天时间就销售了1万套，创收60万元。

加大企业改革力度
推进体制机制创新

【完善绩效考核办法】以“效益优先、突出重点”为原则，进一步完善绩效考核办法，增加了“业务结构”、“百元运营成本”、“结算后收支差额”等指标，引导各单位努力优化结构，降本增效，将关注重点从收入规模转移到收入质量上，取得了良好效果。

【强化升位晋级机制】通过实施“升位晋级、勇破纪录”发展机制，引导各单位建立区局到支局、支局到邮电所、营销团队到营销小组的分级、分类激励体系，提高企业营销能力、经营效果、管理水平和服务能力。全局开展了39次专项营销竞赛，配套制定了正负激励机制，就项目论奖罚，并在各项竞赛中采用了“率先发展，率先奖励”的竞争机制，营造了“不甘落后、奋勇争先”的竞赛氛围，取得了良好成效。通过开展贺卡、报刊发行任务认标、竞标大会，实现了由区局下达经营任务到自认经营指标的转变，形成了“要我完成”到“我要完成”的良好氛围。

【深化管理体制改革】对商函分局管理机构进行了重组，组建了商函分局统一领导下的一部两中心的管理体制，理顺了管理职能，实现了商函专业由生产经营型向管理支撑型转变，为商函专业的发展奠定了基础。

【实现人力资源管理机制创新】完善了经营管理者“竞争上岗”的任用机制和“奖优罚劣”的考评机制。开展了商函局和三源里邮局局长竞聘工作，进一步增强了经营管理者的责任感和使命感；制定了关键指标未达标经营单位管理者末位请辞、降职使用的负激励机制。本着“精简高效”的原则，落实市公司部署，共精简挂靠机构8个、非生产人员130名。全面推行了梯形排班法，控制人工成本、提高工作效率，消除超工时共10363小时，消除欠工时共1536小时。建立了员工岗位成才的新途径和奖罚分明的新制度。“首席员工”制度的建立，制定了评聘工作实施方案，通过层层选拔，评选出18名区、支局两级“首席员工”。完善了“员工奖惩条例”，建立了员工约束机制。

实现标准化管理
促服务水平提升

2009年东区局进一步弘扬北京邮政“用户是亲人”的服务理念，继续发扬东四局“亲情服务”精神，全面提升服务水平，用户满意度达到86分。

【亲情服务示范作用显著】开展了“学习东四精神，提高规范服务水平”活动，通过智慧点评、现场答疑等方式，充分发挥典型的激励带动作用及亲情服务经验的示范效应；开展了“亲情服务窗口”评选活动，出台了《创建“亲情服务窗口”考评办法》，建内大街等12个支局被首批授予荣誉称号；推广了“东四邮电局查询实施细则”、“陈兰颖务实型班前会”，进行全局范围内的服务交流，切实提高了基层单位窗口服务水平。

【规格质量明显提高】实施通信生产运行“亮牌”工

程，对执行重点制度、质量规格、邮政服务等生产运行中的重点工作，进行金牌、银牌、铜牌"奖评"，对问题严重的单位给予"黄牌警告"和"红牌处罚"，并纳入绩效考核。开展基础管理专项治理活动，强化监督检查，稳步提升了规格质量，2009年末全局邮件规格质量合格率达到99.71%，比2009年初提高了1.43%，在四城区局排名列居首位。

【营业厅管理更加规范】出台了《东区邮电局营业厅管理实施细则》，对全区局、所网点进行标准化管理，对局容局貌、仪容仪表、邮政设施、定置码放等进行统一要求，网点营业厅实现了整齐划一。值班局长现场巡视，为营业厅规范化管理提供了保障，成为营业厅现场服务的"活棋子"。

【投诉机制监控有力】从制度建立、落实执行、监督反馈等环节入手，实施层层把关，坚持推进服务监督公开化，有效控制了用户的重复投诉、投诉升级、减少了用户的有理由申告。2009年用户投诉量月平均25件，同比下降了37%。

【通过2008版质量管理体系标准复评审核】5月12日，东区局顺利通过2008版ISO9001质量管理体系复评审核，成为中国邮政首家完成新版标准体系转换的地市级邮政企业。

加强基础工作管理 提升企业能力建设

【深化全面预算管理，提高企业经营效果】按照"贴近市场、贴近业务、贴近经营"的原则，加大全面预算及损益核算的管控力度和执行分析，压缩各项成本费用，将支局、专业公司"收支差额"完成情况与各单位人工成本进行挂钩，提高了基层单位的成本意识和成本管控力度。

【加强网点建设，提升企业发展能力】完成了邮票公司、五方桥、雅成、南湖东园、天安门、维修中心等局所、场地的装修改造工作，增加生产办公面积1530平方米；完成了64处局所的专项维修工作，27处电气线路改造及增容工作；对全局125个邮储台席、86个邮政台席进行了设备更新，改善了一线生产条件；对"邮务通"系统进行升级改造，提高了系统运行速度，为营销工作提供了支撑保障；开发了《报刊发行客户信息管理系统》，用技术手段推动经营工作，提高了报刊收订工作水平。

【加强培训工作，提高员工技能水平】积极开展培训工作，共有1018名员工申报职鉴考试，比2008年增加200人，增幅为24.45%，培训率为100%，员工职鉴持证率达到92%，比2008年提高了24%，圆满完成市公司下达的持证率指标。全局取得中级证书及以上员工有1287人，占全部一线生产人员的59%；取得双证、多证员工有235人，占比10.77%。通过开展形式多样的培训工作，落实了一线生产岗位员工脱产培训不少于24学时的要求。

【加强安全管理，确保企业正常运转】按照"安全第一、预防为主、综合治理"的工作方针，确保了全年、尤其是国庆60周年庆典期间企业内部的安全运营稳定。全年举办了四次安全保卫工作动员大会和培训班，加强了对员工的安全防范意识教育，组织防抢演练，提高了企业员工的防范能力，全年未发生任何安全类事故和治安刑事案件，保证了通信生产正常进行。

【加强效能监察，节支降耗效果显著】以"增收节支、降本增效"为主题，广泛开展了支局层面的"节支降耗"和职能部室层面的"成本费用"管控效能监察，通过出台多项费用项目管控办法，强化组织、运营过程管理，实现节约能耗费用37万元，压缩32项成本费用开支1400余万元。全年共完成招投标项目24项，直接节约资金52万元。

党群工作创新发展 构建企业和谐氛围

【党委2009年工作指导思想和任务】全面贯彻党的十七大和十七届三中全会精神，以邓小平理论和"三个代表"重要思想为指导，以科学发展观为统领，落实市公司党委部署，紧密围绕企业改革发展中心，以学东四，当先锋，促发展，党员立足岗位作贡献为主线，着力推进科学发展、着力加强班子建设、着力深化党建创新、着力提高员工素质、着力推进文明创建和企业文化建设，落实"科学发展，提升能力，创造价值，共赢共生"的工作方针，统一思想，坚定信心，迎难而上，开创东区邮政又好又快发展新局面。

【党委工作与企业中心工作同步】党委把党建工作的重点放在节能降耗、促进发展、增加员工收入上。各党支部纷纷切入基层工作热点难点问题，力求党建工作在创新发展的实际效果中打开局面。东四局党支部以责任区为单位开展小型营销竞赛，营造赶超氛围；双井局党支部打旗舰品牌面向高端客户，开拓CBD市场实现了突破；工体北路局党支部“党员访母校”营销实践活动，推动了国庆主题邮品的旺销；三源里局党支部开展“我为企业献一计”活动，收集各种建议493条；垡头局党支部发挥金融班组年轻党员作用，带领23名八零后员工岗位建功，储蓄业务超常发展，为支局夺取区局效益增幅第一名贡献了力量。

【深化党委区域共建平台建设】党委引导各基层党支部将区域共建决战奥运的创新成果，及时转化为党建工作的交流平台，形成了“城市中心、亲情服务、CBD核心、亚奥商圈和城乡和谐”五大区域的共建联动，将面积大、支部多、党员多、开展活动难度大的弱势，转化为支部联手开展活动的强势，加强了各支部间经营、管理、服务等共性问题的交流，也促进了解决“个性化”问题经验的互补，形成“共赢共生”的局面。

【首届“感动东邮”人物评选】6月30日，东区局首届“感动东邮”人物评选颁奖典礼隆重举行。经过历时两个多月的评选，综合评定出10位“感动东邮”人物。他们是：大爱无疆，奉献关爱与善良，拥有阳光般炙热情怀的陈兰颖；乐观坚强，不畏生活艰辛，历经人生磨炼的严立新、杨扬；自强不息，做生活强者，逆境中寻找光亮的王晓华、马迎春；锐意进取，以诚相待，赢得客户信赖的卫红、韩霞、杨艳平；倾情奉献，精心履职，忘我工作的闫学兰、周韶。此外，特别感动奖授予了享有“首都亲情驿站”称号的东四邮电局。

【新闻宣传工作成绩显著】党委抓大题材、求大效应宣传经营品牌。成功策划了鸟巢邮局、天安门邮局等系列宣传活动，促成了在京30余家社会媒体及主流网站大规模、高层次宣传，引起了轰动的社会效应，扩大了企业知名度。2009年，东区局在各类新闻媒体发表文章报道1800余条，以绝对优势连续第三年蝉联北京邮政新闻宣传优胜杯，并获得集团公司新闻宣传活动创新奖。

【交通运输部道路运输司党支部与东四局党支部启动“双学双促”共建活动】启动仪式上，两个共建党支部签订了共建协议，交通运输部党组成员、纪检组组长、直属机关党委书记杨利民同中国邮政集团公司党组成员、纪检组组长马建中为“道路运输服务精神学习实践基地”揭牌。

东四局亲情服务再创辉煌

【全国交通系统学东四】1月13日，交通运输部体法司柯林春副司长、国家邮政局综合司林洪亮副司长、中国邮政集团公司办公室王彪主任及三方有关宣传部门负责人实地考察了东四邮电局，就落实张德江副总理关于学习宣传东四邮电局服务精神批示的具体工作进行了协调座谈。协调座谈取得共识，要展开一次强大的宣传攻势，集中宣传东四邮电局的服务事迹与经验，并排出具体时间表，从目前到3月初为材料收集和媒体采访阶段，3月上旬到3月底为宣传实施阶段，在5月之前掀起全国交通运输系统学习东四邮电局的热潮。

【交通运输部李盛霖部长诠释东四精神】3月2日，交通运输部部长李盛霖、副部长高宏峰在中国邮政集团公司刘安东总经理、张亚非副总经理及国家邮政局苏和副局长等领导的陪同下到东四局进行视察和工作调研。李部长指出：“东四精神是东四邮电局几代人坚持服务群众、服务社会的结晶。这种精神体现为牢记宗旨、服务人民的行业精神；敢为人先、精益求精的敬业精神；以人为本、倾情服务的职业精神；恪尽职守、默默奉献的岗位精神；团结协作、持之以恒的团队精神。东四精神是我们交通运输行业的宝贵精神财富。”

【东四局先进事迹报告会在集团公司举行】2月20日，东四邮电局先进事迹报告会在中国邮政集团公司隆重举行。报告会上，东四局党支部书记张钰，全国劳动模范、东四局副局长沈智慧用生动感人的事例、朴实无华的语言讲述了东四局“亲情服务”的主要做法和宝贵经验。被誉为“京城活雷锋”的北京军区总医院原副政委孙茂芳以及新华社记者孙晓胜分别从用户和媒体的角度讲述了东四局情系百姓、服务社会的感人故事。

【东四局召开纪念建局百周年主题大会】12月，为纪念东四局建局百周年和张德江副总理为东四局批示一周年，东四局召开了“用户亲人永牢记，品牌创效增活力;团结和谐共奋进,勇攀高峰创佳绩”主题大会,以成果展示、交流感受的形式纪念东四局建局百周年。

荣 誉 榜

1.东四邮电局获“全国文明单位”和“全国创建精神文明工作先进单位”称号

2.东区局自主研发的“邮务通”——邮政智能移动营销系统荣获北京市科学技术三等奖

3.东区局荣获“全国五一劳动奖状”

4.奥运中心区邮局荣获“全国‘工人先锋号’”集体

5.东四邮电支局营业员陈兰颖荣获“全国五一劳动奖章”

6.东区局市场部副主任刘震荣获“首都劳动奖章”

7.东四邮电支局支局长徐崇兰荣获“全国邮政系统先进个人”

8.东区局人教部李文静撰写的《关于建立邮政企业高技能人才评价体系的研究》荣获中国就业培训技术指导中心开展的高技能人才评价模式征文活动三等奖,是全国邮政系统唯一获奖作品

9.三源里邮电局被北京市朝阳区城市管理监察大队评为2008年度“城市管理奉献奖十百千标兵”

10.东区局荣获“城乡携手迎奥运、共建文明京郊行”活动先进单位称号

11. 东区邮电局团委荣获 “北京市五四红旗团委”

12.农光里邮电局营业组、科学园邮电局营业组荣获“北京市青年文明号集体”

13. 工体北路邮电局团支部、东四邮电局团支部、农光里邮电局团支部、水碓子邮电局团支部荣获市公司先进团支部

14.东四邮电局营业组、亚运村邮电局营业组荣获市公司“奥运先锋”青年文明号

15.东区局荣获“北京市第七届职工艺术节合唱比赛”第一名

16. 东区邮电局曲艺队原创快板作品《我爱我家》荣获庆建国60周年、北京市快板邀请大赛“最佳创作奖”

17.东四局营业部及沈智慧个人分别入选“共和国首都建设者的辉煌——60年来最具有影响力的首都国企英模”

18. 东区局荣获北京邮政新闻宣传优胜杯、“北京邮政电视类好新闻” 一等奖、“北京邮政报刊类好新闻”一等奖

19.东四邮电局沈智慧劳模创新工作室荣获“首都职工创新工作室”称号

(撰稿人:许姗姗)

东区邮电局机构设置图

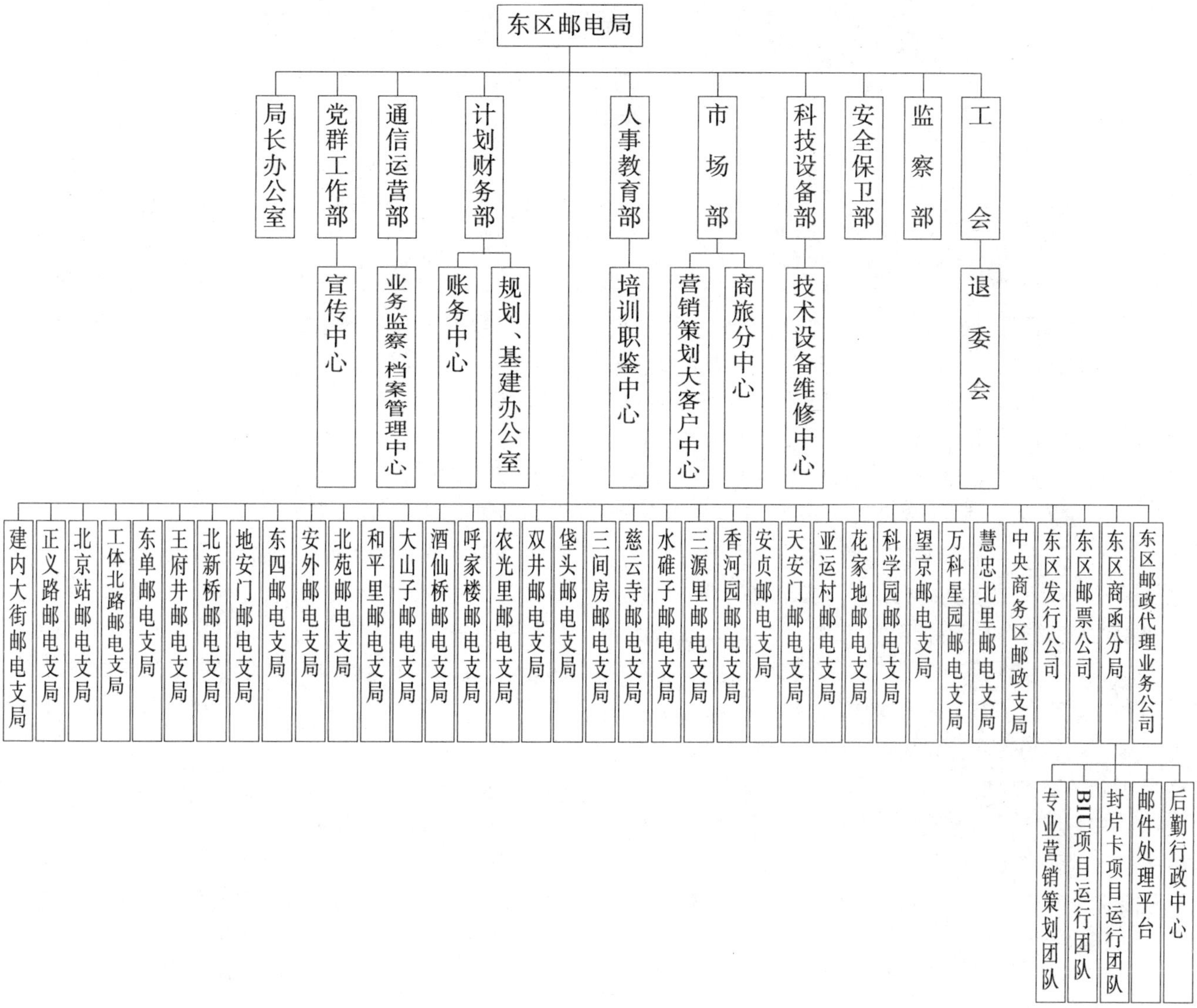
东区邮电局
局长办公室
党群工作部
宣传中心
通信运营部
业务监察、档案管理中心
计划财务部
账务中心
规划、基建办公室
人事教育部
培训职鉴中心
市场部
营销策划大客户中心
商旅分中心
科技设备部
技术设备维修中心
安全保卫部
监察部
工会
退委会
建内大街邮电支局
正义路邮电支局
北京站邮电支局
工体北路邮电支局
东单邮电支局
王府井邮电支局
北新桥邮电支局
地安门邮电支局
东四邮电支局
安外邮电支局
北苑邮电支局
和平里邮电支局
大山子邮电支局
酒仙桥邮电支局
呼家楼邮电支局
农光里邮电支局
双井邮电支局
垡头邮电支局
三间房邮电支局
慈云寺邮电支局
水碓子邮电支局
三源里邮电支局
香河园邮电支局
安贞邮电支局
天安门邮电支局
亚运村邮电支局
花家地邮电支局
科学园邮电支局
望京邮电支局
万科星园邮电支局
慧忠北里邮电支局
中央商务区邮政支局
东区发行公司
东区邮票公司
东区商函分局
东区邮政代理业务公司
专业营销策划团队
BIU项目运行团队
封片卡项目运行团队
邮件处理平台
后勤行政中心

西区邮电局

概　述

北京市西区邮电局(以下简称西区局)是北京市邮政公司直属的二级通信企业，位于西城区南礼士路头条五号。服务范围东起天安门，西至石景山五里坨,南接莲花池北路,北到西直门北下关。服务区域包括西城区、石景山区、海淀区南部和丰台区部分行政区域,服务面积156平方公里,服务人口230余万人。承担着为党中央、国务院、全国人大、政协、中央军委、各军兵种司令部等重要的党政军机关,及金融街众多企业总部提供邮政通信服务的重要职责。区局机关设局长办公室、党群工作部、人事教育部、计财基建部、通信运营部、市场部、监察部、安全保卫部、科技设备部、工会10个职能部室;下设商函局、邮票公司、报刊公司、代理业务分局4个专业公司;全局下辖19个邮电支局、84个邮电所。经办国际国内函件、包裹、汇兑、报刊发行、电报、长话、传真和集邮等传统业务,以及国际国内特快专递、同城礼仪、邮政储蓄、物流、代发工资、代收电话费、代理保险、商业信函及企业明信片等业务。

截止2009年年底,全局职工总数2103人,其中劳务工796人。大专以上学历1009人。全局固定资产总额1.90亿元,资产净值1.65亿元。

局长、党委副书记陈智泉;党委书记、副局长黄春光;副局长苏宝珠、耿双喜、齐建华;工会主席、纪委书记王君。

强化管理,经营工作取得明显成效

2009年,是西区局进一步巩固公司化运营成果、弘扬奥运精神，向现代邮政企业制度转型的重要一年,也是继续深化改革、加快发展的关键之年。在这一年里,国内外经济形势发生了重大变化,在困难和挑战面前,西区局全体干部职工以“团队和谐、主动创新、科学发展”为指导思想,努力通过“保大盘,调结构;强营销,促后劲;谋统筹,增合力”等一系列工作措施,创新经营、加快发展,加强了企业管理,加大了市场开发力度,企业核心竞争力明显增强,员工得利水平稳步提高,圆满实现了全年各项工作目标,为西区邮政可持续发展奠定了良好的基础。

2009年,西区局业务收入实现6.42亿元,完成年计划的105.8%,同比增幅6.75%;收支差额实现2.3亿元,完成年计划的100.1%,同比增幅6.55%;全员劳产率实现31.8万元,同比增幅8.1%。年末在市公司升位晋级评比中，西区局荣获城区局组第一名。

【函件类业务】 函件收入23064万元，完成预算101.31%，出口函件11125万件。其中国内函件10625万件,收入19370万元,国际函件500万件,收入2303万元,其他收入1391万元。

【包件类业务】 包裹类收入1545万元，同比下降15.15%。其中，国内包件94万件，国内包裹收入1359万元,包裹其他收入186万元。

【速递物流代理类业务】 速递物流代理类收入1551万元,同比增长24.86%,其中特快专递业务量完成140余万件,国内特快业务完成140万件,国际特快专递完成3万件。

【金融类业务】 金融类业务收入10843万元,同比增幅9.1%。其中储蓄收入完成9033万元,完成全年计划的103%,同比增幅11.4%;保险代理收入全局完成455万元,同比增长4.9%,全年保费达到13536万元。

【报刊发行类业务】 报刊发行收入达4300万元,同比增长25.50%。订销报纸累计10642万份,同比增长2.93%,订阅杂志累计465份,同比增长18.58%。

【集邮类业务】 集邮业务收入达13470万元,同比下降1.24%，其中邮票收入达1169万元，同比增长9.26%,邮品收入达12290万元,同比下降2.22%。

【其他收入】 全年实现代理信息收入414万元,完成计划指标的101.7%,增幅25.2%。年末西区局航空机票出票网点达到102个，全年共出票8237张,出票量居城区局第一。全年短信收入152万元，完成进度150%。

截止2009年末，西区局贺卡收入达到3047万元,超额完成西区局在市公司认标大会上2710万元指标,贺卡收入超百万支局11个;年终一次性报刊收订率先完成112%指标；超额完成新邮预定和企业年册战役目标;金融一阶段战役完成进度良好;五节联送战役稳居城区局第一。

坚持体制机制创新，企业整体运行质量明显提高

【管理体制创新,催生企业内在动力】2009年西区局在"升位晋级"核心机制的基础上,以"提高标准、加大考核、首位奖励、末位调整"为原则,按照"打破专业、统一标准、适度简化、保留重点"的思路,对原有办法进行了补充和完善,加大了考核奖励力度,增加了履职考核,促进了业务的加快发展和均衡发展。

西区局制定政策,采取正负激励并举,首先出台了《西区邮局2009年绩效考核管理办法》,对专业公司和支局的考核各有侧重，特别是调整了专业公司部分考核项为加分项的内容，使支局和专业公司形成利益共同体，达到全局相互促进、协同发展的目的。二是制定了《2009年西区局统管人员绩效考核管理办法》和《西区邮电局2009年首位奖励末位调整实施办法》,调动统管人员的工作热情和发展积极性,为全局生产任务的完成提供了支撑和保证;三是出台了《西区邮电局鼓励一般管理人员申请转入营销岗位奖励办法》，开辟职工发展的新的职业通道，为充实营销队伍，提升经营质量做出了最大努力。有7名管理人员转到营销主管的岗位。

2009年,西区局在支局生产岗位全面实行梯形排班法,对大宗处理中心的部分业务实行外包,精减非生产人员，解决了自然减员缺口和职工带薪休假等问题,并且增加了营销和理财经理岗位人员。

西区局转变工作角度,改变营业以"管"为主的传统做法,"促"字当头,在营业班组开展了促进"客户信息收集增长20%,窗口增收20%"的竞赛活动,鼓励营业员在对外服务中做到"原地拔高多问一句、关联业务多说一句、主推业务多提一句"。全局营业窗口收入8-12月与1-7月相比,月均增幅23.7%。

【创新营销机制,提升营销整体实力】紧紧围绕市公司"升位晋级、勇破纪录"的总体目标,结合西区局的实际情况,加强营销体系建设,扩大专职营销员队伍,提升营销业绩在总收入中的占比,促进企业经营发展。

在完善激励机制方面,西区局在市公司"十级底薪"的基础上,制定推出了"三加分一优先"的营销激励机制。"三加分"即对"营销业绩增量多、专项营销战役完成任务好、参加营销培训效果好"的营销员增加三项量化激励措施,分别出台了《西区邮电局客户经理增量业绩激励办法》、《西区邮电局客户经理专项营销战役奖励办法》及《西区邮电局客户经理营销培训量化激励办法》。"一优先"即:对营销业绩突出的千万元营销团队及营销业绩前十名营销个人加大奖励力度的同时,为营销员量身打造职业生涯设计,在选拔支局领导时,对业绩突出、在团队中起核心带动作用的营销主管优先考虑。此办法实施以来,有70%的营销员比去年同期实现了业绩增长。

在强化营销培训方面,西区局组织了系列培训。对支局长以理清思路、带好队伍、确保效果为主要内容,系统全面地进行了管理知识、管理方法、工作思路的培训，利用周末组织了商函和集邮专项业务营销培训,引导支局长学业务、学方法、找感觉、促效果。在营销员方面,共开展各种形式的培训20余次,集中进行了3次考试。通过强化培训,提高了营销员的专业素质、营销技能和产品开发能力。

在创新团队模式方面，西区局形成了百万庄支局先锋服务团队的综合素质培养模式、金融街支局一体化服务团队的互补争优模式、会城门支局劳模服务团队的"1+1"传帮带模式,在区局范围内形成了优秀营销团队的示范效应，也得到了市公司的充分肯定。

成立金融街营投一体化团队。西区局组建了金融街调研工作小组,采用实地走访形式对金融街40座大厦就"北京金融街客户资源情况、金融街支局商厦写字楼服务情况、金融街支局业务开展情况"三方面进行了深入调研,对金融街地区用邮情况、用邮特点、客户重点关注的服务问题、市场开发潜力等方面进行了系统的分析。在此基础上,西区局针对金融街高端商务客户特点,整合邮政资源,于5月18日组

建了18人的"金融街营投一体化营销服务团队",制定了"专项突破,综合开发"的营销策略,成立了营销小组和策划支撑小组，服务范围覆盖了金融街地区全部大厦，取得了明显成效。为进一步加大金融街开发力度,10月12日成立了金融街邮局,金融街投递部30名投递员划归金融街邮局管理,真正实现了"营投一体"。截止2009年末,金融街邮局营销增收1008.3万元,营销收入占比达到55.27%。

【营销收入成绩喜人,专项战役战绩突出】至2009年年末,西区局专职营销人员达到296人,占比达到了14%,新增营销员106人,营销队伍规模显著扩大。西区局18个支局共组建26个营销团队,17个支局实现了营销收入超百万元,其中中南海局、金顶街局营销收入增幅翻番,百万庄先锋服务团队、金融街一体化服务团队的营销收入更是双双突破两千万。

"两会"服务收入达到1668万元;"思乡月"战役全面完成指标,创收998万元,增幅88%;礼仪常规化业务总体实现业务收入1135万元;"共享辉煌"建国60周年专项竞赛创收近7000万元。

2009年全年营销收入达到1.2亿元，增幅16.2%,全局营销收入占比达到18.72%,与年初相比提高近6个百分点，对全局增收起到了显著的拉动作用。

【获奖营销项目】西区局有9个项目荣获市公司2009年营销创新与市场开拓奖:

1."祝福祖国"全国大型寄语活动——寄语明信片项目　"祝福祖国"寄语活动最早的创意来自于温家宝总理的"中国信心"新年祝词。好的创意需要合适的平台来展示，西区局把温总理的讲话巧妙地和共和国60华诞紧密地结合起来,参与活动的民众可以借六十周年大庆的契机,以此明信片为载体,通过中国邮政的"传递"形式,来抒发拳拳爱国之心,来弘扬中国传统书信文化,同时更回应了温总理关于"中国信心"的号召。2009年7月,西区局发起的"祝福祖国"大型寄语活动历经300余天,收到社会各界回函138万件，此次活动主题产品和衍生产品创收1500余万元,取得了经济效益、社会效益的双丰收。此项目还荣获2009年北京邮政十佳创意奖。该活动已成功申报"参与人数最多的主题邮寄活动"和"由明信片组成的最大寄语墙"吉尼斯世界纪录。

2.北京军区阅兵总指挥部集邮个性化邮品的项目　国庆阅兵举世瞩目，阅兵相关产品的开发也同时成为社会关注的焦点。西区邮电局根据道界特色，将阅兵联合指挥部即北京军区作为开发的重点目标客户。4月初,成立了阅兵专题项目开发小组,抽调多名营销员专职负责与军区各部门先期接触沟通。但由于国庆阅兵工作任务的艰巨性和紧迫性，军区领导很难抽出时间与我方进行深入研讨。我方并不气馁,在阅兵结束第一时间与军区领导联系,几经周折,终于成功开发阅兵联合指挥部《盛世大阅兵》个性化邮票11.2万版，纪念封2000枚，创收162万元。此单的开发不仅为邮政企业创造了收入,更展示了邮政人的风采。

3.中国房产信息集团纳斯达克成功上市个性化邮册的项目　2009年10月16日中国房产信息集团纳斯达克成功上市,12月份准备在全国各大城市举办庆典活动并为庆典活动中需要制作的礼品进行了项目招标。一家与邮政联合竞标的广告公司一举中标。邮政与广告公司合作联合投标,借广告公司的营销优势来弥补自身在捕捉信息、人际关系、设计创新的不足,利用专业的集邮知识,为客户了解、接受、喜爱集邮提供专一的服务。双方取长补短，获得双赢。此项目共制作8618版个性化邮票、业务收入101.37万元。

4.中国银行北京分行数据库商函项目　全球金融风暴对银行业带来了不小的冲击，中国银行也概未能外。北京分行2009年信用卡发卡指标是100万张。西区商函局在日常为中国银行账单客户进行服务过程中了解到了这个信息，并以敏锐的市场触觉及专业的数据库业务营销经验，将中国银行的需求与邮政的数据库营销相结合，促成了中国银行信用卡数据库营销项目的成功开发。经过与中国银行北京分行7个月合作，该客户累计调用名址数据库制作商函72万件,实现业务收入58万元。不仅如此，中国银行北京分行通过这种形式，在商函发寄的一个月内就成功开办信用卡3万余张，达到了中行在该项目上的预期目标,使邮政与中行实现了双赢。

5.开发《中国建设银行》企业形象年册　中国建设银行股份有限公司是一家在中国市场处于领先地位的股份制商业银行。西区邮电局广泛收集信息,将中国建设银行定为开发的重点目标客户。西区局多次来到中国建设银行总行进行有针对性的营销,制定策划书、商量各项细节,最终得到了建设银行总行领导的认可。成功开发中国建设银行总行及北京分行企业形象年册6400册、个性化邮票4400版,实现业务收入160万元。此单业务是开展总部经济营销并灵活运用营销策略的成功案例,将开发重点由分行向总部迁移的决策是营销成功并赢得大单的关键所在,其成功经验值得其他同类型项目借鉴。

6.国防部表彰先进单位及先进个人个性化邮票项目　通过对老客户的回访,西区局营销员得知总参征兵办正在筹备对征兵工作先进单位及先进个人的表彰工作并有制作礼品的想法。营销员马上着手制作策划设计方案上门进行营销,并最终确定了制作纪念邮册。从策划设计到邮册最终制作完成只用了1个月的时间,为198位先进个人制作了个性化邮票13063版,创收111.8万元。邮政人细致认真的服务也深深感动了客户,为今后的进一步合作打下了良好的基础。

7. 中国铁路物资总公司成立30周年纪念邮品项目　中国铁路物资总公司(简称"中铁物资")是国务院国有资产监督管理委员会直接管理的大型中央企业。西区邮电局金融街一体化服务团队成立后,对道界的客户资源进行了梳理和调研,营销员把中铁物资锁定为重点客户,对其进行了走访和公关,抓住中铁物资成立30周年契机,充分发挥邮政产品优势,以细致的服务打动客户,制作个性化邮票11157版,实现收入158.55万元。

8. 中国铁路物资总公司成立30周年个性化高档纪念礼品　2009年8月份是该公司成立30周年,西区邮电局已为其制作了个性化邮册1.05万册,创收158万元。借助建国60周年又逢公司成立30周年这个重大契机,西区局决定为客户推介一款贵金属制品作为高档礼品。在确定了产品以后,营销员加班加点设计改稿,设计图一经展示给客户时,立即得到了客户认可,未经修改当即定稿制作,同时对邮政的服务给予了极高的评价。此项目制作个性化纪念币11500枚,共实现收入111.06万元。

9.众达卓越报刊发行项目　北京的金融街凭借其金融决策监管部门与金融机构总部集中的优势,以及畅通发达的通讯系统,及时汇集、传递着全国乃至世界各地的经济和金融信息。这也为北京邮政的报刊订阅市场提供了巨大的商机。与此同时,多家社会发行企业也瞄准了这块诱人的"蛋糕",悄无声息地与邮政展开了一场没有硝烟的"战争"。在投递员与营销员的共同努力下,经过多次洽谈、研究、讨论,为09年一次性收订注入了110万元的流转额。项目开发成功关键点是,服务流程的完善,投递质量的提高,投递时限的缩短,投递差错的减少,尽可能地从细节上替用户着想,以服务打动用户。

加强能力建设,提升企业核心竞争力

【以降本增效为核心,促进企业提高效益水平】按照市公司"全收入、全成本"的原则,西区局以支局为责任主体,制订了实施方案,明确了工作职责和核算范围,规范了集中支付成本费用的归集确认流程,建立了二级责任中心横向到边、纵向到底的分专业损益核算报表体系,完整反映支局效益水平。通过支局损益核算专题分析、支局损益通报、现场调研等形式,加强宣贯工作,使二级责任中心对提高有效业务收入规模和成本费用贡献率以及合理配置业务结构等方面应做的努力有了较深的认识,增强了基层单位效益观念。

基础为先。以专业为突破,稳步推进专业产品和项目损益核算。"万丈高楼平地起",首先细化专业内部产品核算,为深化专业损益核算应用工作打牢基础。在函件专业,细分了产品种类,按作业梳理了成本环节,规范了取数流程,明确了钩稽关系,测算了产品作业环节单价和盈亏平衡点,初步建立了国内函件产品损益核算和价格体系。在集邮专业,建立了分种类损益核算体系,以票品为大类,按来源及销售渠道划分产品种类,以支局和专业公司为主体,核算各产品边际利润;以定向开发为重点,监控项目效益情况。

应用为主。损益核算的目的在于应用。采取循序渐进的方法,在报刊、函件、集邮专业逐步推进损益核算应用工作。在报刊专业,针对开发部分图书馆、学校等市场代办费较高的情况,报刊局在开发新市场时,需首先填报"报刊订阅损益情况表",经计财部审核后,才能签订报刊代办协议,这一措施使业务部门及营销员事前算清了账,从而改变了营销策略,避免了高报刊代办费率的发生。在函件专业大客户管理和项目开发中逐步引入损益核算,按季对收入规模前10名的大客户的收入规模变化和客户贡献率进行分析，“祝福祖国”项目基本形成了事前算账、事中监督、事后评估的项目开发全过程管理的模式。在集邮专业项目开发前算清各环节费用，策划运作方式，控制边际成本。

分析为辅。分析能有效总结经验，查找问题，寻求对策，促进实效。通过月经营会分析、专题分析等形式，分析业务结构对收支差额的影响，分析专项业务效益的影响因素，监控边际成本率、集邮周转率等专业指标，使各经营管理者关注优化业务结构。

以全过程为核心，全面推进预算管理。加强月度事前预算。2009年预算目标压力较大，为及时掌控预算进度，及时采取措施，按月进行收入、成本、收支差额弹性预算，把事中纠正偏差的时间提前到了当月下旬。加强预算事中监控。在日常报销中，控制报销项目是否纳入预算，报销金额是否在预算目标内，对临界预算预警值的项目及时通报相关责任部门，对预算外项目及超出预算目标的费用，严格执行签报立项程序。加强各单位沟通工作，及时了解业务信息，掌握成本费用动态，反馈预算进度，使各成本费用项目基本控制在预算目标内。加强预算事后评价。及时通报各单位预算完成进度，对超支的项目对责任单位预警，考核预算执行情况，并与预算完成不好的单位探讨原因，寻找解决方案，及时纠正偏差。

以专项调查为手段，促进降本增效。开展了业务材料用品使用及管理情况专项审计调查，对2007、2008年及2009年1–3月的业务材料使用情况进行了重点调查，梳理了西区局业务材料用品制度建设以及采购、实物、财务管理等情况，为进一步规范业务材料管理、控制业务材料用品费用提供了量化依据。

【加大局、所建设力度，强化支撑能力】2009年西区局完成了西长安街邮电局、石景山邮电局拆迁和远洋山水一期、玉阜家园、西钓鱼台三处配套邮政设施的接收工作。完成了西长安街租赁场所、复外大街邮局避风阁、邮政集团公司邮电所、百万庄邮局荣誉室及会成门邮局郑绣云工作室的装修改造，完成了甘石桥邮电所会议室改造，邮票公司和百万庄邮电局暖气改造项目及新古城邮电局工程的验收工作，为西区局今后的整体经营发展奠定了坚实的基础。

【加快信息化建设，提升科技能力】完成了“西区物资管理系统”软件开发工作，降低了企业生产成本，加速了资金周转，促进企业盈利，提升企业的市场竞争能力。完成了《西区邮电局软件共享网站》建设工作，将西区局各类生产、办公系统常用软件、网络工具、各类设备的驱动程序及主流机型的快速恢复文件等整合分类提供下载，并为支局基层技术人员提供了技术交流平台，大大提高了设备维护、维修效率。将支局因特网带宽增速4倍，提高了区局机关和支局的办公效率。加快了设备更新速度，加大了重点支局、重点营销环节的设备投入，全年设备发放量达上千台。加强了二类邮储网点的设备管理。

【深化人力资源管理，加强队伍建设】强化一把手的经营导向，充分发挥支局一线指挥员的作用。对部分单位的领导班子进行了调整，提高班子的整体实力。强化专业公司培训基地的作用，加大专业与支局干部的交流力度，有力地促进了专业经营工作的开展。同时，加大干部培训力度，支局长业务培训和新任助理以上干部管理知识培训，提高了基层干部的业务能力和管理水平。以“突出重点，总量控制”为原则，精简非生产机构，压缩非生产人员，机构精简达到市公司要求，管理人员占全部从业人员比例降至16.1%。通过在支局生产岗位实施梯形排班法，全局共节省人员69人。在员工队伍中尝试职业生涯规划设计工作，制定了《员工职业生涯规划方案》，并率先在百万庄邮局进行了试点。出台了《西区邮电局“首席员工”评聘办法(试行)》，在营业、营销岗评选首席员工和岗位明星。强化职业教育，全面落实全年培训计划。到2009年末，全局一线员工持证上岗率实现了年初设定的95%的目标，超过市公司要求3个百分点。根据市公司创建“劳模创新工作室”的总体要求，结合“学东四”活动，西区局首批命名了六个创新工作室，明确了各工作室带头人及创新课题，发挥了劳模示范作用，取得了较好效果。

【强化安全工作，提高安全保障水平】按照“安全第一、预防为主、综合治理”的方针，强化安全管理，落实重点制度，进一步加强安全防范设施建设和对重点部位、重点环节的安全检查。出台了《关于明确支局长、储蓄班长金融专业履职检查规范的通知》，加大了对储蓄柜员排查管理的力度，加强了对网点资金安全、管理岗履职情况的监督与检查，进一步规范邮政资金防盗、防抢等规章制度的落实，与西区支行建立了安全例会制度，组织了金融风险“百日大排查”活动，圆满完成了国庆安全保障工作，全面实现了“平安邮政”工作目标。

【加强技防物防管理，确保各金融网点安全可控】2009年西区局根据公安部《银行营业场所风险等级和防护级别的规定》，加强了对新建、改建和扩建金融网点的技防、物防达标工作，提高了金融网点的安全可靠性。按照市公司统一安排，在进行局所网点新建改扩建工程中，西区局坚持技防工程先行的原则，做到了提前参与工程设计和预算。在工程施工过程中，定期到工地进行检查，适时做好电视监控等各种线路的预埋线工作，使技防工作与基建工程同步进行。在金融网点改扩建工程中，工作人员加大了对工程物防方面施工的监管力度，做到了隐蔽工程的透明化，为后期办理安全合格证做好了准备。

夯实基础，提高服务，圆满完成重大通信服务任务

【两会服务再创佳绩】2009年，十一届全国人大二次会议和全国政协十一届二次会议在京召开。西区局领导高度重视两会服务工作，从讲政治的高度，讲服务，讲安全，分析市场，科学决策，注重把握细节，提升邮政服务品质，树立邮政品牌，为两会代表委员提供高品质的邮政服务。

在北京邮政公司十四个“两会”邮政服务的驻点中，西区局承担了京西宾馆、铁道大厦、职工之家等11个代表驻点的邮政服务任务，涉及6个支局和邮票公司。8个支局60多名干部职工每天直接为代表服务12个小时以上。

西区局以优质的服务水平，良好的敬业精神，细致有效的多项服务举措，取得了服务效益与经济效益的双丰收。“两会”服务共获表扬信22封、感言41件，收入突破1656万元，刷新了西区局“两会”服务以来最好的销售业绩，取得了政治、效益双丰收的成绩。

【完成生肖小版张收寄任务】2009年生肖小版张收寄工作，在西区局运营部精心组织、缜密安排，总结往年小版张收寄工作经验的基础上，在时间紧、任务重，处理场地紧张、收寄处理人员新手居多的情况下，在集团公司、市公司的大力支持下，自4月13日到6月4日，西区局圆满完成了2009年生肖小版张的收寄任务，共收寄小版张3217594件。

【完成国庆期间通信生产工作】西区局按照市公司的总体安排，对各支局的营业大宗班长、邮电所所长、系统管理员、主管局长以及司机班长等进行了“建国60周年” 期间邮件收寄以及车辆交通安全工作培训，组织专人对邮件收寄、验视、服务、车辆交通安全工作进行检查，对各支局执行不到位的地方进行了具体的指导，对存在的安全隐患责令限期进行整改。在国庆庆典演练期间，部分路段实行了交通管制。在此期间，西区局多次调整相关支局、所的邮运路线，对涉及邮件进、出口作业组织的按要求统一行动，确保演练和国庆期间邮件收寄工作安全运行。

【强化监管　规范流程　加大监督检查力度】2009年，为进一步加强对各支局、邮电所对外服务、业务质量的监督检查力度、做好管理支撑工作，西区局补充修订了《西区邮电局邮政质量管理岗位和监控岗位履职情况监督检查办法》，明确各管理岗、监控岗岗位职能与要求，完善更新了《西区邮电局宣传品张贴和宣传牌摆放管理要求》、《西区邮电局营业厅出售商品价签使用规范》。结合市公司“学习东四亲情服务精神，争创优质服务示范窗口”竞赛活动，每季度在全区开展“优质服务示范窗口”、“优质服务示范网点”以及“服务工作突出贡献个人”的评选活动。同时，为最大限度地发挥质检员在支局通信生产中的指导作用以及值班局长在营业厅现场的管理力度，创新推出了“优秀质检员”及“亲情式值班局长”的评比活动。百万庄局、三里河局成为北京邮政首批“精品窗口”单位，百万庄局荣获集团公司“优质服务示范窗口”。全年共评选出“优秀服务示范窗口”40个、“优秀服务示范网点”25个、“服务工作突出贡献个人”400名、“亲情式值班局长”16名。

以人为本构建和谐精神文明建设成效显著

【加强思想理论建设，用科学理论指导实践】认真开展学习实践科学发展观活动。在2009年的学习实践科学发展观活动中，西区局党委按照市公司党委精神，加强组织领导，牢牢把握学习实践活动的正确方向，通过紧密结合实际，广泛征求意见，把学习实践活动不断引向深入。活动中西区局重点抓好党员领导干部学习实践活动，坚持群众路线，突出实践特色，努力

形成活动合力。通过一系列学习实践活动的开展达到了党员受教育，科学发展上水平，群众得实惠的目标。

西区局思研会积极开展职工思想政治研究工作，围绕和谐企业建设、党支部战斗堡垒作用、弘扬东四精神、基层思想政治工作探讨及企业生产、经营、管理工作的方方面面，提出了站在构建和谐企业、促进企业发展的高度，以科学态度和创新精神做好思研会工作的具体要求，体现了与企业中心工作相结合、与职工关心的难点热点问题结合的特点。各基层思研撰写上报论文共30篇，比2008年增加了20%。十月底，开展了思研会论文交流评审，将三篇优秀论文推荐到市公司参评。

在中邮集团公司组织的论文评审中，西区局的论文《联系实际，抓住重点，努力构建基层满意的服务型机关》荣获一等奖。

【坚持党员发展制度，保证党员发展质量】加大对基层骨干和多种用工党员培养力度，积极推进“双培”工作，做好党员发展工作，严格调研制、公示制、审批制。制定了西区局发展党员工作年度计划，把发展党员工作完成情况列入年终精神文明建设考核中。要求各基层党支部做到培养目标明确、考察过程严格、确保党员发展质量；建立了发展党员工作制度，制作了发展党员流程图和注意事项，对各单位支部书记和支部委员进行了辅导，严格规范了党员发展工作。全年共发展新党员33名，转正27名。

加强对党支部书记的培训，采取临时培训与集中培训相结合的形式，即利用区局办公OA网和每季度召开支部书记例会开展不定期临时性培训，每年对党支部书记开展一次定期的集中培训，培训以基础工作为主，使上级党委和区局党委的精神能够及时向各党支部传达，以最快的时间传达到党员、职工。

【学东四精神，创文明服务】西区局把学东四活动与落实科学发展观的学习成果相结合，开展了“弘扬东四精神，当先锋、促发展，党员立足岗位作贡献”主题实践活动和“学先进，查不足”服务大讨论，机关开展创建服务型机关活动，在全局上下营造了“学习东四精神，培树先进典型，提升服务水平”的良好氛围，对内对外服务意识增强，服务水平提高。在开展创建服务型机关活动中，各部门改进工作作风，强化服务基层的意识，以更高的工作标准，采取了多项有效措施，加强团结配合，强化沟通协调，提高工作效率，努力加强对基层单位的服务，基层评价明显提高。

【加强廉政风险管理，推进党风廉政建设】西区局以落实廉政责任制为龙头，开展了“清风廉影”等廉洁文化活动，建立了基层纪检监督管理制度，较好地发挥了信访监督、效能监察、离任监察等监督渠道的作用。在干部选拔任用、用户欠费、招投标和金融业务管理等四方面开展了廉政风险防范管理试点工作。区局党委、纪委按照市公司党委《关于开展廉政风险防范管理工作的实施意见》和工作部署，把推进廉政风险防范工作作为党风廉政建设的首要任务。切实做到“六个到位”：思想认识到位、组织机制到位、宣传教育到位、风险查找到位、措施落实到位、监督检查到位。严格按照党政一把手负总责，分级管理，逐级负责的管理机制，把各级领导人员和有业务处置权人员作为重点防控对象；严格按照“四个环节”和“八个步骤”的工作要求，抓好风险教育、风险点查找、风险防控、考核修正四个环节，认真落实工作准备、梳理流程、梳理制度职责、查找风险点、评定风险等级、制定防控措施、监督考核、修正完善八个步骤；严格按照业务管理流程、工作制度和重点岗位风险监控措施正确行使权力；严格按照教育、组织、监督检查、考核评估与责任追究、风险预警与修正完善“五项运行保障机制”的要求，确保此项工作的落实效果。

【推进和谐劳动关系，维护职工合法权益】西区局继续深化局务公开、民主管理工作，落实职代会和集体合同制度，在坚持实施“四个平台”、“四条渠道”的基础上，建立职工代表恳谈日制度，完善职工诉求平台，拓宽职工诉求渠道。在2010年新一轮集体合同签订前夕，区局工会专门召开了“局长与职工代表”专题恳谈会，会上来自基层的22名职工代表就收集好的议题与局领导的沟通。顺利完成了北京邮政公司化运营后新一轮集体合同的续签工作。

【全面落实办实事项目，发展成果惠及员工】以提高职工的健康意识和身体素质为目标，西区局工会推出了“绿色关爱行动”。实施了“健康伴我行”员工健身计划，组织了员工体能测试抽测和健康知识讲座。开展送健康到基层的活动，送书、送光盘，并为部门工会各配备了电子血压仪。每季度都组织职工开展文体活动，在员工体能测试抽测活动中，抽测到的70名员工分别参加了1500米跑和曲线托球跑两个项目的测试。区局工会对测试结果进行登记、建档，经全员测试和抽测得出的结果，西区局职工经常参加体育活动的人数不低于职工总数的76%，2009年达到《普通人群体育锻炼标准》平均成绩3分以上的人数占职工总数的87%。实现了锻炼健身经常化、月有文体活动、季有体育赛事的目标。为全局600名40岁以上职工进行了体检，分五批组织168名职工疗休，坚持“两节”送温暖、“三八”助单亲、“五一”关爱劳模、九月“金秋助学”日常互助互济等传统帮扶活动。全年共有138人得到了区局帮扶救助基金的救助，救助款额共计4.73万元。为基层部门工会配备了液晶电视，丰富了职工业余文化生活。

【弘扬企业文化，塑造良好形象】西区局积极组织参加第三届市邮政公司职工文化艺术节活动，本着“广泛动员、精细组织”的工作思路，高度重视、认真备战、积极参与，获团体总分第二、获奖项目总数第二及优秀组织奖。其中任建伟《晓雾》获得美术类一等奖，并被市邮政工会选中为制定2010年定制型邮政贺卡图案。以文化搭起沟通桥梁，西区局组队参加了金融街街道办事处主办的“颂歌献祖国，唱响金融街”合唱比赛，取得第一名的好成绩。在第三届金融街运动会中，西区局代表队取得了团体总分第八名。职工文体活动起到了双重作用，既振奋了职工，又提高了西区邮电局在金融街地区的知名度和影响力，树立了良好的企业形象，为西区局的经营发展起到了积极的推动作用。强化企业宣传，全年在各类媒体上稿584篇，较好地宣传了企业经营、服务、创新、发展等方面的成就，扩大了企业影响。

荣　誉　榜

1. 西区邮电局荣获北京市邮政公司2009年度先进单位荣誉称号

2. 西区邮电局荣获北京市邮政公司2009年度“平安邮政”先进单位

3. 西区邮电局荣获北京市邮政公司2009年优秀营销体系建设单位

4.西区邮电局荣获2009年“发展杯”劳动竞赛A组第一名

5.西区邮电局荣获2009年“速递物流杯”劳动竞赛A组第一名

6.西区邮电局荣获2009年“国际函件发展奖”劳动竞赛A组第一名

7.西区邮电局荣获2009年“总部经济奖”劳动竞赛A组第一名

8.西区邮电局荣获2009年“创新杯”劳动竞赛优胜单位

9.西区邮电局荣获北京市交通管理局交通安全先进单位

10.西区邮电局荣获北京市邮政公司2009年度安全生产先进单位

11.西区邮电局荣获国庆60周年安全保卫工作先进单位

12. 西区邮电局安全保卫部荣获北京市公安局2009年度安全保卫集体三等功

13.“迎国庆平安邮政交通”竞赛先进集体：百万庄邮电局

14.西区邮电局通信运营部荣获市公司2009年度“业务管理优胜单位”

15.西区邮电局通信运营部荣获市公司2009年度“服务工作突出贡献单位”

16. 北京市邮政公司三里河邮电局工会分会被授予北京市模范职工小家称号

17. 北京市西区邮电局金融街营销团队荣获2009年“创新杯”劳动竞赛十佳创新示范岗

18.荣获2009年北京市邮政公司先进集体荣誉称号的单位有：百万庄邮电局、金融街邮电局、西区商函中心、邮票公司

19.《祝福祖国寄语明信片》、《路欣怡值班局长服务督导法》荣获2009年“创新杯”劳动竞赛十大经济技术创新成果项目

20.西区邮电局局《路欣怡值班局长现场服务督导法》荣获2009年度北京市邮政公司优秀女职工工作项目

21.安春风、王磊荣获2009年“创新杯”劳动竞赛经济技术创新标兵

22.安春风荣获2009年“创新杯”劳动竞赛十佳岗位能手

（撰稿人：刘凌云）

2009年 1–12 月业务收入构成情况

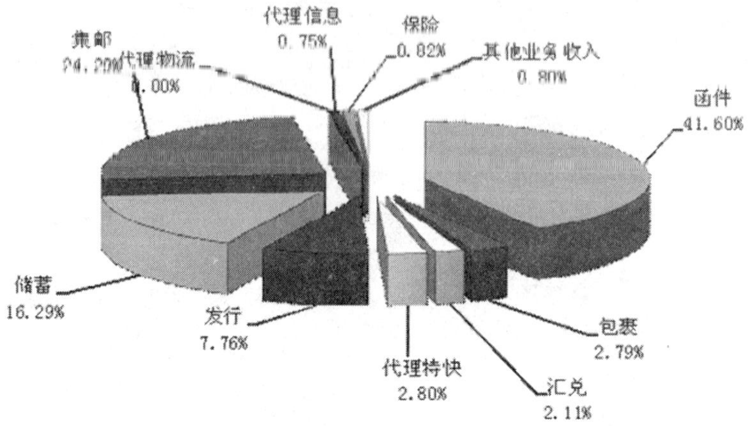

西区邮电局机构设置图

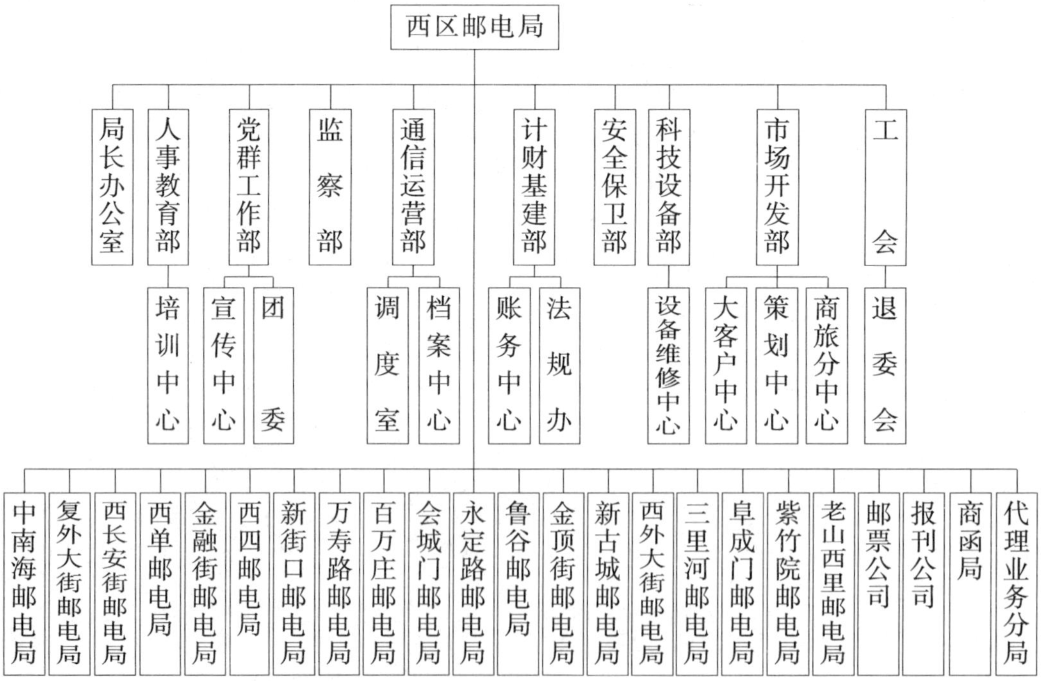

南区邮电局

概　述

北京市南区邮电局(以下简称南区局)是北京市邮政公司(以下简称市公司)下属的二级通信企业，承担着崇文、宣武、丰台三个行政区以及西站、北京经济技术开发区和朝阳、大兴部分地区的邮政通信服务，服务面积480平方公里，服务人口约400万人。下设23个支局、78个邮电所、4个专业公司(邮票、函件、邮购、报刊零售)、计算机中心及1个后勤保障单位。经办国内、国际邮政，储蓄、汇兑，集邮，报刊订销、图书音像，代理速递物流、代理信息、代办保险及商品购销等业务。年内，南区局积极实践科学发展观，落实市公司各项工作要求，在通信质量、改善服务、规范市场、局所建设、科技兴邮等方面均取得新的进展。圆满完成了"两会"及国庆服务任务，上门为退伍官兵收寄军包，全年全局服务满意度达到90分以上。完成了多媒体咨询台系统升级工作，全局各支局启用中国邮政综合办公信息处理平台和移动协同办公系统，实现了无纸化办公，进一步提升了邮政现代化、信息化水平。2009年末，全局固定资产总额22952万元，固定资产净值13655万元，全年固定资产投资总额累计完成644万元。全部从业人员总数为1631人，其中多种用工629人，科级干部115人。

局长、党委书记徐丛，党委副书记、纪委书记、工会主席刘志云，副局长卢金榜、刘苏平。

坚持发展突出创新
经营任务取得新进展

【主要指标完成情况】全年累计完成业务总量49594万元，同比增长2.65%，占市公司全部业务总量的比重为9.76%。

全年累计实现业务收入44167万元，完成年计划的103.74%，同比增长5.35%，占市公司总收入的比重为9.23%。

全年累计实现收支差额13440万元，完成年计划的100.02%，比上年同期增长-5.14%。

截至2009年末，全局从业人员为1631人，劳动生产率(人均业务收入)累计实现271900元/人，完成年计划的100%，比上年同期增长2.16%。

【创新经营机制，促进业务发展】2009年，南区局各经营单位在经营发展上更加关注专业之间的均衡发展，科学布局，使业务结构不断优化，整体抗风险能力得以提高。各项业务稳步发展，取得了可喜的发展成果。在市公司升位晋级排名中，南区局各专业在城区组中排名四项第一，两项第二，两项第三。其中发行、速递、汇兑、代理保险专业排名第一；函件、国际包裹专业排名第二；国内包裹、代理信息专业排名第三。

邮务类业务：累计实现收入22052万元，完成年预算的102.76%，占全局收入比重的49.9%。

函件专业：累计完成5003万件，比上年同期下降10.47%，函件专业累计实现收入9220万元，比上年同期增长5.26%。全年国内函件总数4955万件，比上年同期下降9.88%，实现收入8347万元，同期对比增长2.78%。其中商函制作1965万件，同期下降7.56%；数据库使用1547万件，同比增长46%。国际函件总数累计完成48万件，同期对比下降46.56%，实现收入872万元，同期对比增长了36.84%。

包件业务：国内包裹累计完成142万件，同期对比减少3.71%，国内包裹全年累计实现收入2161万元，同期对比减少3.03%。全年共完成普通包裹103万件，比上年同期减少9.14%，累计完成快递包裹38万件，比上年同期增长14.84%。

报刊专业：订销报纸累计份数为9021万份，同期对比增长2.55%，订销杂志累计份数为317万份，同期对比增长19.63%。全年累计完成报刊收入

3086万元，比上年同期增长28.36%。

集邮专业：累计实现收入7102万元，比上年同期下降了21.77%。其中，个性化邮票开发26.25万版，同比增长了6.4%。

代理信息：累计实现代理信息收入484万元，比上年同期减少32万元，同比下降了6.17%。

速递物流类业务：累计实现收入7424万元，完成年预算的124.51%，同比增长54.31%，占全局收入比重的16.8%。该专业同比增幅排在城区局组第一位。

速递业务：累计完成特快专递127万件，其中国内特快专递125万件，国际特快专递1.5万件。全年累计实现特快专递收入6927万元，比上年同期增长61.2%。全年国际包裹累计完成1.4万件，同期对比增长了4.52%，全年累计实现国际包裹收入497万元，同比下降了1.16%。

金融类业务：累计实现收入14433万元，同比增长3.92%，占全局收入比重的32.7%。

储汇业务：2009年末，全局邮储余额76.12亿元，年内净增余额累计完成9.37亿元，完成年计划的92.84%。全年累计实现储蓄收入12186万元，同期对比增长了1.15%，其中利差收入10964万元。全年累计开发汇票192万张，比上年同期增长22.19%，累计兑付汇票89万张，比上年同期增长-9.03%。全年累计实现汇兑收入1715万元，同期对比增长16.25%。

代理保险：累计完成保额1.58亿元，完成进度102.99%；累计实现保险收入533万元，比上年同期增加166万元，增长了45.40%。无论是保费进度、还是专业收入进度，在城区局中均排在第一位。

开拓市场创新经营
推动业务协调发展

【加强项目开发力度，创新成果不断展现】2009年，南区局市场开发效益显著，在2009年度"新业务发展奖与市场开拓奖"评选中，共有10个项目获得市公司"新业务发展奖与市场开拓奖"。10个获奖项目分别是：

1."全聚德'烤鸭身份证'邮资明信片"项目：该项目是多年来南区函件专业制作类业务第一大单。截至2009年末，已实现收入200余万元，本项目将持续5年，累计收入可达2000万元以上。南区局通过发掘邮政产品与客户需求的契合点，将邮资明信片产品与餐饮行业进行嫁接，成功开发全聚德"烤鸭身份证"邮资明信片产品。"烤鸭身份证"邮资明信片是一项低本高效的产品，它的收藏性使其节约了函件产品在网运环节和投递环节所需的成本，只需印制成本支出即可实现高利润。

2."北京环卫集团企业定向邮册"项目：该项目充分利用奥运经济的余热，紧抓北京环卫集团召开奥运服务表彰大会商机，将奥运题材与客户需求进行结合，合理安排产品内容，最大限度提高产品性价比。通过跨专业的产品整合，将个性化邮票、邮政贺卡等元素纳入产品，在解决客户对产品价位的要求同时，丰富产品表现内容，赢得了客户的认可。最终，环卫集团制作企业定向邮册1万册，其中个性化邮票2万版，邮政贺卡3万枚，累计实现收入151万元。

3."北京市红十字会《急救手册－家庭版》配送"项目：该项目是继北京卫生局《健康大礼包》配送和中医药管理局《首都市民中医健康指南》配送之后，南区局开发政府经济的又一成功案例。共处理《急救手册》600万册，实现收入427万元。南区局充分发挥邮政企业全程全网联合作业的优势，为客户提供盘运、封装、配送投递的一条龙式服务，将配送各环节细致化，责任化，使配送产品更有保障，为北京市政府健康工程的顺利完成搭起一条畅通的绿色通道，同时，实现了邮政企业在社会效益与经济效益上的双丰收。

4."统一润滑油保险邮资明信片"项目：该项目的开发从2007年到2009年，历时两年。在壳牌统一(北京)石油化工公司由民营企业转型为合资企业的过程中，南区局时刻关注客户的发展，针对客户在转型后亟须树立品牌形象，转变企业宣传策划的情况，准确把握营销切入点，为其量身制订"保险答谢卡"邮资明信片产品，成功开发保险明信片85万枚，实现收入144.5万元，其中保险收入42.5万元。

5."南区开发崇文区少幼儿报刊专项市场"项目：该项目弥补了北京邮政对崇文区小学市场开发的空白，成功开发崇文区10所小学(其中有2所千人校)报刊发行市场，累计实现报刊订阅流转额60万元，贺卡收入3.5万元。该项目以国庆60周年及少先队建队60周年为契机，以赠送各校“寄语祖国”明信片为敲门砖，通过与崇文区少工委共同举办“寄语祖国送祝福、快乐阅读长知识”活动，与各校达成订阅合作，整体推动崇文少幼儿订阅市场。通过此次合作，为开发崇文区小学市场打下了坚实的基础，实现了一次营销，长远受益。

6.“中国电信数据库商函”项目：该项目准确把握中国电信改革的商机，结合客户对全业务经营和3G发展的需求，通过方案营销方式，建议客户利用邮政数据库资源，定向邮寄3G宣传册，抢占3G业务市场份额，赢得了客户的认可，获得了社会效益与经济效益的双丰收。该项目已实现函件收入40余万元，随着中国电信3G业务的不断发展，客户用邮量也将随之攀升。

7.“奥亚鑫融数据库营销”项目：该项目是南区局针对金融投资型企业进行数据库营销的一次成功尝试。项目客户经理从邮政企业投递退函中找寻商机，合理利用邮政丰富的信息资源赢得客户，成功开发奥亚鑫融数据库业务，并以高效、优质、贴心的服务，将其发展成为长效客户。该项目累计实现函件收入100余万元。

8.“全国人口普查邮政贺卡制作”项目：该项目结合10年一次的全国人口普查热点，以中国邮政贺卡为载体，通过准确分析客户需求，强化产品内容，提出“公益广告创新理念”，不仅具有鲜明寓意，同时兼顾客户的审美偏好与传统。“全国人口普查邮政贺卡”在为第六次全国人口普查工作提供良好舆论支撑的同时，也为企业赢得了一定的社会效益。该项目累计制作贺卡40余万枚，实现邮政贺卡收入77.5万元。

9.“凡客诚品金融业务”项目：该项目是南区局整合大客户资源，进行深度开发的成功典范。凡客诚品是南区局函件专业大客户，针对客户日常业务中有大量汇兑现金业务往来的情况，南区局为其开辟绿色用邮通道，同时提供“金融对公窗口轻松转账”服务，得到客户认可。截至2009年末，该客户年内余额累计增长280万元，日均余额达100余万元。

10.“汉拿山商函数据库”项目：该项目2009年累计制作并出口“喜从信来”数据库商函近200万件，形成收入105万元。南区局通过市场细分，将餐饮、娱乐行业市场纳为开发重点。项目经理针对汉拿山餐饮有限公司自有发行宣传渠道有限的瓶颈问题，为其制定“专项数据库”，将邮政数据库的优势充分发挥的同时，与客户自有数据资源进行共享，实现双赢。

【融合老字号商家，代销“同仁堂”系列产品】南城界内老字号商家众多，宣南文化产业丰富，南区局在与老字号商家合作中，将老字号产品引入邮政渠道，积极拓展代销产品。同仁堂集团作为中医国粹、中华老字号企业，品牌经典，历史悠久，在大众心中具有很强的信任感。南区局在与同仁堂接洽过程中，获悉其旗下护肤品产品正处于快速发展阶段，建议该公司利用南区邮政网点资源及独有的京味包裹业务对同仁堂研发的代表性护肤产品进行市场推广及产品销售，并提供物流配送等业务，引起了客户的浓厚兴趣。2009年9月南区局与同仁堂集团签订了代销协议，并将其产品推荐到市公司，被列为“五节联送”代销产品之一。仅4个月时间，已实现产品销售20余万元，净利润9万元，为今后多领域合作打下基础。

夯实基础管理
提高企业运行质量和效率

【加强财务管理】制定出台了《南区局全面预算执行方案》，成立了以区局局长为主任的新一届预算管理委员会，进一步明确了区局各职能部门的预算管理职责，确保预算编制、审定、协调、下达及调整等全部流程畅通有效。制定出台了《损益核算实施方案》，区局责任中心损益核算体系基本建立并逐渐明晰，进一步完善了损益核算基础工作。修订完善了《南区邮电局绩效考核办法》，引入“降本增效”理念，将原来的超收奖励按超业务收入奖励，变为超收支差额奖励，即超收有奖励，节支也有奖励。

【强化预算管理】在成本支出方面，统筹安排大项支出，优先保障人工成本和生产性费用预算，大力压缩办公费、会议费等非生产性支出项目；大力压缩低耗品更新规模，重点保障新开网点及改造网点低耗品预算；重点压缩业务材料费、通信费用；大幅度削减水电费支出预算。进一步细化成本项目管理，依据市公司的定额，结合南区局实际情况，编制了科学、合理的定额指标，对低耗品、业务用品用料、油耗、修理费用等可控成本项目均实行了定额预算管理。通过预算预警等机制对区局及各经营单位的预算执行情况实时监控，及时纠偏，增强了成本费用预算执行力。

【实施招标管理】按照《南区局招投标管理办法》，进一步扩大了集中招标范围，规范了招标流程，有效地降低了采购成本。全年完成了12个项目的招标比价工作，共节约资金200余万元。在设备购置方面，完成了叫号机、微机、打印机、空调、传真机等设备的招标比价工作，中标总价格比原设备购置预算节约了近15万元。在物资采购方面，完成了包装箱、打包带、微机耗材、办公家具、劳保用品等项目的招标比价工作，中标价格比原来的采购价格平均降低了15-20%，全年共节约资金近百万元。在服务维修项目方面，将微机(打印机)维修等服务项目纳入招标，有效确保了维修质量，降低了维修成本，全年约节支20万元。

【深化人事制度改革】4月，对市场部大客户中心、营销策划中心、金融管理中心、专业公司以及团委干事共13个领导岗位和管理岗位实行了公开竞聘。7月，对支局、公司和科室的部分正职和副职岗位实行了公开竞聘。各支局、公司、科室共有62人参加了竞聘，使南区局在人事制度改革和人才储备方面向前迈进了一步。年内，完成了南区局机构、非生产管理人员的精简压缩工作和后勤中心改革工作。

【优化人力资源配置】出台了《南区邮电局梯形排班法实施方案》，根据支局作业量高低峰时段分布，动态排班，使各时段员工数量与工作量以及客户需求相匹配，提高工时利用率。在总结方庄局、和平门局试点工作的基础上，6月1日起，在南区23个支局营业网点全面推广梯形排班法。通过作业组织调整，优化开办台席，推行邮政窗口梯形排班法等措施，同时，选有条件的支局尝试进行两节班排班方式，共节约挖潜通信生产人员48人，每月缩减工时1904小时。员工工时利用率得到提高，部分单位金融岗位的缺员问题得到缓解；营销队伍规模得到扩充；员工超工时现象得到有效缓解，员工带薪年休假权益得以保障。

【完善分配制度，促进企业发展】以重奖增量、效益优先；适度提高、兼顾公平；下管一级、增强活力为原则对《工效挂钩办法》进行了修订，实行分类复合挂钩的形式，各单位的工效挂钩奖励，分别同全局业务收入进度、本单位业务收入进度、本单位劳动生产率进度、收支差额可提取率及全局本专业业务收入进度进行挂钩。修订完善了《助理以上干部收入统一考核管理办法》实现了统管人员工作实效与奖励挂钩，奖与罚同步考核，严格收入监管、集中统一发放。出台了以推进支局经营管理、考核分配机制创新为主的《首位激励末位调整管理办法》和《支局月奖推行计量绩效考核的指导意见》，鼓励各级经营管理者、全局员工通过科学有效的经营、管理、服务手段，实现增量创收，加快企业发展。

【创新奖励考核模式，建立有效的内部激励机制】进一步完善业务发展考核奖励办法，对低本高效业务、重点营销项目加大奖励力度，实施《一线考核奖励办法》和《升位晋级考核奖励办法》。将升位晋级奖励作为奖励政策的核心内容，在升位晋级政策上遵循不唯计划唯市场的经营理念，将收入与收支差增幅按比例纳入奖励考核，通过动态排名，动态奖励的方式，将各单位升位晋级情况与经营管理都的效益直接挂钩，奖优罚劣，并增设“勇破纪录奖”。通过机制调整，有效地调动各经营单位重视发展低本高效业务和勇于开拓市场的积极性，使各经营单位开拓创新谋发展、加强营销促增量，专业公司研发策划产新品、锐意进取闯市场，进一步增强了责任意识和使命感，全面提升南区邮政综合发展实力。

【加强营销体系建设】强化机制作用和队伍建设，出台了《2009年支局营销体系建设考核奖励政策》，提出了各单位年末营销队伍建设目标，完善奖罚机制。对从事专职营销工作满1年且营销业绩达到相应标准的33名营销员调整了工资职级，实行了浮动底薪，增资水平最高的达到47级，岗位增资1230元，浮动底薪达到2500元。南区局市场经营部成立大客户中心、营销策划中心、金融管理中心，形成市场部、专业公司和支局“三位一体”的营销模式。南区局通过人员调整、竞聘等方式组织选拔营销人才、并通过薪酬激励、晋升机制、专业培训等措施有效地促进营销体系建设。各支局通过人员挖潜、自荐、竞聘等多渠道充实营销队伍，截至2009年末，南区局共有营销员238名，营销员占比达到11.89%。全年全局举办营销培训10次，在册营销员人均培训40课时以上。通过有效针对性的培训，多数营销员在开发新业务、创收方面均取得了良好的成绩，营销团队共形成营销收入8522万元。

【强化“三位一体”营销模式】针对总部基地、亦庄经济开发区、城南京味文化为代表的特色区域，提出特色区域、重点攻关、专业突破、综合开发的营销战术，对涉及的10个支局、18个邮政网点，加强重点区域的营销工作，强化重点区域营销团队建设，打造以三个区域为主的南区特色营销团队。在对重点区域的开发中实行项目小组制，由市场部牵头，专业公司和所辖支局共同进行实地走访和方案策划。仅四季度，南区三个团队共计走访企业300余家，成功开发项目80余项，形成收入500余万元。

【完善营销管理办法，建立大客户长效管理机制】规范营销项目和营销员业绩日常管理，先后出台了《南区邮电局营销项目管理办法》和《营销业绩管理办法》，实现营销管理制度化。加强客户数据库日常更新力度，不断扩大客户数据体系，规范大客户审批、基本信息采集制度，积极配合市公司做好《大客户会员制管理办法(试行)》的推行工作。结合“国庆”、“思乡”、“五节”等专项营销活动，将客户维护与产品推介有效结合，诚邀大客户相关负责人参加市公司组织的各项业务推介活动及南区局举办的大客户产品推介会。加强大客户日常维护和二次开发力度，及时采纳客户反馈信息，掌握客户重点需求，便于大客户长效管理。

[优化邮政储蓄现金寄库作业流程】经过全面细致的调查、取证、研讨，针对邮政储蓄现金管理上缴款作业流程交接环节多，操作繁琐，上缴款时限过长等问题，南区局与南区支行经过研讨论证和与振远护卫中心协商后对现金寄库作业流程进行了优化。通过调整运钞车路线，打破局、所界限，将位置相近的网点调整到一条线路，缩短了行车路线。通过简化操作流程，减少交接环节，加快了上缴款速度，直接由现金管理中心向负责向网点拨款和向金库上缴款，同时，还为各网点配备新缴款箱和新型锁具。提高了工作效率和安全性，实现了储蓄现金缴款当日生息。

【加强服务、业务管理】制定并完善了《2009年南区服务工作实施方案》和《南区两岗履职监督检查标准》，强化了对服务管理工作的考核，实行了服务管理积分考核制等一系列服务制度。提出“窗口服务，抓值班局长；业务管理，抓组长；业务检查，抓质检”的指导思想，加大了服务检查力度，丰富了经营服务分析会录像片的内容，推广好的经验，对服务问题进行曝光。修订了《南区邮电局用户欠费管理办法》，建立了邮资机注销审批制度、调账申报制度，对支局每月欠费情况进行监控。规范邮政筒(箱)管理，统一了各支局邮政筒(箱)管理台账。上下配合积极查堵使用伪造邮票现象，保护了邮政企业的利益。

【学习东四精神，提高服务水平】在全局范围内开展了向东四邮局学习的活动，区局和各支局分别组织各级管理人员和一线营业员走进东四邮局进行学习和观摩。配合学习活动开展了“我与东四找差距”服务大讨论，各支局采取多种方式广泛参与，职工的服务意识和服务水平明显提高。推出了营业开关门播放配乐欢迎(欢送)语措施，为用户营造了良好的亲情化服务氛围，达到了良好的效果。开展了“学东四、找差距、抓整改、促提高”专项检查活动，对各支局223名窗口员工集中进行为期3天的服务综合测试，达到监督与检查相结合的目的，促进服务质量进一步提高。组织召开了“学习东四精神 弘扬和平文化 提高服务水平”研讨会，和平门邮局、牛街邮局进行了英语、阿语及手语展示，来自不同岗位的员工就如何树立“服务树品牌、品牌创效益”的经营服务理念和东四邮局“亲情服务”、“好、快、诚、细”的服务精髓展开研讨并达成共识。将和平门邮局多年的服务理念和企业文化编纂成《和平信使传递真情——和平门邮电局企业文化建设集锦》一书进行发放，将向东四邮局学习活动推向高潮。2009年，和平门邮局、牛街邮局、木樨园邮局被评为市公司级优质服务示范窗口；和平门邮局被评为集团公司级服务示范窗口。

延伸服务范围，完善服务功能 圆满完成各项邮政服务工作

【为“两会”代表提供个性化用邮服务】南区太平桥邮局承担了全国政协十一届二次会议和全国人大十一届二次会议召开期间建银大厦驻点通信服务任务。以北京市劳模李梅为代表的亲情服务团队为代表委员们提供首日封、纪念封寄售、包裹邮寄等用邮服务，并在服务点配备了电脑、打印机、数码相机等专用设备，为代表委员现场制作个性化明信片。亲情服务团队竭力满足每位代表委员及工作人员的需求，送邮品到房间的举措受到委员们的好评。

【建设开放型邮政客户商务中心】总部基地邮电所位于丰台区总部基地园区，隶属于科学城邮局，邮电所营业面积200余平方米，办公大厅宽敞明亮，设备先进，定位于邮政商务洽谈中心及邮政产品体验中心，

突出业务策划功能，凸现全功能业务宣传，呈现个性化服务色彩。邮政客户商务中心以展示柜、展示架的形式进行各种产品的实物推介，在办理各类邮件交寄等常规业务的基础上，可根据客户需求现场设计个性化邮票，为企业提供数据库查询服务，以投影等方式为客户进行业务演示和项目介绍，是一个集邮政收寄、方案设计、数据库查询、产品展示及业务洽谈功能为一体的开放型邮政客户商务中心。

【弥补瀛海镇无邮政网点的空白】近年来，大兴区瀛海镇经济建设发展较快，周边企业及百姓用邮需求增大，但却因未实施统一规划建设而未能设置邮政网点。当地人大代表多次向北京市人代会提出议案，建议在镇内设立邮局，以方便周边地区百姓用邮。南区局在瀛海镇政府及市公司的配合和支持下做了大量协调工作，最终确定了营业局房的位置，10月20日，瀛海邮政所落成开业，该所隶属于东高地邮局，为辖区37平方公里内28个行政村的近10万人民群众和千余家工商企业提供邮政和储蓄的多项业务服务。该所配备了叫号机、存折补登机等人性化的服务设施，是一所功能齐备、设施一流的现代化邮电所。

【服务退伍官兵，实现军民共建】11月至12月，在各驻京部队官兵退伍离京之际，南区各支局纷纷走进军营，为广大官兵提供上门收寄军包的服务。开阳里、科学城、丰台、长辛店、云岗、东高地、石榴庄等支局的干部职工组成服务小分队，带上包裹专用袋和便携式手动缝纫机，分别前往右安门消防中队、武警十一支队、十五支队、66284部队、66058部队、装甲兵学院等部队，指导官兵填写包裹单，帮助官兵缝制包裹，为退伍官兵们提供封装、打包、收寄等一站式服务，共收寄军包3641件。热情、周到的服务得到了官兵们的高度赞赏。

加强网点建设，规范设备管理
为企业发展助力

【加强网点能力建设】年内，对槐树岭、万年花城、华源三里邮电所进行了装修改造，改造总面积约868平方米，共改造邮政柜台8组、储蓄柜台9组。完成了北京南站候车大厅邮电所、天海邮电所等约50处局、所及生产场地的维修改造工作，确保了南站、总部基地、瀛海三个新增邮电所开业；确保了新世纪、西红门两个改造邮电所重新开业。对前门局所属集邮厅进行改造，达到中国邮政集邮专卖店的标准。

【规范设备管理，支撑业务发展】年内，全面接收了57个二类金融网点、600多台(套)金融设备的管理与维修工作，建立健全了金融设备的基础资料管理和相应的规章制度。制定了十分钟报修响应承诺制度，按照“4s店”的标准，对支局设备的维修工作进行跟踪回访，并建立设备维修、跟踪回访档案。在设备清查的基础上，在全局范围内调配使用设备，提高了设备利用率。加强车辆二级维护的事前督促和事后检查工作，减少了车辆出故障的几率，有效减少了维修费用。完成了南区局移协同办公系统启用和中国邮政综合办公信息处理平台的安装工作，建立了局内视频会议系统，并正式投入使用。全年向一线窗口、市场营销部门、生产现场等处投入储蓄终端、打印机等设备共计1083台，有力地支撑了业务发展。

加强党建工作
巩固创建文明行业成果

【开展主题实践活动促进企业发展】在全局党员中组织开展了“弘扬‘东四精神’当先锋、促发展，党员立足岗位作贡献”主题实践活动，提出了一个指导思想、注重四个结合、明确四个目标、强调三点保证措施，有效地推动了主题实践活动的开展，取得了明显的效果。在全局范围内开展了“发展永不满足，业绩勇破纪录，速度勇争第一”的劳动竞赛活动，激发广大职工创收的积极性，进一步发挥职工的主力军作用。全局98%的职工参与了活动，其中113名创收业绩在1万元以上的职工在开发类业务中为企业创收3511.11万元。

【扎实推进党风廉政建设】开展了正反两方面的教育，利用南邮党务通网站和“OA网”，构建廉政宣传教育平台，设置《廉政教育园地》和《时事教育园地》，增加廉洁文化信息内容。签订《党风廉政建设责任书》，明确党政“一把手”的廉政责任，以告知函、承诺书、问询表、工作表等形式履行告知职责，防止权力的不规范运作。落实责任分解，明确区局领导与职能科室领导的廉政职责，强化对分管工作的领导，便于基层单位的监督。坚持“三重一大”制度，加强对权

力、资金的制约监控，坚持述职述廉、民主评议和廉政谈话制度；通过局长接待日、职工代表座谈、党风廉政信箱、公布举报电话等多种形式，搭建干部职工的诉求平台；从基层单位聘请监督员，及时了解情况，有针对性地开展廉政工作。对基层单位党风廉政意见箱提出了规范要求，并将信访工作的重心从事后处理转移到事前排查化解上，坚持与基层干部职工谈心，多方面了解基层单位工作情况；通过党支部书记例会和警示谈话，强调防范风险隐患，将矛盾解决在萌芽状态。

【开展“创优美环境月”活动】以两会召开和建国60周年大庆为契机，在全局范围内组织开展了以“我爱我家”、“擦亮服务窗口”、“一年四季是春天” 为主题的“创优美环境月”活动，提出了活动要求和局容局貌达标标准。各基层单位积极参与，从清理卫生死角、改善用邮环境、增添人性化服务设施等多方面入手，使局容局貌大为改观，服务水平进一步提升。

【开展“爱心包裹”捐赠活动】南区党委向全局党团员及职工发起了捐赠“爱心包裹”的倡议，并开展了“纪念建党88周年，奉献爱心1+1”主题党日活动。南区局所属31个党支部中的323名党员、268名团员、92名入党积极分子和400名职工群众带头认捐“爱心包裹”，共认捐“爱心包裹”2582个，党团员、入党积极分子捐赠率达到两个100%。

构建和谐企业，企业文化建设工作

【弘扬企业文化】结合学习东四活动，营造“远学有标兵，近学有榜样”的良好学习氛围，南区局在企业文化建设上不断创新。在认真总结和平门邮局企业文化建设经验的基础上，按褒奖与决定，传承与发展，经验与做法和先进人物事迹选萃四部分，将“和平文化”汇编成书，在全局进行学习与推广。同时，提出了进一步打造牛街邮局“民族团结支局”文化和角门邮局“和谐支局”文化的工作创新思路。

【发掘艺术人才】南区局积极参加市公司组织的第三届职工文化艺术节活动。围绕艺术节要求，成立了文艺演出、艺术博览等6个活动小组，广泛开展文艺、书法、绘画、手工艺、摄影、美术设计、文学等作品的创作和征集。广大职工各施所能，各尽其才，表现出了高涨的参与热情和多方面的艺术天赋。全局共征集较优秀的艺术博览类作品100余件、文艺节目25个，文学作品40余篇、摄影作品50余幅。丰富多彩的艺术节活动满足了职工的精神文化需求，增强了企业凝聚力，展现了邮政改革发展的新时期南区邮政人热爱邮政、奉献企业、积极向上、奋勇争先的精神面貌。

【做好宣传工作】为发挥企业宣传的教育、启迪、激励、引导、鼓舞作用，南区局党委要提出了舞动“六勤”抓宣传的工作方法，即眼勤、耳勤、脑勤、嘴勤、手勤、腿勤。提出了“五围五重”的宣传重点，即紧紧围绕政治方向、紧紧围绕经营发展、紧紧围绕工作创新、紧紧围绕通信服务、紧紧围绕企业文化，重学习、重实效、重沟通、重典型、重多样化。提出了“以笔为旗，引领方向；以笔为鼓，激扬士气；以笔为刀，精雕细作；以笔为乐，共奏和谐”的宣传工作目标。2009年，南区局共编发《城南邮讯》12期，编发《党群专刊》12期，《工会专刊》13期，《南区工作信息》60期，《南邮局情》7期，在市公司信息评比中，被评为市公司信息工作一等奖。全年，在《邮政周报》以上新闻媒体发表稿件823篇。在北京邮政社会好新闻评选中，南区局荣获北京邮政新闻宣传优秀单位称号，6篇作品分别获得好新闻评比二等奖和三等奖。

获奖情况

1.全国邮政系统先进个人：门桂菊

2.国防邮电系统工人先锋号：和平门邮局

3.2009年北京市“安康杯”竞赛优胜单位：南区邮电局

4.2009年度北京市无偿献血先进单位：南区邮电局，北京市无偿献血先进组织者：王子午

5.2009年度北京市职工技协工作先进个人：葛嘉励

6.北京市工人先锋号：牛街邮局

7. 第三届北京发明创新大赛（“爱国者杯”）银奖：南区邮电局“北京邮政生产设备动态管理系统”项目

8.北京市邮政公司2009年先进集体：和平门邮电局、牛街邮电局、科学城邮电局

9. 北京市邮政公司2009年先进工作者：杨静文、师颖、张余海、杨宁、杨佳佳、杨钰东、康英、何伟栋、魏慧敏、陈广顺、金莉、马力军、梁拓荒

10.2009年度北京邮政职工技协工作先进集体:北京邮政职工技协南区邮电局分会

10.2009年度北京邮政公司“发展杯”劳动竞赛速递物流杯第二名:南区邮电局

12.2009年度北京邮政公司“创新杯”劳动竞赛十佳创新示范岗:南区邮电局角门营业部

13.2009年度北京邮政公司“创新杯”劳动竞赛经济技术创新标兵:门桂菊

14.2009年度北京邮政公司“创新杯”劳动竞赛十佳岗位能手:门桂菊

15.2009年度北京邮政公司“创新杯”劳动竞赛十大经济技术创新成果:《百年邮政走近面年全聚德—品全聚德烤鸭,珍贵记忆“邮”回家》

16.2009年北京市邮政公司“安康杯”竞赛先进单位:北京市南区邮电局工会劳动保护监督委员会

17.2009年北京市邮政公司办公室系统信息工作先进单位:南区邮电局,北京市邮政公司办公室系统信息工作先进个人:步安娜

18.2009年度北京邮政公司优秀女职工工作者:王晓辉

19.2009年迎国庆、平安邮政交通竞赛先进集体:南区邮电局,迎国庆、平安邮政交通竞赛先进个人:李钢

20.2009年度北京邮政职工技协六小活动“十佳标兵”:罗遥力

21.2009年度北京邮政职工技协工作先进个人:葛嘉励、王增会

(撰稿人:步安娜)

北京南区邮电局机构设置图

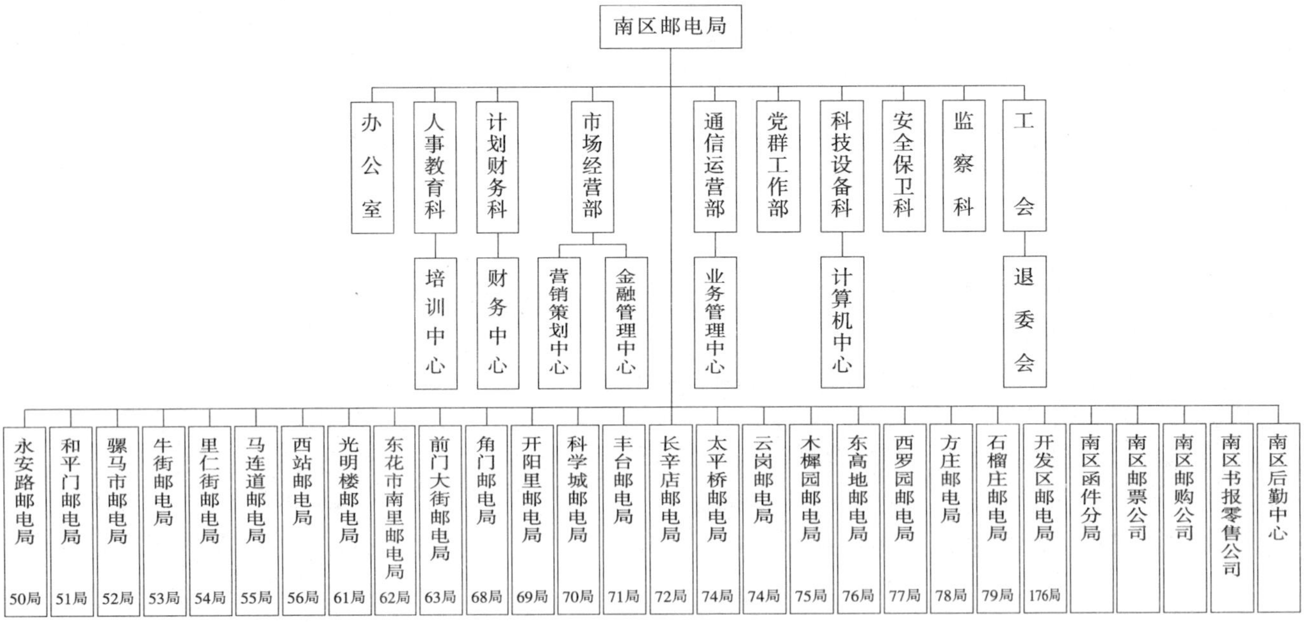

海淀区邮电局

概　述

北京市海淀区邮电局是北京市邮政公司（以下简称市公司）直属的二级邮政通信企业，担负着东至东小口，南至又一村，西至北安河，北至沙阳公路的404平方公里面积内的邮政通信服务工作，覆盖海淀区的大部分辖区。区局下属市场部、大客户服务部、邮政业务档案中心3个经营机构，下属17个邮电局、93个邮电所及报刊发行零售分局、邮票公司、商函局、等3个专业经营部门。

企业经营

2009年以党的十七大精神为指导，全面贯彻落实科学发展观，按照中国邮政集团公司、市公司的总体发展要求，积极应对金融危机和奥运会后等不利因素影响，全局干部员工统一思想，积极进取，紧紧围绕以"保存量，创新发展促增量"的发展战略，充分发挥"奋勇拼搏迎挑战，创新发展勇争先"的精神，闯出一条依靠创新发展、寻求突破的新路，通过一系列的创新项目，拉动各项业务全面发展，破解了经营困境，较好的完成全年的经营任务，共实现业务收入46218万元，完成预算的105.59%，较上年同期增长4442万元，增幅10.63%，收入增幅全年始终保持北京市邮政公司第一，并在北京市邮政公司升位晋级排名中，取得了前三个季度连续保持第一，四季度排名第二的历史最好成绩，全年实现收支差额10708万元，完成预算的100.03%。

【多项业务发展良好】函件业务借助"爱心包裹"项目和国庆60周年特供服务项目衍生出的相关业务，全年实现函件专业收入13255万元，完成预算的99.44%，同比增长8.6%。

集邮业务克服金融危机的影响，依靠国庆60周年特供服务等项目，全年实现集邮专业收入9100.5万元，完成预算的151.1%，同比增长0.20%，创造了专业历史上发展最高水平。

报刊发行业务以新项目、新思路盘活专业发展理念，借助创新项目，拓宽营销渠道，全年实现报刊发行专业收入3072.1万元，完成预算的100.7%，同比增长28.30%。包裹业务针对包裹业务作为传统业务发展突破性不大的问题，创新思维，成功开发"爱心包裹"项目，全年实现包裹专业收入3046.4万元，完成预算的115.70%，同比增长28.05%。电子商务业务全年销售世博会门票2841张；航空客票3457张；成功加办自邮一族会员91个；全年实现电子商务专业收入412.6万元，完成预算的102.90%，同比增长42.80%，超额完成任务指标。

【深度营销，促进速递专业发展】在礼仪常规化营销活动中，端午礼仪营销，实现收入144.95万元，完成任务指标的120.79%，其中粽子产品销售额达到56.92万元，列东、西、南、海四城区第一；思乡月礼仪营销活动完成了北京市邮政公司下达的计划指标，外部产品实现销售额737.02万元；全年实现速递物流专业收入7695.40万元,完成预算的108.9%，同比增长32.8%。

【细化管理，突破金融业务发展瓶颈】全年实现储蓄收入7956万元，汇兑收入990.20万元，保险收入347万元，综合理财业务发展快速，累计完成业务金额10461万元，在东、西、南、海四城区小组中排名第二位，同比增长117%；办理入账汇款业务46.6万笔，同比增长427%；全年实现金融收入9294万元，完成预算的91.9%，同比增长5.3%。

【重点服务，效益明显】2009年所属10个支局共收寄了25所高校的毕业生包裹27201件，同比下降21.7%，实现收入1074349.44元，同比下降16.54%。其中现场收寄包裹21681件，收入702453.13元，占总收入的65.38%；邮电所收寄包裹4564件，收入153030.61元，占总收入的14.24%；收寄物流包裹956票，收入143314.3元，占总收入的13.34%，出售品收入75551.4元，占总收入的7.04%。

2009年，“两会”服务总收入4362521.7元，实现了235%的增长，取得了服务、经营双丰收。12个支局历时11天，共对局界内46支部队进行了复转军人包裹上门收寄服务，共收寄包裹5486件，实现收入229204.23元，收寄量比去年增长4.78%，收入比去年增长40.58%。

基础设施建设

【局所改造装修】完成了对宝盛里邮电所、莱镇家园邮电所、郦城邮电所、万泉庄邮电所、红旗村邮电所和直复营销中心装修改造工作，改造面积1617平方米，改造台席35组，总投资为283万元。

【更新设备，强化维护，支撑经营服务】完成了邮储二类行及代理网点的设备更新、调试与维护和年度邮用衡器检定工作，并以创新、先进的技术水平和管理方式为“爱心包裹”项目和国庆60周年等重点项目做好了支撑工作，满足了各项业务的需求。

2009年新增更新空调16台，终端机及台式机161台，针式打印机97台，电子秤94台，投影机11台，便携式计算机22台，其他设备228台。全局对516台逾龄或无法维修使用的设备进行报废清理。对全局所有生产类邮用衡器进行检定，确保其完全符合国家计量标准。通过购置、租赁、调配现有设备等多种手段，提供全天候的设备维修保障服务措施，圆满完成了“爱心包裹”项目的支撑保障工作。顺利完成二类行及代理网点储蓄设备的更新工作，更新多功能点钞机72台，存折打印机110台，复印机29台，终端机84台，报表打印机34台，海淀局金融类生产设备的老旧情况得到较大改善。

【加强管理和培训，服务生产经营】2009年，下发《海淀区邮电局加强设备管理的通知》、《关于我局2009年度衡器鉴定工作的通知》等文件，提高设备管理的力度；同时通过对各支局及专业公司系统管理员进行培训，提高基层维修队伍的业务素质及水平，更好地为一线生产服务。开发出《海淀邮局数据分析系统》、《清华大学邮局总务管理》、《邮储二类行余额样表数据转换》等科技项目；完成直付营销中心的建设工作。确保2009年爱心包裹项目涉及的相关设备购置、安装、调试、维修等工作的顺利完成。配合北京市邮政公司落实关于做好新购置邮资机接收下发工作、北京邮政生产信息系统突发事件应急预案的实施。完成郦城邮电所、中关新园邮电所、西苑邮电所等新开所及原有邮电所的专线新增升级改造工作。完成2009年北京市邮政公司固定资产投资项目、投递上线配套设备、海淀局新开邮电所及自购设备的采购、建账、下发等工作（包括部分资产类设备的管理）。

企业管理

【深化体制机制改革，挖掘企业发展潜力】建章建制强化管理，完善营销体系建设。进一步健全营销管理体制，完善营销机构。制定了区局、专业公司、支局三级管理的构建方案，通过竞争聘任了营销主管，出台了相关考核办法，加强和完善营销管理工作。

充实营销人员，提高综合素质。压缩管理人员，优化生产作业组织，出台了《营销人员岗位和薪酬管理办法》、《营销创优》活动的考评办法、营销员业绩认定标准，开展了互动式培训，专职营销人员已有208人，达到了市公司营销人员占从业人员比重12%的标准要求。

通过组织开展“优胜班组”、“服务质量标兵”、“优秀值班局长”、“优秀邮电所所长”的评选工作，进一步提高业务管理和规范服务水平。全年共检查支局791次，邮电所1992次；出口邮件综合合格率99.29%，比去年同期提高1.74%。共收到“11185”表扬161件，北京市邮政公司转来表扬信3件；服务满意度达到94.44分，比去年同期提高4.15分，全年无重大投诉和媒体曝光现象的发生。“两会”服务期间，共收到表扬32件。

【坚持以人为本，创新人力资源管理】发挥薪酬绩效作用，提高员工得利水平。结合业务收入规模和收入对比增长速度，制定规模系数和难度系数，完成了全局员工岗位工资的分类上调和奖励工资的分类兑现工作。全部从业人员人均收入增幅达到14.91%，高于9.3%的市公司员工收入增幅。合同制在岗员工全年平均收入6.45万元，同比增长0.88万元，增幅15.9%；劳务派遣员工平均收入3.45万元，同比增长0.58万元，增幅20.07%。开展领导岗位和部分管理岗位竞聘工作，共有129人参加竞聘；建立首席员工制，创建了5个“标兵创新工作室”，进一步激发广大干部员工爱岗敬业的工作热情，营造了良好的企业竞争环境和工作氛围。

【优化人力资源配置，精简管理人员】制定了《管理岗位人员考核办法》，管理人员由352人精简到277人，达到市公司核定管理人员数额指标要求。减少28名生产人员，用于充实营销队伍和补替员工休假等岗位，缓解了员工超工时的现象，优化了人力资源。

【加强员工培训】制定了《海淀区邮电局2009年教育培训工作要点》，通过创新培训机制，利用奖励考核办法与组织职鉴培训班相结合的方法，深度开展各类教育培训工作，调动员工学习业务知识、提高技能水平的积极性，员工职鉴报名638人，组织培训近20次，培训员工累计近1900人次，职鉴通过率达到了85.42%，邮政通信工种持证率由2008年的57.6%提升到2009年的94%，高于市公司要求水平。

出台了《海淀区邮电局首席员工管理办法（试行）》，并完成了储蓄、营业、司机三个工种首批六名首席员工的评聘工作。

【完善财务管理制度，保证企业价值的最大化】制订《2009年损益核算工作实施方案》，建立以支局为主体的二级责任中心，实行全收入、全成本核算，全面真实地反映支局效益情况；加强对损益结果的应用，提高项目盈利水平；开展降低集邮商品库存工作，提高集邮商品周转率，从不同角度增加企业经济效益。

【落实降本增效工作】开展以“增收节支我献策”建议征集活动，深化日常降本增效意识，制定切实可行的降本增效具体措施，开展7个节能项目，控制各项费用的支出。

【加强车辆和交通安全管理，提高企业经营效益】重新制定了《海淀区邮电局邮政通信机动车辆管理办法》和《海淀区邮电局交通安全管理办法》，年终绩效考核内容进行了调整，补充十余条内容，加大严重违章行为的考核力度，全局驾驶员对交通安全知晓率达到100%。各种措施的施行有效保证了“两会”、“国庆”等重大活动期间的交通安全和通信畅通。严重违章行为由2008年的12起降到5起。加强了对车辆管理的工作，减少了车辆近40部；在市公司“平安邮政”活动中荣获先进单位称号。在爱心包裹后期处理工作中，实现了北京、广东、浙江三地处理发运的新模式，在网运部门的大力支持下节约网运成本290.37万余元，使爱心包裹利润率超过了70%。

【规范流程，提高自动化办公效率】统一规范了发文、合同、请示、信息等文本报送流程，完成了办公自动化系统上线和短信平台的切换工作，节约文件信息传送时间，简化了工作处理流程，从整体上提高了自动化办公效率。

爱心包裹

海淀局密切关注社会热点问题，分析市场，以5.12汶川地震一周年纪念为契机，创新开发了“爱心包裹”项目。在集团公司、市公司的大力支持下，举全局之力，搭建了“爱心平台”，并采取“全员劝募、家喻户晓”的全新营销模式，在中国邮政3.6万个邮政网点同时受理捐赠，短短两个月的时间，全国共劝募爱心包裹113.12万件，募集善款近1.3亿元。通过“爱心包裹”及其衍生出的各类项目，海淀局共实现函件收入504.46万元，包裹收入592.30万元，电子商务收入21.86万元，开创了传统业务发展的新局面，取得了社会、经济效益的双丰收。

全国有4142家媒体，发表各类相关报道5万余篇，盛赞这一举动为落实中央提出的“人人可公益”提供了最佳渠道和有力保证。“爱心包裹”项目成功塑造了中国邮政服务社会、服务人民、服务公益事业的品牌形象，彰显了中国邮政实力，提升了中国邮政的知名度和美誉度。

国务院扶贫办也将“爱心包裹”项目定位为：“新中国成立以来，扶贫项目很多，‘爱心包裹’是最好的项目。”集团公司刘安东总经理曾做出重要批示：“爱心包裹”项目是近年来中国邮政创新发展的典型范例，创造了邮政改造传统业务流程的运营模式，增强了各级邮政发展传统业务的积极性和创造性。

“60”国庆专项工作

海淀局参与为中央及首都庆祝活动筹委会设计国庆60大庆特供邮票、国庆标志、请柬和六大系列的专用邮品，其中设计的“五星红飘带国庆群众游行徽志”得到国庆筹委会和各指挥部的认可，成为新中国成立60周年国庆游行专用徽志。通过提供了国庆大型展览现场服务、游行方阵器材配送和阅兵村地标参照物的设计制作等工作，取得了上百种邮品的独家开发权。

代表北京邮政为国庆60周年庆祝活动策划了中国邮政专供服务新模式，为所有国庆60周年活动指挥者、参与者留下珍贵的记忆和永久的珍藏，受到了国庆筹委会及参与者的充分肯定和赞扬，被首都国庆60周年群众游行指挥部授予“首都国庆60周年群众游行特别贡献单位”称号。

为完整记录海淀局国庆60周年群众游行、特供等产品的开发历程和取得的成果，举办了国庆系列特供邮品展示，召开特供产品鉴赏征订会，组织开展营销工作，共接待参观人员310余人次，接待客户40多人次，立项244个，成功开发163项，整个项目为中国邮政带来了近1.3亿的收入；国庆珍藏纪念册等产品实现收入6000多万元，被北京市委市政府选定为常年贵宾礼品，单笔订单达2000多万元。

党风廉政和精神文明建设

【加强党风廉政建设】加强党性修养，不断完善管理，切实提高党风廉政建设工作。

开展多种形式的廉洁教育活动，制定党风廉政建设的若干规定，对执行“三重一大”制度、廉洁自律规定、领导人员离任交接和报告个人有关事项、招投标、降本增效、落实局务公开等工作进行了监督和效能监察，组织了落实党风廉政建设责任制的年度检查，使党风建设和反腐倡廉工作取得了新成效。

【组织多项活动，为职工搭建展示平台】推广工间操，开展健步走、游泳比赛、“五月的鲜花”合唱比赛和员工自救互救知识培训等多种形式的文体活动。全局共有200名员工获得北京市红十字会颁发的自救互救证书。在北京市邮政公司艺术节活动中，成绩喜人，各项比赛取得优异成绩。共上交各类作品100余件、选送11个节目参加文艺类比赛，14个作品、节目获奖，其中舞蹈《酥油飘香》获得第一名、男子独唱获得第一名，大合唱获得二等奖。

深入开展职工小家活动，丰富小家建设内容，为各部门职工小家硬件设施进行升级，结合党委开展的“构建海淀邮政幸福之家”企业文化实践活动，组织、引导职工小家开展丰富多彩的各类活动，培养员工身边的“知心人”、开设“知心热线”，增强职工小家的凝聚力。

【日常送温暖活动，展现企业关怀】开展45岁以上男工123名和519名女工的体检工作，对困难职工、离退休干部员工进行救助和慰问工作。两节期间，共走访慰问干部职工1176人，慰问困难职工97人，其中劳模3人，全局各级单位两节期间发放慰问补助金、慰问品合计44.09万元。

【做好宣传工作】建立长期信息员制度和信息上报制度，利用《海邮快讯》、《海邮信息》、《党委工作信息》、互联网、OA管理系统等便利条件，加大宣传力度，着重宣传在经营生产工作中创造的新作法、新经验及先进集体典型，用榜样教育激励广大员工建功立业，树立邮政人的新风新貌，为推动全局各项工作不断向前发展营造良好的舆论氛围。

【法制和安全管理工作取得新进展】下发新《邮政法》和合同范本，组织法律法规培训，完善合同会审会签制度，全年共审核、批准合同400余份。安保工作以国庆60周年为重点，做好了邮政服务的各项安全保障工作，确保了邮政通信安全畅通和员工的人身安全。

荣　誉

【爱心包裹情满天涯项目】该项目使中国邮政集团公司被授予“中国扶贫事业特别贡献奖”及“新中国六十华诞60个爱心榜样企业”称号；海淀局被授予“爱心包裹项目服务贡献奖”、“爱心包裹项目服务支撑奖”。

【策划设计的“中国邮政特供服务方案”载入国家庆典史册】

中国邮政首次发行由海淀邮政设计的国庆60大庆特供邮票。

海淀邮政设计的五星红飘带国庆群众游行徽志首次成为国庆游行专用标志。

海淀邮政设计的彩车、民族柱明信片套装、国庆珍藏集邮册首次成为北京市委市政府国礼级礼品。

海淀邮政设计的国庆纪念封套装首次被选中为国庆观礼嘉宾礼品。

海淀邮政首次承担国庆游行器材物流配送。

海淀邮政首次参与国庆阅兵地标参照物的设计

制作。

海淀邮政首次为中国邮政全体员工设计制作国庆徽章贺卡。

海淀邮政被授予“国庆60周年庆祝活动支持贡献奖”。

【专业发展、各项工作取得好成绩】在市公司2009年“发展杯”劳动竞赛中,荣获了“邮务杯”;同时,荣获了发行奖第一名、包裹奖第一名。

获得了市公司2009年优秀营销体系建设单位第一名。

在市公司一季度组织的首届“兄弟杯”银邮大赛和“速递开门红”竞赛中,勇夺两项竞赛第一,荣获了“兄弟杯”和“速递杯”。

海淀局“残奥会飘落的红叶”贺卡项目和爱心包裹慈善劝募活动项目,被市公司评为“十佳创新成果”。

海淀局首创的图书馆“营投一体化”项目,新增加图书馆8家、与中国驰名品牌“铜牛内衣”合作,推出“邮购目录式”形象期刊一万册,在市公司范围内率先形成形象期刊第一大单,两项目均获得市公司“营销创新奖。

海淀局自邮一族会员成功加办量位居全市首位;储蓄、速递、汇兑短信加办率在四城区排名中名列前茅。

海淀局荣获了市公安系统安保工作集体嘉奖。

海淀局在市公司“迎国庆60周年比武大练兵”活动和国庆安保评比工作中,夺得了第一名的好成绩。

(撰稿人:郝建秀)

通州区邮政局

【概况】 通州区邮政局位于运河西大街174号，2009年末，共有干部、职工576人，其中正式工139人，劳务工437人。区局机关设五部一室，分别为办公室、人力资源部、市场经营部、党群工作部、计财基建部、通信运营部；下设集邮公司、物流公司和函件局。全局下设邮政支局9处，邮政所25处。邮政储蓄网点24处，其中邮政储蓄二类行8处；代理网点16处。全局共设邮路11条，投递道段125条，其中，汽车投递道段5条，摩托车投递道段3条，自行车投递道段114条，机要投递道段1条，包裹直投道段1条，投递里程3891公里。信筒信箱251处；报刊亭63处(门市部)；村邮站484个；投递点8921个，担负着全区907平方公里120多万人口的邮政通信服务工作。

党委书记、局长刘国军，副局长负新、兰芳，工会主席董宗悦。

【圆满实现升位晋级工作目标】 2009年，是北京邮政进一步巩固公司化运营成果，弘扬奥运精神，向现代邮政企业制度转型的重要一年，也是通州区邮政局继续深化改革，努力拼搏，积极应对国际金融危机影响，快速发展的一年。在市邮政公司创新经营理念的指导下，通州邮局坚持以科学发展观为发展总则，以保业务增长、促升位晋级、勇破纪录为目标；以创新谋发展，以服务促发展，以和谐保发展，在发展过程中积极创新、提升服务、铸造和谐，确保了各项工作又好又快发展。圆满完成市公司下达的各项工作任务，实现了“升位晋级”工作目标。

【业务发展和经营成果】 2009年业务总收入实现8302万元，完成年预算指标7682万元的108.06%，同比增收1205万元，增幅16.98%；收支差额实现1987.22万元，完成年预算指标1892万元的105.03%，同比增加12万元，增长0.62%；业务成本费用支出5249.64万元，完成预算4790.40万元的109.59%，同比增加837.35万元，增长18.98%；储蓄余额累计净增4.05亿元。通过把握市场脉搏，把经营生产、优质服务紧密联系在一起，采取一切措施全力保增长，打开生产经营工作新局面，三大板块业务收入稳步提高。1.邮务类业务收入累计完成2933.63万元，完成年计划2402万元的122.34%，同比增收442.8万元，增幅17.7%。2.金融类业务收入累计完成3949.5万元，完成年计划3926万元的100.6%，同比增收350.18万元，增幅9.7%。3.速递类业务收入累计完成1164.31万元，完成年计划1197万元的97.6%，同比增收309.27万元，增幅36.2%。

【抓项目，促营销，提升营销业绩】 为进一步推广经营理念、增长方式转变，在全局范围内，抓项目促营销，全年共推出15个营销项目。一是坚持月度营销工作例会制度，推广营销项目，达到促进经营理念、增长方式转变的目的，实现了营销工作动态化管理。二是加强营销培训工作，提升营销业绩，每月组织营销主任和专职营销员进行二至三次培训。三是做好基金、理财产品的销售工作，吸引和巩固优良客户。全局在各金融网点设立专兼职理财经理，对代理保险业务进行了宣传和引导，做到了政策引领，宣传到位。全年完成代理保费7608.77万元，共销售基金和理财产品3049万元，在郊区区县局中名列前茅。四是克服存款高息给储蓄收入带来的影响，抓紧储蓄业务的发展。全局金融中心人员做好基础客户、大客户的开发与维护工作，对通州区上营地区的拆迁用户进行走访、宣传，共吸收定期存款达到6005.65万元，代理保险费用达到155.2万元，为全局下年金融业务收入打了坚实的基础。

【创新机制体制，为经营服务发展保驾护航】 2009年是北京邮政深入落实科学发展观，进一步加快改革发展步伐，实现企业效益升级的关键之年，通州局制定了《通州区邮政局2009年服务工作实施方案》，制定了以科学发展观为统领，以诚信服务为根本，以转变服务观念为核心，以打造通州邮政“精品服务”品牌为目标，以提高业务素质为基础，以落实规章制度为抓手，以提升投递服务水平为突破口，健全服务工作管理机制。推出和完善了“升位晋级机制”、“下管一级机制”、“末位调整机制”、“重奖增量机制”、“全面预算管理机制”、“管理岗位聘任评估机制” 这些机制的贯彻落实有力的推动全局各项工作的顺利进行。

【抓竞赛，鼓干劲，"发展杯"竞赛成效显著】全局以"升位晋级，勇破纪录"为主要目标，以"发展杯"劳动竞赛为载体，认真开展了"邮务杯"、"速递物流杯"、"金融杯"等各专项竞赛；兼顾均衡发展，设置函件、发行、集邮、包裹、电子商务五个专项奖；促进新业务开发，设立了 "会展经济奖"、"政府经济奖"、"总部经济奖"三个专项奖。开展各层各类竞赛活动达 49 项。一季度为确保业务收入达到市公司进度指标要求，减少金融危机的不利影响，通州邮局以函件、五节联送、速递、集邮、保险拉动业务发展，以政策激励机制调动全体员工积极性，首季业务总收入实现 1504.83 万元，完成年预算业务收入指标 6724 万元的 26.91%，同比增幅 22.38%，实现首季开门红。通过开展"发展杯"劳动竞赛有力地提高了员工的自身素质和营销技能，改善了邮政形象，提高了服务水平，促进了企业经营良性发展。2009 年同比 2008 年超收收入 1205 万元，年度超收收入再次突破 1 千万元。

【机制创新，升位晋级促发展】年初，制定了《通州区邮政局升位晋级考核办法》，各单位根据自己的认档任务，制定了本单位的发展及考核办法，利用机制调动一线职工创收的积极性，每月召开经营分析会，对各单位经营情况进行升位晋级排名，并制定下一步经营发展措施。各单位通过建立相应的考核办法、营销团队，支局层面的营销能力、经营效果、服务水平都有明显提升，特别是发展增幅表现突出，西集支局收入增幅达 46%、张湾支局收入增幅达 35.8%、速物专业增幅达 36.2%。对未完成年度目标的支局长按末位调整机制进行考评，共调整两位支局长，通过机制的调整，极大地刺激了各级管理干部"争先创优、比学赶超"的意识，进一步增强了责任感和使命感。

【深化营销队伍建设】一是加强营销队伍建设。在全局范围内开展了公开招聘，在各支局设立专职营销员，强化市场开发和专业营销能力；二是提高营销人员素质。组织营销员到石家庄邮校培训，并由市场部适时组织营销员进行业务培训，同时，每周二召开营销员例会，系统学习营销基础知识和客户开发技巧，为营销实战奠定了坚实的基础，全年组织营销员培训 30 余次，培训人员近 100 人；三是制订方案组织实施。召开经营工作研讨会，针对函件、集邮、报刊等 15 个营销项目，进行了认真、具体、深入的分析，并分别制定出策划方案，在全局推广实施。

【强化管理，提升管理水平】创新用人机制，通过竞聘机制，形成能者上、庸者下的用人机制，在全局范围内对部室长、支局长、营销主任及职能管理岗位进行了公开招聘，竞聘上岗 62 人。通过竞聘上岗，强化了竞争意识，转变了工作作风，提高了执行力和履职能力。

【函件业务成为发展亮点】2009 年全局加大了主动开发市场，抢占市场的能力，根据不同客户特点制定了个性化的营销方案，使函件业务快速增长。一是制作各种邮资封片，全年累计完成 150.94 万元，完成年任务的 100.63%；二是努力发展 DM 广告业务。全年开发制作 82.3 万份，实现收入 34.15 万元；代投 DM 广告 138.75 万份，实现收入 66.904 万元。三是积极营销数据库商函业务。2009 年全局数据库累计完成查询量 88.7 万条，完成年计划 80 万条的 110.87%，呈现出用项目拉动函件业务量增长的发展局面。函件业务全年累计完成收入 941 万元，完成全年计划的 103.64%，增收 208.97 万元，同比增幅 28.5%。

【集邮业务创历史新高】国庆 60 周年的庆祝活动给集邮业务带来了广阔的发展空间，为确保进一步做好集邮专业的经营与管理，通州邮局制定了一系列行之有效的经营方案，充实了人员，拓展集邮品销售市场，加大个性化邮票、形象年册等项目的开发力度，超常发展集邮业务，促进了集邮业务快速发展。国庆 60 周年"、首都大阅兵邮品销售及为通州区阅兵村官兵制作系列邮品，共创收 225 万元。其中制作《在阅兵村的日子里》邮折 10500 套，创收 42 万元；为阅兵反坦克加榴炮兵方队、第二炮兵方队、第二兵站制作阅兵纪念封 5 种 45120 套，创收 12.04 万元。经过全局干部职工的不懈努力，集邮业务超常发展，全年实现集邮专业收入 799 万元，完成年计划指标 296 万元的 269.93%。其中，抓住《京杭大运河》等项目商机，突出开发制作定向邮品，创收 50 万元。2009 年集邮业务是历史上发展最好的一年。

【全力以赴做好首都阅兵服务】通州邮局抓住属地有国庆 60 周年阅兵村契机，发扬奥运精神，提前策划，在场地布局、营业厅设计、业务功能上，充分体现了为受阅官兵服务的意识，让他们在用邮的同时感受到亲切。在市公司网运部、报刊发行局的大力支持下，为受阅官兵开通了"绿色通道"，将报刊直接送达到阅兵村，配备两套新设备、四部车辆，抽调 5 名政治可靠、业务精湛的营业人员，有70余人参与国庆60周年阅兵服务的后勤保障工作，保证了阅兵村服务工作正常运行。其间为受阅官兵提供邮政服务8千余人，受理爱心包裹132件，销售《祖国万岁》、《钢铁长城》国庆主题明信片1922册，销售邮品14102册，办理汇兑2899笔，收寄特快专递邮件8564件、包裹7016件、挂号信2389件，通州区阅兵村临时邮局成立5个多月，共创收210余万元。国庆期间，通州邮局干部职工凭着志在必胜的坚定信念，攻坚克难的优良作风、无私奉献，圆满完成了国庆60周年受阅官兵服务保障任务，同时收到国庆受阅部队赠送的三面锦旗和牌匾；荣获首都阅兵村指挥部颁发的"首都阅兵村服务保障单位"最高荣誉称号。

【化挑战为机遇、变压力为动力，开创业务发展新局面】2009年金融危险机的蔓延，通州邮局遇到了前所未有的挑战。在市公司的正确领导下，发扬"升位晋级、勇破纪录"的开拓精神，捕捉和把握发展机遇，调整发展思路，化解金融危机影响，代理金融业务结构进一步优化。全局将邮政储蓄规模与效益同步发展列为金融类工作之重。对储蓄业务发展采取战略上调整，突出效益观念，加快增长方式转变，加大储蓄活期收入比重和中间业务开发力度，围绕"以量促收、以质增收"的原则，全力提升金融业务发展速度，2009年全局24个二类行和代理网点储蓄余额累计净增4.05亿元。其中活期净增20332.30万元，定期净增20163.17万元，定活比例达到35.59%，比去年同期提高了2.76个百分点。全局实现代理金融业务收入3949.49万元，同比增长9.7%，全局2009年实现了金融业务快速发展。

【强化安全教育，落实安全制度】

1. 成立国庆60周年安全保障体系。在国庆60周年前夕，通州邮局成立安全工作领导小组，要求全体干部职工，认真落实安全责任制度，提高安全防范意识，以高度的政治感、责任感、紧迫感和使命感，确保国庆60周年活动安全稳定。

2.继续坚持"安全第一、预防为主、综合治理"的工作方针，进一步建立和完善各项安全制度和安全预案，实行责任追究制度，层层签订安全责任书，做到一级抓一级的安全保证格局，确保邮件收寄安全、邮件处理安全、邮件运输环节和邮件投递安全。

3.为保证资金安全，完善安全责任制度，修订突发事件预案，组织了运河支局、梨园支局、宋庄支局、富和园所、区局营业所进行了消防、防抢、防暴演练。为提高演练质量，通州邮局特邀请区公安分局内保处、消防支队等相关领导亲临现场指导并分别对专业知识进行培训，五个支局所共有130余人参加了演练。通过演练使员工进一步提高了处置突发事件能力和安全防范意识。

【积极推进和谐企业建设】2009年工会委员会进行了换届改选工作，产生了新一轮工会领导机构，工会组织在区工会和局党委的领导下，努力做好维护职工合法权益的主导作用。坚持以职工为本，积极推进和谐劳动关系企业建设，通州邮局与职工签订了新一轮集体合同，通过集体合同的续订工作，更进一步规范了企业行为，充分调动了全局广大职工的工作积极性。以办实事为载体，使企业发展成果惠及职工。局党委积极开展了"送温暖"两节慰问活动，出资23600元对离退休人员、军属、退休困难老职工、病休职工、离退休干部遗属、在职困难职工共计29人，以慰问金和慰问品的形式进行了节日走访慰问。2009年对全局患病职工及家属共计12人，发放救济金45051.41元，发挥了职工帮扶救助中心作用，把组织的关爱、企业的关怀及时送给职工，增强了企业凝聚力，稳定了职工队伍，促进了企业文明和谐发展。

【精神文明建设】为提升服务水平和能力建设，局党委开展了"学习东四邮电局树服务品牌，争创全国文明单位"树创活动，在活动中各单位、各党支部成绩显著。一是对外窗口服务水平明显提升，服务质量明显提高。通过学习活动的开展，干部职工提高了思想认识，增强了服务意识。二是围绕国庆60周年开展了"迎国庆、讲文明、树新风"系列教育活动，并组织职工参与"爱国歌曲大家唱"群众性歌咏比赛、市公司文化艺术节等活动，并荣获市邮政公司第三届职工文化艺术节优秀表演奖。三是丰富职工文化生活，寓教于乐。局团委举行了"以科学发展观引领邮政青年爱我祖国" 主题教育活动，团员青年参观了中国人民抗日战争纪念馆，卢沟桥及宛平县城。组织职工参加"西藏民主改革50周年展览活动"。四是在全局干部职工的共同努力下，精神文明建设硕果累累，荣获2008年度"通州区文明行业"；2008年度"安全生产达标单位"称号；再次当选为"全国精神文明建设工作先进单位"；新华支局被市文明委授予"北京市文明单位"称号。 （撰稿人：张素霞）

门头沟区邮政局

【概况】门头沟区邮局位于门头沟区河滩路2号。机构设置为五部(人力、计财、运营、党群、市场)一室(办公室)一个中心(金融管理)一个专业局(函件局),下辖5个支局10个邮政所。全局共有职工226人,其中正式工89人,邮政聘用工2人,劳务工135人。全局共有邮路57条,其中汽车邮路2条,自行车邮路55条,邮路总长898公里。业务范围包括邮政传统业务、储蓄业务、代理机票、彩票等中间业务,大峪支局可办理国际信函和国际包裹业务。

【区委领导来邮局调研】5月6日,门头沟区委常委、宣传部长陈志强一行三人到门头沟区邮政局进行工作调研。区邮局局长王治怀围绕为地区发展和经济建设所做的工作及需要区委给予支持和协调的工作等方面进行了汇报,希望利用邮政网络优势和服务功能为本区经济发展提供服务。区委领导对邮局的服务工作表示满意,想法给予肯定,表示将大力支持邮局的工作,为振兴地区经济作出更大贡献。

【市邮政公司领导来局调研】1月23日,北京市邮政公司总经理章干泉一行来局调研,提出要求:

一是消除金融危机带来的恐惧感,克服悲观情绪,振作精神,力争本年的升位晋级取得好成绩;二是抓好机制建设,从一把手抓起,改变观念,培养过硬的领导班子和职工队伍,最大限度调动职工工作热情;三是做好节日期间的服务工作,努力创收,为全年经营工作打好基础。

11月17日,市公司党委书记丁前亮、工会主席何培恩等来门头沟邮局进行工作调研,对门头沟邮局各项工作给予了充分肯定,提出要求:一是继续做好党的组织建设和思想建设,按时完成党委换届改选工作;二是扎实开展好学习实践科学发展观活动,解决问题、力求实效;三是发挥好村邮站和信报箱服务功能,进一步提高邮政服务水平;四是紧密结合本地区实际,找准经济增长点,大力发展业务,圆满完成各项经济指标;五是继续抓好降本增效工作,努力节约各种业务费用;六是继续做好职工思想政治工作,及时解决职工关心的热点难点问题。

【领导慰问】1月22日,市公司党委书记丁前亮、党群部主任由利颖等来到门头沟潭柘寺镇看望门头沟邮局退休劳模贾德坦,与贾德坦同志亲切交谈,问寒问暖,送来了慰问品。随后来到门头沟局承泽苑邮政所慰问工作在一线的邮政职工,询问了解职工生产生活情况,并嘱咐他们做好节日期间的安全和服务工作,对他们节日期间坚守在工作岗位表示感谢和慰问。

【经营发展】根据市公司经营理念,确定了年内工作整体思路:狠抓经营工作,确保稳定发展,提高职工收入,创建和谐企业。

(一)业务收入完成年计划指标100.6%。

(二)收支差额完成年计划的100.05%。

(三)人均劳产率完成17.03万元,完成指标的100.05%,同比增长7.36%。

【落实降本增效措施】根据市公司《关于深入开展降本增效、压缩管理费用和非生产费用支出工作的指导意见》,结合实际对油料、业务材料用品、水、电、气等制定了支出计划,并纳入机关部室长经营责任制考核中,对支局领用的低值易耗品也实行定额管理并纳入生产考核。同时在对各部室下达预算目标时,要求各部室对归口管理的成本费用制定管控措施,加强管理,切实起到降本增效的作用。

【损益核算工作】随着全面预算管理工作的深入推进,全收入、全成本核算下到支局,直观的反映出每个单位的利润水平,损益核算工作已经应用到专业的边际成本、毛利率分析上。通过损益核算的应用,使经营者了解到每项专业、每个支局的利润水平,及时调整业务结构,发展低本高效业务,为贯彻市公司"低本高效业务大力发展,高本低效业务适度发展"的经营思路提供了依据。

【劳动竞赛】一季度开展了"抓旺季、促发展,争创首季开门红"劳动竞赛,竞赛包括四个方面:一是"五节联送"第二阶段营销创收竞赛;二是《岁月如歌》个性化邮票定制竞赛;三是信息联播网业务推广竞赛;四是金融专业、电子商务专业经营发展竞赛。

【安全保卫培训】4月14日,门头沟区邮政局邀请市公司安全保卫部的敖丽同志为全局干部、职工进行安全保卫工作的知识讲座。以现场讲解和案例播放形式，让职工学会如何应对危险并确保国家财产的安全。此次培训旨在结合开展“创建平安邮政”活动，全面落实各项防范措施，提高邮政治安综合防控能力,力求达到全年无刑事案件、无重大治安案件、无火灾事故的"三无"目标,为构建平安邮政和企业经济发展提供有力的安全保障。

【消防知识培训】11月10日，邀请区公安消防中队两位指导员对全局职工进行消防安全培训。

两位指导员重点讲述了火灾预防措施、个人自救技巧、灭火器的使用方法等,通过视频资料向大家讲述了轰动全国的特大火灾给人民生命和国家财产造成的巨大损失，运用触目惊心的安全事故案例及图片,生动详细地讲解了火灾发生要素、家庭火灾预防、报警电话拨打、初期火灾扑救、火场自救、逃生以及消防法律法规等消防安全知识等。通过培训旨在增强干部职工对消防安全工作重要性的认识，提高安全防范意识,进一步树立了“隐患险于明火,防范胜于救灾,责任重于泰山”的理念,为创建和谐企业营造良好的安全氛围。

【加强防范意识教育】针对年内诈骗活动猖獗的形势,本着为用户着想,维护企业信誉的原则,教育好职工提高防范意识,王平村支局、木城涧邮政所均成功劝阻一起汇款诈骗行为。

【组织防抢演练】8月20日晚,市邮政公司与邮储银行为确保国庆60周年安全稳定,在门头沟邮局联合组织防暴演习。

此次演练得到了市公安局内保局、区公安分局、区保安公司等单位的大力支持，全体从储人员及兄弟局100多人观摩了演练。市公安局安内保局何局长指出:此次演练整个过程扣人心弦、惊心动魄、场面逼真,希望邮政部门通过防爆演习,增强从储人员的防抢意识及处理突发事件的能力，尤其在国庆期间,要切实提高警惕,在保证人身安全的前提下最大限度的避免财产受到损害。

【捐赠爱心包裹】5月1日上午,在局党委倡议下,广大党员、团员来到区邮局营业厅为四川受灾中小学生捐赠爱心包裹。有近30位党员团员参与了爱心捐赠。

【与区商业联合会召开座谈会】5月13日,区邮局与区商业联合会召开座谈会，区邮局领导为商家详细讲述了邮政的基础型业务和新型业务，各商家与邮局领导积极探讨经营发展之道，邮政为企业的各种宣传工作所开发出的各项业务也得到了各商家的认可,会后许多企业表示将与邮政进行进一步合作。

【新型村邮站建站工作】8月3日，门头沟区举办了新型村邮站建站工作启动仪式，区邮政局局长王治怀主持了仪式,区新农办主任杨金波讲话。

年内，区政府已把新型村邮站建设工作列入今年为群众办实事计划，区邮局将积极履行普遍服务职责,把这项工作作为重点工作来抓,精心组织,认真落实,在已建22个村邮站的基础上,再建155个,使建站率达到100%,实现村村建站,户户通邮。

【举办国庆邮品推介会】国庆前夕,门头沟邮局利用周末举办了集邮产品推介会，这次活动是该局为满足广大集邮爱好者组织的集邮产品展销。

社会各界近百名集邮爱好者参观了200余种展销的邮品,听取了现场工作人员国庆邮品介绍,许多集邮爱好者选购了自己喜欢的邮品。

【加强财务检查,堵塞漏洞】对经营单位的检查本着检查与培训相结合、定期检查与不定期抽查相结合、普遍检查与专项检查、辅导相结合的原则,重点对税控发票使用、量收系统数据核对、邮资机的使用和管理进行检查,针对检查中发现的问题,查找原因,提出改进意见,从而进一步规范企业财务行为,提高基层单位人员综合管理水平，使企业收入做到应收尽收。

【教育培训】一是对新员工进行上岗前的培训,包括业务知识、服务规范、安全生产、计算机基础知识等;二是转岗人员的培训;三是开展技能竞赛活动;四是做好技能鉴定工作;五是加强文化素质教育,鼓励员工在岗学习。年内有46人自学大专以上课程,一线营业人员大专以上学历人员占到82%,达到市公司要求。

【精神文明建设】以“党委工作和精神文明建设工作责任制”“党风廉政建设工作责任制”“党员教育管理工作目标”等为框架,做到工作目标明确,责任分工明确,责任人考核明确。

部署了“迎国庆、讲文明、树新风”“党员岗位立功”主题实践活动,党员发挥很好的模范带头作用。

该局作为区里第二批开展学习实践科学发展观活动的单位，根据因地制宜、简便易行、力求实效、解决问题的原则，通过学习实践活动，进一步发挥党组织和党员的先锋模范作用，促进全年各项工作顺利完成。

（撰稿人：谭文贤）

门头沟区邮政局支局、所概况

单位名称	地　址	邮　编	备　注
大峪支局	门头沟河滩路 6 号	102300	
西辛房所	门头沟路 77 路	102300	大峪支局管辖
三家店所	三家店水闸路 11 号	102300	大峪支局管辖
双峪路所	门头沟大峪南路 2 号	102300	石龙支局管辖
军庄所	门头沟军庄镇	102300	大峪支局管辖
潭柘寺所	潭柘寺镇	102308	石龙支局管辖
王平村支局	王平镇西村	102301	
大台所	大台矿内	102303	王平村支局管辖
木城涧所	木城涧玉皇庙	102304	王平村支局管辖
斋堂支局	斋堂镇西斋堂	102309	
清水所	清水镇上清水	102311	斋堂支局管辖
雁翅支局	雁翅镇雁翅村	102305	斋堂支局管辖
石龙支局	门头沟石龙北路 62 号	102308	
承泽苑所	滨河居住区承泽苑 2 号楼一层	102308	石龙支局管辖

房山区邮政局

【概况】房山区邮政局(以下简称房山局)服务面积为2019平方公里，承担着全区党政机关、大中小型企业、事业单位以及房山区21个乡镇、464个行政村、86万人的邮政通信任务，是房山区最大的通信枢纽。全局2009年在职职工511人，设办公室、人力资源部、计财基建部、市场经营部、通信运营部、党群工作部6个职能部室以及1个函件专业局。共有邮政服务网点41个，其中含8个支局、33个邮政所；设立投递道段111条、步班邮路7条、汽车邮路11条、机要专投1条、机要兼投4条。

局长张余海，党委书记朱家康，副局长炼永生、王希利，副局长、工会主席翟耀。

2009年房山局以党的十七大和十七届四中全会精神为指导，落实科学发展观。紧紧围绕北京市邮政公司经营发展思路，坚持"发展是第一要务"的治企原则，以"升位晋级"目标为发展动力，结合实际，有针对性地调整、制定经营、奖励政策。促进了储蓄余额、函件业务等方面的发展，通过增收节支、降本增效等措施工作初见成效。

【主要经济指标完成情况】2009年全年通信业务收入实现6650.32万元，完成年计划的102.20%，同比增长4.27%；企业收支差额完成1331.17万元，完成年计划的100.10%，同比下降36.53%；成本费用开支完成5264.97万元，完成年计划的102.56%，同比增长24.68%。全员劳产率完成14.3万元/人，同比增长2.39万元/人。职工得利水平同比2008年，合同用工月均增长952元/人，劳务用工月均增长659元/人。

【开拓市场、创新思路，促进邮政各项业务均衡发展】适时调整发展方向，及时调整储蓄存款结构，重点发展对公业务、保险业务和中间业务，以"发展杯——万元创收之星"等各类劳动竞赛为平台，继续调整、提高活期比例，大力发展中间业务、以"代"字业务为支撑，加大保险业务和理财产品的销售力度。全年实现代理金融收入3382.76万元，完成年计划99.06%，同比下降2.90%。全年房山局紧抓储蓄业务不放松。调整储蓄存款结构，增加活期比例。开展"抓旺季、促发展、争创开门红"、"鼓干劲、迎挑战、保费冲刺3000万"等劳动竞赛。有效抓住占地拆迁款补偿的良好时机，全年代理网点储蓄余额已达到25.75亿元，年累计新增余额4.66亿元，完成北京市邮政公司4.36亿元目标的106.86%。

【邮务类业务发展情况】

函件业务：函件业务实现收入1347.52万元，完成年计划的105.94%，同比增长88.38%。主动开拓市场，稳定大宗客户，积极开拓新业务，如：在原有DM广告的基础上开发本册式DM广告。不失时机地抓住"家电下乡"市场，狠抓商函名址库建设，完善自有商函名址库。利用名址制作商函92.43万件，完成进度的115.54%，增幅604.02%，为喜从信来的查询拓宽了渠道。制作喜从信来30.60万件，创收22.56万元，完成进度的102%，增幅100%。各项新业务完成进度远高于上年同期。

包裹业务：包件业务实现收入282.99万元，完成年计划的90.70%，同比增长3.91%，快包比例占53%。在"爱心包裹"捐购项目中，学生型爱心包裹共捐购1347个，学校型爱心包裹共捐购17个，捐购额为15.17万元。

集邮业务：集邮专业共实现收入820.31万元，完成年计划的122.43%。以国庆60周年为契机，重点销售国庆题材集邮品，加大奥运邮品以及其他库存邮品的宣传力度，通过集邮夜市、媒体宣传等多种营销方式，拉动集邮收入增长。国庆重点产品《颂歌》的预订销售中，共预订80套，形成收入16万余元。

报刊业务：报刊业务实现收入535.56万元，完成年计划的100.10%，同比增长21.75%。主要加强党报党刊服务力度，拓宽私费订阅市场；高度重视报刊妥投质量，着力提升投递服务水平；加大重点报刊、都市报刊和畅销报刊的宣传力度；重点开发中小学市场、图书馆市场和幼儿市场；充分发挥各岗、台"一岗双责"作用，以点带面，形成全员营销的局面。

【电子商务业务】电子商务业务是中国邮政集团公司及北京市邮政公司2009年重点发展的低本高效的新型业务。房山局以"小专业要有大作为"为指导思想,增设电商专业管理岗位,完善奖励考核机制,强化新业务的宣传推广力度。电商业务共实现收入104.59万元,同比增长8.9%。

【村邮站建设】2009年对区内420个行政村进行了前期调查,与房山区新农办联合召开房山区2009年村邮站建设工作会,积极与区农委、新农办就全面推进新型村邮站建设进行协商。10月15日,房山局完成420个村邮站的验收工作。10月29日村邮站建设通过北京市邮政公司验收。

【精细化管理、强化成本意识】制定了《关于对各单位成本费用考核的通知》、《全面预算管理工作执行方案》、《开展责任中心损益核算工作的落实推广方案》,制定并完善了水、电、油、低值易耗、办公用品、电话费管理办法和会议费、工作餐管理办法。对各项成本支出进行量化管理,制定降本目标。与上年相比,在业务量、设备增加的基础上用电量与去年基本持平,节约燃油2800升,节水取得了突出成绩,办公用品、业务单册在业务量增加、种类增多的基础上,费用与去年基本持平,过桥费减少2.8万元,电话费节约了四千余元,采取"修旧利废"措施,修复自行车20辆,节约9500元。规范基础业务管理:对所辖支局、所检查418次,检查网点390次,为保证国庆通信生产正常运行,制定国庆期间工作方案,针对邮件安全检查5次,确保国庆期间邮件安全和服务"零"投诉。重新修订两岗履职规范,将支局综合部主任纳入到支局两岗履职监控,加强支局业务管理工作。改善基础设施,增加设备投入,增强日常维护:2009年在城关支局开设电子商务专厅,长沟支局增加对公业务台席;完成全局七个投递部统版生产系统、速递二期系统、邮资机二期系统、OA办公自动化系统的上线工作以及二类行及23个邮储代理网点的终端数据加密工程;开发了库房管理系统。

【强化服务意识,提升服务水平】全年向用户发放征询意见函4次共700份,满意率达99%。为123栋楼房安装信报箱共5770户,通邮楼房123栋5770户。在全局范围内广泛开展"向东四邮电局学习,立足岗位作贡献,以服务促发展"主题实践和大讨论活动。

【加强营销体系建设】制定并下发《房山区邮政局专职营销人员管理办法》,制定《房山区邮政局进一步加强邮政营销体系建设实施细则》、"优秀营销员"评比办法;组织开展"营销创百优"劳动竞赛和邮政业务短程竞赛。结合"家电下乡"、"三八"妇女节、"五一"劳动节、"八一"建军节、高考、国庆60年大庆等多个活动,出台详细的策划方案。营销团队全年共实现业绩405.29万元。

【坚持以人为本、立足发展成果惠及全体员工】"两节"送温暖活动中,共筹措慰问金11万元,慰问困难职工及困难单位,发放生活慰问品及帮扶救助金。为全局在职职工、5名离休干部、20名退休干部、2名劳模以及困难职工发放春节慰问品,折合人民币8.19万元。春节及国庆前夕,局领导走访慰问了全局离退休干部和困难职工。酷暑季节,慰问走访一线营业员、投递员,送去消暑食品以及防暑药品。5-6月完成49名职工疗休养以及47名职工体检工作。

【加强党建工作,深化精神文明建设】按照房山区委统一安排,开展了全局深入学习实践科学发展观活动,自2009年3月20日启动到9月末结束,历时5个多月,圆满完成了各个阶段的学习实践活动。"七一"前夕,组织党员到白洋淀雁翎队纪念馆参观,进行革命传统教育。组织中层以上党员领导干部参观大兴团河监狱警示教育基地,进行反腐倡廉警示教育。在全局组织开展了"加强党性修养、改进工作作风"党风廉政宣传教育月活动和"加强领导人员作风建设年活动"。对中层干部进行了民主测评和考察工作。

【与区交通安全委员会、区交通支队合作开发交通安全宣传海报1万份】向全区各单位广泛发放,海报以"天天守法规、日日报平安"为主题,旨在向市民宣传、普及交通安全知识,提示市民严格遵守交通法,做到安全出行、文明出行。

【投递员捡到万元现金主动返还失主】4月9日,霞云岭乡邮政所投递员刘子峰在营业厅捡到用户李增纯办理完业务后不慎丢失的皮包,内装一万元现金及各种收据、发票,经多方查找,最终与失主李先生取得联系,经仔细核实确认后,将皮包返还。事后,李增纯同志代表全家送来感谢信。

【工会召开第四届会员代表大会】4月29日,房山区邮政局工会第四届会员代表大会召开。选举产生了新一届工会委员会和经审委员会委员。

【开展职工健康活动,增强体魄】为丰富职工业余文化生活，提高职工健身意识和身体素质,5月28日至5月31日,在全局开展了主题为“强健体魄、团结奋进、勇创佳绩”职工羽毛球比赛。10月17日,组织干部职工进行户外山区公路10公里长走比赛。得到了干部、职工的热情支持与广泛参与。

【启动“征询意见促服务”活动】12月5日,全区23个邮储网点全部布放征询意见箱,以2010年邮政明信片为介质印制征询意见卡2万枚，由机关管理人员到网点配合营业员向用户发放,从服务态度、服务用语、服务效率等方面广泛向用户征询意见。以改善服务,促进邮储更大的发展。

【与房山区云居寺景区签下定制型贺卡大单】与全国重点文物保护单位——房山区云居寺景区成功签下50万元定制型贺卡大单。与云居寺成功举办“祝福从这里寄出”中国邮政贺卡幸运封首发式,并对幸运封进行禅语“加持”开光。

（撰稿人:刘　玮）

平谷区邮政局

【概况】平谷区邮政局(以下简称平谷局)坐落于平谷区旧城街16号。共有职工246人,其中正式职工93人、同力达职工153人。下设五部一室一局、三个专业公司、四个投递部,(办公室、计财基建部、人力资源部、党群工作部、通信运营部、市场部、函件局)。分支机构设有四个支局、17个邮政所、14个报刊亭,其中17个支局、所代办邮政储业务。全局共有邮运路线2条,总长度275公里。自行车投递道段41条,总长度1249公里。承担着全区1075平方公里内40万人口的邮政通信服务。2009年,平谷局经营工作主要以升位晋级为目标,以深化营销体系建设为重点,通过营销项目的开发,强化各专业经营工作,锁定重点、难点工作,以专项营销活动为主线,务实创新,有力推动全局各项工作的全面发展,超额完成各项经营指标。全局职工队伍稳定,未发生媒体曝光事件,无职工上访及犯罪,实现了安全生产。

党委书记、局长李和。副局长朱秀启,张玉平,贾小燕。

【经营成果显著】

1.总体完成经济计划指标。完成业务收入3105万元,完成年计划132.41%,同比增长47.62%。

2.金融业务稳步发展。2009年度储蓄余额净增1.47亿元,完成年计划104%,实现收入1173.77万元,同比增长7.95%;保险业务实现收入123万元,邮政企业存款余额与同级银行余额发展相比,邮政占比达到78%。

3.速物业务:以"五节联送"、"思乡月营销"为契机,狠抓外部产品的销售,实现收入198万元,同比增长202%,为速物业务增长打下了坚实的基础。

4.报刊发行业务:实现收入266万元,完成年计划100.9%,同比增长23.21%。

5.村邮站建设:完成274个村邮站的建站工作。

6.在市公司"升位晋级"活动中,名列小组第一名,实现"升位晋级"目标。

【明确总体思路　更新营销手段】

1.为了激励各单位管理者专注市场经营,平谷局紧紧围绕市公司2009年升位晋级的总体目标,结合平谷局的实际情况,突出"重奖增量,均衡发展"的原则,建立动态奖惩机制,对原有升位晋级奖励办法进行了补充完善。

2.积极探索营销管理模式,更新营销手段,紧抓社会热点,制定营销策划方案。

(1)在"爱心包裹"劝募活动中,共计劝募2445件学生型包裹,30件学校包裹,列小组排名第一。

(2)集邮业务:实现收入585.7万元,完成年计划318.64%,同比比增长105.64%。在集邮业务的开发上,定位由销售型向定制型转变,借助单位庆典活动成功开发团委、保安公司等定制型邮册,实现收入12.45万元。围绕新中国成立六十周年题材推出新产品颂歌等系列产品,创收14万元。全年共完成"五节集邮品"销售63万元,企业年册销售46万元,集邮预订21.45万元。

(3)函件业务:

——依托地方经济,服务三农为主旋律

——以"丫吉山庙会"、"桃花节"为契机,狠抓乡镇春季旅游踏青等资源,2009年共制作DM广告17期65万份,累计收入25.7万元。"喜从信来"共开发了10期,共计8.7万份,实现业务收入6万元。在邮资封片卡业务上,累计开发5户,制作2.5万枚,实现业务收入3.2万元。2009年函件业务实现收入378.53万元,完成年计划247.4%,同比增长175.91%。

——抓国庆商机,共销售国庆明信片11.7万元。

——邮政贺卡业务发展创历史之最。共完成206.45万元,完成市公司下达指标的100.7%。

(4)专职营销员的业绩稳步上升,全年完成业务收入10万元的营销员有3人,营销业绩达到全年基数3.6万元的有4人,起到良好的带头作用。

(5)改变零售报刊管理模式,2009年平谷局发行收入增幅16%,零售收入完成39万元,同比增长3.4万元,超额完成计划指标。

【创新机制、强化管理、推进改革】

1.根据市邮政公司“战略导向、效益优先、公平激励”的绩效考核原则和建立以“升位晋级、勇破纪录”为核心的经营机制,根据平谷局实际情况,先后制定《平谷区邮政局2009年绩效考核办法》和《平谷区邮政局2009年优秀晋级机制办法》,加大了管理人员的职能考核。

2.为适应新的形势,对职能部室工作职责进行重新划分,将涉及邮政业务管理、金融管理、营销体系、后勤管理等职责按照与市公司各部室管理对应角度进行调整。

【加强全员安全教育、提升职工素质和能力】

1.一是认真开展“平安邮政”和“安康杯”竞赛活动。组织职工进行安全知识答卷,职工参与率100%。二是认真开展“安全生产月”活动和“关于开展迎国庆保安全百日安全竞赛活动”。三是编纂《平邮安全专刊》17期,订阅新《邮政法》300册,保证全体员工人手一册,确保了平安邮政目标的实现。。

2.继续坚持“安全第一、预防为主、综合治理”的工作方针,结合建国60周年大庆安全保卫工作,进一步建立和完善了各项安全制度和安全预案,实行责任追究制度,层层签订安全责任书,做到一级抓一级的安全保证格局,确保资金安全、邮件收寄安全、邮件处理安全、邮件运输环节和邮件投递安全。

3.以支局为单位举办消防、防抢、防暴演练。四个支局共有200多人参加了演练。通过演练,使员工应对突发事件处置能力有了进一步提高。

4.加强交通安全管理,做好日常安全检查,安全教育工作。全年未发生甲方重大交通责任事故,累计行车里程为64万公里。

【积极组织开展向东四邮电局学习活动】为使“东四精神”得到弘扬、传承,平谷局组织印发了开展向东四邮电局学习活动的文件(京邮平谷党[2009]6号)。召开“学东四、树形象、保增长、促发展”全局职工动员大会;举办了“学习东四、忠诚企业、精心履职”演讲比赛;6月份以支局为单位,组织开展了“学东四、提素质、树形象、促发展”体会交流会;开展“创建精品窗口、争当服务明星”评选活动。

【党风廉政建设】为更好地贯彻党的十七大及中纪委十七届三中全会精神,扎实推进平谷局的党风廉政建设工作,为经营发展、和谐稳定营造良好氛围,为升位晋级、勇破纪录提供坚强保证,局党组与部室长、支局长签订了2009年党风廉政建设责任书。

【积极开展效能监察工作】2009年,按照市公司纪委的要求,平谷局确定了节能减排、降本增效的效能监察立项。2009年效能监察的目标为:水、电、煤、业务材料节约5%,车辆维修费、设备维修费节约10%,并核定用电、用水、办公用品、电话费、招待费、宣传广告费、机动车维修和其他设备维修等项的能耗定额标准,制订了奖罚考核规定。通过开展效能监察工作,平谷局节支成果显著。车辆维修费同比下降12%,节约2万元;业务材料费同比下降13%,节约4万元;水电原每年增幅11%,今年增幅8%,同比增幅下降3%。

【精神文明建设方面】

1.2009年平谷局被中央文明委命名为“全国精神文明建设工作先进单位”。连续五年被首都文明委授予“首都文明单位标兵”称号。在荣获“全国精神文明建设工作先进单位”的基础上,2009年平谷局又提出了争创“全国文明单位”创建新目标。开辟了平谷邮政《加强精神文明建设创建全国文明单位》专刊,使创建工作目标明确、责任落实。为使创建活动更加深入开展,还积极组织2008年度文明部室、文明支局、文明职工评选活动,有206名职工被评为“文明职工”。

2.积极开展“迎国庆讲文明树新风”活动

一是开展歌唱祖国宣传活动。开展了“我与企业同行、我与祖国共奋进”主题征文活动,员工参与率100%;举办了“国庆60周年红歌演唱赛”,员工用歌声抒发对伟大祖国生日的衷心祝福。二是开展文明服务示范活动。为促使员工提高服务意识,履行服务承诺,提高服务水平,先后组织员工学习职业道德、法律法规、服务规范和服务礼仪等知识的基础上,为每名员工印制下发了150道综合测试题,并组织全员进行了文明礼仪服务知识测试。

3.强化培训,提升全员素质

为提高员工整体素质,根据职工综合素质状况和业务发展需要,年初制定了详细的培训计划,将培训重点确定为营销人员业务培训、职业道德培训、服务规范培训、法律法规培训、各项业务培训和岗位练功,并建立培训与考核、使用、待遇紧密结合的一体化机制,激发了员工业务学习的积极性,提升了员工的综合素质。全年共组织各种培训49次,1529人次参加,培训时间91小时。

【建设和谐企业】

1.2009年为职工办实事项目全部落实。全部从业人员人均收入增幅水平为27.68%,达到2009年工作会确定的全部从业人员人均收入增幅8%的工作目标;落实职工带薪年休假制度,全体职工带薪年休假比例达到100%;全年安排30名职工疗休养,占全局职工比例12.5%;完善“职工小家”建设,为部分农村支局、所配备、更新了电冰箱、抽油烟机等设备,改善职工生产生活条件。

2.关心帮助困难职工,为职工排忧解难。为长期患病的刘长文举行募捐,区局工会向全局干部职工发出捐款倡议,共募集善款20040.60元。

【取得的成绩】

——被中央文明委命名为“全国精神文明建设工作先进单位”。

——连续五年被首都文明委授予“首都文明单位标兵”称号。

——荣获北京市公安局“2009年度北京市单位内部安全保卫集体嘉奖”。

——荣获北京市公安交通管理局“2009年度北京市交通安全先进单位”称号。

(撰稿人:贾小燕)

顺义区邮政局

【概况】顺义区邮政局(以下简称顺义局)位于新顺南大街7号,服务面积1021平方公里。机构设置为5部1室1分局,下设8个邮政支局,28个邮政所,5个投递部,全局共有投递道段82条,邮路总长2896公里。全局现有职工439人,其中正式工101人,聘用工16人,劳务工322人。

顺义局局长兼党组书记张新巧;副局长齐代青、张艳霞、李连福。

【业务发展和经营成果】全年实现业务收入6147.9万元。三大版块中,除邮务类业务比2008年同比略有下滑外,代理速递及金融类业务均有所增长;实现收支差额2036.1万元,为年计划指标的100%;实现成本费用4061万元,为年计划指标的100%,同比下降7%。

1.以国庆六十周年、花博会等重大事件为契机,发展集邮业务,成功开发个性化邮品共计31.64万元,开发国际鲜花港个性化邮品共计14.1万元。花博会期间,顺义局多方组织货源,共计销售邮品40万元,销售函件产品30万元,实现销售收入70万元。

2.紧抓热点,快包占比大幅提升。2009年是汶川大地震一周年。顺义局利用邮政网点优势,积极做好爱心包裹的宣传活动,为全局所有网点制作了爱心包裹宣传横幅,组织支局人员到社区、商场、驻地部队、政府机关做现场宣传及劝募,并向全区各党政机关、企事业单位、镇政府机关寄发爱心包裹宣传手册、劝募函等,爱心包裹活动中顺义局共劝募爱心包裹学生型3439个,学校型49个,实现劝募额34.88万元。在日常收寄中,狠抓窗口营销,使快递包裹占比大幅提升,达到80%。

3."思乡月"营销竞赛成绩显著。2009年,顺义局邮政速递礼仪营销活动发展迅猛。在"思乡月"专项营销活动中实现外部产品、月饼及酒类业务销售共计166.2万元,完成力保指标的96.63%,完成奋斗指标的90.33%;其中销售月饼160.45万元,完成力保指标的131.52%,完成奋斗指标的119.74%。全局共有28名职工销售月饼在万元以上,共计79.3万元,占全局销售额的49.55%。

4.代理保险业务发展势头良好。由于受资本市场的影响,股市、基金净值大幅缩水,百姓逐渐认识到了投资风险,开始寻找低风险、保值、增值的投资渠道。为此,顺义局抓住这一有利时机,以劳动竞赛为抓手,狠抓保险业务发展,全年实现保费8267万元,完成全年计划指标的125%。

5.开展营销竞赛,发展函件业务。相继组织了"国庆六十周年专项营销竞赛"、"大宗商函营销竞赛"、"喜从信来"、"数据库"、"家电下乡"等一系列经营竞赛活动,共计使用数据库20万条,与08年相比增长94.5%;制作喜从信来12万件,实现收入10万元,同比增长307.9%。与此同时,积极落实方案营销,以"方案、数据、产品"为先导,成功开发优秀童谣评选明信片制作2户,创收30万元。其中,与汇源集团签订的15万余元的优秀童谣评选明信片制作合同,成为市公司此项业务的第一单。

【管理工作全面加强】一是强化了降本增效工作,将成本预算深入到支局基层,根据各支局业务材料及低耗品的使用情况,核定出每个支局的使用量,并按月通报费用进度情况,保证成本增幅低于收入增幅;二是加强了对机动车节油的宣传教育,严格落实车辆定点加油和"一车一卡"加油制度,同时根据不同车型实行百公里耗油和运行费用的核算工作;三是加强了通信业务管理。重新完善下发了《顺义区邮政局邮政质量两岗履职工作方案》规范了各岗位监督检查职责、内容、频次,对部分岗位的检查职责进行了完善,加大了对营业网点规范化的管理力度,制定了《顺义区邮政局支局、所管理、考核办法》。四是加强了投递质量的管理,重点加强出班前、归班后的日常检查,并按规定频次对所属投递道段投递质量进行抽查,提高了投递工作质量。

【出色完成第七届"花博会"邮政服务工作】花博会是顺义区继2008年成功举办奥运水上项目之后举办的又一次大型盛会。花博会期间,顺义局在主会场设置了4个服务点，在国际鲜花岗设置1个服务点。为出色完成邮政服务保障任务，按照花博会服务保障的总体要求，顺义局制定了详细的花博会邮政服务保障方案，积极完善各项工作措施，为中外来宾提供了优质、高效的邮政服务，展现了邮政服务团队的良好形象，得到了区委、区政府的高度评价，被北京市筹备第七届中国花卉博览会指挥部授予最佳服务保障奖。

【落实责任，做好安全工作】以“两会”、国庆、花博会等为重点，将安全工作贯彻全年始终，在落实安全责任制度的同时，以例会、培训、知识答题等多种教育形式，广泛开展各项安全活动，确保安全保卫、安全生产、防火、交通安全、资金安全万无一失，全年未发生较大交通安全事故及安全生产事故，做到了资金无盗抢，人员无伤亡，为企业发展起到了保驾护航作用。

【加强干部职工队伍建设】一是加强了领导班子“三个能力建设”。即：提高驾驭全局发展的工作能力、提高决策能力、提高履职能力。培养“四种作风”，即：联系群众，执政为民的作风；孜孜以求，奋发学习的作风；和衷共济，团结友爱的作风；清正廉洁，严格自律的作风。二是为推进中层干部队伍年轻化、专业化建设，建立了公开竞聘的选拔任用机制，对全局正副部室主任岗位进行了公开竞聘，有12人通过竞聘上岗走上了领导岗位。三是强化培训，切实提高员工队伍整体素质。结合职业技能鉴定工作，共计开展大规模的营业人员、投递人员脱产培训10期，共培训636人次。同时，鼓励员工积极参加在职学历教育，不断提高文化素质。目前全局共有74名员工参加邮电大学、人民大学、广播电视大学的学历教育。

【精神文明建设再上新台阶】一是开展了形式多样的争优创先活动。在营业、投递及司驾人员中分别开展了“文明服务示范岗”、“储蓄台席示范岗”、“优秀投递班组”、“优秀投递员”、“优秀司机示范岗”评选活动，全局上下掀起了学习东四、学习先进的热潮。二是开展了创建标准化服务窗口活动，树立“一个支局、两个邮政所”为标准化支局、所，推广先进经验，全面提升服务工作的标准化、规范化。在创建过程中，顺义局始终坚持创建工作与全局中心工作相结合，突出重点，服务大局，通过创建工作发动员工以良好的精神面貌投身到企业经营发展中去，并组织各种丰富多彩的活动，丰富了企业文化建设的内涵。2009年，顺义局再度荣获“全国精神文明建设先进单位”的光荣称号，连续11年被评为首都文明单位标兵。

（撰稿人：田秀丽）

怀柔区邮政局

【概况】怀柔区邮政局(以下简称怀柔局)位于怀柔区北大街16号,2009年底在册职工209人,下设办公室、通信运营部、市场部、党群工作部、人力资源部、计财基建部、函件局7个部门。共有5个支局、一个直属班组,21个邮政所。服务人口30万,面积2128.724平方公里,邮政局、所的乡镇覆盖率93.8%。

领导班子:局长、书记方爱群,副局长、工会主席彭光耀、副局长窦宪奎。

【主要经济指标完成情况】

1.主要经济指标完成情况

全部业务收入完成2874.8万元,完成年度计划的122.74%,同比增加484.97万元,增长20.29%。

成本费用完成2801.47万元,完成计划122.68%,同比增长17.14%。

收支差额完成44.13万元,完成年度计划的105.33%。同比增加69.17万元,增长276.24%。

2.三大板块业务完成情况

邮务类业务实现收入1524.96万元,占业务总收入的54.22%,与去年同期相比增加260.43万元,增长17.08%;

速递物流类业务结算收入103.62万元,完成年度计划的154.65%,同比增加63.27万元,增长156.81%。占收入比例的3.68%;

金融类实现业务收入1183.84万元,占业务收入42.09%。

【完善制度、健全机制,管理工作进一步加强】一是充分发挥领导班子的核心作用,把认真学习实践科学发展观和实际工作密切结合起来,提高决策能力、创新能力和解决问题能力,用科学发展观指导工作。二是进一步完善企业内部管理制度和奖励政策,用政策激励员工。三是坚持以人为本,关心员工冷暖,充分调动员工的积极性。四是理顺管理体制,合理设置人员,向管理要效益,充分发挥职能管理人员的作用,提高执行力及办事效率、办事效果。五是增强企业核心竞争力,通过人员培训、技术的开发、设备的更新,增强企业竞争力。

【采取积极措施,促进业务发展】

1.大力发展金融保险业务。制定了金融类业务的激励政策,对保险、短信的奖励力度不减,对储蓄政策进行了调整,奖励政策向一线员工倾斜。每季召开各所负责人会议,对当季工作进行布置,通报经营情况,对发展缓慢的网点进行单独指导。在市公司的领导下,开展了保险业务赛中赛活动。短信加办率达到75%,速递短信加办率69%。截止到12月底,储蓄净增余额达11840.82万元,实现业务收入1048万元,余额和收入都创历史最高水平。

2.专项劳动竞赛效果明显。开展五节劳动竞赛,创收215万元;开展《魅力北京》营销活动,共计销售邮册400本;6月份在管理层开展了压库存集邮竞赛,20天创收17万元;在建国60周年之际,开展“我为企业增收益,我从企业得收益”两节营销活动,通过全局员工的共同努力,共计完成业务收入527万元,其中函件近6万元,网上产品161万元,集邮产品360万元;年底在职能管理层开展了函件收入补欠产活动,完成函件收入169万元。

3.开阔经营思路,积极开发新业务。市场部开发幼儿市场畅销报刊,对区内幼儿园进行走访,开发了八个幼儿园,实现流转额1.2万元;函件局开发政府单位DM广告1.7万份;利用地税局税法宣传与邮政联手,实现创收1.19万元;以母亲节为契机,与教委联合开展了书信比赛活动,全区3.5万名中小学生参与,创收3万元;抓住安全月活动,与区安监局合作,策划了邮简型“怀柔区安全生产万人有奖答卷活动”创收0.8万元。

4.调整管理结构,理顺业务管理关系。2009年,根据发展需要,怀柔局对市场部、函件局组织结构进行了调整,在市场部建立了金融、物流中心;函件局建立了门市销售部,设立销售贺卡、公交充值卡专柜。通过调整,使业务管理、产品销售统一起来,实现了归口管理,有利于金融、物流、函件等业务的发展。

5.树立经营典型,单位之间互相促进。经营单位开展了竞赛,发展进度交错上升,达到了相互促进的目的。范各庄支局注重集体的凝聚作用,把政策交给员工,经常与员工谈心,了解员工在生产、生活遇到的困难,努力帮助解决,拉近了管理人员同员工的距离。员工积极参与支局组织的各项活动,促进了各项工作的开展,经营进度一路领先,率先完成进度指标,为怀柔局的发展作出了贡献。

【加强员工培训,提高员工素质】年初制订了培训计划,鼓励员工参加学历教育、业务培训、岗位练功活动。2009年对投递员进行两批次基础知识培训;职工职业技能鉴定持证率达到市公司下达的职业技能鉴定合格率85%的要求。围绕职业技能鉴定,组织一线员工24小时脱产培训,共培训5期,参培率占一线员工40%;对金融窗口员工进行金融业务培训,参培率占金融窗口员工98%,;从各岗位抽出共计50名员工,参加素质教育的培训和考试。通过开展各种培训活动,提高了员工的整体素质,工作效率、工作质量明显提高。

【加强安全工作,为企业发展保驾护航】一是落实了安全责任,完善了制度,健全了组织,形成了区局、部室、支局三级安全管理体系,为安全提供了组织和制度保障。二是进一步完善了各项安全制度,做到了有章可循。三是开展了一系列安全教育,采用了答题、竞赛、培训等多种形式对员工进行安全教育;组织了"安康杯"安全生产知识竞赛,通过坚持长期抓教育,员工的安全生产意识有了很大的提高。四是加强了安全检查,发现问题及时解决,把隐患消灭在萌芽状态。五是做好建国60年大庆期间的安全工作,认真落实责任,圆满完成了国庆期间的通信生产工作,没有发生任何问题。全年没有发生任何事故,确保了人身、局所、邮件、资金、车辆、防火安全。机动车行驶近70万公里无较大事故。

【加强能力建设,服务、质量争创一流】2009年怀柔局完成了琉璃庙所的置换和下元所的改造,通过租赁场地形式在北房镇新建了邮政所,为用户用邮提供了方便。二是对邮路和投递道段进行了整合,先后调整20条道段,增加了汽车邮路4条,对31条自行车道段改成电动自行车投递,降低了员工的劳动强度,缓解投递人员紧张的状况,提高了投递深度和时限,树立了良好的企业形象。三是2009年四月份,完成了村邮站的调查摸底工作,制定了新型村邮站的建设方案,在区农委的直接领导和各乡镇的支持下,10月份全部完成了247个新建村邮站的验收,至此,全区共284个行政村村邮站全部完成。四是完成了邮政储蓄二类及代理网点的设备更新工作。五是在全局范围内开展向东四邮局学习活动,掀起向先进学习的高潮,开展了学"东四"的演讲活动。参赛队员们用自己亲身感受,对照"东四"查找工作中的不足,找到了工作努力方向;开展了投递员岗位练兵比赛,提高员工的技能,更好地为用户服务。

【努力降本增效,创建节能约型企业】怀柔局坚持从大处着眼,从小事做起,达到节约的目的。一是建立了降本增效制度,分解了指标,明确了责任。二是严把进货关,业务单册采取有计划的进料,在不影响生产的情况下,做到少进、勤进,杜绝浪费。三是建立煤、水、气、电管理台账,每月进行核对,发现问题及时查找原因;四是加强油料管理,实行一车一卡的加油管理制度;五是降本增效工作进一步细化,办公室、计财部制定了降本增效具体办法及方案,细化到各个网点;六是严格考核制度对超指标单位进行考核,有力的推动降本增效工作的开展。

【先进集体、个人及献爱心活动】

投递员于兴三同志长荣获"首都劳动奖章"

怀柔区邮政局2009年连续第五年获"首都文明单位标兵"

汤河口支局被团区委评为"青年文明号"

怀柔局被市公司安指部评为国庆60周年安全保卫工作先进单位,被怀柔安指部评为先进集体

怀柔局被评为北京市2009年度交通安全先进单位

怀柔局团总支被评为五四红旗团总支

怀柔局工会委员会被评为北京市模范职工之家

范各庄支局工会小组被评为北京市模范职工小家

全体党员积极参与"共产党员献爱心"活动和"爱心包裹"捐赠活动,共捐款11250元,为灾区儿童献了爱心。

(撰稿人:姜国玲)

密云县邮政局

【**概况**】密云县邮政局现有职工252人,机构设置为:5部1室、4个专业公司(办公室、人力资源部、党群工作部、市场部、通信运营部、计财基建部、函件局、零售公司、集邮公司、中小企业服务中心)。下辖5个邮政支局、1个投递部、18个邮政所,3个班组。开办储蓄业务的网点15处。有邮运线路3条443公里,投递道段53条,投递点3203个,投递里程2423公里。其中汽车投递段7条412公里,摩托车段1条90公里,自行车段47条1478公里。

【**主要经营指标完成情况**】2009年全局业务收入累计完成3910.30万元,完成年计划3284万元的119.07%,人均劳产率达到17.82万元。

【**创新工作机构,调整业务结构,服务地方经济**】

1.创新机制,调整业务结构。2009年邮政局实行了"升位晋级,重奖增量"的考核机制,完善了《绩效考核管理办法》、《升位晋级奖励考核办法》、《营销员奖励办法》,金融、集邮、函件超常规发展,形成了三足鼎立的业务发展格局。其中,金融类业务以余额发展为主线,着力调整存款结构;以开发低本高效,定向包销型产品为主、高本低效销售型产品为辅调整集邮业务结构,使企业利润得到较大提高;函件业务通过调整结构,形成了以开发数据库商函、喜从信来、DM广告业务为主的业务发展格局。

2.立足本县,服务地方经济发展。紧抓密云生态县建设契机,以服务地方经济为依托,确定重点营销项目,以营销立项的形式责成专职人员对项目进行重点营销。年内重大节日、重要活动按月制订营销计划,选派专人负责营销,取得了较好的效果。2009年五节联送、端午节、思乡月营销活动中,精选全县10家13种地方产品,纳入节日产品销售目录,共销售农副产品130万元。

3.成立三农办,专项负责村邮站建设工作。全县334个村邮站全部建成并投入使用,解决了最后一公里邮件、报刊的妥投问题,达到设备配送、协议签订、村邮员培训100%。其中蔡家洼"三农"服务站快销品、代收话费试点取得成功,达到了服务地方经济、企业增收的目的。

4.实行营销项目报备,完善营销体系建设。明确了专职营销员的职责,实行了营销项目报备制度,拓展营销员培训途径,营销人员综合素质全面提升,营销队伍不断扩大。成立竞赛领导小组,统一指挥协调报刊收订、贺卡营销、集邮预定、金融业务、速物业务、五节联送六大战役,各项业务成立了专责小组,制定营销策划方案,完善奖励政策。

5.创新经营机制,优化作业组织。对原有四个支局进行认真梳理,重新划定支局管辖范围,增加了康宝路支局、投递部编制。同时,将中小企业服务中心从函件局中分离出来,形成独立的经营单位,主管DM广告业务及数据库商函开发和维护。自筹资金在鼓楼支局营业厅、新西路所、康宝路支局装修电子商务专厅、专柜,积极与移动、联通、电信和北京福彩中心联系增加新业务。

6.推行全面预算管理,提高成本管控水平。制定下发了全面预算管理办法,初步开展损益核算工作,将各项成本费用下达到支局、专业公司。确定建立了二、三级责任中心方案。

7.优化配置人力资源,合理调整作业组织。实行梯形排班法,合并低效台席及调整营业时间、充实理财经理队伍、以给山区投递员增加津贴等方式,解决长期以来同力达员工作五休二问题。

【**强化岗位培训,提高综合素质,提高对外服务水平**】全年围绕企业经营发展需求及职鉴考试工作要求,开展了支局长脱产培训、所主任、班组长管理能力培训、专兼职营销员远程培训、金融从业人员业务练功比赛,中国邮政远程教育培训网上学习及管理岗人员进行了计算机基础知识培训。制定出台了《在职员工提升学历奖励办法》,鼓励在职员工自学成才。

在营业窗口推行"亲情服务"模式,分批次组织员工到全国邮政系统服务模范北京"东四"邮政局学习,通过现场观摩,撰写学习心得,组织"向东四学习提高服务质量"演讲比赛,增强一线员工服务意识和服务能力。

【深入学习落实科学发展观，增强企业凝聚力、向心力】坚持理论中心组学习，认真学习实践科学发展观，认真领会科学发展观的深刻内涵，在全局开展“学东四促发展，党员、支部双争先”主题思想教育活动，引导全体党员立足岗位争当先锋。积极开展“两节”送温暖慰问活动，全面落实员工带薪年休假制度，安排30多名员工外出旅游和疗休养，实现了企业发展惠及员工的目标。开展“卡拉OK比赛”活动，丰富员工业余生活。

【落实安全生产责任制，为企业发展保驾护航】坚持安全工作一把手负总责，每年与员工签订安全责任书，在重要节日、重大政治活动期间签订安全保证书，坚持安全生产例会制度。年内组织开展了“战高峰、保春节、迎两会”安全劳动竞赛、安全生产月活动、迎“国庆”保安全劳动竞赛、防抢防暴演练活动等活动。

【获得荣誉】2009年，密云局被评为全国精神文明建设工作先进单位、北京市爱国卫生先进单位、市级交通安全先进单位、太师屯支局被授予北京市工人先锋号称号，投递员王立忠获得感动密云十大人物提名奖。

（撰稿人：郭　莉）

延庆县邮政局

【概况】延庆县邮政局2009年有在册职工195人，其中正式工76人、内退1人、同力达职工112人、聘用工7人，离退休人员56名，其中：离休4人。

机关设5部(通信运营部、人力资源部、党群工作部、计财基建部、市场部)、1室(办公室)；有1个函件局、1个电子商务中心、3个邮政支局，辖16个邮政所、2个代办所、15个报刊亭、12个储蓄网点。服务面积为1992.5平方公里，服务人口27.6万人。全局设汽车邮路5条，全长518公里；道段46条，其中普邮自行车道段42条，开筒自行车段1条，汽车特快专递段、汽车包裹直投段和汽车机要段各1条，全长1497公里；设信筒、信箱55个、村邮站376个。主要设备有汽车21辆，摩托车6辆；自有房屋面积14350平方米，固定资产总值2874.18万元。

延庆县邮政局领导班子由书记、局长史震涛，副局长赵慧卿、夏文新、刘汉武四人组成。

2009年，延庆县邮政局在市公司及县委、县政府的领导下，坚持以科学发展观为导向，突出解放思想抓建设促经营、以人为本抓管理促和谐的理念，通过深化改革、强化经营、提升素质，使企业实现了又好又快的发展，使各项工作取得新进展。

——业务收入完成2152万元，完成计划112.35%，同比增幅22.5%。

——储蓄余额净增10433.17万元，完成计划78.44%，活期占比由去年底22.11%提高到26.15%，提高了4.05个百分点，新增余额中活期占比达48%。

——报刊收订流转额692.70万元，完成计划109.48%，同比增幅达22.62%，流转额和增长幅度均创延庆局报刊收订历史之最。

——函件完成收入612万，完成全年任务601万的101%。

【采用公开竞聘制选拔干部人才】按照“公开、公平、注重实绩、择优聘用”的原则，为建立一支综合素质好、群众威信高、业务能力强的干部队伍，在全局范围内公开竞聘干部。此次干部竞聘在全体干部职工中展开，采用竞聘者本人申请、做竞聘演讲、答辩、考核审议、公示等环节公开竞聘干部。干部岗位公开竞聘为企业提高工作效率，改进工作作风，提升创新能力创造了条件，调动了职工的积极性，有利于吸引和培养优秀人才。

【支局体制改革】为深入落实科学发展观，进一步开拓邮政市场，寻求新的增长点，同时顺应外部市场发展变化的要求，理顺内部生产经营岗位架构，满足业务发展的需求，提高支局的运作效率，加强支局的管理能力。年初，本局结合实际，按照精简规模、效益相适应的原则，撤销旧县支局、八达岭支局，由原来的五个支局整合为三个支局，即：东外大街支局、永宁支局、康庄支局。东外大街支局所辖邮政所、人员及服务区域不变；将八达岭支局、西柏子所、张山营所人员划归康庄支局管理，所辖服务区域划归康庄支局服务；将旧县支局人员划归永宁支局管理，所辖服务区域划归永宁支局服务。

【依托绿色平台　邮政服务三农】2月26日，本局与人民商场联合服务三农家电下乡活动正式启动。市公司市场部副主任王艳敏、局长史震涛、商务局局长孙立军、人民商场经理郎爱琴等相关领导参加了启动仪式。在启动仪式上，本局与人民商场签订了家电下乡配送协议。本局与销售商人民商场合作，利用东部山区的三条邮路，以搭载趟车的方式为其配送家电，并利用邮政拥有信息流、实物流、资金流“三流合一”的网络特征，对“家电下乡”政策进行宣传，更好的服务三农、服务政府、服务家电生产商及销售商，实现企业经济效益和社会效益双丰收。

【成立电子商务中心】为了提高企业经济效益，使电子商务走向专业化、正规化，本局于5月6日成立电子商务中心。成立后，具备三个基本的功能中心：交易中心、客户中心和渠道中心。与没成立时相比，重新整合了设备与技术、更加突出了电子商务的规模化、营销方式更加专业化。

【启动爱心包裹　为灾区献爱心】策划了5月12日“5·12爱心包裹捐献仪式”、6月1日“六一儿童节为灾区学生捐赠特殊礼物"和7月1日"履行党员职责 认捐爱心包裹"的捐献仪式并配合延庆县报社、延庆县电视台完成对项目的系列跟踪报道，联合团县委向全县200多个单位团组织和全局团员青年发出倡议书，全年共捐献725个爱心包裹，其中包含两个学校型包裹。

【高考录取通知书】 自7月16日进口第一批录取通知书开始，截止到8月25日，共投递中、高考录取通知书5409件，比上年多出900余件。其中中考通知书1428件。投递里程达12000多公里，录取通知书妥投率100%。

【《军中女孩》荣获市公司艺术节三等奖】8月11日至13日，本局参加了北京市邮政公司以"唱响祖国颂歌，构建和谐企业"为主题的第三届职工文化艺术节。在13日的独唱、重唱类决赛中，延庆局的歌伴舞《军中女孩》以95.79分的好成绩荣获三等奖。此次是本局首次在市公司的文艺会演中获奖并进入前三名。

【五节联送喜结硕果】在"五节联送"营销活动中销售外部产品41.32万元，同比增幅70.75%，销售内部产品52.58万元,销售业务付费卡80万元,完成计划指标200万元的87%；"端午节" 销售产品34.17万元，完成计划指标17万元的201%；思乡月完成90.33万元，完成计划指标87万元的103%。成功开发制作"美好未来"、"青春记忆"等个性化邮票500版、销售钢铁长城全套43册、国韵22册，预订"颂歌"珍藏册40套、预定国庆大典典藏册41套、珍藏册14套、收藏册67套，共创收35万余元。

【新兵入伍】12月10日上午，举行了欢送新兵张行光荣入伍座谈会。张行同志，这是本局近30年来，首次为部队输送一名入伍新兵，本局按照市公司要求，克服了路途远、时间紧的问题，带领应征职工准时参加了初验、复验、政审等工作，直至被光荣批准应征入伍，圆满完成了市公司的征兵任务。

【村邮站建设】完成全县376个行政村村邮站建设任务。并在完成村邮站建设的基础上进行市场开发，与10个试点村签订协议。

【先进集体】

1.北京市邮政公司先进集体：东外大街支局

2.延庆县交通安全先进单位：延庆县邮政局

3.延庆县爱国卫生先进单位：延庆县邮政局

4.延庆县综合治理先进单位：延庆县邮政局

【先进工作者】

市公司先进工作者：王立新、杨长林

【先进个人】

1.市公司平安邮政先进个人：陈建忠

2.市公司安全生产先进个人：吴春生

3.市公司"安康杯"优秀工会劳动保护监督检查员：李会源

4.市公司平安国庆先进个人：李会源

5.公安局授予个人三等功：史震涛

6.县级安全保卫工作个人嘉奖：黄代有、赵建国、孙爱莲

7.县级消防安全先进个人：李会源

8.县级优秀车管干部：陈建忠

9.县级爱国卫生运动先进个人：姜亦君

10.县级交通安全先进驾驶员：赵占领、王亚军、李宝玉、谢红卫、贾伟利、王莹

（撰稿人：鲁晓寅）

昌平区邮政局

【概况】昌平区邮政局位于昌平区政府街25号，服务范围覆盖全区17个城镇(街道办事处)，309个自然村，服务面积1352平方公里，服务人口125万人。昌平区邮政局机关设六个职能部门，即行政办公室、市场部、通信运营部、人力资源部、计划财务部、党群工作部。下设邮政函件局，下辖12个邮政支局，22个邮政所，其中邮政储蓄网点22个；信箱信筒213个；全局共有投递道段142条，总里程5358公里。年末职工人数698名，其中正式工138名，同力达职工560名。主要经营有各种国内国际邮件；集邮、报刊订阅业务；特快专递、鲜花礼仪、邮政广告、专用邮政信箱的出租、电子汇兑业务；化肥、农用物资配送等业务和存款、取款、代收、代缴、代理保险及小额贷款等邮政储蓄业务。

局长兼党委书记：李敬生；副局长：刘德荣、王克武；局长助理：孙淑霞

2009年，昌平局以党的十七大和十七届三中、四中全会精神为指导，深入学习实践科学发展观，以“升位晋级、勇破纪录”为目标，以降本增效，提升能力，创新经营，强化管理为手段，立足昌平，深挖市场，在全局干部、职工的共同努力下，实现了各项业务持续、稳步、健康发展。

【经营成果】邮政业务总量完成18320.11万元；邮政通信总量完成14034.36万元；邮政业务收入完成10428.38万元，完成年计划9168.50万元的113.74%，同比增长17.85%，创历史发展最高水平；收支差额完成2553.96万元，完成年计划2553.40万元的100.02%。全员劳动生产率实现14.95万元/人。函、包、汇、发、金融等各专项业务均实现了较好发展。

【强化激励机制　增强责任感】为实现各项业务全面均衡发展，一是年初制定了新的经营责任者绩效考核办法，将经营责任者的切身利益与本单位业务收入完成情况直接挂钩；将营销、金融板块的业务完成情况纳入绩效考核范围，最大限度地调动经营责任者的创收积极性，为业务的快速发展提供了保障。二是制定各项营销竞赛政策时，将部室与支局挂钩，实行帮扶制度，形成了业务收入全局职工“齐心参与、共谋发展”的良好局面。

【创新用人机制】为继续深化体制改革，适应公司化发展模式，有效地激发干部职工的工作热情。在全局范围内对部室领导、职能管理岗、副支局长、投递部主任等岗位进行了公开竞聘。通过严格的笔试、答辩竞聘程序，公开、公正、公平地选拔人才。建立能上能下，能进能出，富有生机活力的用人制度，有效提高了机关干部的工作积极性，增强了企业的管理力量。

【调整机构设置　提升综合服务能力】为加强回龙观地区的服务、经营和管理，适应市场需求，对回龙观支局机构设置进行了调整，将原回龙观支局分解为三个支局，增强了市场开发力度，提高了服务水平；为改善专业业务支撑、检查力度不足等状况，将集邮公司并入函件局管理，整合了资源，使专业支撑能力得以大幅度提升，基本做到了发展有方向、目标有选择、营销有成果。

【完成昌平区政府旅游消费券大派送活动】以第六届小汤山温泉文化节为平台，4月25日—12月25日，区旅游局为北京及部分周边省市市民发放价值两千万元旅游消费券活动，除自身发放方式以外，还通过邮政网点进行代发。昌平局11个网点认真做好派送工作，大大提升了邮政在政府和市民心目中的形象，为“惠民、助企”工程架起了一座桥梁，为进一步开发政府经济和旅游市场奠定了基础。

【开发《明十三陵-长陵》、《居庸关》两枚独立邮资图】适逢明十三陵营建600周年、启动首届“北京国际旅游文化节”之际，昌平区局紧密跟踪十三陵特区办事处的需求，为客户设计制作了《圣朝威仪》、《盛世长歌》等8款邮册，并以2枚独立邮资图为明信片的邮资标志制作了《明十三陵神道石像生》、《明定陵出土帝后衣冠》、《明十三陵建筑》、《明定陵出土器物》和《明定陵出土帝后饰物》五套本册式明信片，在满足客户需求的基础上增加了邮政的收入。

【圆满完成驻昌阅兵官兵服务工作】4月17日沙河

阅兵临时邮局成立，昌平局先后在沙河、南口阅兵官兵驻扎地进行邮政服务，特别是阅兵结束后的十一长假，为给受阅官兵提供优质服务，邮政局机关全体干部职工放弃休息，并抽调各支局业务能手，共计出动327人次，连续八天为官兵提供上门包裹收寄服务，大家以高昂的士气、积极的态度完成了4360件包裹的收寄任务，让受阅官兵能够轻松返程。与此同时，还为官兵送上了国庆、阅兵题材的专题邮品，满足了受阅官兵对六十周年的特别之情，受到了官兵的欢迎，邮政为阅兵官兵提供的优质服务得到了官兵们的赞许。

【加快局所建设　提升服务能力】水屯邮政所于5月18日开始对外营业，中财大邮政所于9月16日开业。完成了兴寿支局整体改造和天通西苑支局营业厅扩建工程，解决了生产场地狭窄问题。随着回龙观生产作业组织的调整，及时为回龙观支局增加了3个储蓄台席，解决了储蓄窗口少，用户等候时间长，不利于业务发展的问题。在十三陵特区设立7个邮政代办点。

【完成了投递网5S标准化建设及投递系统上线工作】建成5S标准化投递部，从硬件投入、基础资料到人员管理均有较大的提高，投递能力和服务水平有了进一步提升。

【村邮站建设工作全面完成】完成了277套村邮站设备的配发、安装工作，签订了《北京市农村村邮站协议书》，对所有村邮员进行了业务知识培训，为下一步服务三农工作的开展奠定了坚实的基础。

【荣誉】昌平局2009年获得的荣誉包括：首都文明单位标兵九连冠；北京市邮政公司先进单位；市公司国庆六十周年安保突出贡献奖；市公司“平安邮政”单位；在市公司“发展杯”劳动竞赛中，获得B组邮务杯第一名、包裹奖第一名、电子商务奖第一名和政府经济奖；昌平区公安局集体嘉奖；“治三乱”工作先进单位；工会先进单位等。（撰稿人：魏京宇）

大兴区邮政局

【概况】大兴区邮政局位于黄村卫星城的繁华地段，坐落在大兴黄村兴丰大街(三段)88号，占地总面积为6700多平方米，建筑面积4300平方米。全局2009年有从业人员422人。服务面积为948平方公里，服务人口约70.9万人。其中北四镇邮政服务隶属北京市南区邮电局管理。全局共设有邮政支局4个，邮政所21个。

局长、书记贺希录，副局长赵杰，副局长兼工会主席范二华，副局长李广信。

【重点发展邮务类业务】

1.函件业务

在全局范围内开展了"全局动员补欠产，团结一心克难关"(5.3.2.1工程)劳动竞赛活动及《颂歌》系列产品专项营销活动，全局干部职工积极响应，取得了显著成效；6月份，在全局公开竞聘营销策划中心主任岗位。通过竞聘，组建了一支专业营销团队，以项目带动业务发展；运用激励机制，有效地拉动了新业务的发展；邮政贺卡业务创造性地采取了竞标形式，实现了跨越式发展。贺卡共实现收入333万元，完成市公司下达指标的104%，比2008年同期增长321.4%。

2.包裹业务

2009年年初确定了发展思路，在全局开展了大学生包裹、校园包裹、农民工包裹的主题营销活动；加强窗口营销活动，互动介绍、推荐快包业务，使快包收寄量比去年同期增长4.4%，快包占比41.83%。为了全面完成2009年包裹业务经营发展目标，抓住岁末年初包裹业务发展高峰，在全局开展旺季包裹市场营销竞赛活动，以北京包裹业务为重要突破口，制定奖励政策，调动全员积极性，实现包裹业务快速增长。

3.集邮业务

2009年，集邮业务收入完成354.19万元，完成年计划的227%。以国庆60周年为抓手，以思乡月、五节联送等营销活动为契机，发挥支局长、所主任、营销员的作用，积极开展项目营销，开发企业年册、集邮综合性产品，营销活动效果显著。

4.以服务"三农"为切入点，开发政府经济

一是协助赵场村开发"大兴西瓜采摘券"，在网上邮局进行销售；二是与大兴区北臧村镇政府携手，以"永定河"示范基地为主体，成功将大兴区区特色的农产品西瓜以"永定河"西瓜礼盒的形式在邮政礼仪网销售；三是服务三农工作成效显著，成立了服务三农办公室，为下一步发挥邮政品牌优势，融入地方经济发展，促进村邮站发挥作用提供了组织保证。开展了村邮站试用叶面肥和销售集团公司快销品的试点工作。

5.电子商务业务

为了扭转发展滞后的局面，确定了以短信和航空客票业务为龙头，拉动电商业务发展。2009年，短信加办量达到21.2万笔，航空客票业务出票1101张。通过奖励考核、定期通报网点加办情况等机制，调动了全局营业人员的积极性，短信加办量、航空客票销售量每月呈现明显的递增趋势，加办率均达到了市邮政公司的要求。

【大力发展金融类业务】

1.储蓄业务

2009年，金融业务实现收入3447.99万元，完成计划的114%，提前一个月完成了全年预算指标，占结算前总收入的49.46%，占结算后总收入的57.77%。一是以增余额调结构为重点，以代发占地补偿款为契机，大力发展余额，截止到12月底成功代发占地补偿款近2亿元。区局每季度都组织开展各种金融业务竞赛活动，还与大兴支行一起组织开展了"兄弟杯"竞赛活动，促进了全局金融业务的发展。二是制定了《对公业务发展实施办法》，加大奖励力度，运用激励机制调动职工的积极性。截止到12月底，公司业务年日均余额达到了5400万元，超额完成市公司任务指标，全年创收100余万元。

2.保险和理财业务

2009年，围绕市公司开展的"鼓干劲、迎挑战保费冲刺18亿"及"亲情保险营销"活动，制定了营

销策略和奖励政策,组织大客户推介会,对各家保险公司实行网格化管理,分区域经营;抓住发放占地款时机发展保险业务。截止到12月底,累计完成保险业务4970万元,完成全年收入指标的139%,比去年同期增长148%,完成进度市公司第一。完成各类理财产品、基金、国债等综合理财业务销售1900万元,比上年有较大提高。

【加快发展速物类业务】

2009年,实现速物收入187.29万元,同比增长51.5%。一是充分利用市公司的政策协调机制,与地面分公司合作,加大开发力度,增加收入100余万元。二是针对辖区内企业特别是外资、合资、民营企业的用邮需求进行调研分析,从提高服务水平、延伸服务深度着手,开发速物市场。通过营销,发展国际包裹协议客户1户,至12月形成收入26万元。

【加强基础工作提升管理水平】

1.完善机制体制建设,促进企业经营发展

制定了《管理岗竞聘上岗实施办法》、《支局末位调整考核办法》、《支局所按收入规模分组排名实施方案》和《2009年绩效考核办法》等,运用各种机制发挥了激励作用,在全局上下形成了你追我赶的氛围。

2.加强教育培训工作,强化素质管理

在职工范围内以职业技能鉴定为重点分别组织营业员、投递员、储蓄营业员进行专项知识培训,培训人员达2600人次;在三中西巷、新居里投递部专门设立了两个职鉴考场,为员工培训、考试提供了方便;在职能部室中开展了计算机办公操作练功活动,职能人员的办公水平有了较大提高。

3.加强业务管理,提高服务水平

在全局开展了学习"东四亲情服务,暖千万家用户"活动及创建精品窗口活动,组织部分干部职工到东四局实地参观学习;开展"学东四、找差距、促服务、树品牌"活动;印发了《邮政服务规范手册》,做到人手一册,利用晨会夕会组织职工学习,通过开展一系列活动,进一步增强了职工的服务意识,提高了服务质量。

为了强化管理工作,明确了岗位职责,加大了监督检查的力度,开展了邮政金融服务纪律和服务态度、大宗邮资机、邮件封发规格质量、档案等专项检查活动,将检查出的问题进行整改,有效地提高了防控能力。2009年共检查局所788人次、投递道段93条,发征询意见函800份。

4.强化安全管理工作,确保各项工作万无一失

层层签订了各类安全生产责任书1200份;开展多种形式的安全教育活动50余次;组织召开专题会20余次。组织开展邮政金融"百日风险大排查"等检查工作30余次。全局交通安全工作平安畅通,安全保卫和安全生产工作万无一失,无职工违法犯罪,实现了安全生产指标零纪录。

5.增强节能降耗意识,做好降本增效

为了做好节能降耗、降本增效工作,制定了《节能降耗管理办法》,明确了降本增效目标及实施进度,并采取一系列措施,节约资金近20万元;实行精细化工时管理,对两个较大支局的营业台席推行了《梯形排班法》,6名人员充实到营销队伍。在不影响服务水平的前提下,对10个局所的营业时间进行调整,节约人员6人;对企业内部人员进一步挖潜,将区局监控室人员岗位进行合并调整,节约人员4名,均是老职工,提前办理了退休;调整了作业流程,在出口邮件封发环节,由原来各支局所总包出口改为散件出口,每天节约邮袋用量100余条;区局业务办公用品实行统一采购,完善出入库手续,减少成本支出。

【凝心聚力构建和谐】

1.加强党团组织建设,发挥党团员先锋模范作用

一是开展了"学东四精神、当时代先锋、做岗位模范"主题实践活动,成立了"共产党员经营创收突击队"、"共产党员优质服务先遣队"和"共产党员强安全保畅通先锋队",通过三支队伍,带动全局党员干部职工为企业的发展作贡献。二是开展了党员军营一日等系列活动。三是在团员青年中开展了演讲比赛、篮球比赛等活动。发挥了党团员的先锋模范作用,在企业的经营发展中起到了表率作用。

2.加强干部队伍作风建设,强化执行力

为了进一步加强干部队伍作风建设,强化执行力,出台了《关于进一步改进职能管理人员工作作风和提高工作效率的若干规定》,进一步规范了职能管理人员的日常行为及工作职责,每周召开部室长、支局长和专业部门负责人例会,每月召开所主任例会,通报全局各项工作的完成情况,提出下一步的工作

要求，促进了各项工作的开展；为进一步密切干群关系，稳定职工队伍，出台了局长接待日制度，当面听取员工的意见与建议，解答问题、化解矛盾，促进交流与沟通。

3.加强企业文化建设，增强企业凝聚力

充分发挥劳模、先进的引领作用，建立了11个“劳模先进创新工作室”，召开了劳模先进员工和家属、家长参加的座谈会，在企业、员工和家属之间搭建了一个相互交流与沟通的平台，为企业经营发展多作贡献；加强楼道文化建设，强化企业文化的环境宣传教育氛围，共制作激发员工奋发向上、积极进取的格言警句20余条；局领导深入基层开展谈心活动，了解职工的思想动态，稳定职工情绪。举办了管理人员敞开心扉、倾情互动畅谈联谊会活动。组织73名职工进行了疗休养，为全局职工进行了体检，每月为职工集体过生日，同时还解决了投递人员中午吃饭难的问题。

（撰稿人：刘　静）

北京邮区中心局

概　述

北京邮区中心局(以下简称中心局)是北京邮政的邮件处理中心和总包经转中心，也是全国业务量最大的国内邮件内部处理专业局，承担北京邮区进出和经转的信函、包裹、印刷品、报纸、期刊、特快、机要等各类邮件的大部分分拣、封发、经转和运输任务。2009年中心局严格落实北京市邮政公司各项工作部署,以提升企业核心竞争力为目标,强化网运经营理念,推进管理手段创新,进一步提升队伍综合素质,在建设"经营型网运、服务型网运、支撑型网运"道路上取得了初步成果,综合管理水平跃上新台阶。

2009年,全局成本5.31亿元,其中人工成本及相关费用2.71亿元,占总成本的51.04%,运输成本1.42亿元,占总成本的26.74%,维修费0.19亿元,占总成本的3.58%,其他费用占18.64%。

全局邮件处理量分别为：总包3347.9万袋,同比减少0.94%;平常信函9.7亿件,同比增长3.2%;挂号信函3375.4万件,同比减少9%;平常印刷品3.7亿件,同比减少17.8%;挂号印刷品867.7万件,同比增长2.5%；包件1094.1万件，同比下降11.2%。

2009年，降本增效工作贯穿企业运行活动始终,确保了职工得利水平的提升,正式工人均收入增幅8.54%,劳务工人均收入增幅9.87%。

中心局在册从业人员3780人,共有9个职能部室,分别为办公室、党群工作部、计财基建部、人事教育部、生产指挥调度中心、安全保卫部、科技设备部、监察部和工会;生产及直属单位9个,分别为:信函分拣处、包刷分拣处、邮件转运处、邮件运输处、汽车运输处、西站干线运输处、行邮转运处、设备维修中心、绿洲实业公司。

中心局领导班子成员:局长兼党委副书记赵赳,党委书记兼副局长柯阳,副局长陶嘉忠、隆进,工会主席兼纪委书记沙莉。

通信生产和通信能力建设

【强化成本管控力度,建立网运经营机制】2009年中心局进一步解放思想，创新实践，探索网运经营模式,建立健全内部经营运行机制和激励机制,科学有效地整合网运资源,优化作业流程,提高运行双效,增强科学发展的活力。

一是优化生产作业流程。分拣环节成功实施"成品交邮",减少转运部门的库房处理与市内车辆的重复拉运,提高了邮件处理效率,缩短邮件处理时限,节省人工成本支出。理顺进口邮件生产作业流程,进口挂刷邮件与包裹同机分拣，提高了设备利用率和网络化分拣率,减轻了职工劳动强度,工作效率提高了40%。二是多种方式动态调配,提高运能满载率和车辆利用率。通过停运运量不饱满的长途汽车邮路，将西南和西北路向的邮件发运Z37次、X287次行包专列,充分发挥行包专列低成本运输优势,利用"假日经济",减发、停运运量不饱满的汽车邮路,全年节省运邮成本786万元。三是充分挖掘自身运能潜力。针对一季度汽车运输中自办运量下降、委办运量偏高的现象,及时调整自办、委办邮路比例,加密自办邮路发车频次,有效遏制了委办运费增长态势,自办运能利用率提高了18.19%。四是在努力提高北京始发车辆邮件装载率的同时，积极开展对外省市局的营销工作，努力增加返程运量,2009年挂回一级干线结算运费1516.84万元,比2008年多挂回运费2386.35万元。

【深化资源整合,提升网运支撑能力】配合市公司实施网路资源整合,中心局大面积调整了局站间邮件拉运计划,提高车辆利用率;加大夜班人员的投入,自我挖潜应对人员、场地、工器具紧缺问题。通过逐级落实管理责任,加强现场监控与协调力度,确保各频次进出口邮件的准时交接,顺利实现了本市互寄函件和部分外埠进口快包的“次日递”，为维护邮政信誉、提高竞争性业务支撑能力做出了应有贡献。

完善个性化营销服务模式。修订“中考录取通知书”邮件名址信息，对邮件接收、开拆、分拣、封发进行全流程专人处理，对地址欠祥和无法投递的邮件，逐一与考生取得联系，确保“通知书”邮件百分之百准确寄达。在中心局的鼎力支持下，市教育局对此项工作非常满意，与营销局顺利签订中考录取通知书寄递合作协议。

此外，开通了北京至济南、沧州、德州三条省际快速汽车邮路，带运经济快递和轻件，构建满足速递物流业务发展的华北区域快速寄递网。承担起集团公司“爱心包裹”项目全网信息发送和部分实物的封发、运输任务，为支撑全网“爱心包裹”邮件传递和树立邮政良好形象作出了贡献。

【健全生产视检体系，提高通信质量和服务水平】补充规范了《中心局质量管理监督检查办法》，强化对各级管理人员生产过程履职情况的监督，出台《通信生产即时管理考核办法》，建立通信质量即时通知制度，及时纠正生产过程中出现的问题或隐患。加大日常巡查力度，全年共进行局内检查435频次，督促整改42项次，强化生产责任的落实与生产管理水平的提高。顺利完成了散件验单网上复验工作，调整查验单内部交接流程，局内查验时限缩短两天，提高了查验处理水平。

国庆前夕，开展了以“严肃邮运纪律、强化质量管理、提升服务水平”为主题的质量月活动，以梳理薄弱环节和管理难点为抓手，通过宣传教育、典型引路、自查自纠、复查整改等一系列手段强化规章制度的落实，强化网路运行的质量控制，强化通信生产服务管理，强化安全管理。在提升全员质量意识、增强全局管理和质量监控能力方面，取得了实实在在的效果。

通过全局上下的共同努力，全年7项主要质量服务指标均达到市公司考核要求，其中5项指标同比提高。

【保安全向国庆60周年献礼】2009年10月1日，中华人民共和国迎来60华诞，首都北京举行隆重的盛典活动。中心局地处长安街，毗邻北京火车站，被圈定在60年国庆阅兵的警戒线以内。特殊的地理位置和独特的安全要求，使国庆60周年安保和通信工作成为奥运会后一次标准更高、难度更大的政治任务。中心局借鉴奥运安保的成功经验，制定完善了《国庆安保工作方案》，形成了指令、信息畅通的安保指挥系统，对各项应急预案进行综合演练和风险评估，做到特殊时段、重点部位的特殊防范。在庆典活动期间，配合“国庆”指挥部圆满完成自检自保、属地警卫、延长安街制高点警卫等工作，获得市公司“国庆60周年安全保卫工作突出贡献奖”。

【全力以赴确保国庆佳节通信生产安全畅通】大规模的庆典活动和严格的交通管制措施给中心局的通信生产带来前所未有的影响。9月30日20时至10月1日联欢晚会结束，中心局两个大院实行封闭，运邮车辆禁止通行。这是中心局成立以来，北京站大院区域首次停产。中心局周密制定邮件分流方案，大面积调整局站间拉运计划，调集人员、车辆迅速疏运局站间互转邮件。调整转运作业组织，科学利用设备、场地，做好邮件处理和储运待发工作，并最大限度地利用运能容间赶发邮件，有效缓解生产压力，确保了通信生产安全有序畅通。

企业管理

受外部经济环境影响，在业务量不能实现新增长的情况下，中心局采取有效措施，广泛开展节支降耗，加大挖潜力度，强化成本控制，不断降低企业运营成本。

【深化全面预算管理，推进损益核算工作】建立全面预算管理机构，实行一把手负责制；明确各职能部门及基层单位全面预算管理职责、细化预算编制、分解下达指标；修订考核办法，对各责任中心的预算考核按季进行，纳入中心局绩效考核范围，使全面预算管理逐步实现对成本的全面管控。加大损益核算与经营生产、降本增效的结合力度，制定了《中心局分环节内部结算办法》，按各种类邮件的结算价格量化生产部门的劳动成果，使损益核算工作渗透到网运生产的各个环节，促进各责任中心效益意识的提升；建立责权利相统一的激励约束机制，实行“费用到岗、责任到位、奖惩到人”的激励政策，使各责任中心成为自我激励、自我约束的经营主体，增强了自主参与经营的主动性。

【优化配置人力资源，减员增效成果显著】建立局、处、科三级劳动力动态管理机制。在全局范围内统一调剂和配置,实现劳务人员的动态合理流动。同时各单位优化作业组织,打破科、队、班的界限,运用累计工时法、阶梯排班法、交叉作业法合理统筹和调配人员,提升工时有效利用率。修订《人工成本和劳动效益挂钩办法》,通过调整直接人工成本的核定模式及完善人工成本管理办法，引导生产单位有效实施减员增效。开展精简压缩非生产人员工作,精简、归并了部分职能单位内设、挂靠机构;重新核定领导序列、管理序列岗位任职职数标准,严禁超编设岗、因人设岗,严格控制管理人员配备。

至12月底,全局在册从业人员3780人,与年初相比，减员346人，扣除成建制划转速递物流公司235人,净减员111人,超额完成了市公司人员控制指标。

【着眼未来,勇于创新,以科技力量支撑能力建设】紧跟综合邮件处理中心工程进度，投产筹备办公室对《初设》方案中的现场布局、流程设计、设备选型等内容提出了优化设计思路，许多建议得到市公司和集团公司的采纳,对《初设》方案的优化起到了有力的推动作用。

经过中心局与铁路方的长期沟通和不懈努力,南院场地还建工作取得突破性进展。不仅还建工程增加了有效场地面积,完善了使用功能,而且建设投资降低了一千万元,切实维护了北京邮政利益。

在提高老旧设备维保效果的同时，坚持强化科技支撑,以科技手段实现设备的系统升级。2009年,先后实施了平刷供件系统改造，将出口平刷分散供件优化为集中供件与自动分配，进口平刷手工初分作业改造为人机结合的流水线作业,减轻了职工劳动强度,扩大邮件存储1000袋,提高了邮件处理效率和作业场地的利用率;实施了出口挂刷开拆储存推挂机扩容改造项目，不仅增加了邮件存储量800袋,而且解决出口挂刷邮件长期手工开拆的问题,实现从开拆到分拣封发的全过程机械化作业。为了提升处理能力,实现包裹印刷品一体化机械作业,进一步完善了平刷人机结合项目，增加总包存储能力600袋,保证生产旺季时包裹和平刷同步作业,实现地夹层北区储存推挂进、出口总包的动态分配,提高了总包邮件接车速度。

在集团公司领导下，中心局配合科研单位研制挂号信分拣系统。在国内首次实现挂号信分拣系统与网运信息系统互联互通，对挂号信进行网络化分拣。大大提高了生产效率,有效减少了挂号信初分和扫描工作,降低了一线职工劳动强度,对于全网推广挂号信自动化处理，优化挂号信处理流程具有重要意义。

党建、精神文明建设和企业文化建设

【开展创新杯劳动竞赛】为提高自主创新能力,促进创新成果向现实生产力转化,2009年，中心局对开展了9年的“创新杯”劳动竞赛进行全面调整完善。搭建了“五位一体”上下联动、全员参与的创新平台,加强了竞赛组织领导和过程管理，完善了竞赛激励机制,加大了奖励力度,强化了对创新的主流引导。全新的竞赛模式有效激发了各个层面的创新潜力,生产单位、生产集体、生产班组、岗位个人和劳模先进团队围绕企业发展创新研发,形成创新创效合力,全年共推出创新项目63项,将创新理念、创新思维、创新手段渗透到企业管理之中，促进了全局经营和管理水平的提高。

【打造多层次员工素质提升通道】围绕创新发展的主旋律，用职业生涯设计理念对先进典型的晋级路程进行整体规划,形成多层级、多类型的模范典型梯队网络;开展“劳模先进创新工作室”活动,推出十余项创新成果,为劳模先进搭建晋级建功平台。建立“首席员工”制度,大力推广“先进生产操作法”,以榜样的引领作用培育了邮政的技能精英，催生了新的先进生产方法。加快管理队伍的新老交替,进行了较大规模的干部岗位交流，为提高年轻管理人员的综合管理能力创造了条件。

【精神文明建设硕果飘香】多渠道、大力度的成长激励机制，有效激发了广大职工在企业建设中施展作为、彰显风采的热情。为了在第二届全国邮政通信特有职业技能竞赛中赛出风格、赛出水平,中心局选手抛家舍业,忘我训练,宿舍灯光深夜不熄,疾病伤痛默默忍受,在高手如林的决赛场上,大家齐心协力,不畏艰难，代表北京邮政夺得19项个人单项奖,获团体总分第三的好成绩！在市公司第三届职工艺术节活动中，广大干部职工积极参与歌舞、曲艺、文学、文艺等各类作品的创作，上交作品733件，共获得5个一等奖、8个二等奖、11个三等奖、10个优秀奖，最终以优异的成绩获得艺术节优秀组织奖第一名，掀起了企业文化建设新高潮。

辛勤奉献的广大职工为中心局赢得了一项又一项荣誉——郭维祯荣获全国五一劳动奖章，关秀芳评获全国技术能手，北京邮区中心局获得了首都五一劳动奖状。

先进事迹

【郭维祯】郭维祯，2009年任邮件转运处轻件科三队信袋组组长。他热爱邮政事业，爱岗敬业，十几年来，先后从事过转运站台接发、库房邮件、信袋组邮件处理等多个岗位的工作，具有丰富的实际工作经验和扎实的业务技术，他积极参与企业创新，带领创新工作室团队总结提炼出“五个一操作法”，填补了邮政转运工种先进操作方法的空白，减轻了劳动强度，提高了工作效率，优化了作业流程，有效提高了通信生产质量和服务水平。2009年在第二届全国邮政通信特有职业技能竞赛中取得理论知识第三名的好成绩，并荣获“全国五一劳动奖章”等荣誉。

【关秀芳】关秀芳，2009年任中心局包刷处出口科副科长。参加工作二十年来，她由一名普通邮政一线职工成为业务能手，又由业务精英成长为年轻的生产科管理者，成为北京邮政女职工的先进典型。

关秀芳积极参与企业创优创效工作，带领全科职工紧密围绕企业经营发展，提出了《有效利用设备资源促进包刷处网络化分拣进程》创新成果项目，使挂刷邮件网络化开拆率从53.89%提升到91.17%，普包网络化扫描开拆率达到全国前十名。2009年关秀芳继续提出《推行包刷出口总包邮件“成品交邮”，促进网运环节降本增效》项目，通过成品交邮，使北京邮政包刷出口邮件内部运输由三个交接环节减少到一个环节，极大地优化了生产作业流程，简化内部交接环节，提高邮件处理效率，仅此一项一年可节省成本1.5万元。

（撰稿人：孙晓辉）

北京邮政汽车运输局

概　述

北京市邮政公司汽车运输局(以下简称“汽运局”)是北京市邮政公司直属二级通信生产单位。担负着北京市各邮政支局、所、投递部、大宗邮件处理中心、报刊批销中心、河北省三河、燕郊、夏垫等局进出口邮件报刊及京版出口报纸站间的拉运任务。

汽运局机关设置有办公室、人事教育科、计划财务科、通信运营科、科技设备科、安全保卫科、党群工作部、工会等管理机构及实业公司,其中党群工作部与纪委办公室、行政监察室、团委合署办公。汽运局下辖五个车队以及物流公司、调度发运总站、职业技能培训中心、综合加工厂九个基层单位。2009年末员工总数1181人(含劳务工695人)。汽运局拥有车辆367部,邮路255条,邮路单程总长2.24万公里。全局固定资产规模1.06亿元。

汽运局领导班子成员:局长、党委书记黄宗吾,副局长、党委副书记金艇,副局长王旭,工会主席、纪委书记白立宗。

主要指标和工作完成情况

一、经营任务和工作指标完成情况:2009年汽运局累计完成通信总量2777.46万元,同比下降17.41%;实现业务收入828.28万元,完成年计划的113.66%,同比增长6.6%,其中物流收入745.54万元,完成年计划的112.11%,同比增长5.65%;成本费用支出共计1.21亿元,完成年计划的100.63%,同比增长0.29%;收支差额(支差)为1.13亿元,完成年计划的100%,(支差)同比增长1.97%;劳产率为9.73万元,完成年计划的100.1%。

二、安全形势:全年未发生责任工伤、火灾爆炸等重大安全生产事故。发生一起道路外交通死亡事故和一起通信生产案件。

三、服务水平:汽运局全年服务满意度得分为91.63分,未发生服务质量投诉问题。

四、车辆管理:全局现有车辆367部,年行驶里程1110.75万公里;燃油消耗220.19万升,平均百公里油耗19.82升;维修费支出555.66万元,平均百公里维修费50.03元。车辆完好率和利用率分别为99.5%和74.6%。

邮运生产和经营工作

【邮运资源整合和网路优化】2009年6月汽运局在市公司统一部署和组织下,对市内邮运进行了有效的资源整合和大规模的网路优化重组,主要内容包括:将21条《北京晚报》进口邮路和32条速递出口邮路分别划转至投递局和速物公司。整合市内邮运资源,优化普邮网路,共计调整邮运车班119个、邮路237条;设立了4个西站、大郊亭的站盘车班,利用49个日报早投邮路带运快包和本市互寄平信,实现了本市互寄平信“次日递”、快包每日两频次投递;增加了2个大宗邮件处理中心拉运车班,进一步推进了大宗邮件处理中心建设,提高了大宗邮件集中处理能力,减少了支局出口邮件的拉运量;将支局、郊区国际进口整合为下午一次进口。网路优化调整和邮运资源整合实施后,汽运局减少邮路53条、邮运车班27个,相应减少驾押人员48人、邮运车辆41部,有效压缩了邮运成本,资源配置更加科学合理;与支局交接次数,由原来的681次减至现在的432次,减少了249次,每日可减少车辆行驶里程4266公里,提高了邮运车辆利用率,减少了车辆空驶现象,使邮运车辆容间得到充分利用;缩短了部分邮路趟车在支局的等候时间,减少了无效工时,使超工时现象得以缓解。

【推进网运分环节结算】年内北京市邮政公司全面实施了网运分环节结算,对汽运局采取了以收定支的结算方式核算人工成本。为此,汽运局加强了对职工的宣传教育，增强了职工对于网运分环节结算工作重要性的认识，同时结合自身特点，制定了《人工成本管理办法》，强化了对人工成本的管理；修订了《IC卡使用规定》、《交换员IC卡交接考核细则》，进一步规范了IC卡的使用，确保IC卡刷卡率达到100%；加强了对业务量基础数据的管理和统计，按月对各类邮件的拉运量进行对比分析，对于因特殊原因无法完成数据上传的，安排固定人员及时做好纸质路单的补录工作，确保基础数据统计真实、准确，为网运分环节结算工作打下了坚实基础。

【实施内部作业机构调整】11月1日汽运局实施了内部作业机构调整，采取整建制切割的方式，将规模较庞大的生产车队的部分班组整班划转至其他车队。通过机构调整，解决了汽运局多年来部分生产车队人员过多，机构过于庞大，管理不方便的状况，有效降低了企业的管理风险，提高了管理的效率，同时使各生产车队间的人员结构、生产运能更加均衡，厂房、设备等资源的配置更加合理。

【聘请服务质量监督员】为了强化网运服务监督管理工作，不断提高邮运服务质量，汽运局进一步完善服务质量监督员机制，专门组建了一支由各区支局、中心局、投递局等20个单位的46名服务管理人员和业务骨干组成的特聘服务质量监督员队伍，请他们负责对汽运局的交接质量、运输时限、服务态度、仪容仪表、协作配合五个方面的工作进行监督和测评，从而将汽运局的服务质量监督员队伍由局内延伸到了局外，进一步扩大了服务监管的覆盖面，加大了服务管理力度。

【国庆服务工作】建国60周年庆典是中国的大事，也是世界瞩目的活动，作为首都邮政的运输部门，汽运局站在讲政治的高度，认真落实上级工作部署，积极采取了一系列有效措施，全力以赴做好国庆安全保卫和邮政运输服务工作。汽运局周密考虑首都道路交通管制等环境变化，制定了详细的生产预案，并根据上级调度命令，提前安排好10月1日出版的《人民日报》、《参考消息》等报纸的拉运工作，确保当日报纸准点投递；加强了安全保卫和生产场地的监管，领导班子亲自带队前往各基层生产车队对安全工作采取“对账单”式的逐一排查，消除各类安全隐患；积极组织抢运受北京站封闭影响而滞留在各支局的出口邮件，通过打破原有车队和班组的界限，采取刊趟进口回程载运滞留出口邮件的形式，加班加点抢运邮件，在最短的时间内完成了各支局滞留邮件的出口运输；认真做好阅兵村军包邮件的拉运工作，从各基层单位紧急抽调驾驶技术娴熟、车况性能良好的人员和车辆，采取直送中邮物流北方集散中心的形式，进行阅兵村军包邮件的拉运工作。国庆前后，汽运局各级领导、职能部门靠前指挥，深入各基层生产现场进行现场调度，一线员工忘我工作、无私奉献。在市公司的大力支持下，在兄弟单位的积极配合下，汽运局上下共同努力，在新的作业组织模式仅仅运行了三个月的情况下，完成了国庆60周年期间的各项邮运任务，为首都庆典活动的成功举办作出了贡献。

交通安全

【推出驾驶员记安全笔记制度】汽运局于2009年初为全局每位驾驶员配备了一个交通安全工作笔记本，组织驾驶员把日常工作中体会到的工作感想、遇到的工作问题、总结出的工作经验、领会到的工作要求及会议精神等所有与驾驶员岗位工作和企业交通安全工作有关的信息记录下来，并组织检查、交流和评比。通过实施驾驶员记安全笔记制度，进一步提高了驾驶员的交通安全意识，强化了驾驶员对交通法规和企业制度的执行力。同时，驾驶员的安全笔记还成为管理者和被管理者之间沟通的桥梁，可以辅助管理人员了解驾驶员的思想动态，从中发现问题和隐患，并采取有针对性的管理措施，促进了企业交通安全管理水平的提高。

【建立交通违法警示机制】为了进一步强化交通安全管理工作，汽运局建立了交通违法警示机制，对发生严重交通违法行为和严重交通事故的责任单位实行挂黄色安全警示牌以示警告，增强了管理人员的工作责任感和全员的交通安全意识。

企业基础管理

【加大车辆维修费的管控力度】为了有效控制车辆维修费，汽运局采取了一系列措施。主要是：实施自主进行车辆一级保养，制定出统一的保养标准及检查办法，并将车辆一级保养工作纳入了百分考核；实行驾驶员与修理工共同承担车辆故障责任的考核制度,细化了驾驶员和修理工的岗位职责,强化了双方的责任意识,避免了车辆发生故障时相互推诿;在车辆维修工作中引入竞争机制,制定车辆外修标准,择优选取维修厂家和配件厂家;实施车队审批结算制度,经各车队对维修项目验收后,再与修理厂进行结算,杜绝不合理收费;建立了单车运行日志,详细记录车辆运行数据和成本支出数据,使车辆管理更加精细;建立了车辆技术状况按季巡检制度,每季度对邮运车辆的技术状况进行自查和定级,对检查中发现的不达标车辆及时进行修复,从而进一步确保了车况的良好。

【强化节油工作】 充分发挥节油激励机制的作用,完善了相应的奖惩考核办法,充分调动了局、队、班三级组织及广大员工的节油积极性;扩大了对驾驶员节油小窍门的宣传,充实驾驶员的节油知识,丰富驾驶员的节油技巧;实施了交接邮件的熄火制度,从细节着眼,从点滴入手,进一步降低了邮运过程中的燃油消耗。

【实施人工成本动态管理】 为了进一步加强人力资源管理,有效控制人工成本,汽运局实施了人工成本动态管理,配合网路优化调整等工作,对全局定员定额标准进行了重新测算,根据业务变化,优化作业组织,合理配置人力资源,在满足生产需求的同时,努力减少人工成本的支出。

【建立"首席员工"评聘制度】 为了落实"人才强企"战略,推进岗位技能人才队伍建设,健全人才竞争机制和激励机制,汽运局制定出台了"首席员工"评聘制度,并于2009年5月4日正式启动了"首席员工"评聘工作。2009年末,汽运局共评聘四名汽运局首届"首席员工"。"首席员工"可以享受每人每月300元"首席员工"津贴。

党建和精神文明建设

【大力开展"降本增效当先锋"主题实践活动】 降耗增效是2009年汽运局重点工作之一,为确保全年降耗目标的实现,汽运局党委积极创新工作机制,在全局党员中开展了"降本增效当先锋"主题实践活动,充分发挥党员的模范带头作用,激励党员努力争当节能降耗的模范、经营创收的模范、安全行车的模范和优质服务的模范,从而带领全局职工最大限度地降低邮运成本。活动中党员主动与职工结对子,围绕降耗、创收、安全、服务四个方面与职工一起努力,共同进步,全力实现四个100%(即:刷卡率100%,节能降耗100%,交通安全100%,优质服务100%)。为了促进活动开展,基层党支部相继召开"降本增效"座谈交流会,将一些好的经验和做法及时加以总结、提炼、推广,以点带面推动活动向纵深开展。通过开展"降本增效当先锋"主题实践活动,有效调动了全局党员、职工降耗增效的积极性,在交通安全、生产服务、降本增效、邮路优化等项工作中,党员干部始终冲锋在前,勇挑重担,党组织的战斗堡垒作用和党员的先锋模范作用得到有效发挥,降本增效工作成效显著。经过评选,一队党支部被评为"降耗增效先进党支部",张楠等10名党员被评为"降耗增效党员标兵"。在市公司主题实践活动成果交流会上一队党支部作了经验发言,并被市公司党委评为主题实践活动优秀党支部。

【广泛开展"学习东四先进事迹,提升邮运服务水平"活动】 汽运局党委围绕学东西活动,结合自身实际,开展了"学习东四先进事迹,提升邮运服务水平"活动,活动的主要内容包括:一是在全局职工中开展了"精品服务驾驶员,精品服务押运员,精品服务车组"评选活动,将东四局"用户是亲人"的服务理念融入日常工作中,努力为上下环节提供优质服务。二是将学东四与宣传本局的先进典型相结合,运用体现自身工作特点的、身边的典型事例,促进东四精神的转化。召开了"学东四、树楷模、构和谐、促发展"先进表彰大会,为本局的先进披红戴花,并向全局职工发出"向东四学习、向先进学习"的号召。局团委还开展了以"学东四精神、创精品服务、做青年榜样"为主题的青年文明号创建活动,把青年文明号车组安排在服务东四邮局的邮运线路上,让先进青年车组服务先进单位,进一步推进了亲情服务在邮运工作中的转化。三是开展了劳模先进创新工作室创建活动,通过建立劳模创新工作室,集中劳模智慧,积极探索和推广在交通安全、优质服务、节能降耗等方面的好做法、好经验,有效发挥了劳模先进的示范引领作用,促进了各项工作的较好完成。

创建"王鸣宇创新工作室"】 3月12日,汽运局强势启动了"劳模先进创新工作室"创建活动,并率先成功创建“王鸣宇创新工作室”。“王鸣宇创新工作室”是北京市邮政公司首批四个以劳模先进名字命名的创新工作室之一。与此同时，汽运局围绕企业改革发展中心工作，以“忠于邮政，精心履职”为主题，以劳模先进创新工作室为载体，大力弘扬劳模先进精神，推广劳模先进工作经验，扩大劳模先进影响力，发挥劳模先进示范引领作用，引领全局职工为企业发展作贡献。

【文化艺术节上获荣誉】在北京市邮政公司第三届职工文化艺术节上，汽运局积极参加了多项活动和赛事。获得多项荣誉，充分展示了汽运局的企业风采，进一步振奋了汽运精神，凝聚了职工队伍。汽运局职工自编、自导、自演的器乐与说唱《汽运之星》荣获了曲艺类金奖，同时也被市公司授予了“优秀创意奖”；汽运局二队王剑同志的国画《江山富贵》获得美术类作品三等奖；女职工创作的十字绣作品“绿色方舟”获得手工编织类一等奖。

【汽运局“职工之家”揭牌】1月19日，汽运局在管头停车场院内隆重举行了“职工之家”的揭牌仪式，市公司工会何培恩主席等领导出席仪式。建立汽运局“职工之家”是该局精神文明建设、企业文化建设的重要举措，为丰富职工的业余文化生活，全面提高职工素质，凝聚职工队伍，巩固和加强该局两个文明建设起到了重要的促进作用。

【举办2009年青年职业技能大赛】该大赛从2009年3月开始筹备，中间历经全员岗位培训、车队选手选拔等阶段，于10月23日、28日分别在汽运局培训中心、调发站停车场举行了笔试决赛和实操决赛，市公司郭荣寰副总经理、市公司工会何培恩主席等领导出席开幕式并观看了比赛。举办以青年为主体的、大规模的职业技能大赛，在汽运局尚属首次，旨在提高青年职业技能水平，促进职业技能人才队伍建设；搭建青年展示自己职业技能才华的舞台，促进企业青年人才脱颖而出，增强企业的发展后劲，推动企业又好又快发展。参加比赛的选手共计27名，都是经过班组、车队层层比拼选拔，由基层车队择优推荐的青年技术能手。经过多个项目的激烈角逐，最终二队的张磊和一队的邱仕伟分获驾、押比赛第一名，一队荣获了优胜单位奖。当天还评出了比赛二等奖各二个、三等奖三个以及优秀组织奖四个。

各类先进及荣誉

【先进单位及先进集体】

汽运局被评为2009年首都文明单位

汽运局连续第五次被评为北京市交通安全先进单位

汽运局连续第十次被评为北京市人口和计划生育工作先进集体

汽运局荣获北京市献血办公室2009年自愿无偿献血工作荣誉证书

汽运局被北京市创争活动领导小组授予“学习型组织”荣誉称号

汽运局被北京市总工会评为“安康杯”竞赛活动先进单位

汽运局一队被中国邮电工会授予“工人先锋号”荣誉称号

【先进个人】

张祖亮同志被北京市总工会评为优秀职工之友

王庆华同志被中国邮政集团公司评为先进个人

刘建英同志荣获“首都五一劳动奖章”

（撰稿人：孙亚南）

2000年–2009 年邮路、路长及交换量一览表

年份	邮路车班数量(条)	邮路单程长度(公里)	交换量(袋)
2000	221	20780	28782871
2001	246	22461	27584792
2002	275	24528	27177973
2003	255	23047	28453378
2004	241	23611	28515086
2005	253	21650	32474102
2006	243	21650	30298378
2007	260	23497	34632071
2008	312	29079	40232966
2009	255	22434	29245344

2000年–2009 年邮运车辆、行驶里程一览表

年份	车辆(部)	行驶里程(公里)
2000	246	7531187
2001	304	8128552
2002	310	8297293
2003	320	9747717
2004	316	9848861
2005	298	9361673
2006	305	10561051
2007	345	12109910
2008	386	12626230
2009	367	11107502

汽运局机构设置图

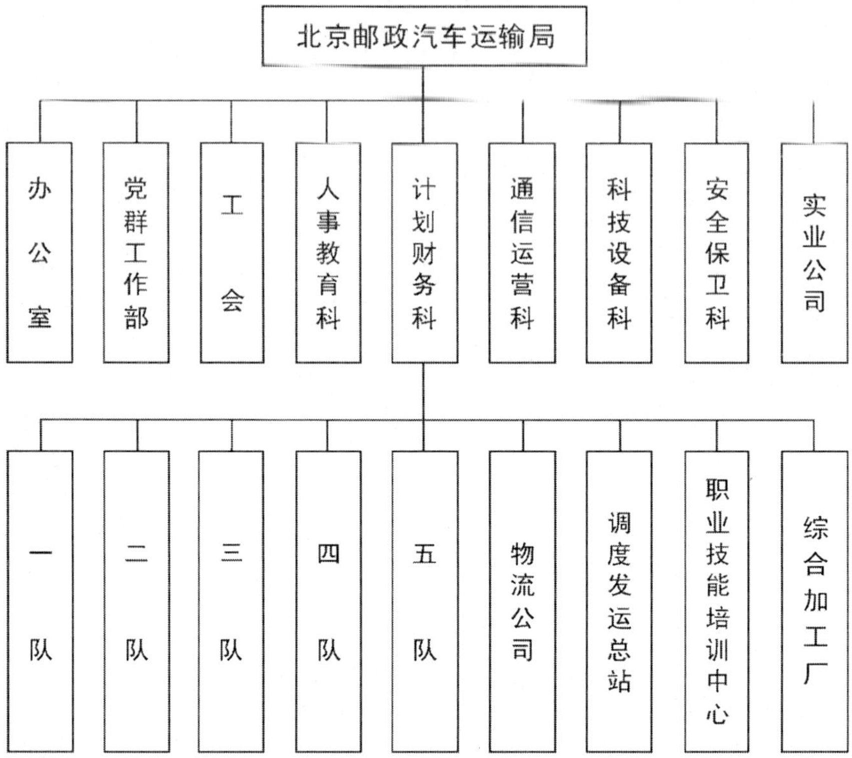

注：党群工作部与纪委办公室、行政监察室、团委合署办公。

北京报刊发行局

概　述

北京报刊发行局(以下简称“发行局”)是北京市邮政公司下属的二级通信单位和报刊发行业务的专业管理部门，承担着京版报刊向全国各地的发行工作及全国各地报刊在北京市的发行工作，到2009年已经发展成为集专业管理、本市订销和发报刊三种职能于一体的全国最大的发报刊局，也是全国报刊发行行业中业务功能最全、经营能力最强的报刊发行企业。2009年末，年报刊分发总量约27亿份(册)。

发行局下设7个生产经营单位，分别是报纸分发一科、报纸分发二科、报纸分发三科、市内发行科、业务数据处理中心、期刊科、技术服务站。生产场地主要集中在北京西站邮件处理中心。报纸分发一科、报纸分发二科、报纸分发三科、市内发行科分别在人民日报社、工人日报社、中国青年报社、解放军报社、光明日报社、经济日报社、北京日报社等9个报社印厂设立了分发点，并拥有大郊亭和天桥两个自有分发场地。局机关设业务管理部、市场部、生产指挥调度中心、办公室、党群工作部、人事教育科、计划财务科、科技设备科、安全保卫科、工会，办公地址位于北京市丰台区莲花池东路126号。2009年，全局固定资产原值累计4438万元。

截止2009年底，全局职工总数956人，其中在岗正式职工682人，多种用工238人；共有管理人员87人，其中科级领导干部42人，大专以上学历干部77人，占88.51%。

局长、党委书记周天勇、党委副书记侯金福、副局长王东红、副局长陈岩、工会主席刘继红。

专业经营成果

2009年，发行局干部职工坚持以订销收入“升位晋级、勇破纪录”为目标，迎难而上，合力攻坚，全面超额完成了各项经营指标，全局各项工作取得了新的成绩。

【经营责任制、业务收入、收支差和劳产率完成情况】2009年，报刊发行专业收入累计实现70255万元，完成预算的101.46%，同比增长16.55%，收入规模继续保持全国第一。其中，订销收入实现35261万元，完成预算的101.11%，同比增长36.61%，在全国增幅排名第一，高于全国平均增幅23.69个百分点，实现了订销收入“升位晋级、勇破纪录”的目标。

发行局业务收入实现29844万元，完成预算的103.23%，同比增长12.66%；实现收支差额16216万元，完成预算的100.01%，同比增长7.59%；实现人均劳产率323560元，完成预算的103.98%，同比增长15.3%，超出市公司平均水平；时限、服务、质量、安全等考核指标均达到市公司要求，用户满意度达到94.02分。

【发行报刊种类、数量、总量】发行局加大源头市场营销和渠道开发力度，有效解决了《环球时报》、《中国新闻周刊》等报刊的多渠道发行问题，并成功将《劳动午报》、《北京社区报》等15种报刊纳入邮发，增收流转额4100万元。

2009年，共接办本外埠报刊共计10959种，其中：报纸2429种，杂志8530种。接办京版报刊2999种，其中：报纸334种，杂志2665种，外埠在京分印、区域代理报纸34种，杂志61种。

【发行专业经营呈现良好态势】充分依托邮政资源优势，创新经营方式，调整经营策略，拓展经营领域，专业经营工作取得了突破性进展。一是加大政府经济开发力度，经过精心策划、深度公关，首次参加并且成功中标农家书屋报刊和图书采购两大订单，增收流转额712万元，成为唯一一家同时中标图书和报刊的单位，也是中标金额最大的单位，在书报刊发行领域引起了强烈反响；二是经多方协调，市公司启动了报刊重点大客户营销投递一体化试点工作，组织城区局、投递局“报刊重点大客户营销投递团队”，主动上门营销，提供延伸投递服务，大幅提高了投递时限和服务水平，拉动了发行业务的发展；三是联合地区文明办，以“送先进文化 报刊进农家”为载体，向日涧峪村、驻区武警官兵及北京市农家书屋捐赠报刊，中宣部《内部通信》称其“为精神文明创建工作搭建了新载体，增添了新内涵，在党报党刊发行体制改革中探索出了新模式”；四是创新激励机制，充分调动支局长、投递部主任等一线指挥员的积极性，2010年度报刊收订流转额实现5.96亿元，增幅15.22%，无论是发展规模，还是发展速度，均创造了专业发展的新纪录。加大专业营销力度，深入各区县局协助开展营销公关，全程跟踪指导，有效地推动了专业营销工作。

【专项市场开发实现规模效益】强化专业营销策划，创新营销产品，根据特定市场需求，制定了差异化、个性化的营销策略，深入各区县局协助开展营销公关，全程跟踪指导，有效推动了专业营销工作。一是成功开发图书馆62家，实现流转额600余万元，其中有34家多年未在邮局订阅期刊的图书馆回归邮发，使邮政在图书馆的市场占有率达到60%，提高了19个百分点；二是成功开发小学及幼儿园262家，其中千人大校21所，实现流转额430余万元，增幅达152.94%，进一步扩大了邮政在校园市场的规模；三是创新营销模式，拓展广告经营领域，成功开发“子目传媒形象期刊”，增收流转额72万元，为邮政扩大报刊订阅市场拓宽了渠道，实现了双赢。报刊社领导对此给予充分的肯定，称其为“期刊经营闯出了一条新路”。

【邮政报刊发行进军数字发行领域】积极应对数字出版发行的挑战，经过2年多的市场调研和大量基础工作，在传统出版物发行的基础上，采取优势互补策略，选择与较强实力的网企进行合作，开发建立了“中邮阅读网”，将国内多家知名电子阅读产品集成在邮政自有阅读平台，内容包括千种期刊、万本图书、6000小时有声读物，成为国内唯一集期刊、图书、有声读物于一身的专业阅读网站。中邮阅读网的建立，是传统业务模式的创新与发展，标志着邮政报刊发行由单一的实物发行走向实物与数字出版发行相结合的全新商业模式。集团公司邮务局对此给予高度评价，指出“中邮阅读网项目是对报刊发行经营模式的全面创新，对发行专业的长远发展有着重要意义。”

服务管理工作

【创新服务】广泛开展了“向东四邮电局学习”活动，围绕工作中的薄弱环节，完善各项管理制度24项，先后多次调整生产流程和作业方式，有重点地解决了一些质量、时限、服务、管理中的实际问题，为报刊发行全网运营提供了有力保障。一是简化中间作业环节，实行投递分发前置，对67个图书馆、金融街10座商厦及108所学校916个班级，全部单独设立直封格口，实行容器平直封装，开通了查验“绿色通道”，极大地提高了上市时限及对外服务质量和水平，增强了专项市场的竞争力，加快了补报刊时限，切实为客户提供了方便；二是全力做好农家书屋图书报刊的分发工作。农家书屋项目，是北京邮政首次进行的大规模图书生产作业，全局各单位联合作战，协同配合，全力以赴，在很短的时间里，提出多套可行性分发方案，并利用市场化手段委托第三方进行图书采购，顺利完成了1600余种、23万册、图书5000余箱的图书分发、配送工作。通过农家书屋项目的运作，不仅摸索出一套图书分发作业模式和业务处理流程，而且也锻炼了一支甘于奉献、经得起考验的干部职工队伍；三是增设西站零售午间期刊自取频次，使每日近15种畅销刊的上市时限提前了4个小时；增设分发点，积极协调市公司调整拉运组织方式，缩短了内部处理时限，使《北京晚报》到零售批销中心和投递部的时间提前了15–30分钟；四是创新传统的报刊投递服务，制定了《商务报刊投递服务标准》，推出首投告知、延伸投递等服务措施，提高了报刊投递个性化服务水平，极大地支撑了专业经营。

【降本增效、增收节支成效显著】一是制定了发行局降本增效的目标及措施，各职能部门按照职责分工，围绕油料、设备耗材、生产工具等六方面制定了一系列管理办法，加大了成本开支的管控力度，全年变动成本节约76万元；二是在确保服务水平的前提下，改革报刊分发作业模式和封装方式，调整出口报纸规格，报纸一、二、三科对混发报件实行合并封装，全年共减少一级干线网运成本1228万元，达到了大幅削减网运成本、提高网运效率的目的，降本增效工作取得了明显成效；三是开展礼仪常规化营销竞赛，各单位积极对外营销，全局“思乡月”、邮政贺卡等各阶段礼仪营销工作均超额完成市公司下达的经营指标。在全局各单位共同努力下，降本增效、增收节支工作取得了显著成效，使报刊专业损益核算毛利率上升了10个百分点。

【优化人力资源配置】按照市公司精简机构和管理人员的工作要求，通过精简机构、优化岗位设置、竞聘上岗，机关挂靠(内设)机构从7个精简到3个，管理人员由121人精简至87人，占全部从业人员比重下降4.2个百分点，初步实现了机构精简、人员精干、提高效能的目的；贯彻干部队伍年轻化、知识化、专业化方针，对7个生产经营单位的领导班子和5个机关科室的领导班子进行了调整，优化年龄结构和知识结构，全局副科级以上领导干部平均年龄下降1岁，具有大专及以上学历人员比例从86%上升到89.2%，干部队伍结构明显得到了优化；进一步充实营销队伍，营销人员达到52人，占比从2.5%提高到6%；规范班组设置，实行班组长岗位竞聘上岗，班组长人数由57人减少到39人，从年龄、学历、技能水平和管理能力上，提升了基层班组长的综合素质；建立首席员工制度，开展了员工职业生涯设计，拓宽了员工职业发展通道和岗位成才空间，实现了员工与企业的共同发展。

【深化精神文明建设】广泛开展了“迎国庆　讲文明树新风”、城乡共建、“三创建一争当”等群众性精神文明创建活动，发行局荣获了“首都军(警)民共建精神文明标兵单位”、“北京市迎讲树活动先进单位”等光荣称号；适应新时期精神文明建设的需要，确定了今后六年精神文明创建规划，建立了企业深化创建的长效机制；积极开展“劳模先进创新工作室”活动，建立了11个创新工作室，确定了14个创新课题，并通过拜师学艺等形式，使先进经验在实际生产中得到广泛推广和应用；加大培训力度，全年共举办各类培训班81期，培训人员673人，提高了职工的业务技能和综合素质，2009年共组织208名职工参加职鉴考核，通过率达85%，参考人数和通过率创历史新高；在广泛征求意见、平等协商的基础上，签订了新一轮集体合同，促进了企业和谐劳动关系的建设；积极抽调选手参加北京邮政职工文化艺术节活动，全体参赛选手以高昂的斗志争得了多项荣誉，展现了邮政报刊发行职工积极进取、健康向上的精神风貌。

重大、通信生产任务完成情况

【做好重大政治活动的会议服务工作】做好全国政协十一届二次会议和全国人大人大十一届二次会议大会报刊的分发服务工作。发行局高度重视“两会”服务工作，认真贯彻市公司的工作要求，召开了迎“两会”安全服务工作动员会，成立了“两会”安全服务工作领导小组，对“两会”期间服务、安全生产等方面工作进行了周密部署。同时挑选政治过硬、业务技能强的职工，参与“两会”服务工作，做到专区专台专人专车分发。

2009年“两会”用报(刊)种类多，报纸版面多，为保证代表用报数量准确，发行局采取“双人复核，眼同交接”的措施，有效避免了质量隐患；对交运、分发等环节实行全过程监控，确保了报刊时限；为保证大会报刊不夹带任何物品，发行局还组织专人每日对报刊进行检查，从大会报的数据采集、汇总、编制发致薄、通知印数等环节做到责任落实，排除各种安全隐患。由于今年大会报专投交车时间早，来报时间不固定，给发行局分发、交运都带来了很大难度。对此，发行局克服了人员少、时限紧的困难，沉着应对，凭着过硬的基本功，使整个分发过程忙而不乱，紧张有序，保证了“两会”用报的及时交运。发行局还精心设计了“两会”用报服务联系卡，主动与代表驻地工作人员取得联系，指定专人负责会议报查询工作。

在全局干部职工的共同努力下，发行局圆满完成了14天的“两会”服务工作，大会用报(刊)种类共计78种，其中报纸56种、杂志22种，专投报纸11种，共计分发2955432余份，封包22342余件，创收102万元。

先进、模范单位、个人

【先进单位、先进集体】发行局荣获的奖项包括：

全国文明单位；

首都军(警)民共建精神文明标兵单位；

北京市迎讲树活动先进单位；

北京市无偿献血先进单位；

2009年度市公司服务工作突出贡献单位；

市公司2009年度邮件容器管理工作创优达标竞赛先进单位；

北京市邮政公司计划生育工作先进集体；

西站地区2009年平安示范单位；

西站地区2009年消防安全先进单位；

北京市邮政公司2009年安全生产先进单位；

北京市邮政公司2009年平安邮政单位；

北京市邮政公司新闻宣传优秀单位；

发行局大客户服务中心获“市公司2009年先进集体”称号；

发行局期刊科获得“2009年度市公司优质服务示范支撑科队”称号；

发行局期刊科获得“市公司2009年度邮件容器管理工作创优达标竞赛先进集体”称号；

发行局期刊科获得“市公司2009年党员主题实践获得优秀方案”；

发行局报纸二科获得市公司“2009年度‘创优争先’劳动竞赛先进集体”称号；

发行局记者站获得市公司“2009年度《邮政周报》《北京邮政电视月刊》优秀记者站”称号；

《中邮阅读网》、《调整分发规格，降低网运成本，提高工作效率》两个项目获得市公司“2009年‘创新杯’劳动竞赛优秀经济技术创新成果项目”称号；

源头市场开发营销团队获得“北京邮政优秀营销团队”称号。

孙沂创新工作室获得“市公司2009年十佳劳模先进工作室”。

【先进个人】

周天勇获得“北京市无偿献血先进组织者”称号；

张明理、耿德燕、颜廷秀、何彦国、关萍、陈长礼获得市公司“2009年先进工作者”称号；

邓建获得市公司“2009年迎国庆、平安邮政交通竞赛先进个人”称号；

张继志获得市公司“2009年‘创新杯’劳动竞赛经济技术创新标兵”称号；

刘凤立、张世宽、杨德众、余军、贺佳、张春华、冯煜龙、崔阳、吴文斌、魏志军获得市公司“2009年度‘创优争先’劳动竞赛先进个人”称号；

黄文兵、贾桂芳获得“2009年度市公司服务工作突出贡献个人”称号；

何彦国、王靖获得“市公司2009年百名优秀营销员”称号；

王文会获得“市公司2009年度邮件容器管理工作创优达标竞赛先进个人”称号；

宋广宁、方京勇、孙萍、李京、梁棫森获得“北京市邮政公司计划生育工作先进个人”称号。

（撰稿人：吴叙红）

北京市报刊零售公司

概　述

北京市报刊零售公司(简称零售公司)是北京市邮政公司下属的经营报刊零售业务的二级邮政通信企业。负责北京城八区和昌平、大兴二个郊区的报刊亭经营和管理工作。是北京邮政支局所报刊亭及郊区县局的零售供货商，向全国近300个地市局批销报刊。

报刊零售公司总经理王海林,副总经理孙国庆、张锡南、于川。

报刊零售公司的经营范围包括：销售公开发行的国内版图书、期刊、报纸、公开发行的国内版电子出版物、零售国家正式出版的音像制品。

报刊零售公司积极探索实行报刊亭连锁经营方式,严格落实“统一规划、统一建设、统一经营、统一管理、统一供货”的基本原则,坚持便民、利民、为民的服务宗旨,以“品牌服务、奉献社会”作为公司的经营理念,做到真诚为读者和大众服务,竭诚为刊社和客户服务,热情为报刊亭业务代办人员服务。

报刊零售公司机关设一室五部:综合办公室、计划财务部、人力资源部、市场开发部、业务部、报刊亭管理部。

报刊零售公司经营生产机构设2个中心、10个分公司,信息数据处理中心和物流配送中心;分公司在公司统一领导下，负责相关城区报刊亭的经营和管理。包括:东区分公司、西区分公司、南区分公司、海淀分公司、昌平分公司、大兴分公司、通州分公司、顺义分公司、门头沟分公司、房山分公司。10个分公司下设53个报刊批销中心，主要负责全市2300余个报刊亭的要数、结账、核算、分发、配送等报刊发行及零售工作。

全市报刊亭现状

【报刊亭的建设和分布情况】邮政报刊亭是根据《中华人民共和国邮政法》、《中华人民共和国邮政法实施细则》、《北京市邮政通讯条例》及相关法律、法规、规章，由北京市人民政府特别批准的专门从事报刊零售业务、提供邮政相关业务和其他项目的邮政基础设施。

至2009年末,北京市有邮政报刊亭2330个,由公司下属分公司进行属地管理,具体分布情况如下：

东区分公司659个,西区分公司326个,南区分公司488个，海淀分公司476个，昌平分公司127个,大兴分公司51个,通州分公司66个,顺义分公司62个,门头沟分公司16个,房山分公司59个。

【报刊亭业务代办人员的构成】在报刊亭业务代办人员中,大都来自下岗职工、残疾、待业人士以及原散摊售报人员等。报刊亭的建设为社会提供了一个良好的再就业机会,使这些家庭得到了基本生活保障。

【经营状况】2009年,报刊零售公司广大干部、职工和报刊亭经营人,同心同德、扎实工作、开拓进取,出色地完成了各项任务。全年完成报刊流转额4.0045亿元,同比增长19.75%;完成业务收入2.25亿元,同比增长17.8%；完成了市公司下达的收支差额和各项服务安全指标，员工人均收入水平的增长达到市公司的要求,增幅达到10.53%。

2009年北京邮政报刊零售收入规模和增幅连续四个季度保持全国第一,至12月底,与第二名的差距扩大到1681万元,累计零售收入为全国平均水平的3.76倍,同比增长为全国平均水平的5.17倍。

经营状况

【创新经营、保持和扩大市场领先优势】

*搭建适应市场需求的经营架构。*市场部负责经营管理,业务部负责生产管理;将一个经营主体调整为报刊亭市场和亭外市场，促进北京报刊零售市场全面发展。报刊亭渠道为12个分公司,亭外市场包

括大户批销中心，并以市场部为孵化器，下设地铁组、超市组、报刊增值组、电子增值组、客服组等经营单位，发展成熟后再从市场部剥离；数据中心作为信息技术部门，配送中心作为物流配送部门，集中管理，加强资源的综合利用，为经营发展提供有力的支撑与服务。

出台重奖超收等营销政策。按照市公司"升位晋级，重奖增量"的原则，结合实际情况，制定落实升位晋级办法，下达经营指标与奖励激励机制相结合，建立市场部客户服务经理业绩评价体系，下达每名客户经理分管报刊品种及销售任务，制定实行与完成任务挂钩的营销奖励政策；建立分公司营销体系，增设分公司专兼职营销岗位，增强基层营销力量；制定分公司超收奖励政策，按照流转额超计划部分给予10%奖励，鼓励经营单位解放思想，放开手脚，能超多少就超多少，真正不唯指标唯市场。

完善升位晋级末位轮岗机制。完善分公司的升位晋级机制。在上半年12个分公司分3组开展升位晋级的基础上，下半年又以实现4亿元报刊流转额为目标，给完成好的经营单位下达奋斗目标，要求完成不好的单位必须赶上进度，重奖超收和升位晋级的单位。10月份，将原城区6个分公司整合为东区、西区、南区、海淀4大分公司，年底又对完成任务的5个郊区分公司升格，有力促进了城郊区报刊零售业务协调快速发展。二是建立到班组一级的升位晋级机制。46个批销中心按业务规模分组开展升位晋级，末位轮岗；建立批销中心零售管理员后备队伍，通过升位晋级，竞争上岗，谁能干谁干，谁干得好谁干，能者上、庸者让。

加快畅销报刊接办经营和单品营销。把市场畅销、冲货严重的《世界军事》、《小说月报》等44种报刊作为重点，一手抓严查私自进货，一手抓洽谈接办，增加公司畅销报刊的经营品种，淘汰销售量低的品种；协调报刊社研究制定详细的营销方案，采取预约零售、加放代销、特殊代办费政策、赠品促销、活动促销、组织竞赛等方式，促进报刊亭单品报刊销售量增长。

加快发展报刊总发业务。发挥主渠道优势，全力争取畅销报刊总发经营，研究制定个性化的总发接转方案，使终端覆盖与报刊亭增量相结合，努力实现市场总量的提高。拟定转总发报刊目录，加紧推进工作进程，逐步取得《体坛周报》、《演艺圈》等21种畅销报刊的总发经营，有效拉动了报刊流转额的增长。

大力发展报刊批销业务。把散摊当作自有终端经营，开创报刊亭销售和对散摊批销双轨并行的经营模式。已建成遍布市区及通州、大兴、顺义等14个报刊发行站点，覆盖北京800多个亭外零售终端，批销品种随着转总发报刊增多而不断丰富，月流转额已达到440万元。此外，利用社会物流渠道，发展外埠报刊批销业务，提高北京邮政报刊发行服务的整体水平。

【加快报刊亭建设，拓展报刊亭以外的零售终端】

努力拓展郊区报刊市场。深化零售体制改革，划转六个郊区县局报刊零售业务，实行市县一体专业化经营，折扣与市场接轨，并根据郊区报刊亭对代销品种的特殊需求，加大代销报刊在郊区报刊亭的投放量，全面占领郊区社区、院校、散摊等报刊零售市场。六个郊区划转仅一年，报刊流转额达2200万元，同比增长200%以上。

全力开拓报刊亭以外的零售终端。一是与物美集团、联华快客合作，在108家超市设立了报刊销售区，实现报刊流转额128万元；二是与京港地铁公司合作经营北京地铁四号线报刊零售项目，10月份试运营以来，已完成地铁全部站点报刊零售车、营业人员培训等各项筹备工作；三是调动市区经营单位的积极性，在社区、院校、大客户预约零售等方面取得突破，创新经营，主动营销，培养客户，扩大份额，加快零售业务发展步伐。

新建批销中心和报刊亭。制定实行新建报刊亭、批销中心奖励政策，优化经营网点布局，促进报刊零售业务发展，全年新建报刊亭113个、新建或整合批销中心4个。

【重视科技教育、增强企业发展后劲】

盘活人力资源、支撑重点业务发展。按照市公司"控制总量、调整结构、减员增效"的要求，把增员指标用在重点业务上，及时对地铁和超市零售岗位、数据中心业务数据处理岗位、物流中心车辆调拨岗位、西站分拣岗位进行增员；培养和从二级配送人员中选拔补充报刊零售管理员4名，从管理岗向营销转岗补充营销人员6名，减少广告维护、时限监控、二级配送等非生产岗位及非重点岗位人员44名。

强化教育培训、提高员工整体素质。全面落实职业技能鉴定工作,制定出台各种奖励、激励政策,通过组织有效的考前培训、模拟考试等强化手段,超额完成持证上岗率计划;通过大力开展业务练功比赛,努力提高生产人员的业务素质和实际操作技能;推动营销体系建设,组织专职营销人员参加集团公司营销远程培训,建立素质优良的专职营销队伍;抓好干部队伍建设,组织科级干部培训,培养青年后备人才。做好培养选拔工作,把年轻干部充实到一线经营及市场营销单位中去,年内新提拔助理以上干部共13名,调整助理以上干部16人,还在北京大学百年讲堂,邀请知名营销专家,对1000名最基层营销人员报刊亭经营人,进行了最基础的报刊销售知识培训。

推进信息化建设、提高科学管理水平。报刊零售系统三期工程通过验收,并获得市公司好评,实现公司各环节生产、经营、管理数据集中管理,统一处理,避免重复作业,进一步优化业务处理流程,简化操作环节和步骤,实现全过程监控。利用各种生产经营数据,实现资源共享,为公司业务管理、统计分析、经营决策等提供及时、可靠、科学的依据;通过生产车辆安装GPS定位系统,加强了车辆运行情况的监控,进一步提高报刊零售网运安全、时限、管理水平;通过OA公文处理系统的上线运营,取消纸质公文,节约了管理成本,提高了工作效率。

【确保安全、完成国庆六十周年服务目标】完成全市报刊亭形象改造工程,打造"星级报刊亭"服务品牌。按照市政府长安街改造工程部署,克服时间紧、任务重、难度大等困难,及时对长安街沿线46个报刊亭进行了选点迁移,并对重点区域100余个报刊亭全部进行了更新,得到政府主管部门的充分肯定。时尚靓丽的09新款法式报刊亭更为改造后的长安街增添了新的景观,深受市民好评;继续推进星级报刊亭评比工作,国庆前全市重点区域427个报刊亭均达到星级标准,号召报刊亭经营人学习东四邮电局,争创文明示范服务窗口,树立良好的社会形象。

兑现"平安国庆"安全承诺,圆满完成国庆60周年服务目标。把国庆安全列为工作的重中之重,逐级签订"平安国庆"安全责任书2900余份,覆盖率达100%;对报刊亭外来务工人员逐个摸底排查,通过调查、排摸、发函等形式,共审核外来务工人员1893人。认真开展矛盾纠纷大排查,超前做好防范工作,确保了4000余名从业人员队伍的稳定与安全;认真落实2007年底出台的奥运报刊亭形象七项标准,在加大日常检查及与政府部门联合检查力度的基础上,群策群力,创新工作方法,通过重点包干和对口支援,要求全体党员和科级干部分片包干,承包重点报刊亭,落实各项安全管理责任,并组织机关部室对口支援各分公司,协助开展报刊亭检查。国庆期间,上述两项累计出动4000余人次,检查报刊亭7000余亭次,确保了"平安国庆"工作目标的实现。

【做好新闻宣传、企业文化、精神文明建设等支撑保障工作】

认真落实为职工办实事。组织开展了批销中心生产现场环境卫生流动红旗评比活动,落实了职工体检、疗休、帮助救助困难职工等办实事项目。工会行政出资补贴,开办物流配送中心职工小食堂,购置生活与文体用品,努力改善职工最多、工作最辛苦的一线司驾人员的生产生活条件。

树立报刊零售的品牌形象。与北京晨报社合作,每周设置报刊亭专版,投入26个版面,开展"BKT"风云榜——2009年读者喜爱报刊文章评选推荐活动,推进全民报刊阅读文化,打造权威媒体推广平台,提升对报刊社和读者的服务水平,树立了邮政报刊零售的品牌形象。

2009年全年在社会新闻媒体发稿334篇,在中央电视台和北京电视台发片7部,在北京邮政好新闻评比中,夺得2009年度北京邮政新闻宣传优秀杯,荣获优秀单位称号,当选北京邮政好新闻一等奖1篇,二等奖3篇,三等奖2篇,宣传了报刊零售品牌形象。

(撰稿人:霍建蕊)

北京机要通信局

概　述

北京机要通信局是北京市邮政公司下属的二级通信企业，承担在京党政军机关以及企事业单位机要文件的传递任务。

北京机要通信局与全国30个省（自治区、直辖市）的机要文件直封局建立了直封关系，年业务量470万件，占全国机要业务总量的三分之一，年收入约为7000万元，占全国机要业务收入30%，是全国邮政机要通信的龙头和枢纽。2009年年末，拥有汽车投递道段23条，投递网覆盖全北京市18个区县，接发车次45趟次，局站间运输邮路2条，生产用车47部。

北京机要通信局机关设有办公室、人事保卫科、计划财务科、通信管理科、科技设备科、党群工作部、工会7个职能管理部门，设有总务供应科，负责全局后勤服务工作。北京机要通信局下设四个通信生产单位，分别为收发科、交通科、转运科、代发科，负责全局机要文件的收寄、分拣、封发、投递及进、出、转口文件的接发。

全局在职职工总人数为305人，党员141人，占职工总数的46%，团员49人。

局领导班子成员为：局长兼党委书记王毅坚，纪委书记冀小济，副局长刘越，副局长白春林。

2009年是伟大祖国的60华诞，也是北京机要通信局发展“见成效”的重要一年。年内，全局干部职工紧紧围绕“一二三四七”的工作方针，解放思想，克服重重困难，团结锐意进取，把握科学发展观的内涵和精神实质，认真破解影响和制约发展的难题，把科学发展观引领到确保质量安全和增创效益上来，取得了丰硕的发展成果。

质量安全方面，杜绝了机要通信失密丢损事故，质量整体情况良好，实现了连续20年无事故。召开了北京机要通信局质量20年无事故表彰大会，弘扬和实践了“精心严谨、质量为天”的企业精神。

交通安全方面，杜绝了交通安全责任事故，连续23年荣获“北京市交通安全先进单位”称号。

生产经营方面，全年业务收入实现7027万元，同比增长5.3%，完成年计划的105.3%，实现收支差额3202万元，完成年计划的100%，圆满完成了市公司下达的各项经营指标，专业收入全国排名保持第一，实现了历年来最为良好的经营局面。

对外服务方面，全年杜绝了用户有理由申告，用户满意度达到96.4分，位于市公司前列。

企业建设方面，干部职工企盼多年的局房改造工程如期竣工，员工生产生活条件得到了显著改善，员工人均收入水平增幅超过8%，企业和谐建设得到进一步推进。

学习科学发展观成果初显

北京机要通信局一方面强基固本，牢牢把握质量安全的生命线，抓质量安全不放松；另一方面深入挖掘、努力开拓经营发展的新局面，抓经营创收不松劲。2009年确保质量安全20年和交通安全23年全红的同时，业务收入首次突破7千万元，开创了北京机要质量与经营和谐发展的崭新局面。在机要硬件服务发展上主动出击，实施内部挖潜，建成了国务院交换站首个外驻营业网点，开创了北京机要的历史先河。在市公司的大力支持下，完成了局房改造工程，加大了安全和服务的硬件设施建设，整体硬件建设上了一个新台阶。提出了走科学发展、积极创新之路，通过减员增效、成本管控、流程再造，实践了机要新的思维和工作模式，促进了企业由生产型向经营生产型的转化。

通信质量安全落实到位

【贯彻新规则，促进制度落实】以落实新《机要通信业务处理规则》为契机，先后举办了4期新规则培训班，考试培训人数达600余人，覆盖了本局和郊区县局、中心局专兼职机要员。针对发生的质量差错，实施了一系列的自查、整改活动。组织召开了各级质量分析会，深刻剖析差错，加大了执行力度和细节检查，促进了各环节对新规则的全面落实。

【调研郊区县局，促进专业管理】由局领导带队深入到部分郊区县局的乡镇局所调研郊区机要通信工作现状和问题隐患，撰写了详细的调研报告，积极呼吁解决存在的机要工作难题。市公司出台了《关于落实新〈机要通信业务处理规则〉若干问题的通知》，对郊区县局的机要运输投递、人员定编上岗以及营业室的安防设备提出了具体要求，有效解决了郊区县局机要工作的瓶颈问题。在此基础上，召开了郊区机要通信工作座谈会，特别针对规章制度执行、质量监督检查提出了具体要求，确保了各郊区县局专业管理有章可循。组织了专兼职机要人员培训班，针对机要营业和投递等重点环节进行讲述和演练，提高了专兼职机要人员的业务操作能力。

【建立安全长效保障机制】一是规范了代交寄业务的代收制度，有效确保了代交寄秘密载体的安全。完善了生产调度例会、通信监察例会制度，强调日常检查和重点检查相结合、常规检查与随机抽查相结合、专职检查和兼职检查相结合。全年专职质量检查共计500余次，堵住外省重大质量差错及隐患6起，强化了各项规章制度的落实。二是先后出台了《隐患排查治理制度》、《优秀安全员评比办法》等安全管理制度。开展了安全生产月、安全生产专项整治等大型安全活动；举办了安全员培训班、消防安全演练、"我的岗位消灭安全事故"安全生产签名等实践活动。三是启用专项资金投入安全防范建设，安装了消防报警系统、门禁系统，更新了监控系统，安全硬件系统实现了全面升级。四是开展了"交通安全万里行，争当驾驶员岗位标兵"和"驾驶员岗位能手"评选为主线的交通安全创建活动。组织《道路交通安全法》的专项培训，请交警现场讲授交通违法实际案例及正确的处理方法，开展了"驾驶员岗位能手"练功活动，形成了科班实操练习的制度化和常态化，有效提高了职工安全责任意识。

企业经营发展成效显著

【有效拉动潜在业务】以"代"字号业务为突破口，加强老客户的维护和新客户的拓展，不断满足用户的个性化需求。积极开发了解放军出版社密级教材、中组部内部文件、教育部考试卷等10余个业务项目，实现新业务创收400余万元。围绕建国60年大庆安保主题，全方位做好营销策划和用户服务工作，公安部、安全部等重点单位的文件量同比增长均在200%以上，成功拉动了营业窗口的收入大幅增长，有效弥补了传统业务的掉量。深入推进内参"征投一体化"，圆满完成了市公司下达的本埠内参流转额目标和集团公司下达的新华社内参收订份额指标。

【努力完成礼仪营销】以常规化礼仪营销提高员工收入水平为激励机制，制定了各阶段礼仪营销的奖励办法，开展了"争当礼仪营销能手"竞赛，选树营销先进典型，强化营销激励机制建设，提高全员营销意识和能力，成功开发了国务院发展研究中心信息中心内参等定制贺卡业务，实现了贺卡定制业务的突破。较好地完成了思乡月、春季礼仪营销、端午节、报刊订阅等全年各阶段礼仪营销任务，确保了市公司下达各项指标的完成。

圆满完成局房装修改造

【实现了通信和工程两不误】围绕"两确保"的目标，努力克服改造期间高温、高峰、环境等困难，边生产边施工，对工程详尽策划、缜密部署，成立了局房改造领导小组，下设五个工作组强化对工程精密度的安排。一方面严把施工材料关，到多个建材城调研、对比、选购。另一方面严格施工人员审查，加强工程质量监督，派专人巡视监控施工过程。在确保工程质量的基础上，尽量缩短工期，以150天的时间保质保量地完成了全局6000平方米的施工改造。

改造期间，各级领导干部亲临一线指挥调度，随时解决生产难题。生产单位克服多次转场搬迁的不便，确保了内部作业的安全有序。广大员工冒着酷暑坚守岗位，技术人员加班加点保证设备正常运转，总务后勤千方百计解决食堂改造期间的用餐问题。机要人以严谨严明的纪律和顽强拼搏的精神克服困难，实现了局房改造工程和通信质量的双丰收。

【生产生活环境焕然一新】围绕生产安全和员工人本关怀，通过改造，将生产场地粉刷一新、布局合理，共更新生产器具7大类300余件。建起了专门的员工餐厅和整体式员工更衣室，为收发和转运现场增设了通风换气设备，启用了宽敞明亮的员工俱乐部、学习室，配备了乒乓球、台球、健身器材等娱乐设施，员工的生产生活环境焕然一新，为企业可持续发展起到了良好的推动作用。

【科技水平得到提升】与局房改造工程相配套，科技建设水平得到全面提升。完成了新场地生产网、办公网和监控网的重新搭建，确保了各项设备的运行稳定。完成了机要局系统与网络改造项目，实现了办公网和生产网的物理分离。全面落实了集团公司OA办公系统的应用，实现了无纸化办公。为进口、出口及转运共更新硬件设备25套，提高了生产处理能力。启用了转运"气动式升降平台"，为减轻员工劳动强度创造了条件。

科学管理工作初见成果

【完善考核体系】在绩效考核中增加了与业务量增长挂钩的奖励方式，严格执行增人不增奖、减人不减奖的绩效奖励政策，在人均业务量增长的奖励中取消了封顶政策，提高了各科对现有人力资源的有效使用。

【实施减员增效】在收发科推行了"橄榄形排班法"，在增加国务院交换站收寄点的情况下实现营业减员3人。在交通科实行投递动态配置法，通过岗位轮换增加了有效工时，解决了高峰期的人员不足。推行代发科交叉工作法，通过打破科室界线、整合班组设置，促进了人员有效利用，实现减员2人。2009年，在从业人员零增长的情况下，实现了业务收入、业务量的明显增长，劳产率达到23.11万元，同比提高了5.64%，减员增效工作取得较大成效。

【推进全面预算管理】收发科为试点开展内部损益核算工作，搭建起内部二级责任中心，促进了效益意识在生产环节中的渗透，在业务量明显增长的情况下，人工成本得到有效控制，业务材料成本与去年持平。初步建立了内参产品损益模型，掌握了26种内参的实际利润率，为下一步内参经营发展提供了有利依据。

【建立激励机制】出台实行了《关键指标奖励考核办法》，以安全质量为刚性指标；业务量、工作量为主要评价指标；业务收入、劳产率为辅助评价指标，建立考评体系，强化了各单位的经营意识、效益意识和履职能力。制定了《管理人员"三争先"评比办法》、《岗位竞聘暂行办法》和《员工奖惩办法》，并在技术岗位、工会岗位实行了竞聘上岗，建立起按劳取酬、多劳多得的分配激励机制和能上能下、竞争上岗的用人机制，有效激发了员工的工作热情。

【开展廉政风险防范管理试点工作】成立了专项工作领导和办事机构，在理解掌握上级精神和学习先进经验的基础上，结合机要通信特点制定出台了《机要局关于开展廉政风险防范管理工作的实施方案》，专门编制了《廉政风险防范基础知识手册》，对开展廉政风险防范管理工作做出了深入细致的安排。及时召开了廉政风险防范管理工作启动大会，重点围绕查找职能管理岗位的"五类风险"，制定防控措施等环节进行了宣讲和学习。先后分层次组织了"查找风险点专题培训会"、"中心组扩大学习会"、"查找风险点推进会"，共同学习《关于实行党政领导干部问责的暂行规定》、《国有企业领导人员廉洁从业若干规定》等四个文件，深入学习中国共产党第十七届四中全会重要精神，围绕大家在梳理管理岗位工作流程和查找廉政风险点工作过程中存在的一些具体问题，分析要点。此外，结合各部门岗位职责，从排查每个部门和岗位的主要工作流程图开始，采取自己找、大家帮、领导提的方式自下而上全面查找廉政风险点。通过两上两下反复查找，初步确定了机要局8个职能部门26项管理工作共计72个廉政风险点。编制了《北京机要通信局廉政风险防范管理工作资料汇编》，从源头有针对性的制定防范措施和工作制度基础上，不断推进事后监督向事前和全过程监督的转变，增强忧患意识，筑牢防范廉政风险的防火墙。

文明企业建设深入开展

【大力推进精神文明建设】以企业文化带动精神文明建设，抓住建国60周年和机要通信52周年生日的契机，相继开展了"使命传承、共铸辉煌"和"热爱祖国、忠于机要、构建和谐"的系列主题活动。重温了入局誓词,开展了包含编辑制作一部《使命传承》励志片、发表一篇题为《质量安全的长城这样铸就的》文章、编辑一本《2008 年奥运明星谱》的“三个一”主题实践活动,使员工更深切地融入机要通信独特的安全文化教育中,增强了使命感,强化了责任意识。成功入围了北京市国资委系统“首都文明单位标兵”评选,北京机要的精神文明创建工作得到国资委考评小组的高度评价。

【狠抓职工素质工程】成立了以赵东方、徐永红为核心的劳模创新工作室,开展了“职工先进操作法”评比活动,在全局掀起了“学劳模精神、学业务技能、比奉献精神、比创新能力”的创新热潮,劳模作用在科、班和员工中得到真正体现,有效解决了生产中的难题。落实“首席员工”机制,对从 300 名职工中脱颖而出的首批“首席员工”进行了表彰和受聘。

【打造和谐新机要】开展了“构建和谐新机要、建设职工新家园”活动,建立了员工俱乐部、学习室和图书室,组织了“唱响祖国颂歌,构建和谐新机要”国庆文艺联欢活动、组织参加了市公司“职工艺术节”、开展了“我锻炼、我健康、我快乐”职工健身月活动,不断丰富职工的精神文化生活。实现职工大会细化到班组,更好地落实了职工代表参政议政的职权。将提高员工得利水平放在办实事的首位,实现了全局职工人均收入增幅达到 8%;提高了机要保密津贴,增加至每人每月 40 元;坚持开展“送温暖”活动,全年共投入慰问资金 17.6 万元,同比增长 25%,实施了“慰问一线职工、帮扶困难职工、关爱劳模先进、情暖离退职工”的送温暖工程,累计为 40 余人次困难、患病的职工实施帮扶救助。

圆满完成重点机要通信任务

【圆满完成研究生考卷传递任务】经过连续的艰苦奋战,2009 年研究生考卷传递高峰圆满结束。据统计,全年处理总量达 7.9 万件,业务量同比增长 20%;整个高峰投递服务妥投率 100%,用户满意率 100%,考卷传递实现了质量全红。

随着“考研热”的逐年升温,2009 年的研考卷高峰呈现出以下特点:一是由于铁路提速,考卷处理时间非常集中。二是考卷集中包封大包装为主,每件重量增加,劳动强度加大。对此,机要局采取了进口环节调整作业安排,三班制改为一班制,集中人员处理考卷。设置研考卷专门处理道段和投递道段,针对清华等名校成立专线专人负责,确保账目清楚,传递及时准确。提前与各院校用户联系,根据业务量大小和用户要求制定考卷投送时间表,缓解时间冲突和业务量集中问题。规范作业现场布局,更新生产工具。做好车辆、微机等各种设备的检查、维护,确保运行稳定。组织机关突击队全力支援一线收寄工作。

【完成大学毕业生档案传递】在为期一个月的大学毕业生档案传递高峰中,进口文件处理总量达 28 万件;进口单日进口文件量更是高达 2.7 万件,创下历史新高。

针对当年大档高峰的特点,机要局制定了以下措施应对高峰:1.更新数据库。走访各高校和各大人才交流中心搜取大量单位的信息,更新机要局大学毕业生人才资料库,便于疑难信件的查询和处理。2.做好计划收寄。提前与用户联系,确定大档交寄的日期、数量,安排好上门收寄工作,做到计划收寄。3.调整作业组织安排。调整进口环节作业组织,采取提前上班,延长工作时间,确保高峰档案的及时开拆和处理;设置大档投递专线、增加投递频次;营业环节抽调精干力量组成上门收寄队伍,协调安排上门收寄时间;机关科室由业务娴熟人员组成高峰应急突击队,随时支援一线生产。

先进个人事迹

【市公司先进生产者赵东方】赵东方,一个就像他的名字一样,洋溢着蓬勃向上精神的普通共产党员,凭着对机要通信神圣使命的深刻理解,对质量安全的崇高责任,对机要用户的满腔热忱,秉承“万无一失传政令,无私奉献留美名”的服务宗旨,二十六年如一日在平凡的投递岗位上做出了不平凡的业绩。

作为首都投递标兵,赵东方牢记质量安全是机要通信的第一生命,多年的工作积累,他总结出了“严、细、慎、紧”四字工作法,并落实在每个工作环节中。为了把机要文件准确无误地送到用户手中,他每天早上总是比上班时间提前一个多小时进入工作现场,认真清点文件,严把复核关;同时,积极协助班组的其他同志做好出班前的一切准备。他不放过每一个工作环节,一丝不苟,以高度的责任感和使命感尽职尽责地做好投递工作，体现着一名投递标兵的高尚品德；他以敬业、勤勉、严谨的工作精神感召带动着周围的同志。从事投递工作以来，他的足迹遍及京城各大机关和企事业单位，投送机要文件100余万件，无任何质量差错。

进入2009年，作为全国五一劳动奖章获得者的赵东方深知责任更大、任务更重、形势更紧迫。他在完成投递工作的同时，还主动承担了机要内参的征订任务。在平日工作和投递过程中，他特别注意用户信息的采集，用户单位在新华社都订了哪些刊，有多少种、多少份，它们都是通过什么渠道传递的，用户的需求是什么，他都熟记在心。对待市场拓展，他是一个锲而不舍的人，他清楚地知道仅仅围绕自己负责的120户征订单位完成当年的任务是有相当难度的，必须开发新用户，他将视角定位于保住老用户，寻求新突破，只要有一线希望，踏破铁鞋也要去开拓。有一个国家机关，因机构精简，这个单位负责机要秘密载体收发的只有一个人，密刊也需要他每天去交换，经常忙得不亦乐乎，赵东方看在眼里，敏锐捕捉到用户需求，前后五次上门宣传通过机要局订阅的方便之处，与用户反复沟通，制订出周密的征订方案征询用户意见，尽最大可能满足用户需求，他的执著最终打动了用户，终于拿下了交通科开发新用户的最大一笔单。对待用户，他是一个倾注真情的人。有一个单位负责机要收发的是一名新换岗位的同志，对订阅报刊工作方面业务不熟，赵东方就主动多次与用户联系，加强宣传，加强走访，并多次协助用户修改完善订阅计划，他的主动热情感动了用户，不仅在通过机要局订阅了四万余元的密刊，还在赵东方的帮助下完成了在其他报纸的订阅工作。

【市公司先进生产者尚旭光】自从尚旭光同志担任总务科安全员以及综合班班长以来，始终恪尽职守，勤恳工作。在综合维修岗位上，他几十年如一日，不怕吃苦、不怕脏累，哪里有需要，他就会出现在哪里；无论分内分外，不管脏苦艰险，只要是为了生产，他总是默默地、任劳任怨的做好维修工作。

尚旭光的工作岗位虽然不是通信生产一线，但工作的内容却始终与通信生产紧密相连。每当人们提起尚旭光，总会由衷的发出赞叹。勤勤恳恳、任劳任怨都不足以表述他的执著精神，甘于奉献、乐于助人、无私作为、从不张扬也不能表述出他的工作态度。墙缝漏水了、地面有坑了、锁坏了、衣柜打不开了、桌椅掉腿了、门窗螺丝松扣了等等……事无巨细大小、没有分内分外，只要是需要，只要有人找，他就会马上出现你的身边，尽心尽力的做你所需、帮你所难。他的工作比较繁杂，没有一定的规律，但是他却总是以生产的需求为准则，以一线的要求和时限为目标，以各科的职工的满意度作为工作标准。在工作中，他力争做好每一件事，遇到困难时，就向书本请教，向周围的同志请教，在工作中不断丰富、完善、调整自己，在工作中学会工作。

在认真完成本职工作的同时，尚旭光还不断加强学习，他不断提高自身的安全法制意识、专业技术知识和管理指导检查的能力，落实各项规章制度和安全措施，实现对人、设施、物品等多方面的安全管理和劳动保护监督检查工作；同时他还会同其他岗位员工做好各岗位的安全生产宣传教育和培训工作，不断提高职工的安全意识。该同志善动脑筋，乐于创新，积极参加合理化建议和创新活动，由他提出的《运用智能定时器，有效节约电能》和《为水龙头加装节水垫，有效减少用水量》两项合理化建议荣获了市公司节能减排优秀建议奖，为企业降本增效作出了积极贡献。

（撰稿人：王媛媛）

北京国际邮电局

概 述

北京国际邮电局(以下简称“国际局”)是北京市邮政公司直属二级单位,是北京邮政国际业务的专业管理局。主要负责北京国际函件业务的经营管理以及国际商函数据名址库的建设和管理工作。同时,作为北京邮政涉外服务窗口,还担负150个国家驻华大使馆、130家外国通讯社、15个国际组织、60栋外交公寓及首都机场地区邮政营业和投递服务工作。2009年年底拥有固定资产3.22亿元,拥有邮政生产车辆59辆。

国际局机关自2009年4月由望京国际邮件处理中心迁至西站地区,下设局长办公室、党群工作部、人事教育科、计财基建科、通信运营科、市场科、科技设备科、工会、安全保卫科、总务科等10个职能部门并下辖两个支局和一个国际邮件收寄处理中心。建国门邮电局位于建国门,地处使馆区和CBD商务区核心区域,是北京邮政业务功能最为齐全的涉外营业窗口之一,也是唯一的海关驻关邮局,受理各类国际国内邮政业务。首都机场邮电局地处机场,为机场民航工作区和生活区提供邮政服务,在机场宿舍区、二、三号航站楼均设有邮政所,为过往的旅客提供用邮服务。国际邮件收寄处理中心位于望京地区,承担着大宗国际邮件的收寄工作。2009年全局共有职工387名,其中正式工(合同用工A类)235人,邮政聘用工(合同用工B类)23人,劳务用工129人。

国际局领导班子成员:局长李连民,党委副书记孟宪友,副局长兼纪委书记、工会主席索英,副局长王虹。

2009年年初,按照邮政速递物流体制改革的要求,国际局的经营科、国际邮件分拣处理中心、生产指挥调度中心、建国门海关监管库房一并整合到速递物流公司,相对应的业务管理职能和业务收入也一同划转,彻底改变了以往国际局集国际邮件经营、开发、收寄、处理于一体的地位,国际局不再承担国际邮件分拣处理工作和国际包裹专业的业务管理工作,不再承担北京国际邮件互换局的工作和职责。面对新的形势,领导班子及时调整工作思路,确定了“两个转变”的发展思路,即:专业定位由生产支撑型向经营服务型的转变;经营发展实现由内向型向外向型转变。同时将国际函件专业的经营指导思想确定为以项目营销为统领,并将这一指导思想贯穿全年。

通信生产和经营

【生产经营情况】2009年,国际局紧紧围绕市公司“升位晋级,勇破纪录”的工作目标,克服金融危机的影响,适应体制改革的需要,全局上下面对“新形势、新思路、新目标”,创新经营,深化管理,努力加快发展步伐。在市公司的正确领导下,较好地完成了全年的工作任务。全年实现业务收入14101万元,为年计划的101%,实现收支差额5727万元,为年计划的100%。

【重点业务促进经济效益增长】针对低本高效业务,制定了推动国际局代理金融专业快速发展的工作措施,确定奖励政策,有重点地发展对公业务、保险和理财业务,通过开展劳动竞赛等活动,金融业务实现新突破。紧紧抓住居民拆迁的有利时机,积极吸纳拆迁款,仅10天时间吸收储蓄存款1500万元。通过全局的共同努力,2009年全年储蓄余额达2.61亿元,净增余额4085.77万元。保险专业通过召开推介会、业务培训等方式加大营销力度,实现保费634.7万元,实现保险收入38万元;针对高效、长效、增值业务,建立了专人支撑、专人负责、专人管理、全员营销的工作机制,电子商务专业2009年得到较快发展,实现收入20.72万元,完成年计划的103.6%。储蓄账户加办短信业务由最初的30%提高到100%;针对重点营销项目,以竞赛促发展。通过开展各种主题的劳动竞赛,制订奖励政策,有效调动广大员工开拓市场的积极性,取得了良好的业绩。端午节营销活动超额完成计划指标,实现收入55.34余万元。思乡月营销活动,实现收入133万元,超额完成市公司下达的计划指标,同时有效的补充了国际局速递业务收入。贺卡重点战役中,率先行动,紧抓客户需求,促进了贺卡业务的超常规发展。共完成贺卡收入589.02万元,完成进度指标的118.99%。劝募爱心包裹1129个。

国际专业经营

【专业经营指标完成情况】北京邮政国际专业累计实现收入17319.82万元,完成全年指标的106.27%,超计划指标6.27个百分点。与去年同期相比增长2450.87万元,增幅为16.48%。

【项目营销拉动专业增长,实现季季有主题】

1.结合社会热点事件开发的"极地建驿站、企鹅递真情"主题营销项目为国际专业带来了近40万元的收入;通过开展"魅力北京、绽放异彩"主题营销项目,实现专业收入200万元;结合市公司国庆重点营销活动,开发了"辉煌盛世、献礼国庆"主题营销项目,并推出了《盛世长安图》系列产品,为国际专业带来收入400余万元。

2.利用国际名址信息库资源,以拓展国际数据库商函业务规模,树立国际商函业务服务品牌,进一步服务中小企业为目的开发的"百封国际商函免费寄 千家京城企业锁商机"主题营销项目,为客户提供从项目策划、数据服务、设计制作到分拣封发的"一站式"国际数据库商函服务,实现专业增收150余万元。

3. 为落实由内向型向外向型转变的发展思路,确立了以跨境交寄业务和国际商函外包业务为核心的发展目标。在市公司的大力帮助下,通过不断努力,已与多个国家的客户进行了联系,并有几家客户达成初步意向。一体化、集约化的国际函件发展体系的形成,将建立高效的国际函件业务发展平台,实现国际函件业务高速度、上规模发展。

4.借助贺卡战役,拓宽营销渠道。2009年,国际邮资特惠封作为邮政贺卡产品的一部分,国际专业在特惠封产品的形式、颜色、款式上进行了更新,开发了5个系列20款不同风格的特惠封,丰富了产品的种类。对配有内卡的特惠封产品实现网上销售,拓宽了营销的渠道。累计开发2010年国际邮资特惠封399.2万枚,实现收入2195.6万元,同比增收630万元,同比增幅40.26%;开发客户数量达316户,同比增幅200.95%。

企业基础管理进一步强化

【严格邮件验视制度】继续巩固2008年奥运服务成果,迎接国庆60周年庆典,加强了局所营业网点收寄人员验视内件的安全意识和禁寄品查验能力,严格执行复重制度,杜绝内件在局内"调包"的安全隐患,把好收寄的关口,严防危险品、禁寄物品流入邮政渠道。

【两岗履职覆盖全面】重新修改、完善了两岗履职检查及考核办法,对检查工作的内容和标准进行了细化,使检查工作更有针对性。充分发挥视察的监督控制作用,以"两岗"为视察对象,实现对通信生产管理及运行的有效监控,加大了对基层两岗履职工作的检查频次,检查覆盖率达到100%。加强了窗口单位的营业、投递服务网点服务质量检查,服务水平和服务质量得到提升。

【加强邮资机管理】利用邮资机稽核功能、预警功能和统计功能,进一步加强对邮资机收入和营业日报收入的稽核与监控,杜绝资费跑、冒、滴、漏。加强邮政日戳的管理,严格报审、请领和使用。

【完成"处理中心"划转和局机关搬迁】积极配合市公司速递物流体制改革工作的进行,按照总体部署,完成了设备、车辆、房屋资产、人员、协议客户等相关划转交接工作;在时间紧,任务重的情况下,保质保量地完成了机关新办公场地的装修改造及迁址等相关工作;完成了营销中心装修及建国门邮电支局水管线改造工作。继续推广使用动态设备管理系统,定期对各单位设备使用情况和设备安置情况进行核查和检查,真正做到设备台账、固定资产卡片、实物和工作台席相符;完成了计量器具年检,年检合格率达到100%;协助速递物流公司完成了大修改造项目和普邮系统上线前的准备工作。

【评优选先活动】在全局范围内开展了"服务工作突出贡献个人"和"优秀投递员"的评比活动;在窗口支

局开展“最满意营业员”评选活动，通过广大用户投票评选出“用户最满意营业员”。实行“标兵”挂牌上岗制度，充分发挥“服务标兵”在服务工作中的示范、带动作用。全局职工服务意识普遍增强，服务质量稳步提升。

【加强作风管理】制定了《北京国际邮电局机关管理规定》，开展了办公室文明办公评比活动。切实从规范机关行为，改进机关作风，提高办事效率入手，有效地推动了机关工作作风，提高了工作效率，塑造机关良好形象。

【安全保卫工作】以“迎国庆，保两会”为重点，以“安全生产月”活动为契机，加大安全工作检查和宣传力度，确保安全工作落到实处。开展“迎国庆、保安全”反恐演练，加大对使馆区邮件投递的安全防范工作，实现了国庆60周年的安保工作目标。荣获了市公司国庆60周年安全保卫工作突出贡献单位荣誉称号。此外，在市公司的帮助下，解决了首都机场邮电支局多年来未能解决的专业押款及资金集中存放问题，消除了资金安全隐患。完成了机关新址监控设备的安装工作。

企业激励机制进一步完善

【绩效考核制度】体现重奖增量，多劳多得。加大对重点业务、市公司关注的营销活动、见效快的业务的奖励力度。加大对指标进度完成情况的考核。将重点营销项目完成情况纳入对领导班子的季度考核，未按要求完成市公司的重点营销项目以及国际专业推出的营销项目的单位和部门将考核领导班子季度奖励。真正发挥奖励分配的激励作用，保证职工劳动报酬与实际劳动成果紧密联系。

【分配制度】修订了《北京国际邮电局业务发展奖励挂钩办法》。突出了重奖增量，效益优先分配原则的同时，调动各单位均衡发展的积极性，体现了公平公正的原则。修订了《北京国际邮电局统管人员收入统一考核管理办法》，加强了对经营管理者的激励和约束机制。

【培训制度】制定了《北京国际邮电局员工培训考核奖励办法》，突出了教育培训工作实效性的检查考核力度，促进教育培训工作的有效开展。

【人才选拔机制】按照总量控制、择优招用、突出重点、重在激励的原则，年初在全局生产一线的265名劳务工中开展了优秀劳务人才的选拔工作，通过推荐、审核、公示等程序，共选拔出13名优秀劳务人才，其中12名转为合同用工B类，1人转为合同用工A类。

【营销工作考核和淘汰机制】按照营销体系建设实施意见，对专职营销员进行了年度考评工作，解聘了因业绩不达标的营销员。为进一步充实营销员队伍，开展了2009年度营销员的招聘和认定工作。各单位深挖内部资源，在没有新增人员的前提下，重新招聘专职营销员13名，使国际局专职营销员总数增至34名，占全局从业人数的8.4%，营销队伍累计创造业绩1137万元。为全局年度经营发展工作奠定了基础。

降本增效进一步落实

围绕优化资源配置、落实降本增效的经营思路，修改完善国际局2009年绩效考核指标体系，加大了经营指标考核力度。完善全面预算管理，细化成本预算指标，将人工成本以外的各项费用指标分解到基层单位，提高了基层领导成本意识，有效降低了成本支出。

【完善管理制度】重新修订《国际局固定资产管理办法》，完善费用开支的审批手续。修订了《北京国际邮电局物资管理办法》，进一步规范业务用品集中采购工作，对业务材料用品供货商进行重新招标，为有效降低成本费用的支出，实现经济效益最大化奠定了基础。

【车辆管理实现降本增效】严格执行车辆、油料的统一管理，使降本增效工作落到实处。为有效监督降本增效工作的落实，开展了“有效管控燃、水、电，实现企业降本增效”为内容的效能监察工作，取得良好效果。

【人员管理实现降本增效】控制人员总量，实现人力资源的优化配置。以内部盘活为主要手段，加大对人工成本的管控力度，将劳动生产率和人员总量纳入绩效考核和奖金分配办法中。进一步推进梯形排班法工作的落实，积极稳妥的实施非生产人员的精简压缩工作，实现了机构精简、人员精干、提高效率和效能的工作目标。

以人为本,创建和谐企业

【加强培训促员工素质提高】制定了员工培训管理办法和员工培训工作实施方案，把培训的具体措施落实到单位、细化到职工。组织了职业技能鉴定培训、专职营销人员远程教育培训，金融管理人员和储蓄营业员参加邮政远程教育网上课程的学习。在市公司抽测活动中,营销员取得全公司第一名、储蓄人员获得全公司第二名的好成绩。通过开展各种专业培训,大大提高了员工专业水平和综合素质。

【开展的群众性工作】充分发挥劳模先进的示范导向作用,增强自主创新能力,开展创建“劳模先进创新工作室”活动,成立了“李建国创新工作室”及“陈颖创新工作室”,不断带动群众性经济技术创新活动蓬勃开展,推动企业技术进步。开展了以“我为企业节能增效作贡献”为主题的合理化建议征集月活动。共收集合理化建议326份,采纳27条,取得了较好的效果。围绕企业经营发展，最大限度地调动广大干部员工工作热情,有针对性的组织开展了各阶段劳动竞赛活动,做到季季有竞赛,月月有主题,有效促进全局经营发展。

【深入基层调查研究】通过召开“恳谈会”、调研等多种形式深入到基层,广泛征求和倾听广大干部职工对全局经营发展、服务管理、增收节支、职工生活等方面的意见和建议。共征集了49条意见和建议,已逐步得到落实和解决。通过深入基层调研，倾听基层意见,切实解决了基层单位在发展中遇到的困难,改善了职工的工作、生产环境,为促进稳定、加快发展提供了有力保障。

【开展多种职工娱乐活动】组织了“把健康和美丽送给半边天”为主题的“三八妇女节”系列活动,增强企业的凝聚力和向心力。精心组织，积极参与第三届北京邮政职工文化艺术节系列活动，充分展示国际局的精神风貌。在此次艺术节中，获得了团体总分第八名,取得了女声小合唱一等奖,舞蹈三等奖,戏曲优秀表演奖的优异成绩,个人才艺中摄影、手绘等均获得了二、三等奖。

【维护员工合法权益】完成了女工安康互助保险续保工作;组织了两期职工疗休;执行员工带薪年休假制度,职工休假达到100%;通过反复协商,经职代会通过,完成了第五轮集体合同的续签工作。

党建工作为企业发展保驾护航

【党组织的战斗堡垒作用和党员的先锋模范带头作用】组织开展了“当先锋、促发展,党员立足岗位作贡献”为主题,以促进企业降本节支、增收提效为主要内容的党员主题实践活动。主题实践活动与实际工作及职工关心的热点难点问题相结合,与党员责任区相结合,为促进经营发展,稳定职工队伍奠定了良好基础。

【深入开展学习东四局活动】组织营业窗口职工以“我是一名用户”的身份到东四邮电局实地学习,近距离接触学习东四人如何热心帮助用户，如何替用户排忧解难。组织召开“学东四、展风采、服务大讨论暨经验交流会”,通过远学东四、近学本单位优质服务典型,有效促进服务水平的提升。在全局范围内开展以“亲情服务创效益、建设企业服务文化”为内容的有奖征文活动，进一步增强了广大员工对服务工作重要性的认识。

【加强党风廉政建设】严格执行党风廉政建设责任制,落实各项规定。深入开展反腐倡廉教育活动,组织科级干部参观了北京市反腐倡廉警示教育基地,提高领导干部拒腐防变能力。认真执行“三重一大”和“三谈两述”制度。纪检部门对西客站机关办公楼装修改造工程进行全过程的监控。严格落实领导干部任前廉政谈话制度，对新提拔的9名科级干部进行了任前谈话。

【加强信访工作】及时妥善处理解决来信、来访,使信访工作保持平稳状态,促进企业和谐发展。

先进模范集体、个人

【先进集体、个人】

2009年市公司先进集体:收寄中心

2009年市公司先进工作者:杨雪琦、李诺

2009年度市公司优质服务示范窗口:首都机场邮电局

2009年度市公司服务工作突出贡献个人:张唯、张伟、陈亚明、崔鹤、王磊

2009年北京邮政20强营销员:马建华

(撰稿人:裴伟娜)

2009年国际邮电局组织机构图

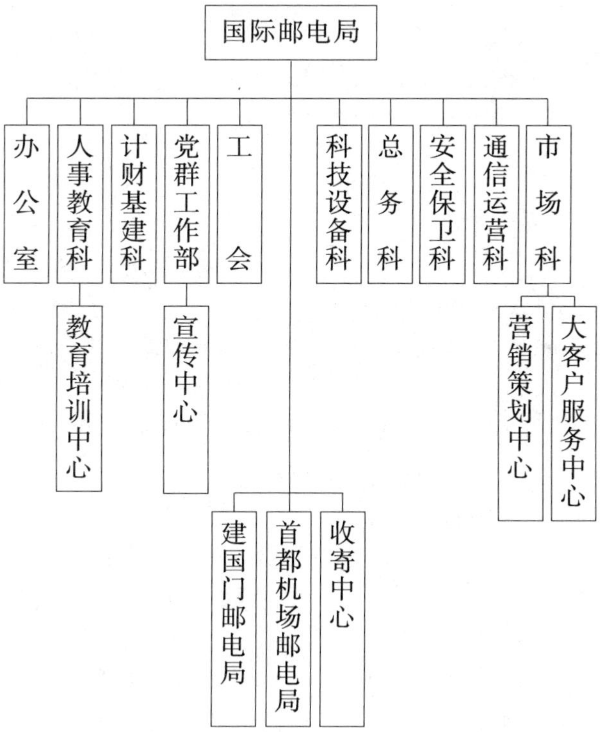

北京邮政速递物流公司

概　述

北京市邮政速递物流公司（以下简称“速物公司”）于2008年12月30日成立。速物公司成立以来，坚持以改革发展为主线，按照“科学发展、和谐发展、率先发展”的总体思路，围绕资源整合、能力建设、机制创新和加快发展等方面开展工作，经过努力，完成了速递物流资源整合，公司化运营模式初步建立，顺利完成了2009年的各项经营生产工作。

速物公司整合了北京邮政9个二级单位的人力、网络、场地、产品、管理、信息、技术设备以及文化等八大资源，从业人员4948人，车辆1202部，固定资产达7.06亿元，是全国经转量最大的物流集散中心、国际邮政速递互换中心和国内邮政速递业务处理中心。公司党委书记、总经理杜福；副总经理孙宝军、刘玮、刘君；总经理助理郑双印。职能部室：计划财务部、人力资源部、网运和质量监控中心、市场部、速递业务部、物流业务部、综合部、生产指挥调度中心。

速物公司经营国际、国内、同城邮政特快专递业务（EMS），以及代收货款、电子商务、一体化物流、中邮快货和国际包裹等业务。公司依托16架飞机组成的自主航空运输网络，36条铁路邮路组成的运输网络，华北地区18条快速汽车网络以及遍布京城的700余处业务受理网点，使业务覆盖北京市全境16410平方公里，通达全国2800余个城市及世界220多个国家和地区。

速物公司总部坐落在朝阳区阜通东大街18号，比邻四环路，并有机场高速路直通北京首都国际机场，独具通行优势。这里是北京邮政速递物流的管理中枢，指挥着包括航空邮件交换站、国际邮件处理中心、电子商务邮件处理中心、行邮集散处理中心、大宗邮件收寄中心等五大专业处理中心在内的40个生产经营单位。其中，被誉为“中国邮政航空转运龙头枢纽”的北京邮政航空邮件交换站邮件总包互换日吞吐量超过30000袋、600吨以上；电子商务邮件处理中心占地1.2万平方米，可提供集营销策划、仓储理货、封装收寄、分拣封发、总包发运和综合信息处理的一站式服务，日均邮件处理量达4万余件，是目前国内最大的电子商务邮件专业处理中心。

依托计算机、网络通信等最先进的信息技术，北京邮政速递业务信息处理平台集业务受理、11185客户服务、内部分拣、GPS指挥调度、Internet在线服务等功能于一体，实现了北京邮政EMS邮件揽收、投递、分拣、运输、查询等关键环节的信息化，形成业务咨询、上门揽收、邮件查询、时限查询、客户投诉等服务的强大支撑体系。基于这一平台新建的同城快速网，邮件交换频次提速，城区邮件互寄1–4小时内即可妥投，投递时限居业内领先地位。同时，这个平台还与中国邮政综合计算机网对接，直接与国外邮政、中国海关、航空公司进行数据交换，邮件全过程跟踪查询轻松便捷。

2009年，北京邮政速递物流专业完成收入12.74亿元，占北京市邮政公司邮政业务收入的26.94%，收入规模位居全国第五名。在岗员工平均收入增长达到18.8%，超过年初制定的8%的目标，高于15.01%的专业收入增幅。

完成专业化改革基础工作
推动公司化进程积放活力

速物公司按照集团公司专业化改革要求，顺利完成了北京邮政9个二级单位人财物划转交接工作，实现了人力、网络等“八大资源”的整合，并按照“精简高效”的原则，压缩管理层，充实一线投揽队伍，通过外包方式，新增投揽员800名，管理人员占比为7%，实现了组织结构的扁平化和经营集约化。

2009年，速物公司制定了多项基础制度，出台了有效机制，运用机制杠杆促使全体干部员工尽快转变观念适应公司化发展要求，通过机制创新不断破解企业经营管理中的难题。

【建立协调发展机制，挖掘现业局发展动力】以“业务开放、权限共享、流程支撑、分业结算、政策保证”为原则，为现业局提供有效的专业支撑和业务指导，累计新增客户109户，全年共形成业务收入2766.6万元。

【完善绩效考核，提高企业管理水平】以提高综合经济效益指标为中心，加大了质效指标和全程时限指标的考核力度，同时，推出了职业经理人绩效问责制度，有效地监督各单位领导恪尽职守。

【实行内部结算，提高企业经营效益】建立二级责任中心，对业务各个环节实行以损益核算为核心的内部结算体系，强化各环节的经营效益意识。70%的单位12月末累计比4月末累计利润率呈正增长。

【强化升位晋级，调动各级经理人积极性】贯彻“两个坚决”，即坚决不让雷锋吃亏、坚决不保护落后的管理文化，通过实行“率先发展，首位升格”和“滞后发展，末位请辞”的机制，以业绩论英雄，全面对29名职业经理人实施绩效问责，显著提高了企业的经营效果和管理水平。

深化营销，促进市场化运作健康发展

2009年，速物公司以加快发展为第一要务，积极推进营销体系建设，以重点产品和重点项目为龙头，全面完成了经营任务。

【规范代理行为，提高自主开发能力】将代理企业的邮件统一收寄处理、专门入收，引导各经营单位集中精力提升自身营销能力，拼抢竞争对手市场，营造健康的经营环境。

【实施项目带动，专项业务蓬勃发展】“思乡”营销战役战果突出，销售总额和月饼销售额均大幅增长。高招录取通知业务量收和关联业务再创新高，创收323.82万元。推出了国内标准文件业务、国内航空电子商务邮件和与英、美、日、韩之间的四种经济型速递业务六大速递新产品，通过组织各项专项营销活动，促使新产品迅速显示规模效应。

1.积极开发政府经济。利用同城信箱的资源优势，推出“政务专递”产品。产品针对国务院、市委、市政府有关部门，使用带有邮资的专用信封和详情单。借助“村邮站”平台，在政府“服务三农”重点项目和教育、交通、税务、公共服务等政府部门快递物流市场上取得突破。

2.圆满完成国庆服务工作。速物公司承担了首都国庆系列庆祝活动的物流服务工作。9次演练及活动当天共计投入365车次、540人次，行驶里程62000公里，自前期演练到国庆节活动当天共计为全市270所中小学校配送食品近40万份、800余吨，为群众联欢配送30种、近100余吨道具设备，并于9月30日派专车负责拉运群众联欢所需化妆品近4吨。国庆活动结束后，在12个小时内协助38军转场回驻地，运送随军物资近340余吨。11次服务实现零差错目标，优质的服务得到了首都国庆60周年联欢晚会指挥部的肯定。

3.推出医务专递。将市内各大型医院、医疗机构、医药类企业、特色专科医院及体检机构列入重点营销客户名录，尤其是三级甲等医院及专科医院或特色科室，进行有针对性的走访；推出寄递病历、检查报告等的“医务专递”，解决外地就医者病历寄递的难题，节省往返北京的费用及时间。成功开发多家医院的病历专递业务。

4.发展代收货款业务。完善代收货款数据库建设，结合物流资源为客户提供从生产场地的产品物流到产品仓储、理货、封装、运递，直至代收货款的全功能、一站式运营服务模式。

5.大力开展积分换礼业务。在中国移动积分换礼项目经验基础上，深度挖掘丰富的总部经济资源，逐步推行从前端采购、库存管理、分拣理货、流通加工，直至配送到户为一体的新型电子商务业务，抢占B2C及C2C市场。

6.圆满完成邮政贺卡寄递业务。由6名员工组成项目小组，驻扎在邮票印制局，为客户提供派驻式、一体化服务。通过调配车辆、补充运能，保证了高峰时期邮件的及时拉运、出口。同时设专人对邮件进行全程跟踪查询，保证了邮件的妥投率。共寄递贺卡邮件3.6万件，实现业务收入190万元，没有发生一起用户投诉。

7.五节营销实现两个第一。“五节”营销活动中共完成销售额525.21万元，实现销售额绝对数第一及升位晋级小组完成进度第一。

【参与重点区域战略，推进区域合作】配合重点区域经营战略，召开了“环渤海”区域发展会议，深化环渤海区域协调机制，全面加强了四省市之间的业务交流合作，提升区域核心竞争力，努力提高邮政速递在环渤海区域的市场占有率。

加快建设，改善网络支撑能力

2009年，速物公司共投资567.14万元建设、改造生产场地11630.02平方米；投资963万元用于购买、改造新的技术设备，改善员工的工作环境，提高各环节生产运营能力。

【调整处理中心定位，提高邮件处理能力】完成了五大处理中心的建设和功能调整。新建的电子商务邮件处理中心，搭建了全功能、一站式的服务平台，邮件日处理量和处理时限大幅提升，极大提高了邮政参与电子商务市场的竞争能力。

【推进营投网点建设，规划同城快速网络】截至2009年年底，速物公司营投网点达到130处，其中营投部37处，投揽网点93处，投揽道段增至836条，投递压力初步缓解。

本着"统一产品、统一网络、统一信息系统"的原则，建成了以同城集散中心为干线，以各速递分公司网络节点为支线的覆盖全市、运作流畅的同城快速网，提高了邮件的时限和质量。

【加大科技设备投入，提高信息应用程度】分阶段落实速递综合信息处理系统二期上线准备工作，3月1日系统二期全面上线。完成了电子商务新系统上线工作，率先实现分拣前置，优化了代收货款信息流程，减轻航站处理压力。完成了11185派揽调度系统试点工作，11185接通率从年初的44%提升至90%以上。完成了宏网二期袋牌打印机上线工作，提高了处理效率；完成了信筒同城快件系统等多项信息系统的更新、上线工作。

【自助语言查询功能大幅提高11185接通率】开通了11185自助语音查询功能，11185接通率大幅提升，达到95%左右，较以往提升10%以上；同时综合信息处理平台的速度明显增快，平均2-3秒即可显示结果，比平时提高了数十倍。

细化管理，提高服务运行质量

2009年，速物公司认真落实中国邮政集团公司"质量运行年"的要求，把改进薄弱环节作为工作重点，多措并举狠抓质量管理，力促全程时限各项指标的快速提升。2009年底速物公司在全国全程时限服务承诺工作中的排名由第26位上升至第7位。

【调整流程，减少进口邮件逾限】将部分火车带运的637个县级市进口北京的邮件调整至陆路中心处理，并通过提前一、二频次交邮时间，增加航空、火车三频次交邮计划，减少进口邮件开拆逾限量。

【强化监控，提高运行质量】

1.库区巡场，加强邮件发运监控

安排专人在航方货场监控出港航班邮件发运情况，督促航方按指定计划及时发运邮件。

2.加强管理，系统监控上下衔接

出台多项质量运行规章制度；严密监控各单位承诺时限指标完成情况。实行"阶段性专项检查与常态化检查相结合"、"检查与指导相结合"，提高两岗履职效果，为改善全环节运行质量提供有力支撑。

【成为北京市首批《快递服务》标准达标企业】按照《快递服务》邮政行业标准(YZ/T0128-2007，以下简称《快递服务》标准)对照检查，梳理制度，提升服务，达到了《快递服务》标准的各项要求。在北京市快递协会召开的一届四次理事会上，速物公司成为北京市首批《快递服务》标准达标企业，标志着北京邮政在快递行业已取得业内领先的地位，具备了相当的同行业竞争力。

【实施竞聘上岗】贯彻集团公司速递物流一体化专业经营的整体部署，召开了竞聘上岗动员大会，将原有七个二级单位的优秀管理人才充实到机关各部门，实现管理资源整合和优秀管理理念的融合，全面提升企业管理能力。按照快递物流市场和公司化改革的要求，按照有利于企业发展安排设置机构，建立更为精简高效、运转灵活的组织机构，将各二级单位的204个管理岗位编制精简为171个。预留10%—20%的领导岗位和管理岗位面向速递物流公司基层及市公司的全体员工进行公开招聘，充实速递物流专业管理队伍。建立以选拔、竞聘为主的选人用人机制，增强干部职工的和竞争意识，提升整体素质，增强企业的核心竞争能力。

【推出绩效问责制】以绩效考核结果为基础，结合重点工作、重点指标完成情况等因素，建立全面、重点突出的问责评分体系。由公司领导班子成员、各职能部室一把手组成绩效评估领导小组，负责问责制的启动和实施。以半年为一问责周期，根据绩效考核得分，对排名在后10%单位的主要负责人启动绩效问责；对于公司总经理办公会提议的重大事项等情况，可随时启动绩效问责。被问责单位领导班子成员根据扣分指标逐项分析原因，向绩效评估领导小组说明情况，提出整改办法，作出整改承诺。对被问责单位实施六个层级的责任追究，包括自行整改、取消评优选先资格、通报批评、领导班子成员进行诫勉谈话、主要负责人降职使用、主要负责人免职。

降本增效，提升企业发展效益

2009年，速物公司将降本增效工作贯穿企业各项经营活动始终，“开源”的同时更加注重“节流”，降本增效意识深入人心。

【强化成本管控，实现财务管理的降本增效】速物公司制定了《财务开支管理办法及支出审批制度》、《资金预算管理办法》等制度，使损益观念深入人心。制定《招投标管理办法》，完善采购方式，完成物资和服务供应商采购等招投标项目82项，节约资金308.8万元，节约率达到10%。

【深化经营网运，实现网络运行的降本增效】抓住有利时机，成功降低航空运费，国际航空运费标准降低了15%。利用航空运输闲暇时段发运代收货款邮件，部分时段航线运费降至N运价的30%。将部分邮件交发邮航带运，填补包舱，节约支出。

【优化作业流程，实现生产过程的降本增效】整合市内网运资源，建立分公司汇集点，整合趟车计划，形成覆盖全市、多频次的运输体系，实行封车制，减少交接盘驳等环节，节余出47名交换员，充实到一线生产，大大缓解了分公司人员不足的压力，为公司节约各类成本约600万元。

凝心聚力，构建企业和谐氛围

2009年，速物公司以办实事为载体，坚持“以人为本”的治企宗旨，切实提高员工待遇，大力推进企业文化建设，初步形成了具有速物公司特色的企业文化框架体系。

【党工团建设齐头并进】先后完成了公司党、工、团的组织建制，成功召开了速物公司第一次党员代表大会，选举产生了第一届党委委员，确立了“以经营发展为中心，创建首都文明单位、争创全国文明单位”的党委工作目标，初步梳理形成了具有公司特色的企业文化体系，为公司的经营发展营造了和谐的氛围。

【员工素质教育成绩斐然】以职业生涯设计为切入点，出台了《职业经理人队伍建设与管理指导意见》和《职业经理人后备人才管理办法》，组织了职业经理人培训班；首次制作了职鉴培训教程光盘，完成了2394名员工的职业鉴定申报工作，全年共组织各种培训150余次，培训员工5000人次。在市公司组织的三次培训抽测工作中均取得了第三名的好成绩。

【办实事工作全面实现】全年共支出福利费用1124.09万元，提取使用教育培训经费235.18万元，100%落实了员工带薪休假制度；组织了员工疗休和体检工作，继续为全体员工赠送生日蛋糕；发放各项补助金26.88万元用于帮扶救助和送温暖慰问活动；完成了新一轮《集体合同》的签订工作。

【精神文明建设成效显著】速物公司创立了以田洪珊、夏伟同志姓名命名的“劳模先进创新工作室”，发挥劳模先进的典型示范作用。积极参与市公司职工艺术节，取得了一个一等奖、三个二等奖、一个三等奖的优异成绩。圆满完成了国庆60周年物流服务工作和东亚运动会检测样品运递任务，一流的服务水平赢得了社会的广泛好评。

【协助公安部门破获两起利用邮包运输毒品案】2009年，速物公司共协助公安部门破获了两起邮包藏毒案，抓获3名外籍犯罪嫌疑人，收缴毒品海洛因1084.3克。其中一起案件查获毒品海洛因884.3克。北京市禁毒委员会发布了《北京市禁毒委员会关于给予北京市邮政速递物流公司通报表彰的决定》(京禁毒字[2009]1号)，并在速物公司朝阳路分公司召开表彰奖励大会，对速物公司的员工予以表彰和奖励。

（撰稿人：王圣光）

中国邮政储蓄银行北京分行

概 述

2009年，是中国邮政储蓄银行北京分行(以下简称邮储银行北京分行) 加快推进向全功能商业银行转型的开局之年。邮储银行成立之初，邮储银行北京分行就明确提出要打造一家有特色的零售商业银行，实施差异化发展战略，提出“根植邮政，立足城市，面向农村”的发展战略，确立了服务社区、服务“三农”、服务中小企业的发展定位。

2009年，邮储银行北京分行圆满完成年度各项工作任务：业务发展步入快车道，全年净增储蓄存款110亿元，连续两年净增规模突破百亿元，公司业务存款年净增69亿元，发行银行卡161万张。信贷业务发放贷款25亿元，贷款结余22亿元；业务结构调整取得成效，活期储蓄存款比例提高1.67个百分点，基金、本外币理财、保险等综合理财产品销量达70.3亿元；继续推进网点及自助服务渠道建设、邮政金融信息化建设、示范网点建设，推进“金融服务年”活动，进一步加强人才队伍建设；着眼于建设流程银行和“扁平化”管理，推出一系列“集中式”管理模式，包括财务管理、资金管理、人力资源管理、行外ATM集中管理、后督管理、信贷集中审批管理等，基础管理进一步夯实；风控管理工作不断加强，“合规管理年”活动、审计监督和案件防控工作成效显著；内外部沟通渠道不断拓宽，银政合作取得新突破，银邮合作不断深入。

2009年，邮储银行北京分行坚持以改革创新促发展，依靠创新克服发展道路上的困难，推动企业全面发展。加快业务创新，相继推出理财、信用卡、小额信贷、个商、二手房贷等一系列新业务，开办了票据业务；创新渠道管理模式，大力推广示范网点建设；成立信贷审批中心，推行信贷营业部制，为发展信贷业务提供保障；以损益核算为核心的财务制度改革进一步深化，企业经营质量和效益显著提高；创新现金管理、对公账户管理、事后监督管理模式；深化人力资源和薪酬制度改革。

截至2009年12月31日，邮储银行北京分行资产总额达903.25亿元，其中贷款余额44.48亿；负债总额902.84亿元，其中存款总额798.22亿元。所属支行及代理网点共520家，其中一级支行(区县局支行)15个、二级支行(网点支行)257个、邮政代理网点248个。员工总计2730人，比上年末增加338人，同比增长14%，其中分行机关管理人员220人，比上年末增加37人，同比增长20%。

中国邮政储蓄银行北京分行行长徐学明，副行长周毅明、刘志军、褚建平，行长助理李静姝。

业务发展

【零售负债业务】2009年新增储蓄余额110亿元，年增幅达18.25%，连续两年净增规模突破百亿元大关，总余额达到714亿元。活期储蓄存款余额占比达42.62%，比上年末提高了1.67个百分点。

【综合理财业务】理财类金融产品销售规模进一步扩大，为优化产品结构、客户结构奠定基础。2009年，全行共销售本外币理财产品40.2亿元，基金6.2亿元，国债7.3亿元，代收保费16.6亿元；购买综合理财产品的客户数量达13.3万户，同比增长2.8万户，增幅达26.7%；新增VIP客户3.33万户，总量达到14.65万户，客户结构进一步优化。

【中间业务】2009年，全年累计发行绿卡借记卡159.29万张，绿卡借记卡结存户数为824.37万户，同比增长20.04%，结存金额202.22亿元。全年累计发行信用卡1.43万张，交易笔数25.8万笔，交易金额8400万元。结算业务实现新突破，全年共发展“商易通”客户922户，累计布放POS机具2404台；代收付业务种类不断拓展，新开发代收取暖费等新业务，实现代收公用事业费“一站式”服务，全年累计办理业务714.63万笔，累计交易金额5.37亿元。

【零售信贷业务】紧紧围绕“规范起步，审慎经营，积极营销，稳健发展”的经营方针，努力探索信贷产品创新和经营模式创新。加强与农委、私个协、工商联等机构合作，抓源头、抓行业，并积极开发新产品，加快信贷营业部建设，截至2009年末，已建成信贷营业部71家，有力促进信贷业务发展。全年累计发放个人零售贷款1.16万笔，金额25.4亿元，贷款结余21.6亿元，全国排名实现升位晋级。

【批发类资产业务】2009年，批发业务营销注重“创新”，并取得了初步的效果，主要推进的项目有110国道改造、内蒙古30万千万风力发电特许权项目、年产36万吨醋酸工程二期技术改造项目、房山区“五项基础设施建设”、门头沟节能房改造项目、大连港流动资金贷款、顺鑫农业、包头-固阳高速路等项目，努力实现了邮储资金返还地方，为首都经济发展做出积极贡献。同时，加强同业联系，开展直接银团和间接银团贷款。主要和中信银行、中行、滨海农商行、杭州银行、深发展、北京银行、浙江商行、国开行、民生银行等进行沟通。最终与中信银行合作开展了华润雪花啤酒2亿元的直接银团，与滨海农商行、杭州商行合作开展2笔合计10.9亿元的间接银团。截至2009年12月31日，批发类信贷余额达122亿元。

【公司业务】注重发挥覆盖城乡的网络优势，以及对公、储蓄、汇兑系统互联的渠道优势，以资金归集类业务为突破口，以项目营销和方案营销为手段，拉动公司业务快速增长。截至2009年12月31日，公司存款达84.6亿元，年净增69亿元，全国排名实现大幅度升位晋级。

【票据业务】2009年6月30日成立票据中心，半年时间，共办理票据转贴现交易108批，交易总量865亿元，实现利息收入2.05亿元，利息净收入3904万元。截至2009年12月31日，与建行、中信、兴业、民生等38家客户建立了合作关系，与80余家客户保持正常性业务联系。

风控管理

风险管理是保障邮储银行北京分行稳健运行的基础和核心。2009年，全行上下进一步树立全面风险管理理念，合力构建信用风险、市场风险、操作风险、合规风险、道德风险管理体系，不断提高风险管理水平。健全了风险管理委员会议事程序，促进了决策职能有效履行；各业务条线明确了风险合规主管人员，加强日常沟通，促进了前中后台的协调联动；组建基层网点风险信息联络员队伍，促进了“风险窗口”建设。

【“合规管理年”活动】全年开展了小额贷款、机构合规、反洗钱三项评价；进一步完善内控制度，全年初步梳理覆盖各业务条线的规章制度307项，补充修订业务流程58项，发布风险提示27个，对有效防控风险起到了良好的促进作用；积极组织参加北京银监局“促监管政策进基层行”活动，结合邮储银行北京分行实际，强化相关政策法规的学习，提高了基层管理者合规知识水平，并推动学习活动走向持续化、常态化。

【审计监督和案件防控】深入推进审计稽查违规积分管理，加大了对同质同类问题违规积分处罚力度；以落实邮储银行总行内控评价活动为契机，对支行内控管理以及公司、信贷等新业务进行了全面自查，并将评价结果纳入绩效考核，督促各支行进一步提高风险识别和管控能力。

在监管机构及邮储银行总行的安排部署下，邮储银行北京分行结合自身实际，开展了案件风险“百日大排查”及“回头看”活动、重大节日期间资金安全检查、年终决算、基层机构内控评价及同级部门内控评价整改复查活动等，有层次、有重点地排查了内部控制存在的风险薄弱点，有效跟踪监督了整改落实情况，巩固排查结果，得到了监管部门的充分肯定。

能力建设

【网点及自助服务渠道建设】继续加大网点建设改造力度，改善营业场地环境条件。截至2009年12月31日，邮储银行北京分行遍布城乡支行网点达520家，其中一级支行（区县局支行）15个、二级支行（网点支行）257个、邮政代理网点248个，其中，2009年新建及迁址网点18个，改造网点9个。不断拓宽自助服务渠道，全年新建自助银行14个，布放ATM191台，年末ATM总数达715台，增幅达36%。其中，在新开通的地铁四号线布放46台ATM，展示了邮储银行新形象，取得了良好的经济效益和社会效益。着力为邮储银行高端客户提供个人自助金融服务，加大商易通、POS布放力度，全年累计布放商易通922部、POS2404台，全面拓宽客户服务渠道。

【金融信息化建设】邮储银行北京分行高度重视金融信息化工作。成立以来，先后完成了邮政金融统一版本2.0系统改造、储蓄系统物理大集中、代理保险系统大集中等信息化建设项目。自主开发能力显著增强，2009年，完成了储蓄网点终端数据安全传输加密工作、IC卡售电处理系统、中间业务及结算系统、一老一小医保代扣业务系统等科技项目，有力保障业务发展。

邮储银行北京分行金融信息化网络以总行数据中心为依托，为客户提供人民币/外币个人金融业务、公司业务、信贷业务、电子汇兑、基金/保险代理等各个业务系统的接入；通过与银联北京分公司的横向接入，实现银行卡跨行及外卡收单系统的接入；通过与北京联通、电信、移动、电力、燃气、自来水等企业的支付系统互联，为市民提供各类代收付业务渠道。

邮储银行北京分行通过完善的安全机制和技术手段，确保金融网络稳定运行，并根据业务需求不断完善金融信息化系统功能，为业务发展提供最直接的技术保障。加强了科技设备投入和管理，全年共新增、更新生产、办公设备近6000台套。

【示范网点建设】推广"大堂制胜"、每日例会、制订行动计划、客户信息收集、销售进度跟踪、运用中小企业销售包等措施。截至2009年12月31日，规范化的网点销售管理模型已经在30个网点得到复制，服务水平显著提高。

【"金融服务年"活动】2009年，邮储银行北京分行在全行开展"金融服务年"活动，每季度推出服务主题，分阶段、有重点地抓好服务落实工作。贯彻"以客户为中心"的服务理念，有效提升窗口服务水平。建立了分行、一级支行、二级支行三级服务管理架构；制定了营业网点设施及物品定置管理规范，强化定置管理，营造优质、规范的服务环境，展现了统一、专业的银行形象。

【营销体系架构】组建了由个金理财经理、公司客户经理、信贷员及各级产品经理组成的营销队伍。2009年全年新增信贷员197人，总数达315人，公司客户经理68人，理财经理105人。截至2009年12月31日，全行专职营销人员达539人，占全行员工的19.7%，同比增长141.70%。

管理工作

【六大集中创新管理】着眼于建设流程银行，全面推行"扁平化"管理，相继推出"六大集中"管理模式，即：人力资源集中管理、财务集中管理、资金集中管理、公司账户集中管理、审贷集中管理和事后监督及档案管理大集中。

【拓宽人才引进渠道】2009年，邮储银行北京分行率先搭建就业"绿色通道"，招聘近百名大学生"村官"到银行任职，成为全市首个招聘合同期满大学生"村官"且招用人数最多的企业。招收的大学生"村官"重点充实各郊区县支行营销管理力量，重点为农户经营生产提供信贷支持。此外，邮储银行还适时启动了帮扶大学生"村官"自主创业的信贷工程，有效缓解京郊农户、农村微小企业"贷款难"问题。经过半年多的成长锻炼，北京市首批96名大学生"村官"圆满"卸任"成功"转岗"。

服务"三农"、服务中小企业

【送贷下乡服务"三农"】自2009年11月邮储银行启动"送贷下乡"活动，共组建40个营销宣传小组，由400位信贷员为农户提供足不出户的贷款服务。截至2009年12月31日，已在京郊设立小额信贷营业部42家，相当于42个村镇银行，累计发放小额贷款8223笔，金额5.87亿元。为倾力支持首都基础设施建设，通过项目贷款、银团贷款等方式回流北京地方的资金已超过300亿元，其中有34.2亿元用于支持北京基础设施及城市环境综合治理工程。2009年上半年，为积极响应市政府号召，邮储银行积极参与京郊农村街坊路改造、垃圾处理等"新农村五项基础设施"建设，不断加大信贷资金支持力度。

【搭建全国首个个体私营企业融资平台】2009年11月24日，北京市工商局、市私营个体经济协会与中国邮政储蓄银行北京分行签署《个体私营企业金融服务合作协议》，搭建全国首个个体私营企业融资平台。今后两年内，邮储银行北京分行将提供300亿元的额度，用于向全市个体私营企业提供贷款，解决融资难问题，支持北京市私营企业和个体工商户的发展。截至2009年12月31日，经北京市私营个体协会推荐，邮储银行已为8380户个体和私营企业发放贷款14.15亿元，使一批私营和个体企业走出融资困境。

大事记

1月1日，邮储银行北京分行全面启动"金融服务年"活动，全力提升邮储银行服务水平。

1月1日，95580电话银行正式运行，客户可通过邮储电话银行缴纳北京移动、联通、北京电信电话费和自来水公司水费。

1月21日，邮储银行北京分行荣获"2008年度银联卡跨行交易运行质量奖"。

2月12日，邮储银行北京分行被中共北京市委评为2008年"社会力量参与社会主义新农村建设先进单位"。

2月16日，邮储银行推出绿卡·外汇卡服务，外汇业务服务领域进一步拓宽，本外币服务整合优势进一步扩大。

2月26日，邮储银行北京分行开通办理两岸邮政双向汇款业务。

两会召开期间，北京邮储25台POS机为全市23个两会驻地邮政服务点提供服务。

4月8日，邮储银行北京分行信用卡业务试点工作全面启动。

4月21日，邮储银行北京分行渠道管理部、信贷员高丽娟分别荣获全国邮政系统先进集体和先进个人称号。

4月28日，邮储银行北京分行统一版本金融应用系统2.0版本项目改造工程成功上线。

5月12日，邮储银行北京分行举行"寄一份包裹，送一份关爱"主题捐赠活动，全行向四川地震灾区共寄出爱心包裹1600多个，捐赠金额超过16万元。

5月25日，北京市工商行政管理局正式批准邮储银行北京分行成为企业开立登记注册入资专户的指定银行机构。

6月30日，邮储银行北京分行正式获批开办票据转贴现业务。

7月1日，邮储银行北京分行及房山支行与房山区政府正式签订房山区新农村"五项基础设施建设"1亿元专项融资合同，标志着邮储银行北京分行参与京郊新农村建设工作迈出了可喜一步。

8月1日，邮储银行北京分行74家对公网点正式对外开办国库联网系统税收缴库业务。

8月14日，邮储银行作为第二批试点银行，正式纳入国家外汇管理局金宏系统，实现了国际收支申报数据的电子传递。

8月18日，密云果园西路支行正式落成，标志着邮储银行北京分行最大规模支农网点扎根京郊，倾力服务新农村建设。

8月28日，北京市旅游局发函认定邮储银行北京分行正式成为北京市旅行社质量保证金存储业务代理银行。

9月3日，邮储银行北京分行参加2009年中国国际金融展，并荣获服务类"优秀解决方案奖"和现场类"优秀展会活动奖"。

9月28日，邮储银行北京分行46台ATM正式亮相北京地铁四号线，遍布全部24个站点，为地铁乘客提供取款、转账、缴费、查询"一站式"金融服务。

10月12日，邮储银行北京东区支行现金管理中心顺利上线，标志着邮储银行北京分行范围内全部实现了现金集中管理，有效提高现金管理水平，增强现金调拨和运营支撑能力。

10月22日，邮储银行北京分行三名信贷员被总行授予"2009年度中国邮政储蓄银行优秀信贷员"荣誉称号。

11月4日，北京市政府批准邮储银行北京分行加入代理财政资金结算业务合作银行及申请开办财政非税收入系统和集中支付系统资格，邮储银行北京分行获财政业务准入"身份"。

11月24日，邮储银行北京分行与北京市工商行政管理局、北京市私营个体经济协会共同签署了《个体私营企业金融服务合作协议》，共同建设中小企业融资服务平台。

12月8日，邮储银行北京分行零售信贷业务年度发放额突破20亿元。

12月18日，邮储银行北京分行开办全款交易后按揭贷款业务。

12月19日，邮储银行北京分行获北京市"三农”信贷专营机构资格，全市首家“三农”信贷专营机构落户邮储银行北京大兴区庞各庄支行。

12月26日，邮储银行北京分行实现储蓄系统管理大集中，实现储蓄系统管理模式由分散向集中的转变。

（撰稿人：洪秀玲）

中国邮政储蓄银行北京分行及分支机构名录

序号	机构名称	地　　址	邮编
1	北京分行	朝阳区光华路50号	100600
2	直属支行	朝阳区建国门北大街东侧	100600
3	东区支行	朝阳区望京西园一区120楼	100102
4	西区支行	阜成门北大街19号	100037
5	南区支行	丰台区西罗园一区15号楼	100077
6	海淀支行	海淀区圆明园西路骚子营小区内	100091
7	通州区支行	通州区运河东大街64号	101100
8	大兴区支行	大兴区兴丰大街22号	102600
9	房山区支行	房山区良乡镇良乡西路11号	102488
10	门头沟区支行	门头沟区河滩路2号	102300
11	顺义区支行	顺义区新顺南大街	101300
12	密云县支行	密云县果鼓楼东大街	101500
13	延庆县支行	延庆县城关东门外大街42号	102100
14	平谷区支行	平谷县旧城街16号	101200
15	昌平区支行	昌平区政府街	102200
16	怀柔区支行	怀柔区青春路18号	101400

北京邮政投递局

概 述

北京邮政投递局是北京市邮政公司所属的二级通信单位,承担北京城八区(即东城区、西城区、朝阳区、海淀区、石景山区、宣武区、丰台区、崇文区)投递邮件、报刊服务及实物类投送业务。

北京邮政投递局下设9个区投递局,108个投递部及速达递送中心。服务面积约1366.19平方公里,服务人口约1200万(含流动人口400万),投递平均服务半径达到2.03公里。全局从业人员4778人。投递道段2342条,进口台席218个,报刊分发台席147个,批退转台席及自取信箱管理台席72个。全局260辆机动车,4000余辆自行车。

领导班子成员:

2009年1–5月 局长兼党委书记史学智;党委副书记、纪委书记、工会代主席李钧;副局长张伟、李征、栾金星。

2009年5–10月 局长兼党委书记史学智;党委副书记、纪委书记、工会代主席袁喜;副局长李征、栾金星。

2009年11–12月 局长兼党委书记史学智;党委副书记、纪委书记、工会主席袁喜;副局长李征、栾金星。

生产任务完成情况

2009年全年实现业务收入1790万元;收支差-23823万元。投递报刊41374万份;投递函件53450万件,其中:平常函件51076万件,给据函件2374万件。

重大投递服务任务完成情况

【"两会"服务】全国人大、全国政协会议期间为28个"两会"代表、委员驻地投递报刊1138890份,邮件93194件,邮件安检率100%,妥投率100%,圆满完成了"两会"投递服务任务,并赢得了代表、委员及驻地工作人员的好评。

【组建专门队伍完成特殊服务】投递局成立了政府类、特殊需求类账单专兼职投递队伍,圆满完成了社会保险金对账单、住房公积金账单、市政府三种卫生手册、商务类报刊、银企对账单等投递任务,满足了高端用户对邮政投递深度的服务需求。

【全力支持网运资源整合】2009年投递局在没有增加机动车和人员的前提下,通过最大限度地挖潜,实现了《北京晚报》自行拉运。同时,通过合理有效的组织,晚报到局平均时间也提前了20分钟。

【快包直投】2009年9月1日起,快包直投范围由城区四环路以内及四环路周边部分重点繁华地区扩大至五环路以内及五环路周边部分重点繁华地区。

【报刊收订】2009年,投递局日常报刊收订流转额实现985.2万元,完成收订目标800万元的123.15%。年度一次性报刊上门收订流转额完成1.82亿元,较2009年度一次性报刊收订增加了7037万元,增幅38.53%;完成计划目标114.15%,私费现金流转额增长2000余万元,新增私费报刊5.35万份。

【信报分投】2009年,投递局46个投递部实行了信报分投,对部分投递部投递道段进行了优化,在海淀区增设塔院投递部,7月1日正式运行。针对部分投递部新建楼房急增等情况及时核定增加6股道段。

【楼房通邮工作】2009年投递局住宅楼房通邮工作认真落实北京市邮政公司住宅楼房信报箱建设方案的要求,通过努力全年新通邮楼房854幢,共计89588户,全部安装了北京市地方标准的信报箱,新建住宅楼房信报箱安装率、通邮率均达到100%。"户箱工程"完成437幢,34336户,截止到2009年底信报箱安装率已达到88%。

【增加社区代投点】投递局根据亦庄地区经济建设发展速度快的实际情况,亦庄投递部新建1个社区点,既缓解了亦庄投递部场地紧张情况,又满足了用户的需求。

【村邮站建设】加强农村邮政基础设施建设，积极探索新形势下邮政服务“三农”和社会主义新农村建设的新思路，投递局与政府相关部门密切配合，建设村邮站271个，为解决农村邮政投递最后一公里作贡献。

【示范投递部建设】2009年投递局开展“学习东四精神，创建示范投递部”活动，下发“创建工作实施方案”，制订了达标验收标准。万寿路、西长安街、方庄、农光里、东四、农大南路、颐和园、亚运村、开阳里9个投递部通过示范投递部创建工作，生产环境得到改善，基础管理、投递质量和服务水平进一步提高。万寿路投递部被评为北京市邮政公司示范投递部。

【金融街投递部划转】2009年10月1日起金融街投递部(含人员)成建制划转至西区局，并与辟才邮电所合并设立金融街邮电局，运行模式为营投合一。

服务监督检查

【热线及提案受理情况】2009年，投递局共接听受理11185、本局热线、人民来信、人大提案等1762件，较2008年降幅达到50%，综合处理结案率达到100%，处理满意率达到100%。全年共收到用户来信来电表扬342件，较2008年同期增幅51%。全年共缮发用户意见函5200件，本局年度测评用户综合满意度为94.46分，较2008年同期上升2.61分；北京市邮政公司测评达95.51分，较比2008年同期上升3.07分。

【创新服务质量管理办法】2009年，投递局结合企业实际情况，制定并试行《北京邮政投递局服务质量管理综合评价办法》，明确了各单位提升服务质量的可控目标指标值，调整管理者的管理思路，调动干部职工做好服务工作的积极性，有效降低用户查询投诉受话量。2009年16个投递部实现了“北京市邮政客服中心热线零查询、零投诉”，5个投递部实现了“全年度服务监控零查询、零投诉”。特别是丰台区投递局18个投递部开创了投递局成立以来以区投递局为单位八个月“北京市邮政客服中心热线零查询、零投诉”的先例。

【重点解决缺报少刊赔偿和给据邮件再投问题】2009年，投递局重点解决缺报少刊赔偿和给据邮件再投问题。一是以告知单的形式告之用户并做好报刊补投登记，同时为每个投递部提供了200—300元备用金，充分落实“三日补报，十五日退款”的服务承诺。二是统一操作流程，将年度报刊短缺要报率控制在0.279‰。三是加强投递服务深度，对一些住宅楼房较密集的地区、给据邮件较多的投递部，实行班后投递服务、假日投递，用公休假期组织给据邮件的再次投递。

【推广使用“邮品护邮袋”】2009年，为避免投递环节造成集邮协会会员、集邮爱好者等重点服务对象寄递的集邮品折、污、损现象，保证寄递集邮品良好品相，在宣武投递局积极推行了“邮品护邮袋”举措，有568个用户受益，充分得到用户好评，为2010年实施个性化服务奠定了良好基础。

【激发职工提高服务水平自觉性】2009年，投递局开展了“创新争佳、优质服务”，争当“最佳服务规范投递部”、“百佳文明服务标兵”活动，设置了20万元服务专项奖励基金，奖励对全局发展做出较大贡献的集体和个人。全年共涌现出市公司级5个优质服务示范窗口及韩伟等20名服务工作突出贡献个人；市投递局级东四投递部等80个/次最佳服务规范投递部、韩伟等400名/次百佳文明服务标兵及14件文明服务新事。

【狠抓四项规范】2009年，投递局制作拍摄了《北京邮政投递服务规范教育宣传片》，明确了投递部《生产环境及配备标准规范》、《生产作业标准规范》、《服务标准规范》和《投递部管理规范》四项规范，进一步提高投递部规范化管理水平。

经营工作

【直投广告业务】2009年，投递局直递广告收入1381.4万元，比2008年同期增长19.3%，投送广告业务量为10944万份，同比增长19.8%。餐饮、商场超市、金融、房地产、娱乐健身五类重点行业广告收入达1151万元，占全年广告应收收入的83.3%。

【常规化礼仪营销】2009年，投递局“五节联送”营销活动完成收入109.8万元，完成任务的109.8%；春季礼仪营销完成收入17.7万元，完成任务的117.9%；“六一、端午”礼仪营销活动完成收入25.2万元，完成任务的100.7%；“思乡月”礼仪营销完成收入175.9万元，完成任务的117.3%。邮政贺卡营销活动截止到12月31日已完成申报收入306.56万元，完成认档指标的105.7%。销售贺卡实现收入293.62万元，完成认档指标的101.25%。

【新业务开发】2009年，投递局开发的丰台地税账单投递业务，共计投递179504件，收入达13.6万元。

【营销体系建设】2009年，投递局在营销队伍建设上注重把营销体系建设与经营实际结合起来，以建设队伍促发展，拟发了《北京邮政投递局进一步加强邮政营销体系建设的意见（试行）》，逐步形成了市投递局、区投递局、投递部的三级营销管理体系。加强营销人员分级管理，明确营销层次，规范营销秩序，明确了营销员责、权、利，建立淘汰机制，提高营销员待遇，调动营销人员积极性，促进营销机制良性运转。

企业管理

【推行"值班长"制度，加强现场管理】2009年投递局实行《北京邮政投递局投递部值班长管理办法（试行）》，杜绝投递部现场管理因主任有事外出、正常轮休等原因，造成投递部现场管理出现"真空"状态，进一步强化投递部现场管理工作，做好现场监管、用户来电、来访以及安全保障工作。

【提高办公自动化水平】2009年，投递局申报立项的"投递局信息管理系统三期"升级改造工作，顺利通过了市公司专家组项目验收，完成了在全局范围内的上线培训及推广工作，对提高企业职能管理水平、加强各类业务和经营管理数据的综合分析利用、市场开发和业务发展起到一定促进作用。

【进口统版上线推广】2009年，投递局根据集团公司、市公司信息化建设总体部署和要求，全面推进邮政业务信息化发展，成立"进口统版上线技术支持小组"，完成了制订实施方案，理顺作业流程，采集基础数据、系统设备安装等工作，按时、保质、保量完成了该系统在全局范围内的推广上线工作。

【上门取费工作电子化】2009年，投递局与北京邮政科学研究院合作开发报刊上门收订手持终端管理系统，实现投递员上门收订取费工作电子化，提高了报刊收订人员的工作效率和服务质量，获得了集团的好评。

【节支降耗】2009年，投递局制定实施"机动车维修费承包办法（试行）"、"机动车油料支出承包办法（试行）"，全局260辆机动车2009年全年维修费用支出较2008年节省28万元，下降13.3%；油耗较2008年同期节省2.5万升，下降4%。

【安全生产管理】2009年，投递局260辆机动车安全行驶438万公里，近4000辆自行车，均未发生重大甲方责任交通事故，继续保持了北京市交通安全先进单位称号。

【完善分配机制，调动员工积极性】2009年，投递局出台《北京邮政投递局2009年工效挂钩办法》，将"增员补贴"项目调整为"减员补贴"，使各单位增强了减员增效的意识，合理设置道段，科学合理用人，降本增效。2009年，从业人员人均工资收入同比增长8.13%，员工得利水平适度提高；同时，人员流动率同比下降21%，劳务工流失率同比下降11%。

【落实"一岗双责"】投递局制定《北京邮政投递局服务效益奖励办法》，将经营责任与年终服务效益奖励挂钩，在于保证员工基本收入不降低的同时，鼓励员工积极创收，多劳多得，多为企业作贡献，提高自身的服务意识和经营水平。

【加强员工岗位培训】全面落实各项员工岗位培训，共举办各类（种）培训班80期，培训3742人（次）；通信生产一线员工平均每人培训达到25.57学时。

【职鉴培训成果显著】投递局为提高通信生产人员业务素质和技能水平，职鉴考试合格率和持证上岗率，采取理论集中脱产培训、实操分散业余培训相结合方式对职鉴报考人员进行职鉴培训，全局有2037人参加培训，累计课时8148课时。培训覆盖率100%。全年职鉴考试合格率73%。员工持证率由46%上升至81.98%。

【加强投递部科学管理】投递局出台《北京邮政投递局优秀投递部晋级管理办法》，围绕全局工作重点建立综合考核体系，包括服务质量、报刊专业发展、经营效益、综合管理四个方面。其中综合管理首次将员工满意度、员工职业技能鉴定持证率及员工休假纳入考核，调动一线管理者的工作热情和积极性，进一步强化对投递部的管理。

【建立实行用工预备役制度】投递局建立实行用工预备役制度，提前预测企业的用工需求，组织招工、面试、试岗、封闭培训、考取投递职业技能鉴定初级证书，企业用工时预备役学员与劳务派遣公司签订劳动合同,正式上岗,逐步解决劳务用工两低一高,即学历低、职鉴持证率低、流失率高的问题,提升从业人员基本素质,保证企业用工需求。

【全面预算管理】完善了预算编制程序,下发"北京邮政投递局全面预算管理工作执行方案",遵循优先保障人工成本支出,适量安排与生产发展有关的变动成本,大力压缩非生产性开支和不合理成本的原则,实行按责任部门统一管理,加强预算分析与监控。

【积极推进损益核算工作】建立以市投递局、区投递局、投递部为责任主体的三级责任中心体系。按照"全收入、全成本"的原则,落实了区投递局及所属投递部的损益核算工作。同时,按季度对损益核算工作进行分析,通报分析结果,为企业决策者掌握经营动向,及时调整经营决策提供依据。

【健全财务统计制度,加强监督检查】2009年投递局下发"北京邮政投递局邮政统计工作管理办法",明确各级统计人员的职责;对统计工作提出规范性要求;健全培训制度和三级检查制度。全年对108个投递部和8个区投递局共140次进行检查、指导,促进了基层统计工作的开展。

【企业民主管理和民主监督】2009年,北京邮政投递局分别召开了二届二次、二届三次职工代表大会。共收集职工提案56件,全部给予了答复解决。下发《北京邮政投递局基层单位民主管理和民主公开实施办法》,规定投递部民管会的组建方法、工作内容和开展民主管理工作的具体要求,对全局各投递部重新选举民管会委员。

2009年,投递局完成第三轮集体合同续签工作,使职工更加明确自身的权利和义务,对日常管理工作起到了监督指导作用。

党建和精神文明工作

【开展深入学习实践科学发展观活动】2009年,投递局党委按照市公司党委的统一要求,以"加强科学化管理,进一步提高邮政投递服务质量,努力争创首都文明单位标兵,促进企业又好又快发展"为主题,较好地完成了各阶段的规定动作,创造性地开展了自选动作,极大地提高了全局党员干部特别是领导干部贯彻落实科学发展观的执行力、操作力和创新力。

【加强党组织自身建设】投递局党委为部分区投递局配备专职党支部书记,进一步加强基层党组织的自身建设;认真做好组织发展工作,全年共发展党员27名,预备党员转正18名。

【改进机关工作作风,落实管理前移】投递局党委为了更好地满足服务基层需要,改进机关工作作风,针对投递网点点多面广的特点,要求机关管理人员"管理前移",并出台了《北京邮政投递局加强机关部室管理和工作人员行为规范管理的规定》和《北京邮政投递局机关工作人员深入基层管理规定》,为机关人员转变工作作风,落实管理前移,做出了制度保证。

【深入开展学东四活动】投递局党委将党委理论中心组扩大学习的现场搬到了东四局的营业厅,并与东四局党支部就营投配合,进一步完善邮政服务措施等内容进行了交流和座谈。同时,在全局员工中开展了"我向东四学什么"大讨论、征文和主题演讲比赛等活动,调动起全员参与学东四的积极性和主动性,促进了投递服务质量和基础管理规范水平的提高。石景山区投递局和东城区投递局党支部开展的主题活动双双荣获了"最佳主题实践活动方案奖"。

【全面加强企业文化建设】投递局以组织培训班和发放有关书籍自学等方式,加强对各级管理人员对企业文化的理解和认识,为各区投递局和有条件的投递部统一建立企业文化墙,广泛宣传北京邮政的企业宗旨和服务理念以及投递局的企业核心价值观、企业目标、企业口号等企业文化理念。

纪检监察工作

【加强党风廉政建设】2009年,投递局积极开展了党风廉政宣传教育活动,认真组织廉政学习和警示教育,全年共组织廉政教育学习8次,编发学习材料13期;组织助理以上干部参观反腐倡廉教育基地和廉洁从业知识答题活动;召开了以"加强领导干部党性修养,树立和弘扬良好作风"为主题的领导班子民主生活会。党风廉政教育活动增强了各级管理人员的廉洁从业意识,全年未发生领导干部违纪情况。

【加强纪检队伍建设】2009年3月,投递局成立了监察部和纪委办公室,配备了专职纪检干部,从组织机构设置上为加强纪检监察工作打下了基础。同时,在市、区投递局的10个党支部确定了10名兼职纪检干部,根据投递局机构高度分散的特点,在全局108个投递部设立了兼职纪检监督员,把监察工作延伸到投递部。

【拓宽和完善职工信访渠道】2009年投递局党委大力加强民主建设,完善了市、区、投递部三级管理互动机制,开设了市、区投递局"局长电子邮箱",在市、区投递局机关和各投递部安装"局长信箱"117个,公示了"局长接待日"的具体时间和地点。采取局领导与投递部主任座谈征求意见、召开一线职工民主意见会等方式,积极拓宽各级领导与职工的联系方式,畅通了职工的进言渠道。

【积极开展招投标监督管理和效能监察工作】2009年,为加强对招投标工作的监督管理,对生产场地的装修改造,生产设备购置更新、劳保用品采购等项招标工作进行了监察,有效地杜绝了违规行为,企业的成本得到了合理的使用。同时按照"节能降耗,降本增效"的原则,对全局车辆维修保养费开展效能监察立项,达到了降低维修费用的目的。

共青团工作

【加强学习,增强组织活力】2009年,投递局围绕纪念"五四运动"九十周年,新中国成立六十周年等重要历史时机,利用共青团"读讲评半小时"、团课教育等学习阵地,积极组织投递青年学习党的十七届四中全会精神,同时,充分利用社会资源开展青年思想教育,增强教育效果。

【开展投递青年思想状况调查】2009年,投递局以填写"邮政投递青年思想状况调查问卷"形式,调查所有用工形式28岁以下青年思想状况,被调查人数占全局总人数的23.52%,为今后加强和改进共青团思想工作提供了重要依据。

【推进"青年文明号"工作】2009年,投递局20个青年文明号投递部结合实际认真制定《学东四迎国庆创建工作计划》和《学东四、促规范——青年文明号(2009-2011)三年创建规划》;团委对各级青年文明号的创建工作进行跟踪,定期调审"创建手册"、深入青年文明号进行工作调研和指导,随时掌握争创活动的进展情况,每季度对青年文明号的服务质量进行测评,进一步推进青年文明号创建工作。

大力发挥工会的桥梁纽带作用

【落实为职工办实事】2009年,投递局为108个投递部和速达递送中心配置了血压计;完成了科学园投递部、万寿路投递部、苏家坨投递部三个职工小家的建设;为亚运村投递部、百万庄投递部职工小家充实文体活动器材,进一步丰富了职工的文化生活。

【送温暖活动】2009年初,投递局在落实两节送温暖工作中,针对部分外来劳务工投递员生活负担重、家庭困难的情况,工会发出了倡议,以工会小组为单位,对本投递部的外地工家庭情况进行了解,组织职工对需要帮助的外地工捐献棉衣、棉被等生活用品,解决他们的实际困难,使他们感受到集体的温暖,更安心工作。

【开展多种形式职工竞赛活动】开展"服务杯、安全杯、管理杯、发展杯"暨争当十佳投递部、双百之星劳动竞赛;合理化建议月活动,共征集合理化建议49件,其中6件较为优秀的合理化建议列为今年实施计划,并推荐市公司;"收订创新奖和收订金点子"评选活动,评选出10个收订创新先进集体和10个收订金点子;首届"优秀外来务工投递员"、"鸿雁奖"评选活动,评选出了优秀外来务工投递员40名、鸿雁奖获得者10名;安康杯竞赛活动,组织了1500多名职工参加了市总举办的安康杯知识答题活动。

光荣榜

2009年北京邮政投递局获得:"首都文明单位标兵"、北京市邮政公司先进单位、北京市邮政公司"创新杯"劳动竞赛优胜单位、"国庆60周年安保先进单位"、"平安邮政单位"、"安全生产先进单位"

2009年北京市邮政公司"创新杯"劳动竞赛经济技术创新标兵:韩伟

2009年北京市邮政公司"创新杯"劳动竞赛十佳岗位能手:韩伟

2009年北京市邮政公司"创新杯"劳动竞赛十佳创新示范岗:东四投递部

2009年度北京市邮政公司先进集体:东四投递部、西长安街投递部、亚运村投递部、农光里投递部、

颐和园投递部、方庄投递部、万寿路投递部

2009年度北京市邮政公司先进工作者：姚平、王珺、金玉喜、明建军、付永伟、韩伟、王磊、韩春鹏、毛君生、李宏伟、张中伟、刘雪梅、李迎武、王建、陶志颖、田化武、杨义兵、丁欣慧、杨艳芳、谭诚、刘宪忠、徐明、张曦、董琨、王涛

2009年度北京市邮政公司安全先进个人：黄捷平、马晓意、刘建新、李锁、刘俊义、李迎武、王志国、史永昌、周敬阳、王庆伟、曹惠平、李京生、陈雅丽、麻玉辉、刘建辉、韩连忠、侯桂霞、曹晓智、许富祥、谢玉娟、戴文芳、南虹、王霞、王世海、初星华

（撰稿人：王　静）

北京邮政投递局组织机构图

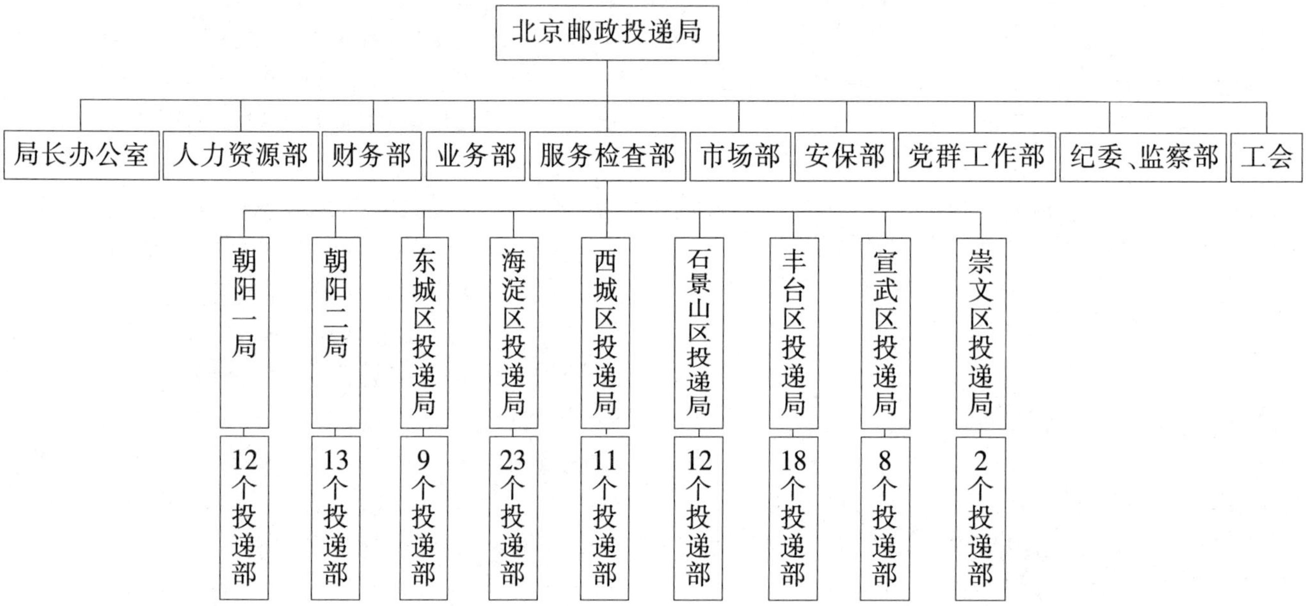

北京邮政投递局及下属生产单位分布表

序号	单位名称	地　　址	邮政编码
1	**北京邮政投递局**	宣武区永安路 173 号	100050
2	**东城区投递局**	东城区东直门北大街乙 4 号	100028
3	东单投递部	前门东大街 7 号	100005
4	王府井投递部	东城区王府井大街 88 号	100006
5	北新桥投递部	东城区东四北大街 12 号	100007
6	地安门投递部	东城区张自忠 10 号华人一品大厦-1 至一层 1-107 号	100009
7	东四投递部	东城区东四北大街 553 号	100010
8	安外投递部	东城区安外大街 181 号	100011
9	六铺炕投递部	东城区鼓楼外大街 52 号	100120
10	和平里投递部	东城区和平里 6 区 6 楼	100013
11	700投递部	朝阳区水碓子东里 22-3	100700
12	**西城区投递局**	西城区西外大街德宝新园甲 22 号	100044
13	府右街投递部	西城区府右街乙 27 号	100017
14	西站投递部	北蜂窝路 15 号	100017
15	西长安街投递部	西城区新半壁街 8 号	100031
16	西单投递部	西单北大街 100 号	100032
17	西四投递部	西城区西安门大街 130 号	100034
18	新街口投递部	西城区西直门内大街 32 号	100035
19	百万庄投递部	西城区阜外大街甲 41 号	100037
20	西外大街投递部	西城区西外大街德宝新园甲 22 号	100044
21	三里河投递部	西城区月坛南街 65 号	100045
22	紫竹院投递部	海淀区西三环北路 50 号豪柏大厦一层 C1-101/106	100048
23	800投递部	西城区阜成门北大街 19 号	100800
24	**宣武区投递局** **崇文区投递局**	崇文区体育馆路 7 号	100061
25	永安路投递部	宣武区永安路 173 号	100050
26	和平门投递部	宣武区前门西大街 12 号	100051
27	骡马市投递部	宣武区北纬路甲 75 号	100052
28	牛街投递部	宣武区牛街 4 号	100053
29	里仁街投递部	宣武区里仁街 14 号	100054

序号	单位名称	地　址	邮政编码
30	马连道投递部	宣武区广安门外大街 411 号	100055
31	红莲投递部	丰台区卢沟桥乡莲花河东侧路 9 号	100055
32	光明楼投递部	崇文区体育馆路 7 号	100061
33	东花市南里投递部	富贵园 2 区 1 号楼底商	100062
34	开阳里投递部	翠林三里 8 号楼	100069
35	**朝阳一局**	朝阳区安贞里 2 区 18 号楼	100029
36	北苑投递部	朝阳区北苑村 1 号	100012
37	大山子投递部	朝阳区高家园 5 区 1 楼	100015
38	酒仙桥投递部	朝阳区酒仙桥路 43 号	100016
39	楼梓庄投递部	朝阳区楼梓庄大街 1 号	100018
40	三源里投递部	朝阳区三源里 27 号楼	100027
41	香河园投递部	朝阳区西坝河中里 35 号	100028
42	安贞投递部	安贞西里 5 区 1 楼	100029
43	亚运村投递部	朝阳区惠新北里 17 号楼	1000101
44	科学园投递部	科学园南路 4 号	1000105
45	花家地投递部	朝阳区花家地北里 1 号楼	100102
46	望京投递部	望京西园 120 楼	100106
47	万科星园投递部	朝阳区仰山路万科星园甲 7 号	100107
48	**朝阳二局**	朝阳区泓燕路十八里店乡周庄新村 B 区第 A8 座 09 号	100122
49	呼家楼投递部	朝阳区关东店大街 9 号	100020
50	向军里投递部	朝阳区向军南里二巷 5 号	100126
51	农光里投递部	垂杨柳西区 8 号	100021
52	双井投递部	朝阳区广渠路 48 号	100022
53	垡头投递部	朝阳区垡头西里 2 号楼	100023
54	三间房投递部	朝阳区三间房村 223 号	100024
55	慈云寺投递部	朝阳区八里庄东里 1 号	100025
56	水碓子投递部	朝阳区金台北街 6 号	100026
57	黑庄户投递部	朝阳区豆各庄乡于家园南甲 58 号	100121
58	周庄投递部	朝阳区泓燕路十八里店乡周庄新村 B 区第 A8 座 09 号	100122
59	青年路投递部	朝阳区雅城一里 10 号楼 06 号	100123

序号	单位名称	地　　址	邮政编码
60	百子湾投递部	朝阳区广渠路 21 号	100124
61	麦子店投递部	朝阳公园西路 15 号	100125
62	**海淀区投递局**	海淀区城阜路 17 号	100083
63	中关村投递部	海淀区万泉河路 54-3 号	100080
64	魏公村投递部	海淀区中关村南大街 17 号	100081
65	文慧园西路投递部	文慧园 15 楼地下室	100082
66	学院路投递部	海淀区成府路 17 号	100083
67	清华大学投递部	海淀区清华大学校内	100084
68	清河投递部	海淀区清河三街 90 号	100085
69	双榆树投递部	海淀区双榆树东里 37 号	100086
70	北太平庄投递部	海淀区北三环中路 35 号	100088
71	苏州街投递部	海淀区八沟南路 35 号 C 座	100089
72	颐和园投递部	海淀区圆明园西路 49 号	100091
73	香山投递部	海淀区北辛村 55 号	100093
74	西北旺投递部	海淀区颐温路西北旺付家窑 36 号	100094
75	温泉投递部	海淀区温泉镇温泉村 96 号	100095
76	太阳园投递部	海淀区大钟寺 168 号	100098
77	世纪城投递部	板井路 77 号	100097
78	保福寺投递部	海淀区紫金数码园 4 号楼一层 0103 号	100190
79	宝盛里投递部	海淀区宝盛里小区 7 号楼	100192
80	农大南路投递部	海淀区厢黄旗 1 号楼 D07 号	100193
81	苏家坨投递部	海淀区苏家索镇西小营村	100194
82	四季青投递部	海淀区闵庄天香颐中里 7 号楼	100195
83	新都(育新)投递部	海淀区西三旗建材城程远商务会馆	100196
84	蓟门里投递部	海淀区龙翔路 30 号	100191
85	塔院投递部	海淀区塔院迎春园 1 号楼一层	100191
86	**丰台区投递局**	丰台区芳星园 3 区 4 号楼	100078
87	科学城投递部	丰台区桥南科学城帝京路 5 号	100070
88	丰台投递部	西四环南路 94 号	100071
89	长辛店投递部	丰台区长辛店大街 1 号	100072

序号	单位名称	地　　址	邮政编码
90	太平桥投递部	太平桥制香厂大院	100073
91	云岗投递部	丰台区云岗南区云岗餐厅	100074
92	木樨园投递部	丰台区西木樨园 8 楼一层东门	100075
93	东高地投递部	南苑北里二区 5 号楼	100076
94	西罗园投递部	丰台区西罗园一区 15 楼	100077
95	方庄投递部	丰台区蒲芳路 22 号	100078
96	亦庄投递部	亦庄开发区隆庆街 4 号	100176
97	角门投递部	丰台区马家堡路 120 号	100068
98	石榴庄投递部	石榴庄北里小区 44 号	100079
99	新发地投递部	丰台区花乡黄土岗宜兰园小区 G3 楼 01 单元	100160
100	小井投递部	广安路北 50 米丰台区小井汽车队	100161
101	西红门投递部	大兴区西红门镇宏旭路 74 号	100162
102	成寿寺投递部	朝阳区成寿寺路 108 号院	100164
103	宛平投递部	丰台区卢沟桥南里 10 号	100165
104	五里店投递部	丰台区五里店 275 号	100166
105	**石景山区投递局**	锦绣大地物流港东八层 E 区	100043
106	万寿路投递部	海淀区万寿路 18 号	100036
107	会城门投递部	海淀区北蜂窝路 1 号	100038
108	永定路投递部	海淀区永定路甲 88 号	100039
109	伍芳园投递部	石景山区五芳园 15 号楼首层	100040
110	石景山投递部	石景山区金顶街金安桥南	100041
111	高井投递部	石景山区高井甲 32 号院	100042
112	新古城投递部	石景山区石景山路 52 号	100043
113	青塔投递部	丰台区西四环中路蒋家坟 392 号 C 座	100141
114	恩济庄投递部	海淀区阜外亮甲店 1 号恩济庄西园 10 号楼	100142
115	田村投递部	海淀区半壁店 59 号运通科技大厦	100143
116	八大处投递部	石景山区八大处路 35 号	100144
117	老山投递部	石景山区老山西里甲 7 号楼	100049
118	**速达递送中心**	宣武区陶然亭路黑窑厂 1 号	100052
119			

北京市邮票公司

概　述

北京市邮票公司(以下简称公司)是隶属于北京市邮政公司,负责全市集邮经营与管理的专业公司。公司办公地址位于东城区东皇城根南街66号;公司营业部地址位于西城区北礼士路62号。

公司拥有专业的邮品开发、设计人员及完整的产品体系,邮品开发达数十种,并系列发行邮票首日封、邮折等常规邮品。公司在全市已形成了以5个区集邮公司、93个集邮服务窗口和已经注册的38家宾馆饭店、旅游景点为依托的邮品营销网络;同时,公司邮品还销往全国各省,在十余个国家和地区有订户。公司除从事邮票、封、折、卡、册等集邮品及集邮用具的经营,同时还办理首日封实寄和各类集邮票品的函购及信托业务,为企事业单位制作定向邮品,提供邮票个性化服务业务。

截止2009年末,公司共有职工112人。公司机构设置为八个部室:综合部、业务管理部、计划财务部、行政技术部,储运部、营业部、市场经营部、经营拓展部。

公司经理郑文胜,党总支书记崔德福,副经理马勇、王晓婕,助理调研员李建春。

以“国庆”项目为重点,经营工作亮点频现

2009年是北京集邮发展历史上又一个不平凡的一年。公司坚持以加快发展为主线,以机制增活力,以创新促发展,在2008年跨越式发展的巅峰中积蓄力量,在全球经济滑坡的不利形势中克服困难,在牛气冲天的生肖市场中稳健起步,在两会服务的赞誉声中突破历史,在花团锦簇的洛阳邮展中成为奇葩,在唐诗雅韵和京杭古道中开拓前行,最终在国庆大典的璀璨礼花中取得了经营工作的决定性胜利。

【圆满完成全年生产经营指标】2009年公司实现业务收入1.2亿元,全专业实现业务收入6.53亿元,继续保持全国排名第一。

【企业盈利能力明显增强】2009年北京集邮实现结算后收支差9175万元,集邮库存周转率达到了集团公司和市公司考核要求,实现了规模和效益的同步增长,企业运行质量明显提升。

【新型高效业务和传统业务保持良性发展】公司制作个性化邮票62.5万版,全市个性化邮票制作量达到265.7万版;全专业客户定制型业务共计1626笔,实现收入1.56亿元;制作企业年册24万册,业务收入达到5600万元;2010年新邮预订业务稳中有升,排名继续居全国前列。

【重点经营项目成绩显著】

一是在国庆集邮经济中,整体创收达2.3亿元;全市“两会”集邮服务创收3245万元,同比增长33%,创历史新高。

二是改革开放三十周年、生肖文化节、洛阳邮展等主题营销项目,实现收入近1亿元。

三是为北京邮政礼仪常规网邮品销售平台提供有利的邮品销售支撑,全年礼仪常规化销售项目实现新突破,全专业实现收入近2000万元。

四是为北京邮政礼仪常规网邮品销售平台提供有利的邮品销售支撑,全年礼仪常规化销售项目实现新突破,全专业实现收入近2000万元。

【主题营销活动效果显著】2009年集团公司高度重视各项主题营销活动的实施效果,提出了明确要求,市公司也进行了具体布置。公司认真组织,利用全市营销主管例会和专业工作布置会的形式,进行周密安排,全专业联动,共形成收入近3亿元,在全国名列前茅。

【集邮专卖店建设快速推进】在全专业通力配合下,全市中国集邮专卖店的建设工作按计划完成了各项阶段性工作。继南区前门店开业之后,海淀区北太平庄店也于12月28日正式开业,如期完成了集团公司年底开1-2家专卖店的要求。两家集邮专卖店地

处繁华商业街，在原有集邮文化店的基础上改造而成，店面的装修样式、风格和标识充分展现了以“邮”文化为核心的全新集邮理念。

【产品创意创新达到新水平】在国庆和生肖产品上，公司锐意创新，策划了《国庆大典》和生肖春联个性化邮品，运用新的工艺和技术手段赋予了集邮品新的内涵和功能，一经上市便受到了业内外的一致好评和社会的追捧，成为市场的一大亮点，可以说是“一册难求”。

调整机构设置　夯实管理基础

【调整机构设置，管理更趋科学】年初，按经营发展需求，公司调整了领导班子分工和部门职能，并对其他部门相应的职责以及各部门的中层干部进行了调整，使企业的运行效能明显改善，公司整体竞争力、执行力得到提升。同时，加大对一线指挥员的管控培训力度，引入现代化企业职业经理人测评办法，对公司科级以上中层干部进行了全方位的测评，并将结果及时反馈给被评议人，在一定范围内公示。这一举措不仅增强了干部的紧迫感、危机感、责任感，也提升了干部队伍的科学决策能力、驾驭市场能力、精细管理能力、解决复杂问题能力和构建和谐团队的能力。

【健全奖励机制，增强公司创造合力】出台了《北京市邮票公司2009年业务发展奖励实施办法》、《北京市邮票公司非经营部室职工承揽定向邮品业务奖励管理办法》，打破了平均主义、大锅饭，并向一线部门倾斜，给予在营销工作中有所作为的职工以奖励，为企业和职工共同发展搭建了更为积极有效的平台。2009年，在富有实效的奖励机制的鼓舞下，经营拓展部、营业部均超额完成了生产经营任务，非经营部门也做出了不少成绩，在“重点邮品销售”活动中，非经营部门共创收330万元。

【完善考核办法，提升企业运行质量】公司本着以“升位晋级、勇破纪录”为目标，以“效益优先、专业为重、营销先导”为原则的精神，修改完善了公司绩效考核办法。调动管理、支撑部室服务专业的积极性、主动性、创造性；并继续向经营部室倾斜，鼓励经营部室开拓市场；从而建立了相对完善合理的考核指标体系。同时为加大对资产的考核力度及加强全专业损益核算工作，增设了对“集邮库存率”和“盈利能力”的考核指标，与相关部室、生产单位挂钩，加大了考核力度。2009年，专业在各项考核中均达到集团公司和市公司要求。

【落实降本增效，建立节约型企业】制定出台了“强化管理、提高企业发展效益、实现降本增效”的指导意见及实施方案，公司将成本预算分解到相关责任部室，增强企业员工的成本意识，形成每个员工、每个环节都在主动测算成本，考虑经营效益，使公司由原来财务一家理财变成全员理财。通过采取一系列措施，2009集邮成本与去年同比有所下降，办公费、会议费、车辆、设备修理费等支出得到有效的控制。

【完成市公司邮票库搬迁工作】根据市公司总体安排，完成了市公司邮票库从机要局库房迁到西客站库房的搬迁工作。共对3591袋(箱)邮票，14150箱(盒)邮资封片，总金额近9亿元的票品进行了封运工作。

专业化管理和营销体系建设

【加强专业损益核算工作，确保规模和效益并举】2009年公司加强了对大客户信息的管理和分析，综合评价客户对企业的贡献情况，强化专业大客户的损益核算工作，有效地推动集邮专业健康稳步发展。同时，将各项产品的边际贡献情况分析与经营活动紧密结合，指导各区县局有针对性地拓展市场，调整产品结构，不断扩大低本高效收入规模，有效地推进了专业效益更趋科学性、合理性。在此基础上，规范了集邮票品库存管理及业财对账工作，经过2个月的调整，多年来集邮票品业财差异问题得到了彻底性的解决。

【实施营销过程监控，确保重点项目见成果】2009年，公司建立了针对重点项目实施过程的管理机制，建立了营销策划、营销执行、营销监控、营销分析的综合评价体系，并加大考核力度，从立项到实施到效果预测进行了全方位的监控管理。在国庆经营服务工作中，通过对项目全过程的监控管理，公司专业支撑和专业管理水平显著增强，保证项目创收达到预期效果。

【拓宽专业沟通渠道，确保信息畅通抢先机】实行隔月布置制度，提前一个月提示热点项目，帮助各单位把握营销先机。公司开设了集邮博客和营销主管QQ群，通过网络及时发布经营和培训信息，跟踪项目进展，了解各单位经营情况，在线解决业务问题，提高了专业支撑服务效率。同时，每月编制九个业务汇总表，收集整理重点业务和重点项目的数据信息，及时进行通报，让各单位做到心中有数，增强了全专业整体的市场反应力，专业竞争力得到较大提升。

【创新专业奖励机制，确保业务开发收实效】通过加大专业营销奖励力度，公司出台了《2009年集邮专业重点业务发展奖励办法》，激发了集邮营销人员的热情，引导营销员大力发展低本高效业务，优化业务结构，在关注收入规模的同时突出产品效益。

【完善业务管理办法，确保专业化运行质量】2009年，公司配合市公司市场部修订完善了《集邮定向邮品业务管理办法》，为理顺专业内部管理，有效避免业内无序竞争，规范行业秩序起到积极的促进作用。同时，加强专业两岗履职工作，全年按检查频次和检查内容对四个城区单位和五个郊区单位进行了检查，切实起到了以检查促经营的目的。

通过种种行之有效的举措，2009年，集邮营销体系建设实现了五个转变：即营销思路变新，项目规模变大，开发数量变多，经济效益变高，社会影响变广，搭建起了责任清晰、管理精细、激励到位的运行平台。2009年集邮专业注册专兼职营销员已达到923人，全年共创收1.33亿元。

以"十七届四中全会"精神为指引，创新推进党工团工作

【思想政治建设不断深化】公司以学习贯彻党的十七届四中全会精神为重点，全面贯彻落实科学发展观、邓小平理论和"三个代表"重要思想，深刻领会学好新党章，用科学理论武装头脑，各项理论学习参与率达到100%。

【学习型企业建设有效推进】随着市场竞争的日益激烈，对一个企业的整体综合实力的要求越来越高，而一个企业的综合实力是否符合市场竞争的要求，关键看这个企业的知识力和运用新技术、新手段的能力。2009年，公司着力加强学习型企业建设，组织职工参观洛阳世界邮展，邀请集团公司邮票发行部门领导为一线人员讲解2010年邮票发行选题知识和背景，邀请民俗专家为全体职工讲解民俗知识，组织职工参观第四届北京文化创意博览会，为开发好产品，加快经营发展，起到了积极的促进作用。这些不但丰富了职工的文化知识，培养了职工的文化素养，更在公司形成了"人人讲学习"的良好氛围，将学习型企业建设推向深入。

【党员主题实践活动成果明显】开展"弘扬'东四精神'，当先锋、促发展，党员立足岗位作贡献"主题实践活动和以纪念建党88周年为主题的系列教育活动。请公司先进青年党员代表以自身工作感受讲党课，号召全体党员、团员和入党积极分子向东四邮局学习，立足本职，爱岗敬业，做好邮票公司各项工作。在发展党员工作中实行答辩制，加大了对入党积极分子的考察力度，确保了发展党员质量。

【劳动竞赛效果突出】工会结合生产旺季，组织了"战业务旺季"、"迎国庆六十周年，促企业经营发展"、"把握机遇，再创辉煌"等劳动竞赛活动，对公司经营发展起到了积极的推动作用。

【党风廉政建设深入推进】全面完成党风廉政宣传教育月活动，各项学习参与率均达到100%。公司将教育活动与企业经营发展紧密结合，极大地提高了广大党员干部特别是领导干部贯彻落实科学发展观的执行力、操作力和创新力，找准了北京集邮发展目前存在的主要问题，提出了切实可行的解决办法和建议，达到了党员干部受教育、科学发展上水平的目标。

【以人为本，坚持与企业共发展】企业是一个大家庭，需要公司每一个人的努力和奉献，这个家才能越来越好，越来越兴旺。2009年，公司一方面强化经营，加快企业发展，另一方面在保证职工收入水平不降低的基础上，将企业发展最大限度地惠及职工，2009年，公司在职工教育培训上的投入达到了23.13万元，不但增强了企业的向心力和凝聚力，更将共同发展、实现双赢，职工与企业一荣俱荣，一损俱损的理念深植于每个职工的心中，为公司发展汇聚了人心。为了使第五轮《集体合同》更加完善，在深入调查和广泛征求意见的基础上，公司对原《集体合同》进行了修改、补充，来维护职工权益，建立和谐劳动关系。在落实市邮政公司提出的办实事的基础上，承诺为职工办五件实事。五件实事全部落实到位。同时，鼓励职工利用业余时间学习文化知识，推荐7名员工参加本、专科深造学习。公司工会还专门为全体女职工推出特殊疾病互助保障计划，全公司共有33名女工参加互助保障计划。

【安全工作铸牢企业发展根基】全年没有发生一起安全事故。

（撰稿人：张　强）

北京邮政商业信函局

概 述

北京邮政商业信函局(以下简称商函局)是北京市邮政公司所属的从事函件专业管理的二级专业局，对各城区商函分局和郊区县局的函件工作进行专业指导。北京邮政商业信函局与北京邮政广告有限责任公司为两个建制单位，同一套组织机构与人员。2009年共有正式职工120人,同力达职工及其他劳务职工99人。设有“一室四部两中心”7个科级部门,即:办公室、经营管理部、财务部、市场部、质量检查部、商函制作中心、名址数据中心。管理职能为:负责北京邮政国内函件业务的专业经营管理；负责全局广告业务的经营与管理;负责北京邮政账单、商函制作支撑服务工作;负责全局名址信息库的建设、维护工作等。工商注册业务范围为:邮政基础业务、邮政增值业务、邮政附属业务、商业信函的开发、制作;商函名址库的管理与开发。

局长兼党总支书记李俊,党总支副书记谭奇伟,副局长王怀娟、周二菊,总工程师傅京民。

北京邮政广告有限责任公司是主要面向北京地区广告市场的综合性广告公司，也是北京邮政系统唯一由工商行政管理部门核准的具有广告经营资质的广告经营单位。注册资金150万元。法定代表人:李俊。工商注册经营范围为:设计、制作、代理、发布国内及外商来华广告,承办展览展示活动,通过邮政渠道发布印刷品广告等。公司设有综合办公室、财务部及市场开发部,其中市场开发部下设客户、设计和媒介三个专业组。

专业发展情况

【国内函件业务】北京市邮政公司2009年共计完成国内函件收入8.58亿元,完成年度预算的97.02%,较2008年的8.65亿元减收659万元,减少0.78%,低于全国平均增幅12.67个百分点,是2005年以来首次出现的负增长年度。收入规模排名由上年末全国第3名降至全国第4名,列上海、广东、江苏之后。

【重点业务】重点业务遭受重创,贺卡创新成效显著。

1.账单业务遭受重创

2009年累计完成收入1.34亿元，同比下降29.82%。在金融类账单大幅下滑的市场背景下,北京邮政将市场开拓的重点放在政府类账单。

2.数据库商函降幅明显

2009年度累计完成4.68亿元,占国内函件专业收入比重54.57%,较上年度减少1470万元,完成进度84%,降幅3.04%。

3.邮资封片卡业务异军突起

2009年由于函件专业一直面临补欠产的压力,由此在2010年邮政贺卡战役上市邮政公司重点进行了机制创新,实行了认标制度,在全公司的指标分配方式上采取了主动认领代替之前的由上到下的指标分解，此举极大调动全体职工的积极性，成效显著。截止2009年12月30日,累计入收1.58亿元,增幅23.15%,是函件业务中三项重点业务中唯一实现正增长的项目。但仍然低于全国平均增幅的5.12个百分点。

【经营情况】全年现业收入完成1.36亿元,增长幅度达到了21.4%,超额完成了年度预算目标。新增账单客户5个,数据库商函客户81个,业务结构进一步优化。

专业支撑能力

【名址数据建设】

1.全国基础地址库

基础地址库为全国所有地区的基准地址门牌信息,是按照邮政定义的格式存储,用于规范内部业务及外部数据的唯一地址标准信息。全国基础地址库共有地址1.28亿条,其中北京地区有470万条。北京邮政名址数据中心每年对北京地区基础地址进行一次全面的质量检查，保证其准确率和规范率均达到98%以上。

2.全国组织机构名址库

组织机构名址库包含全国范围的企业、事业单位、国家机关和社会团体等各类组织机构信息数据，可通过单位名称、行业代码、经济类型、注册资金、地域等进行组合查询。全国组织机构库共有数据690万条，其中北京地区30万条。

3.北京特色数据库

(1)百万精英数据库：建成个性化信息达260万条，属性丰富，可按照居住地、性别、年龄、文化程度、职业、爱好等进行组合查询。

(2)北京地区小区楼盘库：汇集了北京众多中高档住宅、小区、公寓的楼盘数据信息240万条。数据内容包括小区楼盘名称、地址、邮编、价格、物业类型、投递方式等20项信息，商函局通过开展党员活全局职工采集。

(3)北京地区标准邮编地址库：为提高客户自有名址数据的准确率，降低退信比例，商函局通过近一年的时间搜集、整理全市各投递网点；对咬界的邮编进行分段统计，初步建立北京标准邮编地址库4万余条，其中一级地址2万余条，单位地址信息2万余条，通过该库做数据比对的有效依据，既可有效提高数据整合处理能力，又可为客户提供了邮编匹配、地址清洗等名址数据处理的增值服务。

(4)收藏爱好者数据库：通过整合2008年度全国集邮征订用户数据，提取出有分析价值的数据200万条，其中北京地区14万余条。可以通过邮编、省/市、行政区(北京市)、地址、出生日期、性别、电话等进行组合查询。

【名址数据信息化系统建设】

1.自建WEB远程查询系统：由商函局组织建设的北京特色数据资源在全市范围内实现了资源共享。

2.自建Mapgis地图查询系统：实现了名址数据的查询方式由传统一维表单式查询向二维立体直观检索方式的转变，在全国处于领先地位。

3.全国邮政邮编名址维护系统：实现了全国基础地址库和组织机构库的日常维护及质量检查，确保基础地址和组织机构维护的及时性，保证了数据的精准性。

4.幸运邮卡片扫描系统：为中国邮政集团总公司与央视合作的《购物街》栏目提供幸运邮回邮卡片的收集、整理、扫描、识别、分类存储和管理等支撑工作。

5. 北京邮政商业信函局名址数据处理系统：由商函局立项研发的名址数据综合处理系统。能实现后台的数据清洗、地址分析处理、邮编匹配、模糊查重、退信处理、数据统计功能，同时也实现了WEB远程查询及网络信息搜集功能。通过该系统，可为客户提供邮编匹配、数据清洗等增值服务，提高客户名址的准确率，为今后自有数据的查重、清洗提供科学手段。

【商函制作基础设施建设】商函制作中心承担全专业的商函制作支撑服务。中心占地4000平方米有30多台套大型现代化进口专用信函制作设备。设七条打印流水线，是目前亚洲规模最大，设备最先进的商函制作中心之一。按生产流程，中心分为：调度室、打印区、封装区、过资区、出口区、手工区等专门区域，并采用色标差别进行区分。制作中心实行定置管理，优化作业流程，生产制作能力不断提高，目前制作产能可达到日产100万件以上。

【直邮服务能力建设】商函局办公、生产实现了场地集中，场地面积8400平方米，建成集商函制作中心、名址数据中心、直复营销旗舰店、呼叫中心为一体的函件综合服务平台，初步完成了现代直复营销的平台搭建。对外提供业务展示、商务洽谈、名址打印、商函封装、邮寄、退信处理、名址维护的一条龙专业化服务。2009年完成了以下工作：

1.建成名址数据多极服务体系。制定基础地址及组织机构地址质量检查制度，推进北京邮政数据资源动态维护，不断解决数据库资源的有效性问题；制定数据调用管理制度，下放全国邮政数据查询打印权限，解决了数据库使用终端的便捷问题；开发MAPGIS地图二期系统项目，促进了立体式数据查询平台功能的强大；成功开发和运用“名址数据处理系统”，解决了数据清洗服务中的技术障碍。以上工作的完成标志着商函局为客户提供数据查询、数据清洗、数据核对等一系列数据分层服务体系正式建成。

2.搭建银企账单综合服务平台。银企对账单是邮政账单业务中一项优质的本土业务，由于受投递能力的制约，北京的银企对账单服务仅仅对外提供单程投递，而回执业务未能涉及，发展一直没有起色。2009年商函局牵头整合资源，制定银企对账单的标准化服务流程，按照“综合营销，集中运行；统一服务，专网投递；按量结算，按率考核”的思路建立起全新的运作机制，实现银企对账单服务从单程到双程的转变，商函局特别成立项目组支撑全网银企账单的运行，为银企账单的市场拓展搭建了综合服务平台。

3.完善商函制作流程控制。严格按照ISO国际质量安全和信息安全认证工作要求，商函制作生产现场通过分区管理、标识管理、色彩管理，进一步提高了邮件生产全流程的规范化与制度化。2009年全年制作总量达到1.33亿件，邮件过资1.07亿件，同比增长49%。全年无重大商函制作质量事故发生，达到了ISO质量管理的要求。按照市公司的要求，对出口邮件实行IC卡交接和车门铅封制度，保证了邮件的交接安全。

【“幸运邮天下”重点项目服务支撑】“幸运邮天下”已走过了第三年，商函局负责对全国各地寄向中央电视台二套节目组的幸运卡进行数据扫描处理，提供央视邮寄人相关数据供节目抽奖使用，由于幸运邮的特殊时限性，要保证每周二的央视抽奖，商函局成立专门的幸运卡项目组，通过扫描识别、人工纠错、后期数据整理，按时保质向央视提供数据。截止到2009年年底，共完成幸运卡扫描124期，共计798万枚；完成幸运卡校对111期，共计250万枚；完成幸运卡数据录入共计3.42万条。

专业管理

【组织专业竞赛，发挥竞赛激励作用】年初，组织“函件奖”评选和“重点业务推进”两类竞赛的基础上，根据专业发展的进度，结合新产品的推出，适时组织季度短程竞赛和专项竞赛，贯穿于年度竞赛之中，长短结合，助推函件业务的发展。根据专业竞赛的安排，在年度绩效考核办法的框架内，有针对性地组织了礼仪营销、国庆产品专项营销、2010年贺卡营销、第三季度补欠产等竞赛活动，确保了各项阶段性任务的完成。

【细化专业考核，建立市场培育机制】针对封片卡客户开发数量低，经营风险高度集中的现状，制定《北京市邮政公司邮资封、片、卡管理办法》，完善了邮资封、片、卡的财务核算，增强了封片卡业务的市场抗风险能力。针对名址库建设、数据库商函量收稽核等方面制定了专项考核办法，促进业务的健康发展。

【落实区域客户报备，及时掌握市场动态】打破传统依靠数据作市场分析的做法，突出对市场的一手调研工作，要求各单位对自己辖区内的客户要不断走访，掌握动态，尤其是流失客户要详细了解其去向，流失原因，定期上交客户调查表，促进各经营单位主动贴近市场，做好市场分析，因地制宜地采取经营措施。

在加强市场调研的同时，采取两种手段来控制和打击内部的无序竞争和违规经营。一方面，严格落实客户报备制度，要求各经营单位对既有客户要及时报备。另一方面，加大监管力度，配合市公司全面进行市场检查，建立了违规举报处理机制。

【强化品牌管理，扩大直邮品牌影响】针对市场上不断出现的商家冒用“喜从信来”商标的行为，重新规范喜从信来的审查和印制流程，严把内件审查关，阻止了多起违法信息通过该产品进行传递，维护了直邮产品的品牌形象。结束喜从信来从2006年开始的三年价格优惠期，自2009年1月1日起，价格恢复到市场标准定价：即六号封喜从信来0.6元；七号封喜从信来0.7元；九号封喜从信来0.9元。七号邮简0.7元。

【推出专业产品定价模型，加强专业损益核算】为新产品开发设计制作了《北京邮政商函局函件产品定价流程表》，通过细化产品各生产环节的成本核算，为与新产品开发相关联的成本、毛利率、定价等关键数据提供了科学测算方法。通过该测算方法对商函局的10个账单老客户进行了盈亏分析，检验了适用性和科学性。

【加强督察监管，巩固专业检查成效】日常督察突出重点，突出专业两岗履职的检查重点和薄弱点，先后开展对邮政大宗业务、国内普通邮件业务档案与查验赔偿管理专项检查；对银企类回执业务进行过程跟踪，促进了给据邮件的回执回收率稳步上升；加大对贺卡营销期专项市场的检查，共收购低面值贺卡15个品种，10000余枚，为相关经营单位提供回收线索30余条，较好地维护了北京邮政企业形象；试信工作持续进行，全年发布试信42批次，投递妥投率从2007年3月的88%提高到95%，试信效果明显，投递质量稳步提高。加强邮资机系统监控，强化日常管理,全年保持了工作日平均联网上传率100%、总联网率100%、直联率100%,得到了市公司的肯定与表扬。

【专业培训突出针对性和实效性】2009年是商函局专业培训力度最大的一年,针对各区县局不断细分的业务需求,科学组建局内培训师资队伍,每项业务设置AB角。数据库商函以增强培训的实用性和时效性为导向,采取多批次,高质量的小班培训,全年开展专项培训15次;账单业务的培训以辅助实战为主,专门成立账单项目协同开发小组,对全公司账单项目提供专业支撑服务，配合各经营单位做好项目洽谈、项目运作、项目总结等全面的专业指导;封片卡业务通过上门服务和请人上门授课等多种方式对各单位的一线职工和各级领导进行观念渗透和技巧培训。全年上门培训达到20次,组织外省市来局交流2次,推介新业务培训6次。

【建立银企标准服务模式，打造银企服务品牌】2009年8月,牵头制定银企账单业务流程和管理办法、对北京邮政对外提供银企对账单服务规范标准定价和服务模式,全面开展培训工作,推进银企服务标准深入流程运行的各环节、各端口。为强化银企对账单在内部处理环节的醒目性,专门设计样封、专袋、以便于识别,提高内部处理效率。强化银企对账单业务的市场开发管理工作，负责银企对账单日常业务开发指导,项目跟进,数据统计,情况通报,做好沟通协调工作,全力打造北京邮政"银企对账单服务品牌"。

【推动商函业务信息系统上线,强化函件专业的信息化建设】该系统是在集团公司商函投递信息系统的基础上进行系统完善与业务管理整合后进行商函业务处理的信息系统。是集团公司、市公司的重点推广项目,可实现商函从制作到出口、分拣、投递的各环节信息反馈,实现商函内部处理的实时追踪,强化处理时限和处理效率。为充分发挥商函信息系统对函件业务发展的支撑作用,在市公司的主持下,商函局全力推进系统的上线工作，为该系统在北京邮政的全面使用打下坚实基础。

市场策划与开拓

【强化策划通力,提高策划水平】一方面是进一步加强与社会有实力公司的合作,借助外脑,提高专业策划水准,拓宽市场销售渠道。另一方面倾心打造专业策划团队，在市场部成立策划中心，名址中心建立BIU团队,为全专业营销提供市场调研、方案策划、效果评估等工作。

【推动全网项目营销,提升营销效益】2009年更加注重"市公司牵头、专业局主导、区县局联动"项目运行方式的推广。2009年在市公司的配合下共推出全网营销项目10余个,开发全网销售产品20余款,为市公司带来近亿元收入。其中"优秀童谣"选票项目通过本局缜密的项目策划与跟进,全公司联动,形成收入270万元。收复失地是市公司应对业务外流的重大举措,商函局多个部门密切配合,从客户审批、集中过资到收入结算实行全过程监督管理，确保了收复失地政策的实施效果。

【重点营销项目效果突出】

1.社保个人缴费信息对账单:社保中心每年会向缴费个人发放社保缴费账户通知单，但是这种通知单直接发放到参保单位,费时费力,并且容易泄露参保者的个人隐私,商函局了解到社保中心的需求,提出邮寄账单,经过与社保中心多次沟通,成功开发了"社保个人缴费信息对账单"项目,由北京市社会保险基金管理中心委托商函局打印、制作、邮寄给全市近500万参保人员核对2008年度社会保险缴费情况的一封信件。对账单已经于5月28日全部寄发完毕,创收620万元,成为北京邮政又一政府类账单大客户。

2. 医保卡信息采集账单:"医保卡信息采集账单"项目工作量大,信息采集是否准确、及时,直接关系到参保群众能否顺利拿到医保卡。为此市场部安排专人负责医保卡信息采集项目，及时与相关部门沟通协调,确保项目进展顺利,实现业务收入73万元。

3.北京银行银企账单业务:北京银行作为北京地区仅次于五大行的大型城市银行，每年需与大量客户进行银企间对账，名址数据中心策划组发现这一市场需求,组织专项营销,通过为其制定服务方案及合作流程,最终达成长期合作协议。将金融类账单客户覆盖率向前推进一步,2009年创收50万元。

4.幸运邮天下电影票:幸运邮天下电影票贺卡是市场部为了迎合市场需求开发的一款把幸运卡与

电影票相结合的产品，这个项目将中国邮政与央视合作的“购物街”、北京邮政与北京新影联旗下38家影院合作的电影票贺卡等多种资源集中组合，既能传递节日祝福，又能给消费者提供去央视参与录制《购物街》节目的机会，同时还能观看电影。市场部以幸运邮天下电影票为题材共开发了两种产品，一种是“快乐女人”三八妇女节电影票，另一种是“建国大业”国庆节电影票。

5.情系灾区，奉献爱心：在“5.12大地震”一周年之际，开发了“羌绣爱心礼包”项目，利用邮政明信片形式宣传帮扶计划，商函局组成百余人的爱心义卖团自愿利用休息时间走上街头，参与“让羌绣连起一家人”义卖活动，此次活动吸引了数十家平面与网络等媒体的关注，并增强了商函局的社会认知度与影响力。

6. 大阅兵·专用邮资明信片册：2009年10月1日国庆大阅兵，是新中国成立60周年盛大庆典活动的重要组成部分，为了凸显邮政产品在重大事件中独特的纪念意义，记录这一历史时刻，特别策划、发行了以“钢铁长城”为主题的《大阅兵·专用邮资明信片册》。这个项目是第一次用邮政明信片的形式完整记录了14次国庆大阅兵的盛况，高度的收藏价值与纪念意义使其成为祖国六十年大庆的珍贵纪念品与馈赠佳品，为函件专业创收1580万元。

7.大礼包及旅游贺卡台历：在贺卡季开始后，市场部根据2010年邮政贺卡目标市场需求以及专业局没有贺卡销售经验的特点策划推出了3款创新型销售产品——贺卡大礼包、果蔬礼品幸运封套装和旅游贺卡台历。这些创新产品不但丰富了北京邮政函件产品，也为完成函件收入作出了重要贡献。

8.“国安是冠军”贺卡海报：为庆祝北京国安足球俱乐部16年来首夺中超联赛冠军，与其联合发行“国安是冠军”贺卡海报。每张海报由20枚中国邮政发行的虎年有奖普通型贺卡组成，首次将明信片宣传内容与文字图案通过海报形式有机结合，所有图片再现了国安夺冠的精彩瞬间。贺卡海报实行限量发行，于当晚在答谢会现场和国安工体专卖店进行发售。

9.梦芭莎数据库商函：梦芭莎服饰是中国领先的网络购物服务公司，对于商函寄发属性有着较高的精准度要求。数据属性不能满足需求一度阻碍了双方的合作。商函局BIU团队经过反复研究，最终找到了全新解决方案。即寻找第三方数据公司代理银行，为其有效的盘活数据资源，降低商函寄递成本，同时满足梦芭莎的精准投递需求，得到了客户的高度认同，2009年实现创收80余万元。

企业管理、精神文明建设和党群工作

【降本增效】首先是制定了《北京邮政商业信函局降本增效管理办法》，使降本增效工作有章可依。其次是制定目标，强化落实，明确了全局全年降本增效目标，明确了具体的降本增效环节和项目，并落实到责任部室，按季进行降本增效效果分析。再次是全员参与，形式多样。各部门针对部门实际制定降本增效具体措施，确保全员参与。办公室牵头引进了先进降耗综合系统，全年办公节电4万元，名址中心提高呼叫效率，倡导呼叫人员为局里每天节约一分钟话费；制作中心开展《党员监督岗　节约生产耗材创佳绩》党员主题实践活动，通过对设备耗材的监控，延长大型账单打印机碳粉等耗材的使用时间，减少信封内件备损量；物资采购部通过强化设备耗材采购的前端控制，全年节约费用100余万元。

【人力资源管理】2009年是人力资源管理创新力度最大的一年。一是创新绩效考核机制，对人工成本实行年度部门承包，按岗位核定额度，实现了“下管一级”和“同工同酬”。其次，推进薪酬体制改革，开展全局岗位竞聘，通过该项工作，实现了人才的有序流动；三是加大营销体系建设力度，将减员增效与专职营销队伍建设相结合，在充实两个经营部门专职营销队伍的基础上，在制作中心组建了10人的兼职营销团队。四是对制作中心实行工时管理制度。根据制作中心工作不间断的特点，创造性地落实了市公司梯形排班法的精细化工时管理要求。五是建立了职工培训长效机制，将全员集中培训与部门重点培训相结合，通过“周二集中学习”和“班前会”等方式，全方位对员工进行知识储备和创新精神塑造，初步建成了学习型企业；制定了《商函局职业技能鉴定管理办法》，组织所有的营销岗位参加职业技能鉴定考试，取得可职鉴岗位职工执证率100%，初级营销员职鉴考试通过率100%的成果。

【财务管理】2009年是商函局实行全面预算管理的

第一年，一年来，围绕全面预算管理“全员、全额、全程”的特点，强化了全面预算管理的制度建设，规范了工作流程，健全了集中采购制度，提高了资金管理质量。全面预算管理与企业发展目标、绩效考核办法共同形成商函局企业管理的三驾马车，确保了各项工作目标的实现。

【安全管理】认真贯彻落实“安全第一、预防为主、综合治理”工作目标，一把手亲自抓，组织有保证；安全管理人员责任明确、实行签约化管理；完善规章制度，修改补充了原有规章制度和各种应急预案；宣传活动有特色，组织了生动活泼的“安全知识有奖竞答活动”，邀请了北京市消防宣教中心的宣讲教员来专门讲授消防知识；为全局职工发放了小型家庭专用灭火器；拉网式排查全局消防器材，建立档案；119消防宣传日特别组织以“传播消防文化，共建平安商函”为主题的“119消防运动会”；国庆安保成绩突出，获得了“国庆60周年安全保卫工作先进单位”的光荣称号。

【基础管理】各项基础工作稳步推进，对车辆管理实行内部调整，按照生产优先的原则确保用车需求；加强企业法制管理，全年审查合同500余份，同比增长60%，连续三年无法律纠纷，为企业发展起到了保驾护航的作用。

【精神文明建设】坚持“两手抓，两手都要硬”的指导思想，将精神文明创建工作和经营工作同部署、同安排、同落实、同监督。做到了：年初有计划、年中有检查、年末有总结。形成了一把手负总责、各部门分工合作、齐抓共管，把创建“文明单位”工作纳入到目标管理之中，层层落实责任、强化考核。2009年商函局成功实现从北京邮政文明单位迈入“首都文明单位”的行列，北京邮政广告公司顺利获得“2008-2009年度全国广告行业文明单位”的称号，精神文明建设工作跨上新台阶。

【党务工作】按照“制度建设”和“实践活动”并重的工作思路，制定了《党务公开试行办法》、《党支部管理办法》《2009年党员主题实践活动管理办法》等一系列规章制度，规范了党组织活动的运作程序，加强了党组织活动的过程管理和效果管理，将其作为对党支部日常考核管理的主要内容。

按照党组织活动与生产经营密切结合的指导思想，开展了丰富多彩的系列党组织活动。其中“义卖羌绣邮品，奉献爱心活动”引起了社会媒体的广泛报道，北京邮政因此获得“壹基金”爱心合作伙伴的称号。制作中心开展的“精细管理赶东四节能降耗作先锋”党员主题实践活动，特色鲜明，亮点突出，被市公司评为十大“最佳主题实践活动”之一。

【工会工作】2009年是商函局工会全面开展工作的第一年，一年来，工会组织在维护职工权益，丰富职工生活中发挥了重要的作用。一是续订了为期三年的集体合同；二是关爱职工，建设“职工之家”，为职工配备了休息时间使用的健身器材，建成了商函局图书馆供职工借阅书籍；三是丰富职工生活，开展“合唱比赛”、“职工交谊舞大赛”、植树等系列活动。积极参加市公司的文化艺术节，获得“优秀团队奖”；参与市公司组织的工会“特色活动”评比，取得了第九名。另外工会组织在帮护救助，关心困难职工上也发挥了很好的作用，全年帮扶困难职工9人次，探望职工15人次。2009年度商函局名址数据中心获得市公司工会“先进集体”的光荣称号。

【团组织活动】2009年共青团在局党总支的领导下，围绕市公司团委工作要求，开展了“我与祖国共奋进、我与企业同成长”主题团日评选活动、“捐献爱心包裹，奉献一片爱心”的捐赠活动、“青春风采”明信片个性化设计赛等七项活动；完善了团支部基层管理工作，发展团员两名；启动青年文明号创建工作，商函制作中心、名址数据中心均已向市公司申请青年文明号，并按照创建要求规范运行。

【形象宣传】一是展示专业形象，打造北京邮政函件专业的参观基地。制定了《商函局参观接待管理办法》，明确参观接待流程；训练了解说员；全年分别接待韩国参观团、美国参观团、大学生参观团、市政协领导、社区主任等6次重大参观活动，为规范职工言行，出台了《商函局员工行为手册》，提升全局健康向上的精神风貌。二是全方位立体宣传，展示十年商函发展历程。通过拍摄商函局宣传片，开展庆典活动，报刊宣传等方式全面展现商函十年发展的风雨历程，全年社会媒体发稿上百篇，《商函新视野》发布12期，在全公司好新闻评比工作中，商函局获得“优秀新闻宣传单位”荣誉，在各单位推选的较多篇好新闻评比文章中，商函局获得一个一等奖，二个三等奖。内部媒体评比中获得“好节目”“好新闻”奖各一个。

（撰稿人：林　敏）

北京邮政科学研究设计院

概　述

2009年，北京邮政科学研究设计院（以下简称科研院）在北京市邮政公司领导下，以落实党的十七大精神，进一步深入学习实践科学发展观，传承奥运精神为指导思想，以扎实做好对集团公司和市公司的生产经营、业务发展的支撑工作为目的，以为员工多办实事为出发点，提高能力、完善机制、夯实基础，通过科技创新和技术业务相结合，为邮政业务的发展提供有力支撑，各项工作取得了较好成绩，实现了工作目标：

一、实现各项收入 1284.21 万元。

二、按照科技项目承包任务书中的指标，进度完成率达到 100%。

建筑工程设计按照合同质量时限要求完成率达到 100%。

对市公司强检邮政衡器的计量检定，周检率 100%。

三、应用系统维护、推广没有发生负主要责任的事故及问题。

四、实现安全生产、交通安全、治安保卫工作重大责任事故为零。

实现了“平安邮政”安全目标，计生及献血指标达到市公司和地区规定要求。荣获了北京市公安局颁发的集体三等功及个人三等功、“北京市交通安全先进单位”、“市公司计划生育先进单位”、“首都文明单位”等多项光荣称号。

五、全体员工得利水平有较大幅度增加，收入水平增长达到 8%以上。

科研院注册资金 500 万元，固定资产为 248.7 万元。

科研院下设 9 个部门：综合管理部、计划财务部、科技管理部、市场开发部、计算机系统工程部、建筑设计部、机电技术工程部、软科学及体制标准研究中心、北京邮政情报计量站。

截至 2009 年底，科研院在册员工共 118 人，其中各类工程技术人员 103 人，具有高级技术职称的 35 人，工程师 29 人，享受政府专家特殊津贴待遇的 1 人。

科研院的领导班子成员为：院长兼党总支书记庄肃海、党总支副书记蒋德华（2009 年 7 月 10 日后郭胜接任）、副院长张建辉、副院长郑广顺。

党建工作和廉政风险防范管理

2009 年，科研院党总支围绕市公司党委的各项重点任务积极开展工作，不断加强党的基层组织建设，团结带领广大党员、干部和职工坚持以科学发展观为统领，深入探索科技兴邮、以科技手段服务邮政通信生产的途径。

【开展党员主题实践活动】在市公司“弘扬‘东四精神’，当先锋、促发展，党员立足岗位作贡献”党员主题实践活动中，科研院党总支开展以技术调研为主的主题实践活动，围绕学习调研专题，预先编制调研提纲，明确调研目标，从不同角度了解不同层面的业务现实需求，实地考察调研和感受实际业务生产情况，将学习东四活动全面融入科技研发、维护工作中。科研党支部主题实践活动获得了市公司优秀主题实践活动奖。

【廉政风险防范管理】

1.科研院党总支在开展廉政风险防范管理工作中，以《北京市邮政公司关于开展廉政风险防范管理工作实施意见》精神为中心，紧密结合科研院党风廉政建设责任制工作，坚持和完善了“党总支统一领导、党政齐抓共管、纪检组织协调、部门各负其责、依靠群众支持和参与”的领导体制和工作机制，与各党支部签订党风廉政建设责任书。组织职工代表和科级干部对院领导班子工作作风进行了民主测评，群众满意度达到 88%以上，确保党风廉政建设和反腐倡廉任务落到实处。

2.加强对权力运用的制约和监督,加强企业内部控制,对关键部位、关键环节加强管理监督,在计算机设备采购、建筑设计工程及机电设备报废等工作中严格贯彻落实招投标制度,实施阳光工程,杜绝党员及领导人员发生违法违纪的问题。

3.开展了以"加强党性修养,改进工作作风"为主题的党风廉政宣传教育月活动,通过参观、座谈、会议、学习等形式加强防腐倡廉的警示教育。提高党员干部对防腐工作的重要性认识。

4.组织全体党员参加"反对邪教　警钟长鸣"主题党日活动,观看"北京反邪教十年斗争警示录",有效地促进了国庆安保工作开展。

【开展普法教育】将普法工作纳入党总支工作的整体部署及精神文明建设统一考核之中。做到工作有计划、实施有目标。经过系统的普法教育,全院职工法律意识普遍提高。领导干部能够熟悉相关的重点法律,做到依法决策,依法行政,依法管理;中层干部掌握了与本职工作较密切的专业法律、法规,并依法办事,提高了执法水平;职工学习了法律知识后,基本能够做到知法、守法、用法,运用法律维护自身合法权益。与普法工作相结合开展了"创文明单位、树行业新风"职工文明礼仪服务知识测试活动,全院职工参与率100%,优秀率99%;

企业管理和企业文化建设

2009年,科研院围绕"建立现代科技企业"开展企业管理和企业文化建设工作。

【强化"规范"服务发展】以"科技引领邮政业务发展"为中心,发扬"科学、严谨、创新、奉献"的企业精神,开展企业文化铸魂活动。编制了《科研院业务调研工作规范》,下发全院各部门,明确邮政业务调研的目标,使科研工作更贴近实际。坚持"人民邮电为人民"的企业宗旨,贯彻《科研院技术服务规范》,以'东四精神'为指导,践行"用户是亲人"的服务理念。进一步坚定员工扎根邮政的信念,调动和激发员工服务邮政、奉献邮政的积极精神。

【加强在职教育、储备人才资源】根据不同工作职责,开展敬业爱岗,廉洁从业教育,鼓励职工"有为才能有位,有位更加有为"。继续开展在职学历教育和执业技能教育,建立内训师人才管理规范,2009年有5人被市公司聘为内训师;57人取得了"监理工程师培训结业证书",为科研院又好又快发展储备了人才资源。

【坚持院务公开,表彰奖励先进】以"命运共同体"为纽带凝聚人心,塑造现代企业的良好形象。

科研院坚持"阳光工程",院务公开,在重大政策的出台、干部人事任免、大额资金的采购等涉及职工切身利益的事项中,采取会议、公开栏公示、招投标等方式进行,保证企业全体职工的知情权。全年科技服务投诉为零,科技服务满意度达到94.02%。

对"封片卡项目通过初验暨制签机入围大网"做出突出贡献的部门和人员,采取通过全体员工大会的形式,进行表彰奖励。科研院获得"北京市科技研究开发机构"牌匾,举行挂牌仪式奖励相关部门和员工。通过奖励,激发员工爱岗敬业,为企业多作贡献。

【节能降耗】以"节能降耗、降本增效"为基础倡导节约和使用清洁能源,在全院职工干部的努力下,共节约电17507度,节水294吨。燃油比上一年使用降低33%。

【活跃文化生活,激发工作热情】在建国60周年庆祝活动中,开展"我与企业同行、我与祖国共奋进"主题征文活动;参加"第三届北京邮政职工文化艺术节"及国庆歌舞晚会活动,表达对祖国、对邮政事业的热爱之情。

在全院开展读书活动,倡导"快乐工作,笑对挑战,享受繁忙,甘于奉献"的阳光心态,使员工保持良好心态,心情愉快的工作。2009年员工队伍稳定,在没有增加人员的情况下,圆满完成各项任务。

科技开发、建筑设计成果及产品推广

2009年,科研院坚持"以集团公司和市公司的业务需求为导向,发挥在科技开发方面的优势,努力用科技手段支持并引领邮政业务发展"的目标理念。通过27项开发任务的完成,充分体现了科技工作的支撑作用,并引领着邮政业务向更加符合生产经营需求的方向发展。建筑设计、软科学研究、情报计量等部门积极进取,结合自身能力开展工作,水平有了长足进步,并且在各自的岗位上都做出了成绩。完成开发的项目产品在市场推广中得到好评。

【普通邮资封片业务管理信息系统】集团公司的项目“普通邮资封片业务管理信息系统”，对全国函件业务可持续发展起到良好支撑作用，据统计，试用期间上报约44万笔定制型产品，共计完成业务总量19亿枚，总收入达69亿元。该项目2009年12月9日通过集团公司初验。得到集团公司领导和专家的一致好评。

【爱心包裹收寄处理系统】“爱心包裹”项目是由市公司发起，集团公司和中国扶贫基金会共同开发的一个战略合作双赢项目，扶贫基金会借助邮政网点进行小额慈善募捐，邮政通过该项目向灾区儿童献爱心，发展包裹业务，树立良好的社会形象。科研院项目组在市公司的领导下，在相关二级单位的帮助下，不辱使命，用不到一个月的时间完成开发任务。试用期间，系统共处理学生包裹117万个、学校包裹1.42万个，募集善款1.31亿元。

【邮资制签机及联网集中管理系统】科研院自主研发的邮资制签机及联网集中管理系统，于2007年在市公司投入使用。获得2008年集团公司科技进步三等奖。2009年8月，集团公司投资建设了全国邮资制签机中心，10月该产品入围集团公司采购大网目录，对制签机在全国邮政的推广使用起到有力的推动作用。

【邮储北京分行员工薪酬管理信息系统】《邮储北京分行员工薪酬管理信息系统》是为该行实现工资和保险集中管理的基础系统，该系统对北京分行分析人力成本、进行管理、规划发展都有重要的意义。

【速递物流同城快速网系统】《速递物流同城快速网系统》紧密结合北京速递同城业务的发展，涵盖了同城业务的全业务流程，是邮政增强自身能力建设的一项重要工作。2009年6月上线试运行以来，已处理同城出口邮件24.2万件、进口邮件24.8万件，为北京邮政速递同城业务发展起到了重要的支撑作用。

【电子商务平台项目】《电子商务平台》项目是集团公司的重点项目，为邮政网点大力发展代理类业务，增加新的利润点，增强竞争力起到了关键作用。2009年科研院参与市公司市场部和电商局共同研发了代收电信资费、驾校报名、“自邮一族”等业务，促进了代收类业务的发展。

【网上邮局】《网上邮局》是北京邮政直面广大用户而搭建的电子商务平台。09年该系统(二期)工作增加了“由一个单位支撑拓展为各区县局多个单位支撑”的功能，产品范围和种类更加丰富，自7月上线运行以来取得了良好的经营业绩。有力支撑了市公司思乡月、五节联送、自邮一族等一系列业务的开展。

【建筑设计】建筑设计部发扬为用户真诚服务的精神，为用户所思所想的设计理念，完成邮储银行9个营业场地及办公场地的设计任务；望京速物公司办公场地改造及其他项目的设计工作，帮助市公司二级单位33个支局所完成改造方案的上报工作。不仅超额完成全年任务，还赢得上级主管部门和用户好评。

【软科学研究】软科学研究中心本着科学严谨的态度，采取“共同研究、专业分工、合作完成”的团队模式，面对贴近邮政经营生产实际的课题，凭借着“成果要引领邮政业务发展”的使命感，克服领域跨度大、技术难度高的困难，完成了29项软科学研究项目，提升了科研院软科学研究的水平，提高了在该领域的地位。主要项目有：《北京邮政市内普通邮件邮运网路组织研究》、《北京邮政信函大宗用户政策研究》、《东四邮电局新局工程可行性研究》、《北京邮政商函彩色账单印制系统》等。

其中《北京邮政市内普通邮件邮运网路组织研究》是科研院与北京工业大学合作，通过建立数学模型，用图论和运筹学方法对网运规划进行研究的项目，对市内网运组织方案提出了良好建议。

【产品的市场推广】2009年，市场部始终坚持以市场为导向，借助为市公司、集团公司做好技术支撑这个平台，向兄弟省市邮政行业和邮政外部拓展空间，面向邮政经营生产和业务需求开展市场开发。

1.围绕市公司业务需求，不断拓展市场空间，为北京邮政创造了效益，为中国邮政赢得了社会荣誉。

2.围绕集团公司业务需求，在完成中国邮政集团公司“封片卡”项目初验基础上，又开发了“网络贺卡处理平台”和“贺卡内件信息处理系统”，为贺卡业务的发展拓展了领域。制签机入围集团公司采购目录，标志科研院研发的相关产品质量过关，产品服务诚信达标，表明科研院产品研发能力和市场拓展能力显著增强、在集团公司的地位大幅提升。2009年，在工艺设备安装监理工作方面拓展市场也取得较大进展。与中国邮政集团公司多方合作，成立了监理部，确定了人员，准备了工作场地，做到组织、人员、资格三落实，并为今后此项工作深入开展打下良好基础。

3.围绕外省市邮政业务需求，不断扩大市场范围。在安徽、山东、福建等邮政公司推广20余套个性化明信片制作系统。促成河北、江苏等10个省邮政公司意向订购制签机80余套。部分省公司对科研院的“北京邮政报刊零售综合网络系统”等项目的移植工作进行了洽谈。

4.推广明信片门票售检系统。明信片门票售检系统，是科研院与属地邮政局为完成“明信片门票”的经营工作而开发的机电一体化项目。在继红螺寺、司马台、石花洞三个旅游景区的良好使用下，带动了居庸关长城，通州欢乐之都新用户的关注与洽谈工作。

5.在加强市场拓展的同时，注意做好市场和产品的宣传、培训、调研工作，定期汇编《调研汇总》文件，供各部门了解掌握市场动态；加强市场推广培训和业务指导。2009年共为相关邮政企业举办产品业务技术培训11期，共计1100人。

设备维护、科技情报和计量工作

【搞好运行维护，支撑邮政经营】2009年，科研院贯彻“运维工作是支撑工作、是服务工作，同时也是经营工作”的理念，不断创新工作机制，通过行之有效的手段开展工作，完成了全年的运维任务。

科研院承担的重点信息化运维工作有14项。其中，电子化支局系统是市公司邮务类基础性生产作业系统，是需要重点保障的信息系统之一，为此维护人员坚持每日监控系统运行情况，随时掌控运行动态，提供服务电话，解答生产一线问题，安排节假日值班，起到技术保障作用。2009年共升级系统15次，解答问题近万个，有力地保证了生产系统的平稳运行。

报刊发行系统除日常收订外，针对在每年末和来年初的生产旺季形势，制定特别的保障计划，采取协调投递局提前打印报簿的手段，利用将“每日数据”及时提供报刊业务营销部门的做法，做到出现问题实施快速解决，重点保障了发行系统顺畅运行。

投递系统和商函投递系统推广是集团公司2009年重点信息系统工程项目，科研院作为两个系统的技术支撑单位多次组织人员进行系统学习、制定上线计划、人员培训、系统推广等工作，共计培训人员近300人，安装服务器10余台，绑定IP地址近300个，对10个郊区县局进行现场上线指导，两个系统已经全部上线，特别是投递系统已经在全市所有具备投递功能的网点上线共计有近300个。满足了集团公司的要求。

科研院还通过改造院内网络布线，隔离外网与内网，保证网络安全，防止病毒侵袭等技术手段；通过成立专项工作维护小组，增加值班频次，维护责任到人的组织手段；通过制定故障处理预案，建章立制，加强日常巡检，为用户编制维护手册的具体工作手段；通过7×24小时值班制度，利用电话、传真，到达现场等形式的服务手段；通过面对面解答，技术授课的培训手段，确保了运维工作全年正常运行，使设备运转正常，保证了窗口服务和后台生产处理有序进行，管理和质量都有了进一步提高。为市公司的生产经营工作贡献了力量。

【科技情报】在情报工作方面为宣传北京邮政科技工作，展示北京邮政科技成果，按时出版发行《北京邮政科技》4000册/4期、《科技信息摘编》2400册/24期的工作；按时限要求，顺利完成《内部出版物准印证》资质年审工作。鼓励科技人员向科技期刊投稿，提高科技理论水平，科研院科技人员全年《北京邮政科技》发稿量26篇。

【计量工作】在计量工作方面强化计量检定的地位和重要性，举办了市公司计量培训班；顺利通过了丰台区质监局的监督检查。按照计量规程对市公司15个二级单位的3084台衡器进行了周期检定和310台衡器的随机抽检工作。没有发生因邮政计量问题的任何纠纷，对提高邮政经营服务质量起到了保障作用，提高了窗口服务的满意度。　（撰稿人：王顺年）

北京邮政信息技术局

概　述

北京邮政信息技术局(以下简称信息局)是北京市邮政公司的二级通信企业,2009年末共有职工116人,下设五个职能部门和四个生产部门,其中30人具有高级技术职称,大专以上学历107人。作为北京市邮政公司生产经营的技术支撑单位,信息技术局肩负着北京邮政金融、邮务、政务、客户服务等全部信息化系统的运行维护工作。

信息局省市中心机房占地面积600余平方米,主要分为邮务类、电子政务/商务类、金融类三大区域。向全市600余个储蓄网点、近600台ATM、北京邮区中心局等多个专业局及近千个邮政局所提供365天24小时运行维护服务。经过多年不断完善和发展,信息技术局负责运行维护的系统,从建局时的几套系统二十余台服务器,快速发展到现在各类系统近六十套,服务器二百余台,业务涵盖金融、邮务、电子商务,并自主开发了包括动力、系统、网络等方面的自动化监控系统,完善了技术监控手段,丰富了报警渠道,有效保证了机房的安全和系统运行的稳定。也有利的支撑了业务的高速发展。

局长、书记张朝胜,副书记谭奇伟,副局长陈斌。

圆满完成国庆期间运维保障工作

为确保国庆期间系统的安全稳定,信息局先后完成了:储蓄主机的双机切换测试、主机重启、系统表空间清理、服务队列调整和综合网内各应用系统密码变更、重要硬件设备深度健康检查、重要系统特别备份、中心局历史数据优化清理、双机切换演练、主机重启等工作,并依据检查结果,有针对性地制定实际可行的应急预案;通过加大系统、设备巡检力度等手段,确保了国庆期间1100多条专线的畅通,以及核心侧邮务、金融等20余套主要系统的"零故障",保证了整个邮政信息系统的稳定运行,圆满完成了北京邮政信息系统国庆期间安全保障工作。

完成工程项目建设
增强技术支撑能力

【邮政储蓄系统2.0版本顺利上线】 邮政储蓄系统2.0版本改造工程是2009年邮政金融信息化建设最重要的工程项目,涉及面广、时间紧、任务重,是自2004年储蓄系统统版工程后对储蓄核心系统进行的最大规模改造。信息局在接到任务后,多次和银行有关部门召开协调会,为测试和上线完成了大量的前期准备工作,对整个上线步骤进行了周密的安排,上线当天全部切换过程仅用时70分钟,3小时完成全部业务测试,早8点全部金融网点正常开门营业。2.0版本的上线使日终处理能力大幅提高,结息时间从以前的5个小时缩短到两个小时。

【完成信息中心侧核心网络改造】 北京邮政信息网中心侧核心网络自2002年建设以来,一直没有进行过大的调整和改造,网络设备长期存在单点故障、设备老化、数据流向不合理等安全隐患,这些隐患已经严重制约了北京邮政的高速业务发展。在市公司领导和相关部门的大力支持下,信息局于2009年1月圆满完成网络改造工作,使信息局核心网的网络性能、运行速度、数据安全等方面都有了较大的提高,能够满足未来三至五年北京邮政业务发展对网络的需求。

【46台ATM机装入地铁四号线】 完成地铁四号线46台ATM设备的安装开通工作。工程实施中,信息局在地铁没有及时供电的情况下,拉起临时电安装开通ATM设备。按京港公司要求比原计划提前七天完成了全部46台ATM的开通工作,该项工作得到相关领导的高度评价。布放的ATM机为公众提供了方便快捷的金融服务,不仅产生了良好的社会效益,也取得了较好的经济效益。据统计,10月1日至11月30日,地铁四号线43台ATM全交易总金额叁仟

零叁拾余万元，跨行交易笔数 18949 笔，产生跨行手续费金额 37898 元。

【完成世博会读写器安装、培训】六月中旬，信息局承担了世博会门票读写器的安装、测试和技术培训工作。在时间紧、没有厂商支持等困难面前，合理安排作业组织方式，仅用了四个工作日就完成了全市 30 个网点 60 套设备的安装工作。

【完成“邮储系统网点终端数据传输加密工程”上线推广】为确保邮政金融计算机系统安全，防范金融案件发生，促进邮政金融业务发展，集团公司将在全国对“邮储系统网点终端数据传输加密工程”进行上线推广。北京市邮政公司作为首批试点省市，也是集团公司截止 2009 年唯一在北京做试点的项目，要在全市 524 个储蓄网点和 15 个一级支行推广上线。工程涉及全市近 3600 个储蓄台席终端的加密设备安装和省市中心前置服务器的配置等工作。时间紧、工作量大，经过技术人员日夜奋战，在各方配合下，至 2009 年 11 月 27 日，比原计划提前 33 天完成了该工程在北京的全部推广工作，该项试点工作的完成，得到了集团公司及邮储银行总行领导的一致表扬。

【UPS 改造】北京邮政信息局主机房 UPS 电源自 2002 投入运行以来，运行中出现过多次故障，已进入老龄期，且由于新业务的不断上线，该 UPS 系统容量已经趋于饱和。在集团公司和市公司的大力支持下，决定为信息局配发两台 300KVA UPS 发电机组和 13 台配电柜等共计 500 余万元的设备。工程实施后，有效缓解了机房用电负荷紧张的问题，实现了供电系统的安全可靠。

【降本增效工作成效显著】

1.建立技术培训环境，为提高邮政储蓄营业人员业务能力做好支撑。

按照市公司人力资源部关于提高邮政储蓄营业人员业务操作能力，提高服务水平的要求，完成了培训专网和后台培训环境的搭建，信息局贯彻市公司有关降本增效的精神，充分利用了储蓄系统 05 年更换下来的设备，仅此一项节省投资 8 万余元。

2.将 3G 技术运用到邮政生产中，不但可解决生产急需，而且可以起到线路备份的作用。

信息局经过前期在模拟环境中的测试运行和总结调整，先后在南区鸭子桥邮电所、五里店邮电所进行了试运行。两个邮电所原有的共同问题是线路不太稳定，3G 无线接入试运行后，网点反映业务使用情况良好。与原有线路相比较，不但降低了通讯费用，而且速率和稳定性大大提高。

3.节约资金，提高效益。

2009 年，信息局实施各类招投标项目 22 项，招投标交易额 415 万余元，节约资金约 75 万元，资金节约率为 18%。

另外，信息局 2009 年通过部门自购配件维修打印机 1502 台，PC 机 94 台，终端机 99 台，各类柜员设备近 700 件(个)，仅半年就节约维修费用 30 余万元。

创新科技开发项目管理，
提高自主开发能力

长期以来由于信息局承担大量集团公司信息化工程建设项目，时间紧、任务重，加之受体制机制等多方面条件的限制，信息局在科技开发上投入力量不足，制约了信息局技术工作均衡发展，已不能适应集团公司和市公司对信息局的工作要求。

为了充分调动信息局技术人员从事项目开发的积极性，根据信息局年初科技开发整体工作思路，结合实际情况，制定奖励政策，创新管理体制，从各部门抽调技术人员参与科技项目开发。

2009 年，信息局从业务急需和降本增效的目的出发，在市公司支持下，承担了综合网结点路由器信息自动采集及变更系统、邮储中间业务服务器上收、网点报修信息化管理系统、邮储中间业务统计分析系统、北京邮政 11185 系统统版配套改造——省内业务开发移植项目，这五个自主研发项目进展顺利。

2009 年，信息局完成了北京邮储 IC 卡及网络表售电充值系统、社会化保险发放系统、代理自谋职业险及一老一小大病医疗保险系统、ATM/POS 改造工程市内配套 ATM 代缴费、北京邮储中间业务手续费分配、11185 自助语音系统改造项目、集团公司 11185 系统工程市内配套改造项目七个上年结转项目的功能测试、项目验收等工作。完成了邮政储蓄 11185 电话支付系统、EMS 自助查询及 11185 短信语音自动外呼系统两个项目的功能测试、项目验收及文档归档等管理工作。

增强服务意识，做好维护、维修

随着邮政业务的发展，各种业务系统陆续上线，2009年，信息局承担着25个金融和邮务类核心系统的支持及对近300台核心服务器的维护工作，日平均接入电话220个、处理各类业务和网络调度申请25张。全年共完成核心系统升级约200次。

同时，信息局还承担着全市522个邮政储蓄网点柜员设备（其中包含104个一类行、418个二类行）、594台ATM以及1100余条通信线路的技术支持和维护、维修工作。1月–10月，接到报修电话9415起，处理故障4227起。外勤工程师有效出勤1123次，开通各类专线89条，开通新ATM103台，解决ATM线路故障275次；完成ATM机广告画面下发570余台。

开拓思路促营销，不断提高管理水平

【人力资源管理进一步完善，提高职工得利水平】 2009年信息局致力于培养一支复合型人才队伍，通过举办拓展培训、管理培训等多种形式锻炼和培养后备干部，提高他们的综合素质和管理能力。

2009年信息局根据薪酬制度改革对职工浮动薪酬部分进行调整的要求，充分发挥收入分配的激励作用，通过建立激励机制，有效激励技术人员队伍，适度提高职工得利水平。

【大力开展营销工作，完成市公司下达的各项指标】 2009年，信息局各项的营销任务不断攀升，针对此情况，信息局加大营销管理力度，通过全局上下的共同努力，陆续完成了思乡月、报刊订阅、明信片销售等多项营销任务。

2009年，信息局按照年初工作会制定的工作目标，通过全体员工的共同努力，圆满完成了各项工作任务，企业管理水平不断提高，企业氛围更加和谐。

（撰稿人：王国蕾）

北京邮政保险代理局

概　述

北京邮政保险代理局是北京市邮政公司直属二级通信企业，在业务管理上接受市邮政公司市场经营部的指导，并接受北京保监局的监管。

北京邮政保险代理局机构设置为一室两部，即综合办公室、业务管理部、市场开发部。2009年底，保险局共有职工23人，其中在岗职工22人、同力达职工1人；管理人员19人，营销人员4人。职工中具有大专以上学历的21人。张伟健任局长兼党支部书记，李捷、阎飞同志任副局长。主要职责如下：

一、负责北京邮政代理保险业务的专业管理工作。

二、贯彻执行国家邮政集团公司发展保险业务的总体部署和方针政策，按照与各保险公司的协议，制定北京邮政代理保险业务的发展目标和规划，并组织实施。

三、制定代理保险业务营销策划方案，组织全公司代理保险业务的营销活动。

四、制定代理保险业务规章制度、业务流程等规范，并组织实施。负责市邮政公司代理保险业务经营计划和指标的分解、考核工作。负责对各经营单位的保险业务监督、检查和指导工作。

五、负责组织从事代理保险业务人员的技术业务培训和保险代理人资格考试工作。

六、负责与中国邮政集团公司、中国邮政储蓄银行、各保险公司对口部门的业务联系。

经营管理工作

2009年对于北京邮政代理保险业务来说是极不平凡的一年。年初金融危机的蔓延，年中保险行业自律公约的出台，使经历了2007、2008两年快速增长的北京邮政代理保险业务遇到了前所未有的挑战。在市公司的正确领导下，保险专业以科学发展观为统领，发扬“升位晋级、勇破纪录”的开拓精神，积极谋划，各经营单位奋力拼搏，北京邮政代理保险业务实现逆势而上、稳步发展！

【经营业绩】

1.代收保费。2009年北京邮银共代收保费16.6亿元（含期缴折算），创历史新高，与上年同比增长33%。其中邮政完成11.6亿元，同比增长46%，占比达到70%；银行完成5亿元，同比增长10%，占比为30%。

2009年末北京邮银在银保市场占有率为5.57%，比上年末提高0.27%；保费同比增长28.3%，增幅在各家银行中排名第三，超市场平均增速6.36个百分点。

2.业务收入。2009年北京邮银共实现保险业务收入5709万元，同比增长16%，剔除翘尾因素，实际增长25%，在全国邮政排名由上年末的18位上升到15位，实现升位晋级。其中邮政完成收入4014万元，达到市公司考核要求，同比增长25%，剔除翘尾因素增长41%，收入占比达到70%；银行完成1695万元，同比下降2%，收入占比为30%。

2009年原定保险业务收入计划为6603万元，其中邮政4429万元、银行2174万元。7月开始，受出口保险行业自律公约的影响，邮政代理保费减少2个亿，收入减少800万。市公司同意2009年保险专业按照业务收入的90%、即邮政收入4000万元予以考核。经过各区县局的奋力拼搏，整体完成4000万收入目标，有13个单位完成了全年收入任务。

3.专项营销。2009年以来，保险局按照“不唯指标唯市场”的要求，无论是春季礼仪、端午节、思乡月营销，还是贺卡及五节联送，保险局都勇挑重担、认购四档，每项活动都超计划完成。

在市公司与保险公司关于补充医保谈判中，发挥专业优势力争降低价格，为企业节省成本，几年来节省资金近1000万元，实现降本增效。

【逆势突破，业务收入实现升位晋级】面对金融危机和保险行业自律公约出口的不利影响，保险专业迅速调整思路，采取保费包销、网点调整、启动内部市场等措施，拉动保费回升。各经营单位积极应对，密云、顺义等局通过日报、周报通报保费业绩，紧盯网点业务进度；昌平局领导在班后找支局长谈心，为基层发展出谋划策，坚定信心；延庆局着力培训偏远网点柜员销售能力，努力实现自主出单；南区局组织学习帮促会，增强支局长的荣誉感、紧迫感，促进全局业务均衡发展。各单位的奋力拼搏和倾力付出，使保险业务实现逆市发展：2009年保费、收入两项指标均达到历史新高，保费同比增幅高于北京银保市场平均增幅6个百分点，市场占有率5.57%，比上年末(5.3%)提高了0.27个百分点。保险业务收入在全国邮政排名继2008年提升2位后，2009年比上年又提高3位，实现升位晋级。

【主动营销，业务竞赛、客户推介会拉动保费增长】

一是专业营销有声有色，竞赛活动贯穿全年。

时间覆盖全年的"鼓干劲、迎挑战，保费冲刺18亿"竞赛活动，分上、下半年两个时段开展，奖励覆盖经营管理的各个层级，为完成全年保费指标起到推进作用；

一季度开展的"牛气冲天开门红"竞赛，共代收保费4.06亿元，实现开门红；

5-6月开展的"邮政保险送亲情，关爱家人情无价"营销活动，紧扣"亲情"主题，实现代收保费2.74亿元；

7-9月开展"邮银携手促保费，勇创佳绩迎国庆"营销活动，采取区内邮银对抗和邮银分组比赛的形式，以PK竞争促保费，同期开展邮政职工有奖知识竞赛和客户回馈活动，内外合力促销售；

9-12月在业务发展关键时刻，打响"日突千万，月破三亿保险业务绝地反击"战役，并配合此次战役在邮政内部开展"保险我受益，企业得发展"邮政职工保险回馈活动，在职工得到实惠的同时，增加企业收入；

11-12月，开展"保收入　冲保费　决战2009"邮政专项竞赛活动，全力冲刺年度收入目标。

与7项竞赛同步开展的，还有丰富多彩的促销回馈活动，激发客户购买欲望。各项营销活动的开展极大地促进了保费增长。

二是创新经营模式，客户推介会初见成效。

客户推介会是保险公司成熟的营销模式，2009年邮政借鉴了这种行之有效的营销方式。从最初的观摩学习、简单模仿、不断实践，发展到自主设计、自行主持、自主创新，探索出一套独具特色的推介会模式。2009年保险专业共牵头举办了三场大型客户推介会，邀请客户200人，实现保费1700万元，起到了很好的示范作用，同时从会前客户甄选、会中安排和会后跟踪三方面对经营单位进行指导；各经营单位积极推进，认真组织，全年共组织推介会43场、出单2500多万元。客户推介会累计出单4200多万元，成为保险业务发展新的增长点。

【全力支撑，力促基层保险业务发展】

一是深入基层解读政策，提高各单位对保险业务的重视程度。2009年市公司绩效考核、升位晋级、金融杯等发展政策给保险专业以较大权重，保险专业先后组织了7次竞赛及营销活动。保险局把相关内容编辑成册，深入各区县局向区局领导、支局长、一线销售人员进行解读，使各级人员认识到发展保险的重要性，各项经营举措直接落实到基层。

二是加大培训，提高从业人员素质。工欲善其事，必先利其器。针对区县局金融管理人员、一线销售人员、保险讲师，保险专业共组织了2000余人次专业培训，赴基层巡讲3轮，多频次、不间断、专业化的培训得到基层单位的一致好评。2009年北京邮银通过保险代理人资格考试257人，累计通过人数3019人，从业人员持证占比达到82%，无论是在全国邮政，还是北京银保市场都名列前茅。目前北京邮政各单位保险讲师达109人，分布在邮政各支局、网点，发挥着知行转化的作用。

三是防控风险，净化市场环境。2009年实行《北京邮政代理保险业务暂行管理办法实施细则》、《邮政渠道合作保险公司经营管理考核办法》等多项业务管理制度，强化业务管理，规范保险公司及专管员展业行为，建立客户投诉应急机制，加大日常督查力度。全年累计检查网点300余个，妥善处理客户诉求17件，保证企业正常的经营秩序，有效防范了金融风险。几年来，北京保监局从未接到邮政渠道保险客户投诉，实现了"零投诉"，代理保险业务长期以来扎实有效的专业化管理工作得到监管部门的高度认可。

四是加大宣传投入，助推业务发展。积极建设标准化的理财专柜，近年来保险专业借助保险公司的力量，为302个网点配置了式样统一的理财专柜，提升邮政金融的整体形象；加大宣传力度，通过电台、地铁灯箱广告、街面广告牌、网点海报、易拉宝等媒体或方式，发起立体式的宣传攻势；制作多款美观实用的礼品，为各单位召开客户推介会提供客户礼品。全年各项支撑费用达400余万元，都是由保险局协调保险公司解决。多项支撑措施，有力地推动了业务发展。

【中邮人寿保险销售首战告捷】2009年9月9日，中邮人寿保险股份公司隆重开业；11月18日，首批产品上线，作为总公司所在地只有北京具备销售条件。经过保险局的积极争取、精心准备，12月10日中邮产品在北京东区、昌平试点销售，首日保费200万元，实现开门红！为做好中邮人寿试点销售工作，保险局针对试点销售当中的问题，提炼专用销售话术，编制了《中邮人寿邮保通系统“新保承保”简易流程》、《中邮人寿单证填写样张》，深入东区、昌平组织两期培训，提高一线柜员技能；结合中邮产品特点，在12月10日至2010年1月底50天时间内组织“福禄寿喜财好运伴您来”竞赛活动，力争实现中邮保费1000万元。通过在试点地区投放DM、摆放易拉保等宣传中邮保险。东区、昌平两个单位领导高度重视、精心组织，至2010年1月17日代收中邮保费累计1041.2万元，提前14天完成1000万元的竞赛目标。试点工作具有里程碑的意义，实现中邮人寿当年开业、当年见收益，得到了总公司领导的高度评价。

精神文明和党组织建设

【加强政治理论学习】保险局年初制订了全年理论学习计划，建立了理论学习制度，每两周组织理论学习一次，全年学习25个半天，出勤率为95%；中心组理论学习每月组织学习两次，全年学习26个半天，出勤率为100%；处级领导干部参加市公司组织学习的出勤率为100%，并撰写了理论学习论文。2009年保险局理论学习的主要内容是：十七届四中全会精神、《科学发展观读本》、胡锦涛总书记在《人民日报》上的几篇重要讲话、廉政建设及治理商业贿赂相关文件等等。形式主要是有针对性地选学重点文章通读、看录像、听报告、讲党课等，然后局领导结合实际情况进行分析，从而达到理论联系实际的作用。通过一年来的学习，提高了干部职工的思想认识，增强了解决和处理好日常工作中出现问题的能力，促进了各项工作的管理到位和落实。

【加强党风廉政教育】

1.加强制度建设，强化廉政责任。

为推进党风廉政建设，保险局注重从制度建设入手，领导干部亲自抓党风廉政建设，抓党风廉政建设的落实。年初，保险局制定了党风廉政建设工作计划，成立了党风廉政建设领导小组，并对党风廉政建设责任制进行了具体的责任分解，做到有目标、有措施、有考核。为了把工作落到实处，局领导与各部门领导签订了《党风廉政建设责任书》，明确了全年党风廉政建设的目标与任务，增强了各层领导工作的主动性和自觉性，使每级领导干部心中有压力、工作有责任，切实形成了上下齐抓共管的局面。

2.加强思想教育，提高干部职工自身素质。

2009年，保险局通过理论知识学习，通过“党风廉政宣传月”活动，进行廉政学习和警示教育，认真组织全体党员干部学习了十七届四中全会精神、《三个条例》和《严格禁止利用职务上的便利谋取不正当利益的若干规定》等文件，开展了“加强领导干部作风”为主题的活动，使广大党员干部进一步提高了自身素质和廉洁从业的自觉性。

【学习科学发展观实践活动圆满结束】自学习科学发展观实践活动开展以来，保险局严格按照市公司的统一部署和要求，高度重视，精心组织，周密部署，扎实推进，较好地完成了四个阶段的学习活动安排，极大地提高了全局广大党员干部特别是领导干部贯彻落实科学发展观的执行力、操作力和创新力。2009年2月17日保险局召开深入学习实践科学发展观活动总结大会，并进行了群众满意度测评，满意度达100%。

【加强团队建设，关键时刻显身手】保险局是市公司最小的二级单位，23名在册员工当中有三人在外交流，一人二线，人手紧张。通过上半年“学习东四提素质，凝心聚力促发展”，和下半年“个人提素质、团队促发展，逆境鼓干劲、实现新跨越”两项主题教育活动，达到练内功、提素质、更好地为经营管理服务的目的。9月以后，分四路深入邮政45个单位开展《保险与我们的生活》讲座，启动内部市场。为保证中邮产品在12月10日试点销售，保险局6日听完中邮总公司培训后，结合北京邮政的实际情况，连夜修改课件，制定竞赛方案，7日–9日分两路、六批对东区、昌平进行培训及启动动员，为实现中邮产品开门红奠定基础。关键时刻，强烈的责任感和较高的职业素质起了重要作用。

（撰稿人：孙青云）

北京邮政教育培训中心

概　述

北京市邮政教育培训中心(以下简称教育中心)是北京市邮政公司直属二级单位。主要承担在职职工培训、劳动预备役培训、职业技能鉴定、党校教育和培养邮政后备力量的联合办学等教育培训工作。截止到2009年底,有在职教职工70人,其中具有大专以上学历的44人,占63%;具有高级职称23人,占33%。

教育中心领导班子成员:主任、党委书记、邮政学校校长郭庆春,副主任、邮政学校副校长王立凯,副主任、纪委书记、工会主席刘胜利。

2009年,教育中心紧紧围绕市公司发展建设目标,为升位晋级提供智力支持,为勇攀高峰提供精神动力,为职工成长搭建进步平台,为全员培训做好服务支撑。在全体教职工的共同努力下,圆满地完成了各项工作任务。全年共举办各类培训班280个,参培人数2.6万人次,比2008年增长7%。其中:计划内培训班76个,7千人;计划外培训班204个,1.9万人。承接了石邮专招生面试1200多人。全年接待就餐人数达11万人次,住宿近万人次。

发挥教育资源优势,为北京邮政发展提供智力支持

【联合办学】 联合办学五年来共为企业输送毕业生730人。2009年输送186名毕业生,实现了毕业率和职鉴合格率两个100%。招收09级联办学生178名,2009年新生男女比例比较合理,生源质量较好,体能和综合素质都有所提高。

【职业技能鉴定】 几年来,教育培训中心已经形成良好的考评机制,特别是在组织申报、考务管理、监考评判、阅卷登统等方面形成了体系。2009年,组织职鉴考试7821人,占全公司总数的37%。其中包括投递工种(初、中、高级)2884人;营销工种(初、中、高级)654人;业务师274人。职鉴人数比2008年增长了150%,合格率达到67%,比2008年高出19个百分点。

【职业技能大赛集训和统版考试】 承接了转运分拣工种职业技能大赛集训工作和市总工会速录师选拔赛及集训任务。为备战转运分拣职业技能大赛,调整了联合办学班教学计划,专门提供8间教室和2个会议室;抽调骨干教师全程参与集训和内部协调工作,组织实施了理论知识方面的教学和辅导,进行参赛心理教育、后勤服务保障,为大赛取得好成绩做了积极努力。

为检验职工24学时学习效果,教育中心承接了营销、分拣、转运、机要、信息、储汇、投递、报刊发行、速递、计算机、文明礼仪等抽测10场,参考人员784人;组织进行了14场统版考试,参考人员624人。

【远程教育】 根据公司工作部署和对全员培训24学时的要求,利用现有条件推出《职业道德》、《邮政法律法规》、《邮政服务》、《邮政礼仪》、《沟通与协调》、《职业化训练》等六门网络学习课程。为各二级单位自主培训提供课程资源,为解决一线职工的工学矛盾创造了条件。

协助市公司人力资源部组织全公司2792名营销员的远程培训,完成了学员网上学习、网上考试、网上提交结业设计三个环节的学习任务;组织了52期共351人的互动培训和必修课的考试工作;自主举办了2期共229人的邮政营销客户经理互动培训;承担了1535名学员结业设计的批阅工作及全部学员结业设计成绩上传工作。教育中心拍摄的《邮政职业技能鉴定投递实操》课件被评为全国邮政优秀远程培训课件,为提升企业员工实操水平发挥了积极作用。

【职工培训】 全面完成计划内培训任务。特别是在郊区支局长培训班、速物分公司职业经理人骨干培训班和投递部主任等培训中,教育中心会同人力资源

部和相关单位就课程设置、课时安排、师资遴选等方面进行了认真的研究，使培训从组织筹备到教学过程，从教学内容到授课方式以及培训效果等方面达到了有机统一。

教育中心有PC机房和终端机房4个，加上综合网的连接，成为邮政营业、储蓄窗口最大的实训基地。在承接中国邮政速递物流公司组织的亚太邮政质量监控系统培训及业务统版培训等方面，发挥了重要作用。

【党校教育】参与了处级干部科学发展观学习活动的培训组织实施工作；完成积极分子培训班，并为二级单位送教上门；根据《中国共产党党校工作条例》和市委党校要求，完成《党校教学培训大纲》编制工作，规范了党校教学行为，填补了党校干部培训历史上的一项空白。

创新教学实践　满足企业需求

【创新课堂教学】集团公司和市公司做出学习东四活动决定后，教育中心结合实际，提出了东四精神“三进工程”的总体思路(即把东四精神编进教材、写进讲义、讲进课堂)，请沈智慧为学生授课，派教师到东四挂职，组织学生到生产一线参观等，使学生在书本里能学到优秀文化，在课堂上能听到邮政经典，在现场能看到团结协作的场面。

【构筑高效课堂】针对职业教育的实际和企业需求，加大了教学实践性的力度。本着“企业需要什么就教什么”的原则，充分挖掘自身潜力，加大实训教学力度，提高学生实际操作能力，实现理论实践一体化教学，培养学生实践能力和创新精神，为企业输送高素质技能型人才奠定基础。

【优化课程设置】把专业课与培训课、理论课与实操课、基础课与专业课融为一体，合理组划，形成学科交叉互动。实现了教师一专多能、课程有序融合的良好格局。

【完善修订教材】2009年修订了11本教材，其中包括基础类、业务类、营销类、管理类、操作类及企业文化类。在修订过程中，以邮政改革发展为主线，以应知应会为基础，最大限度地融汇了邮政发展的最新成果和发展前景。同时还汇集编写了《北京邮政职工法律读本》。

【加大教研力度】先后召开教材编审、教学论文评审、教学质量分析、教学计划和培训课程研讨、调研等会议。立足解决教学中的实际问题和突出问题，构建科学的教研机制，促进教师的专业发展，使创新成果充分体现决策的民主和集体的智慧。

强化管理　提升培训服务水平

【服务工作】开展“抓服务，上水平，学东四，见行动”主题教育活动，加强服务技能培训和比武；进一步完善管理制度，充分调动职工积极性和主动性。圆满完成了一次性接待900人就餐的超常服务，锻炼了队伍，积累了经验，赢得了好评。2009年，共接待餐饮服务11万人次，客房服务人数近万人次，有力地发挥了服务保障作用。

【安全工作】围绕“平安邮政”创建活动，圆满地完成了国庆60周年安全保卫任务；加强联合办学学生安全管理，制定防控甲型H1N1流感方案，编制《值班手册》、《学生管理手册》，加强住宿学生管理；开设安全教育课，组织学生应急演练，增强了全员及学生安全意识和突发事件的应急处置能力。

【转场搬家工作】按照市公司部署，从2009年10月教育中心由丰台路口72号搬迁至海淀区杏石口路98号。在相关部门的大力支持下，全体教职工识大局，顾大体，经过积极努力，中心以最快的速度、最高的效率、最低的成本、最佳的精神状态，顺利地完成了转场搬家工作，使各项教学培训和服务管理工作按部就班进行，最大限度地减少损失和影响。

加强精神文明建设

【学东四活动】召开了学东四动员会，与东四局党支部签订了文明单位共建协议，开展共建活动。开展爱心包裹的捐赠活动，全体教职工踊跃参加，向灾区孩子们奉献爱心，参与率100%，为汶川灾区捐赠105个爱心包裹；组织党员和积极分子到东四局学习交流；请东四局劳模来中心为学生做报告和讲课；选派干部、教师到东四局挂职锻炼学习。通过共建，推动了学东四活动的深入开展和精神文明建设水平提升。

【劳动竞赛】以市公司开展的“创新杯”劳动竞赛为载

体,为确保09年教育中心各项任务的完成,充分发挥教育培训中心在北京邮政教育培训中的整体优势,激发教职工在提升培训能力,创造一流服务水平工作中的主体作用,开展了贯穿全年的“爱祖国、爱企业、爱岗位、比贡献”劳动竞赛。提出了以提高核心竞争能力, 运用高效课堂机制提高教学质量和服务水平的竞赛目标。在学东四的热潮中, 积极开展了“学东四做好三个服务的劳动竞赛”。动员教职工将“用户是亲人”的服务理念作为培训工作的出发点和着眼点,开创教育中心教学及服务工作的新局面。为迎接祖国60周年华诞,贯彻落实市邮政工会开展的“安康杯”竞赛内容,为教育中心的发展和各项工作营造安全的环境,向全年工作任务目标冲刺,开展了以“迎国庆、保安全、确保全年培训任务完成”为主题的劳动竞赛。竞赛紧紧围绕教育中心的工作重点,提出目标、设置内容,保安全、促发展,确保了全年工作任务的顺利完成。

【党风廉政建设】制定了教育中心《党风廉政责任分解分工》,明确了工作分工、责任考核和责任追究制度。中心党委书记与各支部签订了党风廉政建设责任书。

开展了“加强党性修养,改进工作作风”学习教育活动;开展了领导人员作风建设民主评议活动;开展警示教育活动和廉洁文化建设活动。

【党群工作】开展普通党员讲党课和党员述职活动,加强党员队伍建设;参加北京邮政艺术节活动,获得文学创作类一等奖;开展《责任比能力更重要》读书演讲比赛,职工们抒发了“忠于企业,精心履职”的真挚情怀。撰写教学和思研论文、抒写心得体会、敬献格言警句,编辑了《教学论文选编》,《思想工作论文选编》、《职工读书心得集萃》、《职工格言警句集萃》四本小册子。

在坚持职代会等制度的基础上, 进行了职工思想动态调查,召开了民主恳谈会,发动全员开展合理化建议活动,及时了解和掌握职工所思、所想、所盼和所怨,有的放矢地开展工作。　(撰稿人:杜　军)

北京邮政宣传中心

概 述

2009年是北京邮政进一步巩固公司化运营成果、发扬奥运精神向现代化邮政企业制度转型的重要一年,更是继续深化改革,努力加快发展,以实际行动向国庆60周年献礼的关键一年。一年来,宣传中心坚持以科学发展观统一员工思想,坚持以人为本的原则,在把握正确舆论的方向性,突出重点工作的中心性,关注企业员工的实效性等方面作出了积极探索,调动和发挥了全体员工的积极性、主动性和创造性,为北京邮政又好又快发展作出了应有的贡献。

2009年,宣传中心共有正式职工24人,宣传中心主任兼党支部书记陈建坤,副主任薛筠。宣传中心定期出版《邮政周报》;完成《北京邮政电视月刊》和《邮政与百姓生活》栏目的定期播出计划。

以企业发展为中心
全面完成宣传任务

【概况】2009年《邮政周报》正常出版50期,配合重大选题及公司业务宣传推出专版、专刊40个。《北京邮政电视月刊》制作节目12期,累计刊播各类邮政新闻260余条及专题节目21个。《邮政与百姓生活》栏目全年完成节目制作52期,播出各类邮政信息150余条次,配合市邮政公司及各专业局、处室制作电视专题片11部。完成了北京电视台驻京邮记者站和中国邮政电视协作网的各项工作任务,全年在中央及北京电视台播出邮政新闻70余篇。中国邮政报驻京邮记者站全年发稿近600篇,平均每期刊登4篇,首次荣获了中国邮政优秀记者站称号。

【围绕重点工作,策划主题宣传】配合专业处室、市邮政公司完成多项业务宣传策划开发等任务,推出了新《邮政法》、东四局先进事迹、市公司第三届艺术节、第二届全国通信特有职业技能大赛、国庆60周年、爱心包裹等20个主题宣传策划,职工知晓率、满意率分别达到96.5%和94%,未发生出版违规违纪现象。

【加强沟通联系,确保任务完成】宣传中心内部管理与上级相关对应部门加强了沟通,理顺了关系,在OA系统的使用维护、信息量的采集及上稿量等方面均有了一定的提高,整体的工作效率、工作秩序、工作环境等有了一定的改善,有效地保证了各项工作任务的完成。

抓住重点、加强策划,完成报道任务

【做好两会新闻报道,进行了新闻培训】为做好两会新闻报道,专门对两会邮政人员进行了新闻培训,成功拍摄了报道代表、委员建言邮政发展的系列访谈,新闻敏感性、时效性得到了增强,收到了较好的宣传效果。

【做好东四局宣传报道工作】《邮政周报》连续多期推出了我们向东四局学习什么的系列报道,并全方位报道了全公司各单位学习东四的动态性信息、《电视月刊》除专门设置了节目板块,还对东四局长坚持培树青年员工,以育人机制保证优质服务的传承和发展做了深层次的挖掘和报道,较好地推动了学先进、赶先进活动的开展。

【做好爱心包裹活动的业务宣传推广】《邮政周报》、《电视月刊》、《邮政与百姓生活》均作了充分翔实的宣传报道,在《中国邮政报》刊登了专版。为中国扶贫基金会全程录制的爱心包裹活动,过程在北京电视台播出后引起社会广泛关注,受到了中国扶贫基金会的称赞。

【做好第三届职工文化艺术节的报道】《邮政周报》前后组织了15个宣传专版,业务科精心设计制作了《舞动京邮》的专题画册。新闻科制作的电视光盘受到基层欢迎。艺术节整体宣传工作受到了邮政领导、工会、广大干部和职工的普遍认可。

【做好国庆60周年纪念活动宣传】《邮政周报》推出了纪念专刊,在公司范围内开展了国庆60周年征文向祖国寄语活动。策划组织采访了与国庆共生日的邮政职工的故事,使国庆宣传更有现实意义。

【组织了11期“创新发展系列报道”】根据市邮政公司年初工作会决定,专门进行了筹划和部署,报道内容涉及西区邮电局金融街营销团队、京邮劳模先进创新工作室、营业窗口梯形排班法;海淀邮电局创新项目系列开发,这些关乎企业经营发展和具有前瞻性的深度报道,提高了广大员工对创新的认识、拓展了视野受到了领导的好评。

【配合业务发展,推出专刊、专版、专题片】企业的核心是业务发展,业务宣传是业务发展的重要手段,为此与市场部、电商局合作推出五节联销节日礼仪产品专刊;与北京邮储银行全年合作每月发行一期“邮政金融”专版;与报刊亭公司合作推出BKT风云榜精彩报刊推介活动;与中国邮政报合作推出“爱心包裹”专版,“世界邮政日”专版,策划实施了世界邮政日专题图片展览等等,对邮政业务发展都起到积极的宣传效果。

加强党支部、工会工作
为全面完成宣传任务提供组织保证

【党支部工作】紧密围绕上级党委的指示精神,结合重点工作,充分发挥党支部战斗堡垒作用和党员先锋模范作用。一是坚持每月召开1-2次支委会;二是加强学习,为党员、职工配发读书卡;三是组织党员开展爱心捐助活动;四是开展了与职工面对面的民主评议活动,全体党员撰写了年度总结,这些行之有效的活动,激活了党员的工作热门货情和先锋模范作用,有力地推动全面工作的顺利开展。

【工会工作】一年来主要从维护和巩固和谐环境和秩序出发,积极开展了以下具体活动:一是送温暖活动,为全体职工办了医疗互助保险,11名同志得到了困难补助;二是为职工办实事,发放了年节职工慰问品和防暑降温饮品及药品;三是组织职工参与第三届职工艺术节活动;四是开展职工疗休活动;五是组织职工体检;六是组织参与了60周年国庆寄语及各类知识竞赛活动,使职工享受到了组织的关怀和温暖,为巩固和发展和谐环境和秩序起到了较好的作用。

2009年是宣传中心收获的一年。北京邮政记者站首次荣获中国邮政优秀记者站称号,9名同志分获市级、公司级表彰,10余名同志的文章、摄影等作品荣获部、市级各类奖项。第三届职工艺术节活动中,取得了一个一等奖、两个二等奖、五个三等奖、四个优秀奖,并荣获“优秀团队”称号。我们要戒骄戒躁,争取在2010年为北京邮政又好又快的发展作出更大的贡献。

(撰稿人:吴胜利)

北京邮政文史中心

概 述

北京邮政文史中心(以下简称文史中心)是北京市邮政公司直属单位。其主要职责是:1.负责收集整理北京邮政的史料,并汇编成册或编辑成书;2.负责《北京邮政志》及《北京邮政大事记》的编写;3.负责按年度编辑出版《北京邮政年鉴》,并负责向《北京年鉴》和《中国邮政年鉴》供稿;4.负责北京市邮政公司机关各部室各类档案的收集、整理、归档和查阅利用等工作,同时在市公司办公室的业务指导下负责全公司档案工作制度的修订和对二级单位档案工作的指导检查;5.负责按期编辑出版发行《邮政文汇》月刊;6.负责完成中国邮政集团公司、北京市地方志办公室、北京市档案局和北京市文物局及有关部门交办的各项任务。

文史中心内设综合组、地方志组、年鉴组、档案馆、《邮政文汇》编辑部。至2009年底文史中心共有在职职工15人。文史中心主任吴江,副主任阎嘉。

2009年,文史中心认真学习贯彻党的十七大精神,深入落实科学发展观,紧紧围绕北京邮政改革发展这个中心,立足本职,挖掘历史,服务现实,留迹未来,记忆邮政,创新文史,为服务北京邮政,实现"升位晋级目标"和推进企业文化建设做出了新贡献。

行政管理工作

【开展"平安邮政"建设活动】2009年,文史中心印发了《文史中心安全生产责任制暂行办法》等一系列有关安全生产的文件,深入开展了"平安邮政"建设活动,为文史中心营造了稳定、和谐的工作环境。

【开展"迎国庆,保安全"百日安全竞赛活动】为迎接伟大祖国60周年庆典,组织员工开展了"迎国庆,保安全"百日安全竞赛活动,文史中心由主任挂帅成立了"迎国庆、保安全"领导小组,对消防安全、交通安全、治安安全等制定了具体制度,与全体员工签订了"安全责任书"。在此基础上,文史中心多次组织安全检查,落实各项安全措施,杜绝了各种安全隐患于未然,保证了文史中心在国庆期间的安全。被市公司评为国庆60周年安全保卫工作先进单位。

文史编研工作

【启动《北京邮政志》二轮修志工作】按照北京市人民政府的要求,于2009年6月12日正式启动了《北京邮政志》的第二轮修志工作,根据《北京邮政志二轮修志实施方案》之步骤,此项工作进入查档收集资料阶段,完成了档案扫描工作。

【编辑出版《北京邮政年鉴·2009》】自2009年3月开始下发通知,至12月正式出版发行,全书共计40余万字,系统汇集了北京市邮政公司2008年各项工作和各方面重要信息,重点反映了2008年北京市邮政公司贯彻底落实科学发展观、圆满完成奥运服务、面对冰雪和地震灾害保证邮路畅通、大力实施升位晋级的经营发展目标和实现"全国文明单位"创建目标等方面的新成果。

【完成向上级年鉴的供稿任务】按照北京市政府和中国邮政集团公司的要求,按时完成了向市政府和中国邮政集团公司提供年鉴稿件工作,文史稿件7000余字,照片30张。

【完成向中国邮政集团公司《新中国邮政60周年画册》供稿工作】为完成向中国邮政集团公司《新中国邮政60周年画册》供稿工作,中心领导高度重视,提出了稿件完成时间要准时,上交资料要准确无误,照片说明要清晰,文字说明要翔实,经过20多天的征集和挖掘,共整理300多张,反映北京邮政60年来不同时期创建发展过程的照片,撰写了近500条大事记,经研究审核,上交集团公司130张照片和150条大事记,圆满完成了组稿工作。

《邮政文汇》工作

【《邮政文汇》按期出版发行】2009年度《邮政文汇》按期出版发行12期。在全年的编辑出版中，《邮政文汇》始终坚持正确的政治方向，立足北京，面向全国，比较全面地宣传了邮政，特别是北京邮政在2009年所取得的成绩。认真贯彻了张德江副总理关于宣传北京东四邮电局的先进集体事迹的指示，并给予了突出报道。重点宣传了新邮政法的进展情况和国庆60周年邮政服务。

【举办《邮政文汇》创刊100期座谈会】2009年3月13日，《邮政文汇》编委会在北京邮政教育培训中心举办了《邮政文汇》创刊100期座谈会。编委会成员40余名参加了会议，北京市邮政管理局局长胡仲元，北京市邮政公司党委书记丁前亮参加会议并作了重要讲话。会上，研究确定了《邮政文汇》办刊宗旨，"立足北京邮政，面向全国邮政，服务邮政改革与发展"。肯定了已出版发行的百期《邮政文汇》在宣传北京邮政、着力贯彻新邮政法、邮政先进人物事迹；在研究探讨邮政经营管理、开拓邮政市场、营销新途径等方面所发挥的积极作用。

档案管理工作

【举办企业档案管理工作培训班】2009年11月23-24日，为了提高全公司档案管理人员的业务素质，文史中心举办企业档案管理工作培训班，重点对邮政企业档案管理的基本原则和工作基点、邮政企业档案管理的具体操作、实行电子化文档后档案管理应对的措施和邮政企业档案管理的信息化建设进行了培训，取得了很好的效果。

【加强档案管理工作】2009年，将机关档案室存放的2000年至2006年共68袋4984卷档案接收进档案馆。现已完成了上架编目工作，可供查档。

【建章建制】与市公司办公室联合起草制订了《关于中国邮政综合办公信息处理平台启用后公文档案管理工作有关问题的通知》，推进电子公文存档规范化，理顺了电子文档的归档工作。

【基建科技档案验收】履行了档案指导和验收的职能。对已竣工尚未完成审计的红居街宿舍工程档案进行了核对封柜，待审计工作完成后接收进馆。按照市公司企发部的工作安排，对10个已竣工的支局、所、生产场地装修改造项目及科技项目具备验收条件的进行了前期指导和预验，以确保终验工作的顺利进行。对大平面重点工程提前介入并进行了前期业务指导。

文史中心还完成了中国邮政集团的重点项目：北京行邮总包项目档案。将于近期向中国邮政集团档案馆进行移交，该工程共产生档案100卷，其中文字资料4500页、图纸500张需要进行制作，现已经做好了移交准备工作。

【查询利用】文史中心档案馆、机关档案室共接待925人次借阅档案，共借阅档案8400卷次。主要涉及房产管理、产权转移、工作参考、编史修志等。

完成了档案馆新址装修设计初步方案，并提交邮政设计研究院。

（撰稿人：吴　江）

北京邮政实业集团公司

概　述

2009年，北京邮政实业集团公司(以下简称实业集团）在党的十七届四中全会精神指引下和北京市邮政公司的领导下，拼搏奋进，经受住了金融危机带来的不利影响和邮政降本政策的冲击，公司上下以满足企业发展和职工收入增长需求为目标，践行科学发展观，通过创新激励约束机制，深化管理机制，降本增效，加强营销体系建设和经营管理、专业技术和营销员队伍三支队伍建设，企业效益稳步提高，管理能力不断增强，服务水平不断提升，员工得利水平不断提高，和谐氛围进一步增强，较好地完成了全年的各项工作任务。

2009年实业集团实现业务收入 9.5 亿元，同比增长 13.5%；实现效益指数 2718 万元，超额完成预算计划，企业效益投入 394.5 万元，解决历史欠账 367.4 万元。职工收入增长 11.75%。全年安全生产无责任事故。用户满意率达到 85%以上。

2009 年实业集团领导班子由六人组成。总经理王宏伟、党委书记朱宝康、副总经理程联合、副总经理刘志鹏、副总经理燕京、工会主席洛威(2009 年 7月 10 日免去工会主席职务，任命公司调研员)、工会主席王宝林(2009 年 7 月 10 日任命)。下设总经理办公室、经营管理部、计划财务部、人力资源部、党群工作部与工会六个职能部门。

2009 年实业集团所属六个二级公司，分别是：北京邮政器材公司、北邮物业公司、北京邮政建筑工程公司、绿洲房地产开发公司、北京邮政旅游餐饮公司和同力达通信服务有限公司，并由这六家二级公司分管 43 家三级公司。

解放思想　创新经营
推动企业快速发展

2009 年，实业集团面对来自企业内外出现的新形势新问题，深入分析、积极应对。在准确把握形势的基础上，坚持把满足企业发展和职工收入提高需求作为企业根本任务，进一步解放思想，勇破纪录，服务邮政，服务社会，加快发展，惠及职工。

【明确方向，坚定信心，全力突破】2009 年实业集团定位“三大板块”业务为企业的发展方向，即主营业务开发整体策划，全力推进；重点辅业开发，找准项目和产品，形成规模增长；“什么赚钱干什么”新的效益增长点开发，集思广益，选好项目。由于发展方向明确，发展思路清晰，全年主营业务实现新增收入 9200 万元，占新增收入的 76.7%。，重点辅营业务实现新增收入 1240 万元，占新增收入比重的 10.3%，“什么赚钱干什么”新的增长点创收 1560 万元，占新增收入比重的 13%，“三大板块”齐头并进，效果凸显。

【创新机制，激发活力，催生企业内在动力】

1.完善激励约束体系，向机制要发展。

2009 年实业集团在完善绩效考核机制、升位晋级机制的基础上，增设勇破纪录奖，对扭亏企业实行成本指数机制。加大降位考核力度，强化连续降位考核机制，使激励约束机制更具公平性和合理性。2009年实业集团各二级公司累计实现效益指数 2718 万元，实现收支差额 7544.2 万元，确保了职工得利水平增长和企业发展的效益需求。为激励三级公司增收创效的主动性和创造性，实业集团实行超收超效奖励，在各公司中树立起了谁创收创效多谁光荣，谁个人收入多谁光荣的新观念，涌现出一批先进典型，在 37 个三级公司中，有 5 个三级公司收入增速超过 50%，14 个三级公司收入增速超过 30%，11 个三级公司收支差额增长超过 20%，22 个三级公司获得了超收超效奖励。激励约束机制的进一步完善激发了全体员工争先创优、升位晋级、勇破纪录的积极性，推动了企业健康持续发展。

2.落实营销体系建设，向营销要发展。

2009年实业集团进一步推进了《营销体系建设实施意见》的落实,创新"营销管理考核细则",深化营销体系机制建设和考核体系,确立了三级营销管理体系,明确营销员业绩等级划分标准。实现了营销激励政策向社会市场开发、局内计划外市场开发、礼仪常规化营销和开发低本高效业务的倾斜;鼓励职工向专、兼职营销员岗位转换。实现了四个方面的新突破,一是针对核心业务、木本业务开发,实现了项目营销的突破;二是针对企业大型营销活动,实现了策划营销的突破;三是根据不同专业的投标要求,实现了投标营销的突破;四是针对企业大客户开展个性化营销,实现了方案营销的突破。2009年,实业集团实现营销创收1.2亿元,占全部业务收入的13.6%。

3.提高管理水平,向服务要发展。

2009年实业集团以全面推进管理机制建设为平台,抓住影响企业健康持续发展的关键环节:服务质量。实业集团各级公司深入贯彻落实服务质量管理,不断完善管理标准,切实提高服务水平,广大干部职工认真履行职责,在日常检查中抓工作标准的落实,监督检查的落实,整改考核的落实,通过开展日常检查、互查和年终大检查,对汽修、餐饮食堂、建筑工程等36处地点的重点专业进行了8次检查和互查,下发整改建议159条,发出客户满意度调查函240份。通过切实提高服务水平,推动了企业发展。

【创新经营,多措并举,推动企业快速发展】

1.百项策划扎实推进。2009年,实业集团全年共实施项目策划128个,累计实现业务收入8543万元,实现毛利1792万元,占全年新增业务的71%,拉动毛利增长14%,为全年增收创效、升位晋级工作的开展起到了极大的拉动作用。各二级公司通过采取项目旬报跟踪、季度项目汇报会、加强项目分析,强化项目动态监控和推进,涌现出一批收入规模大、效益水平高、收入相对稳定和持续的木本项目,为今后的经营工作打下良好基础。

2.礼仪常规营销屡创佳绩。2009年,实业集团礼仪常规化营销全年累计实现营销收入4289万元,同比增幅120%,实现毛利865万元,同比增幅105%,增收创效的拉动作用十分突出。根据策划统一、产品统一、政策统一、宣传统一和培训统一的发展模式,实业集团将企业营销平台与市邮政公司网上平台相结合,按照年有计划,季有考核,月有目标的要求,进一步规范礼仪营销产品平台,寻找特色营销切入点。一是规范营销产品,加强产品设计,围绕"新、奇、特"的产品开发理念研发产品。二是不断调整产品组织形式,确保产品成本优势。三是发挥专兼职营销员的积极作用。通过经常性的培训使大家把握重点产品,明确奖励政策,锁定目标客户,扩大营销效果。四是积极参与市邮政公司营销活动,成绩突出。2009年初的"五节联送"营销活动夺取了市公司2009年非生产经营单位四大战役优胜奖;四季度组织的2010年贺卡营销,也在本小组中率先完成认档指标,喜获章干泉总经理的电报嘉奖。礼仪营销锻炼了队伍、创造了效益,提高了职工收入水平,成为实业集团增收创效的重要渠道。

3.社会市场强力突破。围绕总部经济、政府经济和会展经济等重点题材,实业集团社会市场突破成绩显著。邮政器材公司中标北京市农委村邮站邮政用品项目,实现收入239万元;建筑工程公司中标大厂回族自治县街道建筑外立面改造工程和政府办公楼外墙装修工程,实现了社会市场的新突破;旅游餐饮公司中标政府会议定点采购项目,扩大了市场空间;同力达通信服务有限公司利用政府奖励政策,安置失业人员再就业、农村剩余劳动力转移、帮助大龄就业困难群体,效果显著,创效112万元,开辟出了围绕"政府经济"要效益的新途径。北邮物业公司按照开发精品物业的思路,攻克了中国邮政集团公司和中国邮政储蓄银行新大厦物业项目,探索出了企业围绕"总部经济"发展的新思路。北邮物业科技公司在成功开发奥博会、国际警用设备展览会视频监控项目的基础上,通过提升企业资质,研发科技安防系统,承揽了北京公安博览会安防监控项目,拓展了向"会展经济"要效益的新渠道。器材公司通过"壮园肥"项目,绿洲公司通过龙福源系列产品,开发农副产品深加工业务,积极尝试"三农经济"发展之路。实业集团全年社会市场实现收入1.49亿元,占比达到16.3%,较2008年净增2408万元,增速达到19.3%。

4.全力扭亏效果初显。2009年受金融危机及后奥运经济等诸多因素的影响,实业集团部分二级公司出现了经营困难,但通过在逆境中寻求突破,探索出了扭亏新途径。在市公司的指导下,在实业集团和兄弟单位的大力支持下,建筑公司按照保留建制、精简瘦身、竞聘上岗、分流安置的原则，创新适合公司实际的发展管理机制、激励机制，有效地遏制住了亏损继续下滑的局面，在机构改革后的2009年8-12月份，实现收入2204万元。通过转变经营方式，做强优势专业，旅游餐饮公司天野度假村变自营为承包经营，不仅实现了“瘦身”，而且奠定了企业健康持续发展的基础，与此同时，做大做强旅游专业、礼仪营销业务，全年实现扭亏130万元。

5.劳动竞赛促进发展。2009年实业集团积极推进“创新杯”劳动竞赛，开展了争创文明企业和十强先进集体评选活动，围绕企业经营重点，适时组织开展了“思乡月”短程营销竞赛、“贺卡”营销等阶段性竞赛活动，促进了专项营销活动的开展。实业集团通过开展广泛深入的劳动竞赛，充分调动了广大员工参与的积极性和主动性，对完成全年经营工作起到了积极的促进作用。

【提高认识，明确责任，多种途径促降本】

1.以项目策划实现降本。2009年实业集团各二级公司积极策划降本项目，内容涉及材料采购、人工成本、能耗支出、税收筹划等多项内容。其中清理公务用车31部，实现节省车辆成本约90万元；同时加强油料的规范管理，严格控制油料费用支出，对111部机动车统一配备加油卡，单月油料消耗同比下降16%。2009年实业集团全年实施降本策划项目51项，共计实现降本金额324万元，超额完成预定目标。

2.以机制运行推动降本。2009年在主业降本，毛利下降的不利环境下，实业集团通过完善三级公司完全成本承包机制和收支差额考核机制，规范二级公司效益指数考核机制，发挥了机制对降本的自动调节功能，确保了效益指数的完成，实现职工收入水平增幅不低于8%的预定目标，职工收入增幅达到11.75%。

3.以制度落实保证降本。面对2009年的经营形势，实业集团扩大了招标降本范围，各二级公司严格执行《实业集团公司招标管理办法》相关规定，落实成本招标工作，扩大降本成果，根据各自经营业务的性质、经营规模制定招标采购额度。通过规范招标管理，完善了日常检查制度和重点监控招标工作的执行情况，全年完成招标项目26个，涉及招标金额7030万元，节约材料采购成本341万元。尤其在旅游餐饮公司鸿雁苑宾馆改造工程中，通过对地砖、地板、木门等主材的招标采购，在提高材料质量的同时节约成本34万元。

4.以全员参与促进降本。2009年实业集团通过采取多种形式开展降本增效活动，全员参与意识进一步增强。器材公司所属的中鸿公司自主研制EMS全自动糊封机、空气加湿器，使原本已报废的生产设备又运转起来，节约资金4万余元，人工成本2万余元；北邮物业公司食堂变外部送菜为自行采购，节省采购费近20万元，显示出广大干部职工参与降本的主动性和积极性。

加强队伍建设，提高队伍素质

人才是企业发展的关键，为有效实施企业人才发展战略，2009年实业集团通过选拔、教育、培训和激励等方式，全方位、分层次、多角度、有重点地加强经营管理、专业技术和营销员队伍建设，为企业发展提供人力资源保证。

【加强经营管理者队伍建设】2009年实业集团以企业发展和效益指标作为重要考核依据，对各二级公司经营管理者进行了届中和离任审计，对经营管理者的德、能、勤、绩、廉做了全方位考核，促进经营管理者队伍素质和业务能力不断提高。

【实施岗位竞聘试点工作】2009年实业集团制订了《北京邮政实业集团公司中级管理人员公开竞聘管理办法》，引入竞争机制，拓宽人才选拔渠道，并在建筑公司改革重组中开展了全员竞聘上岗的试点工作，努力探索竞争上岗，择优用人的新机制。

【开展多层面的培训活动】2009年为提高企业中高级管理人员的经营管理水平，实业集团举办了中高层经营管理人员培训班，对85名管理人员在产品营销、企业管理、机制等方面进行专项培训，提高经营管理者市场营销能力和创新创效意识，并采取多种形式对营销人员分层次进行营销礼仪、营销案例分析、客户维护、市场开发等有针对性的培训，提高了营销人员的理论水平和营销技巧。同时，公司组织17名职工参加高起专和专升本的学历教育，还联合社会培训机构，对40名职工进行了职业技能鉴定专项培训，并取得了上岗证书。全年举办各类培训班175期，培训员工12836人次。

【推进职工素质工程建设】2009年实业集团利用职工技术创新、技能比武等行之有效的载体，动员职工争做“创新能手”，推动职工队伍技能不断提高。积极创建“先进创新工作室”，充分发挥先进在推动和深化创新活动中的示范带头作用，在职工中掀起了“学先进精神、学高新技术”、“比奉献精神、比创新能力”的创新热潮，用模范的先进事迹引领广大职工，激励和带动职工全员为企业健康持续发展做出积极贡献。

深化管理，提升运行质量和效率

2009年实业集团全面推进各项管理工作，通过完善管理机制，提高企业管理水平，加强服务质量等方式促进经营工作快速发展，有力地支撑了企业效益的提高和健康持续发展能力的增强。

【深化财务管理工作】2009年实业集团建立健全绩效考核办法，完善各项财务管理机制。通过绩效考核指标的修订，明确了财务管理控制的重点，引导各二级公司在经营中突出效益，并围绕提高企业效益开展了各项经营活动。1.加强全面预算管理考核，使各二级公司的各项经营活动始终以经营预算为依据，以经营支出预算为控制，有力地推动了降本工作。2.针对部分经营单位和专业出现亏损和财务管理薄弱的现状，对其目前的经营和财务状况进行了清查摸底，摸清了真实的亏损状况，有针对性地制定经营目标、健全考核办法、设置亏损管理报表。3.通过加设亏损管理报表，要求经营亏损公司如实上报当期经营的亏损状况，不仅反映出以前年度潜亏的挂账情况，而且能反应当期对以前亏损的弥补情况，对有效扭转经营亏损的趋势起到了指导作用。4.加强财务基础管理工作，强化监督检查和审核，对经营业务单项损益核算情况，固定资产基础数据核实及清查情况，业务收入和业务成本的权责发生制执行情况，应收应付款的往来账等工作进行了重点检查，全年完成审计任务26项。

【强化人力资源管理】2009年实业集团向北京市政府有关部门积极争取到6000余万元工资总额税前列支政策，为职工收入持续提高创造了条件。1.规范薪酬发放项目，优化营销和操作岗位职级序列，为118名职工提高了岗位薪酬标准。2. 加强对员工队伍的管理，各二级公司修订并执行了新的《企业奖惩条例实施细则》。3.落实市公司关于精简压缩非生产人员的工作要求，各级管理人员由276人下降到246人，管理人员占比下降了2.1%。4.落实了职工年休假制度，职工带薪年休假率达到100%。

【落实安全生产管理】2009年实业集团继续开展创建“平安邮政”和以“关爱生命、安全发展”为主题的安全生产月活动，突出安全工作重点，层层落实责任，注重安全培训，强化安全检查，持续治理隐患确保了全年无安全生产事故和交通安全事故。2009年公司圆满完成了国庆六十周年安全保卫任务，实业集团获得“国庆60周年安全保卫先进单位”称号，14名同志获得市公司级安全先进个人称号。

加强党建，为发展保驾护航

【深化理论建设】2009年实业集团圆满完成了学习实践科学发展观后续环节各项活动，并紧密围绕企业生产经营工作，开展了学习实践活动“回头看”工作，切实促进了学习成果的深入转化。同时，公司党委注重加强学习型组织建设，以两级领导班子和党员干部为重点，积极开展了中心组理论学习和党员教育培训工作，并将理论与实践相结合，开展专项调研，为加强企业经营管理，提供了决策依据。

【强化组织建设】2009年实业集团积极开展“四好班子”建设，以班子建设带动员工队伍建设。在全体党员中深入开展了“弘扬‘东四精神’，当先锋、促发展，党员立足岗位作贡献”主题实践活动，以纪念建党88周年为契机，以党课教育和爱心捐助等形式，开展了党员教育活动。同时，公司注重对入党积极分子的培养，严把党员“入口关”，确保了发展新党员的质量，全年共发展新党员8名。

【落实党风廉政建设】2009年实业集团以制度建设为核心，召开党风廉政建设联席会，确保了党风廉政建设责任制落实到位。1.公司开展了以“加强党性修养，改进工作作风”为主要内容的学习教育活动。2.召开了以“加强领导干部党性修养，树立和弘扬良好作风”为主题的领导班子专题民主生活会。3.组织领导班子成员深入基层联系点实地调研和领导人员作风建设民主评议活动。4.进一步加强了信访案件的查处工作，对反映的问题及时进行调查并认真回复。

以人为本，营造和谐发展氛围

【企业文化建设持续推进】2009年实业集团以建国六十周年为契机，以学习贯彻科学发展观为主题，围绕市公司举办职工文化艺术节，组织了丰富多彩、形式多样、内容高尚的文体娱乐活动，大力开展职工文化建设，陶冶员工情操，以健康、文明的形式展现了企业发展成果和职工的精神文化生活，唱响主旋律，弘扬企业精神。

【办实事工作全面实现】2009年实业集团以着力解决职工群众最关心、最直接、最现实的利益问题为目标，把做好职工队伍稳定工作放在首要位置，深入实施送温暖工程。两节期间共筹措、发放慰问金、慰问品合计19万元。走访劳动模范12人次，看望重病伤残职工21人，困难离退休154人，其他困难职工180人，到27个基层单位进行了慰问。并通过开展送温暖活动，解决了员工的实际困难，营造出和谐企业、和谐团队的良好氛围，维护了企业改革、发展与稳定。

实业集团器材公司

【概况】北京市邮政器材公司位于昌平区回龙观西大街育知路一号，共有正式职工416人，多种用工451人。2009年，器材公司实现收入2.6亿；完成利润26万；上缴420万；效益投入292万；资源整合增效100万，节支降本167万，解决历史遗留问题273万；职工收入水平增长10%。

【实施项目策划，增加企业收入】2009年，器材公司投资400万元在大兴仓库建设2000平方米办公用房和停车场，出租给中心局车队使用。经过一个多月的紧张施工，中心局车队按期转场入住，实现效益209万。

2009年器材公司各三级公司先后策划实施策划项目50个，实现收入4960万元。其中：油卡销售收入200万元、黑字袋收入1738万元、办公用品收入366万元、村邮站自行车及信箱销售收入239万元、东区空调维修业务收入55万元、汽修三厂设立黑庄户维修点收入10万元、汽修六厂服务型保险业务收入20万元。这些项目的成功实施为企业职工收入增长奠定了基础。

【经营工作稳步推进，各项工作快速发展】

1.核心业务稳步发展。2009年，器材公司采取了有力措施，突出重点产品营销，巩固开发局内市场。

（1）邮政用品用具业务实现收入8295万元；印刷业务收入3002万元；新邮袋生产收入2136万元；油料业务收入9168万元。包装箱业务由于产品质量较好，成为北京市邮政公司唯一指定供应商。

（2）邮袋厂全年完成洗晾邮袋325万条、补袋866万条、分拣2097万条、发出1799万条，信盒分拣137万个，发出133万个，保证了北方16省市邮政通信生产。2009年正值60年国庆，为保证阅兵村包裹收寄，邮袋厂急用户所急克服困难，为沙河局直送国内普通1#邮袋3700条。

（3）大兴仓库全年为北京邮政各生产经营单位配送物品、物资2746车次，保证了配送时限，以优质的服务有力地支撑了公司业务的发展。

2.社会市场份额逐年增加。器材公司始终把开发社会市场作为经营工作的重点。在各三级公司的努力下，社会市场业务不断创新，市场份额不断增加。

2009年实现社会市场收入8180万，比2008年增长31%。其中，信报箱业务收入378万元，陶陶居食品业务收入533万元，维修社会车辆收入376万元，邮政用品用具社会市场收入860万元，壮园肥收入110万元。

2009年器材公司邮政用品公司开发了“市政交通一卡通”业务；油料公司开发了社会礼品团购和劳保用品业务；兴邮公司开发了体育彩票业务；大兴仓库开发了库房租赁和销售蒙酒业务；汽修一厂开发了与相龙立新汽车修理公司合作政府采购修车业务；汽修六厂开发了无水洗车业务；汽修三厂开发了汽车发动机免拆洗修理业务；陶陶居公司开发了与宝兰府食品有限公司的合作及外埠月饼销售业务等。社会市场新业务的开发为器材公司经营发展带来了活力和效益。

3.常规礼仪营销创出新成绩。常规化礼仪营销已经成为器材公司经营工作不可缺少的部分。是公司持续发展的一项措施和增长点。

2009年器材公司常规化礼仪营销做到了全员参与，件件落实。实现收入2046万元，比2008年增长了30%。各三级公司先后开发了吴裕泰茶卡、青岛第一坊花生油、车辆维修工具箱、滇式玫瑰花月饼等产品。

4.资源整合、效益凸现。

(1)出租回龙观闲置办公用房1000平方米。

(2)出租汽修一厂办公用房400多平方米。

(3)出租陶陶居公司瀛海食品生产场地,变闲置为盈利。

(4)出租大兴仓库闲置场地。几年来器材公司通过有效的资源整合、场地置换,成功实现了资产有效利用。

5.投资建设,增强企业发展后劲。2009年,器材公司先后投资215万用于基本建设。

(1)更新添置油罐车、面包车,投入80万。

(2)中鸿公司添置模切机,投入69万。

(3)汽修新增场地设备,投入29万。

(4)更新添置各种机械设备,投入19万元。

(5)更新改造锅炉设备,投入18万元。

【加强企业管理,保证企业健康持续发展】

1.坚持采购招标,落实降本措施。2009年器材公司按照北京市邮政公司和实业集团公司的要求,提出了采购招标降本100万,压缩各种费用降本100万的要求。为此向各三级公司和机关各部室下达了降本指标。采取了相应的降本措施。全年办公费同比下降9%、业务招待费同比下降17%。同时,公司加大了采购招标的力度,大额采购全部纳入招标范围。共节约生产经营成本180万元。

2.强化财务管理。公司实行全面成本管理,建立了谁花钱、谁负责的预算责任制度;加强资金管理,将以前年度应收账款落实到每名业务员,收回2008年及以前年度的应收账款2945万元,清理了三年以上的应收账款坏账损失25.5万元;处理了器材公司的不良资产、毁损资产,报废部分逾龄及闲置资产共计157万元。

3.深化经营管理。公司修改完善了升位晋级考核办法,对三级公司按收入规模、贡献大小、人数多少划分为三个组进行考核,调动了三级公司创收的积极性;加强了对三级公司经营工作的沟通,关注经营数据变化,对重点业务、策划项目实行动态监控;坚持对三级公司进行服务满意度考评,对产品进行质量跟踪。

4.加强人力资源管理。公司制定了《人力资源管理考核细则》;修改完善了《器材公司员工奖惩办法》;核算了不同专业营销员业绩折算系数,完成了营销员薪酬待遇与岗位的对接;积极稳妥地处理了企业与员工的劳动争议;完成了各三级公司劳务工续签劳动合同等工作。

5.提升安全管理水平。公司建立了安全考核指标体系,每月对三级公司考核。抓住安全月、六十周年大庆及11·9消防宣传日等时机,开展全员安全教育,对锅炉、压力容器以及基础资料实行建档管理。在安全生产、交通安全、防火防盗,防汛及维稳等方面严格检查。实现全年无安全责任事故。

6.坚持局务公开、民主管理。器材公司坚持局务公开月报制度、坚持民管会审议重大事项制度。坚持落实三个百分之百,落实职工对重大事项的知情权、参政权和监督权,保证公开内容的真实性、客观性。在公开的形式上,不仅利用各种会议、文件、公开栏等,及时通报公司在改革、发展中的重大事项,还积极推行网上局务公开工作,在公司网站上公开三级公司月考核打分情况,对促进三级公司的管理工作取得了较好的促进作用。

7.抓队伍建设,促素质提高。2009年,器材公司将教育、培训有机结合,通过理论与实际联系,为员工充电,激励和调动职工经营创收积极性。组织了以"创业、创新"为主题的经营管理者培训,以"加强班组建设,打造高效团队"为主题的班组长培训,组织了邮政贺卡营销培训,以及安全教育培训,全员法规培训,职工技能培训和ISO质量体系认证转版培训。共组织各类培训33次,参加培训达9870人次。

【加强企业精神文明建设,构建和谐企业】

1.加强思想理论建设。器材公司党委把加强干部思想理论建设放在首位。认真组织了党的十七大四中全会精神、实践科学发展观的学习活动,开展了专项调研。组织中心组理论学习20余次,开展了党支部主题实践及教育活动。组织召开了实践科学发展观回头看、领导班子民主生活会等活动,查找企业经营中的不足,开展批评与自我批评。

2.加强党风廉政建设。器材公司认真学习中纪委精神,积极推进党风廉政建设和反腐倡廉工作。学习贯彻有关条例精神。把开展"讲党性、重品行、做表率"主题实践活动与开展党风廉政建设宣传教育月活动紧密结合，促进了各级领导班子和党员领导干部作风的转变和廉洁从业意识的增强。

3.积极推进企业精神文明建设。器材公司修改完善了党委2009年度工作目标责任及精神文明建设考核办法。以庆祝建国60周年为契机，开展了热爱祖国、热爱邮政、岗位奉献教育活动。围绕企业中心工作，开展了危机意识、开拓创新的教育。同时，深入开展了职工思想政治工作，有力地维护了职工队伍的稳定。

4.积极为职工办实事。为营造企业与职工共同发展的和谐氛围，器材公司积极为职工解难题、办实事。通过帮扶救助，互助互济等，共帮助55人次，救助13万余元。同时，公司为120多名外勤人员发放了小药包，组织60名职工分两期进行疗休。

实业集团北邮物业公司

【概况】

1. 主要经营任务和指标完成情况：2009年北邮物业公司实现收入9394万元，完成计划的104.37%，同比增长19.22%。累计上缴资金208万元，完成计划的100%。职工人均收入6.98万元，同比增长增长14.8%。

2.企业机构、人员状况：2009年公司领导班子组成人员：李颖生任北邮物业公司总经理，张秀芳任党委书记，张俊岭、王闯任公司副总经理，庞荣海任工会主席。吴国生任总经理助理。

3.2009年公司机构设置：公司管理层设置四部二室，即经理办公室、工会办公室、党群工作部、计划财务部(报账中心)、人力资源部、经营管理部(检查组、市场部)。2009年公司在职职工306人(含内退职工62人)，机关职能人员40人。

【为邮政做好后勤支撑，树物业良好服务形象】

1.为邮政主业做好后勤支撑，“五心”服务显特色。北邮物业公司各物业部坚持严格落实“3化6S”现场管理标准，并结合自身的实际，根据业主的特点和需求开展服务工作，做到让业主舒心，使业主放心，与业主交心，给业主信心，为业主省心。用诚心和诚信在业主心中树立了良好的服务形象。

望京物业部顺利完成了迎接速递物流局入住望京大院的任务，并提出“业主是亲人”的理念，要求满足业主需求。他们的会议和餐饮服务成为特色服务窗口；赢得了业主上下一致好评。

西站物业部从“企业管、业主住”的模式演变为“业主说、企业管”的模式。把管业主的思维彻底地扭转到服务业主上来。他们对日常零维修工作采取了工牌制度，使零维修工作及时到位，保障了窗口服务的良好形象，受到大院各单位的赞扬。

天竺物业部在“食堂、保洁”两个部门开展“亮点”工程。随季节变化调整小吃品种，注重质量和分量，使就餐职工感到物美价廉。在完成每日正常保洁工作基础上，他们按周和月加强重点区域的保洁、绿化，为一线职工提供了整洁的生产生活环境。

2.为邮政员工做好健康卫士，预防甲型流感责无旁贷。2009北邮物业公司强化防控甲流工作。制定了防控工作预案和措施；加大宣传；加强对公共区域的消毒；对进出大院人员测量体温。北邮物业卫生科还提供防流感中药包5730余份，口罩1300多个。各物业食堂也强化了食品卫生监督，为就餐职工熬制预防流感的保健中药，免费饮用。

3.做好安全保卫工作。2009年北邮物业公司人防、物防、技防并重，强化各个邮政生产大院的安全管理，维护大院秩序，保证通用设备的正常运转；严格执行大院安全管理规定，严格门禁制度，加强巡视检查，确保监控设备24小时正常运转。作为长安街沿线单位的东站物业部配合市公司全力做好布防和节日期间的巡视汇报工作，圆满完成了国庆60周年安保任务，获得了北京市邮政公司国庆60周年优秀团队荣誉称号。

【强化经营开拓市场　努力创收】

1.经营收入持续增长。2009年北邮物业公司计划内收入2773万元，占实现收入的30%。创收收入6621万元，同比增幅24%，占实现收入的70%。其中物业专业完成2820万元，同比增长8.2%；节日销售专业完成1879万元，同比增长160.7%；餐饮专业完成1703万元，同比增长32.2%；医疗专业完成744万元，同比增长32.2%；设备技术专业完成853万元，同期增长29.4%。

2.项目策划全面落实，带动业务全面发展。2009年北邮物业公司全年策划项目41项，完成收入1566万元，完成率达到100%。大学生物业部和卫生科分别争取到了调整宿舍收费和承接局内职工体检的业务政策;科技公司取得了安防企业二级资质,承揽了北京公安博览会和局内安防监控改造工程;天桥物业部加强了糕点外卖和房屋出租业务;东站和天竺物业部强化盒饭业务的开发;卫生科加大了对郊区局的医疗服务和体检;西站物业部大力发挥设备安装优势,承揽驻院单位的设备安装、综合布线、维护保养业务;永安路物业部开展工程维修、代维业务。通过项目策划,三级公司在开发市场、推动业务发展方面都取得了良好成绩。

3.节日营销形成常规,销售收入大幅攀升。北邮物业公司2009年礼仪常规化营销收入1596万元,超额完成礼仪营销任务目标。其中永安路盛天元食品有限公司元宵销售2万盒,收入62万元,同比增长13%;粽子销售3万盒,收入109万元,同比增长36%;中秋月饼销售5.1万盒,收入494万元,同比增长19%。食用油、野生菌销售173万元,同比增长50%。盛天元食品有限公司公司还开发了具有传统老北京文化特色的“京八件”糕点礼盒,销售7500盒,收入53万元。此外北邮物业公司茶叶销售55万元,同比增10%。完成市公司产品销售任务39.4万元;完成贺卡明信片销售30.25万元;除了盛天元产品系列,所属各单位还根据客户需求开发了自己的产品。礼仪常规化营销已经成为各个三级公司增收创效的主要效益来源。

4.开疆扩土不遗余力,外部市场连连突破。在市公司总经理章干泉、副总经理王金波和实业集团公司领导的大力支持下经过不懈的努力,2009年9月北邮物业公司与中邮物业联合拿下了中邮集团金融街金鼎大厦11万平方米的物业项目。

北邮物业公司西站物业部在承接中国邮储银行丰台机房一期物业项目的基础上,抓紧跟进二期工程的进展,于2009年11月正式承接了中国邮储银行丰台信息中心2万余平米除餐饮外的全部物业项目。除外,西站物业部还承接了香山植物研究所3万余平米的物业保洁项目。

建国门银行物业部在北京邮储银行成立以来,依靠优质服务赢得了领导及所有工作人员的认可。2009年10月,承接了北京邮储银行广安门支行7000平方米的物业项目。

【抓企业基础管理,提高企管理水平】

1.抓机制创新,调动全员积极性。公司修改完善了经营承包办法,对《经营者分级分酬管理办法》、《升位晋级奖励考核办法》作出重大修改,使薪酬与效益和贡献双挂钩,突出我为企业谋发展,企业发展我受益的中心思想,充分调动了经营者积极性。

2.抓成本控制,开源节流保增长。公司严格发票报销审核,有效控制收入跑冒滴漏的现象;严格执行“公司预算审批制度”,有效控制成本支出;实施15个降本增效项目,降本94.01万元。实施药品采购、月饼包装采购、工程采购等5项招标共计节约41.39万元。

3.抓教育培训,多措并举引人才。全年培训43期,参训人次1269人(包括岗前培训8期、绩效培训2期、业务技术培训1期、安全培训11期、班组长培训1期、中层干部培训2期、适应性培训18期。其中三级副以上177人次,一般管理岗81人次,一线工人岗499人次,劳务工512人次)。同时,公司多种渠道多种方式广招人才,与相关专业职业学校建立了良好的合作关系,及时为新的物业项目储备力量。引进全能型管理人才4名,招聘专业型服务人员若干。

4.抓质量监督,确保服务满意度。由公司经营部牵头组织内部检查、参加上级联合检查、专项检查15次;检查组全年检查163频次,发现问题97条。公司对检查中发现的问题和整改情况进行通报。定期组织服务工作推进会,针对特殊时期的服务工作,开展有针对性的部署。

5.抓安全管理,警钟长鸣不松懈。公司以“保国庆60周年大庆安全”为重点,全面开展了各项安全工作。全年综合检查40次;下发整改40份;各分公司自查576次,消除隐患211件。启动维稳工作机制,开展外来务工和出租房屋基础信息调查工作;举办各类安全培训4期,120人次;制定国庆安保工作预案,开展各类应急演练14次。深入开展安全月,消防日主题安全活动;加大安措投入,协调投入资金200多万元整治安全隐患。

6.抓设备改造,根除隐患保运行。公司完成设备大修及更新改造项目3项。即:天竺航站空调系统增容,工位式改造成全方位空调,改善职工现场工作环境;西站火灾自动报警系统设备更换工程,彻底解决系统长期以来存在的隐患;天桥常压热水锅炉更新改造,恢复大院职工洗浴和食堂热水的供应。

【文明建设凝聚人心,关爱文化激发豪情】

1.努力提高干部、职工队伍素质。公司购买《十七大辅导报告读本》、《十七大报告学习辅导百问》、新《党章》等理论辅导书籍发放给党员干部，并深入开展了新《邮政法》全员答卷。2009年公司发展党员2名，预备党员转正6名。公司开展了以"加强党性修养，改进工作作风"为主要内容党员教育活动，按期召开了专题民主生活会。公司还开展了"双培养"活动，努力把生产经营骨干培养成为党员，把党员培养成为生产经营骨干。

2.开展主题活动，推进精神文明建设。北邮物业公司扎实开展主题实践活动，西站物业部确立了"服务主业当先锋，提升质量促发展"的活动主题，东站物业部确立了"保服务、促效益、勇破纪录，再创辉煌"的活动主题，机关确定了"抓管理、促发展、冲鼎亿元目标"的活动主题，进一步促进了公司经营服务目标的实现。公司开展以招投标管理、物资采购为重点的效能监察工作；开展小金库清理工作，全年没有发生党员干部和职工违纪现象。

同时，2009年公司以"迎国庆、讲文明、树新风"活动为契机，开展精神文明建设。永安路物业食堂作为地区街道的志愿者，每天坚持为孤寡老人送饭，得到了地区的赞扬。公司第七年被评为首都级文明单位，西站大院被评为西站地区文明单位；公司机关被评为西站地区文明示范科室。

3.关爱职工营造和谐氛围。

(1)开展技术练功、竞赛和文娱等活动。开展"创新杯"、"思乡月"劳动竞赛。组织了以"增量创收"为主题的合理化建议活动，180人参加，采纳建议49件，其中实施13件。广泛开展技术练功活动；积极开展"安康杯"竞赛活动，将《劳动法》、《工伤保险条例》、《职业病防治法》、《工会法》在职工中进行宣传。下拨3.1万余元支持部门工会开展职工喜闻乐见的文体活动；组织了游泳比赛；积极参加了市公司文艺节合唱和艺术作品比赛活动。

(2)实施送温暖、送关爱工程。慰问离退休老干部老劳模27人，在职单亲职工、病困职工等8人，外来务工人员120名，发放慰问金10600元以及米、面、油等生活必需品。为8人办理医疗互助2.68万元；为20名职工办理帮扶救助1万元；为14名职工办理互助金0.42万元。"三·八"国际劳动妇女节拨款0.2万元用于基层开展女工特色活动；夏季送凉爽慰问全体职工发放了饮料、洗发水等物品；下拨1万元慰问广安门邮储银行、丰台邮储银行的物业人员；组织40名职工参加疗休；组织82名女工防癌普查。

(3)做好离退休人员的管理工作。全年共走访、慰问离退休干部、职工84人次，组织离退干部郊游活动49人次。使离退休老同志感受到组织的温暖，共享企业发展成果。

实业集团建筑工程公司

【概况】北京市邮政建筑工程公司(简称建筑公司)是实业集团隶属下的国有建筑企业，位于北京市丰台区南三环东路25号。公司主要经营建筑施工、建筑设备租赁、建材销售、建筑装修等。

2009年公司领导班子由总经理袁正春、党委书记王宝林、副总经理兼纪委书记兼工会主席王向辉组成。公司机关设两个部室：综合办公室(党办、工会退委会、行政后勤、人力资源部、计划财务)、生产经营部(含技术质量部)。公司下设2个建安分公司、1个材料供应中心。

【经营成果】2009年建筑公司完成施工总产值3886.05万元，共承揽大小工程56项，2009年6月至9月，按照市公司和实业集团公司"保留建制、精减瘦身、竞聘上岗、分流安置"的要求，公司完成了竞聘上岗，分流安置工作。在新班子的领导下，按照"集中管理，统筹安排"的工作思路开始新的工作，努力开拓局外市场，强化内部管理。

2009年末，职工人数41名，其中管理干部及专业技术人员24名，大专以上学历人员16名，中专学历人员13名。公司注册资金2000万元，固定资产总值1480万元。

专业技术人员中，具有高级职称3人，其中高级工程师3人；具有中级工程师、经济师、会计师等中级职称共4人，具有初级职称各类人员13人；一级建造师2人，二级建造师2人。取得北京市建委颁发的土建、水暖、电气、安全、质检、材料、资料、放线、物业等，各类各种专业岗位证书63册。

2009年建筑公司通过了二级总承包资质的年检，在注册资金、企业总收入、设备数量、人员资质、企业业绩等方面符合建筑企业二级资质和建筑企业装饰装修二级资质标准，经市建委审批，公司资质是房屋建筑工程施工总承包二级资质企业和装修装饰二级资质，这一资质可承担单项建筑合同额不超过企业注册资金5倍的房屋建筑工程施工，如：①28层以下、单跨度36米及以下房屋建筑工程；②高度120米以下的构筑物；③建筑面积12万平方米及以下住宅小区或建筑群体。

【主要工作】建筑公司以经理为首，副经理、经营、财务、技术、专业人员参加的生产经营指挥系统，全面负责对生产经营、技术、安全管理工作。在新班子的领导下，按照“集中管理，统筹安排”的工作思路开始新的工作。

1.开拓局外市场。2009年在局内市场不景气的情况下，公司领导班子解放思想，把目光投向局外市场，努力寻找工程项目，承接了大厂回族自治县大安街两侧私有建筑外立面改造工程和政府办公楼外墙装修工程。

2.实行报账改革，加强财务管理。2009年8月按照公司公司财务实行报账制管理，严格资金申请制度，不擅自动用一分资金。同时公司严格支票发放制度，凡2万元以上款项都通过网上银行划拨形式付款，2万元以下资金都在支票上注明不得背书转让，严格发票审查制度，做到每票必验。

3.对经营管理办法进行修订，以适合公司目前组织机构职能和今后发展的需要。新领导班子成立后，公司的机构编制有了很大的调整，公司下设一部一室、两个分公司，一个材料供应中心，科室及三级公司数量减少，职能合并或调整。公司生产经营实行一级管理，两级核算。为适应新变化，规范公司生产经营工作，理顺工作关系，围绕“集中管理，统筹安排”的工作思路和原则，由市场经营部牵头对经营管理办法逐项进行讨论，对已不适应现在经营活动的地方进行了修订或补充。

4.狠抓质量重塑品牌，确保“六保”工作落实到位。2009年公司领导带领相关人员来到东、西、南、海各区局，及各专业局，回访大客户，倾听甲方对公司工程施工质量、工期、保修维修服务的意见和建议，对工程作出承诺。

5.认真落实安全生产工作，紧抓安全不放松。为保持企业安全稳定，公司认真落实安全生产责任制，层层签订安全责任书，安全宣传教育做到了横到边，竖到底，宣传不留死角，教育不漏一人。公司加大对施工现场、出租房等重点部位的检查监督力度，对没有正规手续的人员进行清理，及时下发隐患通知书，对整改情况及时验收。

实业集团绿洲房地产公司

【概况】2009年绿洲房地产公司（简称绿洲公司）深入贯彻落实科学发展观，坚持发展是硬道理，通过“突出机遇意识、优化发展思路、完善政策措施、创新机制体制、改进工作作风”，圆满实现了全年各项工作目标。2009年绿洲公司计划收入5200万元，实际完成经营收入5507万元，完成年计划的105.9%，比2008年增长27.24%。

2009年绿洲公司主要有三大块业务，即宿舍物业、建筑维修和房屋租赁，其中宿舍物业管理是公司最大的主营业务。在较好完成主营任务的同时，2009年公司再次实现多种经营收入高于主营业务收入的目标，特别是对局外市场核心业务的开发有了长足的进步，取得了显著的经营效果。

【强化物业服务质量，提升物业服务水平】物业服务与经营是绿洲公司主营业务，也是绿洲公司生存发展的基础业务和重要收入来源。为此公司坚持以优质服务为宗旨，以做好各项物业服务管理为主线、以达到住户满意为目的。一方面巩固了物业服务市场，另一方面为扩大延伸服务创收、增效打下了良好的基础。

在提高物业服务质量方面，2009年公司物业管理的重点是抓好“一个服务、三个提高。”一个服务是强化物业分公司的内部管理，努力做到为住户提供各项优质服务，真正做到让用户满意。三个提高是提高物业管理人员的管理水平，提高物业服务人员的服务水平，提高物业分公司的创效水平。一方面强化了检查考核力度，公司市场部设专人对物业分公司物业宿舍小区进行定期检查，发现问题及时纠正。另一方面加强对物业管理人员的业务培训和物业服务人员的技能培训，特别是物业服务人员对学习专业技能积极性很高，许多同志已达到一专多能，成为物业服务工作的中坚力量。

由于措施得力2009公司物业服务水平有了一定的提高，受到住户的表扬和好评。同时通过热情周到的物业服务与住户建立起了良好的互动关系，对物业分公司的经营工作起到促进作用。

【确保主营收入，重点开发辅营业务】绿洲公司充分利用自身优势在开发业务方面取得了新的进展和一定成绩。2009绿洲公司利用锅炉运行维保专业优势，在做好原有锅炉运行维保的同时，承接了中心局大红门锅炉运行维保业务。目前公司管理的锅炉房总计53处，年收入约300万元。

绿洲公司还充分利用建筑维修市场的资源优势，以收入挂靠形式，多次参加社会工程投标，并数次中标。既解决了公司在建维市场的资质准入问题，又解决了收入缺口。2009年工程设备公司完成工程收入1100万元，收入贡献比达到21%。

【搭建营销平台，开发局外市场】针对局内市场空间越来越小的状况，绿洲公司大胆尝试在社会市场上寻找新商机，借助外部市场开发，搭建营销创收平台，创造和营销自主产品。公司借助去年成功开发的面向社会市场的密云溪翁庄龙福源，继续开发“龙福源”系列产品项目。通过项目策划，形成了以“龙福源”农家坛子肉为龙头的农副系列产品，并实现了生产、销售一体化，取得了可观的经济效益。2009年成功设计开发的“龙福源”农家坛子肉产品，在公司干部职工的努力下如期完成了销售一万坛的目标，实现70万元销售收入。二季度公司又成功开发了精品海蜇礼盒，实现销售5000盒的目标，销售收入45万元。三季度公司利用“龙福源”这一创收平台，发挥资源优势，大胆尝试开发自主品牌产品，推出了水库鱼产品，取得了创收50万元的好成绩。而四季度公司积极策划五节营销产品，重点进行了海鲜礼盒项目策划，实现营销收入150万元。目前该产品已成功列入市公司大网产品，销售势头看好，同时也为全公司的营销工作起到示范作用，在产品营销上又向前迈了一大步。

实业集团旅游餐饮公司

【概况】京邮政旅游餐饮公司隶属于北京邮政实业集团公司，是一家以旅游、会议、餐饮为主的专业化公司，下设北京鸿雁苑宾馆、北京市邮政公司公寓、北京首邮旅行社和北京天野温泉度假村4个分公司及项目开发和营销中心。共有员工94人，其中正式职工53人，多种用工41人。2009年旅游餐饮公司完成业务收入2362万元，完成年计划任务的112%。其中，商品销售完成414.7万元，完成计划的107%；降本增效完成31.9万，完成计划的132%；项目开发完成15项，完成计划的100%。

【明确发展思路】2009年旅游餐饮公司重新定位，以创新经营为重点，以强化管理为手段，以提升服务为基础，以项目开发和降本增效为主线，突破企业发展瓶颈。公司结合实际，对干部职工提出了“五个转变、十个表率”的要求，使职工工作目标更加清楚，职工队伍稳定，企业形成了团结向上的和谐氛围。

【强化制度管理】2009年是旅游餐饮公司推进制度建设，促进工作精细化、规范化，提升工作执行力的重要一年。公司从细节出发，立足专业，科学量化，将各项制度管理落实到位。

1.以“五个依靠、五个转变、十个表率”作为全体干部职工的工作标准。围绕这一标准，检验自身工作，使工作更加规范化。

2.出台了18项办法、制度，并汇集成册，印发给每位职工。通过组织学习，使每位职工都了解企业的规章制度，形成自觉按制度办事的良好风气。

3.根据企业发展要求，建立了以三级公司为管理对象的财务核算中心。

4.建立科学合理的考核激励机制，实施负激励机制，强化奖惩机制落实，合理拉开分配档次，向业绩突出、贡献较大的人员和岗位倾斜。

5.强化降本增效工作制度。以鸿雁苑宾馆为试点，建立降本工作4项制度，即台账制度、上报制度、检查制度、点评制度，将降本工作落在实处。

【突破营销瓶颈】

1.开发了旅游餐饮公司综合消费卡(LC卡)，并不断丰富商品种类。同时，开通了旅游餐饮公司综合消费卡(LC卡)宣传网站，提升了知名度，实现销售收入130万元。

2.鸿雁苑宾馆获得了北京市政府会议采购定点单位资格，打开了政府会议营销突破口。

3.策划了天使之星亲子园项目，拓宽了经营范围。

4. 北京首邮旅行社开发了团体出境游项目，并积极策划推进台湾旅游项目。

5.强化礼仪常规化营销工作，围绕“五节”、“端午”“中秋”等重大节日加强节日营销力度。

【提升服务品质】

1.加强对三级公司的指导服务。指导三级公司经营工作，确保经营收入增长；帮助三级公司规范基础管理工作，完成工作规划、人员培训等一体化的管理流程，做到细化管理、强化执行；帮助指导三级公司降本工作，以鸿雁苑宾馆为试点，强化降本增效的试点效果；帮助营销中心开办天野温泉度假村分支机构天使之星教育咨询分部；帮助鸿雁苑宾馆解决装修工作中的各项问题；协助首邮旅行社做好北京市邮政公司疗休工作；协助邮政公寓恢复押运员食堂为押运员服务。

2.推进基层单位服务质量的整体提升。邮政公寓对押运员服务保障工作提升了一个层次，添置了洗衣机、微波炉，餐厅饭菜质量逐步提高，丰富押运员精神文化生活，得到了押运员好评；鸿雁苑宾馆加强对服务员的培训，规范服务标准，微笑服务，热情周到；北京首邮旅行社做好游客的满意度调查工作，根据游客的反馈，及时对服务工作进行整改。

【强化培训】2009 年旅游餐饮公司加强了员工培训，培训范围进一步扩大。

1.有计划的对管理人员、财务人员、营销人员、安全人员、服务人员进行培训，小培训三级公司半月一次，中培训二级公司每月一次，大培训每季度一次。

2.借开展“读书学习日”活动，各单位每月抽出半天集中组织学习，干部职工每周抽出半天自学。

3. 借岗位练功比赛强化对服务人员的技能培训，学习先进企业对待问题的服务态度，转变思维观，使服务更真切，顾客更满意。

4.落实营销培训，加强专兼职营销员培训，营销人员素质得到了进一步提高，营销能力得到了加强。

【重视安全管理】

1.加强了对安全工作的检查力度。由每月检查一次，增加到每月检查 2–3 次。不走过场，重点部位重点检查，重点整改，并实行月通报制度。

2.制定安全检查线路图和隐患线路图，加强了安全精细化的管理工作。特别是职工疗休情况，从带团责任人、车辆安排、疗休路线等加强管理，制定疗休一览表。

3. 做好了 60 周年国庆安保工作。强化值班管理，及时排查隐患，化解矛盾。

4.做好了对甲型 H1N1 流感的预防工作。制作防范流感宣传页和展板，强化防控意识，加强日常消毒工作。

【做好鸿雁苑宾馆的装修改造工作】2009 年鸿雁苑宾馆进行装修改造得到了北京市邮政公司和北京邮政实业集团公司领导的大力支持。三栋住宿楼及大会议室进行了装修改造，室内外管线及部分外檐琉璃瓦进行了更换，宾馆面貌焕然一新，硬件设施进一步提升。鸿雁苑宾馆装修改造工程顺利通过北京市邮政公司验收。

实业集团同力达通信服务有限公司

【概况】北京同力达通信服务有限公司(以下简称同力达公司)隶属于北京邮政实业集团公司，是服务于北京邮政系统的劳务派遣公司。同力达公司具有十多年劳务派遣经验，是北京市劳务派遣规模最大的公司之一。公司机关有员工 17 名，内设机构为三部一室，即：综合业务部、社会保险部、计划财务部和综合办公室，公司总经理王建秋、副总经理郝春秋。

截止到 2009 年末共有 10500 多名劳务派遣人员输出到邮政系统各个用工单位，其中为北京市邮政公司各单位派遣 9500 多人，为北京邮政储蓄银行派遣 900 多人，为国家邮政局和中国邮政集团公司在京单位派遣 50 多人。2009 年末与同力达形成劳务派遣关系的单位已经达到 50 余家，其中市公司所属单位 40 多个，国家邮政局和中国邮政集团公司所属在京单位 9 个。

【主要经营指标完成情况】截止到 2009 年 12 月同力达公司累计实现业务收入 44411.4 万元，完成年计划收入的 104.25%。在完成主营业务的同时，同力达还积极开展增收创效活动，通过项目策划，充分挖掘潜力，实现全年礼仪常规化营销收入 60 余万元，并通过安置各类符合政策人员享受政府奖励 100 余万元。

【坚持为主业服务宗旨，实现优质服务】

1.坚持服务宗旨支撑主业不动摇。

同力达公司坚持“一切为主业着想，一切为主业服务”的宗旨，为主业提供优质服务。针对一些用工单位出现历史遗留问题引发的劳动争议，本着为主业解决问题的宗旨，同力达公司站在第三方立场上，从实际出发，既考虑用工单位的利益也尽可能地维护劳动者利益，为主业解决实际问题，解决了用工单位与员工之间的矛盾，维护了和谐的劳动关系。

2.努力完成各项用工管理工作

(1)为新招员工及时办理各种手续。

2009年是建国60周年，北京市邮政公司及邮储银行为保国庆、保畅通先后招收了500多名新员工。为确保这批新招人员及时到岗，同力达公司各部紧密配合，把服务送到生产一线，深入到各单位为新员工办理招聘手续，签订劳动合同，为新员工办理各项社会保险。同力达公司为新员工按时到岗提供了快捷畅通的绿色通道，也为北京邮政迎国庆、保畅通，提供了人力资源保证。

(2)深入基层，为员工续签劳动合同。

2009年，同力达员工中约有6000名员工劳动合同到期，需要及时续签。由于员工分布在东、西、南、海四大区局和十个郊区县的不同岗位上。这么集中大规模的续签劳动合同，工作量非常大。为及时完成此项工作，同力达公司及时制订方案，组织相关人员，采取深入到各单位，主动上门服务。为不影响一线人员工作，公司人员均在邮局开门之前或关门后为员工续签劳动合同。

(3)耐心细致，做好劳动纠纷的调解工作。

随着员工维权意识不断增强，劳资双方引发的争议逐年上升。同力达公司从维护劳动合同双方利益的角度出发，及时与双方沟通，了解情况，提出妥善处理矛盾的方案。对发生劳动争议的诉讼，及时搜集整理有关原始资料及各项基础资料，积极与劳动仲裁部门及司法部门沟通联系，如实反映情况，为劳资双方解决实际问题。2009年同力达公司调解劳动纠纷近30起，出庭参加劳动争议仲裁12次，胜诉率达90%以上。

(4)为同力达员工办实事。

2009年同力达公司办理各类招聘手续共计570人，接收人事档案667份，退转人事档案480份。为全年新增698人办理社会保险关系，为736名因各种原因调出人员，办理个人社会保险关系转移。

2009年同力达公司为291名职工申请办理了生育津贴及晚育津贴，共计金额210万元。为336名职工办理了住房公积金支取，支取金额为448万元，为24名退休或死亡人员办理了住房公积金销户支取，支取金额为208万元。为48名农民工办理养老金一次性结算，共计发放29万元。

2009年同力达公司办理工伤申报48人，工伤鉴定36人，劳动能力鉴定15人，工伤一次性待遇审批及工伤药费报销工作31人，工伤药费报销共计2万元。

2009年同力达公司从福利费列支出解决了外埠女职工生育费用、丧葬费抚恤金及同力达职工直系亲属病故慰问金，总计金额4万元。

2009年劳动部门协调委托同力达公司办理了9人各项社会保险补缴工作，总计金额14万元。

2009年同力达公司为1361人次办理了2008年度医药费报销，医保支付金额38万元，企业补充支付138万元。

2009年同力达公司下基层为一线服务近百次，为用工单位解决实际困难数十起。(包括历史遗留问题，合同、保险、劳动关系、工伤申报等问题。)

【转变观念，多种经营为企业创效】

1.营销策划结硕果。

2009年同力达公司继续利用市区政府对企业安置人员就业给予的奖励政策，策划了三个项目，分别是《就业与政府经济紧密结合》、《积极抢占社会市场为企业增收创效》、《利用朝阳区农业户籍劳务人员奖励政策创效》，经过培训指导、整理材料、填报资料、申报审批等大量细致的工作，并通过多次与政府部门联系，申报工作最终获得批准，三个项目共为企业获得政府奖励100余万元。

2.开展礼仪常规化营销工作取得突破。

2009年通过五节营销、二季度礼仪营销、“思乡月”营销等几次较大规模的营销活动，共实现业务收入60多万元，成为主营业务收入外的补充。

(撰稿人：李志红)

北京邮政电子商务局

概 述

北京邮政电子商务局(以下简称电商局)是隶属于北京市邮政公司的二级专业单位，下设三个职能部门分别是:综合办公室、市场经营部、业务管理部;2个生产部门分别是:运行结算部、11185客服中心。截止2009年底,电商局共有职工143人,其中正式工54人，劳务工89人。办公地址位于丰台区莲花池东路126号邮政信息大厦。主要职责是：贯彻执行集团公司和市公司发展电子商务和代理信息业务的总体部署和方针政策；负责全公司电子商务和代理信息业务的经营管理；负责研究制定电子商务和代理信息业务发展规划和目标;负责推广电子商务和代理信息业务产品和服务；负责制定电子商务和代理信息业务相关的规章制度和工作流程并负责对执行情况检查考核；负责11185邮政客服业务的咨询、查询、投诉受理工作。

2009年电商局领导班子成员是:局长兼党支部书记梁洪涛、副局长马挺、副局长赵蓉。

总体经营情况

【深挖潜力,发展短信业务】电子商务局通过开展“月增十万户,收入超千万”、“冲刺四个月,再上新台阶”等竞赛活动，使北京邮政短信业务有了突飞猛进的发展。短信业务实现收入1438万元，同比增长1338%,增幅全国第一。其中储蓄短信在网用户达到117万户,比上年年底净增83万户,短信用户占活期用户比例从上年底2%,上升到6.7%(其中邮政为8.7%),累计实现收入1108万元,增幅全国第一;速递短信加办率从1.4%上升到61%，累计实现收入117万元,月收入全国排名第二;汇兑短信加办率从3%上升到22%,累计实现收入208万元,月收入全国排名第六。

【加大宣传力度,推进航空机票业务发展】邮政航空机票代理业务是2009年集团公司的重点营销项目,也是电子商务业务中与三个经济理念结合最为密切,体现最为全面的业务。2009年,电商局积极落实集团公司对航空票业务的发展要求，以电子商务平台为依托，引入了优质的代理人资源和航空公司产品，组织了多项营销竞赛和营销活动，优化业务流程,提高业务支撑能力,开发新业务产品,并进行了多角度多方位的宣传,取得了较好的成绩。2009年累计出票2.7万张,实现收入54万元,与上年同期相比增长37倍,签订协议客户202家,全国排名17位。

【加强合作,巩固代办电信业务基础地位】邮政代办电信业务是邮政电子商务业务的基础性、支柱性业务,更是邮政充分发挥网点、品牌和信息优势的长效型业务,代办电信业务对专业收入贡献最大,是电子商务专业收入的主要组成部分。2009年代办电信业务已实现收入2474万元,同比增长17%,占总收入的56%。其中移动电子充值卡销售业务实现业务收入1100万元,比上年同期增加341万元,增长45%。同时，电商局还通过郊区网点及报刊亭等渠道积极开展"空中充"业务,截止2009年已发展了155个网点,重点发展的郊区市场已实现网点覆盖率70%,初步解决了农村地区手机充值难的问题。2009年各电信运营商重组后,电商局积极与各运营商合作,深入挖掘市场潜力,加强与电信运营商的合作,已经和重组之后的移动、联通和电信全部签订了合作协议,将开展放号、充值、代收费等全面合作。

【整合资源,开办自邮一族业务】“自邮一族”业务是集团公司近几年大力推广的重点业务，电子商务局通过市场调研发掘车主的潜在需求,采取与品牌优,服务能力强的第三方单位合作的模式开展业务,针对会员推出了洗车、代缴罚款、代验车本、违章短信通知等免费服务,以及汽车救援、酒后代驾、陪练、汽修等优惠服务,为会员提供省心、省时、省钱的全面车管家服务，在提升服务项目的同时树立了品牌形象。同时，电子商务局为加强"自邮一族"业务宣传力度，还精心制定了营销策略，采取了多样化的促销活动，一是针对集团客户开展亲情营销和关系营销；二是针对车主较集中的车友会、汽车服务集中地开展营销；三是针对邮政客户积极发展散户会员。四是年底前开展"开卡送礼"的促销活动，通过赠送小礼品的方式积极赢取客户入会，五是通过各种渠道对"自邮一族"业务，进行宣传。六是根据郊区局的特点，开发本地化的项目。2009年末累计发展会员7334个。

【推广经验，扩大彩票代理市场份额】2009年，通过与体彩中心的继续合作，电子商务局增加了郊区网点彩票销售业务，从而扩大了邮政销售彩票的销售渠道。并充分利用网点宣传，扩大邮政代理彩票业务知晓度，此外，电商局还结合门头沟邮政局利用投递员出班时主动向用户销售彩票培养用户群体的经验。向全市进行推广，至2009年，全市151个体彩销售网点，共计销售体育彩票336万元。同时，从6月份起电商局与彩谐科技有限公司开展福利彩票销售合作，在107个邮政网点开办"刮刮乐"福利彩票业务，利用网点开出10万元大奖的契机，借助福彩单位的宣传力量，通过开展户外宣传活动及促销的方式营造声势，推动彩票业务的发展，仅6个月时间全市福彩销售额已达199.5万余元，使该业务初具规模。

【利用网上邮局，不断开发新产品】2009年网上邮局业务被列为北京公司重点发展的电子商务项目之一，电子商务局完成了网上邮局二期的升级改造，整合专业局、区县局资源，形成"一点管理，多点经营"的运用模式；加强了组织、机构建设，做好网上邮局在区县局层面的支撑，各区县局专人负责订单管理和产品的取货、发货及货品的管理。截止2009年，网上邮局已上线了约300种产品，共计销售金额56.42万元．同时网上邮局作为爱心包裹项目唯一互联网受理渠道，充分体了现邮政现代化的电子商务服务。在爱心包裹项目的整体运作过程中，电商局投入到网上捐助渠道的建设中，参与制定业务管理办法、设计平台捐赠首页功能点，截止09年，从北京网上邮局共形成的爱心包裹数量达5.6万个，对推动"爱心包裹"项目起到了助力作用。

【抢占时机，做好世博门票销售】世博会门票销售业务是2009年集团公司统一代理的一项阶段性票务业务，利用全市41个网点和电话销售两种渠道进行世博会门票销售；通过强有力的宣传攻势、有效地激励考核政策和1对1的大客户营销手段；通过不断培训、组织区局、专业局召开客户推介会等方式加大营销支撑力度；利用首都博物馆举办的世博会展览，组织策划"北京邮政邀您共赏'世博会历史回顾展览"大客户免费参观活动、在全市窗口开展了"买世博会门票送世博展参观票"促销活动等系列营销推广活动。截止到2009年共销售门票1.92张，销售额283.5万余元，创造业务收入22.5余万元。

【统一对外形象，打造邮e通专柜】"邮e通"专柜的设立是通过邮政网点更好的推广邮政电子商务类业务，设立特定的服务区域、统一风格、标识以加强邮政电子商务形象的宣传，使社会公众在对以往邮政业务理解的基础上，更突出的认知邮政电子商务。2009年在全市50个网点设置了"邮e通"电子商务专柜，根据二、三季度业务量对比，各网点交易笔数环比增长了9.18%，交易金额环比增长11.36%，专柜的设立切实促进了业务的发展。

专业管理工作

【加强专业管理，提高认识度】为落实管理责任，2009年，电商局重点在指导各区县局构建电子商务专业体系上下工夫，各区县局已分别设置了专职人员负责电子商务业务的管理工作，使业务开展和实际工作落实到人。为保证专业收入的进度，电商局着重解决了汇兑短信、速递短信的入收问题，使短信业务当月发展当月入收，避免了收入手工清分划账的繁琐，增加了短信业务的收入来源，也促进了各单位发展短信业务的积极性。为做好业务数据统计工作，电商局每周进行业务竞赛通报，对专业收入的构成情况、各局收入排名情况和业务发展同期对比情况进行分析，找出各单位业务发展中的经验和不足，及时解决制约业务发展的瓶颈，对业务发展起到了督促作用。通过编写《经营监控分析》、《京邮电子商情》等为领导提供决策依据，为区县局提供发展思路，使各单位形成"比学赶超"的良好发展态势，促使业务良性发展。

【加强制度建设，强化监督检查，提高服务质量水平】2009年电商局仍将基础管理建设作为工作重点和基石，加强专业管理，提高专业支撑水平，保障电子商务各项业务的顺利开展。电商局积极开展业务抽查工作，2009年业务部共出检130次，报告书130份，有效地提高了各单位对业务的重视程度。根据检查的问题，开展了有针对性的培训，通过面授、利用模拟环境上机练习、电视电话会、到区局调研、营业网点现场培训等多种形式，指导区局、支局提升业务的受理能力和发展能力，确保了新业务的正常开办。

【加强培训力度，为业务顺利开展奠定基础】培训是业务发展的保障，2009年电子局根据专业发展需要，针对区县局业务管理人员、支局营销班长、营销员等不同层次人群，先后组织"航空票业务"、"短信业务"、"'自邮一族'业务、"世博会门票业务"、"网上邮局"等各种培训30余次。通过培训，提高了营销员的业务技能和营销技巧，对"自邮一族"业务、"世博会门票业务"等新业务的开办推广起到了积极作用。同时，对"航空票业务"、"短信业务"等集团公司重点业务的发展起到了积极的推动作用，使重点业务达到了"人人知晓、人人重视、人人发展"的效果，且帮助其解决了各类实际工作中遇到问题，效果显著。2009年7月电商局业务部门还组织了航空票专项业务测试，参加人员为274人，并对考试情况进行了通报和跟进，有效地促进了营业员的业务处理能力。

【加强业务管理，提高业务支撑水平】2009年电商局按照工作要求，认真做好电子商务平台、邮政礼仪营销、短信业务等各项服务支撑工作，强化业务管理力度，疏理业务处理流程，加强专业技能培训，努力提高工作效率。2009年，11185处理机票共计28863张。处理演出票及其他业务共计12942笔.

【加强信息平台建设，提高电子商务支撑水平】2009年根据集团公司相关要求，电商局协调科研院利用电子商务信息平台，根据自身业务发展需要，拓展新业务，完善老系统，完成"北京邮政电子商务代收费及新业务开发"立项工作，并配合科研院，提需求、做分析、做测试、做培训，先后完成了代收电信话费、代收移动话费、自由一族收费卡、代理博物馆通票、代放号、代售卡等业务系统的开发和空中充、体彩福彩、鲜花等业务系统的改造工作，进一步提高了邮政电子商务业务在网点经营的能力，提高了邮政电子商务的支撑服务水平。

精神文明建设

【积极参加地区精神文明建设活动】电商局积极参加西站地区组织的各项公益宣传和志愿服务活动，在活动中，涌现出了一批在精神文明建设中做好突出贡献的先进集体和先进个人，受到了西站地区精神文明建设指导委员会授予的各项荣誉称号。同时电商局还积极组织党团员参加了"传承奥运精神、文明重在行动"志愿者服务活动，共派出8名志愿者到西站北广场维护乘车秩序，劝阻不文明行为，义务为旅客指路，起到了维护车站秩序，倡导文明乘车的宣传作用。

【围绕工作实际，发挥工会作用】为落实北京市邮政公司工会《关于开展创建"劳模先进创新工作室"活动的实施意见》的精神和要求，弘扬东四邮局精神，发挥劳模先进作用，电商局工会开展了"张志勋创新工作室" 活动，充分发挥劳动模范赵蓉、张志勋与11185客服中心先进集体及先进个人凝聚结合下的激励示范作用，进一步放大品牌效应，并创建了三个创新小组，分别是："11185客户投诉服务用语及受理技巧"创新小组、"11185客服中心梯形排版法"创新小组、"航空机票后台支撑工作法"创新小组，通过创新小组的建立，为职工搭建技术传授、自主创新的平台，引领11185客服全体职工爱岗敬业、积极进取、创造佳绩。

【开展平安邮政建设活动】制定了活动方案，并认真贯彻落实。一年中未发生任何火灾、爆炸、上访及涉毒事件，定期进行安全教育和安全检查，组织了应急演练等活动，达到了平安邮政建设活动的要求。

【建立职工之家】电商局在积极发展生产的同时，高度重视工会工作，拨专款建立了"职工小家"，购置了电视机、DVD、图书资料柜、微波炉、咖啡壶等硬件设施。通过"职工之家"的建立，进一步增强了全局的凝聚力，促进全局的良好发展势头。

【加强党风廉政建设，促进企业健康发展】电商局党支部以科学发展观为统领，认真抓好党风廉政建设，充分发挥权力运行制约监督作用，为电子商务局加快发展，保持稳定提供了有力的政治保证。

1.强化责任。2009年电商局继续开展党风廉政建设工作。按照党风责任制的要求，层层落实责任，形成局长负总责，分管领导具体抓，各部门负责人承担相应职责的责任体系，并严格追究，确保全局党风廉政建设工作深入开展。进一步完善加强党风廉政建设制度，严格落实内部管理、财务管理、绩效考评等工作制度，增强制度的约束力。

2.强化教育。与深入学习实践科学发展观活动相结合，深入开展党风廉政建设的学习教育。在教育活动中，突出学习科学发展观有关重要论述，突出开展反腐倡廉专题教育，组织干部观看警示教育专题片。树立"以廉为荣、以贪为耻"的思想理念，为做好电子商务业务提供精神动力和智力支持。

【积极参加"爱心包裹"的捐赠工作】电商局既是"爱心包裹"项目组的成员之一，也是最早参与"爱心包裹"项目的单位。在5·12汶川地震一周年，庆祝新中国成立60周年，纪念建党88周年之际，号召全体党员积极参加"爱心包裹"慈善公益募捐活动，把此次活动作为履行党员职责、提升形象的一次主题教育，做到全体党员、干部、入党积极分子参与率达到三个百分之百。在党支部的带领下，众多团员与群众也积极参与到募捐活动中。募捐学生型"爱心包裹"共计265个，广大党员以实际行动履行了党员的社会责任，为灾区学生奉献了爱心。

先进集体、个人

【先进集体、个人】北京邮政电子商务局被评为2009年度北京市邮政公司先进单位。北京邮政电子商务局被西站地区评为2009年度西站地区爱国卫生先进单位。11185客服中心被评为北京市邮政公司2009年度先进集体。11185客服中心被评为2009年度公司优质服务示范窗口。

市公司机关先进工作者：舒芃

市公司"迎国庆、平安邮政交通"竞赛先进个人：王旭

市公司安全工作先进个人：刘占平

市公司服务工作突出贡献个人：张静、陈红艳

市公司计划生育先进个人：田小梅

西站地区爱国卫生先进个人：张研

（撰稿人：田小梅）

北京邮政艺术团

概　述

北京邮政艺术团是北京市邮政公司直属单位，代管市公司职工文体活动中心。下设两室三队：艺术团办公室，文体中心办公室；声乐队、舞蹈队、曲艺队；2009年在册人员30人，半数以上为同力达职工。建团二十年来，承办市公司、国家邮政局、北京市、全总以及社会各类大小型演出近千场；代表市公司参加过第七届全运会、第六届远南运动会开幕式演出，以及建国六十年大庆天安门广场晚会庆典演出等社会活动；近十年间，每年均举行两节期间慰问职工演出活动及接待公司各种外事演出活动；2009年开始参与邮政贺卡销售类邮政营销工作。

团长安邦潭。

主要工作完成情况

【为北京市总第十二次代表大会演出】2009年2月18日，艺术团舞蹈队代表市公司为北京市总工会第十二次代表大会演出。

【同力达演员深入基层体验生活】2009年3月，北京邮政艺术团全体同力达演员一行15人在团领导带领下，深入北京邮区中心局转运处学习、劳动，体验生活。三个星期的接发科、轻件科、重件科的劳动实践使演员们对邮政接发转运业务有了初步的了解与掌握，三天的业务授课更让大家对北京邮政企业有了一个全新的认识与理解。

【参加北京电视台“庆五一”晚会录制工作】2009年4月，艺术团部分演员参加了由北京市总工会主办的北京电视台“庆五一”晚会节目的录制工作，同时还完成了对晚会录制现场的拉拉队训练任务。

该节目于当年“五一”前夕在北京电视台播放。

【参加北京市第七届艺术节声乐比赛】2009年6月，艺术团声乐队四名演员参加了北京市第七届艺术节声乐比赛，取得两个银奖、一个铜奖、一个优秀奖的好成绩。

【协办市公司第三届艺术节】2009年4月至8月期间，艺术团按照公司部署作为主要协办单位，全程参与了北京邮政第三届艺术节中的策划、组织、设计、统计、编排、评比、服务、提供场地等十余项工作，并以自编自导的原创节目：舞蹈《激情365》、相声《投递员之歌》，以及二重唱参加了艺术节闭幕式的演出。

【为艺术节博览类赛事提供服务】艺术节期间，艺术团文体中心为艺术节博览类赛事提供了场地及安全保卫、卫生清洁等服务，保障了赛事的顺利进行。

【团内综合管理岗竞聘】2009年6月，团内进行管理岗竞聘工作，11月13日，公开竞聘活动结束。竞聘结果为，王鸿雁经过公司面试与团内不记名投票，获得总分排名第一，合格应聘艺术团综合管理岗。具体工作分工由团长根据团内管理需要酌情安排。

【参加国庆晚会庆典活动】2009年10月1日晚，艺术团舞蹈队八名演员参加了新中国成立60周年大庆天安门广场庆祝晚会活动，圆满完成了公司交给的任务，受到有关方面的好评，获得国庆联欢晚会指挥部颁发的荣誉证书。

【完成邮政贺卡营销任务】2009年10月，艺术团根据公司机关下达任务开始全面投入邮政贺卡营销工作，至年底前，以销售三万余元的业绩超额完成公司机关布置的任务。

（撰稿人：董雁军）

附 录

北京市邮政公司机构设置图

- 北京市邮政公司
  - 职能机构
    - 办公室
    - 市场经营部
    - 网路运维部
    - 计划财务部
    - 企业发展与科技部
    - 人力资源部
    - 安全保卫部
    - 审计部
    - 监察室 / 纪委办公室
    - 党群工作部
    - 离退休管理部
    - 北京市邮政工会
  - 二级通信单位
    - 北京市东区邮电局
    - 北京市西区邮电局
    - 北京市南区邮电局
    - 北京市海淀区邮电局
    - 北京市通州区邮政局
    - 北京市顺义区邮政局
    - 北京市怀柔区邮政局
    - 北京市密云县邮政局
    - 北京市平谷区邮政局
    - 北京市昌平区邮政局
    - 北京市延庆县邮政局
    - 北京市大兴区邮政局
    - 北京市房山区邮政局
    - 北京市门头沟区邮政局
    - 北京邮区中心局
    - 北京邮政投递局
    - 北京邮政汽车运输局
    - 北京报刊发行局
    - 北京机要通信局
    - 北京国际邮电局
    - 北京市邮票公司 / 北京市邮政公司票品调拨销售中心
    - 北京市报刊零售公司
    - 北京邮政商业信函局 / 北京邮政广告有限责任公司
    - 北京邮政电子商务局
    - 北京邮政保险代理局
  - 支撑及后勤单位
    - 北京邮政信息技术局
    - 北京邮政科学研究设计院
    - 北京市邮政教育培训中心
    - 北京邮政实业集团公司
  - 直属单位
    - 北京邮政后勤中心
    - 北京邮政文史中心
    - 北京邮政宣传中心
    - 北京邮政职工艺术团
    - 北京市集邮协会

北京市邮政公司营业局所一览表

名　称	编号	名　称	编号	名　称	编号
天安门邮电局	60	**北新桥邮电局**	7	东坝邮电所	963
建内大街邮电局	1	东四十条邮电所	206	高斓大厦邮电所	953
新侨饭店邮电所	401	中青旅邮电所	984	新恒基大厦邮电所	435
正义路邮电局	2	交南大街邮电所	756	**呼家楼邮电局**	20
北京站邮电局	3	华普花园邮电所	969	三里屯邮电所	226
工体北路邮电局	4	**地安门邮电局**	9	神路街邮电所	227
京城大厦邮电所	405	安门邮电所	208	科伦大厦邮电所	438
东海中心邮电所	211	定阜邮电所	209	中服大厦邮电所	441
国际大厦邮电所	408	沙滩邮电所	210	昆泰大厦邮电所	442
丽都饭店邮电所	410	故宫邮电所	207	华普大厦邮电所	449
国贸中心邮电所	411	**东四邮电局**	10	凯威大厦邮电所	957
赛特大厦邮电所	412	朝内大街邮电所	212	丰联广场邮电所	433
发展大厦邮电所	413	**安外邮电局**	11	嘉里中心邮电所	427
亮马河大厦邮电所	414	总政大院邮电所	213	世贸国际邮电所	974
中旅大厦邮电所	416	大市口邮电所	214	泛利大厦邮电所	731
汉威大厦邮电所	961	北广邮电所	965	联合大厦邮电所	733
保利大厦邮电所	415	**北苑邮电局**	12	京广商务邮电所	732
京润水上花园邮电所	972	立水桥邮电所	225	人寿大厦邮电所	749
港澳中心邮电所	752	奶西邮电所	432	秀水街邮电所	980
凯富大厦邮电所	759	大羊坊邮电所	403	富尔邮电所	986
东单邮电局	5	**和平里邮电局**	13	**农光里邮电局**	21
光华长安邮电所	418	化工部邮电所	218	垂杨柳邮电所	959
恒基中心邮电所	431	和平街邮电所	219	潘家园邮电所	229
华润大厦邮电所	246	建达大厦邮电所	745	劲松一区邮电所	231
东方广场邮电所	966	环贸中心邮电所	985	劲松八区邮电所	232
邮票博物馆邮电所	998	**大山子邮电局**	15	眼镜城邮电所	430
王府井邮电局	6	高家园邮电所	250	松榆东里邮电所	955
新东安市场邮电所	960	**酒仙桥邮电局**	16	双龙南里邮电所	203
北京饭店邮电所	402	**楼梓庄邮电局**	18	十里河建材城邮电所	420
国中商业大厦邮电所	755	蒋台路邮电所	248	**双井邮电局**	22

名 称	编号	名 称	编号	名 称	编号
马圈邮电所	230	住邦邮电所	976	安贞西里邮电所	204
九龙山邮电所	233	华商大厦邮电所	741	芍药居邮电所	979
永安里邮电所	234	石佛营邮电所	971	樱花东街邮电所	407
长富宫邮电所	425	华贸中心邮电所	992	富盛邮电所	990
建外商务区邮电所	978	雅成邮电所	995	小营邮电所	951
航华中心邮电所	448	华贸邮电所	997	慧新东街邮电所	216
北京广播电台邮电所	447	水碓子邮电所	26	小关邮电所	245
现代城B座邮电所	758	团结湖邮电所	222	**亚运村邮电局**	101
现代城邮电所	736	麦子店邮电所	223	南沙滩邮电所	217
赢嘉中心邮电所	762	金台里邮电所	224	育慧北里邮电所	244
瑞赛大厦邮电所	737	和乔大厦邮电所	952	安慧北里邮电所	429
华彬大厦邮电所	747	甜水园北里邮电所	958	慧忠里邮电所	964
凯德邮电所	987	盛福大厦邮电所	967	汇欣大厦邮电所	215
富顿邮电所	988	北京青年报社邮电所	750	汇宾大厦邮电所	205
垡头邮电局	23	农业部北区邮电所	970	北辰西路邮电所	999
南豆各庄邮电所	235	温特莱邮电所	989	**花家地邮电局**	102
横街子邮电所	237	**三源里邮电局**	27	来广营邮电所	977
朝阳口岸邮电所	446	幸福大厦邮电所	440	望京西园邮电所	968
万科青青邮电所	991	富华大厦邮电所	439	南湖东园邮电所	751
大洋路邮电所	993	胡家园邮电所	426	望京花园邮电所	983
五方桥邮电所	994	东方银座邮电所	973	南湖渠邮电所	249
三间房邮电局	24	聚龙花园邮电所	422	**科学园邮电局**	105
定福庄邮电所	236	南银大厦邮电所	444	天辰东路邮电所	996
管庄邮电所	238	东环广场大厦邮电所	220	**望京邮电局**	106
双桥邮电所	239	现代盛世大厦邮电所	735	**万科星园邮电局**	107
北花园邮电所	423	迪阳大厦邮电所	738	**慧忠北里邮电局**	108
二外邮电所	739	佳程邮电所	982	**中南海邮电局**	17
双桥东路邮电所	981	**香河园邮电局**	28	人民大会堂邮电所	292
慈云寺邮电局	25	西坝河邮电所	419	**西长安街邮电局**	31
红庙邮电所	241	东颐邮电所	437	世纪凯晨邮电所	251
道家园邮电所	242	东直门邮电所	443	新华社邮电所	253
城市大厦邮电所	954	国门邮电所	436	金隅大厦邮电所	453
康家园邮电所	228	左家庄邮电所	221	金融大厦邮电所	458
甘露园邮电所	421	**安贞邮电局**	29	远洋大厦邮电所	460

名　称	编号	名　称	编号	名　称	编号
邮政集团邮电所	468	露园邮电所	465	古城大街邮电所	481
图书大厦邮电所	479	钓鱼台邮电所	296	京源邮电所	486
时代广场邮电所	480	马尾沟邮电所	464	**西外大街邮电局**	44
明珠大厦邮电所	485	天意邮电所	477	北京交通大学邮电所	290
中国教育电视台邮电所	484	万通邮电所	476	新世纪邮电所	289
工信部邮电所	285	**会城门邮电局**	38	西苑饭店邮电所	297
西单邮电局	32	**木樨地邮电局**	46	文兴街邮电所	463
民族宫邮电所	454	空军司令部邮电所	267	腾达大厦邮电所	271
金融街邮电所	33	中央电视台邮电所	269	京鼎邮电所	467
国企大厦邮电所	272	梅地亚宾馆邮电所	270	金开利德邮电所	483
平安大厦邮电所	259	京西宾馆邮电所	295	世纪天乐邮电所	490
通泰大厦邮电所	456	国宏大厦邮电所	455	**紫竹院邮电局**	48
富凯大厦邮电所	482	**永定路邮电局**	39	首都师范大学邮电所	268
英蓝国际邮电所	494	沙窝邮电所	273	金玉邮电所	462
西四邮电局	34	玉泉邮电所	471	马神庙邮电所	265
白塔寺邮电所	258	京铁家园邮电所	488	花园村邮电所	291
新街口邮电局	35	大成路邮电所	489	**复外大街邮电局**	30
平安里邮电所	260	田村路邮电所	255	复南大街邮电所	451
车公庄邮电所	261	**鲁谷邮电局**	131	**三里河邮电局**	45
万寿路邮电局	36	**五芳园邮电局**	40	光大大厦邮电所	282
西翠路邮电所	497	永乐邮电所	274	中化大厦邮电所	286
阜成路邮电所	495	国际广播电台邮电所	469	天照天邮电所	472
翠微路邮电所	262	重兴园邮电所	496	建威大厦邮电所	492
海军大院邮电所	263	**金顶街邮电局**	132	月坛大厦邮电所	493
恩济里邮电所	264	**石景山邮电局**	41	**老山西里邮电局**	49
华懋邮电所	283	北方工大邮电所	276	老山东里邮电所	293
恩济庄邮电所	275	西下庄邮电所	277	廖公庄邮电所	487
莲花小区邮电所	459	苹果园邮电所	279	锦绣大地物流港邮电所	299
太平路邮电所	461	模式口西里邮电所	470	**永安路邮电局**	50
阜成门邮电局	47	香山南路邮电所	498	珠市口邮电所	522
百盛邮电所	473	**高井邮电局**	42	福长街邮电所	529
职工之家邮电所	474	五里坨邮电所	284	天桥邮电所	533
百万庄邮电局	37	**新古城邮电局**	43	**前门大街邮电局**	63
甘家口邮电所	266	古城东街邮电所	287	**和平门邮电局**	51

名　称	编号	名　称	编号	名　称	编号
前门东街邮电所	325	**丰台科学城邮电局**	70	和义邮电所	348
琉璃厂邮电所	304	西南物流中心邮电所	523	六营门邮电所	326
骡马市邮电局	52	新华街邮电所	327	瀛海邮电所	538
陶然亭邮电所	303	富丰园邮电所	508	**西罗园邮电局**	77
椿树园邮电所	301	新发地邮电所	519	洋桥西里邮电所	310
庄胜邮电所	520	玉泉营建材城邮电所	525	京温邮电所	323
牛街邮电局	53	富锦嘉园邮电所	329	大红门服装城邮电所	506
宣外大街邮电所	308	总部基地邮电所	537	天雅邮电所	346
西便门西里邮电所	513	**丰台邮电局**	71	百荣邮电所	511
信息大厦邮电所	526	五里店邮电所	328	福成邮电所	510
里仁街邮电局	54	正阳大街邮电所	330	**方庄邮电局**	78
马连道邮电局	55	丰台路口邮电所	302	宋家庄邮电所	320
鸭子桥邮电所	314	**长辛店邮电局**	72	东铁匠营邮电所	344
天宁寺邮电所	317	槐树岭邮电所	306	芳古园邮电所	517
亚视大厦邮电所	515	卢沟桥邮电所	334	芳群园邮电所	530
西站邮电局	56	朱家坟邮电所	336	成寿寺邮电所	333
西站主楼东邮电所	315	晓月苑邮电所	332	小红门邮电所	343
光明楼邮电局	61	装甲兵工程学院邮电所	502	**石榴庄邮电局**	79
体育馆邮电所	318	**太平桥邮电局**	73	大红门邮电所	340
左安门邮电所	305	周庄邮电所	507	海慧寺邮电所	341
红桥市场邮电所	505	八一厂邮电所	516	光彩路邮电所	532
东花市南里邮电局	62	菜户营邮电所	307	**开发区邮电局**	176
东花市北里邮电所	512	华源三里邮电所	503	天宝园邮电所	535
大都市街邮电所	312	望园邮电所	518	**中关村邮电局**	80
新世界邮电所	524	莲香园邮电所	528	西大街邮电所	351
新景家园邮电所	321	**云岗邮电局**	74	北京大学邮电所	352
国瑞城邮电所	530	**木樨园邮电局**	75	科学院邮电所	353
角门邮电局	68	蒲黄榆邮电所	335	青年公寓邮电所	554
嘉园邮电所	319	刘家窑邮电所	337	中钢国际广场邮电所	590
马家堡邮电所	309	李村邮电所	342	左岸工社邮电所	380
西马场邮电所	339	杨家园邮电所	345	中关新园邮电所	560
开阳里邮电局	69	**东高地邮电局**	76	中关村大厦邮电所	356
北京南站邮电所	536	西红门邮电所	331	融科资讯中心邮电所	399
永定门车站邮电所	313	旧宫邮电所	347	**魏公村邮电局**	81

名　称	编号	名　称	编号	名　称	编号
理工大学邮电所	598	**双榆树邮电局**	86	**温泉邮电局**	95
中央民族大学邮电所	559	人民大学邮电所	354	北安河邮电所	394
皂君庙邮电所	558	科学院南路邮电所	376	冷泉邮电所	395
文慧园西路邮电局	82	友谊宾馆邮电所	551	**育新花园邮电局**	96
明光村邮电所	363	**北太平庄邮电局**	88	新都邮电所	379
小西天邮电所	367	蓟门里邮电所	362	龙乡邮电所	392
文慧园邮电所	365	师范大学邮电所	364	育新南区邮电所	582
学院路邮电局	83	健安西路邮电所	366	建材城西路邮电所	584
航空航天大学邮电所	369	牡丹东里邮电所	596	**世纪城邮电局**	97
北京医科大学邮电所	370	金五星商城邮电所	556	世纪金源邮电所	398
花园东路邮电所	371	罗庄邮电所	597	闵航路邮电所	379
塔院邮电所	372	邮电大学邮电所	599	金雅园邮电所	557
林业大学邮电所	373	**苏州街邮电局**	89	空军指挥学院邮电所	360
语言学院邮电所	552	车道沟邮电所	358	**太阳园邮电局**	98
二里庄邮电所	565	万泉庄邮电所	561	中关村东路邮电所	578
农机研究院邮电所	566	**颐和园邮电局**	91	**建国门邮电局**	600
科技大学邮电所	570	西苑邮电所	381	美国签证处邮电所	603
世宁大厦邮电所	586	中央党校邮电所	382	塔园外交大楼邮电所	601
量子银座大厦邮电所	587	厢红旗邮电所	383	**首都机场邮电局**	621
同方广场邮电所	589	国防大学邮电所	384	首都机场宿舍区邮电所	666
大运村邮电所	585	玉泉山邮电所	396	机场新候机楼邮电所	669
学清路邮电所	553	邮电疗养院邮电所	397	首都机场三号航站楼邮电所	670
北京奥运大厦邮电所	359	天秀花园邮电所	580	首都机场一号航站楼邮电所	668
清华大学邮电局	84	颐阳路邮电所	388	**城关邮政支局**	2400
体育大学邮电所	375	**上地邮电局**	92	周口店邮政所	2452
紫荆公寓邮电所	357	**香山邮电局**	93	房山城内邮政所	2461
清河邮电局	85	四王府邮电所	386	石楼邮政所	2463
双泉堡邮电所	378	红旗村邮电所	387	韩村河邮政所	2464
空研大院邮电所	393	**西北旺邮电局**	94	新街邮政所	2476
永泰邮电所	574	农业大学邮电所	389	**良乡邮政支局**	2401
安宁里邮电所	571	上庄邮电所	390	良乡城内邮政所	2470
清上园邮电所	583	颐和山庄邮电所	563	行宫园邮政所	2482
宝盛里邮电所	591	韩家川邮电所	397	良乡理工大邮政所	2492
莱圳邮电所	562	航天城邮电所	593	**交道邮政支局**	2402

名　称	编号	名　称	编号	名　称	编号
民族大学邮政所	2451	**承泽苑邮政支局**	2355	文化街邮政所	1251
窦店邮政所	2467	**王平村邮政支局**	2301	寺渠邮政所	1252
二街邮政所	2468	大台邮政所	2356	东高村邮政所	1253
琉璃河邮政所	2403	木城涧邮政所	2357	太和园邮政所	1254
窑上邮政所	2469	**石龙邮政支局**	2303	金海邮政所	1255
南召邮政所	2466	潭柘寺邮政所	2359	**金海湖邮政支局**	1202
长沟邮政支局	2404	双峪路邮政所	2353	靠山集邮政所	1256
岳各庄邮政所	2453	**斋堂邮政支局**	2304	南独乐河邮政所	1262
南尚乐邮政所	2454	**雁翅邮政支局**	2302	夏各庄邮政所	1263
张坊邮政所	2455	清水邮政所	2360	山东庄邮政所	1261
十渡邮政所	2456	**北大街邮政支局**	1400	**官庄邮政支局**	1203
蒲洼邮政所	2480	下元邮政所	1451	门楼庄邮政所	1257
新镇邮政支局	2405	于家园邮政所	1469	马坊邮政所	1258
闫村邮政所	2459	迎宾路邮政所	1453	马昌营邮政所	1264
万佛堂矿区邮政所	2458	**青春路邮政支局**	1401	**峪口邮政支局**	1204
星城邮政所	2465	东关邮政所	1454	大华山邮政所	1205
坨里邮政所	2479	杨宋庄邮政所	1452	镇罗营邮政所	1265
河北邮政支局	2406	青春苑邮政所	1470	后北宫邮政所	1259
南窖邮政所	2459	**桥梓邮政支局**	1402	乐政务邮政所	1260
大安山邮政所	2460	黄坎邮政所	1456	**东外大街邮政支局**	2100
霞云岭邮政所	2462	沙峪邮政所	1458	**庆园街邮政支局**	2101
史家营邮政所	2478	庙城邮政所	1455	新兴小区邮政所	2152
良乡西路邮政支局	2407	**范各庄邮政支局**	1403	东街邮政所	2151
马场邮政所	2471	怀北庄邮政所	1461	南菜园二区邮政所	2162
葫芦垡邮政所	2472	装指院邮政所	1468	高塔路邮政所	2163
官道邮政所	2473	北房邮政所	1471	西二道河代办所	2153
崇各庄邮政所	2474	**汤河口邮政支局**	1404	**永宁邮政支局**	2103
迎风街邮政支局	2409	宝山寺邮政所	1463	大庄科邮政所	2157
向阳邮政所	2483	长哨营邮政所	1465	四海邮政所	2158
东风街邮政所	2484	七道河邮政所	1466	千家庄邮政所	2159
大峪邮政支局	2300	喇叭沟门邮政所	1467	旧县邮政所	2104
三家庄邮政所	2351	琉璃庙邮政所	1462	**康庄邮政支局**	2102
西辛房邮政所	2352	**新平邮政支局**	1200	康庄四街邮政所	2154
军庄邮政所	2354	兴谷邮政所	1201	张山营邮政所	2160

名　称	编号	名　称	编号	名　称	编号
八达岭邮政所	2105	**青云店邮政支局**	2603	尹家府邮政所	1364
西拨子邮政所	2155	安定邮政所	2657	张各庄邮政所	1371
鼓楼大街邮政支局	1500	魏善庄邮政所	2660	**大孙各庄邮政支局**	1305
新西路邮政所	1551	**采育邮政支局**	2604	沙岭邮政所	1372
果园西路邮政所	1561	凤河营邮政所	2658	李遂邮政所	1373
檀城邮政所	1567	长子营邮政所	2663	**天竺邮政支局**	1307
康宝路邮政所	1501	**兴华路邮政支局**	2606	**半壁店邮政支局**	1308
塘子邮政支局	1502	芦城邮政局	2605	东方太阳城邮政所	1365
滨阳邮政所	1552	狼垡邮政所	2661	李桥镇邮政所	1369
车站路邮政所	1553	翡翠苑邮政所	2667	沿河邮政所	1360
新中街邮政所	1565	丽园邮政所	2669	**后沙峪邮政支局**	1309
行宫邮政所	1566	**广茂大街邮政支局**	2607	张喜庄邮政所	1361
大城子邮政所	1554	团河邮政所	2662	高丽营邮政所	1368
太师屯邮政支局	1503	公安大学邮政所	2666	南法信邮政所	1374
东庄禾邮政所	1556	**埝坛邮政支局**	2608	裕华路代办邮政所	1376
新城子邮政所	1557	**新顺邮政支局**	1300	空港仓储代办邮政所	1375
高岭邮政所	1558	北街邮政所	1351	**新华大街邮政支局**	1100
古北口邮政所	1559	南关邮政所	1352	八里桥邮政所	1152
北庄邮政所	1555	西辛邮政所	1355	物资学院邮政所	1155
溪翁庄邮政支局	1504	宏城邮政所	1377	**运河邮政支局**	1103
石城邮政所	1562	**石园邮政支局**	1301	北机邮政所	1156
冯家峪邮政所	1563	仓上邮政所	1358	玉桥邮政所	1158
不老屯邮政所	1564	滨河邮政所	1359	后南仓邮政所	1151
西田各庄邮政所	1560	裕龙邮政所	1366	玉桥南里邮政所	1157
兴丰邮政支局	2600	**牛栏山邮政支局**	1303	**中仓邮政支局**	1101
三合南里邮政所	2651	马坡邮政所	1357	东大街邮政所	1153
清城邮政所	2668	板桥邮政所	1362	翠福园邮政所	1174
湖源西里邮政所	2654	北石槽邮政所	1367	富河园邮政所	1173
观音寺邮政所	2664	**北小营邮政支局**	1304	**马驹桥邮政支局**	1105
庞各庄邮政支局	2601	木林邮政局	1302	大杜社邮政所	1159
天堂河邮政所	2659	龙湾屯邮政所	1370	次渠邮政所	1165
榆垡邮政支局	2602	**杨各庄邮政支局**	1306	**张家湾邮政支局**	1108
南各庄邮政所	2655	俸伯邮政所	1356	机场邮政所	1171
礼贤邮政所	2656	北务邮政所	1363	牛堡屯邮政所	1160

名　称	编号	名　称	编号	名　称	编号
台湖邮政所	1167	科经院北校邮政代办所			
永乐店邮政支局	1106	中财大邮政所			
柴厂屯邮政所	1161	**回龙观邮政支局**			
马头邮政所	1164	龙腾苑邮政所			
觅子店邮政所	1166	**风雅园邮政支局**			
于家务邮政所	1175	龙禧苑邮政所			
西集邮政支局	1107	**龙锦苑邮政支局**			
甘棠邮政所	1162	霍营邮政所			
郎府邮政所	1163	**东三旗邮政支局**			
宋庄邮政支局	1109	太阳城邮政所			
徐辛庄邮政所	1107	北邮宏福邮政所			
胡各庄邮政所	1168	北七家邮政代办所			
疃里邮政所	1169	**小汤山邮政支局**			
梨园邮政支局	1104	**兴寿邮政支局**			
陆航学院邮政所	1172	**十三陵邮政支局**			
翠屏南里邮政所	1176	**天通西苑邮政支局**			
政府街邮政支局	2200	**天通北苑邮政支局**			
西大街邮政所	2251	天通西苑二区邮政所			
松园邮政所	2253	**天通东苑邮政支局**			
北大邮政所	2270	天通六区邮政所			
水屯邮政所					
北方交大邮政代办所					
府学路邮政支局					
昌盛园邮政支局					
南口邮政支局					
南口镇北邮政所					
吉利大学邮政所					
西峰山邮政所					
阳坊邮政支局					
沙河邮政支局					
电力大学邮政所					
科经院邮政所					
北科院邮政所					
机场邮政所					

索 引

索 引

说 明

一、本索引以汉语拼音音序排列，采用主题分析索引方法编录，按主题词首字汉语拼音首字母顺序排列。

二、索引主题词之后的阿拉伯数字是主题词内容在正文中的页码。

三、为了便于读者检索，北京市邮政公司所属各单位名称前的某些“北京”和“北京邮政”之类字样均予以省略；在各分目下所设的“概述”及其他共性化条目均不做主题词索引。

A

B

C

D

E

F

P

Q

R

S

T

W

X

Y

Z

图书在版编目(CIP)数据

北京邮政年鉴.2010/北京市邮政公司主编.－北京：长城出版社，2010.12

ISBN 978-7-5483-0052-6

Ⅰ. ①北··· Ⅱ. ①北··· Ⅲ. ①邮电业－年鉴－北京市－2010 Ⅳ. ①F632.71-54

中国版本图书馆CIP数据核字(2010)第226654号

责任编辑：王兔元

书名：北京邮政年鉴（2010）

著者：北京市邮政公司

出版：长城出版社

地址：北京甘家口三里河路40号

邮编：100037

电话：（010）66817982 66817587

开本：1/16（889×1194毫米）

字数：515千字

印张：22.5印张

印刷：北京市华审彩色印刷厂

版次：2010年12月第一版

印次：2010年12月北京第一次印刷

印数：1-1000册

标准书号：ISBN 978-7-5483-0052-6/Z·983

定价：168.00元